칼빈의
기독교 생활 원리

R. S. 월레스 著
나 용 화 譯

기독교문서선교회

CALVIN'S DOCTRINE OF THE CHRISTIAN LIFE

by
RONALD S. WALLACE
Translated by
YONG-WHA NA

1988
Christian Literature Crusade
Seoul, Korea

서 문

본서는 칼빈의 『기독교 강요』(*Institutes*) 뿐만 아니라 그의 **설교들**(Sermons)과 **주해들**(Commentaries)을 폭넓게 연구하여 만들어졌다. 칼빈의 가르침 중에서도 특별히 기독교인의 생활과 같은 주제를 연구함에 있어서는 가능한 대로 그의 모든 작품들을 광범위하게 읽을 필요가 있는 것이다. 많은 현대 신학사상의 배경이 칼빈의 경우와 아주 다르기 때문에, 칼빈이 사용한 어구(語句)들을 연구함에 있어서 『기독교 강요』에만 국한시키고 다른 작품들의 문맥들에서 사용된 경우들을 연구하지 않는다고 하면 우리가 그 어구들의 용법을 잘못 해석하기 쉽게 된다. 『기독교 강요』 이외의 작품들까지 살핀 다음에 다시 『기독교 강요』에로 되돌아 올 것 같으면, 우리가 놓칠지도 몰랐을 뻔한 그의 가르침의 내용을 새삼 발견할 수 있게 된다. 칼빈의 **주해들**의 경우, 시편 주해와 신약성경에 대한 주해들은 특별히 연구할 가치가 많음이 분명한 듯하다.

본서는 엄밀하게 말해서 칼빈의 윤리에 관한 글이 아니다. 하지만 그 주제에 관한 상당한 연구를 포함하고 있다. 자기 시대에 사람들이 당면했던 여러 가지 도덕적인 문제들에 대한 칼빈의 가르침에서 기독교인의 생활의 본질에 관한 그의 입장들을 읽어낼 수가 있다. 왜냐하면 그러한 문제들에 대한 그의 윤리적 관점이 기독교인의 생활 전반에 관한 그의 가르침에 의하여 부분적으로 결정되어 있기 때문이다.

칼빈의 글을 처음 읽을 때에는, 그의 가르침의 어떤 면들이 다른 면들과 어떻게 조화될 수 있을는지 의심스러울 수가 있다. 때때로 그는 아주 넓은 관점(觀點)을 가지고 말하는 것처럼 보이지만, 다른 때에는 아주 '편협한' 입장에서 의견들을 개진(開陳)한다. 때때로 그는 현세(現世)와 현실 문제들에 깊이 빠져든 생활방식과 태도를 옹호하는 듯하게 보이는가 하면, 다른 때에는 극단적인 타계주의(他界主義)를 옹호하는 듯하게 보인다. 때때로 그는 현세에서 그리스도를 위하여 사는 삶이 누릴 승리와 기쁨에 대하여 아주 낙관하는 사람처럼 글을 쓰지만, 다른 때에는 그리스도를 따르는 자에게 돌아오는 것은 수고와 눈물과 오해와 실망밖에 없는 것처럼 기독교인의 삶에 대하여 표현한다. 때때로 그는 기독교인의 삶의 문제들에 적용될 수 있는 유일한 생활규칙은, 예수 그리스도께서 우리에게 우리 자신을 부인하고 날마다 자기 십자가를 질 것을 요구하시는 까닭에, 십자가에 못 박혀 죽으시고 부활하신 예수 그리스도를 따르는 것 외에는 달리 있을 수 없음을 강력하게 말하는 듯하다. 그러나 다른 때에는 그러한 규칙에서 일탈하여 자연법과 일반 윤리원리들에 따라 사는 삶을 권장하는 듯하게 보이기도 한다.

그러한 까닭에 기독교인의 생활을 체계적으로 다룸에 있어서 칼빈의 가르침을 하나도 빠뜨리지 않고 전부를 똑같이 중요시하려는 것이 처음에는 불가능한 일로 보였다. 그렇지만 칼빈을 연구하는 과정에서, 그리스도의 교회의 성화(聖化) 및 존재를 단번에 결정지어 놓은 그의 인격과 사역에 대한 가르침에 기독교인의 생활의 다양한 국면들에 대한 칼빈의 모든 견해들이 뿌리를 두고 있음을 알게 되자, 그의 모든 견해들이 일관성이 있는 것으로 보여지고 이해될 수 있음을 발견하게 되었다. 그리스도의 삶과 죽음 전체가 우리를 위한 그의 왕적(王的) 제사장직을 성취하는 '자기 성화'(self-sanctification)의 과정으로 간주되어야 한다.

이와 같은 이해를 배경으로 해서만이 성화에 대한 칼빈의 교리와 회개에 관한 그의 가르침이 올바로 이해될 수가 있는 것이다. 교회의 성화는 사람들이 '그리스도께서 단번에 이루어 놓으신 성화'(the once-for--all sanctification of Christ)에 참여하고, 그들이 하는 모든 일에서 감사와 경외함으로 '자기 성결'(self-consecration)의 반응으로 그들의 왕 같은 제사장직에의 소명(召命)을 성취하고자 할 때에 이루어지게 된다. 그리스도께서 자기 성화를 목적으로 죽음과 부활의 생애를 성취하신 까닭에, 회개는 기독교인이 믿음으로 그 그리스도에게 참여하고 하늘의 생명(the heavenly life)을 열망할 때 마음으로(자기 부인) 그리고 외형적 생활에서(십자가를 지는 일) 이같은 기독론적 모형을 하나님의 섭리 하에서 이루어 나아가는 것으로 이해되어야 한다.

더욱이 칼빈이 흔히 말하는 것처럼, '자연법'(the order of nature) 또는 참된 '인간성'(人間性)에 따라서 또는 '중용'(中庸)의 법칙에 따라서 살으라고 칼빈이 자기의 교회 회중에게 말할 때, 우리가 그리스도 안에서 알고 있는 것을 보충하는 것으로서의 자연법적 지침이나 철학적인 생활규칙을 말하고 있는 것이 결코 아니다. 그리스도께서는 자기의 생활, 죽음 그리고 부활에서 하나님의 나라를 임하게 하였고, 율법을 이루었으며, 하나님의 형상을 새롭게 하고, 자연의 참된 질서를 회복하였으며, 인간성의 참된 본질을 드러내 보였다. 그리스도의 죽으심과 부활에 참여하므로 그의 백성이 지금 여기에서 이 신비에 참여하게 되며, 따라서 개인으로서 그리고 사회와 교회의 구성원으로서 자기들의 삶 속에 그리스도에게서 나타난 그 참된 인간성, 형상 그리고 질서를 나타내 보여야 하는 것이다. 과격(過激)이 타락한 사람의 생활의 특징인 까닭에 중용(中庸)은 기독교인의 도덕에 있어서 중요한 요소가 된다. 그렇지만 자연법은 우리가 복음에 대한 지식을 통해서 깨닫게 된 의무들을 우리에게 예시하는 수가 있는 것이다.

본서는 또한 칼빈의 가르침에서 '모든 신자들의 제사장직'(또는 만인 제사장직)이 교회를 떠나 하나님 앞에서 자유를 누리는 개인을 추켜세우는 교리가 아님을 밝혔다. 오히려 만인 제사장직은 교회 안에서, 교회와 더불어 전체 몸의 왕 같은 제사장직에(in the royal priesthood of the whole body) 참여하는 것을 함의하고 있다. 다른 한편, 칼빈이 교회를 강조하고 있음에도 불구하고 그가 결코 개인의 중요성을 간과하고 있지 않음을 본서는 밝혔다. 왜냐하면 교회 안에서 그리스도가 말씀을 통하여 각각 이름을 불러 개인을 만나시고 말씀하시며, 신앙을 심으시고 육성하기 때문이다. 또한 교회 안에서 개인이 참으로 성화되고 세상으로부터 구별됨을 발견하는 것이다. 교회의 회원권과 교제에 충실하는 것이 기독교인의 의무의 중요한 부분이다.

　기독교인이 그리스도를 섬김에 있어서 일상 생활에서 만나게 되는 끊임없는 갈등과 대립 가운데서 믿음을 행사할 때 그 믿음이 취해야 하는 태도에 대하여 칼빈이 무엇을 가르치고 있는가를 본서에서는 밝히려고 하였다. 하나님의 섭리 아래서 기독교인은 기도로, 믿음의 힘으로 그리고 말씀으로만 살게 되어 있음을 발견한다. 그러나 그와 같은 갈등과 대립에도 불구하고 그리고 칼빈의 관점에 대하여 일반적으로 생각될 수 있는 것과는 반대로, 기독교인의 생활이 두드러지게 행복과 확신과 성취의 생활인 것으로 칼빈이 가르치고 있음을 본서에서 밝혔다. 비록 기독교인이 신앙과 현실, 만족과 희망, 떨림과 확신 사이에 항상 있는 긴장 관계를 체험하기는 하지만, 악에 대한 참된 이김이 있는가 하면 최종적 완성을 향하여 믿음은 항상 꾸준하게 발전하며 성장하는 것이다.

　본서의 논증은 기독교인의 생활을 여러 다른 관점에서 보고 전개한다. 그런 까닭에 어떤 내용은 불가피하게 중복되기도 하였다. 기독교인의 생활에 대한 칼빈의 견해가 그리스도의 인격과 사역에 중점을 두고 있고, 하나님의 말씀의 여러 방면들을 반영하고 있으며, 모든 것이 '단순하거나' 적어도 논리적으로 명쾌하게 정의되고 정리되는 것을 좋아하는 사람들에게 적어도 인내를 요구하도록 되어 있기 때문에 본서는 논리적으로 체계적이기 보다는 순환적(spiral)일 수밖에 없게 되었다.

　본서에서는 칼빈의 가르침의 다양한 면들의 가치를 평가하는 일을 시도하지 아니했다. 시간이 허락되지 않았기 때문이다. 그렇지만 본서는 그 자체의 가치를 가지고 있다.

　본서의 형식에 있어서 주요 본문은 칼빈의 가르침을 직접 대량으로 인용하기 보다는 요점적으로 하되, 그의 가르침을 주의깊게 의역(意譯)하였다. 본서의 각주들은 칼빈의 주해와 설교에서 주로 라틴어와 불란서어로 된 인용구들을 포함하고 있다. 본서는 참고 자료들을 완벽하게 제시함으로써 독자로 하여금 칼빈의 저서들의 표준판에서 뿐만 아니라 영역본에서 해당 구절들을 찾아볼 수 있게 하였다. 시편의 경우 라틴 역본과 영역본의 절수(節數)에 다소 차이가 있음을 독자는 유념해야 한다. 저자로서 바라기는 칼빈의 설교에서 인용된 구절들이 일상적 주제에 관한 그의 설교의 생생하고 직설적이며 대중적인 형식을 감지하는 데 도움이 될 수 있었으면 좋겠다.

끝으로, 저자의 철학박사 학위 논문으로 이 주제를 택할 수 있도록 허락해 준 에딘버러 대학(Edinburgh University)의 신학과 교수회에 감사를 드리며, 저자에게 친절하고 유익한 충고를 아끼지 아니한 베일리(John Baillie) 학장과 에딘버러 뉴 칼리지(New College)의 벌레이(J. H. S. Burleigh) 학장에게 감사한다. 또한 필요한 서적들을 마음껏 사용할 수 있도록 선처해 준 뉴 칼리지 도서관 사서인 램(John Lamb)에게와 칼빈을 이해하는 데 많은 도움을 준 작품들을 쓴 토렌스(T. F. Torrance)에게도 심심한 감사를 드린다.

원고를 정리하는 데 도움을 준 세 사람(그란트, 폴란, 벌데트 부인들)에게도 감사드린다. 저자의 아내가 교정하는 일과 인용구들을 확인하는 일을 도맡아 수고해 주었다. 그리고 본서의 출판을 맡아 수고해 준 출판사 대표인 올리버 부인과 보이드 부인의 후의에도 깊은 감사를 표한다.

에딘버러에서
R.S. 월레스

약어표

C. O. *Joannis Calvini Opera,* in Corpus Reformatorum Brunswick 1869~1896.

Inst. Calvin, *Institutio Christianae Religionis,* Berlin 1846.

Amst. Edn. *Joannis Calvini Opera Omnia,* Amsterdam 1671.

차 례

서 문 / R. S. 월레스
약어표

제1부 그리스도 안에서 교회의 성화   11

제 1 장   제사장이요 왕이신 예수 그리스도의 대속적 자기 희생과 성화 ················ 13
제 2 장   그리스도의 왕적 제사장직에 의한 교회의 성화 ············ 23
제 3 장   그리스도의 성화와 교회의 참여 ················ 31
제 4 장   교회의 자기 봉헌 (self-offering) ················ 45
제 5 장   그리스도의 죽음과 부활에 나타난 성화의 모형 ········ 61

제2부 그리스도와 더불어 죽고 부활함   71

제 1 장   자기 부인 (自己否認) ················ 73
제 2 장   십자가를 짊어지기 ················ 93
제 3 장   그리스도의 부활과 영광에의 참여 ················ 104
제 4 장   미래의 천국 생활에 관한 묵상 ················ 115
제 5 장   그리스도와 함께 죽고 부활하는 회개 ················ 123

제3부 참된 질서의 회복 133

제 1 장 하나님의 회복된 형상과 인간 생활의 참된 질서……… 135
제 2 장 율법에 나타난 인간 생활의 참된 질서 ………………… 146
제 3 장 현실 세계에 대한 기독교인의 태도 …………………… 160
제 4 장 자연의 질서와 기독교 생활 …………………………… 182
제 5 장 자연의 질서 내에서의 상호 교통과 복종……………… 190
제 6 장 기독교인의 절제 ………………………………………… 216

제4부 교회 안에서의 양육과 훈련 243

제 1 장 교회 안에서의 성화와 분리 …………………………… 245
제 2 장 말씀과 성례에 의한 교회의 성화 ……………………… 259
제 3 장 말씀에 의한 훈련 ………………………………………… 270
제 4 장 가견교회에 대한 충성 …………………………………… 290

제5부 신앙의 훈련 313

제 1 장 신앙의 시련과 시험 ……………………………………… 315
제 2 장 갈등과 고통 중에서의 신앙의 태도…………………… 324
제 3 장 믿음의 주요한 연습인 기도 …………………………… 341

제6부 신앙의 결과와 열매 373

제 1 장 확신, 담대함과 안정 ……………………………………… 375
제 2 장 만족과 희망 ……………………………………………… 392
제 3 장 완전을 향한 진보 ………………………………………… 402
제 4 장 믿음의 견인(堅忍) ……………………………………… 417

역자 후기/나용화

제1부

그리스도 안에서 교회의 성화

제 1 장

제사장이요 왕이신 예수 그리스도의 대속적 자기 희생과 성화

1. 그리스도의 죽음에 대한 성경의 표현 방식

칼빈(Calvin)에게는, 십자가에 대한 신약의 해석과 십자가에 대한 표현 방식이 실제적이고 역사적인 십자가형(十字架刑) 사건 자체 만큼이나 거칠고 공격적이다. 그런 까닭에 그리스도의 고통과 죽음의 성질과 의미에 대하여 말할 때, 칼빈은 주저없이 거칠고 조잡한 어법을 사용한다. 유의해서 해석하지 아니하면, 하나님에 대한 무가치한 개념들을 포함하고 있는 것으로 보일 수 있는 방식으로 그는 흔히 말한다.

칼빈이 말하는 바에 의하면, 그리스도는 우리의 화평과 구속의 값과[1] 죄의 형벌을[2] 지불하셨다. 대속물(代贖物)을 드림에 있어서 그의 과업은 "우리와 하나님의 노여움 사이를 중보하여 그의 의로운 심판을 만족시키는 것이었다."[3] 이를 행하심에 있어서 그리스도는 스스로 우리 자리를 대신하셨고,[4] 우리로 하여금 형벌받아 마땅하게 한 그 죄책(罪責)을 자신에게 전가(轉嫁)시켰다.[5] 그리스도의 고통의 성질을 논함에

---

1) Comm. on Isa. 53 : 5, C.O. 37 : 258. Inst. 2 : 16 : 7.
2) Inst. 2 : 12 : 3.
3) Inst. 2 : 16 : 10.
4) Inst. 2 : 16 : 7. *Videre est, quomodo in vicem nostram ubique se supposuerit ad solvendum nostrae redemptionis pretium*
5) Inst. 2 : 16 : 5. *Haec nostra absolutio est, quod in caput filii Dei translatus*

있어서 칼빈은 그리스도가 하나님의 원한, 진노 또는 증오, 아니면 적어도 그러한 원한의 징조들을 감당하신 것으로 말한다.[6] 십자가에서 저주를 받을 때,[7] 그는 "하나님의 손에 채찍으로 맞으셨다."[8] 이같이 하여 그는 하나님의 진노를 달랬었고, 하나님께 속상(贖償; 또는 만족, satisfaction)을 드렸다.[9]

이것이 십자가를 해석할 때 칼빈이 사용하는 표현 방식이다. 그것은 칼빈이 성경에서 발견한 어법이기 때문에, 그의 표현 방식인 것이다. 그에게 있어서, 그러한 표현 방식은 십자가 자체에 대한 아주 순전(純全)한 측면이기 때문에, 우리가 그와 같은 표현에 아연실색할 것 같으면 그것은 곧 십자가 자체를 모욕하는 것이요, 그 어법을 사용하기를 거부한다면 그것은 곧 십자가를 자랑하기를 거부하는 것이나 마찬가지이다.[10]

사실, 하나님에 대한 우리의 모든 인간적인 표현의 경우처럼 그러한 표현 방식이 '부적당'[11]하며, 그런 까닭에 자칫 오해를 일으킬 만한 소

---

est reatus, qui nos tenebat poenae obnoxios.
6)Inst. 2 : 16 : 11. *Manu Dei percussus et afflictus, omnia irati et punientis Dei signa expertus est.* Cf. Inst. 2 : 16 : 5 & 10; serm. on Deut. 21 : 22-3, C.O. 27 : 700. *Il a porté comme en nos personnes la haine de Dieu.*
7)Comm. on Gal. 3 : 13, C.O. 50 : 209-10.
8)Serm. on Isa. 53 : 4-6, C.O. 35 : 624.
9)Inst. 2 : 12 : 3; comm. on Isa. 53 : 5 & 10, C.O. 37 : 258 & 263.
10)Cf. comm. on Gal. 3 : 13, C.O. 50 : 209-10.
11)When we read of God as looking down on earth to search out good and evil, or of the Spirit as descending upon men, we know that God does not need to look in order to see, nor can the Spirit ever be thought of as enclosed in any place or channel. Strictly speaking, therefore, such expressions are inappropriate. Yet they stand necessarily as the only adequate expressions we have for the spiritual events and realities which they have been used to signify, even though they but dimly point beyond themselves to such. They "enable us gradually to form some apprehension" of things "which our reason cannot all at once comprehend." Cf. comm. on Ps. 14 : 2, C.O. 31 : 137; and serm. on Matt. 3 : 13-17, C.O. 46 : 585-6. It is especially in speaking about the nature of God, e.g. in attributing passions and even contrary passions and conflict of will to God, when (strictly speaking) we could say that God was not subject to such things, that Calvin notes the necessary impropriety of Scripture. Cf. serm. on Deut. 4 : 36-8, C.O. 26 : 216, *Il est vray qu'à parler proprement, Dieu n'a point des affections diverses . . . mais ie traitte ces choses selon nostre capacite*; and serm. on Eph. 4 : 29-30, C.O. 51 : 648-9 *Nous sçavons qu'en Dieu il n'y a nulle passion: c'est aux hommes de se contrister et de se fascher: Dieu est immuable. Mais pource que nous ne comprenons la hautesse qui est en luy, . . . voilà pourquoy il use de similitude: et c'est à cause de nostre rudesse.* Cf. also comm. on Matt. 23 : 37, C.O. 45 : 644; and on Matt. 21 : 37, C.O. 45 : 593-4.

지가 있다는 것을 칼빈은 알고 있다. 속죄물(atonement)에 대하여 말할 때, 그가 사용하고 있는 어법(語法)으로부터 생겨날지도 모를 그릇된 인상들을 칼빈은 계속적으로 바로잡으려고 애쓴다. 그래서 그는 한 문장에서는 예수님이 마치 우리를 대신한 것처럼 하나님의 증오를 당하셨다고 아주 명백하게 말하지만, 다음 문장에서는 예수님이 결코 하나님에게 싫어 버린 바 되지 아니했다고 앞에서처럼 힘주어 주장한다.[12] 예수님에게 괴로움을 줄 때마저도 하나님이 동일하게 그를 사랑하였다고 칼빈은 주장한다.[13] 진실로, 예수님은 하나님의 진노를 감당하고 있을 때마저도, 다만 하나님의 사랑의 대상이실 수밖에 없었다. "왜냐하면 만일 예수님이 하나님의 증오와 불쾌감을 불러 일으켰다고 하면, 어떻게 그가 우리에게 아버지 하나님을 화목시킬 수 있었는가가 의심스럽기 때문이다.[14] 그러므로 하나님이 처음에는 우리를 미워하셨으나 나중에 화목된 다음에야 우리를 사랑하기 시작하신 것처럼 생각해서는 추호도 안된다. 왜냐하면 어거스틴(Augustine)이 말하는 대로, "하나님은 우리를 미워하시는 때마저도 사랑하셨기 때문이다."[15]

그러나 속죄물에 대하여 말할 때 칼빈이 사용하는 어법이 이처럼 부적당하기는 하지만, 달리 어찌할 도리가 없다. 그 어법이 오해를 불러 일으킬 소지가 있다는 것을 우리가 알고 있지만, 화목과 달램과 대속(代贖)에 대하여 말할 때 성경이 사용하는 것들보다 더 적절한 용어들이 없다. 그와 같은 표현 방식을 사용하므로 해서만이 신학자는 그리스도의 죽음의 참된 의미를 드러낼 수 있기를 희망할 수가 있고, 그가 상대하여 복음을 전하는 자들에게 십자가의 능력과 적합성의 참된 개념을 전달할 수 있기를 또한 희망할 수가 있는 것이다.

2. 화목제물로서의 그리스도

---

12) Serm. on Deut. 21 : 22–3, C.O. 27 : 700.
13) Serm. on Isa. 53 : 4–6, C.O. 35 : 623.
14) Serm. on Gal. 3 : 13, C.O. 50 : 210; cf. Inst. 2 : 16 : 11.
15) Inst. 2 : 16 : 3–4.

그리스도의 죽음을 해석하기 위하여 이같은 언어를 사용하는 데 있어서 칼빈의 사상의 배경에는 구약의 희생제사 의식(sacrificial ritual)이 있다. 그것이 이와 관련하여 '피'라는 용어가 자주 언급되는 이유이다.[16] 칼빈은 맨 먼저 예수에 대하여, 그의 죽음에서 백성들의 죄들을 위한 화목제물로서 하나님께 드려진 희생제물의 역할을 성취하는 것으로 생각한다. 이와 같은 구약의 모형들과 유추(類推)들을 가지고 속죄를 해석할 때에만이 그것의 참된 의미를 발견할 수가 있다. "이러한 일들이 우리의 가슴 속에 깊이 뿌리를 내리며 자리를 잡을 수 있도록, 우리는 희생과 관제(oblation)를 결코 잊어서는 안되는 것이다.[17]

또는 칼빈이 예수님에 대하여 말할 때, 어떤 허구적인 법률적 상황에서 피고인의 자리를 대신하여 재판관의 정죄를 들으며 법률을 충족시키는 법적 대리인(legal substitute)의 역할을 예수님이 이루고 있는 것으로 말하고 있는 것으로 볼 수도 있다. 이와 관련하여, 칼빈은 십자가형(十字架刑)에 앞서 예수님이 법률상의 재판을 받은 점을 중요하게 생각한다. 그 재판에서 예수님은 "범법자와 행악자로 간주되어" 부당하게 그리고 거짓 증인들의 증거에 근거하여 한 재판관에 의해 유죄판결을 받아 죽음을 당하게 되고, 이로써 예수님이 자기 자신의 범죄 때문이 아니라 다른 사람의 범죄 때문에 고통을 당한 것임이 입증된 것이다.[18]

그러나 예수님은 도덕법의 법정에서 대리법적 희생물(a substitute legal victim)로 단순히 죽은 것이 아니다. 한 덕망있는 사람이 다른 사람들을 해방하기 위하여 공의의 요구들을 충족시켜야 하는 필요성 앞에 굴복하여 죽음을 죽은 것도 아니다. 오히려 그는 화목제물(propitiatory victim)로 죽었다. 이로써 어떠한 일반적인 도덕적 원리들로부터도 얻어질 수 없는 독특한 방법으로 성부에 의해 작정된 운명과 직분을 성취하신 것이다.[19] "성경이 하나님의 아들이 자원하여 우리의 본성을 취하신 것에 대하여 말하는 유일한 목적은…그가 희생물이 됨으

---

16) Inst. 2 : 16 : 6.
17) Inst. 2 : 16 : 6.
18) Inst. 2 : 16 : 5.
19) Cf. comm. on Exod. 28 : 1, C.O. 24 : 428. *Ac certe non fuit penes totum humanum genus obtrudere aliquem Deo, qui se ad veniam et pacem impetrandam*

제 1 부 그리스도 안에서 교회의 성화 **17**

로써 성부 하나님을 우리에게 화목되게 하는 것이었다."[20]

3. 제사장직을 위한 성결로서의 그리스도의 삶과 죽음

그러나 그리스도는 그의 죽음으로 사람들의 죄들을 인하여 바쳐진 화목(희생)제물의 역할뿐만 아니라, 제사장이 하나님께 합당한 제물을 드리는 데 온전할 수 있도록 하기 위하여 하늘 성소에서의 예배를 위해 피로 자신을 성결케 하는 제사장의 역할을 또한 성취하셨다. 성전 의식 (儀式)에서 피는 화목제물에 대한 인호(印號)로서 뿐만 아니라 제사장의 부정(不淨)을 깨끗이 씻어 내는 우슬초로 쓰였다.[21] 제사장은 성소에 들어가기 전에 그를 성결케 함에 있어서 스스로 피를 뿌려 깨끗케 되어야 했던 것이다.[22] 더욱이 제사장뿐만 아니라 전체 성전과 모든 기물(器物) 들이 피뿌림을 통하여 성결케 되었던 것이다. 칼빈은, 이와 같은 구약의 유추들을 통해서, 그리스도의 죽음에서 우리를 대신한 그의 영원한 제사장직을 위해 스스로 성결케 하심을 보는 것이다. 성육신(成肉身)에서 나타난 이 무한한 사랑의 최고의 특징은, 그가 우리의 인간의 본성을 입으심을 통하여, 사실은 죽음을 당하실 리가 없으신 그가 죽으실 수가 있게 되고,[23] 또한 죽음으로 자신을 드릴 수가 있게 되었다는 사실에 있다. 그가 입으신 인간의 본성은 그 자신이 자기의 피로써 성결케 한 성전이요, 영원한 대제사장으로서 우리의 죄들에 대한 보상으로 자신을 드리기 위하여 죽음을 통해 자신을 성결케 한 성전이었다.[24] 칼빈은 히브리서 5 : 9의 텔레이오데이스($\tau\epsilon\lambda\epsilon\iota\omega\theta\epsilon\acute{\iota}\varsigma$)를 '성결케 되었은 즉'으로 번역하여 요한복음 17 : 19의 "저희를 위하여 내가 나를 거룩하

---

ingereret, imo ne Christus quidem ad Deum placandum idoneus fuisset, nisi munus subiisset patris decreto sibi impositum.
20) Inst. 2 : 12 : 4.
21) Inst. 2 : 16 : 6.
22) Comm. on Exod. 29 : 16, C.O. 24 : 438. *Ita Christi sacerdotium sanguine dicatum fuit, ut ad nos Deo reconciliandos efficax esset.*
23) Comm. on Heb. 2 : 14, C.O. 55 : 32. *Inaestimabilis enim erga nos eius amor hic apparet. Sed cumulus exstat in eo, quod naturam nostram induit ut moriendi conditioni se subiiceret.*
24) Comm. on Heb. 9 : 11, C.O. 55 : 110.

게 하오니"와 연결지어, 그리스도가 받은 고난을 통해서 그의 영원한 제사장직이 시작된 것으로 그리고 십자가상에서의 그의 죽음이 '가장 엄숙한 종류의 성결'로 간주되어야 한다는 것을 입증하고자 했다.[25]

그리스도의 영원한 제사장직을 위한 그의 자기 성결(self-consecration)은 그의 죽음에서 뿐만 아니라 그의 전생애를 통해서 이루어졌다. 그리스도께서는 하나님과 사람 사이의 화목을 그의 죽음을 통해서 뿐만 아니라 '그의 순종의 전과정을' 통해서 성취하였다. 그래서 그가 세례를 받으실 때마저도 아버지 하나님의 뜻에, 거기서 그때에 그가 복종함으로써 의(義)가 성취되고 있다는 것을 선언하였던 것이다. 그는 율법의 저주로부터 우리를 속량하기 위하여 죽으셨을 뿐만 아니라 그렇게 하기 위해서 태어났다.[26] 그러므로 구원의 원인을 그리스도의 죽음에 '독특하고 적절하게'(quasi peculiare ac proprium) 돌리는 것이 당연할 수도 있지만, 그는 출생의 순간부터 우리의 속죄를 위한 값을 지불하기 시작하였다.[27] 이와같이 우리가 하나님 아버지께 화목되게 되는 바 성화(聖化)의 '최고의 실례'를 그리스도의 죽음에서 보겠지만, 그의 성화는 그의 전생애를 통해서 이루어졌던 것이다.[28]

4. 성령에 의한 그리스도의 성결

예수 그리스도의 대리적 성화(vicarious sanctification)에 있어서 성령의 사역을 우리가 고려하게 되는 때에만이, 그리스도의 지상(地上)생활의 의의를 가장 명백하게 볼 수가 있다. 구약에서 제사장, 성전과 그것의 부속물들이 희생제물의 피를 가지고 뿌려짐으로 해서 뿐만 아니라 기름부음 받으므로 인하여 성결케 되었다.[29] 기름은 성령의 한 상징이었

---

25) Comm. on Heb. 5 : 9, C.O. 55 : 64. *Finis ultimus vel remotior (ut vocant) cur pati Christum necesse fuerit: nempe quod in suum sacerdotium hoc modo fuit inauguratus. Ac si deceret apostolus, crucis tolerantiam et mortem solenne fuisse consecrationis genus in Christo. . . . Sanctificatus melius quadrat contextui, quam perfectus.*
26) Inst. 2 : 16 : 5. Calvin cites Rom. 5 : 19 and Gal. 4 : 4.
27) Ibid.
28) Comm. on John 17 : 19, C.O. 47 : 385. *Porro sanctificatio haec quamvis ad totam Christi vitam pertineat, in sacrificio tamen mortis eius maxime illustris fuit.*
29) Cf. Lev. 8 : 10–30; Exod. 30 : 26–31, 40 : 9–15; Lev. 21 : 10 and comm. in loc.

고,³⁰⁾ 기름부음은 제사장직을 위한 성령에 의해 제사장을 성결케 하는 상징이었다.³¹⁾ 이 모든 것이 비유와 상징으로 되어 있었다. 그러나 그리스도는 그의 몸이 신성의 성전이었던 하나님의 참된 전(殿)이었고 그리고 그의 성결이 기름이 아닌 성령을 통해서 실제로 일어난 참된 대제사장이었다. 이와같이 예수님은 성령을 통해서 그에게 주어진 충만한 은사들에 의하여 성결되어³²⁾ 하나님과 사람 사이에 중보자가 되었다.³³⁾

성령의 기름부음에 의하여 예수님의 인간적 생활에서 그가 성결케 됨으로써 하나님께 자신을 희생제물로 드릴 수 있게 되었던 것이다.³⁴⁾ 성령에 의하여 제사장으로 그가 성결케 됨으로 인하여 하나님께 자기를 열납될 수 있게 하였다.³⁵⁾ 칼빈은 히브리서 9:14을 해석함에 있어서, 그리스도가 "성령에 의하여 고난을 당하였다"는 것과 그렇지 아니했더라면 그의 죽음이 하나님을 달래는 데 효력이 없었을지도 몰랐다는 것을 의미하고 있다.³⁶⁾

5. 왕으로서의 그리스도의 성결

그리스도는 그의 삶과 죽음에서 제사장으로서 뿐만 아니라 왕으로서의 중보적 직분을 성취하였다. 그의 영원한 대제사장직을 위한 그의 성결은 그의 몸인 교회의 머리이자 영원한 왕이 되는 성결이기도 했다.

---

30) Comm. on Exod. 40 : 9, C.O. 25 : 124. *Spiritus figura.*
31) Comm. on Exod. 30 : 23, C.O. 24 : 446. *Sed unctio praecipue in sacerdote consideranda fuit, qui sanctificatus est Dei spiritu ad munus obeundum.*
32) Comm. on Dan. 9 : 25, C.O. 41 : 183. *Sed hic significat unctionem perfectam, et vere spiritualem differri usque ad Christi adventum. Christus autem ipse proprie et merito vocatur sanctus sanctorum, vel tabernaculum Dei, quia scimus corpus eius esse templum deitatis, et scimus quaerendam ab ipso esse sanctitatem.* Comm. on Exod. 28, C.O. 24 : 427. *Unctio etiam, spiritus qui in Christo residet symbolum fuit: ideoque non externo et corruptibili oleo consecratus est, sed omnium donorum plenitudine.* Cf. Inst. 2 : 15 : 6.
33) Comm. on Exod. 30 : 23, C.O. 24 : 446. *Spiritu sancto consecratus est Christus, ut mediator esset Dei et hominum.*
34) Comm. on Exod. 28 : 42, C.O. 24 : 435. *Quomodo haec inter se consentiunt, unctum fuisse ut per spiritum se offerret, offerri tamen ab aliis?*
35) Cf. Inst. 2 : 15 : 2 & 6.
36) Comm. on Exod. 30 : 23, C.O. 24 : 446. *Atqui (teste apostolo Heb. 9, 14) sacrificium mortis Christi non aliter efficax fuit ad placandum Deum, nisi quia per spiritum passus est.* Cf. comm. on Heb. 9 : 14, C.O. 55 : 111-12.

그의 육체를 입으시어 자신을 희생제물로 드리기 위해서 뿐만 아니라 죄와 더불어 죽기까지 싸움으로써 우리의 의기양양한 투사가 될 수 있기 위하여 우리의 육체를 입었다.[37] 우리의 육체를 입고서 예수님은 우리를 억압과 두려움에 사로잡히게 한 그러한 것들을 멸망시켰다.[38] 우리의 대리인이자 대표로서 그는 "지옥의 권세들과 영원한 죽음의 공포들과 백병전(白兵戰)을 벌였다.[39] 그리고 우리를 억누르되 예수님을 억누르기에는 무력하였던 그러한 것들의 권세에게 자신을 내어줌으로써, 그들의 권세를 깨뜨리고 자신이 승리자임을 드러내었다."[40]

6. 중보자로서의 왕적(王的) 제사장직

칼빈이 누차 강조하는 바에 의하면, 예수 그리스도의 인격에서와 그의 한 번의 행위에서 구약에서의 왕직(王職)과 제사장직(祭司長職)이 둘 다 그것들의 성취와 참된 의미를 찾게 되는 것이다. 율법 아래에서는 두 직분이 나뉘어져 있고 구분되었다. 각 직분이 훌륭하게 성취되고 왕직과 제사장직이 전성기를 이룬 때에는 백성들이 행복을 누렸다. 이 직분들은 마치 몸의 두 눈과도 같은 바, "제사장은 하나님과 사람 사이에 중보자요, 왕은 백성들을 다스림에 있어서 하나님의 사람의 역할을 한다."[41] 그러나 그리스도 안에서 이 두 직분이 한 사람에게서 통일이 되어 있는 것이다. 그는 제사장이자 동시에 왕이시다.[42] 칼빈은 멜기세덱의 이야기와 같은 구절들과 시편 110편 그리고 스가랴서에 나오는 여호수아의 환상 등에서 예표된 바 한 사람에게서 두 직분이 이같이 성취

---

[37] Inst. 2 : 12 : 3.
[38] Inst. 2 : 16 : 11.
[39] Inst. 2 : 16 : 10, cf. 2 : 16 : 7.
[40] Inst. 2 : 16 : 7, cf. 2 : 16 : 10.
[41] Comm. on Zech. 6 : 11, C.O. 44 : 210. *Erant enim haec summa decora, et quasi duo oculi corporis, quum scilicet sacerdos esset mediator Dei et hominum: rex etiam Dei personam sustineret in populo gubernando.*
[42] Comm. on Exod. 28, C.O. 24 : 427. Comm. on Zech. 3 : 5, C.O. 44 : 172. *Scimus enim regnum fuisse coniunctum sacerdotio in Christi persona.* Cf. comm. on Zech. 6 : 11, C.O. 44 : 210.

된 것을 발견한다. 멜기세덱은 구약에서 아주 독특한 방식으로 제사장이자 왕이고,[43] 시편 110편에는 하나님의 우편에 왕적 위엄을 가지고 앉아 있는 그 사람이 '영원한 제사장'으로 불리우고 있으며,[44] 스가랴서에 나오는 여호수아의 환상에서는 두 개의 면류관으로 관을 썼는데 하나는 왕관이요, 다른 하나는 제사장관(mitre)인 바, 이것은 오직 예수 그리스도에게서만 성취될 수 있었던 동일 인물에게서의 왕권(王權)과 제사장직의 연합을 의미한다.[45]

그리스도의 왕적(王的) 제사장직의 왕의 측면과 관련하여 그에게 임한 성령의 기름부음과 성화가 특별한 의미를 갖는다.[46] 성령이 그리스도를 '왕으로 기름부은 것'[47]은 그가 성령을 '한량없이' 무한히 충만하게 받음으로써[48] 모든 은사들과 능력들로 충만하게 되어, 그의 모든 백성들이 그의 충만한 능력과 은혜로부터 받아 부유하게 될 수 있게 하는데 있었다.[49]

칼빈은 그리스도의 왕국이 이 세상에 속하지 아니하는 까닭에, 그가 왕으로 기름부음 받아 성화될 때 그에게 주어진 은사들이 신령하였다는 것을 우리에게 끊임없이 깨우친다.[50] 이 충만한 은사들은 그의 인간적 본성에 자리하고 있던 모든 은사들―그의 "권능, 지혜, 의, 순결과 생명이었다."[51] 칼빈의 주장하는 바에 의하면, 이 은사들은 이사야 11

---

43) Comm. on Gen. 14 : 18, C.O. 23 : 201.
44) Comm. on Zech. 6 : 9–11, C.O. 44 : 211–12.
45) Ibid.
46) Christ was called Messiah, says Calvin, "in view of the nature of His kingly office, still the prophetical and sacerdotal unctions have their proper place" (Inst. 2 : 15 : 2, cf. comm. on Exod. 30 : 23, C.O. 24 : 446). Elsewhere he looks on the office of prophet in the Old Testament as belonging properly to the priests, who should have been ministers of the Word (comm. on Mal. 2 : 7, C.O. 44 : 437. *A iure sacerdotii non posse divelli docendi munus*): but since they neglected it, prophets were raised up to make good their neglect (comm. on Micah 3 : 11–12, C.O. 43 : 334, comm. on Zech. 7 : 1–3, C.O. 44 : 220). The prophetic office was therefore an extraordinary office, *munus quasi extraordinarium* (comm. on Zech. 7 : 1–3, C.O. 44 : 220).
47) Inst. 2 : 15 : 5.
48) Comm. on John 3 : 34, C.O. 47 : 74–5.
49) Inst. 2 : 15 : 4; comm. on Isa. 11 : 2, C.O. 36 : 235; comm. on Luke 4 : 17–18, C.O. 45 : 140–1; comm. on Heb. 2 : 11, C.O. 55 : 28. *Solidam plenitudinem sanctitatis in eam effudit Deus, ut inde hauriamus omnes.*
50) Inst. 2 : 15 : 4–5.
51) Comm. on John 7 : 38, C.O. 47 : 181.

: 2에 언급되어 있는 여섯, 일곱에만 제한되어서는 안되고, 성경의 다른 부분들에 열거되어 있고(딤후 1 : 7, 갈 5 : 22~23) 예수의 인간적 본성을 이룬 '온유, 정절, 절제, 진실과 거룩' 등과 같은 열매들을 포함해야 하는 것이다.[52]

---

[52] Comm. on Isa. 11 : 2, C.O. 36 : 235.

제 2 장
그리스도의 왕적 제사장직에 의한 교회의 성화

1. 제사장과 백성과의 관계

구약의 몇몇 구절들에는 성전에서의 제사장직 기능의 성취로 "제사장과 백성과의 관계"[1]를 아주 밀접하게 표현하는 어법과 상징이 사용되고 있다. 제사장이 성소에 들어갈 때 그의 에봇의 어깨에는 열 두 지파의 이름들이 새겨진 두 돌들을 지니고 들어갔다(출 28 : 9~12). 그리고 그의 흉패에는 열 두 지파를 나타내는 열 두 보석을 달아 붙였다(출 28 : 15~21). 이 모든 것을 칼빈은 아주 의미가 깊은 것으로 간주한다. 그것이 의미하는 바는, 제사장은 "개인적인 혜택을 위하여 분리된 것이 아니고, 그의 한 몸에서 이스라엘이 모두 제사장들의 나라를 이루고 있었던 것이다."[2] 즉, 제사장이 자신을 성결케 할 때에, 성소에 들어갈 때에, 백성의 죄를 위하여 속죄를 할 때에 그가 무엇을 하든지 그는 백성들의 이름으로 행하였고, 마치 백성 자신들이 제사장이 되어 행한 것처럼 일체감을 가지고서 그들을 대신하였던 것이다. "한 사람을 통해서

---

[1] Comm. on Exod. 28 : 9, C.O. 24 : 431. *Coniunctio sacerdotis cum populo.*
[2] Comm. on Exod. 28 : 9, C.O. 24 : 431. *Hinc sublata fuit occasio invidiae, quum populus intelligeret, unum hominem non discerni ab aliis privati commodi gratia, sed in unius persona omnes esse regnum sacerdotale.*

(in the person of one man) 모두가 함께 성소에 들어간 것이 되었다."³⁾

이와같이 그들은 그들의 왕이 승리할 때에 그 왕과 연관되어 있는 것처럼, 그들의 제사장이 성결될 때 그 제사장과도 그들은 연관되어 있기 때문에 모세가 이스라엘을 '거룩한' 나라로 불렀다. 이는 그들이 왕적(王的) 자유뿐만 아니라 그들의 집단 중에서 선택된 제사장들의 성화에도 참여한 것을 의미했다.⁴⁾

2. 그리스도가 성화됨으로 말미암는 교회의 성화

이스라엘에서의 제사장과 백성 간의 이 긴밀한 관계는 그리스도가 중보자로서의 그의 사역에서 자기의 교회와 자신을 동일시하는 방식의 예표이다. 그리스도는 자기의 몸인 교회의 머리로서 자신의 왕적 제사장 직분을 성취하여 모든 일을 행하시되, 자기의 몸과 아주 밀접한 연관을 가지고 행함으로써 자기의 모든 지체들이 그 머리의 대리 행위에 참여할 수 있게 한다. 머리이신 그리스도의 왕적 제사장직을 성취함에 있어서 그의 몸인 교회가 이같이 아주 밀접하게 그리고 실제적으로 관련되어 있기 때문에, 그리스도라는 분에게서 성취되어진 것이 마치 실제로 그의 모든 지체들에게서 이미 성취되어 있는 것처럼 말할 수가 있는 것이다. "머리와 지체들 간에 존재하는 밀접한 교통의 결과로 그리스도에게만 전적으로 적합한 표현이 우리에게도 적용된다."⁵⁾

그러므로 그리스도가 승리를 얻은 때에 교회도 이미 승리한 것으로 간주될 수 있고, 지금 당장 그리스도의 영광과 나라에 참여하고 있는

---

3) Comm. on Heb. 6 : 19, C.O. 55 : 81. *Nam pontifex non suo tantum, sed populi etiam nomine in sanctum sanctorum ingrediebatur. . . . ut in unius hominis persona omnes sanctuarium simul ingrederentur.*
4) Comm. on 1 Pet. 2 : 9, C.O. 55 : 240.
5) Comm. on Dan. 7 : 27, C.O. 41 : 84. *Christus . . . nihil sibi proprium usurpat, sed communicat nobiscum quidquid habet, ac in utilitatem nostram refert: ideo merito vocamur reges, quum ipse regnat: et quemadmodum iam dixi, quod non nisi in solam eius personam proprie competit, ad nos transfertur propter communicationem, quae est inter caput et membra.* Here in Calvin's mind we possibly have a relationship similar to that between the sign and the thing signified in the Sacraments—a mystery of sacramental relationship so close that the sign, though distinct from the thing signified may be spoken of as identical with it. Cf. *Calvin's Doctrine of the Word and Sacrament*, pp. 159-74.

것으로 간주될 수 있는 것처럼,[6] 그리스도가 단번에 성화될 때에 교회도 이미 성화된 것으로 간주될 수가 있다(so it can also be regarded as already sanctified in the once-for-all sanctification of Christ). 칼빈은 히브리서 10 : 14의 테텔레이오켄(τετελείωκεν)을 '온전케 하였다' 대신에 '성결케 되었다'[7]로 번역하는 편을 택하여, "모든 성도들이 그리스도의 한 번의 헌제(獻祭)에서 온전한 성결을 얻게 되는 것이다"[8]라고 말한다. 그래서 칼빈은 교회의 성화 또는 성결에 대하여 말할 때 그의 단어상의 표현이 다소 다양하기는 하지만 과거 또는 완료형시제(時制)로 흔히 말한다. "우리는 그리스도의 죽음에 의하여 하나님께 대하여 성결케 되었다."[9] 즉, 그리스도께서는 "그 자신의 몸을 드릴 때에 성부 하나님께 우리를 드리신 것이며,"[10] "그 자신과 함께 성부께 우리를 바치신 것이다."[11]

그러므로 칼빈은 요한복음 17 : 19에 "또 저희를 위하여 내가 나를 거룩하게 하오니 이는 저희도 진리로 거룩함을 얻게 하려 함이니이다"라는 본문에서 깊은 의미를 발견한다. 그러나 성화에 대하여 말할 때 칼빈은 이 구절을 반드시 인용하지는 않고 가끔 빠뜨린다.[12] 사실, 예수께서 자기의 왕적 제사장직을 위해 자기를 성결케 하신 것은 어떤 의미에서 전적으로 대리적(vicarious)이고 독특하며, 나머지 인류와 별도로 행하여진 어떤 것이었다. 그렇지만 우리의 이름으로 예수님은 하나님 앞에 섰으며 행동하셨다. 그의 속죄와 성결 사역에서 그는 우리의 대리인으로서 뿐만 아니라 우리의 대표로서 행하셨다. 그런 까닭에, 그리스도 안에서 왕적 제사장직을 위한 성결의 온전한 행동으로 성부에게 우리가 또한 드려진 것이다.[13] 베드로전서 2 : 9을 칼빈은 의역하여 기록

---

6) Ibid.
7) Cf. also in comm. on Heb. 2 : 10, C.O. 55 : 28.
8) Comm. on Heb. 10 : 14. *Plenam enim consecrationem habent sancti omnes in unica Christi oblatione.*
9) Comm. on 1 Pet. 3 : 18, C.O. 55 : 264. *Quid hoc sibi vult, nisi nos Christi morte ita fuisse Deo consecratos, ut illi vivamus et moriamur.*
10) Comm. on John 17 : 19, C.O. 47 : 385. *Nos in sua persona quodammodo Patri obtulit.*
11) Inst. 2 : 15 : 6. *Nos secum Patri dicavit.*
12) Cf. e.g. comm. on Exod. 28 : 36, C.O. 24 : 433; on Exod. 29 : 16, C.O. 24 : 439; on Dan. 9 : 25, C.O. 41 : 183; on Heb. 2 : 11, C.O. 55 : 28, etc.
13) Cf. comm. on Zech. 6 : 12-13, C.O. 44 : 214.

하기를, "모세가 너희의 조상들을 거룩한 나라로 부른 것은 온 백성이 왕적 자유를 누리었고 그들의 집단 가운데서 제사장들이 선택되었으며, 따라서 왕과 제사장으로서의 존귀를 동시에 함께 누리게 되었기 때문이다. 그러나 이제는, 너희가 그리스도의 왕국의 시민들이요 그의 제사장직에 참여하는 자들이 될 수 있게 그리스도 안에서 너희 각각이 성결케 되었기 때문에 너희는 진실로 더욱 빼어나게 왕 같은 제사장들인 것이다."[14]

우리가 왕 같은 제사장으로 그리스도 안에서 단번에 성결케 되었다는 사실을 기초로 하여 우리가 예배와 기도로 하나님께 담대하게 계속적으로 나아갈 수가 있으며 그리스도인의 삶을 살고자 할 수가 있게 되는 것이다. 우리를 왕 같은 제사장으로 만들므로써, 그리스도는 상징적으로 뿐만 아니라 실제적으로 하늘에 들어가는 길을 우리를 위하여 열어 놓으셨다.[15] 그리스도의 피가 "하나님 아버지의 목전에 항상 방울져 떨어지고" 있다는 사실은 우리가 하나님께 갈 수 있는 '길이 항구적으로 성결되어 있음'을 의미한다.[16] 하나님께 나아갈 때에 우리의 지위가 항상 확실하게 된다. "성도들을 하나님이 받아주시게 되는 온전한 가치는 전적으로 제사장직의 성결에 달려 있다."

그러므로 우리 자신이 아무리 더럽고 죄악되게 느껴진다고 할지라도, 하나님이 우리를 받아 주시며 이 왕 같은 제사장의 위엄(royal and priestly dignity)을 가진 자들로 우리를 간주해 준다는 것을 확신할 수가 있다.[17] 그리스도께서는 우리가 하나님 앞에 나아갈 때에 우리에게 우리의 허물들이 돌아가지 않도록 우리를 성결케 하였다.[18] 그런 까닭에, 제사장직을 가지신 그리스도는 하나님이 우리를 보고서 우리를 그의 자녀들로 선택하시는 모형이요 거울이며, 우리가 제사장의 자격을 가

---

14) Comm. on 1 Pet. 2 : 9, C.O. 55 : 240 . . . *quia singuli in Christo consecrati estis, ut sitis et regni socii, et sacerdotii participes.*
15) Comm. on Heb. 10 : 19, C.O. 55 : 128. *Non enim symbolice tantum, sed re ipsa in coelum ingressus nobis patet.*
16) Ibid. p. 129. *Haec est perpetua viae dedicatio, quod coram facie patris semper quodammodo stillat sanguis Christi ad irrigandum coelum et terram.*
17) Comm. on Exod. 28 : 4, C.O. 24 : 429.
18) Serm. on Mark 1 : 23-7, C.O. 46 : 741.

지고 행동하며 완전하게 피신할 수 있는 피난처와 후원자가 그 그리스도이신 것이다.[19]

3. 교회에게 나누어 주어진 그리스도의 성화

그러나 만일 그 성화가 동시적으로 우리 속에서 실제 이루어지도록 하지 아니하면, 우리가 예수 그리스도 안에서 단번에 성결케 된 사실에만 단지 의존하는 것은 온전하지 못하다. 칼빈이 말하는 바에 의하면, 그리스도께서 "성결케 된 것은 우리가 참으로 중생하여 하나님을 섬기고 올바른 삶을 살 수 있도록 하기 위함이었다."[20] 우리의 성숙한 완성을 위하여 요구되는 모든 것이 그리스도의 죽음과 부활에서 성취되었다는 사실을 충분히 확신할 때 우리가 안식을 누릴 수 있는 것이 사실이기는 하지만, 성령의 권능을 통해서 우리 속에서 역사함으로써 그가 이미 온전하게 이루어 놓은 것을 계속적으로 이룸으로 그의 죽음의 효력이 우리 속에서 그 열매를 맺을 수 있게 한다.[21] 그리스도의 생애와 죽음과 부활에서 우리가 단번에 온전하게 성결되었다는 사실은, 우리가 의롭다 칭함을 받으며 하나님께 받아 들여질 때 뿐만 아니라, 그리스도 안에 내주(內住)하신 거룩한 성령을 통해서 우리에게 점진적으로 그 성결이 나누어 주어질 때에 그것의 참된 의의가 드러난다. "그리스도는 자기의 거룩이 우리에게 미칠 수 있도록 아버지께 자신을 성결

---

19) Serm. on Eph. 1 : 3–4, C.O. 51 : 269. *Il faut donc, devant que Dieu nous choisisse et appelle, qu'il ait là son patron et miroir, auquel il nous contemple: c'est à sçavoir nostre Seigneur Iesus Christ.* Comm. on Rom. 8 : 33, C.O. 49 : 163. *Magis ergo emphatice colligit filios Dei non esse obnoxios accusationi, quia Deus iustificat, quam si dixisset Christum esse patronum.*
20) Serm. on Mark 1 : 23–7, C.O. 46 : 471. Cf. comm. on John 17 : 19, C.O. 47 : 385. *Nos . . . Patri obtulit, ut spiritu eius renovemur.*
21) Serm. on Luke 2 : 50–2, C.O. 46 : 477. *Voyla donc nostre Seigneur Iesus Christ qu'il n'a defailli en rien, tellement que quand nous oyons qu'apres avoir este crucifié, il est ressuscité, qu'il est monté au ciel, voyla la perfection de tout ce que nous pouvons souhaiter. Et nous avons aussi de quoy pour contenter nostre foy, et où nous reposer seurement. Mais notons que nostre Seigneur Iesus Christ ne laisse pas encores auiourd'huy de besongner tellement par la vertu de son sainct Esprit, que la mort qu'il a endurée pour un coup, produit son fruict et son effect en nous: sa resurrection nous profite à vie . . . Ainsi on peut dire qu'encores auiourd'huy le Fils de Dieu continue à parfaire ce qu'il a vrayment parfait, ouy pour l'appliquer à nostre usage, afin que nous en sentions le profit.*

케 하였다. 첫열매의 축복이 전체 수확에 걸치는 것처럼, 하나님의 성령이 그리스도의 거룩을 우리에게 나누어 주어 우리로 하여금 그 거룩에 참여하는 자가 되게 한다. 이것은 전가(轉嫁)에 의해서만 되어지는 것이 아니다. 전가와 관련해서 그리스도는 우리에게 의(義)가 되었다고 하기 때문이다. 그러나 마찬가지로 그는 우리에게 성결이 되었다고도 말할 수가 있는 것이다(He is said to have been made us righteousness; but He is likewise said to have been made unto us sanctification). 22)

그러나 이 내면적 성화(聖化)의 사역은 우리를 위하여 그리스도 안에서 이미 온전히 성취되었던 그 성결을 우리에게 나누어 주는 것으로만 단지 생각되어야 한다. 교회는 예수 그리스도에게 부어졌던 그 한 번의 왕적 제사장적 기름부음(the one royal and priestly unction)에 참여함으로 해서만이 성화될 수가 있는 것이다. 칼빈은 이 점을 여러 가지 방식으로 여러 곳에서 강조한다. 하나님께서는 성령으로 성결케 된 예수님의 인성23)을 예수님 안에서 계시된 하나님의 형상을 따라 재창조하여 사람들을 새로운 피조물로 만드는 데 필요한 성령의 모든 은혜들의 거처(居處)가 되게 하였다. 24) 그리스도께서 영적 부(富)와 권능에 대하여 소유한 모든 것은 그것이 하나님 아버지께로부터 온 선물이든지 아니면 그 자신의 자기 성화(self-sanctification)의 결과로서 얻은 것이든지간에, 자기 자신을 위하여 소유하지 아니했다. 다만 "가난하고 궁핍한 자들을

---

22) Comm. on John 17 : 19, C.O. 47 : 385. *Ipse Patri se consecravit, ut eius sanctitas ad nos perveniret. Sicuti enim a primitiis benedictio diffunditur in totum proventum, ita spiritus Dei nos Christi sanctitate adspergit facitque eius participes. Neque id imputatione solum, nam hac ratione dicitur factus nobis esse iustitia* (1 Cor. 1. 30), *sed dicitur etiam factus esse nobis sanctificatio.*
23) We cannot think or speak of the divine nature of Christ as being sanctified, cf. John 17 : 19, therefore it is through the human nature of Christ alone that divine revelation and divine life are communicated to the human race. Inst. 2 : 13 : 4, 3 : 2 : 1; Comm. on Heb. 2 : 11, C.O. 55 : 28. *Neque enim tantum quatenus Deus est, nos sanctificat, sed humanae quoque naturae vis sanctificandi inest.*
24) Serm. on Matt. 2 : 23 ff., C.O. 46 : 457. *Vray est quand il a vestu nostre chair, que rien ne luy a defailli. Car nous sçavons ce qui est dit par le Prophete Isaie, que l'Esprit de Dieu a reposé sur luy, l'Esprit de sagesse et d'intelligence, l'Esprit de force et de discretion, l'Esprit de crainte de Dieu. Bref, il a falu que Iesus Christ receust en sa nature humaine, et vestist tout ce que nous pouvons desirer, et qui est requis à nostre felicité: voire, et a falu qu'il receust tout cela en perfection.* And comm. on John 17 : 22, C.O. 47 : 388.

부요케 하기 위함이었다."²⁵⁾ 왜냐하면 그는 전혀 아무것도 부족함이 없었기 때문이다. 그는 자신이 누릴 수 있게 될 어떤 개인적인 이익을 위해서 자신을 성결케 한 것이 아니고, 교회라고 하는 전체 집단이²⁶⁾ 그리고 전세계가 그의 거룩으로 충만케 될 수 있도록 하기 위함이었다.²⁷⁾

칼빈은 제사장을 거룩케 하는 구약의 의식(儀式)에서 그리스도의 성화가 우리에게 나누어 주어지게 되는(imparted) 방식의 실례를 보는 것이다.²⁸⁾ 이 예식에서 기름이 먼저 머리에 부어지고 그 다음 온 몸에 흘러 내렸다. 이와같이 그리스도께서 교회에게 자기의 은사들을 나누어 주심에 있어서도, 그는 자기가 머리로서 받은 그 하늘의 기름부음이 "교회라고 하는 온 몸에 흘러 넘치도록"²⁹⁾ 단지 일하시는 것이다.

그러므로 예수 그리스도의 인성은 구원과 생명과 권능이 교회에게로 넘쳐 흘러 들어올 수 있는 유일한 통로가 되었던 것이다. 기독교인이라면 예수 그리스도를 떠나서가 아니라 그리스도 안에서 참된 행복을 구하려고 해야 한다.³⁰⁾ 그리스도가 성결케 될 때에 그에게 주어졌던 모든 것은, 성령에 의하여 교회에게 전달되고 나누어 주어지는 바로 그 목적을 위하여 주어진다.³¹⁾ 교회를 성결케 함에 있어서 성령은 예수 그리스도 안에 먼저 있지 아니한 것은 아무것도 교회에게 허락하지 아니할 뿐 아니라 교회 안에서 일으키지도 아니한다. 그리스도는 이제 하나님 우편에 앉아 계시면서 교회에게 그 자신의 은혜들과 은사들을 전해 주어

---

25) Inst. 3 : 1 : 1; 2 : 17 : 6; Serm. on Matt. 2 : 23, C.O. 46 : 455; Serm. on Acts 2 : 1–4, C.O. 48 : 633.
26) Serm on Matt. 4 : 1, C.O. 46 : 596.
27) Serm. on Mark 1 : 23–7, C.O. 46 : 736.
28) Another Old Testament analogy used by Calvin for this transference of sanctification is that of the consecration and blessing of the first-fruits of the harvest being transferred to the whole harvest. Cf. comm. on John 17 : 19, C.O. 47 : 385; on Matt. 2 : 23, C.O. 45 : 103; on 1 Cor. 15 : 20, C.O. 49 : 545.
29) Comm. On Isa. 11 : 2, C.O. 36 : 236–7.
30) Serm. on Acts 2 : 1–4, C.O. 48 : 633.
31) Comm. on Heb. 7 : 25, C.O. 55 : 94. Cf. serm. on Tit. 1 : 7–9, C.O. 54 : 442. *Il faut que Dieu y besongne. Et comment? Que nous soyons des membres de nostre Seigneur Iesus Christ. Il est dit que nous devons estre iustes, saincts, sobres, attrempez. Et comment cela? Quand le Sainct Esprit dominera en nous, alors nous aurons des vertus. Il est dit que nous devons fuir yvrongnerie, intemperance, noise, debats, fierté. Et comment? Ayans l'esprit de mansuetude, l'esprit d'humilité, l'esprit de crainte de Dieu, l'esprit de prudence et de discretion. Or tout cela a esté donné à nostre Seigneur Iesus Christ, afin qu'il le communique à ses fideles.*

교회로 하여금 그것의 사명을 위해 보존되고 구비될 수 있게 하기를 원하고 있는 것이다.[32]

---

32)Inst. 2 : 16 : 16. *In excelsis ergo sedet, ut transfusa inde ad nos sua virtute, in vitam spiritualem nos vivificet, ut Spiritu suo sanctificet, ut variis gratiarum dotibus ecclesiam suam exornet, ut protectione sua tutam adversus omnes noxas conservet.* Cf. comm. on Isa. 11 : 2, C.O. 235-6.

제 3 장

그리스도의 성화와 교회의 참여

1. 그리스도와 교회 간의 신비적 연합

앞에서 말한 대로 성화(聖化)의 능력이 그리스도의 인성(人性) 또는 육체에 있다.[1] 그의 육체는 모든 신성의 충만의 거처(居處)요, 우리가 우리의 구원을 위하여 필요로 하는 것이면 무엇이든 끌어내야 하고 또 무한량으로 끌어낼 수 있는 통로 또는 원천(源泉)이 되었던 것이다.[2] 왜냐하면 우리가 그리스도의 성화에 참여하게 되는 것은 그리스도의 인성에 우리가 연합되어 있기 때문인 것이다. 그리스도는 "그 자신을 우리에게 나타내 보이시고, 우리를 초대하여 교제를 나누게 하시되 참으로 우리가 그에게 연합되게 할 뿐 아니라, 그에게 속해 있는 모든 것

---

[1] See p. 15. Calvin finds that Jesus' words in the sixth chapter of John's Gospel, about the life-giving and nourishing power of His flesh and the necessity that men should eat His flesh, refer to the power that resides in His human nature or body. Therefore he does not hesitate to say that the flesh of Christ itself has been "filled with the sanctification of the Spirit (*perfusa sanctificatione spiritus*)" and that the flesh of Christ is the channel through which the power of Christ flows to His people, and the source from which we derive life. Cf. comm. on John 6 : 51, C.O. 47 : 152–3; and C.O. 9 : 30–1.

[2] See serm. on Eph. 3 : 14–19, C.O. 51 : 489. *Or notons que non seulement Iesus Christ, entant qu'il est Fils eternel de Dieu, a en soy toute perfection de biens: mais en sa nature humaine . . . il a encores receu toute plenitude. . . . C'est à fin qu'il en distribue à tous ses membres, et que nous puisions . . . de sa plenitude, ne craignans point que ceste fontaine tarisse.*

이 우리의 것이 될 수 있도록 우리 안에 그가 거하신다.[3]

만일 그리스도께서 우리를 그의 몸에 접붙임 받게 하여 그의 모든 은사들을 우리에게 전달해 주는 이 '두번째 축복'(second blessing)을 그가 우리에게 부어 주지 아니했다고 한다면, 그리스도께서 죽고 부활한 것이 우리에게는 아무런 유익이 되지 못했었을 것이다.[4] 머리로부터 몸으로 흘러 내리는 기름부음은 몸의 지체들인 자들에 의해서만 나누어 가질 수가 있다.[5] 칼빈에 의하면, 우리가 구원받는 방도를 정의함에 있어서 '그리스도에 의하여'(by Christ) 보다는 '그리스도 안에서'(in Christ)라는 표현을 사용하는 것이 더 좋다.[6] 왜냐하면 '그리스도 안에서'라는 표현은 복음의 중요한 핵심 요소인 그리스도와의 연합을 잘 드러내고 있으며, 보다 더 명료하고 요점적이기 때문이다.[7] 우리를 그 자신에게 연합되게 하고 우리를 자기의 지체들이 되게 함에 있어서, 그리스도는 우리 안에 거하시고, "끊을 수 없는 교제의 결속에 의하여 우리와 가까이하실 뿐만 아니라, 신비한 교통에 의하여 매일 점차 우리와 한 몸을 이루어 마침내 그가 우리와 함께 하나가 되신다."[8]

인간적 본성 또는 육체를 입으신 그리스도와의 교회의 이 '신비한 연합'(mystical union)의 본질과 실재를 칼빈은 복음의 큰 신비들 중의 하나로 간주한다.[9] 그것은 '자신들에게서 벗어나' 사는 신자들이 그리스

---

3) Serm. on Acts 2 : 1–4, C.O. 48 : 633.
4) Comm. on 2 Tim. 1 : 9, C.O. 52 : 352; and on 1 Cor. 1 : 5, C.O. 49 : 310.
5) Serm. on Acts 2 : 1–4, C.O. 48 : 633. *Nous ne pouvons communiquer a nulle grace du S. Esprit qu'estans membres de nostre Seigneur Iesus Christ:* and serm. on Tit. 1 : 7–9, C.O. 54 : 442. *Il reste maintenant de sçavoir comme nous pourrons parvenir à ces vertus. . . . Il faut que Dieu y besongne. Et comment? Que nous soyons membres de nostre Seigneur Iesus Christ.*
6) Comm. on Rom. 6 : 11, C.O. 49 : 110. *Retinere malui Pauli verba: in Christo Iesu, quam cum Erasmo vertere: per Christum: quia illo modo melius exprimitur insitio illa, quae nos unum cum Christo facit.* Cf. comm. on 1 Cor. 1 : 5, C.O. 49 : 310.
7) Serm. on Titus 1 : 7–9, C.O. 442–3. *Car quand sainct Paul veut definir en brief la fin de l'Evangile, et son vray usage, il dit que nous sommes appellez pour communiquer à nostre Seigneur Iesus, pour estre unis tellement avec luy, que nous y soyons incorporez, et qu'il habite quant et quant en nous, et que nous soyons conioints ensemble d'un lien inseparable.*
8) Inst. 3 : 2 : 24 . . . *quia Christus non extra nos est, sed in nobis habitat: nec solum individuo societatis nexu nobis adhaeret, sed mirabili quadam communione in unum corpus nobiscum coalescit in dies magis ac magis, donec unum penitus nobiscum fiat.*
9) Inst. 3 : 11 : 10. Cf. *Calvin's Doctrine of the Word and Sacrament*, Ch. XII.

도 안에서 살게 되는 참되고 실질적인 연합(a real and substantial union)이다.[10] 그 연합을 방편으로 하여 그리스도가 우리와 '한 본체'가 되며,[11] 우리는 "그의 뼈 중의 뼈요 살 중의 살이 된다."[12] 그렇지만 본질적으로 그것은 성령의 능력으로 되어지는 '신령한 연합'(spiritual union)으로서, 그리스도와 우리가 '총체적으로 혼합되는'(gross mixture) 일은 결코 있지 않다.[13] 더욱이 이 연합은 오직 믿음으로만 가능케 되고, 믿음을 떠나서는 체험될 수가 없다.[14] 그렇지만 이 연합은 성례에 의해서도 이루어질 수가 있다. 성례는 믿음에 대하여서 베풀어지는 것이며, 우리를 이 연합에 참여케 하는 유형적(有形的)이고 가시적(可視的)인 방편으로 간주되어야 한다.[15]

세례와 성찬 예식들이 그리스도에 의하여 제정된 것은 이 연합이 계속적으로 교회의 생활 속에서 효력이 있게 하고, 이 연합이 우리의 칭의와 성화의 원천임을 계속적으로 우리에게 새겨 두기 위함이었다. 우리는 우리의 눈으로 보고 손으로 만져야만 만족해 하는 피조물인 까닭에,[16] 성찬을 우리 앞에 베풀어 주시는 것이다. 이로써 승천하신 그리스도가 우리를 떠나 따로 떨어져 계시는 것이 아니라, 우리가 그에게 아주 연합되어 있는 까닭에 그는 우리에게 하나도 남김없이 그가 가진 모든 것을 전달해 주기를 원하신다는 것을 알게 한다.[17] 우리가 먹고 마시며, 그리스도의 몸과 피를 나타내는 바 가견적(可見的) 표적들인 떡과 포도주는, "우리의 육체적 생명이 떡과 포도주로 지탱되는 것처럼 우리의 영혼이 그리스도에 의하여 배부르게 먹이운다"[18]는 사실이 얼마나 참인가를 보여 주고 있다.

---

10) Comm. on Gal. 2 : 20, C.O. 50 : 199. *Insignis sententia, fideles extra se vivere, hoc est in Christo. Quod fieri nequit quin veram cum ipso et substantialem communicationem habeant.*
11) Inst. 4 : 17 : 3 & 5; comm. on 1 Cor. 11 : 24, C.O. 49 : 487.
12) Inst. 3 : 1 : 3.
13) Inst. 3 : 11 : 10; 3 : 1 : 3.
14) Comm. on Heb. 5 : 9, C.O. 55 : 64. *Neque enim noster fit, neque eius bona, nisi quatenus haec et ipsum fide amplectimur.*
15) Cf. *Calvin's Doctrine of the Word and Sacrament*, especially Ch. XII.
16) Comm. on Ps. 51 : 9, C.O. 31 : 515-16.
17) Serm. on Luke 2 : 1-14, C.O. 46 : 966.
18) Inst. 4 : 17 : 1.

그리스도의 인성과의 우리의 연합으로부터 생명을 계속적으로 얻음으로써 우리는 살 수가 있는데, 성찬은 이 사실을 우리에게 보여 주는 계속 반복하여 베풀어진 표적이고, 세례는 그리스도의 몸에 접붙임 받는 이 연합의 신비에 실제적으로 단번에 들어간 것을 보여 주는 가견적 표적이다.[19] 우리의 생명을 지탱해 주는 음식을 그리스도에게로부터 우리에게 하나님이 계속적으로 공급하고 있음을 성찬이 보여주고 있는 것처럼,[20] 세례는 우리가 그리스도의 몸에 단번에 접붙임 받은 것, 즉 그리스도에게 연합된 것을 보여 주는 표적으로 간주되어야 하는 것이다.[21] 세례는 "우리가 그리스도와 함께 성장하는 그 신비한 결합"에로 우리가 가입된 것을 보여 주는 표적이다.[22]

2. 신비적 연합의 접합제(接合劑)인 성령

그리스도의 인간적 본성에 우리가 어떻게 연합이 되어 가지고 "그의 뼈 중의 뼈요 살 중의 살"이 될 수 있게 되는가 하는 신비를 논함에 있어서, 예수 그리스도는 영광 중에 그가 재림하실 때까지 머물러 있게 될 하늘에로 이 세상을 떠나 자기의 인간적 본성을 그의 승천 시에 거두어 갔다는 것을 칼빈이 지적한다.[23] 그런 까닭에, 하늘에 계시는 그리스도와 땅에 있는 우리 자신들 간의 연합의 본질은 인간의 상상을 뛰어넘는 그러한 신비임이 분명하다.[24] 더욱이 그 연합은 자연계의 질서에 속하는 어떠한 영적 도덕적 과정에 의해서도 이루어질 수가 없다.[25]

---

19) Inst. 4 : 18 : 19.
20) Inst. 4 : 17 : 1.
21) Comm. on Tit. 3 : 5, C.O. 52 : 430; serm. on Matt. 3 : 13–17, C.O. 46 : 578–80.
22) Comm. on Rom. 6 : 5, C.O. 49 : 106.
23) C.O. 9 : 72; 9 : 221; Inst. 4 : 17 : 26; serm. on 1 Cor. 10 : 15–18, C.O. 49 : 667.
24) Cf. comm. on Eph. 5 : 32, C.O. 51 : 226–7.
25) Serm. on Eph. 5 : 32, C.O. 51 : 768. *Car . . . ce n'est pas que nous devions prendre ceste audace de penser d'approcher de Iesus Christ, comme si nous estions conioints à luy de nous-mesmes et de nostre nature propre: mais ceci se fait en la vertu de son S. Esprit;* and p. 769, *Voylà donc comme par la vertu de l'Esprit et non point par ordre de nature, ni d'une façon commune, nous sommes des os de nostre Seigneur Iesus Christ et de sa chair, que nous sommes membres de son corps.*

그러므로 성령께서만이 이 연합을 가능케 하실 수가 있다. 왜냐하면 오직 성령만이 하늘에 있는 것들과 땅에 있는 것들을 결합시켜 하늘에 있는 것들을 사람이 이해할 수 있게 하고, 하늘에 계시는 그리스도의 인성의 생명과 은사를 땅에 있는 자들로 하여금 나누어 가질 수 있게 하실 수가 있기 때문이다.[26] 성찬과 세례에 관하여 아주 분명하게 묘사되어 있는 바, 그리스도의 천상(天上)의 몸과 지상(地上)의 그의 교회 사이의 그 기이한 신비적 관계를 오직 성령만이 사실로 존재케 할 수가 있다.[27]

성령은 동정녀(童貞女)의 태(胎)에서 신·인(神·人)이 잉태되는 일을 통하여 이미 하늘과 땅, 하나님과 사람을 연합시켰다. 그러나 이 이적마저도 그것만으로는 인류를 하나님 자신에게 영원토록 연합되게 하는 하나님의 목적의 최종적 완성을 성취하지 못한다. 성육신의 이적은 그 성육신에게 가정(假定)된 바 교회가 몸을 이루어 결합되는 이적을 필요로 한다. 이 또 하나의 이적 역시 성령의 측량할 수 없는 사역이다.[28] 그리스도와 그의 백성 간의 연합에 대하여 말함에 있어서, 성령이 그리스도를 천상에서 끌어 내려 자기 백성의 삶과 가슴 속에 거하게 하시는 것으로 칼빈이 성령에 대하여 말하고 있는 것으로 볼 수도 있으나, 다른 한편으로 보면, 성령이 사람들을 지상에서 천상으로 끌어 올리어 거기서 그리스도와 함께 거하며 그리스도와 함께 즐길 수 있게 하는 것으로 성령에 대하여 칼빈이 말하기를 더 좋아하는 듯하다.[29] 칼빈은 성령에 대하여 말함에 있어서 우리를 그리스도에게 결합시키는 고리로 보

---

26) Comm. on Gal. 2 : 20, C.O. 50 : 199. And serm. on Job 15 : 11-16, C.O. 33 : 720. *Il n'y a nul qui cognoisse ce qui est en l'homme, que l'esprit qui habite en lui, dit sainct Paul: mais l'Esprit qui habite en Dieu nous est donné. Voila donc comme nous sommes faits participans des choses qui estoient du tout separees de nous, et desquelles nous ne pouvions nullement approcher.*
27) Serm. on Acts 2 : 1-4, C.O. 48 : 634. *Quand nous venons à ceste saincte table, cognoissons que c'est un secret qui surmonte tous nos sens, et pourtant qu'il faut yci donner lieu à la foy. Et que nous sçachions que ce qui ne se peut concevoir par les hommes s'accomplit neantmoins par la grace secrete et invisible du S. Esprit: car voyla comme nous sommes faits participans du corps et du sang de Iesus Christ.*
28) Comm. on Eph. 5 : 31, C.O. 51 : 226. Cf. serm. on Eph. 5 : 28-30, C.O. 51 : 767-9.
29) C.O. 9 : 33; Inst. 4 : 17 : 6.

는가 하면, 그리스도가 가지고 있는 모든 성품과 은사를 우리의 것이 되게 해주는 통로로 보고 있다.[30]

3. 신비적 연합의 접합제인 신앙

인간을 주체로 하는 관점에서 보면, 신앙이 그리스도와 그의 백성 간의 연합의 접합제(接合劑)이다. 칼빈은 가장 고양(高揚)된 어조로 신앙을 갖는 것이 믿는 사람의 경우 어떤 것인가에 대하여 말한다. 신앙을 통해서 우리는 "하늘 나라의 소유권을 얻게 된다."[31] 신앙으로 말미암아 우리가 그리스도의 의(義)를 덧입게 되며, 이로써 그 의가 우리의 것이 되는 것이다.[32] 그리스도의 죽음을 인하여 얻어진 생명에 믿음으로 말미암아 우리가 참여할 수가 있게 된다.[33] 그러나 이 모든 것이 가능케 되는 것은 오직 믿음으로 말미암아 우리가 그리스도에게 사실상 연합되고 그의 몸에 가입되기 때문이며,[34] 그리스도 자신을 우리로 하여금 영접하고, 소유하며, 즐길 수 있게 하는 접합제를 신앙이 생산해 내기 때문이다.[35] 그리스도의 은사들인 모든 선물들은 믿음으로 말미암는 그리스도 자신과의 교통을 떠나서는 우리가 받아서 결코 즐길 수 없는 것이다.[36] 진실로 그리스도와의 우리의 연합이 우리의 신앙에 이처럼 크게 좌우되고 있는 까닭에, 그 연합의 깊이와 강도(强度)가 우리의 신앙의 분량에 의하여 결정되는 것이다.[37]

신앙의 위력에 대하여 우리가 이처럼 강조함에 있어서, 그리스도와

---

30) Inst. 3 : 1 : 1. *Huc summa redit, Spiritum sanctum vinculum esse, quo nos sibi efficaciter devincit Christus.* Inst. 4 : 17 : 12. *Vinculum ergo istius coniunctionis est Spiritus Christi, cuius nexu copulamur, et quidam veluti canalis per quem, quicquid Christus ipse et est et habet, ad nos derivatur.*
31) Inst. 3 : 2 : 1.
32) Comm. on 2 Cor. 5 : 21, C.O. 50 : 74.
33) Comm. on John 5 : 11, C.O. 55 : 368.
34) Inst. 3 : 2 : 30. *Quomodo autem fides salvifica nisi quatenus nos in Christi corpus inserit?* Cf. 2 : 13 : 2 and comm. on 1 John 4 : 15, C.O. 55 : 356.
35) Comm. on 1 John 4 : 14, C.O. 55 : 355-6; on 1 John 5 : 12, C.O. 55 : 368.
36) Comm. on Heb. 5 : 9, C.O. 55 : 64. *Neque enim noster fit, neque eius bona, nisi quatenus haec et ipsum fide amplectimur.* Cf. Inst. 3 : 3 : 1.
37) Serm. on Eph. 1 : 17-18, C.O. 51 : 336. *Non sans cause il nous a conioints à nostre Seigneur Iesus Christ: mais que ç'a esté à fin que nous puissions maintenant posseder un chacun selon la mesure de sa foy, les biens qui luy sont propres.* Cf. comm. on John 7 : 39, C.O. 47 : 183.

그에게 연합된 자들 간의 유일한 효과적인 접합제인 성령에 대하여 앞서 이미 말해 온 것을 결코 하나라도 취소할 필요가 없다. 왜냐하면 사람의 마음 속에서 그를 그리스도에게 연합시키는 신앙을 심어주는 것이 성령의 '주요한 사역'이기 때문이다.[38] 그러므로 우리가 그리스도에게 오직 성령으로만 그리고 오직 믿음으로만 연합된다고 하는 말이 모두 참된 것이다. 칼빈은 그리스도와의 연합을 성령과 관련지어 말할 때처럼 똑같이 신앙과도 관련지어 말한다.[39] 신앙은 사람의 심령으로부터 일어나 하늘에까지 뻗을 수가 있다.[40] 신앙은 우리의 지상(地上) 생활을 천상(天上)의 주님에게 뿌리박게 할 수가 있고,[41] 뿌리가 나무에게 영양분과 활력을 공급해 주는 것처럼[42] 그리스도의 천상의 생명을 우리 영혼들에게 신앙이 전달해 줄 수가 있는 것이다.[43] 그런 까닭에, 신앙이 "그리스도에 고유하게 속한 것을 우리의 것이 되게 하는 일"을 할 수가 있고, 그의 은사들에 우리로 하여금 자유롭게 참여할 수 있게 해준다.[44] 신앙으로 말미암아 우리는 지상의 삶을 살면서도 또한 천상(天上)의 삶을 즐길 수가 있고, 이 세속(世俗)에 살면서도 또한 동시에 하늘에서 살 수가 있다.[45]

이렇듯, 신앙은 전적으로 초자연적 은사이다. 신앙은 그것으로 말미암아 하늘에 속한 것을 땅의 사람이 실제로 소유하여 즐길 수 있게 하는 바 사람 속에 창조되어 있는 새로운 능력이다. 신앙으로 말미암아 그리스도와의 신비하고 놀라운 교통이 이루어진 까닭에, 비록 예수 그리스도가 전적으로 하늘에 머물러 계시기는 하지만, 그가 실제로 우리

---

[38] **Inst. 3 : 1 : 4.**
[39] Cf. e.g. serm. on Eph, 3 : 14–19, C.O. 51 : 491. *Iesus Christ habite en nous par foy . . . Il habite en nous par la vertu de son S. Esprit.*
[40] Comm. on 1 Pet. 1 : 4, C.O. 55 : 211. *Nam ut fides in coelos usque penetrat: ita et quae in coelo sunt bona, nobis applicat.* Cf. Inst. 3 : 2 : 1.
[41] Comm. on John 15 : 7, C.O. 47 : 341. *Significat nos fide in ipso radicem agere.*
[42] Serm. on Eph. 3 : 14–19, C.O. 51 : 491. *Nous vivons de sa propre substance, tout ainsi qu'un arbre tire vigueur de sa racine.*
[43] Comm. on Gal. 2 : 20, C.O. 50 : 200. *Unde tanta fidei virtus ut Christi vitam in nos transfundat?*
[44] Comm. on Acts 15 : 9, C.O. 48 : 346. *Et certe fidei officium est, quod proprium habet Christus in nos transferre, et gratuita communicatione efficere nostrum.*
[45] Comm. on Gal. 2 : 20, C.O. 50 : 199.

의 심령 속에 거처를 정하고 계시는 것으로 말할 수 있을 만큼 그는 믿음에 의하여 온전하게 영접되고 소유되는 것이다.⁴⁶⁾ 그러므로 믿음의 사람이 순결과 선을 전적으로 결여한 채 하나님 앞에 선다 할지라도, 그는 오직 그리스도 안에서 그가 필요로 하는 모든 순결과 생명을 발견하는 것이다. 왜냐하면 믿음으로 말미암아 그가 자신에게서가 아니라 오직 그리스도 안에서만 발견하는 것을 소유하며 그것으로 살기 때문이다.⁴⁷⁾

칼빈은 신앙의 위력을 평가함에 있어서, 신앙이 예수님의 인성을 통하여 하나님 자신에게까지 이를 수 있는 힘을 가지고 있다는 것을 주저함없이 덧붙인다. 신앙이 "그리스도의 인성에서 출발하여 그의 신성에" 이를 수 있는 것으로,⁴⁸⁾ 그리고 "하늘을 꿰뚫고 천사들이 바라보며 찬양하는 그러한 신비들에까지"⁴⁹⁾ 이를 수 있는 것으로 칼빈은 신앙에 대하여 말한다. 신앙이 사람을 하나님에게로 연합시키고, 하나님을 사람 안에 거하게 한다.⁵⁰⁾ 그러므로 여기서 칼빈의 사상에 있어서 유의할 것은, 하늘에 있는 것을 포착(捕捉)하여 지상에로 유도(誘導)해내는 신앙의 활동이 그리스도의 천상의 은혜를 인간의 심령에로 가져다 주고 그 은혜에 응답하여 우리의 심령을 천상으로 끌어 올리는 성령의 활동과 상호 관계에 있는 것으로 칼빈이 보고 있다는 점이다.⁵¹⁾

4. 신앙의 이중(二重) 열매로서의 칭의(稱義)와 성화(聖化)

---

46) Serm. on Eph. 3 : 14-19, C.O. 51 : 491. *Nous avons une union secrete, et qui est admirable, et par dessus tout ordre de nature, d'autant que Iesus Christ ne laisse point d'habiter en nous, combien qu'il soit au ciel . . . il habitera en nos coeurs, voire par le moyen de la foy.*
47) Comm. on Hab. 2 : 4, C.O. 43 : 529. *Quid autem iustus? nihil coram Deo affert praeter fidem. Ergo nihil affert proprium, quia fides quasi precario mutuatur quod non est penes hominem. Qui ergo vivit fide, non habet apud se vitam : sed quia ea indiget, ad Deum unum confugit.* Comm. on Acts 15 : 9, C.O. 48 : 346-7. *Neque enim nos purificat fides, tanquam virtus aut qualitas animis infusa : sed quia munditiem in Christo oblatam percipit.* Cf. comm. on Gal. 2 : 20, C.O. 50 : 199.
48) Comm. on John 12 : 45, C.O. 47 : 302.
49) Comm. on John 8 : 19, C.O. 47 : 195.
50) Comm. on 1 John 4 : 15, C.O. 55 : 356.
51) Comm. on Acts 15 : 9, C.O. 48 : 346. *Inter fidem et Christi gratiam mutua est relatio.*

제 1 부 그리스도 안에서 교회의 성화 **39**

칼빈은 믿음으로 말미암아 예수 그리스도로부터 우리가 얻는 것을 '이중 은혜'(double grace)로 정의한다.[52] 이 은혜는 신학적 논리 전개상 칭의와 성화라는 두 제목으로 요약될 수가 있다. "그래서 전체를 다음과 같이 요약할 수가 있다. 하나님이 우리를 사랑하시어 우리에게 주신 예수 그리스도는 믿음으로 말미암아 영접되고 소유된다. 그리고 이 믿음을 방편으로 하여 우리가 이중 은혜를 특별히 얻는다. 그 첫째는, 그리스도의 의(義)로 말미암아 하나님이 화목되시는 까닭에 그는 심판자 대신 관대한 아버지(indulgent Father)가 되시는 것이요, 그 둘째는, 성령으로 성화되는 까닭에 우리가 순결한 생명을 사모하게 되는 것이다."[53] 칭의와 성화가 함께 '이중의 정결'(twofold cleansing)을 구성한다. 이 이중의 정결로 말미암아, 우리가 의롭다 칭함을 받을 때 우리에게 전가되는 성결과 성화의 과정과 생활의 개혁을 통해서 오는 '실제적 성결(actual purity)이 우리에게 주어진다.[54] 베드로가 그리스도 자신과 상관이 있기를 원할 경우 '씻음'을 받아야 한다고 그리스도께서 주장하신 것은, 씻음의 비유를 통해서 칭의와 관련되어 있는 값없는 용서와 성화의 결과인 새로운 생명을 가리켜 말씀하고자 함이었다.[55] 이같은 이중 은혜를 칼빈은 다른 한편으로 이렇게도 표현하여 말한다. "그리스도는 우리 안에서 두 가지 방식으로 사신다. 그 하나는 성령으로 우리를 통치하시고 우리의 모든 행동들을 지도하시는 방식이고, 다른 하나는 그의 의(義)에 우리로 하여금 참여하는 자들이 되게 하여, 우리가 스스로는 아무것도 할 수 없지만 하나님 보시기에 용납될 만하게 하는 방식

---

52) C.O. 6 : 187. Cf. serm. on Gal. 2 : 17–18, C.O. 50 : 437–8. *Il y a deux principales graces que nous recevons par nostre Seigneur Iesus Christ.*
53) Inst. 3 : 11 : 1 ; cf. 3 : 11 : 14 & 3 : 2 : 8.
54) Serm. on Gal. 2 : 17–18, C.O. 50 : 437–8. Cf. comm. on Acts 15 : 9, C.O. 48 : 347. *Duplex autem est purgandi modus, quod Christus peccata nostra, quae semel sanguine suo expiavit, quotidie delendo, puros iustosque, in patris conspectum nos offert ac sistit: deinde, quod carnis cupiditates spiritu suo mortificans nos in sanctitatem reformat.* This "double manner of purging" corresponds to need for a "double purgation." Cf. serm. on Job 14 : 1–4, C.O. 33 : 668. *Maintenant nous avons besoin de double purgation: l'une c'est, que Dieu nous pardonne nos fautes, voila comme nos macules seront lavees: l'autre c'est que par son S. Esprit il nous renouvelle, qu'il nous purge de toutes nos mauvaises affections et cupiditez. Or a-il fait cela pour un iour? il faut qu'il continue tout le temps de nostre vie.* . . .
55) Comm. on John 13 : 8, C.O. 47 : 307.

이다.[56]

칭의는 "우리가 마치 의로운 사람인 것처럼 여겨 하나님이 우리를 받아 은총을 얻게 하시는 용납"[57]이다. 그것은 다른 말로 쉽게 표현하자면 '죄의 용서'(the forgiveness of sins)이자,[58] 하나님의 권속으로 우리가 입양(入養)되는 것이며, 우리가 하나님의 부성적(父性的) 은총을 받게 되는 것이다. 칭의는 하나님 앞에서의 우리의 신분(status)을 가리킨다. 그리고 전가(轉嫁)에 의하여 우리에게 그리스도의 의가 교통되는 것을 칭의가 포함한다. 그래서 우리 안에서 일어났을 수도 있는 심령과 마음의 내면적 변화가 전혀 없어도, 그리고 우리 안에 오직 불의(不義)만이 있을지도 모른다는 사실에도 불구하고, 우리는 실제로 믿음에 의하여 단번에 그리고 동시에 그리스도의 완전한 의(義)를 우리 자신의 것으로 소유한다.[59] 칼빈이 생각하는 바 칭의는 하나님께 대해 소외(疏外)되었던 상태로부터 완전히 벗어나 하나님의 신적 은총과 그의 나라에로 용납되는 것이다. 이것은 사람의 심령 속에서 신앙이 창조되는 순간에 일어난다. 우리가 우리의 구원을 확신하고 하나님의 심판대 앞에서 우리가 최종적으로 용납되는 것은, 그리스도의 완전한 의를 우리 자신의 것으로 요구할 권리를 우리에게 주는 이 단번의 칭의(this once-for-all justification)에 달려 있음에 틀림없다.[60]

칼빈이 생각하는 성화(聖化)는 시간이 흐름에 따라 심령과 외형적 생활에서 그리스도를 점점 더 닮아가고 하나님께 사람이 헌신하게 되어 가는 점진적 과정이다.[61] 성화는 몸과 영혼을 하나님께 성결케 하여 헌

---

[56] Comm. on Gal. 2 : 20, C.O. 50 : 199. *Porro vivit Christus in nobis dupliciter. Una vita est, quum nos spiritu suo gubernat atque actiones nostras omnes dirigit. Altera quod participatione suae iustitae nos donat: ut quando in nobis non possumus, in ipso acceptis simus Deo.*
[57] Inst. 3 : 11 : 12.
[58] Inst. 3 : 11 : 21. "Justification may be termed in one word the remission of sins."
[59] Inst. 3 : 11 : 24. *Hinc et illud conficitur, sola intercessione iustitiae Christi nos obtinere, ut coram Deo iustificemur. Quod perinde valet acsi diceretur, hominem non in se ipso iustum esse, sed quia Christi iustitia imputatione cum illo communicatur, quod accurata animadversione dignum est. Siquidem evanescit nugamentum illud ideo iustificari hominem fide, quonian illa Spiritum Dei participat quo iustus redditur.*
[60] Inst. 3 : 11 : 11.
[61] Comm. on John 17 : 17, C.O. 47 : 385.

제 1 부 그리스도 안에서 교회의 성화 **41**

신하는 것이다.[62] 그리스도께서 십자가의 희생제물로 아버지 하나님의 뜻에 따라 자신을 성결케 함으로써 자신을 성화시킨 것처럼, 우리의 성화도 하나님의 뜻이 이루어질 수 있는 희생제물로 하나님께 우리 자신을 드리는 데 있다. 이와같이 우리의 성화는 그리스도가 그 자신의 몸으로 그의 희생제사에서 하나님 아버지께 우리를 드리시는 것의 성취이다.[63] 이러한 성화가 순수하고 거룩한 것의 봉헌(奉獻)을 요구하기 때문에, 그리고 하나님의 뜻이 우리로 하여금 이 세상의 뜻에 거슬러 행하게 하기 때문에, 우리의 성화는 세상을 포기하는 것과 육체의 오염으로부터 우리 자신을 깨끗케 하는 것을 포함한다.[64] 그러나 하나님만이 이같이 깨끗케 하실 수가 있다. 그러므로 하나님이 우리의 심령들을 거듭나게 하심으로써, 우리 존재의 모든 부분에 있어서 우리를 새롭게 하심으로써, 하나님의 뜻에 반대되는 육체의 정욕들을 우리 안에서 죽임으로써, 우리의 심령이 하나님의 율법에 순종할 수 있게 해주심으로써 그리고 점진적으로 외관상으로 우리를 그리스도인으로 만들므로써 우리를 성화시킨다.[65] 칼빈은 이 모든 것을 매우 점진적인 과정으로 말하고 있는 것이다. 성화는 '조금씩' 일어나며[66] 어떤 때는 오직 고된 단련을 통해서만 일어난다. 우리의 성화는 우리가 하늘에 계시는 주님의 모습으로 완전히 새로워지고 영화롭게 되는 때인 죽음 이후에만이 완성되는 것이다. 그렇지만 마지막 날에 그처럼 영광스런 완성을 보게 될 과정이 지금 여기에서도 그리스도의 거룩케 하는 성령의 내적 사역을 통해서 시작되었다. 칼빈은 성화를 표현함에 있어서 회개, 육신을 죽이는 금욕(mortification), 새로운 생명, 회심, 중생과 같은 다른 많은 용어들을 사용하기도 한다.

---

62) Comm. on 2 Cor. 7 : 1, C.O. 50 : 84. *Ergo ut te rite sanctifices Deo, et corpus et animam illi in solidum dicare oportet.*
63) Comm. on John 17 : 19, C.O. 47 : 385. *Dicitur etiam factus esse nobis sanctificatio, quia nos in sua persona quodammodo patri obtulit, ut spiritu eius renovemur in veram sanctitatem.*
64) Comm. on 1 Thess. 4 : 3, C O. 52 : 161.
65) Comm. on 1 Thess. 5 : 23, C.O. 52 : 176; comm. on John 17 : 17, C.O. 47 : 384; comm. on Rom. 3 : 31, C.O. 49 : 67. *Sanctificatio, qua formantur corda nostra ad legis observationem.* And on Rom. 6 : 14, C.O. 49 : 113. . . . *sanctificationem spiritus, per quam ad bona opera nos refingit.*
66) Cf. comm. on Rom. 8 : 11, C.O. 49 : 146.

칼빈은 칭의와 성화를 분명히 구분한다.⁶⁷⁾ 그러나 이것들이 실제에 있어서 항상 분리될 수 있던 것으로 생각되어서는 안된다. 그것들은 구별이 있으나, 논리에 있어서만 분리될 수 있을 뿐 실제 경험에서는 결코 분리가 있을 수 없다.⁶⁸⁾ 그것들은 그리스도의 인격 안에서 서로 간에 불가분하게 통일을 이루고 있는 것으로 보아야 한다. 그리스도와 관련을 맺고 있는 자는 아무도 칭의없는 성화나, 성화없는 칭의를 결코 체험할 수가 없었다. 어느 하나를 다른 하나로부터 분리시키려고 한다면 그것은 그리스도를 산산조각으로 찢으려고 하는 것과도 같을 것이다. "그리스도께서 부분으로 나누일 수 없는 것처럼, 그리스도 안에서 하나로 통일되어 있는 것으로 우리가 알고 있는 바 칭의와 성화라고 하는 이 두 가지 것들도 나누일 수가 없다. 그러므로 하나님이 받으셔서 자기의 은총을 입게 하는 자면 누구나 하나님이 양자(養子)의 영을 부어 주시어 그들로 하여금 새롭게 하나님의 형상을 이루게 하신다."⁶⁹⁾ 태양의 빛을 그 빛과 함께 주어지는 열과 분리할 수 없는 것처럼, 칭의와 성화도 분리될 수가 없는 것이다.⁷⁰⁾ 콜프하우스(Kolfhaus)가 지적하는 대로, 이 둘은 다같이 우리를 향한 하나님의 하나의 동일한 행동(the one and the same act of Good towards us)이며, 어느 하나가 다른 하나의 원인이나 결과가 결코 될 수가 없다.⁷¹⁾

그렇지만 실제에 있어서 칭의가 언제나 성화를 수반한다. 죄 용서의 은사를 우리로 하여금 받게 하는 그리스도와의 연합이라고 하는 한 행동으로 말미암아, 우리가 성화의 과정에 불가피하게 참여하게 되고⁷²⁾

---

67) Inst. 3 : 11 : 6. "To be justified is something else than to be made new creatures."
68) Comm. on Isa. 59 : 20, C.O. 37 : 351. *Ita partem iustitiae nostrae in remissione peccatorum, partem in poenitentia constituunt. . . . Sic igitur haec distinguenda sunt ut ne separentur nec misceantur : atque ita solidum nostrae salutis fundamentum retineamus.*
69) Inst. 3 : 11 : 6. Cf. comm. on Rom. 8 : 9, C.O. 49 : 144. *Ac semper tenendum est illud apostoli consilium, gratuitam peccatorum remissionem a spiritu regenerationis non posse disiungi: quia hoc esset quasi Christum discerpere.*
70) Serm. on Gal. 2 : 17–18, C.O. 50 : 438. *Ce sont deux choses coniointes comme d'un lien inseparable, comme la clarté du soleil ne peut point estre separee de sa chaleur. Ainsi ces deux graces (c'est à sçavoir nostre iustice et la remission de nos pechez) sont inviolablement coniointes avec ce renouvellement qui est fait par l'esprit de sanctification.*
71) W. Kolfhaus. *Christusgemeinschaft bei Johannes Calvin*, pp. 60–1.
72) Comm. on Ps. 32 : 11, C.O. 31 : 323.

제 1 부 그리스도 안에서 교회의 성화 **43**

모든 악으로부터 궁극적으로 구속(救贖)함을 받게 될 수 있도록 우리는 또한 살아계신 주님과 관계를 맺게 되는 것이다. 그리스도로부터 받는 신앙의 은사는 언제나 회개의 은사를 수반한다. 신앙은, 만일 그것이 참되다고 하면, 그리스도 안에서 칭의뿐만 아니라 성화까지 결실한다. "신실한 성도들은…그리스도를 영접하여 의(義)에 이를 뿐 아니라, 성화에까지도 이르러야 한다. 하나님은 이 두 목적을 위하여 우리에게 그리스도를 주신 것이기 때문이다. 성도들은 자신들의 절름발이 신앙 때문에 그리스도를 산산조각으로 만들어서는 안된다."[73] 신앙은 하나님의 말씀 속에서 신뢰를 심어 주는 약속들 뿐만 아니라, 순종을 요구하는 명령들도 듣는다. 하나님이 그의 긍휼로 우리를 받아 주시기를 원하신다는 것뿐만 아니라, 우리의 모든 길들을 다스리고 지도하시며 우리의 전 존재(全存在)를 개혁하기를 원하신다는 것도 신앙에 포함된다.[74]

그러므로 우리를 그리스도에게 연합되게 하는 신앙의 행위가 거기에 수반하는 회개나 성화와는 별도로 칭의하는 효력을 가지고 있는 것으로 생각하는 것이 마땅하기는 하지만, 그러한 신앙은 행위(works)와 별도로 존재할 수가 없다.[75] 여기서 우리가 칭의와 성화를 혼동없이 구분해야 하지만, 각기 이중 은혜의 한 면에 지나지 않는다는 사실의 실제적 의의를 이해하여야 한다. 우리가 의롭다 함을 받는 것은 이후에 거룩한 삶으로 하나님을 예배할 바로 이 목적 때문이다.[76] 왕의 결혼 잔

---

73) Comm. on Rom. 8 : 13, C.O. 49 : 147. *Discant ergo fideles non in iustitiam modo, sed in sanctificationem quoque amplecti, sicuti in utrumque finem nobis datus est, ne mutila sua fide eum lacerent.* Cf. serm. on Matt. 3 : 1-2, etc., C.O. 46 : 495. *Il y a deux choses qui sont requises à nostre salut: L'une, que nous cognoissions que Dieu veut ensevelir nos fautes, etc. Or la foy apprehende encore une autre chose en Iesus Christ: c'est qu'il nous apporte l'Esprit de renouvellement.*

74) Serm. on Matt. 3 : 1-2, etc., C.O. 46 : 496-7. *Iesus Christ nous est donné . . . pour iustice, et sanctification. . . . Ainsi donc non sans cause i'ay dit que la foy non seulement apprehende que Dieu nous est pitoyable, et qu'il nous veut recevoir à merci, mais quant et quant qu'il nous veut gouverner, et qu'il veut tellement reformer la corruption de nostre nature, que son Esprit nous gouverne en toute iustice.*

75) Comm. on Ps. 103 : 3, C.O. 32 : 75. *Nam hi sunt gratuitae veniae effectus, quod Deus nos spiritu suo gubernans, concupiscentias carnis mortificat, et nos purgat a vitiis, veramque piae et rectae vitae sanitatem restituit.*

76) Comm. on Rom. 6 : 2, C.O. 49 : 104. Cf. serm. on Gal. 5 : 22-6, C.O. 51 : 50. *Nous disons que Iesus Christ ne nous est pas seulement donné à fin que par son moyen nous obtenions remission de nos pechez devant Dieu: mais c'est à ce qu'estans regenerez par son sainct Esprit nous cheminions en nouveauté de vie.*

치 비유에서 칼빈이 가한 예복의 의미에 대한 해석은 성화를 칭의의 신앙에 불가피하게 수반하는 것으로 그가 주장하는 대표적인 실례이다. 사실 그 비유의 구절들은 칭의만을 일방적으로 강조해도 무방할 수가 있다. "예복에 관하여 그것은 신앙인가, 아니면 거룩한 생활을 상징하는가?" 이것은 쓸모없는 논쟁에 지나지 않는다. 왜냐하면 신앙은 선행(good works)과 분리될 수가 없고, 선행 또한 오직 신앙에서만 기원하기 때문이다. 그러나 주께서는 그의 형상을 따라 성령으로 우리가 새롭게 되는 조건으로 우리를 부르신다는 것과, 우리가 그의 집에 영원히 머물러 있기 위해서는 "옛 사람과 더러운 구습들을 벗어 버리고"(골 3 : 9, 엡 4 : 22) 우리가 새로운 삶을 살므로써 그 예복이 영광스런 부르심에 어울릴 수 있게 된다는 것을 그리스도께서는 단지 말씀하고자 하신 것이다.[77]

---

77) Comm. on Matt. 22 : 11, C.O. 45 : 401.

제 4 장
교회의 자기 봉헌

1. 교회의 성화와 제사장적 자기 봉헌

교회가 그리스도 안에서 단번에 성결케 되어 그의 왕적 제사장직에 참여하게 된 것이 사실이지만, 칼빈은 사람들에게 자주 자신들을 성결케 할 것을 강권한다. 이는 여러 면에서 사도 바울이 강권하는 바, "너희 몸을 하나님이 기뻐하시는 거룩한 산 제사로 드리라 이는 너희의 드릴 영적 예배니라"[1]를 반영하고 있다. 성화는 우리가 받아야 할 은사 (gift)일 뿐만 아니라, 우리에게 명령된 요구이기도 하다.[2] 성화에는 그리스도에게서 기원되는 모든 능력과 은혜에 믿음으로 참여하는 것뿐만 아니라, 몸과 영혼을 기울여 하나님께 전적으로 우리 자신을 헌신하고,[3] 참된 감사의 제물로 하나님께 우리 자신을 봉헌하며, 우리 자신을 예수 그리스도에게 굴복시켜 그의 죽음과 부활에서 일치시키고, 세상

---

[1] Rom. 12 : 1.
[2] Comm. on Rom. 12 : 1, C.O. 49 : 234. *Hoc ergo principium recti ad bona opera cursus est, si intelligamus nos esse Domino consecratos. . . . Itaque duo sunt hic consideranda. . . . Primum nos esse Domini : deinde eo ipso sacros esse oportere, quia hoc Dei sanctitate indignum est, ut illi quidpiam offeratur non prius consecratum.*
[3] Comm. on 2 Cor. 7 : 1, C.O. 50 : 84. *Ergo ut te rite sanctifices Deo, et corpus et animam illi in solidum dicare oportet.*

과 우리의 모든 죄악들을 포기하는 것 등이 포함된다.[4]

그러므로 그리스도 안에서 되어지는 교회의 성화는 그리스도를 통하여 교회가 하나님께 자기를 봉헌하는 것(the self-offering of the Church to God through Christ)을 포함하는 것이다. 이 모든 것이 칼빈의 말라기 2 : 9에 관한 그의 강론을 마무리하는 기도에 아름답게 그리고 완벽하게 표현되어 있다. "전능하신 하나님, 당신은 우리를 당신의 제사장으로 삼으시고 계획하시어, 우리가 비천한 자리에 처하여 있고 세속적이며 전혀 거룩하지 못할 때에 우리를 선택하셨고, 성령으로 우리를 성결하게 하셨사오니, 우리를 거룩한 제물로 당신께 봉헌할 수 있게 하옵소서. 우리의 직분과 소명(召命)을 마음에 새기게 하시고, 진실하게 우리 자신을 드리어 당신을 섬기게 하시고, 우리의 노력과 수고가 당신 보시기에 합당케 하시며, 그리하여 당신의 이름이 우리에게서 참으로 영화롭게 되게 하시고, 우리가 독생자의 몸에 온전히 접붙임 된 것이 드러나게 하소서. 독생자께서 우리의 머리가 되시고 유일하고 참되며 영원한 제사장이시기에, 당신이 그를 존귀케 하시기를 기뻐하신 그 제사장직에 우리로 참여케 하여, 우리가 그의 보조자들이 되게 하소서. 그리하여 머리이신 독생자로 말미암아서 뿐만 아니라 그의 몸인 온 성도들로 말미암아 당신의 이름이 영원히 영화롭게 되게 하옵소서. 아멘."[5]

그러므로 기독교인은 자신을 그가 하는 모든 일에서 제사장의 자격으로 행동하는 것으로 생각해야 한다. 그리고 하나님의 은혜의 제단에 감사의 희생제사 행위로 자기 자신과 자기의 모든 일들과 소유물들을 드려야 한다. 흔히 칼빈의 기도문에 보면, 기독교인은 자신을 하나님께 전적으로 바쳐 드리고, 자신과 자기의 모든 지체들을 성결케 하여 하나님의 말씀을 섬기는 데 힘을 써야 한다는 내용이 담겨 있다.[6] "전능하신 하나님, 당신의 아들 안에서 우리를 왕 같은 제사장으로 삼으셨사오

---

[4] Comm. on 1 Thess. 4 : 3, C.O. 52 : 161. *Quid valeat nomen sanctificationis, iam alibi saepius dictum est, nempe ut renuntiantes mundo, et carnis inquinamentis exuti, nos Deo velut in sacrificium offeramus: nihil enim illi offerri decet, nisi purum ac sanctum.*

[5] Comm. in loc. Amst. Edn. Vol. 5, p. 42.

[6] Cf. e.g. comm. on Zech. 8 : 13, 7 : 4-9; on Micah 5 : 10-15. Amst. Ed. Vol. 5, pp. 510, 500, 325.

니, 우리가 매일 당신께 신령한 희생제사를 드리게 하시고, 몸과 영혼 모두를 기울여 당신께 바쳐지게 하소서."[7]

2. 자기 봉헌과 전심(全心)의 산 제물

우리가 하나님께 제사장으로서 우리 자신을 제물로 이같이 드릴 때에, 제사장의 성결 여하에 따라서 그 제물이 받아 들여진다는 것을 우리는 기억해야 한다. 그러므로 설령 우리가 예수 그리스도의 이름으로 드린다 할지라도, 그것이 마음으로부터 하나님의 존귀와 영광을 위하여 드려지는 것이 아니라고 하면, 우리가 드리는 어떤 제물도 하나님을 기쁘시게 할 수가 없다. 그런 까닭에, 칼빈은 기독교적 생활을 사는 첫 번째 조건으로서 거짓없이 하나님께 자신을 전심으로 드리는 것을 항상 강조하는 것이다. 가인과 아벨의 이야기에서, 아벨의 제사에 대한 구절을 보면, "여호와께서 아벨과 그 제물을 열납하셨다"라고 기록되어 있다. 칼빈의 주해에 의하면, "하나님은 먼저 사람을 보신다." 그래서 칼빈은 덧붙이기를, "우리는 먼저 우리 자신을 드리고, 그리고나서 우리가 가진 모든 것을 드려야 한다"[8]고 했다. 기독교적 생활의 기초는 마음으로 기쁘게 드리는 제사(the willing sacrifice of the heart)이다. 이것이 없이는 우리의 모든 선행들과 미덕이 헛 것이 된다. "왜냐하면 미덕(美德) 중의 미덕, 모든 거룩과 공의와 올바른 관계의 근원과 원천은 우리의 목표가 하나님께 향하여 있는 것과, 그의 존귀를 구하는 것과, 우리가 그에게 속하는 것과 그리고 그가 우리를 다스리는 것 등이기 때문이다.[9]

칼빈만큼 우리의 일상 생활(日常生活)과 외적 행실에서 하나님을 섬기는 의무를 강조한 사람은 없다. 하나님께서 우리의 마음의 감정들 뿐만 아니라 우리의 발과 손, 우리의 존재를 주장하시도록 해야 하는 것이다. 우리는 우리의 주님뿐만 아니라 우리의 이웃까지 사랑해야 한다.

---

7) Comm. on Zech. 3 : 4, Amst. Edn. Vol. 5, p. 478.
8) Comm. on Hag. 2 : 11-15, C.O. 44 : 114-15.
9) Serm. on Deut. 8 : 3-9, C.O. 26 : 609.

그렇지만 우리의 마음이 온전하게 변화를 받아 하나님의 거짓없는 사랑에서 나오는 참된 내적 동기와 순수한 감정을 가지고 하나님을 섬기지 아니할 것 같으면, 아무리 우리가 대단한 노력을 기울여 외관상으로는 생활의 변화를 받을 것 같을지라도 그것은 다만 하나님 보시기에 불쾌하기 짝이 없는 헛된 위선에 지나지 않게 된다는 점을 칼빈만큼 강조한 사람도 없다.[10] 만일 우리가 우리의 심령을 악한 생각들로부터 정결케 하지 아니하면, 외적 행실에 있어서 우리의 손과 발을 삼가하여 악한 행동을 금하는 것으로는 충분하지가 않는 것이다. 하나님의 뜻에 순복하기 위하여 생활을 변화시키는 이 문제에 있어서, 마음이 손이나 발보다 먼저 앞서며 또한 항상 앞서 가야 한다.[11]

칼빈은 이처럼 아무런 조건없이(즉 사심없이) 하나님을 섬기는 데 전적으로 헌신된 마음을 표현함에 있어서 형용사 'rond'를 사용한다. 우리의 모든 마음과 온 영혼을 기울여 하나님을 섬기는 것은 'rondeur'와 'integrité'를 가지고 하나님을 섬기는 것을 말한다. 칼빈은 하나님을 정말로 잘 섬기기를 원하는 자들이 목표하는 심령의 특성이 바로 이것인 것처럼 그는 흔히 언급한다. 마음의 'rondeur'를 갖는 것은 모든 위선과 이중성(二重性)으로부터의 자유를 의미한다. 그것은 하나님 외의 다른 것에게 헌신하는 데 전혀 마음을 주지 않는 것을 의미하며, 하나님께 전적으로 헌신된 것을 조금도 서운해 하지 않고, 하나님을 섬기는 일 이외에는 전혀 힘을 쓰지 않는 것 등을 의미한다. 칼빈 자신의 예증을 사용하자면, 비밀 고객들과 뒷거래가 이루어지는 감추인 '뒷거래 가게'가 전혀 없다는 것을 의미한다. 그러나 좀더 현대적인 표현을 쓰자면, 하나님께 마음과 삶을 이같이 전심으로 드리는 데 인색하여 '뒷거

---

10) Serm. on Deut. 5 : 17, C.O. 26 : 333. *Nous aurons mal profité en l'eschole de Dieu, si nous gardons seulement nos mains de mal faire, et que nos coeurs cependant ne soyent point reformez.*

11) Serm. on Deut. 5 : 8–10, C.O. 26 : 268. *Nous sommes aussi admonnestez de venir à Dieu avec une affection pure et droite. Car ce n'est point assez que nous ayons retenu nos pieds, et nos mains, et nos yeux de mal faire: mais il faut que le coeur marche devant, et que Dieu soit servi de nous en vraye affection: et ceste affection-la ne doit point estre contrainte: mais doit proceder d'une vraye amour de Dieu.* Cf. serm. on Deut. 26 : 16–19, C.O. 28 : 283. *Ce n'est point donc assez d'appliquer nos mains et nos pieds à bien faire: mais il faut que nostre coeur marche en premier degré. Car si nous servons à Dieu par force, tout cela ne sera rien.*

래'하는 일이 전혀 없는 것을 두고 말한다. 성경이 욥을 '순전한' 사람으로 표현하고 있는데 대해서, 칼빈은 이 형용사를 'rondeur'의 이같은 특성을 의미하고 있는 것으로 해석한다.¹²⁾

이러한 마음의 순전성은 하나님의 선물이다. 이 선물은 아무런 저항이나 조건이나 분쟁이 없이 예수 그리스도께서 통치하는 것이 허락되는 때에 가능하다. 왜냐하면 주님 자신이 우리의 마음의 가장 깊은 곳을 차지하고 싶어하시기 때문이다.¹³⁾ 칼빈은 욥이 마음이 '순전'(rondeur et integrité)할 뿐만 아니라 외적 행실이 '정직'(droiteur)하였다는 것에 주목하여, 이같은 '순전과 정직'으로부터, 마음이 이처럼 참으로 순전할 때에는 언제나 경건하고 정직한 행실을 열매맺도록 되어 있다는 교훈을 얻어낸다.¹⁴⁾ 이같이 순전한 마음으로부터 우러나 하나님께 드려진 예배를 "성경에 명령되어진 바대로의 신령한 예배"¹⁵⁾로 칼빈은 부른다. 오직 이러한 예배만이 하나님께 열납되는 것이다.¹⁶⁾ 그러므로 우리의 신체적 지체들이 마음에 감동을 받을 때에만 행동한다는 것과¹⁷⁾ 마음의 생각을 따라서 하나님이 우리의 행동들을 판단하신다는 것을 인식하고서, 하나님의 은혜로 내면적 순전(純全)을 얻는 것을 우리의 첫번째 목표로 삼아 삶의 변화를 꾀하는 모든 노력을 우리가 시작해

---

12) Cf. e.g. the following: serm. on Deut. 26 : 16–19, C.O. 28 : 284. *Moyse ne parle simplement de l'affection: mais il veut que le coeur soit rond et pur. "Tu me servira donc de tout ton coeur et de toute ton ame," c'est à dire, en integrité: que nous ne soyons point doubles, comme on en verra d'aucuns qui auront quelque belle monstre, mais cela s'escoule tantost: et puis il y a quelque arriere boutique, qu'ils ne serviront à Dieu qu'à regret. Il faut donc que le coeur se desploye devant Dieu, et que nous luy presentions nos pensees, et nos desirs, et que nous tendions à nous assuiettir du tout à luy. Voilà comme il sera servi et honoré: voire, non pas à nostre guise, mais selon sa Loy.* And serm. on Job 1 : 1, C.O. 33 : 27.

13) Serm. on 1 Tim. 4 : 1–3, C.O. 53 : 345. *Que nous cognoissions qu'en premier lieu nostre Seigneur veut posseder nos affections et comme nos entrailles, qu'il veut là regner et avoir son siege. Et ainsi mettons peine et efforçons-nous de nous nettoyer de tout feintise.*

14) Serm. on Job 1 : 1, C.O. 33 : 29. Cf. serm. on Deut. 26 : 16–19, C.O. 28 : 284. *Si nostre coeur estoit du tout adonné à Dieu, l'execution suyvroit quant et quant.*

15) As opposed to a *service desguisé et bastard.* Serm. on 1 Tim. 4 : 1–3, C.O. 53 : 345.

16) Comm. on Ps. 119 : 80, C.O. 32 : 249. *Hic autem pronuntiat spiritus Dei nullum placere Deo obsequium, nisi quod ex cordis integritate profectum sit.*

17) Comm. on Matt. 5 : 29, C.O. 45 : 180. *Si purus esset animus, oculos quoque et manus haberet sibi obsequentes, quibus certum est nullum inesse proprium motum.*

야 한다.[18]

이 자기 봉헌은 그리스도의 죽음을 본받아 어떠한 희생도 감수할 준비를 한다. 그리스도는 그의 왕적 제사장직(royal priesthood)을 위해 자신을 성결케 함에 있어서 십자가상에서 죽음으로 자신을 봉헌하였다. 마찬가지로, 우리가 우리 자신을 왕 같은 제사장으로 성결케 하는 것도, 우리가 하는 모든 일을 하나님께 피상적으로 드리는 것을 의미하기 보다는, 우리를 향한 하나님의 뜻이 우리에게 혹독한 희생을 요구하는 것일지라도 우리의 삶을 온전히 봉헌하는 것을 의미한다.[19] 이 자기 봉헌에 있어서 우리는 제사장들일 뿐만 아니라 희생제물들인 것이다. 앞서 인용한 기도에서 칼빈은, "우리가 우리 자신을 당신께 거룩한 희생제물로 드릴 수 있게 하옵소서"[20]라고 말한다. 그리스도의 죽음을 통해서 우리가 하나님께 성결케 되기 때문에, 우리는 기꺼이 "그를 위해 살며 죽을" 수 있어야 하는 것이다.[21] 우리는 우리에게 맡겨져 있는 삶을 항상 하나님께 희생제물로 드리면서 살되, 하나님이 그것을 우리의 손에 맡기시는 한에서는 잘 간수하고, 하나님이 어느 순간에라도 그것을 요구하시면 그의 처분에 맡길 준비가 되어 있어야 한다.[22] 하나님께서 어떤 십자가나 징계를 우리에게 지우든지 그것을 기꺼이 감당하여 이와같이 우리의 삶을 하나님께 드리는 것이 곧 그가 기쁘게 받으시는 '순종의 제사'인 것이다.[23]

---

18) Serm. on Deut. 10 : 12–14, C.O. 27 : 35–6. *Il faut commencer par le coeur.* Cf. comm. on 1 Tim. 2 : 9, C.O. 52 : 275. *Quamquam ab affectu semper est incipiendum.* Also serm. on Tit. 1 : 15–16, C.O. 54 : 492.
19) Comm. on Ps. 44 : 23, C.O. 31 : 447. *Sit haec continua nostra meditatio, bibendum esse calicem quem nobis porrigit Deus, nec posse Christianum esse, nisi qui se in sacrificium Deo offert.*
20) Comm. on Mal. 2 : 9, Amst. Edn. Vol. 5, p. 588. Cf. serm. on 1 Cor. 10 : 15–18, C.O. 49 : 670. *Car auiourd'huy nous ne sommes point seulement comme les Levites, portans les vaisseaux du temple: mais nous sommes les vaisseaux mesmes du temple, nous sommes mesmes les temples de Dieu, nous sommes les sacrifices.*
21) Comm. on 1 Pet. 3 : 18, C.O. 55 : 264.
22) Comm. on John 12 : 25, C.O. 47 : 289. *Nam hic legitimus est amandae vitae modus, si in ea manemus quamdiu Domino visum fuerit, et eiusdem arbitrio subinde parati sumus ab ea migrare, vel, ut uno verbo dicam, si eam quasi manibus gestantes offerimus Deo in sacrificium.*
23) Comm. on Phil. 2 : 27, C.O. 52 : 41; cf. comm. on Dan. 3 : 16–18, C.O. 40 : 632.

3. 자기 봉헌과 세속적 활동의 성화

그리스도를 믿는 믿음과 그에 대한 감사에서 우러나 우리 자신을 전심으로 드릴 때에, 우리의 나머지 삶이 하나님께 열납되는 제물로 성화되는 것이다. 우리의 마음이 회개의 희생제물로 먼저 하나님께 바쳐지고 난 연후에야, 우리의 나머지 모든 행위들이 거룩한 제물이 될 수 있다.[24] 칼빈이 주장하는 바에 의하면, 우리의 심령이 믿음에 의하여 순결케 되는 때에, "우리의 모든 행위들이 순결하게 되어 하나님 보시기에 기쁜 것이 되기 시작한다."[25]

우리의 마음가짐을 통하여 우리의 모든 행위와 활동이 성결케 되는 정도에는 전혀 한계가 있지 않다. 칼빈은 스가랴 14:20의 본문에서 굉장한 의의를 발견한다. "그 날에는 말 방울에까지 **여호와께 성결(聖潔)** 이라 기록될 것이라 여호와의 전에 모든 솥이 제단 앞 주발과 다름이 없을 것이니." 그는 제사장의 면류관에도 "여호와께 성결"이라는 구절이 새겨져 있었음을 우리에게 일깨운다. 이것이 그의 주변에 있는 모든 것의 거룩의 원천이다. 제단 앞에 있는 주발을 언급한 것은 촛대와 향(香)을 포함하여 성전에 있는 모든 것들이 제사장의 거룩을 통해서 성화된다는 것을 의미한다. 이 거룩이 미치는 범위에 솥과 말 방울을 포함시킨 것은 "아무것도 그것의 본성이 변화되지 않을 만큼 세속적인 것이 없으며," 하나님의 백성들은 "그들이 무엇을 먹고 마시든지간에… 먹고 마실 때뿐 아니라 전쟁 시에도 하나님께 순전한 희생제물을 여전히 드릴 수 있다는 것"을 의미한다.[26]

이것이 의미하는 바는, 기독교적 생활을 살아감에 있어서 우리가 언제나 하나님께 성결되고 우리의 하는 모든 일을 희생제사로 드리도록 되어 있는 제사장들이라는 것을 결코 잊어서는 안된다. 우리가 교회에

---

24) Cf. prayer in comm. on Joel 2:14, Amst. Edn. Vol. 5, p. 146.
25) Comm. on Hag. 2:11-15, C.O. 44:114. *Cor purgatum est fide: et puritas illa diffunditur ad opera ut incipiant Deo placere.*
26) Comm. on Zech. 14:20, C.O. 44:387-9.

서 다른 사람들을 가르치든, 가난한 사람들이나 이웃을 돕든 또는 기도를 할 때이든, 그때에 하나님께 제사장적 관제로 드려지고 있는 것으로 우리 자신들을 생각해야 하는 것이다.[27] 우리가 행하는 것이 그 자체로서는 아무리 선한 것일지라도, 우리를 왕 같은 제사장으로 삼아 주신 그 분께 응답하고 그 분과 연합하여 감사의 제물로 이와같이 그 선행이 드려지지 아니하면, 하나님께 전혀 받아 들여지지 않는다.[28] 그리고 우리가 먹고 마시며 옷을 입거나 집에 드나들 때에도, 하나님이 주신 세속적인 선물들을 우리가 사용함에 있어서 하나님의 말씀과 기도로 성화되어야 한다는 것을 우리는 결코 잊어서는 안된다. 왜냐하면 그러한 세속적 선물들도 하나님께 우리가 감사의 마음을 표할 수 있게 그의 풍요한 손길을 우리에게 증거하고 있기 때문이다.[29]

4. 자기 봉헌의 동기인 감사

우리의 자기 봉헌(self-offering)은 주로 감사에 의하여 동기가 부여되어야 한다. 그것은 어떤 의미에서도 유화적(宥和的, porpitiatory)인 것이 아니고, 찬미와 기쁨으로 드리는 성례전적(eucharistic) 제물이다.[30] 우리의 모든 활동에 있어 우리 자신을 하나님께 성결케 함에 있어서, 그리스도의 자기 성결과 그가 자신을 유화적 제물(宥和的 祭物)로 드리는 것을 통해서만 우리가 왕 같은 제사장이 되었고, 하나님께 무엇이든지

---

27) Serm. on Matt. 2 : 9-11, C.O. 46 : 351-2. *Et au reste, que tout ce que nous avons, comme nous le tenons de luy, nous luy en facions une oblation sacree. Que celuy qui aura sçavoir cognoisse, voyla mon offrande que ie doy à nostre Seigneur Iesus Christ pour edifier mes prochains. Celuy qui aura receu quelque autre grace ou don, qu'il le communique selon qu'il est enseigné par l'Evangile: ceux qui ont des biens selon le monde, qu'ils en subvienent à leurs prochains: et quand ils en useront avec sobrieté et temperance, qu'ils cognoissent dont ils procedent. Voyla donc comme les dons spirituels et ceux mesmes qui concernent ceste vie transitoire et caduque doyvent estre pleinement dediez à nostre Seigneur Iesus Christ. Et de faict tant les prieres que les ausmones et toutes choses semblables sont appelees sacrifices en l'Escriture saincte.* Cf. comm. on Matt. 26 : 11, C.O. 46 : 695-6.
28) Serm. on Deut. 8 : 3-9, C.O. 26 : 609. *Car un homme pourra estre chaste, il pourra s'abstenir de toute iniure, de toute fraude et nuisance . . . mais cependant ce ne sera rien sinon qu'il rapporte tout à ceste fin, c'est de se dedier à Dieu en sacrifice.*
29) Serm. on Deut. 20 : 2-9, C.O. 27 : 607-8; on 1 Cor. 10 : 15-18, C.O. 49 : 664; on Deut. 8 : 10-14, C.O. 611, 617-18.
30) Cf. Inst. 4 : 18 : 13.

제 1 부 그리스도 안에서 교회의 성화 **53**

드릴 자격이 있게 된다는 것을 우리가 기억해야 한다.[31] 그러므로 우리가 우리 자신과 우리의 활동을 제물로 드림에 있어서 우리에게는 '그리스도 이외의 다른 제단'이 없다.[32] 그리스도의 희생제사를 근거로 하여 우리 자신이 드리는 봉헌에 있어서, 우리는 어떤 건방진 요구나 하나님께로부터 무엇을 되돌려 받을 수 있는 것으로 생각해서는 결코 안된다. 그러므로 우리의 기독교적 생활은 올바른 동기와 의도에서 뿐만 아니라, 우리의 자기 봉헌의 대상이신 그 분께 대하여 우리가 가지는 사랑에서 일어나는 참된 즐거움에서 드려지는 자발적(自發的) 희생제사이어야 하는 것이다.[33]

하나님의 영광은 그의 값없고 자발적인 은혜에서 가장 찬란하게 빛난다. 그러므로 그러한 은혜에 대한 사람의 반응도 사랑으로 마음에서 우러난 자발적인 반응이어야 한다. 그러한 자발성을 통해서만이 참으로 순전한 가운데 우리의 마음의 모든 생각들이 하나님께 드려질 수가 있다. 오직 강권력이나 공포에 의하여 강요된 반응에서는 무엇인가 못 드려지고 남은 것이 있게 되는 것이다. 그러므로 감사를 통해서 우리가 모든 것을 드릴 수 있게 된다.[34] 그러므로 하나님은 위협하여 우리를 강권하기 보다는 오히려 사랑으로 우리를 얻기를 원하신다.[35] 하나님이 원하시는 것은 우리가 그에게 꾸밈없고 담담하며 과감하게 나아오는 것과 그를 섬기는 데서 참된 기쁨을 얻는 것이다. 하나님의 율법에 순종하여 우리의 삶의 길들을 일치시키는 문제에 있어서까지도, 그러한

---

31) Cf. prayer in comm. Zech. 6 : 15, Amst. Edn. Vol. 5, p. 497.
32) Prayer in comm. on Hag. 2 : 6–9, Amst. Edn. Vol. 5, p. 450; cf. comm. in loc.
33) Serm. on Deut. 7 : 7–10, C.O. 26 : 525–6. *David proteste que la Loy de Dieu luy a esté plus douce et plus amiable que miel . . . qu'il s'est dedié du tout à bien faire, et à cheminer selon Dieu. Et ainsi donc pour offrir à Dieu sacrifices volontaires.* Cf. serm. on Deut. 5 : 8–10, C.O. 26 : 267. *Le voulons-nous donc aimer? Voulons-nous estre reformez à son obeissance pour prendre tout nostre plaisir à son service?*
34) Comm. on Ps. 18 : 2, C.O. 31 : 170. *Notandum vero est, amorem Dei tanquam praecipuum pietatis caput hic poni: quia nulla re melius colitur Deus. Fateor quidem Reverentiae nomine magis exprimi quem illi debemus cultum, ut in suo gradu emineat eius maiestas: sed quia nihil magis requirit quam ut omnes cordis nostri affectus possideat, nullum ei praestantius sacrificium est, quam ubi liberalis et spontanei amoris vinculo nos sibi devinctos tenet: sicuti vicissim nusquam melius, quam in gratuita bonitate, eius gloria refulget.*
35) Serm. on Deut. 5 : 8–10, C.O. 26 : 269. *Il aime mieux nous gagner par sa bonté, que de nous retenir par menaces.*

사랑이 우리를 위한 영감(inspiration)과 동기가 되어야 한다. 왜냐하면 그러한 사랑이 율법의 본래의 의미이고, 우리의 행복이 계명에 나타난 대로의 하나님의 뜻에 기쁨으로 우리 자신을 일치시키는 데서 발견될 수 있기 때문이다. [36]

그런 까닭에 칼빈은, 자기의 교회 회중들에게 그리스도께서 그들을 위하여 무엇을 행하여 주셨는가를 일깨워 주고, 그러한 사랑에 아무도 무감각한 채로 있을 수 없다는 것을 밝힘으로써 기독교적 생활을 할 수 있게 흔히 그들을 유도한다. [37] 하나님의 선하심이 자기를 압도하게 하고, 자기의 뜻과 마음을 하나님께 온전히 순복케 하며, 자기의 주님을 섬기고자 하는 열정으로 불붙게 하지 않는 사람에게는 화가 있을지어다 ! [38]

5. 성례전적 자기 봉헌에 수반되는 외경(畏敬)

우리의 자기 봉헌이 우리의 전존재(全存在)와 전소유(全所有)를 엄숙하게 전체적으로 드리는 것을 포함하기 때문에 우리의 왕 같은 제사장직을 성취함에 있어서 우리가 사랑과 감사에 의해서 뿐만 아니라 두려

---

36) Serm. on Deut. 5 : 8–10, C.O. 26 : 266–7. *Iamais (di-ie) nous ne savons que c'est d'observer la Loy de Dieu, et nous reigler selon icelle, que nous ne commencions par cest amour. Et pourquoy? Car Dieu demande des services volontaires, il ne veut pas seulement que nous le servions par une crainte servile: mais il veut que nous y venions d'un courage franc, et alegre, que mesme nous prenions plaisir à l'honorer. Or cela ne se peut faire que nous ne l'aimions. Ainsi notons que le commencement d'obeissance et comme la source, et le fondement, et la racine, c'est cest amour de Dieu, que nous ne soyons point forcez de venir à luy, mais que nous y prenions nostre plaisir singulier: cognoissans aussi que c'est nostre vraye beatitude, et que nous ne demandions sinon d'estre gouvernez selon sa volonté, et d'y estre du tout conformez.* Cf. serm. on Deut. 10 : 12–14, C.O. 27 : 37.

37) Serm. on Isa. 53 : 9–10, C.O. 35 : 653. *Voyla Iesus Christ, le Fils unique de Dieu, qui est emprisonné, et nous sommes delivrez: il est condamné, et nous sommes absous: il est exposé à toutes vergongnes, et nous sommes establis en honneur: il est descendu aux abysmes d'enfer, et l'ouverture nous est faite au Royaume des cieux. Quand donc nous oyons toutes ces choses, est-il question de nous tenir endormis, nous plaire et nous flatter en nos vices?*

38) Serm. on Deut. 10 : 12–14, C.O. 27 : 33. *Puis donc que nostre Dieu nous traitte si humainement, quelle ingratitude sera-ce quand nous ne viendrons nous ranger à luy en toute obeissance? . . . Malheur donc, et double malheur sur nous, quand nous ne serons point veincus d'une telle bonté, et que nos coeurs ne seront point enflammez en une droite affection de nous adonner à nostre Dieu . . . et que nous soyons prests, et appareillez de plier sous sa main par tout où il nous voudra tourner.*

제1부 그리스도 안에서 교회의 성화 **55**

움(畏敬)과 떨림에 의하여 동기가 부여되어야 한다는 것을 칼빈은 잊지 않는다.

사악한 사람들에게 필연적으로 임하는 하나님의 심판을 무서워하여 그 심판을 피해 보려고 하는 사람들의 경우와,[39] 하나님의 정죄(定罪)를 두려워하기 때문에 하나님을 섬기는 자들이 갖는 바 하나님께 대한 '노예적이고 강요된 외경'이 있다.[40] 이같은 노예적 외경은 믿음과 사랑에 의하여 우리의 심령에서 제거된다. 그러나 하나님께서 구속의 은혜 가운데서 사람에게 가까이 접근해 오실 때마다 사람의 심령 속에서 일어나게 되어 있고 또 있어야 마땅한 하나님께 대한 참된 두려움이 있다.[41] 이 두려움을 칼빈은 '외경'(reverence)이라고도 부른다.[42] 우리를 하나님께로부터 오히려 멀어지게 만드는 노예적 두려움과는 대조적으로, 이 외경은 우리가 떨림 가운데서 하나님의 뜻에 순복하여 우리 자신을 하나님께 내맡기도록 인도해 준다.[43] 칼빈은 이 외경을 그의 『기독교 강요』에서 "하나님의 위엄에 대한 외경으로부터 나오는 바 자발적인 두려움"(a voluntary fear)으로 표현하고 있다.[44] 그런데 적어도 그의 설교 가운데서 자주 주장하기를, 하나님께 대한 그러한 외경적(畏敬的) 두려움(reverential fear)은 주로 하나님의 궁휼과 부성적(父性的) 사랑에 의하여 고취된다고 말한다.[45] 여기서 주목할 점은, 칼빈의 경우 하나님의

---

39) Inst. 1 : 4 : 4. *Nec tum quoque voluntario imbuuntur timore, qui ex divinae maiestatis reverentia fluat, sed tantum servili et coacto, quem illis Dei iudicium extorquet: quod quia effugere nequeunt, exhorrent, sic tamen ut etiam abominentur.* Cf. serm. on Deut. 10 : 12-14, C.O. 27 : 36-7.
40) Serm. on Deut. 6 : 4-9, C.O. 26 : 440; and in Deut. 8 : 3-9, C.O. 26 : 609.
41) Serm. on Luke 1 : 11-15, C.O. 46 : 29. *Ainsi quand nous avons cela, que Dieu nous aime, qu'il nous est favorable, voyla toute crainte qui est facilement deschassee de nous. Non pas que nous n'ayons quelque crainte. . . . Notons bien donc que nous ne pouvons pas estre vuides de toute crainte. Encores que Dieu nous testifie qu'il sera nostre pere, et qu'il nous propose sa grace si doucement que rien plus, encores est-il impossible que nous ne le craignions.*
42) Serm. on Deut. 10 : 12-14, C.O. 27 : 36.
43) Ibid.
44) Inst. 1 : 4 : 4 (see above).
45) Serm. on Deut. 6 : 4-9, C.O. 26 : 440. *D'autant que le Seigneur a esté pitoyable, et qu'on l'a cogneu doux et benin, voila pourquoy il a esté craint et redouté. . . . Il faut que nous ayons cogneu la misericorde de Dieu . . . ou iamais nous ne le pourrons craindre, ni approcher de luy pour le servir.* Serm. on Deut. 8 : 3-9, C.O. 26 : 609. *Il entend la reverence que nous luy portons, non seulement comme à nostre maistre mais comme à nostre pere.*

선하심을 맛보고, 그의 은혜에 전적으로 의존함으로 해서 기독교 신자가 떨게 된다. 그렇지만 그와 같은 떨림을 통해서 신자가 하나님께 더 가까이 나아가게 된다. [46]

이처럼, 두려움(畏敬)과 감사는 우리가 기독교적 생활을 사는 동기들로서 불가분하다. [47] 하나님께 대한 우리의 두려움이 하나님의 선하심과 부성애(父性愛)에 의하여 고취되기 때문에, 결과적으로 그 두려움은 언제나 하나님께 대한 사랑과 병존(並存)하는 것이다. 하나님께 대한 사랑을 동반하지 않는 하나님께 대한 외경은 사람들을 하나님께로 향하게 하기 보다는 도리어 하나님께로부터 멀어지게 하는 노예적 두려움으로 곧바로 변질될 수가 있다. 그렇지 않으면, 하나님을 퇴위(退位)시키고자 하는 증오로 변할 수도 있다. [48] 하나님을 사랑하고 그만을 섬기기로 고백하는 자의 심령 속에 하나님에 대한 참된 두려움이 존재하지 않는다고 하면, 하나님에 대한 참된 사랑과 섬김이 있을 수 없다고 하는 것도 또한 사실이다. [49] 칼빈은 하나님께서 섬김과 존귀와 사랑을 사람들에게 원한다고 한 모세의 탄원을 강조한다. 그러한 외경과 사랑이 하나님을 섬기는 일에 항상 함께 병존해야 하는 것이다. 그 중에 어느 하나가 없이는 다른 하나도 참될 리가 없다. [50]

---

46) Serm. on Matt. 3 : 9–10, etc., C.O. 46 : 543. *Et en estions nous dignes? Non: et pourtant apprenons de cheminer en crainte et solicitude, et cognoissons que tout ainsi que Dieu a desployé sur nous une telle bonté, c'est bien raison que nous cognoissons que nous tenons tout de luy: et le cognoissant, que nous tremblions sous son Empire, que nous ne levions point les cornes, et n'ayons nulle presomption.*

47) Serm. on Deut. 8 : 3–9, C.O. 206 : 609. *Ceste crainte donc que Dieu requierte, est coniointe avec une amour cordiale.*

48) Serm. on Deut. 10 : 12–14, C.O. 27 : 37. *Ceste reverence-la demande aussi bien l'amour. Car Dieu veut estre honoré d'une affection cordiale. Si nous adorons sa maiesté, et cependant qu'elle nous soit terrible, et que nous en soyons effrayez: nous voudrions qu'il ne fust plus Dieu, pour l'arracher de son siege s'il nous estoit possible. . . . Ainsi il est impossible que nous craignions Dieu sinon en l'aimant, ie di que nous luy portions une reverence droite, et que nous soyons affectionnez envers luy, et que nous sentions quelle est sa bonté, et que c'est là qu'il nous faut cercher tout nostre bien. Si donc nous n'avons ceste amour, la reverence aussi sera nulle, elle sera aneantie.*

49) Serm. on Deut. 6 : 3–15, C.O. 26 : 458. *La crainte donc va en premier lieu: . . . Sachons que Dieu n'acceptera nul service de nous, sinon que devant toutes choses nous ayons apprins de le craindre, c'est à dire, de luy porter une telle reverence, que nous demandions de luy obeir.*

50) Serm. on Deut. 10 : 12–14, C.O. 27 : 36.

6. 감사와 외경은 하나님의 영광을 목적으로 함

하나님께 드려지는 우리의 자기 봉헌(self-offering)을 고취시키는 그 감사와 외경이 참되게 성취되고 표현되려고 하면, 오직 하나님의 영광에 대한 열망을 가져야 한다. 인간이 하나님의 영광을 위하여 창조된 까닭에, 하나님은 구속받은 자들의 심령 속에서 하나님의 영광을 드러내고자 하는 뜨거운 열정을 항상 원하신다.[51] 정말로 "우리의 생활 중에 어느 부분이나 어느 행동도 그것이 너무 사소한 까닭에 하나님의 영광을 목표로 하지 아니하여도 되는 것이라고는 하나도 없다.[52] 그리고 먹고 마시는 것과 같은 아주 일상적인 생활에서 우리가 하나님을 생각하고 우리의 활동을 의식적으로 하나님의 이름과 영광과 연관짓는 것이 더욱 더 필요하다. 이는 그와 같은 목적을 염두에 두지 않고 어떤 것을 행하므로 하나님께 대하여 범죄하지 않기 위함이다.[53] 우리가 세속적인 대의(大義)와 세속적인 통치자들의 영광과 명예를 위하도록 부름을 받은 때에 그 일을 위하여 의식적으로 관심을 갖게 될 수 있다고 한다면, 우리의 하늘에 계신 왕의 영광을 위하는 일에 있어서는, 비록 그것이 말로만 되어질 수 있는 것일지라도, 우리가 더욱 크게 관심을 가져야 하는 것이다. 그러한 관심은 공적 예배에서 그의 이름을 고백하고 찬미하는 일에 참된 의미를 부여할 수가 있는 것이다. 그러한 관심이 없다고 하면 그 예배의식은 정말 하찮은 것으로 보이게 될 것이다.[54]

---

51) Serm. on Job 1 : 5, C.O. 33 : 56. *Or le principal est, qu'il nous faut regarder comme nous avons à glorifier Dieu en toute nostre vie: car voila aussi pourquoi nous sommes creez, et que nous vivons. Quand donc nous voudrons que nostre vie soit approuvee de Dieu, que nous tendions tousiours à ce but-la, qu'il soit benit et glorifié de nous, et que nous ayons un tele zele et une affection ardante de servir à sa gloire.*
52) Comm. on 1 Cor. 10 : 31, C.O. 49 : 471. Cf. serm. on Acts 1 : 1-4, C.O. 48 : 590. *Car tout ce que nous avons, voire iusqu'au bout des ongles mesmes, deveroit tendre là, que la gloire de Dieu apparust et reluisist par tout.*
53) Cf. serm. on Job 1 : 2-5, C.O. 33 : 41-2.
54) Comm. on Matt. 10 : 32, C.O. 45 : 291. *Porro Christi confessio, etsi a maiore hominum parte, quasi res levis negligitur, hic tamen in praecipuo Dei cultu et singulari pietatis exercitio censetur, et merito. Nam si terreni reges pro gloriae suae amplitudine tuenda augendisque opibus subditos suos ad arma vocant, cur non lingua saltem asserent fideles coelestis regis sui gloriam?*

하나님의 영광에 대한 열정은 하나님의 영예가 손상되는 때에 가슴 앓이로 변할 만큼 아주 강렬해야 한다.[55] 우리 주님 자신의 경우에서 볼 수 있는 것처럼, 아무리 큰 고통을 당할지라도 하나님의 영광을 드러내는 일에서 우리가 조금도 움츠러들지 않을 만큼 그 열정이 우리를 사로잡아야 한다.[56]

우리의 모든 인간 관계는 아무리 그것이 귀하고 친밀한 것일지라도, 그 관계를 유지함으로써 주님을 반역하는 자들과 손을 잡는 것이 된다고 하면, 단호히 단절되어야 한다.[57] 개인적 목적들에 대한 우리의 모든 열정들은, 이 목적들이 아무리 선하고 고상할지라도, 하나님의 영광에 대한 이 열정보다 전적으로 하위에 두어져야 하는 것이다. 우리 자신의 안정에 대한 열망뿐만 아니라,[58] 우리의 성화(聖化)에 대한 열망까지도[59] 이 목표보다 하위에 두어야 한다. 우리 자신의 구원에 대한 우리의 관심마저도 이 세상과 오는 세대에서 가장 중요한 것이 하나님의 영광이라는 것을 잊게 할 만큼 우리에게 결코 중요하게 여겨져서는 안 된다. 하나님의 이름이 훼손당하는 것보다는 차라리 우리 자신을 포함하여 모든 세상이 패망하는 것이 나을 것이다.[60]

---

55) Serm. on Job 2 : 7-10, C.O. 33 : 125. *Ainsi donc Iob n'a peu souffrir de tels blasphemes, comme aussi il est dit au Pseaume (69 : 10), que le zele de la maison de Dieu nous doit ronger le coeur, et nous doit consumer, et l'opprobre qu' on luy fait, doit revenir sur nous: qu'il fait que nous soyons angoissez en cela, quand nous voyons que l'honneur de Dieu est blessé.*
56) Comm. on Ps. 69 : 10, C.O. 31 : 641-2.
57) Serm. on Gal. 5 : 11-14, C.O. 51 : 13. *Quand les hommes bataillent contre Dieu, qu'il nous leur faut estre tellement ennemis mortels, que là nous oublions et parentage et amitié, et tout ce qu'il y a: car autrement nous ne rendons pas à Dieu nostre devoir en façon que ce soit, quand il se nomme pere, et qu'il nous fait cest honneur de nous tenir pour ses enfans, c'est pour le moins que sa gloire nous soit recommandee par dessus toutes choses.*
58) Comm. on Ps. 109 : 26, C.O. 32 : 157. *Quod diligenter notandum est, quia etsi cupimus omnes Dei manu servari, vix tamen centesimus quisque scopum illustrandae Dei gloriae sibi proponit. Atqui eam pluris esse nobis decebat, quam propriam salutem: sicuti ordine praecellit.*
59) Comm. on Eph. 1 : 4, C.O. 51 : 147. *Gloria Dei summus est finis, cui nostra sanctificatio subordinatur.*
60) Serm. on Deut. 9 : 15-21, C.O. 26: 693-4. *Nous devons preferer la gloire de Dieu non seulement à tous biens corporels, mais au propre salut de nos ames . . . Moyse se contente d'estre ravi en ce zele, qu'il aime mieux que luy, et tout le monde perisse, que de voir le nom de Dieu estre mocqué.* Cf. serm. on Luke 1 : 21-30, C.O. 46 : 68. *Il n'y a ni industrie, ni sagesse, ni vertu, ni rien qui soit, qui puisse respondre devant la gloire infinie de Dieu, et qu'il faut que tout soit englouti et aneanti.*

어떤 사람이 자기 자신의 영혼의 구원에 대하여 마음조여 관심갖는 것은 참으로 옳다. 그러나 자기의 개인적 구원이 하나님의 영광과 관련되어 있고 그것을 목적으로 가지고 있기 때문에 오직 그것이 중요시 된다는 것을 결코 그가 잊어서는 안된다.[61] 또한 그의 이웃이 아직 구속(救贖)되지 아니한 채 남아 있고 하나님의 은혜에 무반응인 한 하나님의 영광의 대의(大義)가 위태롭게 된다는 것을 잊어서도 결코 안된다. 기독교인이라면 자기의 이웃을 사랑해야 한다. 그러나 우리의 이웃을 사랑하는 것마저도 목적 자체로 간주되어서는 안된다. 그러한 사랑은 하나님의 영광에 대한 열정에서 그것의 동기를 발견해야 한다.

진실로, 우리의 이웃의 구원에 대한 어떠한 무관심도 하나님의 영광에 대한 무관심으로 간주되어야 한다. 왜냐하면 우리의 이웃도 당연히 하나님의 소유이기 때문이다. 그런 까닭에, 우리가 하나님의 명예에 대하여 열심을 가지고 있다고 하면 하나님의 소유물들이 온전하게 보존되도록 해야 할 것이다.[62]

7. 자기 봉헌과 성령의 능력

여기서 거듭 강조되어야 할 점은, 우리가 제사장으로 자기를 전심으로 봉헌하는 이같은 믿음의 반응은 오직 성령의 능력으로만 가능하고, 그것은 우리 안에서 이루어지는 성령의 사역이라는 것이다. 성령으로

---

61) Serm. on Gal. 5 : 11–14, C.O. 51 : 13. *Et puis quand il conioint tellement sa gloire avec nostre salut, que nous ne pouvons procurer l'un sans l'autre, et mesmes nous n'apporterons ni profit ni dommage à Dieu, quand nous serons les plus grans zelateurs qu'il est possible pour maintenir sa querelle: il n'a nulle necessité de nous: il ne faut pas qu'il emprunte nostre aide: mais il nous constitue ses procureurs. Et à quelle fin? A ce que chacun de nous cerche son profit non point de ce monde, ni des choses corruptibles: mais pour le salut eternel de nos ames.*
62) Serm. on Deut. 22 : 1–4, C.O. 28 : 8–9. Cf. p. 29. *Or maintenant ie verray un povre homme qui s'esgare, ainsi comme s'il estoit une beste perdue, et que Dieu fust frustré de son droict, que sa possession diminuast d'autant. Il est vray que nous ne le pouvons pas enrichir: mais tant y a qu'il a monstré combien nous luy sont chers, quand il nous a rachetez par le sang de nostre Seigneur Iesus Christ. Ie voy donc la possession de Dieu qui s'en va ruiner, et ie n'en tien conte: cela est perdu quant à luy par ma faute: quelle excuse y aura-il? ... Il faut bien que nous taschions de procurer que Dieu demeure en son estat entier, et que ce qui est de sa maison ne s'appetisse point, c'est à dire, de son Eglise: mais que le tout luy soit conservé.*

말미암아서 만이, 십자가상에서 자기를 성결케 하여 흘린 대제사장이신 그리스도의 피가 자기 백성을 깨끗케 하는데 적용되면,[63] 이로써 우리의 죄책의식(罪責意識)이 제거되고 하나님의 면전으로 나아가는 길이 우리에게 활짝 열리는 것이다.[64] 이와같이 성령이 "우리를 하나님께 대하여 성결케 하여 준다."[65] 성령으로 말미암아 하나님이 우리의 심령을 순결하게 하여 자신에게로 이끄시고, 온전히 순종하도록 붙드신다.[66] 성령의 능력에 의하여 우리의 마음과 심령이 그리스도에게로 이끌어지며,[67] 우리 자신을 하나님께 순복하게끔 빚어지고(formare) 또한 준비가 된다.[68] "성령의 은밀한 활동에 의하여 그 마음이 준비되어진 (formatus) 사람 이외에는 아무도 하나님께 희생제물을 드리거나 여타의 예배(cultum)를 드리기에 합당하지 않다. 기쁨으로 우리는 우리 자신과 우리의 모든 것을 하나님께 드리며 그의 성전을 이룬다. 그러나 우리의 이같은 자원하는 행위는, 주님께서 우리를 굴복시키고, 순복할 수 있게 해주시는 데서 오직 가능할 뿐이다."[69]

---

63) Serm. on Matt. 27 : 11-26, C.O. 46 : 901-2.
64) Comm. on Ps. 51 : 9, C.O. 31 : 516.
65) Comm. on 1 Cor. 1 : 2, C.O. 49 : 308.
66) Comm. on Ps. 86 : 11, C.O. 31 : 795.
67) Serm. on Acts 2 : 1-4, C.O. 48 : 634.
68) Comm. on Rom. 7 : 18, C.O. 49 : 132.
69) Comm. on Hag. 1 : 14, C.O. 44 : 97.

제 5 장

그리스도의 죽음과 부활에 나타난 성화의 모형

1. 우리를 위한 모형으로서의 예수 그리스도의 생활

『기독교 강요』중 기독교 생활에 관한 항목의 서설(序說)에서 칼빈은 기독교 생활을 위한 성경의 권면들을 예시하고, 철학 학파들이 줄 수 있었던 어떤 교훈보다도 성경의 것들이 우월함을 밝혀 말하기를, "성경은 … 우리가 우리의 참된 기원, 즉 우리의 창조자의 법에서 타락하였음을 밝힌 후에, 우리로 하여금 하나님의 은총을 덧입게 한 그리스도가 우리의 삶이 지향해야 할 형상, 곧 모형으로 우리 앞에 제시되어 있다는 것을 덧붙인다"[1]고 하였다.

칼빈은 그의 설교들을 통해서 그리스도를 하나님의 자녀들이 본받아야(configurez 또는 conformez) 될 모본(patron)으로 자주 언급한다. 이 '모본'이라는 단어가 몇몇 문맥들에서는 '수호 성인'(patron saint)이나 '옹호자'(champion)를 의미하여 사용되고 있음이 사실이기는 하지만,[2] '귀감'(miroir), '형상'(image) 또는 '모범'(exemple)과 같은 단어들과

---

[1] Inst. 3 : 6 : 3 . . . *Christum . . . nobis propositum esse exemplar, cuius formam in vita nostra exprimamus.*
[2] Cf. Latin *patronus*—a technical term for any Roman under whose name a freed slave was adopted into citizenship.

함께 자주 사용된 것으로 보아, 인간적 생활에 있어서 예수 그리스도를 참된 기독교적 삶의 전형(典型)으로 높이기 위하여 칼빈이 그 단어를 사용한 것임을 알 수가 있다.[3] 그리스도가 우리를 자기의 제자로 삼으시는 목적은 우리로 그 자신을 본받는 자 되게 하려는 것이었다.[4]

칼빈의 경우, 그리스도가 우리를 닮은 그 사실이 "우리의 신앙의 주요한 지주(支柱)이다."[5] 하나님의 아들이 성육신하심으로써 당하게 된 시험과 악과의 투쟁은 우리 각자가 우리의 인성 때문에 당하게 되는 바로 그 투쟁이었다.[6]

그리스도의 인간적 생활의 환경들은 그의 생활이 우리 자신의 것과 같게 주어졌기 때문에 그의 모본이 우리의 모든 실제 문제들과 관련성이 있을 수 있었던 것이다.[7] 그러므로 역사적 예수님의 모본을 우리의 실제 생활의 지침으로 확실하게 삼을 수가 있다.[8] 그리스도께서 우리와 공통적으로 가지셨던 위험과 시험들에 당면하여 우리의 '지도자요 스승'임을 알고, 그가 하나님을 신뢰한 것처럼 신뢰하는 자들은 결코 실패하지 않을 것임을 그의 승리가 우리에게 보증하고 있음을 알 때, 우리가 '그의 발자취를 따를' 수가 있는 것이다.[9]

---

3) Cf e.g. serm. on Deut. 8 : 10–14, C.O. 26 : 611. *Nous avons nostre patron, et image en nostre Seigneur Iesus Christ, auquel il nous faut estre conformez, si nous voulons estre enfans de Dieu.* Serm. on Deut. 8 : 1–4, C.O. 26 : 590. *Il . . . nous propose Iesus Christ pour exemple. Car combein qu'il soit le miroir, et le patron de toute iustice : si a-il fallu neantmoins qu'il passast parmi les verges de Dieu.* Serm. on Job 4 : 7–11, C.O. 33 : 196. *Nostre Seigneur Iesus Christ, qui est le Chef, et le miroir et le patron de tous les enfans de Dieu.* Cf. also serm. on Matt. 27 : 27–44, C.O. 46 : 906; on Matt. 2 : 23, C.O. 46 : 457; and on Matt. 26 : 36–9, C.O. 46 : 839. *La regle et le miroir de tout iustice sainctete et perfection.*

4) Comm. on Matt. 11 : 29, C.O. 45 : 322. *Potius enim . . . nos ad imitationem sui format.*

5) Comm. on 2 Cor. 13 : 4, C.O. 50 : 150, *Quod si facimus humanam Christi naturam ita nostrae dissimilem, eversum est praecipuum fidei nostrae fundamentum.*

6) Comm. on Matt. 4 : 3–4, C.O. 45 : 131.

7) Comm. on Heb. 12 : 3, C.O. 55 : 172. *Una enim haec cogitatio ad vincendas omnes tentationes sufficere debet, quum intelligimus nos filii Dei esse comites : et eum qui supra nos adeo eminebat, voluisse ad conditionem nostram descendere, ut suo nos exemplo animaret.*

8) Comm. on Col. 3 : 13, C.O. 52 : 122; on 2 Cor. 10 : 1, C.O. 50 : 112–13; on Heb. 2 : 12, C.O. 55 : 29; serm. on Matt. 26 : 40 ff, C.O. 46 : 847.

9) Comm. on Heb. 2 : 13, C.O. 55 : 30. *Porro non leviter hoc animare nos debet ad fidendum Deo, quod Christum habemus ducem et magistrum. Quis enim vereatur eius vestigia sequendo ne erret? Periculum, inquam, non est ne fides nostra sit irrita quam habemus cum Christo communem, quem scimus non posse falli.* Serm. on Matt. 2 : 23, etc., C.O. 46 : 456. *Car sans la personne de Iesus Christ, quelle*

칼빈은 '그리스도를 본받는다'(imitatio Christi)는 이 교리의 위험들을 충분히 인식하고 있는 까닭에 그 위험들을 늘 경계하려고 노력한다. 그리스도가 행하신 일들 중에는 우리가 그를 본받으려 해서는 안될 것들이 많이 있다.[10] "그러므로 이 점에 관해서는 우리가 바른 판단을 해야 하는 것이다."[11]

그리스도의 위엄의 결과이자 그의 신성(神性)의 표현인 40일 금식이나 성전 청결 또는 이적들과 같은 행동들에서가 아니라, 오히려 신앙과 인내와 순종[12] 등 자기 부인(否認)과 십자가를 지는 것과 관련되어 있는 자질(資質)들에서 그를 우리가 본받아야 한다는 것을 기억해야 한다. 더욱이 우리는 '원숭이가 아니라 본받는 자들'[13]이 되어야 한다는 것을 또한 기억해야 한다. 참된 본받음(true imitation)은 예수님의 외형적 생활의 경우들을 정확하게 재현하는 데 있기 보다는 예수님이 품은 정신을 따라 행동하는 데 있다.

예수님이 제자들의 발을 씻는 모본을 통해서 우리는 연례적인 세족식(洗足式)을 제정할 것이 아니라, 이웃 섬길 준비를 항상 해야 한다는 것을 배워야 한다.[14] 그의 성전 청결을 통해서도 교회 개혁을 위한 가슴타는 열심을 갖는 것과 그 개혁을 위해 적절한 권세자에게 목청을 높여 요구할 당위성(當爲性)을 배워야 할 뿐, 우리의 위치를 망각하고 우

---

addresse aurions-nous pour nous guider? Comment est-ce que nous pourrions tenir le chemin pour parvenir au Royaume des cieux? Comm. on Matt. 4 : 4, C.O. 45 : 131.
10) Comm. on John 13 : 15, C.O. 47 : 309. *Neque enim omnia eius facta promiscue ad imitationem trahi convenit.*
11) Comm. on 1 Pet. 2 : 21, C.O. 55 : 249.
12) Ibid. "Christ's patience is what we have to imitate." Cf. serm. on Matt. 4 : 2-4, C.O. 46 : 607-8. *Or ce n'est point sans cause aussi qu'il dit qu'il nous faut estre configurez à son image, non point en tout et par tout, mais en ce qui appartient au service de Dieu, à la foy et patience, et à l'obeissance que nous devons à Dieu. En tout cela, di-ie, il nous faut bien estre configurez a nostre Seigneur Iesus Christ. Mais en ce qui est de sa maieste (comme le iusne dont il est fait yci mention) ce n'est pas à dire qu'il nous fale en cela conformer à luy: car autrement il nous faudroit ressusciter les morts, guerir les malades, donner clarte aux aveugles, faire marcher les boiteux: brief, il nous faudroit changer les hommes, et muer l'eau en vin. Et où en viendrions-nous? Mais d'autant que le Fils de Dieu nous est proposé pour exemple, et miroir de foy, d'obeissance, de patience, et de choses semblables, voyla en quoy il nous faut observer qu'il a monstré le chemin à tous fideles, afin que nous puissions marcher par les traces qu'il nous a monstrees.*
13) Comm. on John 13 : 15, C.O. 47 : 309.
14) Ibid. p. 310.

리 자신의 손으로 개혁을 단행하는 데까지 결코 나아가서는 안된다. 그리스도를 본받으려 함에 있어서 소명(召命), 위치 그리고 역사적 환경에 있어서 그리스도 자신과 우리 사이에 있는 차이점을 항상 유념해야 하는 것이다. [15]

2. 기독교 생활 모형의 주요 특징인 십자가와 부활

우리 자신의 기독교 생활에 있어서 우리가 본받아야 하는 그리스도의 생활 모형의 주요한 특징은 십자가이다. 예수님의 생활은 어린 시절부터 십자가를 지는 것(cross-bearing)으로 특징지어졌다. [16]

그리고 십자가를 향한 긴장 속에서 그는 살았었다. 그의 죽으심과 부활에 복종함으로써 그가 성취한 모형에서 주로 그리스도의 성화가 우리의 성화의 외형적 모형이 되도록 되어 있는 것이다. 참으로 예수님은 그의 십자가에 복종함으로써 하나님이 이 성화와 관련하여 자기 백성을 다루시는 일상적인 하나님의 방법에 복종한 것으로 칼빈이 말하고 있다고 볼 수 있다. [17]

그러므로 주로서 자기의 십자가를 그가 지신 것과 자기의 고통에 인내심을 가지고 복종하는 데서 우리의 머리이신 그리스도가 우리에게 '성결의 귀감'(mirror of sanctity)이 되며, 우리가 본받아야 할 모범이 되는 것이다. [18] 왜냐하면 하나님이 자기 백성으로 삼으시는 모든 자들의 경우, 그리스도께서 자기의 십자가를 지신 것처럼 그들도 자기들의 십

---

15) Comm. on Matt. 21 : 12, C.O. 45 : 580; cf. serm. on Gal. 5 : 11–14, C.O. 51 : 13.
16) Serm. on Matt. 2 : 23, C.O. 46 : 451–2. *Dieu a voulu que des le commencement nostre Seigneur Iesus Christ pour estre redempteur du monde, fust subiet à toutes pouvretez, et mesme à l'opprobre du monde. Car il n'a point falu qu'il fust seulement crucifié une fois, mais qu'il commençast dés son enfance, et voyla pourquoy il a este transporté en Egypt.*
17) Cf. Heb. 2 : 10–11 and Calvin's comm. in loc. C.O. 55 : 27. *Nondum tamen videtur constáre quod intendit, decuisse Christum hoc modo consecrari: sed hoc pendet ex ordinaria ratione quam Deus in tractandis suis tenet. Vult enim eos variis aerumnis exerceri, totamque vitam sub cruce degere. Christum ergo ut est primogenitus, opportuit cruce inaugurari in suum primatum: quando ista est communis omnium lex et conditio.*
18) Comm. on Isa. 53 : 7, C.O. 37 : 260; serm. on Isa. 53 : 9–10, C.O. 35 : 652.

제 1 부 그리스도 안에서 교회의 성화 **65**

자가를 져야 하는 이 문제와 특별히 관련하여, 예수 그리스도의 형상을 닮도록 예정하신 까닭이다.[19]

우리가 그리스도를 닮도록 정해져 있는 까닭에, 우리는 그리스도께서 십자가를 지신 것처럼 십자가를 져야 할 것을 기대해야 한다. 예수 그리스도께서 당하신 것이 그의 모든 지체들에게서 성취되어야 하는 것이다.[20] 하나님께서 초태생이신 그리스도와 더불어 시작한 과정을 자기의 모든 자녀들과도 시작해야 한다는 것은 너무나 당연하다.[21]

만일 우리가 그리스도와 더불어 하늘의 영광을 누리기를 궁극적으로 기대한다고 하면, 그 영광에 들어가는 데 있어서 그리스도 자신이 밟으신 바로 그 길을 우리가 걷게 된다 할지라도 우리는 놀래서는 안되는 것이다.[22] 만일 우리 주님의 순종하심이 고통을 통하여 시험되고 입증되어야 했다고 한다면, 우리는 우리 자신의 순종도 그렇게 시험되어야 할 것을 예상해야 한다.[23]

비록 우리 모두가 순교자들처럼 죽어야 할 이유는 없지만, 제자들이 '그들의 스승을 닮게' 되었던 바 모든 교회에게 공통적으로 임하는 그 고통과 위험을 통해서 그리스도의 형상을 닮게 되는 것이 사실이다.[24] 그러므로 우리가 그리스도의 지체들이기 때문에, 기독교 생활을 삶에 있어서 우리의 성화의 과정은 우리의 머리이신 예수 그리스도의 생애

---

[19] Cf. Rom. 8 : 28–9, and Calvin's comm. in loc., C.O. 49 : 160. *Summa porro est, gratuitam adoptionem, in qua salus nostra consistit, ab hoc altero decreto inseparabilem esse, quod nos ferendae cruci addixit: quia nemo coelorum haeres esse potest, qui non ante unigenito Dei filio fuerit conformis.* Cf. serm. on Job 2 : 7–10, C.O. 33 : 121. *Car voila à quelle condition (i.e. bearing the Cross) Dieu nous a entez au corps de son Fils, ainsi qu'il est le patron general de tous fideles, comme S. Paul en traitte au huictieme des Romains.* Cf. serm. on Deut. 8 : 10–14, C.O. 26 : 611; on 2 Tim. 2 : 8–13, C.O. 54 : 132.
[20] Serm. on 2 Tim. 1 : 8–9, C.O. 54 : 44.
[21] Inst. 3 : 8 : 1.
[22] Comm. on 1 Pet. 4 : 12, C.O. 55 : 278. *Est quidem et illa gaudii materia, quod Deus ad fidei nostrae probationem, persequutionibus nos exercet: sed haec altera gaudii species longe exsuperat, quod in suum ordinem nos aggregat filius Dei, ut in beatam coelestis gloriae societatem nos secum adducat.* Comm. on Rom. 8 : 17, C.O. 49 : 151.
[23] Serm. on Deut. 8 : 1–4, C.O. 26 : 590.
[24] Comm. on Matt. 20 : 23, C.O. 45 : 554–5. *Quia discipuli erant, necesse erat magistro configurari. . . . Nam etsi multi fideles suo fato, non violenta, nec sanguinaria morte intereunt, omnibus tamen commune est (sicuti Paulus ad Rom. 8 : 29 docet) conformari ad Christi imaginem. Itaque tota vita oves sunt mactationi destinatae.*

의 특징을 이루었던 바로 그 '영속적 죽음'(perpetual death)이어야 한다. 그리스도의 경우처럼 우리의 경우도 죽음으로 뿌려진 씨가 생명으로 거두어질 것을 우리가 결코 잊어서는 안되는 생애인 것이다. [25]

그리스도 안에서 우리가 닮아야 할 우리의 성화의 모형은 단조로운 고통과 수난(cross-bearing)에 속하는 것이 아니다. 십자가상의 그리스도를 우리가 닮는 전과정은 "영광 중에 계시는 그리스도와 더불어 성화" 되고[26] 그의 불멸(不滅)과 영광과 비슷하게 될 수 있게 되는 그 최종적 목표를 향하여 나아간다. [27] 그리스도께서는 자기 자신을 위해서가 아니고 우리 자신을 위하여 부활하셨다. 그래서 그의 부활 시에 머리이신 그가 자기의 지체들과 분리되지 않게 되는 것이다. [28]

그가 "하늘에 올라가신 것은 개인 자격으로 거기에 혼자서만 거하기 위함이 아니었고, 오히려 천국이 모든 경건한 자들의 공동의 기업(企業)이 되게 하고, 이렇게 하여 머리되신 그가 자기의 지체들과 연합될 수 있게 하기 위함이었다."[29] 또한 그의 재림도 자기만이 자기의 영광을 누리기 위함이 아니고, 자기의 몸의 모든 지체들에게 그 영광을 쏟아 부어주기 위함인 것이다. [30]

어떤 의미에서는 지금 벌써 우리가 그리스도의 영광의 모형을 누리고 있는 것이다. 왜냐하면 칼빈은 중생한 사람이 이 세상에서 사는 새 생활을 그리스도의 천상의 생활과 비슷한 생활로 때때로 말하고 있어 보이기 때문이다. [31] 그러나 칼빈이 보다 더 자주 언급하는 바에 의하면, 우리는 아주 예비적이고 은밀한 방식으로 다만 그리스도의 영광을 닮게 된다. [32] 왜냐하면 그리스도의 재림과 마지막 부활 때에만 "우리가

---

25) Comm. on John 12 : 24, C.O. 47 : 288.
26) Comm. on Heb. 2 : 10, C.O. 55 : 27. *Haec autem est eximia consolatio ad mitigandam acerbitatem crucis, quum audiunt fideles miseriis et tribulationibus se una cum Christo sanctificari in gloriam.*
27) Inst. 3 : 25 : 3.
28) Comm. on 2 Tim. 2 : 8, C.O. 52 : 363.
29) Comm. on John 14 : 2, C.O. 47 : 322.
30) Serm. on 2 Thess. 1 : 6-10, C.O. 52 : 234.
31) Comm. on Rom. 6 : 10, C.O. 49 : 109. *Neque enim in coelo nos dicit victuros, sicut illic Christus vivit: sed vitam novam, quam a regeneratione in terra degimus, coelesti eius vitae facit conformem.*
32) See pp. 83-86

현재처럼 가엾게 연약함 투성이인 대신에, 우리 주님 예수 그리스도의 천상(天上)의 생활을 닮게 될 것이기 때문이다."³³⁾

그래서 예수의 부활과 승천에서, 그와 연합되어 있는 자들과 더불어 그가 나눌 영광의 모형을 우리가 환히 볼 수 있다. 예수님은 자기의 육체를 통해서 우리의 참된 운명을 나타내 보이기 위하여 우리 인간의 본성을 스스로 취하셨다.³⁴⁾

예수님을 부활시키고 그리하여 그를 영광에 이르도록 높이신 성령은 우리의 연약하고 쇠패하는 인간성을 위하여도 동일한 일을 하실 수 있는 능력을 항상 보유하고 있다. 그러므로 "그리스도의 인격 안에서 교회의 전몸에 속한 권능의 씨가 나타났다."³⁵⁾ 그리스도는 그의 부활에서 자기 백성이 최종적으로 참여하게 될 부활의 보증(pignus)³⁶⁾ 또는 실례(exemplum) 또는 살아 있는 형상(imago viva)이다.³⁷⁾

칼빈은 그리스도의 생활이 십자가와 부활의 모형과 닮은 것, 그리고 우리의 생활이 그리스도의 십자가와 부활의 모형과 닮은 것을 표현함에 있어서 여러 가지 용어들을 사용한다. 그는 머리와 지체의 닮음에 대하여 아주 강조하여 말한다.³⁸⁾ 그러나 그는 또한 머리와 지체들 간의 '유추,' '균형' 또는 '조화'에 대하여서도 여러 방면으로 말하고 있는 것이다.³⁹⁾

---

33) Serm. on 2 Thess. 6–10, C.O. 52 : 234.
34) Serm. on Matt. 2 : 23, etc., C.O. 46 : 460–1. *Ainsi nous contemplons en sa personne quelle est la gloire de Dieu. Et cela est pour nous eslever en haut, pour nous faire compagnons des Anges de paradis. Car il nous retire de la poudre de la terre, mesme du bourbier de toute corruption, et des gouffres d'enfer, quand il a voulu vestir nostre nature, et qu'en icelle il est monté au ciel, pour nous attirer apres luy.* Cf. serm. on Isa. 53 : 7–8, C.O. 35 : 640; Comm. on Acts 13 : 36, C.O. 48 : 303.
35) Comm. on Rom. 8 : 11, C.O. 49 : 145. *Sumit autem pro confesso, in Christi persona editum fuisse virtutis specimen, quae ad totum ecclesiae corpus pertinet.* Cf. Inst. 3 : 25 : 3.
36) Comm. on 2 Tim. 2 : 8, C.O. 52 : 363.
37) Inst. 3 : 25 : 3.
38) Cf. comm. on Heb. 2 : 10, C.O. 55 : 27; *Conformatio capitis cum membris*; on John 15 : 10, C.O. 47 : 343. *Conformitas capitis et membrorum.*
39) Comm. on 2 Cor. 6 : 2, C.O. 50 : 75. *Verum scimus, quae sit analogia capitis ad membra* (French edn. has *Quelle similitude et proportion ou conuenance*). Comm. on Col. 1 : 24, C.O. 52 : 94. *Deinde non recusandam esse conditionem quam ecclesiae suae ordinavit Deus, ut membra Christi congruentem cum suo capite symmetriam habeant*; also comm. on Acts 13 : 36, C.O. 48: 303, *Notanda est inter membra et caput proportio.*

여기서 칼빈이 사용하는 바 '균형'(proportion)이라는 단어는, 그리스도께서 그의 수준에서 우리와 닮으신 것처럼 우리가 우리 자신의 수준에서 그리스도와 닮는다는 것을 칼빈이 강조하기 위함이다. 우리는 그리스도와 완전히 닮음으로 해서 그와 동등하게 되는 것이 아니고, '각 지체의 분수와 질서를 따라' 머리되신 그리스도에게서 시작된 것이 지체들에게서 성취되어야 한다.[40] 우리와 그리스도 사이에는 닮음(resemblance)이 있기는 하지만, 그는 '우리 위에 높이' 머물러 계시고, 그 분만이 유일한 중보자이시다.[41]

3. 그리스도와의 닮기는 모방 대신 연합에 달려 있음

예수 그리스도의 모형에 우리가 닮는 것에 대하여 칼빈이 말할 때, 그것은 일반적으로 몸의 머리와 지체들 간의 연합의 맥락에서이다. 그리스도와의 연합의 관계 속에서 우리가 우리의 모범으로서 그리스도를 본받아야 하는 것이다. 우리가 목표로 하는 바 그리스도를 닮는 일은, 그리스도를 '먼 거리에 두고' 보나,[42] 그의 모형을 따라 우리 스스로 우리 자신의 힘으로 수고로이 우리의 삶을 꾸려 가려고 노력하는 바 단순한 '모범 닮기'(a mere conformity of example)가 아니다.[43]

그것은 모형이신 예수님과 밀접한 연합 범위 안에서 추구되어야 하고, 그러한 연합으로부터 만이 이루어질 수 있는 닮기인 것이다.[44] "머리이신 예수님과 지체들 간의 이 닮기가 항상 우리의 목전(目前)에 두어져야 하는 것은, 신자들이 그리스도의 모범을 따라 자신들을 성숙시킬 뿐만 아니라, 그리스도의 성령이 날마다 그들을 새롭게 빚어 더욱

---

40) Inst. 3 : 25 : 3 . . . *secundum cuiusque gradum et ordinem. Nam ei per omnia aequari ne rectum quidem esset.* Cf. comm. on Acts 13 : 36, C.O. 48 : 303. In the fulfilment of Old Testament prophecies which apply to both Christ and the Church what is fulfilled perfectly in Christ the Head alone takes place in the members *iuxta cuiusque modum et ordinem.*
41) Cf. comm. on 1 John 3 : 16, C.O. 55 : 340; on Luke 6 : 40, C.O. 45 : 285; serm. on Isa. 53 : 7-8, C.O. 35 : 638.
42) Inst. 3 : 1 : 3.
43) Comm. on Rom. 6 : 5, C.O. 49 : 106. *Insitio non exempli tantum conformitatem designat, sed arcanam coniunctionem.*
44) Comm. on 1 John 2 : 6, C.O. 55 : 312; and on 1 Pet. 4 : 1, C.O. 55 : 270.

성숙되게 하리라는 확실한 희망을 가질 수 있고, 그들이 새 생활 가운데서 행할 수 있도록 하기 위함이다.[45] 그리스도께서 우리 안에 사시고 능력을 발휘하시기 때문에 우리가 그의 형상을 닮게 되는 것이다.[46] 우리에게 있어서 그는 의(義)의 모범(example)이실 뿐만 아니라 의의 대의(cause)이신 것이다.[47]

4. 그리스도와의 닮기는 마음으로 뿐만 아니라 외적 생활에서도 이루어짐

칼빈이 한 걸음 더 나아가 가르치는 바에 의하면, 그리스도께서 우리의 심령 속에서 내적으로 역사하는 결과로서 뿐만 아니라, 하나님께서 섭리적으로 정하신 바 우리의 삶의 외적 환경들, 특별히 우리의 몫인 환난과 고통의 결과로서 우리의 생활이 그리스도의 생활의 모형과 닮게 되는 것이다. 그리스도와 연합되어 있는 그리스도의 몸의 지체들은 그리스도의 삶 속에서 이루어진 죽음과 부활의 모형과 비슷한 모형으로 그들의 역사적 생애와 궁극적 운명을 빚어내는 특별한 섭리 아래 있다.

심령 속에서 역사하는 그리스도의 영향력을 통해서 뿐만 아니라, 이같은 방식으로도 그들의 삶이 그리스도의 형상을 닮게 된다. 칼빈은 성경에 말씀되어 있는 대로 '그리스도의 죽음과의 이중의 닮기'(twofold likeness to the death of Christ)에 대하여 말하고 있는 것이다. 우리는 내면적 갱신(更新, renewal)을 통해서 뿐만 아니라 '치욕과 고통들 가운데서' 그리스도를 닮게 되는 것이다.[48]

이같은 목적을 위해서 하나님은 "자기 백성을 특별한 방식으로 훈련

---

[45] Comm. on John 15 : 10, C.O. 47 : 343.
[46] Comm. on John 8 : 44, C.O. 47 : 208. *In nobis vivit ac viget Christus.*
[47] Comm. on Rom. 5 : 12, C.O. 49 : 95.
[48] Comm. on 1 Pet. 4 : 1, C.O. 55 : 270. Cf. on 1 Pet. 2 : 24, C.O. 55 : 252. Cf. serm. on Job 2 : 7–10, C.O. 33 : 121. *Car voila à quelle condition* (i.e. the bearing of the Cross) *Dieu nous a entez au corps de son Fils, ainsi qu'il est le patron general de tous fideles, comme S. Paul en traitte au huictieme des Romains.* Cf. also serm. on Deut. 8 : 10–14, C.O. 26 : 611; on 2 Tim. 2 : 8–13, C.O. 54 : 132.

하여 그들이 그의 아들의 형상을 닮을 수 있게 하신다."⁴⁹⁾ 모든 세대에서 그리스도와의 밀접하고 신비적인 연합을 누리는 그리스도의 교회는 죽음과 부활의 모형을 따라 그것의 역사를 이룩하였었다. "그리스도의 교회는 십자가가 승리와 죽음에 이르는 길이요 생명에 이르는 길이 되어 처음부터 조직되었다."⁵⁰⁾

---

49) Comm. on Matt. 16 : 24, C.O. 45 : 482.
50) Comm. on 1 Pet. 1 : 11, C.O. 55 : 217. This is a very special kind of providential ordering confined entirely to the sphere of the Church. *Cela ne peut entrer aux coeurs des hommes, qu'il faille mourir pour vivre, qu'il faille par opprobre parvenir à la gloire de Dieu: car ce sont choses contre nature. Or tant y a que c'est la condition de l'Église.* Serm. on 2 Tim. 2 : 8-13, C.O. 54 : 131. Cf. pp. 81-2.

제 2 부

그리스도와 더불어 죽고 부활함

제 1 장

자기 부인(自己否認)

1. 그리스도의 죽음에 참여함에 있어서 내적 외적 국면

　기독교 생활을 삶에 있어서 기독교인은 그리스도의 죽음이 모형이자 모본인 부인(否認, mortification)의 과정을 그리스도와의 연합의 과정을 통해서 겪어야 한다.[1] 그리스도와 함께 죽는 죽음의 모형(pattern of dying with Christ)은 내면적으로 뿐만 아니라 외형적으로도 우리 기독교 생활에서 성취되어야 하는 것이다.
　여기에는 자신에 대하여 죽는 것인 자기 부인의 내면적 과정이 있다. 예수님은 하나님의 뜻에 완전하게 순종하고 완전하게 자기를 억제함으로써 자기 부인의 완전한 모범이 되셨다.[2] 그러나 그리스도는 자신의 자기 의지(self-will)를 죽였을 뿐만 아니라, 그는 십자가상에서 자기의 생명을 내어 놓으셨고, 몸과 신분(estate)과 명예가 신체적으로 외적으로 고통을 당하는 곤욕을 치르었다. 그러므로 그리스도인의 경우 예수 그리스도와의 연합을 통해서 겪어야 할 자기 부인의 외형적 과정이 또한 있다.

---

　1) Comm. on 1 Pet. 4 : 1, C.O. 55 : 271. . . . *mors eius typus sit modo ac exemplar mortificationis nostrae.*
　2) See pp. 62-3.

칼빈이 주지시키는 바에 의하면, 로마서 6장과 골로새서 3：5과 같은 신약의 여러 부분들에서는,³⁾ 우리의 자기 부인이 단순히 육체의 일들을 삼가하는 내면적 과정에 해당하는 것처럼 말씀되어진 것이 사실이지만, 로마서 8：29, 고린도후서 4：10, 빌립보서 3：10, 디모데후서 2：11 등과 같은 다른 구절들에서는,⁴⁾ 기독교인이 내면적으로 십자가에서 죽으신 그리스도를 닮아야 할 뿐만 아니라 구체적인 고통을 체험함으로 해서 결과되는 외형적 생활 조건에서도 닮을 것을 바울은 말한다.

어떤 성경구절들에서는 "그리스도와 함께 죽는 것"이 육체적 죽음에 이르기까지 실제적으로 낮아지는 것을 의미하며, "그리스도를 닮는 것"의 경우 고통과 치욕 가운데서 세상 사람들의 눈에 외형상으로 그리스도와 실제적으로 같게 되는 것을 의미한다.⁵⁾

그러므로 우리가 그리스도와 함께 죽는 것은 언제나 이중적(二重的)이다. 칼빈은 이 점을 여러 가지 방식으로 강조한다. 그는 '이중적 자기 부인'(duplex mortificatio)에 대하여 말하는데, 그 중의 한 면은 '우리의 주변에 있는 환경적인 요소들'과 관련이 있고, 다른 한 면은 내면적인 것으로서 이해력과 의지를 죽이는 것이다.⁶⁾

칼빈은 또한 그리스도의 죽음에 대한 이중적 닮기(duplex mortis Christi similitudo)에 대해서, 즉 옛사람의 사망과 신령한 생활의 갱신을 통해 내면적으로 뿐만 아니라, 치욕과 환난 가운데서 외형적으로도 그리스도를 우리가 닮을 필요성에 대하여 말한다.⁷⁾ 그는 또한 "그리스도의 죽음의 이중적 교제와 교통"(duplex est societas et communicatio mortis Christi)에 대해서도 말한다. 이 교제의 내면적인 면은 육체를 죽이는 것(mortification of the flesh), 즉 옛사람을 십자가에 못 박는 것인 바, 이에 대하여는 바울이 로마서 6장에서 다룬다. 그리고 그것의 외형적인 면은 '십자가를 지는 것'인 바, 이에 대하여는 바울이 로마서 8장

---

3) Cf. comm. in loc.
4) Cf. comm. in loc.
5) Comm. on 2 Tim. 2：11, C.O. 52: 365. *Per mortem intelligit totam illam externam mortificationem, de qua loquitur secundae ad Corinthios 4, 10.*
6) Comm. on Col. 3：5, C.O. 52：119.
7) Comm. on 1 Pet. 4：1, C.O. 55：270; cf. also on 1 Pet. 2：24, 55：252.

에서 다룬다.⁸⁾

칼빈에게 있어서, 로마서 6 : 6과 골로새서 3 : 5에 언급되어 있는 바 옛사람을 죽이는 것과 고린도후서 4 : 16에 언급되어 있는 바 겉사람을 죽이는 것을 우리가 혼동하지 않는 것이 중요하다. 겉사람이 죽는 것은 건강, 신분, 명예, 우정 그리고 현세적 축복들의 상실을 통해서 생겨난다. 그러나 옛사람이 죽는 것은 자기 의지와 육체가 내면적으로 죽는 것을 의미한다.⁹⁾ 이 두 가지 형태의 우리의 자기 부인은 동일한 목적에 이바지한다. 그것들을 통해서 우리가 그리스도를 닮게 된다. 그러나 내면적인 자기 부인은 이것을 직접적인 방식으로 성취하고, 외형적인 자기 부인은 그러한 닮음을 위한 간접적인 방편인 것이다.¹⁰⁾

예수님의 말씀을 빌리자면, "아무든지 나를 따라 오려거든 자기를 부인하고 자기 십자가를 지고 나를 좇을 것이니라."¹¹⁾ 칼빈은 여기서 그리스도의 죽음과의 이중적 닮기와 그리스도의 죽음에의 이중적 참여에 대한 요구를 발견한다. 자기 부인(自己否認)은 이 이중적 닮기와 참여의 내면적(즉 직접적) 측면이고 자기의 십자가를 지는 것은 외형적(즉 간접적) 측면이다.

머리이신 예수 그리스도가 자기 부인과 십자가를 지는 길—이 길을 통해서만이 그의 지체들이 영광에 들어갈 수 있다—을 도안(圖案)해 주셨기 때문에, 특별히 이 두 가지 면들에서 예수님의 모범에 자신들을 일치시키고자 하는 노력이 그의 지체들의 의무가 된 것이다. 제자도(弟子道)에 대한 이같은 요구에서 예수님은 자신을 "자기 부인과 인내의 모범"으로 사람들에게 제시하고, 자신을 "참되게 본받지 아니한 자들은 예외없이 제자의 대열에서 열외시킨다."¹²⁾ "예수는 우리의 본받는 일을 위하여 간략한 법칙을 제정함으로써, 우리가 그를 닮아야 할 주요

---

8) Comm. on Phil. 3 : 10, C.C. 52 : 50.
9) Comm. on 2 Cor. 4 : 16, C.O. 50 : 58.
10) Comm. on 2 Cor. 4 : 10, C.O. 50 : 55. *Prior illa vocetur interior mortificatio: haec vero externa. Utraque nos Christo conformes reddit: illa directe, haec indirecte, ut ita loquar.*
11) Matt. 16 : 24.
12) Comm. on Matt. 16 : 24, C.O. 45 : 481. *Se abnegationis sui et patientiae exemplar cuique proponens.*

한 점들을 우리로 하여금 숙지(熟知)할 수 있게 하였다. 그것은 자기 부인과 자원하여 십자가를 지는 이 두 부분으로 되어 있다."[13]

2. 자연적 자아의 전적 악화인 정욕(情慾)

인간의 마음과 심령의 정욕(concupiscence)에 대한 칼빈의 가르침을 먼저 우리가 이해하는 때에만이, 기독교 생활을 삶에 있어서의 자기 부인에 대하여 그가 부여하는 위치를 충분하게 평가할 수 있게 된다.

아담이 지은 죄의 결과로, 인간의 심령은 그것의 감성(感性), 목적, 기능 등에 있어서 완전히 뒤범벅이 되고 모든 형평(衡平)을 상실했을 뿐만 아니라, '정욕,'[14] 또는 '사악'(邪惡, perversity)이라고 불리어지는 죄의 적극적 원리 또는 법에 사로잡히게 되었다. 이 정욕으로 말미암아 인간의 심령이 그것의 자연적 상태에 있어서 적극적이고 가장 생산적인 악의 근원이 되며, 물이 수원(水源)에서 쏟아져 나오듯이, 또는 불꽃과 불똥이 맹렬한 용광로에서 뿜어져 나오듯이 죄가 이 근원으로부터 아무런 충동을 받지 아니하더라도 계속적으로 솟구쳐 나오는 것이다.[15] 사람의 심령 속에 있는 이 정욕의 질병이 끊임없이 육신적인 욕망과 감정들을 산출하며, 이러한 질병은 우리 속에 있는 하나님의 원수이다.[16] 이 육신적인 욕망과 감정들이 사람을 자극하고 미혹하여 죄를 범하게 하며, 각종의 탐욕과 야망과 악들을 품게 하고,[17] "하나님의 질서를 대적하는 폭력적이고 무법한 행동"[18]들에로 그의 전생활이 치달

---

13) Ibid. *Porro brevem imitationis regulam praescribit, ut sciamus, qua praecipue in re velit sibi nos esse similes: ea vero duobus modis constat, abnegatione nostri, et voluntaria crucis tolerantia.*
14) Inst. 2:1:8, *Non enim natura nostra boni tantum inops et vacua est: sed malorum omnium adeo fertilis et ferax, ut otiosa esse non possit. Qui dixerunt esse concupiscentiam, non nimis alieno verbo usi sunt.*
15) Ibid. Cf. comm. on Heb. 12:1, C.O. 55:171. *Non loquitur autem de externis vel actualibus (ut vocant) peccatis: sed de ipso fonte, hoc est concupiscentia, quae ita omnes nostri partes occupat ut undique sentiamus nos teneri eius laqueis.*
16) Comm. on John 12:27, C.O. 41:292.
17) Inst. 3:3:10. *Fatentur etiam, sanctos illo concupiscendi morbo adhuc ita implicitos teneri, ut obstare nequeant quin subinde vel ad libidinem, vel ad avaritiam, vel ad ambitionem, vel ad alia vitia titillentur et incitentur.*
18) Inst. 3:3:12.

제 2 부 그리스도와 더불어 죽고 부활함 **77**

리게 한다. 이같은 심령의 '본성적 죄악성'[19](natural viciousness) 때문에, 하나님께서 이 세상을 가득 채워 놓으신 선하고 아름다운 모든 피조된 것들을 사람이 그릇되고 부패하게 사용할 수밖에 없게 하는 것이다. 사람은 자기를 경건에 이르게 해야 하는 재능들을 오히려 자만심을 기르는 데 악용한다.[20] 사람의 환경에서 선한 것마저 다만 사람을 미혹하여 악한 반응을 보이게 만들고, 유혹의 방편이 되어 버린다.[21] 그리고 인간의 영원한 운명의 성취를 위하여 참 하나님과 인간 자신에 대한 지식을 사람이 얻는 데 이바지하는 이 지구라고 하는 고상한 극장에 타락 이래로 계속 남아 있어 온 바 하나님의 실재와 선하심을 보여 주는 풍부한 증거들마저 사람은 우상숭배의 방편으로밖에는 사용할 수가 없게 되어 있는 것이다.[22]

우리의 심령 속에서 역사하는 정욕의 하는 일을 연구하고 그것을 심리학적 관점에서 정의하려고 할 때, 도덕적 철학자나 심리학자가 타진할 수 있는 것보다 훨씬 깊게 자리하고 오직 말씀을 통해서만 들춰내지는 인간 존재의 심층에서 정욕이 역사(役事)한다는 것을 우리는 발견한다.[23] 정욕(concupiscence)은 단순한 욕정(lust)이나 악한 욕망(desire 또

---

19)Inst. 3 : 3 : 11.
20)Comm. on Ezek, 16 : 15, C.O. 40 : 348.
21)Serm. on Job 31 : 1–4, C.O. 34 : 627–8. *Si le mal n'habitoit en nous . . . il est certain que nous aurions nostre veuë pure et chaste beaucoup plus qu'elle n'est: et tous nos sens, comme l'ouye, le parler, les attouchemens, tout cela seroit comme pur et net, il n'y auroit nulle infection. . . . Or est-il ainsi que nous ne saurions pas maintenant ouvrir les yeux, que ce ne soit pour concevoir quelque mauvais appetit: nous ne saurions dire, Cela est beau, cela est bon, qu'incontinent nous n'offensions nostre Dieu: ne voila pas une grande perversité? Ainsi donc cognoissons . . . que nostre nature est tellement corrompue, que nous ne saurions regarder une chose que nous puissions nommer belle et bonne que nous n'offensions Dieu, au lieu que nous devrions estre solicitez à l'aimer, et lui rendre louange de sa bonté. . . . Au lieu donc de glorifier Dieu, et d'estre incitez à l'aimer et le servir, nous ne saurions dire, cela est beau, cela est bon, que nous ne soyons chatouillez, voire poussez ou à l'avarice, ou à paillardise, ou à autres voluptez. Bref, tout ce qui est bon, . . . cela nous destourne de nostre Dieu, là où il nous devroit conduire à lui.*
22)Cf. *Calvin's Doctrine of the Word and Sacrament*, pp. 69–70.
23)Comm. on Rom. 7 : 7, C.O. 49 : 124. *Nunquam enim ita iudicio privantur homines, quin suum apud eos discrimen retineant externa opera. Imo coguntur etiam scelerata consilia et similes conatus damnare: quemadmodum facere nequeunt, quin rectae voluntati suam tribuant laudem. Sed vitium concupiscentiae occultius est, ac profundius reconditum: quo fit ut nunquam in rationem veniat, quamdiu iudicant ex suo sensu homines.*

는 appetite)과 같은 것으로 취급되어서는 안된다. 정욕은 악한 욕망 자체를 불러일으키는 바로 그것이다[24](Concupiscence is what brings forth evil desire itself).

칼빈은 정욕의 사역을 묘사함에 있어서 야고보가 사용한 바 죄를 낳는다는 직유(直喩)를 좋게 여기면서, 죄가 잉태되는 데 세 단계가 있음을 개진한다. 그 첫 단계는 외부의 객체에 의하여 자극될 수 있거나 되지 않을 수 있는 마음을 통해서 날개치는 공허한 환상(airy phantasy)이다. 다음 단계는 정욕에 이끌리어 죄로 향하는 감정상의 느낌이다. 세째 단계는 의지가 찬동을 통해서 첫번째 정욕에 굴복하는 것이다. 마지막으로, 죄가 외형적 행동의 실시에 의하여 완료된다.[25] 그러므로 칼빈의 경우 정욕은 악한 의지보다 더 깊은 어떤 것이며,[26] 악한 정욕보다 더욱 일시적이고 미형성된 어떤 것이다.[27] 그리고 그것이 의지와 감정에 대해서처럼 마음의 활동과도 밀접하게 관련되어 있지만, 그것은 마음의 활동과 관련하여 정의될 수가 없다.

인간의 생활이 원죄(原罪)에 의하여 부패되는 정도에 대하여 칼빈은 이렇게 말한다. "사람 안에 있는 지성으로부터 의지에 이르기까지, 영혼으로부터 육체에까지 모든 것이 이 정욕으로 더럽혀지고 침투되어 있다. 좀더 간략하게 표현하자면, 전인(全人, the whole man)이 그 자체로서는 다만 정욕덩어리에 지나지 않는다."[28] 칼빈이 강조하는 바에 의

---

24) Comm. on James 1 : 15, C.O. 55 : 390–1. *Principio concupiscentiam hic appellat, non quemvis appetitum, sed appetituum omnium fontem.*

25) Serm. on Job 31 : 1–4, C.O. 34 : 623. *Or ie di, encores qu'il n'y ait point acte exterieur, qu'il y a trois degrez en un vice. Le premier est une imagination volage qu'un homme conçoit quand il regarde quelquechose: ou bien encores qu'il ne voye rien, si est-ce que son esprit est tant agile au mal, qu'il sera transporté çà et là, et luy viendra beaucoup de phantasies au cerveau.* .... *Il y a le second degré maintenant, c'est qu'apres avoir conceu une phantasie, nous sommes aucunement chatouillez, et sentons que nostre volonté tire là: et encores qu'il n'y ait point de consentement ne d'accord, tant y a qu'il y a là dedans quelque pointure pour nous soliciter.* .... *Il y a puis apres le consentement, quand nous avons une volonté arrestee, et qu'il ne tiendroit pas à nous que le mal ne se fist si l'occasion s'y adonnoit.* Cf. also Inst. 3 : 3 : 10.

26) Comm. on Rom. 7 : 7, C.O. 49 : 124. *Sed Deus hoc praecepto ad concupiscentiam usque penetrat, quae voluntate occultior est.*

27) Ibid. *Tenenda interim est illa distinctio inter pravas libidines, quae ad consensum usque perveniunt, et concupiscentiam, quae sic corda titillat et afficit, ut in medio impulsu subsistat.*

28) Inst. 2 : 1 : 8, cf. comm. on Ps. 119 : 37, C.O. 32 : 231.

제 2 부 그리스도와 더불어 죽고 부활함 **79**

하면, 정욕이 사람의 본성적 이성과 의지보다 사람을 육욕적 관능성에 빠지게 하는 '열등한 욕정'과 더 밀접한 관련이 있는 것으로 생각되어서는 안된다.[29]

칼빈은 정욕이 그것의 거처(居處, residing-place)를 특별히 '육체'에 두고 있는 것으로 말할 수 있음을 인정한다.[30] 성경에서 '육체'는 인간에게 있어서 본성적인 모든 것[31] 또는 사람이 나면서 타고난 모든 것을[32] 의미한다. 사람이 동물들과 공통적으로 가지고 있는 모든 신체적인 활동들 뿐만 아니라, 본성이 사람의 생활을 지도하고 지시하는 감성과 마음의 모든 '고차원'의 활동들도 '육체에 속한다.' 따라서 그러한 것들이 모두 정욕에 의하여 완전히 악화(惡化)된다.[33] 칼빈은 이 문제에 관하여 교황청의 신학자들과 논쟁을 벌인다. 가톨릭 신학자들은 육체의 일들을 관능성(sensuality)과 동일시하고, 인간의 이성이 정욕의 암영(暗影)으로부터 적어도 부분적으로는 자유하다는 것을 확신하는 경향이 있었다. 이에 대하여 칼빈은 바울이 '야망'(ambition)을 육체의 일들 가운데 포함시켜 열거하고 있음을 상기시키고, 그릇된 교리를 육감성(肉感性, carnality) 때문인 것으로 간주한다.[34]

정욕은 사람의 환경과는 무관하게 사람의 심령 속에서 일할 수가 있다. 사람의 심령은 정욕의 힘에 충동을 받아 죄된 사상과 감정과 의지의 활동을 개시하기 전 어떤 외형적 유혹에 의하여 고무될 필요가

---

29) Inst. 2 : 1 : 9, cf. serm. on Gal. 5 : 19-23, C.O. 51 : 39; and comm. on Ps. 119 : 80, C.O. 32 : 249. *Scimus has esse praecipuas humanae animae facultates, quarum utramque vitiatam et perversam esse clare ostendit, qui et illuminari petit a spiritu sancto mentem suam, et cor suum ad obedientiam legis formari.* And cf. comm. on Matt. 16 : 22, C.O. 45 : 480. *Quanquam enim carnis libidines, ut similes sunt feris bestiis, cohibere difficile est, nulla tamen magis furiosa bellua est, quam carnis prudentia.*
30) Comm. on Rom. 7 : 7, C.O. 49 : 123, on Rom. 7 : 8, C.O. 49 : 125. Inst. 2 : 1 : 9.
31) Comm. on Gen. 6 : 3, C.O. 23 : 114. *Nam quum omni ex parte vitiata sit hominis anima, nec minus caeca sit eius ratio, quam perversi affectus, merito tota vocatur carnalis. Ideo sciamus totum hominem naturaliter carnem esse, donec per gratiam regenerationis spiritualis esse incipiat.* Cf. comm. on Rom. 7 : 18, C.O. 49 : 132.
32) Serm. on Gal. 5 : 14-18, C.O. 51 : 22. *Par le mot de chair sainct Paul entend tout ce qui est de l'homme, tout ce que nous apportons de nostre naissance.* Cf. subsequent pp. 23-4.
33) Comm. on 1 Pet. 2 : 11, C.O. 55 : 242.
34) Serm. on Gal. 5 : 19-23, C.O. 51 : 39.

없다.³⁵⁾ 정욕은 유전법칙에 의하여 각 사람이 타고나는 '생득적 부패' (innate corruption)이다. 칼빈은 자기 자신의 시대를 향하여 설교하면서, 어린 아이들까지도 외관상으로는 그렇지 않을 것으로 보이지만 "악독과 악의와 자만으로 가득한 작은 독사들"임을 단언하였다.³⁶⁾

그러므로 인간의 본성의 타고난 경향은 항상 하나님을 대적하여 싸우는 것이다. 중생한 사람의 경우에서마저도 '육체'가 그것의 정욕과 함께 대단한 활동력을 계속 가지고 있기 때문에,³⁷⁾ 자기의 생활방식의 틀을 만드는 데 있어서, 그가 내려야 하는 결정들에 있어서 자기의 본성적 경향들이 중요한 부분을 차지하도록 결코 허용해서는 안된다.³⁸⁾ 기독교인에게 있어서 가장 치명적인 것은 무엇보다도 자기의 본성적 욕망이나 사상 또는 충동을 제어하지 않는 것이다. 본성을 따르는 것은 정면으로 하나님을 대적하는 것이다.³⁹⁾ 우리의 본성적 열망들을 만족시키고자 노력하는 것은 거칠은 대해(大海)에서 물에 빠져 죽으러 나아가는 것과 다를 바 없다.⁴⁰⁾ 인간의 마음과 심령과 의지의 본성적 경향은 이 세상을 사랑하여 애착을 갖도록 우리를 결박하는 까닭에, 우리가 저

---

35) Serm. on Deut. 4 : 32–5, C.O. 26 : 202. *De nature nous sommes enclins à errer car encores que nous n'eussions pas les occasions devant nos yeux: chacun de soy-mesme se deçoit et se trompe: et puis le diable ne cesse de nous presenter beaucoup d'illusions.* Cf. comm. on Heb. 3 : 8, C.O. 55 : 39. *Quod tamen respuimus Dei vocem, id fit spontanea contumacia, non extraneo impulsu.*

36) Inst. 2 : 1 : 6–7 & 11. Cf. serm. on Matt. 26 : 36–9, C.O. 46 : 843. *Les petis enfans venans au monde, combien que la malice n'apparoisse point, ne laissent pas toutesfois d'estre des petis serpens pleins de venin, de malice et de desdain. Voyla ce que nous cognoissons estre en nostre nature, voire dés le commencement. Et comme nous sommes venus en aage, qu'est-ce donc de nous?*

37) Cf. Inst. 3 : 3 : 10; and serm. on Job 31 : 1–4, C.O. 34 : 628. *Il est vrai que les fideles ne seront pas tellement pervertis, et n'auront pas leur sens tant depravez, de tousiours tirer à mal: mais tant y a qu'ils auront tousiours quelque reliqua de ceste infection qui est du ventre de la mere, c'est qu'ils auront des pointes au dedans pour estre induits à mal, voire combien qu'ils le hayssent, et le repoussent du premier coup.*

38) Serm. on Job 10 : 16–17, C.O. 33 : 497. *Les affect ons de nostre chair sont autant d'inimitiez contre Dieu. Suivons-nous donc nostre naturel? Nous allons tout au rebours de la volonté de Dieu, nous n'avons point une seule pensee qui ne soit meschante et à condamner.*

39) Serm. on Deut. 5 : 12–14, C.O. 26 : 284. *Car tous nos sens et toutes nos affections, comme dit S. Paul au 8 des Romains, sont autant d'inimitiez contre Dieu: quand les hommes laschent la bride à leurs penseez, à leurs desirs et volontez, à toutes leurs cupiditez, ils combattent manifestement contre Dieu.* Serm. on Gal. 5 : 14–18, C.O. 51 : 19. *Cependant que nous suyvrons nostre train, il faudra que nous allions tout au rebours de la volonté de Dieu.* Cf. serm. on Deut. 10 : 15–17, C.O. 27 : 53; and on Deut. 6 : 20–25, C.O. 26 : 488.

40) Comm. on Rom. 13 : 14, C.O. 49 : 256.

높은 곳을 향하여 올라가 하나님의 나라에서 우리의 참된 삶을 누리는 것을 불가능하게 만든다.[41] 본성이 명령하는 길은 사망과 멸망에 이르는 길이다.[42]

3. 기독교인의 자기 부인은 자신의 본성 및 이성과 항상 충돌을 빚음

칼빈에게 있어서 자기 부인(self-denial)은 우리의 본성적 정욕(natural concupiscence)을 죽이는 것과, '육체'로부터 일어나는 모든 충동과 제안들을 부인하는 것을 의미한다. 정욕을 통하여 사람의 마음은 그 자체의 본성의 성향으로 말미암아 이기적 사랑에 스스로 갇히고, 하나님 및 이웃의 요구나 그들과의 교제를 물리치는 경향이 항상 있게 된다. 그러므로 자아(自我)는 모든 기독교인이 부딪혀야 하는 최초의 그리고 가장 집요하고 가장 당혹케 하는 문제요, 폭풍의 눈이다. 우리가 하나님의 통치 아래서 우리의 삶을 살아보려고 애를 쓰면 쓸수록, 하나님의 뜻을 거스리는 내면적인 반역이 더욱 거세게 우리 안에서 정욕으로 말미암아 일어나게 된다.[43] 우리 자신의 본성이 우리에게 너무 많은 당혹감과 실망을 안겨주고, 우리가 정복하기에는 너무나도 넓고 힘든 영역이기 때문에, 어떤 다른 도덕적 활동의 영역을 찾을 필요가 전혀 없다.[44] 우

---

[41] Serm. on 1 Tim. 6 : 12–14, C.O. 53 : 595–6. *Il n'y a rien plus contraire à nostre nature que de quitter ces choses terrestres, et n'y estre point addonnez.... Il faut que l'homme fidele s'eleve par dessus soy, quand il est question de penser au Royaume de Dieu, et à la vie eternelle.*

[42] Comm. on Rom. 8 : 6, C.O. 49 : 142. *Notabilis autem est locus, ex quo discimus, naturae cursu nos ruere in mortem praecipites: quia nihil a nobis concipimus nisi exitiale.*

[43] Serm. on Matt. 3 : 1–3, C.O. 46 : 491–2. *Venons à nous. Combien que nous ayons quelque zele de nous assubietir à Dieu, et que nous monstrions aussi cela par effect, neantmoins si est ce que nous sentons encores tant de cupiditez qui nous poussent et incitent à estre rebelles: il y a tant de contradictions, tant d'empeschemens qui sont cause que le Royaume de Dieu n'est point paisible en nous, que nous avons besoin de faire tous les iours ceste requeste, que son Royaume adviene: c'est à dire que Dieu commence par nous-mesmes, qu'il abate ces affections meschantes qui contreviennent à sa iustice, et puis qu'il range les meschans, soit qu'il les reforme, soit qu'il les confonde et abysme du tout.*

[44] Serm. on Job 4 : 7–11, C.O. 33 : 190. *Car quand Dieu nous envoye des afflictions grandes, nous concevons incontinent ce qui est ici dit à Job: il ne faut point qu'un Eliphas viene pour nous tourmenter et pour nous faire accroire que nous sommes desesperez: il n'y a celuy qui n'ait en soy comme une semence de despit pour se fascher et tourmenter en ses afflictions, voire pour se ietter en desespoir: nostre*

리 자신의 심령이 악(惡)과의 가장 피나는 투쟁을 벌여야 하는 전투장이다. 45) 그래서 만일 우리가 이 영역에서 사단을 물리치는 데 성공할 수 있다고 하면, 우리가 사단을 만나게 될 가능성이 있는 다른 삶의 영역에서도 그를 아무 어려움없이 물리칠 수가 있게 될 것이다. 46)

이기적 사랑이 우리의 '육체'의 본질에 해당하는 정욕의 원리와 아주 밀접하게 동일시되어 있다는 사실로 말미암아, 칼빈은 특별히 그의 설교에서 기독교 생활을 단순히 '자아'(自我)뿐만 아니라 '우리 자신의 본성'과의 끊임없는 싸움으로 묘사한다. 이 본성의 감성과 충동들은 항상 우리를 길을 잃게 하는 경향이 있다. 우리가 우리 안에 가지고 있는 대로의 본성을 따르는 것은 그러므로 하나님을 불쾌하게 하는 것이다. 47)

우리가 만일 우리의 성화에서 하나님을 닮고 우리의 이웃을 사랑하기를 원한다고 하면 '우리 자신의 본성'에 속하는 모든 것을 죽이고 대적하여 싸우며, 없이하려고 해야 한다. 48) 우리의 본성을 이처럼 거칠게 다루고 우리의 모든 본성적 경향을 대적하도록 스스로 채찍질하므로

---

nature porte cela.
45) Comm. on Ezek. 13 : 10-11, C.O. 40 : 283. *Haec igitur unica est ratio pacificandi Dei, ubi nobis ipsi sumus hostes, ubi pugnamus strenue cum pravis et vitiosis carnis nostrae cupiditatibus.* Serm. on Job 14 : 5-12, C.O. 33 : 679. *Or le principal combat que nous ayons à faire c'est contre nous-mesmes, et contre nos vices.*
46) Comm. on Ps. 42 : 6, C.O. 31 : 429. *Quanquam autem bellum cum Satana et mundo gerit, non tamen recte vel·aperte cum illis confligit, sed se ipsum potius deligit antagonistam. Et certe haec optima est vincendi Satanae ratio, non egredi extra nos, sed cum propriis affectibus suscipere intrinsecum certamen.*
47) Serm. on Deut. 10 : 15-17, C.O. 27 : 53. *Or par cela nous sommes admonnestez que cependant que les hommes demeureront en leur naturel, que de nature ils sont rebelles à Dieu, ils ne feront que le despiter, qu'ils tireront tout au rebours de sa justice, brief, ils seront ennemis de tout bien. Et qu'ainsi soit : Dieu ne demande sinon que nous plions le col sous luy, et que nous portions son ioug paisiblement : voyla toute la perfection de nostre vie, c'est la plus grande saincteté que Dieu commande : c'est que les hommes mortifient toutes leurs mauvaises affections : comme il a esté dit : qu'il faut qu'ils soyent circoncis pour obeir à Dieu : c'est à dire . . . , que Dieu purge tout ce qui est de leur propre, s'il en veut iouir.*
48) Serm. on Deut. 5 : 12-14, C.O. 26 : 283. *Il nous faut mortifier ce qui est de nostre nature, si nous voulons estre conformes à nostre Dieu.* Serm. on 1 Cor. 10 : 31-11 : 1, C.O. 49 : 707. *Brief, il nous faut oublier ce qui est nostre, si nous voulons rendre à nos prochains ce qui leur est deu. Et voyla pourquoy il est dit que la charité ne cherche point ce qui luy est propre. Cela est difficile, ie le confesse : mais il faut batailler contre nostre nature, si nous en voulons venir au bout.* Serm. on Deut. 5 : 12-14, C.O. 26 : 284. *Ainsi donc nous voyons bien que nous ne pouvons estre sanctifiez à nostre Dieu, c'est à dire, nous ne pouvons pas le servir en pureté, qu'estans separez des pollutions qui sont contraires : que ce qui est de nostre nature ne soit aboli.*

제 2 부 그리스도와 더불어 죽고 부활함 **83**

해서만이 그리스도를 진실하게 따르는 자의 표지(標識)인 참된 단순성과 고결성에 이를 수가 있다.[49]

하나님의 말씀이 우리의 마음에게 요구할 권리를 주장하고 하나님의 성령이 우리의 심령들을 제어하려고 할 때에, 우리의 마음과 심령 속에서 일어나는 무법(無法)한 사상과 감정들을 억누르고 연단하는 신중하고 의식적인 끊임없는 노력을 우리가 자기 부인의 과정을 통해서 기울이게 된다.[50] 그러나 성령께서 우리의 전존재를 그의 의지와 목적에 복되고 조화있게 일치하도록 은밀하게 성숙시킨다고 해서, 그 성령의 감화에 은밀하고 수동적으로 우리가 순복함으로써 기독교 생활에서 그 자기 부인의 과정이 이루어진다고 생각해서는 안된다. 하나님의 은혜와 우리 자신의 본성은 함께 그와 같은 조화를 결코 이루지 못한다. 그것들은 항상 불과 물처럼 서로 적대 관계에 있다.

사실은, 하나님이 우리의 삶을 주장하려고 하면 할수록 그의 통치에 대한 내면적 반대가 우리 속에서 더욱 강하게 일어난다. 그러므로 하나님의 면전에서 일어나는 완악하고 반항적인 본성적 경향들을 우리가 더욱 더 강력하게 거부해야 하는 것이다. 그러한 자기 부인을 통해서만이 우리가 하나님의 동맹자(同盟者)들이라고 말해질 수 있다.[51]

자기 부인의 기본적 요소는 우리 자신의 판단과 우리의 본성적 이성을 포기하는 것이다.[52] 칼빈은 우리의 본성적 사고방식을 '육욕적(肉慾的) 이성'이라 칭하며, 이것이 폐기되지 않는 한 하나님의 지혜가 들어

---

49) Serm. on Tim. 1 : 5–7, C.O. 53 : 36. *Car nous voyons comme les hommes ne sont point attirez à droiture et simplicité que par force: cela est tant contraire à leur nature, qu'il faut bien qu'ils se captivent, et qu'ils facent violence à toutes leurs affections, devant qu'estre rangez à une pure simplicité.*

50) Serm. on Matt. 2 : 9–11, C.O. 46 : 351. *Voyla donc comme nous avons à faire hommage au Fils de Dieu pour declarer que nous sommes membres de son Eglise, c'est asçavoir de renoncer à toute nostre raison et prudence pour nous laisser gouverner par la parole de Dieu, d'abatre et mettre sous les pieds toutes nos affections et tous nos appetits, afin que son Esprit domine en nous.* Cf. serm. on Deut. 4 : 19–24, C.O. 26 : 160.

51) Comm. on Gal. 5 : 17, C.O. 50 : 252–3. *Quum itaque tota hominis natura rebellis sit ac contumax adversus Dei spiritum, sudandum est ac serio pugnandum, visque nobis inferenda ut spiritui obsequamur. Quare incipiendum a nostri abnegatione. Hic videmus quo encomio Dominus ingenium nostrum ornet, quod scilicet nihilo melius illi cum rectitudine conveniat quam igni cum aqua.*

52) Inst. 3 : 7 : 2.

설 자리가 전혀 있을 수 없다고 주장한다.[53]

어떤 사람이 자신을 부인했는지를 알아 보는 확실한 시험(test)은 그가 자신의 견해들과 의심들을 포기하고, 그대신 복음 가운데 계시되어 있는 하나님의 지혜를 받아들였는지 그 여부에 달려 있다. 그러므로 하나님에 대한 무지(無知)는 이기적 생활과 이기적 사랑을 포기하기를 거부한 때문인 것이다. 이것이 예수님의 말씀, "사람이 하나님의 뜻을 행하려 하면 이 교훈이 하나님께로서 왔는지 내가 스스로 말함인지 알리라"[54]에 대한 칼빈의 해석에 담겨 있다.

그러므로 의심을 품는 것은 하나님을 얕보는 것이요, 만일 마음이 하나님께 대하여 닫혀 있으면 심령 또한 닫혀져 있음에 틀림없다. 그러므로 진리를 연구하는 대신에 자기가 품고 있는 의심에 집착하는 편을 택하는 사람의 생활을 검토해 보면 하나님께 대하여 도덕적으로 시종일관해서 반역하는 것을 엿볼 수 있다. 더욱이 기독교인의 생활은 하나님의 기록된 말씀 밖으로 넘어가 쓸데없는 질문들에 대하여 공상(空想)하는 것을 결코 허용하지 않는 것을 포함한다.[55] 기독교인은 자기의 마음의 본성적 활동을 계속적으로 검토하며 삼가하여 그리스도에게 순복할 수 있게 만들어야 한다. 이것은 결코 쉬운 일이 아니다. 왜냐하면 육감적 이성이 하나님의 자녀들마저도 항상 지배하려 하며, 그 이성이 하나님의 은혜에 대한 변함없는 의존과 엄격한 훈련을 통해서만 극복될 수 있기 때문이다.

자기 부인(自己否認)은 마음의 욕정과 감정에 대한 동등한 훈련을 포

---

[53] Inst. 3 : 7 : 1; Comm. on 1 Cor. 3 : 3, C.O. 49 : 348. *Quamdiu caro, hoc est, naturalis vitiositas, in homine dominatur, sic occupat ipsius hominis ingenium, ut non sit ingressus sapientiae Dei.* Serm. on Deut. 4 : 19–24, C.O. 26 : 160. *Nous avons ceste folle persuasion d'estre sages. Or Dieu du contraire veut que nous soyons despouillez de tout nostre sens et raison, afin que nous permettions à son Esprit le regime dessus nous.*

[54] John 7 : 17, cf. comm. in loc. C.O. 47 : 170–1. *Denique omnes isti sceptici, qui dubitationis velum obtendunt in rebus hodie controversis, manifestum Dei contemptum in rebus minime obscuris produnt. . . . Caeterum in his Christi verbis continetur vera pietatis definitio, quum scilicet ad sequendam Dei voluntatem ex animo parati sumus, quod facere nemo potest nisi qui se proprio sensu abdicaverit.*

[55] Serm. on Acts 1 : 6–8, C.O. 48 : 613–4. *Et par cela nous pouvons reprendre ces curieux qui font des questions, et leur pouvons dire. Mon ami, puis que tu fais de telles questions sans propos, tu n'a pas encores appris que c'est de ton Baptesme: car tu cognoistrois qu'il faut que tu renonces à toy-mesme.*

함한다. 하나님이 이것들을 지배하실 수 있도록 하나님께 이것들이 복종되어져야 한다.[56] 이 욕정들은 저항되고, 정죄되며, 경멸되고, 대적되며, 짓밟히고, 일정한 범위 안에 제한되어야 한다.[57] 칼빈에 따르면, 기독교인이라면 이렇게 자신을 사로잡아 놓아야 하는 것이다.[58] 이렇게 하는 것이 생명으로 인도하는 좁은 길을 걷는 것이다.[59]

하나님께 우리의 모든 세속적인 야망과 세속적인 부귀에 대한 우리의 갈망을 굴복시키는 내면적 행동이 자기 부인의 요소이다.[60] 자기 부인은 또한 우리의 가슴 속에서 우리의 모든 실제적인 부(富)와 재산을 하나님께 바치는 것을 포함한다. 하나님께서는 이 세속적인 재산들을 우리에게서 거두려 하지 아니하실 것이다. 그러나 우리가 그것들을 우리의 것으로 고집하지 아니하고 항상 주님을 위하여 소유하고 있을 때에만 계속적으로 그것들을 소유할 수가 있는 것이다. 이와같이 그리스도인이라면 예수 그리스도를 따르기 위하여 자기가 가지고 있는 모든 것을 포기해야 하는 것이다.[61]

4. 이기적 사랑 대신 자아 증오

우리 자신을 부인한다는 것은 우리 안에서 이기적(利己的) 사랑 대신 자아 증오(self-hatred)를 갖는 것을 의미한다. 정욕(concupiscence)은 우

---

56) Inst. 3 : 7 : 8.
57) Serm. on Job 2 : 7–10, C.O. 33 : 119. *Nous voyons comme il faut que Iob combate contre toutes ses affections, qu'il en soit despouillé, qu'il se tiene là comme captif: ou autrement il se iettera hors des gonds, il s'eslevera à l'encontre de Dieu, ou pour le moins il sera despité, en sorte qu'il ne fera que se tempester là dedans, que Dieu n'aura ni credit, ni superiorité en luy. Apprenons donc à l'exemple de Iob de resister à toutes nos affections, et de les mettre bas, si nous voulons servir à Dieu.*
58) Cf. ibid. and serm. on Deut. 4 : 19–24, C.O. 26 : 160. *Or nos affections sont vicieuses: et Dieu veut qu'apres les avoir condamnees, nous les restraignions, que nous soyons là captifs, que nous facions resistance et force à tout ce qui nous transporte à mal.*
59) Comm. on Matt. 7 : 13, C.O. 45 : 220–1.
60) Inst. 3 : 7 : 2.
61) Inst. 3 : 7 : 8, Comm. on Luke 14 : 33, C.O. 45 : 296. *Atqui nemo verius renuntiat omnibus quae possidet quam qui omnia singulis momentis relinquere paratus totum se quasi liber et solutus Domino impendit, et omnibus obstaculis superior vocationem suam prosequitur. Ita vera abnegatio, quam a suis requirit Dominus, non tam in actu, ut loquuntur, quam in affectione sita est, ut quisque in diem vivens non retineat corde, quod manu gubernat.*

리로 하여금 "맹목적으로 이기적 사랑을 향해 치달리게 한다."[62] 우리 안에 있는 이기적 사랑의 요소는 우리로 하여금 우리의 이웃을 사랑할 수 없게 만든다. 그것으로 인하여 "우리는 다른 사람들을 멸시하고 무시하게 되며, 그것은 잔인, 탐욕, 폭력, 사기와 그와 유사한 모든 악독들을 생산해내며, 우리에게 복수 감정으로 불타게 한다."[63] 불이 물과 상극이듯이 이기적 사랑은 자기 부인에 대하여 상극이다.[64] 그러므로 기독교인이 됨에 있어서 우리는 우리 자신을 증오하기 시작해야 한다. 우리가 본성적으로 하나님과 우리의 이웃에 대하여 느끼는 증오를 우리 자신에게 돌려야 하는 것이다.[65] 그리고 우리의 이기적 사랑을 방향을 바꾸어 하나님과 사람에게로 쏟아야 한다.

그런 까닭에 칼빈의 경우, 우리의 이웃에 대한 사랑과 자기 부인 사이에는 놀랍도록 밀접한 관련이 있다. 자기 부인은 하나님에 대해서 뿐만 아니라 사람에 대해서도 존경한다. 그것은 하나님의 요구들 앞에서 자기를 포기하는 것일 뿐만 아니라 우리의 이웃들의 요구 앞에서도 자기를 포기하는 것을 의미할 수가 있다.[66] 사랑의 요구에 직면하게 될 때, 우리가 우리 자신의 본성을 무참하게 꺾도록 정면으로 도전을 받게 된다. 왜냐하면 사랑의 요구를 성취하여 다른 사람들에게 순복하게 되는 것보다 다른 아무것도 우리의 본성에 적대되는 것이 없기 때문이다. 자아(自我)가 왕노릇 하는 한 우리는 사랑을 베풀 수가 없다.[67]

---

62) Inst. 3 : 7 : 4.
63) Comm. on Gal. 5 : 14, C.O. 50 : 251-2
64) Comm. on John 13 : 35, C.O. 47 : 319.
65) Comm. on Ps. 4 : 5, C.O. 31 : 62. *Paulus ad Ephes. cap* 4 : 26, *hunc locum citans . . . prudenter tamen et concinne ad suum propositum aptavit. Nam illic docet, quum vitiose iracundiam suam profundant homines contra proximos, iustam in se ipsis irae materiam habere, ut a peccato abstineant: ideoque iubet potius intus eos fremere, sibique irasci, deinde non tam succensere in personas, quam in vitia.* Cf. comm. on Eph. 4 : 26, C.O. 51 : 210. Serm. on Job. 2 : 7-10, C.O. 33 : 125-6. *Sur tout quand nous sommes troublez par les phantasies mauvaises de nostre chair, il faut que nous ensuyvions Iob . . . et au lieu que nous avons accoustumé de nous despiter contre ceux qui nous auront picquez, . . . : que nous regardions, Or ça i'ay un tel vice: quand i'auray bien tout regardé, ie me courrouce contre mes ennemis, . . . et quand i'ay fait bonne consideration, ie ne trouve point de pire ennemi de mon salut que moy-mesme . . . : il faut donc que ie me courrouce en moy-mesme, puis que c'est de là que procedent mes plus grands ennemis.*
66) Inst. 3 : 7 : 4. *Porro in his verbis perspicimus abnegationem nostri partim quidem in homines respicere, partim vero (idque praecipue) in Deum.* Inst. 3 : 7 : 5.
67) Inst. 3 : 7 : 6. *. . . id, quod humanae naturae prorsus adversum est, nedum*

칼빈이 지적하는 바에 의하면, 기독교인의 생활에 요구되는 대로 내면적 자기 부인을 실천하는 가장 좋은 방법들 중의 하나는 우리 자신들이 힘써 사랑(charity)의 의무를 감당하는 것이다.[68]

현대인의 언사(言辭)에서 사용되는 대로의 '자기 부인'이라는 단어는 칼빈이 나타내고자 한 기독교 생활의 부정적인 면의 근본적 성격을 묘사하는 데 부적합하다. 우리가 앞에서 본 대로, 그리스도께서 무참하게 죽임을 당한 것처럼 우리의 자아가 무참하게 살해(殺害)당해야 한다는 것을 칼빈은 의미한다. 이것이 의미하는 바에 의하면, 칼빈의 경우 자기 부인(否認)은 단순히 고된 부정적(否定的) 훈련이 아니고, 그리스도께서 십자가에서 자기를 제물로 드리신 것과 관련하여 영광스럽고 적극적인 면을 가지고 있다. 예수 그리스도와 연합하여 근본적인 자기 부인을 통해서만이, 하나님의 말씀과 그리스도 죽음의 자기 부정(否定)의 힘을 통해 죽임을 당한 참된 제물로 우리의 생명을 바칠 수가 있다.[69]

5. 자기 부인의 모범인 예수 그리스도

자기 부인을 실천함에 있어서도 예수는 우리의 모범이시다. 그는 자기의 인성(人性)의 의지를 하나님의 의지에 복종시켜야 했었다. 확실히, 예수님이 시험(temptation) 중에 얻으신 경험은 우리 자신의 경우와는 달랐다. 시험에 대한 우리 자신의 체험은 언제나 정욕(concupiscence)으로 말미암아 부패되어 있다.[70] 우리의 부패한 본성의

---

difficile, ut diligamus eos qui nos odio habent. Com. on 1 Pet. 5 : 5, C.O. 55 : 287. *Nihil humano ingenio magis adversum est quam subiecto. Vere enim illud olim dictum est : regis animum quemque intra se habere. Donec ergo subacti fuerint alti illi spiritus, quibus turget hominum natura; nemo alteri cedere volet : quin potius singuli, aliis contemptis, omnia sibi arrogabunt.*
68)Inst. 3 : 7 : 7. *Haec ergo mortificatio tum demum habebit in nobis locum, si caritatis numeros impleamus.*
69)See pp. 29-32.
70)Serm. on Matt. 4 : 1, etc., C.O. 46 : 598. *Toutesfois et quantes que nous sommes tentez, il est certain qu'il y a du vice grand.* Cf. serm. on Matt. 4 : 8-11, etc., C.O. 46 : 634. *Quand donc nous verrons . . . belles possessions (etc.) . . . il est donc impossible que l'homme . . . ne soit touché de convoitise mauvaise, d'autant que sa nature est desia infectee du peche originel.*

욕정들은 외부의 시험하는(tempting) 환경에 응답하여 항상 일어나기 때문에 우리에게는 하나님께 순종하도록 우리 자신을 도무지 가눔할 능력이 없다.[71]

그러나 예수님은 이 정욕을 체험하지 아니했다. 그가 시험에서 맛본 갈등은 인간의 타락의 결과인 '사악한 연약성'(vicious weakness)에 대한 것이 아니고, '본성의 순수한 연약성'에 대한 것이었다.[72] "그의 의지가 인간적 본성의 경우처럼 연약했던 것이 사실이다. 그러나 아담 안에서 부패한 사람들의 경우처럼 그것은 사악하지 아니했다.[73] 그렇지만 예수님의 경우 십자가를 지는 것은 자신의 뜻이 아닌 하나님의 뜻을 행하고자 하는 그의 진실하고 고통스런 노력을 의미했다. 비록 그가 심령으로는 '고통스럽고' '격렬하게 동요'될 수 있었지만, 그의 감정은 아주 차분하고 이성에 순복하였으며, 그는 성부 하나님의 뜻에 온전히 순종할 수 있었다.[74]

6. 그리스도의 죽음의 열매인 자기 부인

자기 부인의 전과정과 그리스도의 죽음과의 관계를 고려하게 되면, 칼빈의 신학에서 자기 부인이 무엇을 의미하는가를 가장 잘 이해할 수

---

71) Comm. on Matt. 4 : 8 f., C.O. 45 : 135.
72) Serm. on Matt. 4 : 1, etc., C.O. 46 : 598. *Il nous faut donc distinguer entre l'infirmite de nature, laquelle a tousiours este en l'homme, et les infirmitez vicieuses qui sont survenus à cause du peche originel.* Cf. ibid. *En nostre Seigneur Iesus Christ nous ne pourrons trouver aucune infirmite qui soit vicieuse.* Also comm. on Matt. 26 : 37, C.O. 45 : 720. *Separari tamen a nostra debet, quae a Christo suscepta fuit carnis infirmitas.* Cf. Inst. 2 : 16 : 12; and comm. on John 12 : 27, C.O. 47 : 292.
73) Serm. on Matt. 26 : 36-9, C.O. 46 : 842-3.
74) Comm. on John 11 : 33, C.O. 47 : 266. It should be noted that while the ordinary human experience of temptation is always sinful, according to Calvin, Jesus could be tempted and yet remain sinless. Cf. Serm. on Matt. 4 : 1 f., C.O. 46 : 600 *Nostre Seigneur Iesus Christ . . . pouvoit estre tenté sans aucune macule.* In our temptation we cannot overcome without being wounded, but Jesus could do so. (Comm. on John 12 : 27, C.O. 47 : 292) Though the human weakness of Jesus was real weakness and He was involved in real and terrible conflict with Satan, He could not have been conquered (Serm. on Matt. 4 : 1, C.O. 46 : 598). It was impossible for Jesus to sin. In this He was different from Adam in his "intermediate condition . . . to whom it was only granted that it was possible for him not to sin" (Comm. on Matt. 4 : 1, C.O. 45 : 130-1).

제 2 부 그리스도와 더불어 죽고 부활함 **89**

가 있다. 그리스도의 죽음과의 산 친교(living communion)를 통하여 그리스도인 안에서 일어나는 바 그리스도와 더불어 죽는 참된 과정에 수반되는 것이 바로 자기 부인이다. 그리스도의 죽음을 통해서 우리가 믿음으로 죄 용서를 받게 되기 때문만이 아니라 그의 죽음을 통해서 우리가 믿음으로 육체를 죽이는 일, 즉 옛사람을 십자가에 못 박는 일에 참여하기 때문에 그리스도의 죽음이 오늘날 기독교인의 생활에서 효력이 있는 것이다.[75] 그리스도의 죽음은 그것을 기념하고 묵상함을 통해서 인간의 심령의 악한 정욕들이 정복되고 그리하여 죽게 되는 바 단순한 역사적 과거지사(過去之事)로서만 오늘날 인류의 생활 속에서 효과가 있는 것이 아니다. 오히려, 그의 죽음은 사람들의 성품과 생애를 성숙시키는 데 있어서 현재적이고 강력하며 구체적인 요소로 사람들이 받아 들일 수 있는 활력(活力, a living force)이다.[76] 그런 까닭에, 추억 속에 남아 있는 과거지사가 행사할 수 있는 것보다 훨씬 더 직접적인 행동을 통해서 기독교인의 생활 속에서와 교회의 생활 속에서 열매를 맺을 수 있는 그리스도의 죽음과의 산 교통(a living communication)의 관점에서[77] 칼빈이 말할 수 있는 것이다. 나무의 가지가 그 뿌리로부터 "신비한 힘을 얻는" 것처럼 기독교인은 그리스도의 죽음으로부터 그렇게 할 수가 있다.[78] 참된 자기 부인의 비결은, 그러므로 우리에게 교통되는 그리스도의 죽음의 효력을 함께 체험하는 것이다.[79]

자기 부인(否認)과 그리스도의 죽음과의 이같은 밀접한 관계 때문에

---

75) Comm. on Gal. 5 : 24, C.O. 50 : 256. *Verbo crucifigendi usus est ut notaret mortificationem carnis esse crucis Christi effectum.* Cf. comm. on 1 Pet. 4 : 1, C.O. 55 : 270; and on 1 Pet. 2 : 24, C.O. 55 : 252. *Hanc vim subesse morti Christi significat, ut carnem nostram mortificet.*
76) Comm. on 1 Pet. 4 : 1, C.O. 55 : 270. *Tametsi non simpliciter considerandus est nobis Christus tanquam exemplum, ubi de carnis mortificatione agitur: sed spiritu eius vere inserimur in eius mortem, ut ipsa in nobis sit efficax ad crucifigendam carnem nostram.* Cf. Inst. 2 : 16 : 7.
77) Comm. on Rom. 6 : 7, C.O. 49 : 108. *Sic ergo in summa habeto, si Christianus es, oportere in te signum apparere communionis cum morte Christi: cuius fructus est, ut crucifixa sit caro tua cum suis concupiscentiis omnibus.* Cf. comm. on Phil. 3 : 10, C.O. 52 : 50. *Societas et communicatio mortis Christi.*
78) Comm. on Gal. 2 : 20, C.O. 50 : 198. *Insiti in mortem Christi, arcanam inde vim, tanquam surculus a radice, haurimus.*
79) Comm. on 1 Pet. 4 : 1, C.O. 55 : 270. *Ideo dicit armamini, significans, vere et efficaciter nos invictis armis instrui ad subigendam carnem, si vim mortis Christi percipimus ut decet.*

칼빈은 자기 부인을 단순히 강력한 자기 억제 이상의 어떤 것으로 묘사한다. 그것은 사람의 옛 본성이 완전히 복종될 뿐만 아니라 완전히 새로운 피조물이 그 자리를 차지할 수 있도록 치명타를 가하는 완전히 근본적이고 대단한 수술이다. 그와 같은 본성에 대한 대수술을 통해서만 이 참된 치료가 인간의 심령의 정욕에 대하여 가능해질 수 있다.[80] 이 정욕은 부드럽고 지혜로운 처방에 의하여 치료될 수 있는 바 우리의 심령 속에 있는 가벼운 상처나 일시적인 질병이 아니다. 오히려 그것은 옛 본성의 가장 좋은 부분마저도 남겨지거나 사용될 수 없을 정도로 그 옛 본성 전체에 깊이 퍼져 있는 부패이다. 옛 본성이 몽땅 멸절되어야 하는 것이다.

하나님께서는 우리의 심령들의 부패한 정욕들을 지배하여 자기의 새로운 계획들을 따라서 이 정욕들을 뜯어 고치는 것을 통해서는 우리 안에서 일하실 수가 없다. 우리의 심령 안에서 하시는 하나님의 일은 그러한 부패한 정욕들을 억제하고 그것들을 멸절시키며, 우리의 본성을 완전히 죽여 놓고서는 동시에 우리 안에 새로운 사람을 심어 새로운 감정과 능력을 우리에게 주시는 것이다. 그러나 새로운 본성이 자리를 차지하게 하기 위해서는, 옛 본성이 죽어져야 한다.[81]

기독교 생활에서 자기를 죽이는 과정이 차지하는 위치가 바로 그것이고, 그 과정이 갖는 힘이 바로 그것이다. 자기 부인(否認)은 인간적인 표적이요 부수물이다.[82] 그런 까닭에, 자기 부인은 그리스도께서 보이신 자기 희생의 모범을 통해 그리스도를 단순히 본받는 과정으로 생

---

[80] Comm. on Gen. 6 : 5, C.O. 23 : 117. *Non potuit certe magis ad vivum exprimere talem fuisse pravitatem, quae nullo mediocri remedio esset sanabilis.*
[81] Serm. on Deut. 6 : 20–25, C.O. 26 : 488. *Il faut donc que nous entrions comme en une mort, et en un sepulchre pour estre renouvellez, et que nostre Seigneur nous donne un nouveau sens, un nouveau coeur, qu'il nous reforme en sorte que nous ne soyons plus ceux que nous estions auparavant: mais que nous soyons comme refondus, et nouvelles creatures, ainsi que l'Escriture use de ce langage.* Inst. 2 : 1 : 9. *Unde sequitur, partem illam, in qua maxime refulget animae praestantia et nobilitas, non modo vulneratam esse, sed ita corruptam, ut non modo sanari, sed novam prope naturam induere opus habeat.* Serm. on Deut. 5 : 12–14, C.O. 26 : 284. *Nous ne pouvons pas le servir en pureté, qu'estans separez des pollutions qui sont contraires: que ce qui est de nostre nature ne soit aboli.* Comm. on Col. 3 : 8, C.O. 52 : 120. *Nam haec mortificationis vis ac natura est, ut in nobis exstinguantur omnes corrupti affectus, ne posthac solitos fructus in nobis peccatum gignat.*
[82] Comm. on Rom. 6 : 7, C.O. 49 : 108.

각되어서는 안된다. 오히려 그리스도와 연합하여, 새사람이 새생명으로 태어날 수 있도록 옛사람이 멸절되는 표적인 세례를 통해서—이 예식에서 그리스도의 은혜에 참여하는 자가 물로 적셔진다—외형적으로 가시화(可視化)되고, 내면적으로 초래되는 것이 내면적으로 효력을 성취할 때 바로 그것이 자기 부인이다.[83]

7. 성령의 사역인 자기 부인

성령의 사역을 통해서 그리스도의 죽음이 우리에게 매우 유효하게 되어 그것이 오늘의 우리의 세계에서 생명의 요소이자 힘으로 간주될 수 있게 되었다. 성령이 그리스도의 죽음의 혜택들을 우리에게 전달해 주고 우리로 하여금 그것들에 참여하도록 해주었다. "그리스도의 피가 우리의 정결의 질료인(質料因)이다"라고 칼빈은 말한다. 그러나 이 정결은 우리가 성령에 의하여 그것에 참여하게 되지 않는 한 아무 쓸모가 없다.[84] 구약 시대에 희생제사를 통하여 정결케 되어져야 했던 것에게 제사장이 피를 뿌렸던 것처럼, 성령이 그리스도의 피를 가지고 우리의 영혼에 뿌리신다.[85] "만일 그리스도의 거룩한 피흘림이 헛되지 않으려고 한다면, 우리의 영혼들이 성령의 은밀한 깨끗케 하심(secret cleansing)을 통해 그 피로 씻음을 받아야 한다.[86]

칼빈은 그의 설교에서 우리가 성령으로 말미암아 그리스도의 피 속으로 뛰어드는 것으로 말하는 것이다.[87] 좀더 신학적인 표현으로 바로

---

[83] Inst. (1536 Edn.), C.O. 1 : 111. *Siquidem, ut ait Apostolus* (Rom. 6), *in mortem eius baptisati sumus, consepulti ipsi in mortem, ut in novitate vitae ambulemur. Quibus verbis non ad imitationem eius nos solum exhortatur, ac si diceret: admoneri nos per baptismum, ut quodam mortis Christi exemplo concupiscentiis nostris moriamur et exemplo resurrectionis, ut in iustitiam suscitemur: sed rem longe altius repetit, nempe quod per baptismum Christus nos mortis suae fecerit participes, ut in eam inseramur. Et quemadmodum surculus substantiam alimentumque ducit a radice cui insitus est, ita qui baptismum ea qua debent fide accipiunt, vere efficaciam mortis Christi sentiunt in mortificatione carnis suae; simul etiam resurrectionis, in vivificatione spiritus.*

[84] Comm. on 1 Cor. 6 : 11, C.O. 49 : 395.
[85] Comm. on 1 Pet. 1 : 2, C.O. 55 : 209.
[86] Inst. 3 : 1 : 1. *Quibus verbis admonet, ne irrita sit sacri illius sanguinis effusio, arcana spiritus irrigatione animas nostras eo purgari.*
[87] Serm. on Isa. 53 : 9–10, C.O. 35 : 655. *Et puis son sang nous est purgation,*

그와 같은 점을 말함에 있어서 칼빈은 성령으로 말미암아 '그리스도의 피 속으로 삽입'된다는 표현을 쓴다.[88] 이 구절들에서 우리는 칼빈의 사상에서 그리스도의 죽음과 성령의 사역이 얼마나 밀접하게 연관되어 있는가를 알 수 있다.

성령은 죄책(罪責)으로부터 우리를 깨끗케 하는 일을 위해서 뿐만 아니라 우리의 육체와 자기 의지를 죽이며 십자가에 못 박는 일을 위해서 그리스도의 죽음을 유효하게 만든다. 성령의 능력으로 말미암아 예수님은 자신을 부인하셨고, 그 능력은 특별히 그의 죽음에서 나타났다. 성령을 통하여 그리스도의 죽음에 참여하는 것은 육체의 의지를 정복하기 위하여 성령의 능력에 참여하는 것을 의미한다. 성령의 이같은 효능으로, 그리스도의 죽음이 우리 안에서 그것의 열매를 맺는다.[89] 성령이 그리스도의 죽음과 자기 부인에 대하여 갖는 관련성 때문에, 인간의 심령 속에서 일하는 성령의 직분에 대하여 본성적 정욕을 억제하고 무법한 욕정들을 꺾어, 그리스도의 죽음을 본받아 사람들이 자신들과 세상을 부인할 수 있게 하는 것으로 칼빈은 자주 말한다.[90]

---

quand nous sommes plongez la dedans, et que nous en sommes arrousez par le sainct Esprit.
  88) Comm. on 1 Pet. 4 : 1, C.O. 55 : 270. Cf. on Gal. 2 : 20, C.O. 50 : 198.
  89) Serm. on Luke 2 : 50-2, C.O. 46 : 477. *Mais notons que nostre Seigneur Iesus Christ ne laisse pas encores auiourd'huy de besongner tellement, par la vertu de son sainct Esprit, que la mort qu'il a enduree pour un coup, produit son fruict et son effect en nous: sa resurrection nous profite à vie, nous sommes maintenus et garentis sous sa protection.*
  90) Serm. on Deut. 5 : 12-14, C.O. 26 : 284-5. *Il faut que tout cela meure* (i.e. what we inherit from Adam). *Et comment cela se fait-il Ce n'est point par nostre industrie: mais nostre Seigneur Iesus Christ mourant pour nous, et pour effacer noz pechez, à ce qu'ils ne nous soyent plus imputez, nous a aussi bien acquis ce droit-la, que par la vertu de son sainct Esprit, nous pouvons renoncer au monde, et à nous-mesmes, tellement que nos affections charnelles ne dominent plus. Et combien que nous soyons pleins de rebellion: toutes-fois l'Esprit de Dieu dominera par dessus pour les reprimer, et les tenir en bride.* Cf. comm. on Ps. 109 : 5, C.O. 32 : 148.

제 2 장
십자가를 짊어지기

1. 십자가 아래에서의 외적 고통에 의한 그리스도의 죽음을 교회가 본받음

하나님께서는 우리의 전생활이 그리스도의 죽음을 본받을 수 있게 되기를 원하신다.[1] 이것이 의미하는 바는, 마음의 내면적 태도에서 뿐만 아니라 외형적 환경에서도 우리가 그리스도를 닮아야 한다는 것이다. 그러므로 기독교적 생활을 산다고 하는 것은 내면적 자기 부인의 필연성뿐만 아니라 환경적으로 밖에서부터 오는 많은 고통들과 환난들과도 연관이 있다. 그리스도와 연합하여 성화된 그리스도의 몸된 지체들은 예수 그리스도 자신의 성화에서 성취되었던 죽음과 부활의 모형과 유사한 모형으로 자기들의 역사적 삶을 성숙시켜 주는 특별한 섭리에 복종한다. 이 목적을 위하여 하나님이 작정하시는 환난들을 칼빈은 십자가라고 부른다.

기독교인의 경우, 삶의 일상적 고통들도 십자가의 한 부분으로 간주되어야 한다.[2] 왜냐하면 하나님께서는 자기 백성들의 생활에서 그와 같은 고통들을 성화시킬 수가 있고, 예수 그리스도의 고통과도 그것이

---
1) Comm. on Phil. 3 : 10, C.O. 52 : 50; on Rom. 6 : 11, C.O. 49 : 110.
2) Inst. 3 : 8 : 1.

관련되게 해주시기 때문이다.

그러나 그리스도를 닮도록 작정되어 있는 자들은 인류가 공통적으로 당하는 일상적인 환난들 외에도 이 땅의 하나님의 아들들의 대표들로서 그들이 당해야 하는 바 하나님의 손으로부터 오는 특별한 징벌까지도 짊어지도록 되어 있다.[3] 칼빈의 경우, 교회의 회원이 된다고 하는 것은 우리가 하나님께 헌신하기 때문에 고통까지도 달게 받는 그러한 영역에 들어서는 것을 의미한다. 하나님의 선택된 자의 하나가 된다고 하는 것은 죽음을 당하도록 되어 있다는 것을 의미한다.[4] 하나님의 선택된 자들은 나머지 인류보다도 '많은 종류의 악'을 더 많이 당한다.[5]

그리스도가 오신 이래로 뿐만 아니라, 구약 시대를 포함하여 모든 세대에서 하나님의 백성들이 당해 왔던 그러한 '공통된 핍박'들에 우리는 단순히 개인으로서가 아니라 교회의 회원들로서 참여한다.[6] 그리스도를 위하여 개인이 어떠한 고통을 당하든지 그것은 그가 그리스도의 몸에 연합되어진 결과로 당하는 것이다. 그리고 그 고통은 그 몸의 모든 지체들이 머리되신 분과 더불어 본받아야 할 한 부분이다. 그들은 머리이신 그리스도에게 연합되고, 그리스도 안에서 서로에게 연합된다.[7]

분명한 것은, 모든 기독교인들이 참여해야 하는 교회의 공통된 고통의 대부분은,[8] 우리가 복음을 방어하는 결과로, 또는 모든 형태의 의

---

3) Comm. on 1 Pet. 4 : 17, C.O. 55 : 281. *Nam haec, inquit, necessitas totam Dei ecclesiam manet, ut non tantum communibus hominum miseriis subiaceat, sed peculiariter et praecipue Dei manu castigetur: tanto igitur aequiore animo ferendae sunt pro Christo persequutiones. Nisi enim expungi e numero fidelium velimus, Dei ferulis nos tergum aptare convenit. Suave autem istud condimentum est, quod non ut in alios passim Deus'sua in nos iudicia exercet, sed filii sui personam nobis imponit, ut non nisi eius causa et nomine laboremus.* Cf. on 1 Pet. 3 : 18, C.O. 55 : 264.
4) Comm. on Ps. 45 : 23, C.O. 31 : 447. *Quia tamen sumus Christi membra, ad societatem crucis paratos esse nos oportet. Ergo ne crucis acerbitas nos terreat: semper haec ecclesiae conditio nobis versetur ante oculos, quatenus adoptati sumus in Christo, addictos esse mactationi. . . . Ergo ne taedium vel horror crucis a pietate nos avellat, sit haec continua nostra meditatio, bibendum esse calicem quem nobis porrigit Deus, nec posse Christianum esse, nisi qui se in sacrificium Deo offert.*
5) Inst. 3 : 8 : 1.
6) Comm. on Heb. 11 : 37, C.O. 55 : 168-9. *Neque vero hic nobis paucorum hominum miseriae narrantur, sed communes ecclesiae persequutiones: et hae quidem non unius aut alterius anni, sed quae ab avis usque ad nepotes interdum grassatae sunt. Quare nihil mirum si iisdem hodie experimentis fidem nostram probare Deo placeat.*
7) Cf. e.g. comm. on John 12 : 24, C.O. 47 : 288.
8) Inst. 3 : 8 : 8, Comm. on Phil. 1 : 28, C.O. 52 : 21.

제 2 부   그리스도와 더불어 죽고 부활함 **95**

(義)를 방어하는 결과로 그리스도의 대적들로부터 오는 핍박을 당하는 것으로 되어 있다.⁹⁾ 또한 그것은 그러한 입장에 서 있고 그러한 핍박을 당한 결과로 부끄러움과 모욕을 당하는 것으로도 되어 있다. ¹⁰⁾ 칼빈은 우리가 이같은 방식으로 고통을 받게 되는 때에 그것을 특별한 영광으로 간주할 것을 우리에게 강권한다.¹¹⁾ 그리고 그가 말한 바에 의하면, 모든 선택된 자들이 십자가를 짊어지고, 그리하여 그리스도의 죽음에서 그를 닮도록 작정되어 있기는 하지만, 복음을 위하여 핍박을 견디는 것은 교회 내에서 어떤 사람들을 다른 사람들로부터 구별해 주는 '특별한 표지'(special mark)이다.¹²⁾

우리는 십자가를 인내의 태도로 짊어지되, ¹³⁾ 그러한 십자가를 짊어짐을 통해서 우리의 성화의 과정이 더욱 촉진되고, ¹⁴⁾ 우리가 그리스도를 닮아가게 된다는 확신을 가지고 강건해져야 한다. "그리스도의 지체들이 그들의 머리와의 일치와 조화를 이룰 수 있도록 하나님이 자기의 교회를 위하여 작정하신 조건을 우리가 거절해서는 안된다."¹⁵⁾ 우리가 기억해야 할 것은, 예수 그리스도께서 당하신 환난은 그가 모든 세대에서 자기 백성에게 감당하라고 말씀하시는 바로 그 환난이라는 점이다. 그는 자기의 고통들을 통해서 하나님의 모든 자녀들의 모범과 모형

---

9) Inst. 3 : 8 : 7.
10) Inst. 3 : 8 : 8.
11) Comm. on Phil. 1 : 7, C.O. 52 : 10. *At si vere aestimamus, honor est non vulgaris quo nos Deus dignatur, quum pro eius veritate persequutionem patimur . . . Meminerimus ergo etiam societatem crucis Christi, tanquam singularem Dei gratiam, prompto gratoque animo amplexandam nobis esse.*
12) Comm. on Matt. 24 : 9, C.O. 45 : 653. *Sed proprie hic Christus de afflictionibus disserit, quas pro evangelio subituri erant discipuli. Etsi enim verum est illud Pauli* (Rom. 8 : 29), *quos Deus elegit, eos quoque destinasse ad ferendam crucem, ut conformes sint imagini filii sui : non tamen hac singulari nota omnes insignit, ut ab evangelii hostibus persequutionem sustineant.* Cf. serm. on Gal. 3 : 3–5, C.O. 50 : 474. *Car de faict ce que nous endurons pour l'Evangile nous doit servir de marque, comme si Dieu nous constituoit en office honorable.*
13) See further, pp. 258–66.
14) Serm. on Job 42 : 9–17, C.O. 35 : 509–10. *En cela* (i.e. Sufferings) *ils ont meilleure confirmation de la doctrine entant que nostre Seigneur Iesus Christ estant l'image vive de tous fideles et enfans de Dieu, ils sont conformez à lui : comme S. Paul en traitte au 8 chapit des Rom.* (v. 28) *qu'en toutes nos miseres nous sommes configurez à nostre Seigneur Iesus Christ.*
15) Comm. on Col. 1 : 24, C.O. 52 : 94. *Deinde non recusandam esse conditionem quam ecclesiae suae ordinavit Deus, ut membra Christi congruentem cum suo capite symmetriam habeant.* Cf. comm. on John 13 : 18, C.O. 47 : 312.

(example and pattern)이 되고자 하신다.[16]

2. 십자가를 통해서 그리스도 및 그의 죽음과의 성례전적 관계를 교회가 가지게 됨

성도들은 자기들의 십자가를 짊어짐을 통해 그리스도를 닮아가는 과정에서, 그리스도와 그의 죽음에 대해 특별한 관계에 들어서게 된다. 칼빈의 경우, 십자가를 통해서 주어지는 그리스도 및 그의 죽음과의 이 교통(communion)은 기독교인에게 있어 십자가의 고통이 성례의 의미를 가지고 있는 것으로 볼 수 있다. "십자가를 짊어질 때 우리가 그리스도의 동반자들이 된다."[17]

십자가 아래서 교회가 당하는 고통들은 그리스도의 죽음과 및 그의 고통과 아주 밀접한 관련을 가지고 있기 때문에, 이 고통들에 참여할 때 교회와 그 교회 내의 개인이 "그리스도의 고통과 교제를 가지고 있다."[18] 또는 '그리스도의 죽음의 교통(Communication)'을 체험하고 있다.[19] 또는 '그리스도의 죽음의 교제'에 참여하고 있다[20]고 말할 수가 있는 것이다.

기독교인이 십자가를 통해서 그리스도의 죽음과 부활에서 그와 이처럼 밀접한 관계를 갖게 된다는 사실로 말미암아, 기독교인은 다른 모든 생각에 앞서 십자가를 기쁨으로 짊어질 수 있게 된다. "그리스도와의 교통을 통해서 우리의 고통들이 복스럽게 될 뿐만 아니라, 우리의 구원을 더욱 확실케 한다. 그러므로, 우리가 역경으로 환난을 많이 받으면 받을수록, 그리스도와의 우리의 교제가 더욱 더 확실하게 될 수 있다고 믿을 때, 십자가의 고통이 현저하게 줄어든다."[21] 그런 까닭에, 복음

---

16) Serm. on Job 4 : 7-11, C.O. 33 : 196. Cf. comm. on 1 Pet. 5 : 9, C.O. 55 : 290. *E converso hic apostolus nos monet, nihil nobis accidere, quod non in reliquis ecclesiae membris cernamus. Porro minime recusanda nobis est cum sanctis omnibus societas, vel similis conditio.* And serm. on Job 2 : 7-10, C.O. 33 : 120-1.
17) Comm. on Matt. 10 : 38, 45 : 294 . . . *nos in ferenda cruce Christi esse socios.*
18) Inst. 3 : 8 : 1. *Unde etiam insignis consolatio ad nos redit, in rebus duris atque asperis, quae adversae malaeque existimantur, nos Christi passionibus communicare.*
19) Comm. on Rom. 6 : 7, C.O. 49 : 108. *Mortis Christi communicatio.*
20) Comm. on Phil. 3 : 10, C.O. 52 : 50. *Societas et communicatio mortis Christi.*
21) Inst. 3 : 8 : 1.

때문에 환난과 핍박을 당하는 기독교인은 "그리스도의 십자가의 교제를 하나님이 주시는 특별은총으로 받을" 준비가 되어 있어야 한다.[22] 기독교인이라면 아주 유의하여 "그리스도와 함께 십자가를 지는 것을 삼가하지 않도록" 해야 하며,[23] 그리스도가 그러한 고통들을 자기 자신의 것으로 간주한다는 것을 알아야 한다.[24] 바울이 그가 고통당할 때에 약해졌던 것처럼, 기독교인이 약하여지게 된다면, 그는 "그리스도 안에서 연약해지는" 것이요, 이것은 곧 그가 "그리스도의 연약함에 참여하는 자"임을 의미한다.[25]

하지만 이러한 '성례전적'(sacramental) 효력은 하나님이 우리의 고통들을 축복하실 때에만이 그것들에게서 나타난다. 칼빈이 강조하여 가르치는 바에 의하면, 인간의 영혼에게 미치는 고통의 자연적 효력은 그 자체만으로 보면 성도를 고상하게 해주지 못한다. 고통에 대한 인간의 심령의 자연적 반응은 망치로 어떤 물건을 두들길 때 받침으로 사용하는 모루(anvil)처럼 하나님께 대하여 완고해지며, 바로의 실례를 따라 점점 더 격분되고 완악해지며 구제 불능이 된다.[26] 품격(稟格)과 인내를 생산해냄에 있어서 인간의 영혼에게 고통이 줄 수 있는 결과에 대하여 야고보와 베드로와 바울의 가르침을 살핀 후에, 그러한 결과는 결코 일반적인 생활 법칙의 결과가 아니라, 하나님의 섭리의 초자연적인 내면적 사역의 결과로 간주되어야 한다고 칼빈은 지적한다. "사람들의 마음들은 환난이 저절로 그것들 안에서 인내를 만들어낼 만큼 본래 바탕이 되어 있지 않다. 그러나 바울과 베드로는 사람들의 본성보다는 하나님의 섭리를 중요시한다. 이 섭리를 통하여 성도들이 환난으로부터 인내를 배우게 된다. 불경건한 자들은, 바로의 실례가 보여 주는 대로, 환

---

22) Comm. on Phil. 1 : 7 C.O. 52 : 10. *Meminerimus ergo etiam societatem crucis Christi, tanquam singularem Dei gratiam, prompto gratoque animo amplexandam nobis esse.*
23) Comm. on Heb. 11 : 26, C.O. 55 : 161. *Omnes ita comparatos esse decet ut crucis societatem cum Christo subire non recusent.*
24) Ibid.
25) Comm. on 2 Cor. 13 : 4, C.O. 50 : 150. *Infirmum esse in Christo hic significat socium esse infirmitatis Christi.*
26) Serm. on Job 5 : 17–18, C.O. 33 : 260–1.

난으로 말미암아 더욱 더 충동질을 받아 거칠어진다."²⁷⁾

그러므로 환난이 효력을 발휘하여 우리로 하여금 그리스도를 닮게 하고 그리스도와의 교제를 가능케 하려면, 하나님께서 성령으로 내면적으로 우리를 어루만지지 아니한 채 그의 손으로 우리를 징계하는 것만으로는 충분하지 못하다.²⁸⁾ '하나님의 은총이 우리의 가슴에 와 닿을 때'에만, 포로, 멸시, 투옥, 수치 그리고 심지어 죽음 자체 등과 같이 그 자체로서는 악한 환난들이 우리의 행복이 될 수가 있는 것이다.²⁹⁾ 그러나 하나님께서 우리의 고통들을 축복하고 성결케 하여 우리 안에서 역사하게 되는 때에, 우리가 당하는 환난들이 그 자체로서는 아무리 혹독하고 저주스런 것일지라도, 그것들은 우리의 구원의 증진과 예수 그리스도의 형상을 우리로 닮게 하는 데 이바지하도록 되어 있다.³⁰⁾

그리스도에게 연합되어 있는 자들과 그리스도의 교회에 가입되어 있는 까닭에 그리스도의 지체로서 고통을 당하는 자들의 경우에서만, 고통이 그리스도의 죽음 및 수난과 이처럼 밀접하고 살아 있는 관계를 가지고 있는 것으로 볼 수가 있다. "우리가 그리스도의 지체들이라고 한다면 우리의 모든 불행들을 통해서 우리는 그의 십자가에 참여하게 된다"³¹⁾고 칼빈은 말한다. 사악하고 믿지 않는 자들은 그러한 고통들로

---

27) Comm. on James 1 : 3, C.O. 55 : 385. *Caeterum non ita naturaliter compositi sunt hominum animi, ut illis patientiam secum afferat afflictio. Sed Paulus et Iacobus non tam in hominum naturam, quam in Dei providentiam respiciunt: quasi fit ut fideles patientiam ex aerumnis discant: tametsi impii magis inde ac magis ad insaniam provocentur: quemadmodum Pharaonis exemplum ostendit.*
28) Serm. on Job 5 : 17–18, C.O. 33 : 260. *Ces chastiemens-là ne profitent pas à tous, et aussi il ne fait point à tous la grace de retourner à luy. Car ce n'est point assez que Dieu frappe de sa main, sinon qu'il nous touche là dedans par son sainct Esprit.*
29) Inst. 3 : 8 : 7.
30) Serm. on Gal. 2 : 20–21, C.O. 50 : 447. *Puis qu'ainsi est donc, apprenons de vivre par la foy de Iesus Christ, c'est à dire combien que nous soyons miserables en ce monde, combien qu'il nous fale souffrir tant de fascheries, tant d'ennuis et d'angoisses, tant de troubles et difficultez, toutesfois que nous persistions en ceste constance, pour sentir qu'il n'y a que toute felicité en nos miseres, d'autant que Dieu les benit et les sanctifie au nom de nostre Seigneur Iesus Christ, et que tout cela nous est converti en aide à salut, comme il en est parlé au 8 chap. des Rom. e.* 27. Cf. comm. on 2 Cor. 4 : 10, C.O. 50 : 55.
31) Comm. on Phil. 3 : 10, C.O. 52 : 50. *In omnibus miseriis sumus socii crucis Christi, si sumus eius membra.* Cf. serm. on Gal. 6 : 12–13, C.O. 51 : 117. *Et ainsi apprenons qu'estans appelez à nostre Seigneur Iesus Christ, il nous faut estre participans de sa croix tant qu'il luy plaira. . . . Mais cependant si faut-il que les*

부터, 어떻게 보면 가능할 수도 있지만, 아무런 유익이나 위로를 얻어 낼 수가 없다. 왜냐하면 그들 자신이 그리스도 및 그의 죽음과 아무런 관련도 맺고 있지 않기 때문이다. 선택된 자들은 하나님의 아들과 함께 환난에 참여한다. 그러나 사악한 자들은 그렇게 하지 않는다.[32] 십자가를 짊어질 때 우리가 그리스도의 동반자들임을 알게 됨으로써 얻게 되는 위로는 하나님의 버림받은 자들의 경우가 아니고 성도들의 경우에 해당한다. 버림받은 자들에게는 자기들의 십자가를 짊어지는 것이 단지 저주스럽고 유해(有害)할 수가 있다.[33] 진실로 칼빈이 말하는 것을 보면, 신자들의 경우일지라도 그들이 그들의 죄에 대하여 징벌을 받는 까닭이 아니라 복음 때문에 환난을 견디어낼 때에만이 그들이 당하는 고통 중에서 그리스도의 수난에 동참하게 되는 것이다.[34] 엄격하게 말해서, 그런 까닭에 모든 사람들이 인류의 공통된 불행을 나누는 때까지도, 그들이 짊어질 수 있는 십자가에 직면하게 되기는 하지만, 오직 예수 그리스도의 참된 제자들만이 '십자가를 진다'고 말할 수 있다.[35] 십자가는 오직 믿음으로써만 짊어질 수가 있고, 십자가를 짊어짐으로 해서 얻은 유익들은 믿음을 가지고 있는 자들에게만 주어진다.

칼빈은 그리스도의 고통들에 우리가 참여하는 것에 대하여 말하면서, 그리스도께서 우리의 구원을 위하여 필요한 모든 것을 과거에 담당해 주셨고,[36] 그가 자기 교회에게 자신과 더불어 함께 참여할 것을 지

---

passions qu'il a souffert en premier lieu s'accomplissent en nous qui sommes ses membres.

32) Comm. on 2 Cor. 4 : 10, C.O. 50 : 55. *Porro Christi mortificatio nonnisi in solis fidelibus vocatur: quia impii, praesentis vitae aerumnas perferendo, cum Adam communicant: electi autem participationem habent cum filio Dei.*

33) Comm. on Matt. 10 : 38, C.O. 45 : 294. *Interea subeat etiam mentem haec consolatio, nos in ferenda cruce Christi esse socios: ita fiet ut facile mitescat omnis acerbitas. Cruci suae non minus affixi sunt reprobi, nec eam, quantumvis luctentur, excutere queunt, sed quia extra Christum crux maledicta est, manet eos infelix exitus.* Cf. on 2 Cor. 1 : 5, C.O. 50 : 11. *Miseriae quidem et aerumnae vitae praesentis malis perinde ac bonis communes sunt. Sed quum impiis accidunt, maledictionis divinae sunt signa.*

34) Comm. on 2 Cor. 1 : 5, C.O. 50 : 11. *Non tamen proprie dicuntur socii esse passionum Christi, nisi dum eius nomine patiuntur.*

35) Comm. on Matt. 16 : 24, C.O. 45 : 482.

36) Serm. on Gal. 6 : 12–13, C.O. 51 : 117. *Il est vray qu'il a souffert ce qui estoit besoin pour nostre salut: mais il faut que nous soyons conformez à son image.* Cf. comm. on Eph. 1 : 23, C.O. 51 : 160. *Quod ergo vult impleri et perfectus quodammodo esse in nobis, id non accidit ex defectu vel inopia.* Cf. serm. on Eph.

금 요구하는 것을 완전히 그리고 영원히 진실로 담당하셨기 때문에,³⁷⁾ 그가 수난받을 때의 그 자신의 고통들이 온전하였고 또 온전하다는 점을 조심스럽게 강조한다. 그러므로 바울 사도가 자신에 대하여 "그리스도의 남은 고난을 그의 몸된 교회를 위하여 내 육체에" 매일 채운다고 말할 때에, 그가 의미하는 바는 그리스도의 고난이 교회가 받는 고난을 통해서 보충될 필요가 있다는 것이 아니고, 오히려 교회의 고난을 통하여 그리스도께서 이미 받으셨던 것이 온전히 드러나고 성취된다는 것이다.³⁸⁾ 교회가 그것의 지체들을 통해서 하나님의 계획 속에서 예정되어진 고난을 기꺼이 당하기 때문에, 그것의 머리를 닮음으로 말미암아 더욱 더 완전하게 되는 것이다. 그러므로 경건한 자들이 당하는 환난들이 교회의 몸을 온전케 하는 효력을 발생시키고, 교회가 그리스도를 닮아 전교회의 복지를 증진시키게 되는 것은 순전히 그리스도의 은혜로운 작정이다. 그러나 이것은 교회가 그리스도의 충만 가운데서 이미 얻어 누리고 있는 온전성을 드러내는 것으로 생각되어져야 한다.³⁹⁾

---

1 : 23, C.O. 51 : 346.

37) Comm. on Ps. 109 : 3, C.O. 32 : 147. *Iam sicut in Christo fuit impletum quod adumbratum fuerat in Davide: ita meminerimus impleri quotidie in fidelibus τὰ ὑστερήματα passionum Christi, Coloss.* 1, 24, *quia semel in se passus, illos sibi consortes ac socios accersit.*

38) Comm. on Col. 1 : 24, C.O. 52 : 93. *Quemadmodum ergo semel passus est in se Christus, ita quotidie patitur in membris suis: atque hoc modo implentur passiones, quas Pater illius corpori suo decreto destinavit.*

39) Comm. on Col. 1 : 24, C.O. 52 : 94. *Nemo autem non videt Paulum ita loqui, quia oporteat per afflictiones piorum adduci corpus ecclesiae ad suam perfectionem, dum membra capiti suo configurantur.* This way of thinking is in keeping with Calvin's teaching on the relation between Christ and His Church. Christ, who fills all in all, would have all fullness in Himself even if He were separated from His Church. He no more requires to be completed by His Church than the Father requires to be completed by His creation. Therefore we cannot marvel enough at the fact that He bestows on us such honour that until He is united to us, He "reckons Himself in some measure imperfect." Comm. on Eph. 1 : 23, C.O. 51 : 159. Cf. serm. on Eph. 1 : 23, C.O. 51 : 346. *Or en ce mot d'accomplissement, il signifie que nostre Seigneur Iesus, et mesmes Dieu son Pere se tient comme imparfait, sinon que nous soyons conioints à luy. Car voilà un tesmoignage de la bonté infinie de Dieu, et de laquelle on ne se peut assez esmerveiller.* He does not wish to regard Himself, or to be regarded, as complete apart from His members in the Church which can therefore be spoken of as His completion. (Comm. on 1 Cor. 12 : 12, C.O. 49 : 501. *Hoc enim honore nos dignatur Christus, ut nolit tantum in se, sed etiam in membris suis censeri et recognosci. Ideo alibi dicit idem apostolus* (Eph. 1, 23) *ecclesiam esse illius complementum, ac si divisus a suis membris, quodammodo mutilus foret.*) He who has no need of us speaks and acts as if He found His own being imperfect and incomplete until He finds fulfilment in us. In this sense the Church is the fullness of God and of Christ. (Serm. on

3. 십자가를 짊어지기는 자기 부인을 위한 유력한 조력이요 순종의 시금석임

인내와 신앙을 가지고 십자가를 짊어지는 것은 우리가 자기 의지(self-will)를 부인하려고 애쓸 때 우리에게 큰 도움이 된다. 인간 편에서 볼 때, 자기 부인의 과정은 그것이 우리 자신의 내면적 자기 훈련에만 맡겨져 가지고는 충분하게 성취되지 않는다. 사람에게는 자기 부인(否認)의 노력에 박차를 가하기 위해서, 그리고 하나님의 뜻에 감정들과 마음의 생각들을 철저하게 복종시키기 위해서 환난을 당하는 것이 또한 필요하다.[40] 육체의 '잔인성'은 아주 대단하여서 그것이 굴복되려고 하면 엄격하게 다루어질 필요가 있는 것이다.[41]

칼빈은 흔히 우리의 본성적 기질을 다루기 힘든 거칠은 말과 완고한 당나귀에 비교하는가 하면, 좀더 강한 표현을 사용하고자 할 때에는 길들이기 힘든 야생 짐승들이나 광란하는 미친 사람에게 그것을 비교한다.[42] 그러므로 우리에게 환난을 주시매 있어서 하나님은 "거칠은 말을 다루는 거칠은 기수"(騎手)처럼 행동하신다.[43] 정말, 칼빈은 한걸음 더 나아가 환난을 통해서 역사하시는 하나님의 역할을, 매를 가지고 바로잡는 일을 하는 사람의 경우에 비교한다. 이렇듯, 하나님은 "우리를

Eph. 1 : 23, C.O. 51 : 347. *Voilà comme Dieu parle, qu'il ne se trouve point accompli et parfait, sinon d'autant qu'il nous receuille à soy, et que nous sommes unis ensemble: il prend tout son plaisir en nous, et veut que sa gloire y reluise . . . et combien que toute gloire soit en luy, neantmoins qu'on voye qu'il veut que nous en ayons nostre part et portion. Voilà donc en somme ce que S. Paul a voulu dire, appelant l'Eglise l'accomplissement de Dieu et de Iesus Christ.*

40) Comm. on Ps. 119 : 67, C.O. 32 : 244. *Deo nunquam obsequimur nisi ferulis coacti. . . . Nam quum principium obedientiae sit carnis mortificatio, quam naturaliter omnes refugiunt, non mirum est si variis afflictionibus Deus in ordinem nos cogat.* Comm. on Ps. 85 : 6, C.O. 31 : 787. *Nam quia subinde relabitur caro nostra ad lasciviam, variis correctionibus penitus subigi necesse est.*

41) Cf. comm. on Ps. 25 : 9, C.O. 31 : 255. *Carnis ferocia*, on Ps. 32 : 4, C.O. 31 : 319, and Inst. 3 : 8 : 5.

42) Inst. 3 : 8 : 5. Comm. on John 5 : 14, C.O. 47 : 109. *Neque enim solum refractariis equis et mulis sumus similes, sed plus quam indomitae belluae.* Serm. on 2 Sam. 4 : 1, 7, 4 p. 89. *Car non seulement nous sommes lasches comme des asnes, mais nous sommes comme phrenetiques et gens insensez, transportez en noz passions pour resister a Dieu.*

43) Cf. serm. on Job 42 : 8–17, C.O. 35 : 504. *A rude asne, rude asnier.*

하나님 자신에게로 복귀하게 하며,"[44] "망치를 가지고 우리의 본성의 완악함을 부드럽게 한다."[45] 우리의 인간적 본성이 너무나 패괴한 까닭에 그것을 부드럽게 다룰 때에는 결국에는 단지 우리를 부패시키고 해칠 수밖에 없게 되는 것이다.[46]

칼빈은 그의 『기독교 강요』에서 '십자가를 짊어지기'에 관한 장절에서, 십자가로 말미암아 우리에게 부과된 징계(discipline)를 논하면서, 하나님의 백성들이 십자가를 통해서 왜 항상 환난을 당할 필요가 있는가 하는 몇 가지 밀접하게 연관된 이유들을 제시한다. 십자가 아래에서 환난을 체험할 때 우리가 육체를 죽이며, 자만심과 이기적 사랑(self-love)을 없앨 수가 있다. 사람이 자신보다는 오직 하나님만을 신뢰하도록 아무리 많이 배웠다 할지라도, 행운이 너무 많이 그에게 미소를 보내게 되는 때에는(다윗의 경우처럼) 자기의 행복에 도취되고, 하나님의 말씀보다 자기의 내적 감정이나 외적 조건에 더 의존하게 되는 육감적 안정감(a sense of carnal security)을 조장하는 경향이 있게 된다.[47] 이같은 환경 아래에서는 자기의 입장이 다른 많은 사람들의 경우보다는 더 나음을 알고서, 자기의 생활이 '세상의 일반적 경우보다 우위'에 있다고 스스로 자부하게 된다.[48] 그리하여 그는 자만에 빠지고 잘난체하게 된다.[49] 더욱이 "여수룬이 살지매 발로 찼도다"[50]라는 구절에 대한

---

44) Ibid. Cf. serm. on Deut. 2 : 1–7, C.O. 26 : 5. *Sans que Dieu nous reduist à soy par correction: il seroit impossible que nous luy fussions tels qu'il appartient pour escouter sa voix, et pour suyvre là où il nous commande. Il faut donc que nous soyons preparez à coups de verges.*

45) Comm. on Ps. 119 : 71, C.O. 32 : 245. Calvin recognises the moral and theological difficulties of speaking in such a way. God only adopts such a course after the gentle chastisement which would be administered by the kindest Father has failed and in adopting this course He "is constrained to assume a new character which is not natural to Him". Cf. comm. on John 5 : 14, C.O. 47 : 109. *Novam personam et quasi alienam induere cogitur.*

46) Inst. 3 : 8 : 5. Comm. on Ps. 119 : 67, C.O. 32 : 244. *Sed tamen experientia ostendit, ubi Deus nobis indulget, semper nos ad ferociam erumpere.*

47) Comm. on Ps. 30 : 7, C.O. 31 : 295–7. *Fideles . . . in ea militia, ad quam se norunt destinatos, excusso torpore se exercent: trepide se conferunt in fidem Dei, nec se alibi tutos fore confidunt, quam sub eius manu. Aliter David, qui prosperi status illecebris captus, aeternam sibi quietem ex proprio sensu magis quam ex Dei verbo pollicitus est.* Cf. Inst. 3 : 8 : 2.

48) Ibid.

49) Inst. 3 : 8 : 3.

50) Comm on Deut. 32 : 15, C O. 25 : 365. *Satietas quidem . . . ferociam parit.* This saying originates in the Greek Poets. Cf. comm. on Jer. 31 : 18, C.O.

주해에 적합하게 들어 맞는 '일반 격언'을 인용하여, 칼빈은 "포만이 폭력을 배태(胚胎)한다"고 말한다. 칼빈에 따르면, 자만에 빠지는 것은 이기적 사랑에 빠지는 것이요, 그것은 자기 부인(自己否認)과는 정반대이다.[51] 십자가의 체험이 '육체를 신뢰하는 이 부패한 자만'을 꺾는다. 고난을 통해서 "우리의 연약함이 가시적(可視的)으로 드러나게 되며," 우리의 자만의 불꽃이 시들어지고 이기적 사랑도 없어진다. 자신을 신뢰하지 아니하여 겸비케 되는 때에, 우리는 자만과 이기적 사랑을 포기하고 하나님의 은혜에 의존하게 되는 것이다.[52]

그러나 십자가의 환난을 통하여 인간의 심령이 자만심을 지워내게 될 뿐만 아니라, 그 심령이 순종심이 있는지의 여부를 시험받는다.[53] 왜냐하면 하나님이 우리로 하여금 환난을 당하게 함으로써 우리 자신의 정욕들을 억제하지 않는 한, 하나님께 순종하여 복종할 준비가 되어 있는지의 여부를 알 수 없다는 것이 분명하기 때문이다. 칼빈의 경우, 순종의 첫 단계는 십자가의 환난을 통해 육체를 죽이는 것이다.[54] 그러므로 용광로의 불이 원광(原鑛)을 재련하여 정금을 만들어 내듯이, 십자가의 고난도 우리에게서 자기 의지를 제거할 뿐만 아니라, 하나님이 우리에게 허락하신 은혜들과 참된 순종이 빛을 보게 한다.[55]

---

38 : 670. *Et prophetae etiam hac utuntur loquendi forma, quum loquuntur de Israelitis adhuc integris, vocant boves saginatos et pingues, quia scilicet affluentia gignebat in ipsis luxuriam, et luxuria superbiam. Quum ergo ita calcitrarent adversus Deum.* Cf. serm. on Deut. 6 : 10–13, C.O. 26 : 448.
51) Inst. 3 : 8 : 3.
52) Inst. 3 : 8 : 2 and 3.
53) Serm. on Job 2 : 7–10, C.O. 33 : 119. *Si Dieu en ce qu'il nous envoye se conformoit à nostre volonté, on ne pourroit pas bien discerner que c'est d'estre obeissans : mais quand il nous traitte tout au rebours de nos appetis, et que nous luy sommes alors subiets, que nous tenons sous sa bride toutes nos affections, afin de nous renger à luy. . . . En cela monstrons nous que nous luy sommes obeissans.* Cf. Inst. 3 : 8 : 4.
54) Comm. on Ps. 119 : 67, C.O. 32 : 244
55) Inst. 3 : 8 : 4. Serm. on Job 1 : 9–12, C.O. 33 : 69–70. *Et voila pourquoy tant souvent l'Escriture nous monstre que Dieu esprouve les siens, il les examine par afflictions, il les met comme un or en la fournaise, non seulement pour estre purgez, mais aussi pour estre cognus : car les afflictions servent à ces deux usages : c'est que Dieu mortifie les vices qui sont en nous, quand il nous afflige, nous sommes domtés, il nous commande de nous retirer de ce monde, de n'estre plus adonnez à noz voluptez et delices charnelles. Mais il y a plus : c'est que tout ainsi qu'en la fournaise l'or est esprouvé, pour savoir s'il y a de l'escume, aussi Dieu monstre quels nous sommes, quand il nous afflige : car les hommes mesmes ne se cognoissent point devant qu'avoir esté ainsi esprouvez.*

제 3 장
그리스도의 부활과 영광에의 참여

1. 그리스도의 죽음에의 참여는 그의 부활에의 참여와 불가분함

그리스도의 죽음에의 참여는 그의 부활에의 참여없이 따로 결코 체험될 수가 없다. 십자가 아래에서 고난당하는 자들을 위로하기 위하여, "십자가에서 부활에로의 이 전이(轉移)를 항상 우리가 염두에 두어야 한다"고 칼빈은 말한다.[1] 우리의 마음이 "그의 부활의 권능에로" 향하게 될 때에만이, 그리스도의 십자가가 믿는 자들의 가슴과 삶에서 악을 이기어 승리할 수가 있는 것이다.[2] 기독교인들이 그리스도의 죽음에서 얻게 되는 것을 분명하게 이해하여 두는 것만큼 그의 부활에서 얻는 것을 잘 이해하는 것도 아주 중요하다. 그리스도의 죽음의 중요성을 절대적으로 강조하는 것처럼 보이는 성경구절들이 있기는 하지만, 그 구절들에서도 "그의 부활이 그의 죽음에 포함되어 있다."[3]

우리의 구원은 그리스도의 죽음에서 시작(initium)을 보고, 부활에서 완성(complementum)을 본다.[4] 칼빈이 지적하는 바에 의하면, 우리 기

---
1) Comm. on 1 Pet. 4 : 13, C.O. 55 : 279.
2) Inst. 3 : 9 : 6.
3) Comm. on 1 Cor. 15 : 4, C.O. 49 : 538. Cf. Inst. 2 : 16 : 13.
4) Ibid.

독교인의 체험의 보다 더 긍정적인 면은 그리스도의 부활과의 교통을 통해서 얻어진다. 그리스도의 죽음을 통해 "죄가 폐기되고 사망이 멸절되었으나," 그의 부활을 통해서는 "의(義)가 회복되고 생명이 되살아났다."[5] 따라서 우리의 기독교 생활에서, 우리가 앞에서 본 대로 그의 죽음과의 교통을 통해 악이 우리 안에서 정복되고 폐기되며, 그의 부활과의 교통을 통해 우리 안에서 중생(重生)의 새 생명을 체험하게 된다. 칼빈의 경우, 우리가 그리스도의 부활에 온전히 참여하기 위해서는 하나님 나라의 최종적 완성 때까지 기다려야 하지만, 이 부활의 생명이 우리 안에서 이미 그것의 능력을 발휘하기 시작했고, 지금 여기에서 우리가 이 부활의 생명에 참여하고 있음을 보여 주는 표적이 바로 중생이다. 중생은 "신자 안에서 이루어지는 그리스도의 부활 생명의 체현(體現)"이요, "역사의 시간 속에서 마지막 부활에 참여하는 것"이다.[6] 칼빈이 사실상 말하고 있는 것은, 그리스도의 천상(天上)의 생명을 이미 '닮은' 그것의 모형(figura)인 새로운 중생의 생명을 우리가 지금 이 땅 위에서 살고 있다는 것이다.[7] 신약성경에서 우리의 죽을 몸이 그리스도에 의하여 '살아난다'(guickened)고 말할 때, 그 말은 마지막 부활을 가리킬 뿐만 아니라, "육체의 남은 것들이 죽임을 당하는 동안 하늘의 생명이 점차적으로 우리 안에서 새로워지게 되는 성령의 계속적 활동"을 가리킨다.[8]

그러므로 그리스도와 함께 죽는 것은 항상 '더 나은 생명의 원인'이다.[9] 그리스도의 죽음과 연합하여 육체를 죽이는 우리의 체험은 항상 "그의 부활로부터 오는 효과"(fructum)를 수반한다.[10] 그리스도와 더불어 십자가에 못 박히는 것은 율법 아래서 부여되는 것과 같은 '죽을 죽음'(a mortal death)이 아니고, 복음 아래서 우리가 얻는 '살리는

---

5) Inst. 2 : 16 : 13.
6) T. F. Torrance, *Kingdom and Church*, p. 100. I am indebted to this work for one or two citations in these paragraphs.
7) Comm. on Rom. 6 : 10, C.O. 49 : 109.
8) Comm. on Rom. 8 : 11, C.O. 49 : 146.
9) Comm. on Gal. 2 : 19, C.O. 50 : 198.
10) Inst. 2 : 16 : 13. Cf. comm. on Rom. 6 : 5, C.O. 49 : 106. *Nam si insiti sumus in similitudinem mortis Christi, illa autem resurrectione non caret: ergo nec nostra sine resurrectione erit.*

죽음'(vivifying death) — 우리를 생명에 이르게 하는 죽음이다. [11]

2. 하나님 나라에의 참여는 그리스도의 죽음과 부활 둘 다의 열매임

하나님의 나라에 대하여 칼빈이 말할 때, 그리스도와 더불어 되어지는 우리의 죽음과 부활 간의 불가분의 관계에 대한 그의 가르침이 더욱 분명해진다. 하나님의 나라를 미래적인 어떤 것으로서, 우리가 마지막 부활을 기다릴 때 희망으로 기다려져야 하는 것으로 생각하는 사람들은 하나님의 나라가 어떤 것인가에 대하여 아주 피상적인 견해를 취하고 있는 것이다. 하나님의 나라는 오히려 '영적 통치'(spiritual government) 또는 '개혁'(reformation)으로 간주되어야 한다. [12] 이 개혁은 복음이 그리스도의 오심과 더불어 시작된 때에 이 땅 위에서 이미 시작되었고, [13] 우리 안에서 "영혼의 내적 영적 갱신"[14]으로 나타나, 하나님의 나라가 그것의 영광과 위엄 가운데서 나타나게 될 그리스도의 재림 시에 일어나게 되는 개인과 전세계의 전체적 혁신을 목표로 하여 지속적인 발전을 이룬다. [15] 이 모든 것은 "그리스도의 부활 이후에 일어나

---

11) Serm. on Gal. 2 : 17-18, C.O. 50 : 439. *Ainsi donc en la Loy il faut qu'il y ait une mort mortelle: . . . mais en 'Evangile, la mort est vivifiante. . . . Mais ce crucifiement-là qu'emporte-il? Il est vray que c'est une espece de mort: mais tant y a que ceste mort là nous amene à la vie.*

12) Serm. on Acts 1 : 1-4, C.O. 48 : 588. *Mais il faut scavoir que c'est que S. Luc entend par le Royaume de Dieu. Il n'entend pas par ce Royaume de Dieu la vie eternelle, comme on le prend communeement, et comme on le pourroit yci prendre de prime face, pour dire, le Royaume de Dieu est celuy que nous attendons par esperance. Mais S. Luc le prend pour le gouvernement spirituel par lequel Iesus Christ nous tient en son obeissance, iusques à ce qu'il nous ait du tout reformez à son image, et que, nous ayans despouillez de ce corps mortel, il nous mette au ciel. . . . Mais pour en avoir declaration plus facile, prenons le contraire du Royaume de Dieu; c'est la vie des hommes qui sont addonnez à leur nature corrompue. . . . Car le Royaume de Dieu presuppose une reformation.*

13) Cf. Introd. Argument to comm. on Gospels C.O. 45 : 2. It should be noticed that Calvin insists that under the Old Covenant the people had not only a foreshadowing but a real experience of the effect and power of the Kingdom of God in their midst. Such events as their deliverance from Egypt and Babylon were "preludes" (*praeludium*) to what happened in Christ, and were the actual beginning of what was deferred till His coming, and made manifest at His coming. Cf. comm. on Hos. 11 : 1, C.O. 42 : 433; on Isa. 43 : 19, C.O. 37 : 94-5, 43 : 8, C.O. 37 : 86; on Ezek. 17 : 22, C.O. 40 : 417. See *Calvin's Doctrine of the Word and Sacrament*, pp. 43-6.

14) Comm. on Luke 17 : 20, C.O. 45 : 424. Cf. Inst. 4 : 20 : 2.

15) Comm. on Luke 17 : 20, C.O. 45 : 425. *Notandum tamen est, Christum de*

제 2 부 그리스도와 더불어 죽고 부활함 **107**

기 시작한 것들의 성취"(complementum)가 될 것이다. [16]

우리의 기독교 생활을 삶에 있어서, 우리 안에서 하나님의 나라의 은밀한 성장에 의하여 일어난 '개혁' 또는 '영적 통치'는, 칼빈의 경우 그리스도의 죽음과 부활 둘 다의 열매요, 이 둘과 똑같이 관련되어 있다. 칼빈이 흔히 강조하는 바에 의하면, 우리 안에 있는 하나님의 나라는 그리스도의 부활과 더불어 시작된 중생의 과정에 내적으로 지금 참여하는 것을 의미하는 것이 사실이지만, [17] 하나님의 나라에 참여하는 것은 십자가상에서의 그리스도의 죽음의 열매인 육체에 대하여 죽는 죽음의 과정에 참여하는 것을 의미한다는 사실을 칼빈은 또한 강조한다. [18] 주기도문에서 "나라이 임하옵시며"라는 구문을 칼빈이 주해함에 있어서, 그가 가장 힘주어 강조한 것은 하나님의 나라는 우리가 자기를 부인하고, 부패한 정욕들을 억제하며, 우리의 자만을 꺾고, 이 세상을 경멸함으로써 이루어진다고 한 점이다. "그러므로 이 기도를 드림으로 해서, 우리와 하나님 사이를 이간하고 우리 안에서 하나님의 나라가 꽃피우는 것을 막는 이 세상의 모든 부패를 멀리할 수 있게 되어야 한다. 둘째로, 이 기도를 힘입어 육체를 죽이고자 하는 강렬한 열망을 갖게 되어야 하며, 끝으로 십자가를 짊어질 수 있도록까지 훈련을 받아야 한다. 왜냐하면 이를 통해서 하나님은 그의 나라가 진전되게 하실 것이기 때문이다."[19] 그렇지만 하나님의 나라에서 그리스도의 죽음과의 교통의 이같은 부정적 효과가 그의 부활과의 교통의 보다 더 긍정적인 효과와 더불어 항상 함께 생겨난다는 것을 칼빈은 덧붙이기를 잊지 않는다. "내적(內的) 속사람이 새로워진다고 하면, 겉사람이 후패하는 것

---

primordiis tantum regni Dei loqui, quia nunc spiritu reformari incipimus ad imaginem Dei, ut suo deinde tempore integra sequatur et nostri et totius mundi revocatio.

16) Comm. on Matt. 24 : 29, C.O. 45 : 667. Calvin sums it all up in comm. on Acts 4 : 3, C.O. 48 : 4. *Disserit de regno Dei. . . . Hoc nomine breviter indicat quorsum tendat evangelii doctrina: nempe, ut in nobis regnet Deus. Huius regni initium est regeneratio: finis ac complementum, beata immortalitas: medii progressus sunt in ampliore regenerationis profectu et augmento.* Cf. T. F. Torrance, *Kingdom and Church*, pp. 116-22.

17) Cf. comm. on Acts 4 : 3, C.O. 48 : 4.

18) Cf. comm. on Matt. 6 : 10, C.O. 45 : 197. *Hinc colligimus, initium regni Dei in nobis esse veteris hominis interitum et nostri abnegationem, ut renovemur in aliam vitam.*

19) Inst. 3 : 20 : 42.

을 슬퍼해서는 안된다."[20]

여기서 유의할 것은, 우리가 현재적으로 그리스도의 부활에 참여하는 것은 중생의 내적 체험에만 국한되지 않는다. 하나님은 자기 백성을 대적하는 자들의 세력과 간교함을 무디게 만들어 가지고, 모든 위험 가운데서 그들을 보호하고 인도하며 끝까지 인내할 수 있도록 힘을 북돋아 줌으로써 하나님의 나라와 영광에 참여하는 자가 되게 한다.[21] 금생에서 우리에게 때때로 주어지고, 죽음에서의 부활처럼 우리에게 보여지는 바 외형적 악(惡)으로부터의 구출에 대한 이적적인 섭리적 체험들에서, 우리는 그리스도의 부활을 본받게 될 뿐만 아니라,[22] 지금 여기에서 실제적으로 그 부활에 참되게 참여하게 된다. "주의 죽은 자들은 살아나고"라는 이사야 26 : 19의 의미를 설명함에 있어서, 칼빈은 그 본문이 마지막 날에 있을 성도들의 최종적 죽음과 부활을 가리킬 뿐만 아니라, 이 땅에서의 그들의 생활의 불변한 상태와 '그리스도의 온전한 통치'를 가리키는 것으로 보고 있다. 모든 사람들의 경우처럼, 성도들의 생활도 "오직 죽음에 지나지 않는 것," 죽음의 전조 또는 죽음의 시작으로 묘사될 수 있을 만큼 환난의 생활이다. 그러나 "유기된 자들(the reprobate)이 하나님의 부성애(父性愛)를 체험하지 못한 것" 때문에 그들의 경우에는 이 죽음의 상태가 경감되지 아니하는 반면에, 하나님의 백성들의 경우에는 바로 그와 같은 상태가 그리스도의 부활에서 그와의 그들의 연합의 열매인 하나님의 섭리적 돌보심에 의하여 꾸준하게 경감되는 것이다. "그리스도의 자비를 통하여, 하나님의 저주가 죽음의 끝에서처럼 그것의 시작에서도 똑같이 폐지되기 때문에, 그리스도에게 접붙임된 모든 자들이 죽는 가운데서도 생명력 있게 산다고 말하는 것은 당연하다. 왜냐하면 그들에게 임하는 악은 무엇이나 그들의 유익이 되게 작용하는 것이 틀림없기 때문이다. 그런 까닭에, 성도들이 그들의 머리에 온전하게 연합되고나면 모든 악들은 죽음의 심연에서 승리자로 등장하는 일을 항상 상실케 되고 만다."[23]

---

20) Ibid.
21) Ibid.
22) See pp. 45-6.
23) Comm. on Isa. 26 : 19, C.O. 36 : 441-2.

3. 그리스도의 부활의 충만한 영광에 믿음으로 이미 참여함

그리스도의 부활의 열매들을 우리가 즐기는 데 있어서 우리가 체험할 수 있게 되는 모든 제한들에도 불구하고, 어떤 의미에서는 그리스도와의 교통을 통해서 믿음으로 지금 여기에서 충분하게 이 열매들을 가지고 있다고 볼 수가 있는 것이다.[24] 칼빈이 유의한 바에 의하면, 로마서 8 : 30에서 바울은 현재시제를 사용하고, 의롭다 함을 받은 자들의 현재 상태를 또한 지금 영화의 상태에 있는 것으로 묘사하고 있다. "십자가로 현재 고통을 당하고 있는 바로 그 사람들이 영화롭게 되어 있어서 그들이 당하고 있는 불행이나 치욕들은 그들에게 전혀 해를 주지 못한다. 비록 영화가 아직은 우리의 머리이신 그리스도에게서만 나타나 있지만, 그 안에서 영생의 기업을 지금 우리가 보고 있기 때문에, 그의 영광은 우리의 희망이 현재 우리의 손에 잡힌 것으로 비교될 수 있을 만큼 우리의 영광에 대한 확증을 가져다 준다."[25] 기독교인의 생활에 있어서 이 영광의 모형은, 그것이 비록 이 세상 편에서 볼 때에는 볼품이 없고 흐릿하지만, 그것이 하나님과 천사들 앞에서 나타나는 대로 볼 때에는 이미 완성된 것으로 보이는 것이다.[26]

이 문제에 관한 칼빈의 사상의 기본 원리에 의하면, 머리이신 그리스도에게 이미 일어난 것이 그의 몸의 지체들인 자들에도 믿음으로 말미암아 결과된 연합을 통해서 이미 일어난 것으로 간주될 수가 있고 또한 그렇게 말함이 틀림없다. 그리스도께서 소유하고 있는 것을 그리스도 안에 있는 자들이 또한 이미 소유하고 있는 것이다. 하나님의 자녀들이 이미 죽음을 지나 생명에 이르렀고(벧전 1 : 23), 그리스도와 더불어 하늘의 영광 중에 이미 앉았으며(골 3 : 3), 그들 안에 이미 하나님의 나라가 이루어진 것처럼(눅 17 : 21) 보이지 않는다는 것을 칼빈이 인정하

---

24) Comm. on John 14 : 2, C.O. 47 : 323. *Nam in eius persona iam spe coelum possidemus.* Cf. comm. on 2 Tim. 2 : 8, C.O. 52 : 363. *In Christi resurrectione continetur redemptionis et salutis nostrae complementum.* Cf. also Inst. 2 : 16 : 16.
25) Comm. in loc. C.O. 49 : 161.
26) Ibid.

고 있음은 확실하다. 그러나 이 모든 것이 감추어져 있지만, "그들은 그것 때문에 믿음으로 그 나라를 소유하기를 멈추지 않는다."[27] 칼빈은, 기독교 생활에 현실로 존재하는 신앙과 희망 간의 긴장과 불안을 여전히 기억하면서, 기독교인의 생활과 구원을 이미 그리스도 안에서 성취되고 완성된 것으로 묘사하는 성경의 구절들을 크게 강조한다. 예를 들면, "또 함께 일으키사 그리스도 예수 안에서 함께 하늘에 앉히시니"라는 에베소서 2:6에 관한 주해에서 그는 이렇게 쓰고 있다. "여기에 언급되어 있는 부활과 하늘에 앉힘은 인간의 눈으로는 아직 보이지 않는다. 그렇지만 바울은 그 모든 축복들이 이미 현재적으로 우리의 것이 된 것처럼, 우리가 그것들을 받았다고 말한다…그리고 우리 자신들의 경우 우리의 구원이 희망 가운데 현재에는 감추어진 상태에 있음이 확실하지만, 그리스도 안에서 우리가 이미 복된 불멸(不滅)과 영광을 소유하고 있다고 말한다. 그래서 그는 '그리스도 예수 안에서'라는 문구를 덧붙이고 있다. 아직까지는 그 불멸과 영광이 오직 머리이신 그리스도에게서만 나타나고 지체들에게서는 나타나지 않는다. 그렇지만 비밀한 연합의 결과로 인해서, 그것이 지체들에게 속하는 것이다."[28]

4. 그리스도의 영광의 모형보다는 그의 죽음의 모형에 지금 여기서 가시적으로 참여하는 것으로 만족해야 함

그렇지만 우리가 육체 가운데 살고 있는 한, 그리스도의 부활에의 우리의 참여는 심하게 제한된다. 여기서 우리는 하나님이 정해 놓은 사물의 질서, 곧 우리는 죽어야 마침내 산다는 것을 잘 알아두어야 한다. "우리 안에서 혁신이 이루어지는 데는 두 가지가 있는 바, 육체의 파멸과 성령의 소생이다. 좋은 생활의 과정은 그러므로 육체의 파멸로부터 시작하여 성령의 소생시키는 역사에로 나아간다."[29] 칼빈이 아주 중요

---

27) Comm. on John 5:24, C.O. 47:116. *Nam quod abscondita est eorum vita non ideo fide eam possidere desinunt.*
28) Comm. on Eph. 2:6, C.O. 51:164.
29) Comm. on 1 Pet. 4:2, C.O. 55:271.

하게 여기는 바는, 우리가 복음으로 진보하기를 원한다고 하면 그것은 오직 '올바른 방식으로'만 이루어질 수 있다. 이같은 과정을 위한 순서는 부활 이전에 죽음으로 시작하는 것이다.[30] 그리스도께서 하늘에 승천하심으로 말미암아서만이 그의 통치가 참된 시작을 본 것이기 때문에,[31] 우리의 경우에 있어서도 예외가 있을 수 없는 것이다. 더욱이 하나님이 정해 놓으신 순서에 의하면, 우리가 그리스도 안에서 우리의 부활 생명의 기업을 온전히 즐길 수 있기 전에 마지막 날에 있을 그리스도의 재림 때까지 우리는 기다려야 한다.[32]

이 세상에서 우리가 아무리 많이 진보를 한다고 할지라도, 십자가 너머까지는 결코 나아갈 수가 없다는 것을 기억해야 한다. 그리스도의 부활에의 참여는 그의 죽음에의 참여가 없이는 결코 경험되지 않는다. "그리스도의 부활은 십자가로부터 우리를 한 발도 떨어져 나가게 하지 않는다"고 칼빈은 말한다.[33] 하나님의 말씀의 썩지 않을 씨가 성도들 안에 거하고 하나님의 나라가 이미 그들 안에 이루어져 있으므로 해서, 그들이 이미 "죽음을 벗어나 생명에 이르렀지만," "그들이 항상 죽음의 원인을 몸에 지니고 다니면서 생명 안에 있는 것이다."[34]

이와 관련하여 속사람과 겉사람 간의 구별이[35] 아주 중요하다. 기독교인의 외형적 상태는, 세상의 눈에 비취는 범위에서는 죽어 썩어질 체질의 사람의 그것에 지나지 않는다. 정상적인 경우 그의 외관이 너무나 평범하고 세속적이기 때문에 불신자와 거의 구별이 되지 않는 것이다.[36]

---

30) Comm. on 1 Cor. 15 : 14, C.O. 49 : 452. Cf. comm. on Ps. 75 : 3, C.O. 31 : 702. *Scimus in hoc regnare ut veterem hominem aboleat, et spirituale eius regnum incipere a carnis interitu: sic tamen ut deinde sequatur novi hominis instauratio*; and serm. on Gal. 2 : 20–1, C.O. 50 : 445.
31) Inst. 2 : 16 : 14. *Sua tamen demum in coelum ascenscione regnum suum vere auspicatus est.*
32) Comm. on Isa. 26 : 19, C.O. 36 : 442. *Et sane Paulus recte admonet* (Col. 3, 4), *praeposterum fore ordinem si vita fruerentur (fideles) donec Christus, qui fons est vitae eorum, apparuerit.* Cf. comm. on 1 Cor. 15 : 23, C.O. 49 : 546.
33) Comm. on Gal. 6 : 14, C.O. 50 : 265.
34) Comm. on John 5 : 24, C.O. 47 : 116. *Transitum autem a morte iam esse factum non inepte dicit, quia et incorruptibile est in filiis Dei vitae semen, ex quo vocati sunt et iam in coelesti gloria per spem in Christo consident, et regnum Dei intra se habent certo constitutum (Luc. 17, 21; Coloss. 3, 3). . . . Interea meminerimus fideles ita esse nunc in vita, ut mortis semper materiam circumferant.*
35) Cf. p. 51–2.
36) Serm. on Gal. 2 : 20–1, C.O. 50 : 444. *Car comment distinguera on entre*

그런데 겉사람의 연약하고 부패해지는 상태와는 정반대로, 세상 사람의 눈에 보이지 않는 속사람은 현재적으로 참되고 강력한 방법으로 창조의 갱신과 부활의 약속에 참여하고 있다.[37]

그래서 칼빈은 지금 여기에서의 우리 기독교인의 경험에서 부활보다는 십자가가 더 우세하다는 사실을 감안하여 흔히 골로새서 3:3에 "이는 너희가 죽었고 너희 생명이 그리스도와 함께 하나님 안에 감취었음이니라"는 말씀과 관련하여 기독교인의 생활을 언급한다.[38] 그리스도 안에서의 우리의 새 생명이 세상의 눈으로부터만 감추어진 것이 아니라, 우리 자신의 눈과 감각으로부터도 감추어져 있는 것이다. 우리 자신에 의해서도 그리스도 안에서의 우리의 부활 생명의 실재는 오직 믿음으로서만이 이해되고 파악될 수 있다.[39] 골로새서 3:3에 대한 그의 꾸준한 언급에 더하여, 칼빈은 바울이 로마서 8장에서 현재 그리스도의 부활을 통해서 그가 누리고 있는 승리에 대하여 의기양양하게 묘사하고 있는 그 절정에서, 그렇지만 우리가 '종일 죽임'을 당하고 도살할 양같이 여김을 받고 있다는 것을 덧붙이고 있음을 결코 잊지 않고 있다.[40]

---

les fideles et les incredules? ils boivent et mangent l'un comme l'autre. Il est vray que les uns boivent et mangent en sobrieté: mais on verra des incredules assez temperans, qui ne seront point adonnez à yvrongnerie ni à exces. Or quoy qu'il en soit, de prime face on iugeroit que ceste vie est commune à tous. Mais encores les fideles trainent souvent les ailes et ne font que languir en ce monde, et puis la mort est commune et égale à tous: il n'y a donc nulle diversité si on s'amuse à ce qui apparoist: bref on dira que c'est peine perdue que de croire en Iesus Christ. Cf. comm. on John 6:39, C.O. 47:147.

[37] Comm. on Rom. 7:22-3, C.O. 49:134. *Interior autem vocatur per excellentiam, quia cor et reconditos affectus possideat. . . . Nam contemptim Paulus membrorum appellatione designat quidquid in homine apparet, ut arcanam renovationem melius ostendat sensus nostros latere ac fugere, nisi quoad fide apprehenditur.* Cf. serm. on Gal. 2:20-1, C.O. 50:445.

[38] Cf. serm. on Job 14:5-12, C.O. 33:675. *Car si on regarde les enfans de Dieu, on trouvera qu'ils sont affligez, qu'il semble qu'ils doivent estre retranchez du genre humain, comme s'ils n'estoient pas dignes d'estre dessus la terre. Voila donc comme Dieu permet que les siens soyent traitez. Que faut-il donc? Que nous revenions à ce que dit sainct Paul aux Colossiens (Col. 3, 3) c'est assavoir, que nous sommes morts, mais nostre vie est cachee en nostre Seigneur Iesus Christ, et Dieu la manifestera quand il sera temps.* And serm. on Gal. 2:20-1, C.O. 50:447. In comm. on Rom. 8:19, C.O. 49:152, Calvin describes the new life as lying hid *sub deformi habitu.*

[39] Comm. on Col. 3:3, C.O. 52:119; on Rom. 7:23, C.O. 49:134.

[40] Rom. 8:36, cf. e.g., comm. on John 6:39, C.O. 47:147.

그런 까닭에, 우리가 현재의 생활에서는 그리스도의 영광의 모형보다는 그의 죽음의 모형에 가시적(可視的)으로 참여하는 것으로 만족해야 한다. [41] 참으로, 우리의 현재의 상태는, 외관상으로 보면, 그리스도와 더불어 부활한 것이라기 보다는 오히려 그리스도와 함께 장사된 것에 가깝다. 그래서 칼빈은 그리스도 안에서 우리의 감추인 부활 생명을 설명할 때 장사(葬事)의 비유를 때때로 사용한다. [42] 그러나 그리스도의 장사와 우리의 경우와의 차이는, 그가 땅에 묻히신 기간이 하나님에 의해 단 3일로 제한된 것이다. 하지만 우리의 경우는 며칠 동안뿐만 아니라, 우리의 생명이 끝나는 날까지 지속되는 묻힘(burial)의 상태에 인내심을 가지고 기꺼이 순복해야 한다. 우리의 참된 생명의 나타남을 위하여 하나님이 정해 놓으신 적당한 때까지 '길 잃은 불쌍한 사람들처럼' 우리는 이 세상에서 살아야 한다. [43]

그러므로 우리의 구속(救贖)의 본질은 그 구속이 예수 그리스도 안에서 우리를 위하여 성취된 것을 보는 것으로 만족하고, 그것이 예수 그리스도 안에 우리를 위하여 있기 때문에 그것을 우리의 것으로 간주하며, 그리스도의 재림 시에 나타날 그것의 결과를 온전하게 즐기게 될 것을 기다려야 한다. [44] 우리는 예수 그리스도에 대한 우리의 현재적인 주관적 체험에서 탈피하여 우리의 생명을 그 안에서 찾는 것을 배워야 한다. [45] 그리스도 안에 있는 모든 것을 신앙에 의하여 실제로 소유한다

---

41) Comm. on Phil. 3 : 21, C.O. 52 : 56-7.
42) Comm. on 1 Pet. 1 : 7, C.O. 55 : 213. *Nunc enim abscondita est vita nostra in Christo, latebitque velut sepulta, donec e coelo Christus apparuerit.* Cf. comm. on Col. 3 : 3, C.O. 52 : 118.
43) Serm. on Matt. 27 : 56-60, C.O. 46 : 941-2. Cf. on p. 940. *Or S. Paul nous exhorte à estre conformez à Iesus Christ, non seulement quant à sa mort mais aussi quant à sa sepulture. Car il y en a d'aucuns qui seroyent contens de mourir avec nostre Seigneur Iesus pour une minute de temps, mais à la longue ils s'ennuyent. Et pour ceste cause i'ay dit qu'il ne nous faut point seulement mourir pour un coup, mais il nous faut souffrir patiemment d'estre ensevelis iusques à la fin.*
44) Serm. on Eph. 1 : 13-14, C.O. 51 : 308. *Il est vray que nous sommes rachetez par nostre Seigneur Iesus Christ: et il nous a esté donné pour Redemption . . . : mais cependant l'effect et la iouissance n'en est pas encores. Il y a donc double redemption: il y a celle qui a este accomplie en la personne de nostre Seigneur Iesus Christ: et l'autre est celle que nous attendons, et qui se declarera en nous à sa venue.*
45) Cf. serm. on Gal. 2 : 20-1, C.O. 50 : 447-8. *Et où est nostre vie sinon en nostre Seigneur Iesus Christ?* Cf. p. 445. *Car d'autant plus que les fideles se voyent decliner, ils sont advertis et solicitez de regarder en haut.*

는 것을 우리가 잊어서는 안되며, 우리가 지금 이같은 방식으로 온전히 소유하고 있는 것을 즐기는 것은 마땅하다.

그렇지만 신앙은 단지 그리스도 안에 있는 것을 바라봄으로 해서만이 아니라 그 안에 현재적으로 실제적으로 참여함으로써 산다. 신앙은 그리스도를 바라볼 뿐만 아니라, 그리스도를 먹고 산다. 그래서 칼빈은 오직 머리되신 그리스도 안에만 현재적으로 있는 생명의 충만이 단지 방울방울 또는 조금씩 그 지체들에게 넘쳐가는 것으로 말할 뿐이다. [46] 그가 말하는 바에 의하면, 우리가 만일 온전한 믿음을 가졌다고 한다면, 한 방울의 물이 강같이 될 수도 있다. [47] 아무튼, 마지막 부활 시에 우리의 것이 되게 될 것의 첫 열매를 우리가 현재 실제로 맛보고 있는 것이다. [48] 그러한 첫 열매들은 단지 시식(試食, gustu₃)에 지나지 않는다. [49] 그러나 그 첫 열매들은 그 맛이 기가 막히게 좋아서 우리가 만족할 만한 "하늘의 은택들을 우리로 하여금 갈망하게" 하고, [50] 우리가 기다리는 것의 실재와 확실성에 대한 충분한 담보가 될 만하다. [51]

---

46) Comm. on Ps. 16 : 10, C.O. 31 : 157. *Unde sequitur, vitae plenitudinem quae in capite solo residet, guttatim solum vel per partes ad membra defluere.*
47) Comm. on John 7 : 38, C.O. 47 : 182.
48) Ibid. In his commentary on 1 Cor. 15 : 23, C.O. 49 : 546, Calvin suggests the same thought.
49) Serm. on Gal. 2 : 20–1, C.O. 50 : 447–8. *Seulement quelque goust.*
50) Comm. on I Tim. 4 : 8, C.O. 52 : 300. Cf. on John 7 : 38, C.O. 47 : 182.
51) Serm. on Luke 1 : 26–30, C.O. 46 : 67. *Dieu donnera tousiours un tel goust de sa bonté à ceux qu'il aura regardez en pitie, qu'ils en auront un bon gage, pour s'asseurer en attendant la pleine possession qui leur est promise.*

제 4 장
미래의 천국 생활에 관한 묵상

1. 기독교 생활의 초점과 영감인 승천하신 그리스도

우리의 기독교 생활의 초점과 영감은 그리스도의 죽음과 부활에서 뿐만 아니라 그의 승천에서도 찾아야 한다. 우리가 현재적으로도 실생활에서 그리스도와 더불어 부활하여 죄의 사망으로부터 벗어나 새 생명에 이를 수 있을 뿐만 아니라, 그리스도와 더불어 이 세상 위로 승천할 수 있다고 칼빈은 주장한다. 우리가 그리스도와 더불어 마지막 날에 뿐만 아니라 지금도 승천할 수 있도록 하기 위하여 그가 승천하였다. 진실로 칼빈이 말하는 바에 의하면, 우리가 그리스도로부터 분리되지 않기를 원한다고 하면 지금 그리스도와 더불어 승천해야 한다. 왜냐하면 그가 천국 생활에 들어가신 것은 "믿는 자들을 자기를 따라 이끌기" 위함이었다.[1] 칼빈은 그래서 부활하신 그리스도로 끝나 버리고 천국에서 행복을 얻기 위하여 그와 더불어 천국으로 승천하지 않는 경건에 대하여 경고를 발하는 것이다. "승천이 부활을 뒤따른다. 그러므로 만일 우리가 그리스도의 지체이면 우리도 천국으로 승천해야 한다. 왜냐하면 그가 죽은 자 가운데 일으킴을 받았을 때 **하늘로 올리워 간 것은 그가**

---

1) Comm. on John 20 : 18, C.O. 47 : 434–5. Cf. comm. on Matt. 6 : 21, C.O. 45 : 205.

우리를 그와 함께 이끌기 위함이었기 때문이다."[2] 우리의 마음과 심령이 이 세상을 뛰어넘어 승천하신 그리스도에게로 그처럼 올라가는 것이 지금 여기에서 어떻게 가능할 수 있을 것인가를 알고자 한다면, 칼빈이 말하는 바 '천국 생활에 관한 묵상'(meditatio coelestis vitae)이 무엇을 의미하는지를 검토할 필요가 있다. 왜냐하면 그러한 '묵상'을 통해서 우리가 승천하신 그리스도와 교통하게 되며, 그러한 '묵상'의 초점이 승천하신 그리스도이기 때문이다.

2. 기독교 생활은 미래 생활을 힘써 지향함

우리의 기독교 생활은, '위에' 있는 것에 대하여 이처럼 초점을 모으는 것 외에도, 미래에서 약속되어진 것에 대하여 꾸준하게 강조해야 하는 것이다. 칼빈의 경우, '천국 생활에 관한 묵상'은 '미래 생활에 관한 묵상'과 같은 뜻의 말이다. 기독교 생활은 죽음을 초월해서만이 이루어지는 생명의 완성과 성취를 힘써 지향하는 생활이다. 그 생활은 미래가 가지고 있는 의미와 확실성을 알고 있기 때문에 현재적으로 온전한 의미와 목적을 발견하는 것이다. 그것은 이 세상의 어두움을 뚫고 부활의 날을 향하여 꾸준하고 힘차게 나아가는 행진(行進)이다.[3]

이 말의 뜻은, 우리가 '구원'에 대하여 말할 때 그것이 우리의 현재적 삶의 전과정을 포함하며, 앞으로 올 생명의 영광 중에서만 완성되는 것으로 생각하여야 한다는 것이다.[4] 그런 까닭에, 중생은 단지 구원의 시작이다. 지금 여기에서 하나님이 우리에게 주시는 모든 은사는, 그것을 이 완성된 계획의 일부로, 그리고 아직은 이해되거나 헤아릴 수 없는 영원한 영광의 증거와 보증으로 보는 때에만이 참되게 평가될 수가 있다.[5]

---

2) Comm. on Col. 3 : 1, C.O. 52 : 117–18.
3) Cf. comm. on John 6 : 39, C.O. 47 : 147.
4) Comm. on Ps. 119 : 123, C.O. 32 : 269; on 2 Tim. 2 : 10, C.O. 52 : 364.
5) Serm. on Job 14 : 13–15, C.O. 33 : 690–1. *Il a mis maintenant sa grace en nous : à quel propos Dieu nous auroit-il donné courage de le servir et honorer, aussi nous auroit donné l'esprit d'adoption, sinon pour estre certifiez de l'esperance que nous avons de la gloire immortelle? tout cela seroit inutile. Ainsi donc, ce changement que nous apercevons auiourd'hui en nous, est un tesmoignage infallible de*

3. 그리스도의 죽음과 부활에 우리가 참여한 것이 자극이 되어 미래 생활을 묵상하게 됨

우리가 그리스도의 부활에 현재적으로 참여하고 있는 사실이 자극이 되어 천국 생활에 관해 이같이 묵상하게 되어야 한다. 이미 앞에서 지적한 대로, 우리의 중생에 대한 현재적 체험은 내세에서 있게 되는 그리스도에게 대한 보다 더 온전하고 충분한 참여를 우리로 하여금 동경하게 하는 맛보기(foretaste)로 간주되어야 한다.[6] 우리가 지금 그리스도 안에서 점증적으로 즐기고 있는 '생명'의 은사를 오직 궁극적인 '생명의 충만'의 담보로만 간주해야 한다.[7] 우리가 현재적으로 경험하고 있는 점증하는 자유 가운데서, 앞으로 있을 생명의 완전한 자유를 우리는 애타게 갈급해야 한다.[8] 그리스도의 능력으로 말미암은 바 죄와 불행으로부터의 해방에 대한 우리의 현재적 체험도 "마지막 부활을 위한 일종의 준비"로 간주되어야 한다.[9] 이와같이 우리가 지금 맛보고 있는 첫 열매가 자극이 되어 그것들이 보증하는 온전한 실재를 향하여 힘써 나아가야 하는 것이다.[10]

그리스도의 죽음에 우리가 현재적으로 참여하는 것이 또한 자극이 되어 미래 생활에 관해 묵상하게 되어야 한다. 우리가 우리의 참된 안식을 이 세상이 아닌 다른 곳에서 구하도록 매일 하나님에 의해 십자가 아래에서 연단을 받는다.[11] "경건한 사람들의 생활의 전과정 동안 그들

---

ceste gloire celeste que nous ne voyons point encores, et laquelle nous est cachee: mais Dieu nous en donnera une bonne arre, comme il est dit que le S. Esprit en est l'arre et le gage. Cf. comm. on John 6 : 27, C.O. 47 : 139. *Ideo spiritus dona recipere nos convenit, ut tesserae sint ac pignora vitae aeternae.*
  6) See pp. 78-9.
  7) Comm. on John 10 : 10, C.O. 47 : 241.
  8) Comm. on John 8 : 32, C.O. 47 : 203.
  9) Comm. on John 5 : 28, C.O. 47 : 119. *Quoddam ultimae resurrectionis praeludium.*
  10) Cf. pp. 86 and 317-8.
  11) Comm. on Ps. 147 : 6, C.O. 32 : 427. *Unde etiam colligimus, quamvis sub lege mollius fovendi essent patres, non fuisse tamen expertes eius militiae, in qua nos hodie Deus exercet, ut alibi quam in mundo veram requiem quaeramus.* Cf. comm. on 2 Cor. 4 : 16, C.O. 50 : 58; and Ibid. 10, C.O. 50 : 55.

의 상태는 매우 비참하기 때문에, 그들을 그리스도께서 불러 천국 생활에 대한 희망을 갖게 하는 것은 마땅하다."[12] "십자가의 주요한 용도"는[13] 우리로 하여금 현세의 생활에 대한 미련을 버리고 미래 생활을 갈망하도록 하는 데 있다.[14] 우리가 "현재 생활의 상태에서 눈길을 돌려 우리의 마음과 생각들을 마지막 날에로 향하게 하지 않는다면"[15] 우리의 부활 생명의 증거들이 희소하고 흐릿한 이 현재의 생활에서는 성도들을 압박하고 있는 모든 환난들 가운데서 우리의 신앙이 제대로 지탱될 수가 없었을 것이다. 그러므로 십자가는 사람의 마음과 심령이 하늘로 올라갈 수 있게 해주는 사다리로 항상 간주되어야 한다.[16] 칼빈이 주장하는 바에 의하면, 우리가 그리스도의 죽음을 묵상하는 데 전심할 때에 동시적으로 그의 부활의 영광을 마음에 떠올려야 하는 것처럼,[17] 우리가 십자가를 체험할 때 우리가 기쁨과 즐거움을 가지고 기억해야 할 것은, 우리가 그리스도의 고난에 참여하면 반드시 마침내는 그의 부활의 영광에도 온전하게 참여하게 되어 있다는 사실이다. "우리는 항상 십자가로부터 부활에로의 이 전이(轉移)를 유념해 두어야 한다."[18] 이와같이 십자가를 통해서 그의 부활의 능력에로 우리의 눈을 돌릴 때에만, 십자가가 우리의 심령 속에서 승리할 것으로 말해질 수가 있는 것이다.[19] 십자가에 대한 우리의 체험이 우리의 마음을 하늘에까지 끌어올려 주는 이 목적을 성취하지 않는다고 하면, 우리의 상황은 정말로 개탄스럽게 될 것이다.[20]

그러므로 그리스도 안에서 몸과 영혼 둘 다의 최종적 영화의 완성을

---

12) Comm. on Matt. 5 : 10, C.O. 45 : 164.
13) Inst. 3 : 9. (Summary of Chapter).
14) Comm. on Col. 3 : 3, C.O. 52 : 119. *Hoc verum et necessarium est spei nostrae experimentum, ut tanquam morte circumdati vitam alibi quaeramus quam in mundo.*
15) Comm. on John 6 : 39, C.O. 47 : 147.
16) Comm. on Matt. 26 : 29, C.O. 45 : 709. *Ita videmus, ut manu ducat suos discipulos ad crucem, et inde in spem resurrectionis eos extollat. Sicut autem illos dirigi ad mortem Christi oportuit, ut per illam scalam in coelum ascenderent: ita nunc, ex quo Christus morte defunctus est ac in coelum receptus, a crucis intuitu in coelum deduci nos convenit, ut inter se cohaereant mors et vitae reparatio.*
17) Comm. on John 10 : 17, C.O. 47 : 245-6.
18) Comm. on 1 Pet. 4 : 12, C.O. 55 : 279
19) Inst. 3 : 9 : 6.
20) Ibid.

정점으로 하는, 그리스도 안에서의 죽음과 부활의 온전한 과정 가운데 우리의 모든 고난들이 한 단계로 간주되어야 한다. 칼빈의 경우, 그리스도의 지상(地上) 생활(복음서들에서는 이 생활을 그리스도의 고통으로 보고 있으며, 그의 죽음과 밀접하게 관련되어 있다)은 그의 죽음의 전주곡이다.[21] 기독교인도 자기 자신의 고난을 죽음에 대한 전주곡으로 생각해야 한다. "이는 우리의 생활의 전과정이 겉사람의 파멸을 지향하기 때문이다."[22] 그러므로 하나님의 백성은 그들의 지상 생활을 통해서 "그들이 계속적으로 인내해내야 하는 각종의 환난 때문에 죽음의 그늘 아래" 계속적으로 놓여 있는 것이다.[23] 기독교인의 생활은 그것의 외관으로 보면 "죽음과 전혀 다를 바가 없다."[24] 그래서 기독교인이 죽은 사람으로 묘사되는 것은 적절하다 할 것이다.[25]

4. '묵상'에는 묵상, 열망, 신앙이 포함됨

'미래 생활에 관한 묵상'(meditatio futurae vitae)은 시간과 공간 면에서 초월적인(beyond and above) 생활의 본질과 실재와 영광에 대하여 생각하는 것을 포함한다. 이러한 주제에 관하여 우리의 마음을 집중하는 것이 무엇보다 필요한 것은, 현세(現世)에서의 부패, 타락, 사망의 징조들이 우리의 마음을 꽉 매워 여타의 모든 생각들을 배제시키는 경향이 있기 때문이다.[26] 그것에는 '목표의 집중'과 온 마음과 머리의 집중

---

21) Comm. on Phil. 3 : 10, C.O. 52 : 50. *Huc igitur comparatos esse nos omnes convenit, ut tota vita nostra nihil quam mortis imaginem repraesentet, donec mortem ipsam pariat. Sicuti vita Christi nihil aliud fuit quam mortis praeludium. Sed hac consolatione interea fruimur, quod finis est aeterna beatitudo.*
22) Comm. on 1 Pet. 1 : 7, C.O. 55 : 213. *Totus vitae nostrae cursus ad interitum externi hominis inclinat: et quaecunque patimur, quasi mortis sunt praeludia.* Cf. comm. on John 3 : 2, C.O. 55 : 330. *Nam quantum ad corpus spectat, pulvis et umbra sumus: mors semper ante oculos versatur: interea mille aerumnis sumus obnoxii.*
23) Comm. on Isa. 26 : 17–19, C.O. 36 : 442.
24) Comm. on Col. 3 : 3, C.O. 52 : 118.
25) Cf. Col. 3 : 3; Isa. 26 : 9. Comm. on John 12 : 24, C.O. 47 : 288. *Neque enim solum in morte interire nos putamus, sed vita quoque nostra instar est perpetuae mortis.*
26) Comm. on 2 Cor. 4 : 17, C.O. 50 : 58. *Verum quia visibilis est corruptio, renovatio autem invisibilis: Paulus, ut carnalem praesentis vitae affectum nobis excutiat, miserias praesentes cum futura felicitate componit.*

이 포함된다. '참되고 거룩한 생각'(cogitatio)은 우리를 하늘에로 끌어 올리어 거기서 그리스도를 찬양할 수 있게 한다.[27] 이같은 집중과 적용에 대한 우리의 모델은 장사를 함에 있어서 이 세상 사람들의 근면과 기술을 상징하는 불의한 청지기일 것이다.[28] 그러한 묵상은 이 세상에서[29] 우리의 부단한 관심사가 되어야 한다. 우리는 우리 자신을 단련시켜 금생(今生)의 염려와 쾌락에 정신적으로 빠져 들게 하는 유혹들을 이겨내야 하는 것이다.[30] 예수께서 자기의 제자들에게 "깨어 있으라"고 요구하실 때, 그는 우리에게도 똑같이 "우리의 마음이 완전히 깨어 있어 순례자들처럼 세상을 살아갈" 것을 요구하고 계신다.[31]

미래 생활에 관해 묵상하는 정신적 활동에 있어서 중요한 요소는 천국 생활의 가치와 영광과 안정성을 현세(現世)의 가난과 불행과 불확실성과 냉정하게 비교하는 것이다. 칼빈이 확신하는 바에 의하면, 우리가 만일 이 비교를 온건하게 한다면, 쇠퇴하는 금생(今生)에 대한 증오와 경멸, 금생의 불행을 감내하는 참된 인내, 금생의 쾌락에 빠지는 것을 막는 참된 절제를 우리 안에 심어주게 된다.[32] "만일 하늘이 우리의 고국(故國)이라고 하면, 이 땅은 유랑지(流浪地)에 지나지 않고 무엇이겠는가? 만일 이 세상을 떠나는 것이 생명에 들어가는 것이라고 하면, 세상은 무덤 이외에 무엇이며, 세상에 거주하는 것은 죽음에 빠져드는 것 이외에 무엇이겠는가? … 이와같이 지상 생활이 천국 생활과 비교될 때, 그것은 분명코 경멸되고 발 아래 짓밟히게 될 것이다."[33] 이같

---

27) Comm. on Col. 3 : 1, C.O. 52 : 117–18.
28) Comm. on Luke 16 : 8, C.O. 45 : 403–4.
29) Comm. on Matt. 6 : 20, C.O. 45 : 205. *Thesaurum autem suum in coelo reponere dicuntur, qui expediti huius mundi laqueis curas suas et studia ad coelestis vitae meditationem conferunt.*
30) Comm. on 1 Pet. 1 : 9, C.O. 55 : 214. *Vita haec et quaecunque ad corpus pertinent, magna sunt impedimenta, ne animus noster ad futurae et spiritualis vitae cogitationem se applicet. Hanc ergo nobis toto studio meditandam proponit apostolus.*
31) Comm. on Matt. 24 : 42, C.O. 45 : 676. *Apud Matthaeum uno vigilantiae nomine continua illa notatur attentio, quae facit ut erectis sursum mentibus in terra peregrinemur.*
32) Comm. on 2 Cor. 4 : 17, C.O. 50 : 58. *Haec autem sola comparatio abunde sufficit ad imbuendos aequitate et moderatione piorum animos.* Cf. comm. on John 12 : 25, C.O. 47 : 289.
33) Inst. 3 : 9 : 4.

은 '묵상'은 사람들이 자신들을 거짓된 안정감에 빠져들게 하는 바 이 세상에서의 장수(長壽)에 대한 모든 과장된 환상에 종지부를 찍는 것을 의미한다.[34]

그러므로 칼빈의 경우, '묵상'에는 천국 생활에 대한 강한 열망의 요소가 또한 포함되어 있음이 분명하다.[35] 우리는 미래 생활을 중립적 입장의 관찰자들로서가 아니라 "우리의 온 심령을 기울여"[36] 묵상해야 한다. '묵상'은 '경멸'(contemptio)의 반대어이며, '경멸'이 이 세상을 혐오하여 급격하게 돌아서는 것을 의미하는 것처럼, '묵상'은 내세 생활을 향한 열망적 운동을 의미한다.[37] 칼빈의 경우, 하나님의 나라에 관하여 묵상하는 것은 육신의 눈에는 보이지 않는 그 영역을 성령과 더불어 찾는 것과 똑같다.[38] 그것은 이 세상의 올무에 빠져 드는 대신에 우리 자신을 위해 하늘에 보물을 쌓는 것이다.[39] 천국 생활에 관한 이 묵상에서 우리가 마음 속으로 생각하는 것은 인간 생활의 최고선(最高善)과 최종적 목표이다. 우리의 완전한 행복의 원천이신 승천하신 그리스도는 우리가 '묵상'을 통해서 마음으로 보는 하늘에 계신다. 우리에게 있어서 최고선과 우리의 최고의 행복이 되는 것을 우리가 열망하는 것은 너무나 당연하다.[40]

'미래 생활에 관한 묵상'과 신앙 사이에는 아주 밀접한 관련이 있다. 왜냐하면 칼빈에 따르면,[41] 신앙 자체에 승천하신 그리스도와의 교통에까지 사람들의 마음을 끌어올려 주고, 그리스도 안에서 사람들의 미래에 속한 것을 지금 포착할 수 있게 하는 능력이 있기 때문이다. 이와같이 '묵상'을 통해서 승천하신 그리스도에게까지 마음, 영혼, 또는 심령

---

34) Comm. on Ps. 90 : 3-6, C.O. 31 : 835. *Nam imaginatio longi temporis sopori similis est, in quo torpemus omnes, donec coelestis vitae meditatio inane hoc terreni status figmentum absorbeat.*

35) Inst. 3 : 9 : 1. *Sic enim habendum est, nunquam serio ad futurae vitae desiderium ac meditationem erigi animum, nisi praesentis contemptu ante imbutus fuerit.*

36) Inst. 3 : 9 : 2. *Toto pectore.*

37) Inst. 3 : 9 : 1.

38) Comm. on Heb. 12 : 1, C.O. 55 : 171. *Nempe, ut regnum Dei, quod carni est invisibile sensusque omnes nostros superat, spiritu quaeramus. Nam qui in hac meditatione occupantur, facile terrena omnia contemnunt.*

39) Comm. on Matt. 6 : 20, C.O. 45 : 205.

40) Comm. on Matt. 6 : 21, C.O. 45 : 205.

41) See pp. 21-3.

이 참으로 올리워가는 것이 있게 된다. 이렇게 해서 우리가 우리의 마음을 하늘에까지 올린다.[42] "우리를 즉각 하늘로 끌어올려 주는 바, 그리스도에 대한 참되고 거룩한 '사고'(思考)를 통해서, 우리가 거기서 그를 찬양하며, 그와 더불어 우리의 마음이 거(居)할 수 있게 되는 것이다."[43] 천국 생활에 관하여 묵상하는 자들은 "천국 생활을 맛봄으로 해서 그 마음이 세상을 초월한 자들이다."[44] 여기서 또한 기억해야 할 것은, 우리의 마음과 심령이 하늘에까지 이처럼 올리워 가는 이 운동은 사람 자신의 마음의 독자적인 노력을 통해서는 일어날 수 없다는 점이다.[45] 그것은 교회의 성례전적 예배에 참여함을 통해서만이 가능하다. 칼빈의 경우, 성례전적 예배는 성도들이 하늘에 올라가 거기서 그리스도에게 참여하는 사닥다리와도 같고, 우리를 하나님 자신에게로 끌어 올리기 위해서 우리에게로 뻗쳐 내려온 하나님의 손이다.[46]

---

42) Inst. 3 : 9 : 6. *Deploratissimi ergo essent, nisi in coelum mente erecta, superarent quicquid in mundo est.* Cf. serm. on Job 14 : 1-4, C.O. 33 : 658. *Ce n'est point assez d'avoir cognu la brefveté de nostre vie. . . . Pourtant nous avons à faire comparaison de la vie celeste, à laquelle Dieu nous appelle tous les iours: et en ce faisant, nous pourrons mepriser les choses basses et corruptibles de ce monde . . .: et puis nous pourrons estre eslevez en haut, pour prendre là tout nostre contentement et repos.*
43) Comm. on Col. 3 : 1, C.O. 52 : 117-18. *Meminerimus ergo hanc esse veram de Christo cogitationem et sanctam, quae nos statim in coelum rapit, ut ipsum illic adoremus, et cum eo habitent mentes nostrae.*
44) Comm. on Ps. 30 : 6, C.O. 31 : 295. . . . *qui coelestis vitae gustu supra mundum feruntur. . . .*
45) Comm. on Ps. 84 : 2, C.O. 31 : 780. *Unde colligimus nimium esse stupidos qui ordinem a Deo mandatum, quasi possent proprio marte in coelum conscendere, secure negligunt.*
46) Cf. Ibid. *quia scalis sibi sciebat esse opus per quas in coelum conscenderet, visibile vero sanctuarium vice scalarum esse. . . . Frustra nos ad se vocaret (Deus), nisi etiam descenderet ad nos vicissim: vel saltem interpositis mediis, manus quodammodo ad nos sursum tollendos extenderet.*

제 5 장
그리스도와 함께 죽고 부활하는 회개

1. 전기독교 생활인 회개

칼빈의 경우, 우리가 그리스도와 함께 죽고 부활하는 전과정이 회개 또는 성화이다. '성화'라는 단어는 그것의 내적 외적 관점에서 전체적으로 본 과정을 가리키는 것으로 보는 것이 더 정확할 것이다. 이에 비하여, '회개'는 마음의 변화와 그러한 변화가 외적 행동에 대해 즉각적으로 미치는 결과를 주로 가리킨다. 회개는 그리스도에 대한 우리의 반응이다. 성화는 우리가 그리스도에게 전체적으로 참여하는 것(our whole participation)이다.

칼빈은 '회개'라는 단어를 '회심' 또는 '중생'과 거의 같은 의미로 사용한다. 칼빈은 회개를 '하나님께로 향한 회심'의 과정으로 묘사한다.[1] 그리고 그는 생활의 이 회심이 "육체와 옛사람을 죽이는 것과 성령의 살리는 역사"인 것으로 정의한다.[2] 회개의 교리를 통해서 칼빈은 '거룩한 생활을 위한 법칙'을 발견한다. 이 법칙은 연속적인 세 단계, 곧 자기 부인(自己否認), 육체를 죽이는 것, 천국 생활에 관한 묵상

---

1) Comm. on Acts 20 : 21, C.O. 48 : 462.
2) Inst. 3 : 3 : 5.

으로 구성되어 있다.³⁾

그러므로 회개는 단순히 어떤 종류의 감정이나, '회개'라는 이름을 붙이기에는 어울리지 않는 더 높은 형태의 기독교 생활에로 나아가는 종교 생활의 한 단계로 여겨져서는 안된다. 또한 회개는 단순히 태도의 변화로만 생각되어서도 안된다. 복음에 대한 사람의 반응이 회개의 태도라고 불리울 수 있는 태도로부터 생겨나는 것이 사실이다. 그러나 엄격하게 말해서, '회개'라는 용어는 외적 생활에서 뿐만 아니라, 마음, 심령, 태도, 의지 등에서 복음에 대하여 사람이 보여 주는 신앙의 전체적 반응을 포함한다. 그렇지만 회개는 "외형적 사역들에서 뿐만 아니라 영혼 자체 속에서의 변혁"을 포함하는 '생활의 회심'이다.⁴⁾ '회개에 합당한 열매들'이 외적 생활에서 맺힐 수 있기 전에 영혼의 전체 습관이 먼저 변화되어야 하는 것이다.

2. 회개와 마음의 변화

로마 가톨릭 교회가 회개를 외형적 훈련으로 보고서, 회개의 외형적인 측면을 심령과 마음의 내면적 갱신으로부터 분리시켰기 때문에, 칼빈은 때때로 회개의 외형적 측면을 희생시키고 그것의 내면적 측면을 강조하였다.⁵⁾ 그는 전적으로 회개를 마음의 일, 즉 사람의 내면적인 은밀한 갱신으로 정의하는 것이다. 그는 이 내면적 변화에 수반하는 외형적 변화를 내면적 회개의 열매로 생각한다.⁶⁾

---

3) Comm. on Acts 20 : 21, C.O. 48 : 463. *Ergo poenitentiae doctrina pie vivendi regulam continet, nostri abnegationem, carnis nostrae mortificationem vitaeque coelestis meditationem exigit.*

4) Inst. 3 : 3 : 6. Since repentance is the turning of the whole heart, repentance as well as faith unites the heart in integrity if it is sincere and serious repentance. Cf. comm. on Joel 2 : 12–13, C.O. 42 : 542. *Ideo propheta diserte hic denuntiat simulationem hanc Deo non placere, et nihil profecturos esse qui tantum poenitentiam aliquam obtendunt externis signis, sed opus esse serio et sincero cordis affectu. Hoc intelligit per totum cor, non quod possit inveniri perfecta poenitentia in hominibus, sed cor totum vel integrum opponitur dimidio.*

5) Inst. 3 : 4 : 1. Cf. comm. on Matt. 3 : 8, C.O. 45 : 118.

6) Serm. on Matt. 3 : 9–10, C.O. 46 : 547. *La repentance, comme nous avons touché, est une chose cachee; elle ha son siege au coeur de l'homme, mais les fruits se declairent en toute la vie.* Comm. on Matt. 3 : 8, C.O. 45 : 118. *Notandum est, quod bona opera fructus vocantur poenitentiae: est enim poenitentia res interior, quae sedem in corde et anima habet, sed fructus deinde suos profert in vitae mutatione.*

그래서 "회개라는 용어를 외형적 고백에 적용하는 것은 합당한 용법이 아니다"[7]라고 그는 말한다. 그렇지만 부적절한 화법(話法)이 흔히 진리를 표현하는 가장 좋은 방법이 되기 때문에, 그는 마치 심령을 깨끗케 하는 것이 참된 회개의 시작 단계에 지나지 않는 것처럼 말하기도 한다. 그것은 또한 그 자체 안에 그 시작에 따르는 외적 행태(行態)의 변화를 포함한다.[8] 그러나 생활의 외형적 변화는 회개의 내면적 은혜의 가시적(可視的) 측면이자 그 증거이다. 그리고 내면적 변화는 외형적 행태의 변화를 수반하지 않고서는 결코 생겨날 수가 없다.[9]

3. 회개와 신앙

회개와 신앙은 성화와 칭의처럼 성경에서 항상 함께 연결되어 있다.[10] 회개는 신앙없이는 존재할 수가 없고,[11] 이 둘은 나누일 수도 없다.[12] 이 둘이 분리될 수는 없지만, 서로 구분되어야 한다.[13] "회개는 하나님께로 향하는 전향(turning)으로서, 우리가 우리 자신과 우리의 모든 생활을 하나님께 순복하게 방향을 잡는 것이나, 신앙은 그리스도 안에서 우리에게 제공되는 은혜를 받아들이는 행위이다."[14] 칼빈은 신앙과 회개 중 어느 것이 우리의 심령 속에서 시간상 먼저인지에 대하여 다소 미묘한 생각에 빠져 있다. 그가 강조하여 말하는 바에 의하면, "회개가 항상 신앙에 뒤따를 뿐만 아니라 신앙에 의하여 생겨난다." 그래서 "열매가 나무에 의하여 맺히는 것처럼, 회개가 신앙에 의하여 열매맺거나

---

7) Inst. 3 : 3 : 18. *Hoc tamen adhuc inseram: quum ad hanc externam professionem transfertur nomen poenitentiae, improprie a genuino illo sensu quem posui deflecti.*
8) Comm. on James 4 : 8, C.O. 55 : 418. *Unde colligimus, quae vera sit poenitentiae ratio ac natura: ubi scilicet non tantum corrigitur vita exterior, sed initium fit ab animi repurgatione.*
9) Comm. on Isa. 55 : 7, C.O. 37 : 289. *Itaque poenitentia totius hominis immutationem continet. In homine enim affectus, consilia, ac deinde opera consideramus. Apparent hominibus opera: radix vero intus latet. . . . Utrumque enim requiritur: nempe conversio mentis et vitae mutatio.*
10) Inst. 3 : 3 : 5.
11) Ibid.
12) Comm. on Acts 20 : 21, C.O. 48 : 463. *Videmus nunc ut individuo nexu inter se cohaereant poenitentia et fides.*
13) Inst. 3 : 3 : 5.
14) Comm. on Acts 20 : 21, C.O. 48 : 462-3.

그것으로부터 결과되는 대신에 신앙에 선행한다고 생각하는 사람들"의 오류를 그는 강력하게 비난한다.[15] 이러한 오류에 의하면 행위에 의한 칭의 교리가 분명코 쉽게 생겨날 수 있게 되는 것이다.

그렇지만 칼빈은 신앙을 하나님께로 전향하는 일인 회개의 한 부분으로 포함시키고 있다.[16] 그래서 회개가 신앙에 앞서 있게 되는 것처럼 보이는 성경의 구절들을 대할 때, 신앙이 성령의 사역이기 때문에 갱신의 사역이 시작된 이후에라야 우리 안에서 신앙이 생겨날 수 있게 된다고 그는 주장한다. 이렇듯 신앙이 중생으로부터 나오는 것이 틀림없다. 그러나 신앙에 앞서는 이 예비적 중생은 성령의 아주 은밀한 사역이다. 인간의 감각이 감지할 수 있는 범위에서는, 신앙이 항상 회개나 중생보다 앞선다.[17] 그러나 그는 다른 곳에서 이와 관련하여 아주 조심스럽게 말하기를, "회개의 시작이 신앙의 준비 단계이다"라고 한다.[18] 이로 보건대, 그의 경우 신앙과 회개를 대체로 동시적인 것으로 우리가 생각하기를 원하는 것이 분명하다.

일반적으로 칼빈은 신앙과 회개를 하나님의 말씀의 여러 측면들과 관련짓는다. 신앙은 하나님의 말씀의 은혜의 측면에 대한 반응이다. "신앙은 은혜의 약속들에 관심을 갖는다."[19] 신앙은 하나님의 말씀의 약속들에 반영되어 있는 대로의 하나님의 부성애(父性愛)에 대한 사랑과 신뢰의 반응이다. 신앙은 사람이 일어나 자기의 소유와 구원을 위해 그리스도 안에서 제공되어 있는 것을 붙잡는 것이다. 이에 반하여, 칼빈이 발견한 바로는, 회개의 반응은 복음 안에 주어진 하나님의 계시의 보다 더 엄격한 측면으로부터 생겨난다. 회개는 신앙의 원천이요, 그것

---

15) Inst. 3 : 3 : 1. But there is no "period of time" in which faith gives birth to repentance. Ibid. 3 : 3 : 2.
16) Inst. 3 : 3 : 5. *Equidem nec me latet, sub poenitentiae nomine totam ad Deum conversionem comprehendi, cuius pars non postrema fides est.* Cf. comm. on John 1 : 13, C.O. 47 : 13. *Ergo secundum diversos respectus fides regenerationis nostrae pars est.*
17) Cf. comm. on John 1 : 13, C.O. 47 : 13.
18) Comm. on Acts 20 : 21, C.O. 48 : 463. *Poenitentiam non ideo priore loco nominat, quod tota praecedat fidem, quum pars eius ex fide emanet, eiusque sit effectus: sed quia poenitentiae initium praeparatio sit ad fidem. Initium voco nostri displicentiam, quae metu irae Dei serio tactos ad quaerendum remedium nos impellit.*
19) Inst. 3 : 2 : 7.

을 육성해 주는 바 하나님의 부성애에 대한 확신으로부터라기 보다는, "하나님에 대한 진지하고 신실한 경외"로부터 생겨난다.[20]

회개는 죄에 대한 하나님의 심판에 비추어 죄를 파악하고 하나님의 진노를 고려함으로써 얻게 되는 슬픔으로부터 일어난다.[21] 회개를 불러 일으키는 것은 "하나님께서 언젠가는 그의 법정에 오르셔서 모든 언행들을 판단하실 것이다"는 생각에서 비롯된다.[22] 그렇지만 칼빈에게 있어서 신앙은 전적으로 은혜에 대한 반응으로만 생각되고, 회개는 전적으로 하나님의 진노와 심판과 관련된 것으로만 생각되어서는 안된다. 칼빈에게 있어서, "경외(두려움)와 신앙은 상호 관련되어 있다"고 말할 수 있다.[23] 또한 "회개가 하나님의 은혜에 그 뿌리를 두고 있다"고도 말할 수가 있다.[24] 결국 하나님의 행동과 인간의 반응이 체계적으로 분석되며 적절하게 요약되는 것이 거의 불가능한 인격적 만남과 인격적 반응의 영역을 우리가 지금 다루고 있는 것이며, 칼빈은 위대한 신학적 사상가이기 때문에 그 문제를 정확하게 체계화하려고 어리석게 시도하지 않는 것이다.

4. 회개의 표시와 거기에 따르는 것들

회개를 불러 일으키는 바 하나님께 대한 슬픔에는 회개의 다른 "표시

---

20) Inst. 3 : 3 : 5.
21) Comm. on 2 Cor. 7 : 10, C.O. 50 : 89. *Hanc tristitiam Paulus causam facit et originem poenitentiae: quod est diligenter observandum. Nisi enim sibi displiceat peccator, vitam suam oderit, ac serio doleat agnitione peccati: nunquam ad Dominum convertetur. Rursum fieri nequit ut talis in homine sit tristitia, quin novum animum pariat. Ergo a dolore incipit poenitentia.* Cf. serm. on Job 42 : 6–8, C.O. 35 : 489. *Car iamais les hommes ne detesteront et leurs œuvres et leurs propos, s'ils ne sentent Dieu pour leur Iuge.* Cf. also serm. on Job 42 : 9–17, C.O. 35 : 502. *Car combien que Dieu se monstre benin et volontaire envers nous: toutes fois nous avons besoin qu'en partie il se monstre difficile. Voire, mais c'est pour nous induire à une meilleure desplaisance de nos pechez: car il nous semble souvent qu'il suffist d'avoir eu un bon souspir, comme on parle en commun langage, et nous iouons quasi avec Dieu. La repentance nous doit rendre du tout confus, elle nous doit saisir de frayeur quand nous cognoissons l'ire de Dieu qui est pour nous accabler du tout.* Cf. serm. on Matt. 3 : 1–2, etc., C.O. 46 : 497.
22) Inst. 3 : 3 : 7.
23) Inst. 3 : 2 : 23, Cf. serm. on Luke 1 : 26–30, C.O. 46 : 70. *Voyla donc la crainte, qui est comme un vray preparatif de la foy.*
24) Inst. 3 : 3 : 21.

들과 거기에 따르는 것들"[25]이 수반된다. 칼빈은 고린도후서 7:10에 있는 바울의 목록에서 "회개에 따르는 감정들"과 참된 회심자의 태도에 대한 좋은 요약을 발견했다. 그가 열거하는 바 목록으로는, "신중, 변명, 분개, 두려움, 열정, 열심, 앙갚음" 등이며, 『기독교 강요』에서 그는 회개에 대한 충분한 표시로 이것들의 의미를 간략하게 설명한다.[26] 그의 설교에서는 그의 말씨가 더욱 강하다. 그가 사용하는 용어들을 보면, 참된 회개에는 때때로 격심한 낙담, 공포, 영혼의 고통과 절망감들이 수반되어야 한다는 느낌을 준다.[27]

또한 때로는 (티끌과 재 가운데서 회개하는 옛 습관을 따라서) 사람이 볼 수 있는 외형적 표시들이 회개에 수반되어야 하는 것이다. 즉, 마음 속에서 느껴지는 슬픔과 고통을 표출하여 보여 주는 표시들이 따른다. 그러나 그러한 극단적인 감정들과 공적인 회개의 표출은 일반적으로 '특별한 회개'의 경우들에 국한된다.[28] 즉, 어떤 사람이 특별히 은혜로부터 비통하게 탈락한 때와, 공적인 허물이 공적인 회개의 표를 통해서 바로잡아야 할 필요가 있는 경우이다.[29]

그러나 특정한 경우에 특별한 회개의 표를 나타내 보일 필요가 있다 하여, 소위 칼빈이 '통상적인 회개'라고 부르는 것을 우리의 삶의 모든 날들을 통해서 힘써야 될 만큼 우리가 항상 죄로 싸여 있다는 사실을 잊어서는 안된다.[30] 그러한 회개에는 외형적인 표시나 격렬한 감정들이 수반될 필요가 없다. 참으로 그러한 통상적인 회개는 모든 기독교인들

---

25) Comm. on 2 Cor. 7:11, C.O. 50:90.
26) Inst. 3:3:15.
27) Cf. serm. on Matt. 3:1-3, etc., C.O. 46:498. *Or comment est-ce que L'Escriture saincte parle de penitence? C'est que nous soyons tellement aneantis, qu'il n'y ait que frayeur en nous et desespoir, cognoissant que devant Dieu nous sommes damnez, et qu'il n'y a nul remede.* Cf. serm. on Job 42:6-8, C.O. 35:491. *Il faut sur tout que le coeur soit navré, qu'ayans horreur d'avoir provoqué l'ire de nostre Dieu contre nous, nous concevions une angoisse pour nous condamner, et que nous soyons du tout confus en nous-mesmes.*
28) Cf. Inst. 3:3:17-18.
29) Comm. on 2 Cor. 7:11, C.O. 50:92. *Verum interest, olam coram Deo quis peccaverit, an palam coram mundo. Cuius arcanum est peccatum, satis est si coram Deo ita sit affectus. Ubi autem manifestum est peccatum, requiritur etiam manifesta poenitentiae approbatio.* Cf. serm. on Job 42:6-8, C.O. 35:490-1; and comm. on Matt. 11:21, C.O. 45:312.
30) Inst. 3:3:18. *Specialis ergo poenitentia . . . ordinariam non tollit, cui per totum vitae curriculum operam dare nos cogit naturae corruptio.*

이 매일 힘써 해야 할 일임에 틀림없다.[31] 칼빈의 경우, 기독교 생활은 단지 꾸준하게 회개를 행하는 것이다.[32] "만일 우리가 그리스도 안에 서고자 한다면, 우리는 회개를 목표하고, 우리의 전생애 동안 그것을 힘쓰며, 끝날까지 계속해야 한다."[33]

회개의 특징은 '자기 부인'(自己否認)이다. 회개하는 자는 자신을 미워한다. 자기의 전생활과 존재가 하나님의 심판 앞에서 오직 전적(全的) 정죄(定罪)를 받아 마땅하다는 것을 그는 안다. 그러므로 회개의 과정에서 그는 자신을 정죄하고, 강렬한 자기 증오감을 가지고 자신의 죄를 인하여 자신에게 앙갚음을 행한다.[34] 즉, 우리의 옛 본성을 철저하게 포기하는 것을 의미한다.[35] 여기에는 또한 '자기 처벌'(self-punishment)이 포함되어야 한다. 왜냐하면 회개할 때 "회개에 의하여 하나님의 심판을 미리 받게" 되어 있기 때문이다.[36]

그러나 그렇게 회개하여 자기를 정죄한다 해서 하나님의 분노가 가

---

31) Serm. on Job. 42 : 6-8, C.O. 35 : 490. *D'avantage, que ce signe n'est pas tousiours requis, mais que c'estoit pour faire une protestation publique d'un crime exorbitant. Il faut que tous fideles tout le temps de leur vie avisent à se repentir et desplaire: car nous ne passons iamais un iour qu'il n'y ait beaucoup de povretez en nous: sans que nous pensions, nous ferons des fautes infinies. . . . Ainsi nous avons occasion de gemir: et toutes fois nous ne ferons point de protestation manifeste devant les hommes. La penitence donc pourra bien estre sans avoir les signes exterieurs conioints.*
32) Inst. 3 : 3 : 1—2. Comm. on Matt. 11 : 21, C.O. 45 : 312. *Scimus, non exigi poenitentiam a fidelibus tantum ad paucos dies, sed ut se in ea meditanda assidue usque ad mortem exerceant.*
33) Inst. 3 : 3 : 20. Cf. serm. on Matt. 3 : 1-3, etc., C.O. 46 : 500. *La penitence n'est pas que nous commencions seulement à croire en Iesus Christ: . . . il faut que iournellement la penitence se renouvelle, par maniere de dire, c'est à dire que cest exercice soit continuel, et que ce soit nostre estude pour toute nostre vie.*
34) Serm. on Gal. 5 : 14-18, C.O. 51 : 29. *Que nous apprenions à nous hayr nousmesmes, et à estre fachez contre nous, à nous venger de nostre malice (comme sainct Paul aussi en parle), car la penitence emporte cela que les hommes se condamnent, qu'ils se haissent, qu'ils se vengent d'eux mesmes quand ils voyent qu'ils sont corrompus en toute leur vie.* Cf. comm. on 2 Cor. 7 : 11, C.O. 50 : 91.
35) Serm. on Job 42 : 6-8, C.O. 35 : 489. *Notons bien donc que la vraye penitence emporte la haine du peche, voire iusques au bout: tellement que l'homme se reprouve, et se haysse d'autant qu'il ne se trouve pas tel qu'il devroit: et qu'aimant la iustice de Dieu il condamne tout ce qui est en lui, et ne cerche sinon d'estre despouille de ceste vieille peau dont il est enveloppe.* Cf. comm. on Eph, 4 : 22, C.O. 51 : 207. *Requirit in homine christiano poenitentiam aut renovationem vitae. Eam constituit in abnegatione nostri, et spiritus sancti regeneratione. A priore itaque parte incipit, iubens deponere aut exuere hominem veterem. . . . Qui exuere vult hominem veterem, naturae suae renuntiet.*
36) Comm. on 1 Cor. 11 : 31, C.O. 49 : 494. Cf. comm. on 2 Cor. 7 : 11, C.O 50 : 91. *Peccata vendicando Dei iudicium quodammodo antevertimus.*

라앉거나 결코 하나님의 용서를 받게 되는 것으로 생각해서는 안된다.[37] 회개는 하나님의 은혜와 심판에 대한 반응이기는 하지만, 은혜를 얻거나 심판을 뒤집는 방편은 결코 아닌 것이다. 회개자(悔改者)는, 하나님께서 자기의 허물들을 용서한 것을 알고 있기 때문에, 자만하지 아니하고, 사악한 본성과 가공할 잠재력이 죄 용서 사건에서 아주 분명하게 드러난 바 자기 중심적 의지와 간지(奸智)를 품지 않게 된다. 그래서 용서받은 사람은 자신의 심판자가 되며, 하나님은 땅 위에 공공연하고 끔찍한 심판을 내리어 행하시는 것보다 더 효과적이고 근본적으로 자기의 의(義)를 세우신다.[38]

회개의 특징에는 또한 새 생활(newness of life)이 있다. 하나님의 성령에 의해 고쳐되어 참으로 회개하여 자기를 부인하는 경우에는, 혁신(renovation)이 불가피하게 따르게 되고, 이 혁신은 공의와 심판과 긍휼의 새 생활로 나타난다.[39] 우리가 우리 자신에 대하여 복수를 취하는 바로 그 열심을 가지고, 우리는 의(義)를 세우는 데 전력투구하게 되는 것이다. 우리 자신을 정죄하는 바로 그 힘은 하나님의 편에 '서게 하는' 원동력이 된다.[40]

선지자들의 단순하고 소박한 말로 표현하자면, 우리가 '악을 떠나게' 되는 때 우리는 '선을 행하게' 되어 있으며, 하나님 앞에서 우리의 모든 악한 소행들로부터 "우리 자신을 깨끗케 할"때, "우리가 악을 삼

---

37) Cf. ibid.
38) Serm. on Job. 34 : 10–15, C.O. 35 : 147. *Dieu donc a bien ceste liberté d'abolir nos offenses sans les punir: et cependant cela ne deroge en rien à sa iustice. Et pourquoi? Car quand Dieu nous veut pardonner nos fautes, comment en use-il? Ce n'est pas pour nourrir le mal qui est en nous: mais il nous en touche, et nous le remonstre, il nous fait sentir combien nous l'avons offensé, et puis il nous donne ceste affection de nous desplaire en nos pechez, et d'y gemir. Quand nous sommes touchez ainsi de repentance, nous sommes iuges de nos fautes, et les condamnons: et par ce moyen voila Dieu qui a exercé son office.*
39) Inst. 3 : 3 : 8. *Primus ad obedientiam Legis eius ingressus est illa naturae nostrae abnegatio. Postea renovationem designant a fructibus, qui inde consequuntur, iustitia, iudicio et misericordia.*
40) Serm. on Matt. 3 : 1–2, etc., C.O. 46 : 499. *Voyla par où la penitence commence: et puis, que non seulement nous hayssions le peche et le mal qui est en nous: mais voyans que nous sommes ennemis de Dieu, que nous ayons en detestation nostre malice. . . . Or nous sommes-nous ainsi hays et despitez contre nostre meschante nature? il faut que nous desirions de nous ranger à Dieu, et de nous y ranger en telle sorte, que toutes nos affections soyent conformes à ses saincts commandemens.*

가하고," "선을 행하기를 배우는 일"이 반드시 뒤따르게 되어 있다.[41] 이 모든 것은 결국 천국 생활에 관한 묵상에로 나아가게 되는 것이다. 이 묵상을 위하여 사람이 하나님의 형상으로 창조되었고, 그 형상은 그 천국 생활이 사후(死後)에 최종적으로 달성될 때 마침내 회복된다. 그러므로 우리가 회개를 통해서 완전히 죽고 하나님의 심판 앞에서 티끌 가운데 주저앉게 되지만, 바로 그 회개를 통해서 우리가 하늘에까지 올라가게 되는 것이다.[42]

---

41) Inst. 3 : 3 : 8. Cf. Ps. 34 : 14, Isa. 1 : 16-17.
42) Inst. 3 : 3 : 9. *Uno ergo verbo poenitentiam interpretor regenerationem, cuius non alius est scopus nisi ut imago Dei . . . in nobis reformetur.*

제3부

참된 질서의 회복

제 1 장
하나님의 회복된 형상과 인간 생활의 참된 질서

1. 질서의 모형인 인간 생활의 본래의 모형

 사람이 타락하여 하나님에게서 떨어지지 아니했었다고 하면, 사람이 성취하도록 되어 있었던 생활의 모형은 질서의 모형(a pattern of order)이었다. 인간의 생활의 배경을 제공하도록 되어 있던 이 세상의 장엄한 극장에서, 우리의 감탄을 주로 자아내도록 되어 있는 것은 우주의 아름답고 정교한 질서와 배열이다.[1] 즉, 우주를 지배하는 법칙과 작정에 나타난 바 '사물의 균형있는 질서'(regular order of things)이다. 이 질서는 가장 폭력적인 격변에 의해서도 흔들릴 수 없는 안정을 인간의 환경에 제공한다.[2] 이 질서정연한 환경 속에서, 창조주의 아름다움과 영광을

---
 1) Comm. on Ps. 68 : 34, C.O. 31 : 635–6. *Hic vero clarius refulget Dei gloria, quod quum immensa sit coelorum machina, tam rapidus motus, ac tam diversae revolutiones inter se confligant, constet tamen optima symmetria et temperamentum, et hic tam concinnus et pulcer ordo tot saeculis aequabili tenore continuatus fuerit.* Cf. comm. on Ps. 8 : 4, C.O. 31 : 91. *In fine quarti versus, pro eo quod alii vertunt praeparare vel fundare, reddere visum est concinnare: videtur enim respicere propheta ad pulcherrimum ordinem quo Deus stellarum positum tam apte distinxit et cursum moderatur.* Cf. Inst. 1 : 14 : 20.
 2) Comm. on Jer. 31 : 35–6, C.O. 38 : 698–99. *Dicit in persona Dei, Ego sum qui solem creavi, lunam et stellas: non cessavit continuus ordo a creatione mundi, quin sol peragat suum cursum: deinde etiam luna. . . . Ergo in coelis consideramus ordinem ita compositum et temperatum, ut nihil illic vel in hanc vel in illam partem declinat. . . . Quam certa est ordinis naturae stabilitas . . . tam certa erit salus*

증거해 주는 계획된 질서를 반영하는 생활을 살 수 있도록 사람이 이 땅에 창조되었다.

이 질서는 '유기적 부분들'에서 뿐만 아니라, 더욱 특별히는 모든 인간의 감각들이 바른 질서대로 통치된 마음과 의지의 조화된 협력에서 나타나도록 되어 있었다.[3] "영혼의 몇몇 부분들에는 통제 기관(temperatura)이 있었는데, 이 부분들은 그것들의 여러 기능들과 일치한다. 마음 속에서는 완전한 지능(intelligence)이 번득이고 지배하였으며, 공정성(uprightness)이 거기에 동반되었고, 모든 감각들은 이성에게 마땅하게 순종하도록 준비되고 이루어져 있었다. 몸 속에서는 이같은 내면적 질서와 적절하게 상응하는 것이 있었다.[4] 이 본성의 질서—그 것의 모형으로 인간이 창조되었고, 인간은 그것을 지키도록 창조되었다—에는 사람과 사람 간의 질서있는 사회 생활도 포함되어 있다. 그것의 최상의 모형은 남자와 여자 간의 결혼 관계이다.[5] 낙원에서의 인간의 생활에 대한 칼빈의 묘사의 주요한 특징은 모든 것이 잘 정돈되어 있고 완전한 질서대로 움직인다는 점이다.

2. 하나님의 형상으로 된 인간 생활의 본래의 질서에는 신앙과 미래 생활에 관한 묵상이 포함됨

인간의 생활을 위한 이 계획된 질서란, "하나님의 영광스런 손길"로 충만한 장엄한 이 땅의 환경 속에서 하나님의 은혜를 의지하여 감사함으로 사람이 사는 것이었다.[6] 그러나 사람은 자기에게 주어진 많은 찬

---

ecclesiae. . . . Non est igitur metuendum, ne unquam excidat, salus ecclesiae, quia nunquam cessabunt naturae leges vel decreta.

3) Inst. 1 : 15 : 8. *Libera tamen fuit electio boni et mali: neque id modo, sed in mente et voluntate summa rectitudo et omnes organicae partes rite in obsequium compositae.* Inst. 1 : 15 : 3. *Proinde hac voce notatur integritas, qua praeditus fuit Adam quum recta intelligentia polleret, affectus haberet compositos ad rationem, sensus omnes recto ordine temperatos, vereque eximiis dotibus opificis sui excellentiam referret.*

4) Comm. on Gen. 1 : 26, C.O. 23 : 26-7. *Erat enim in singulis animae partibus temperatura quae suis numeris constabat: in mente lux rectae intelligentiae vigebat ac regnabat, huic comes aderat mentis rectitudo, sensus omnes ad moderatum rationis obsequium prompti et formati: in corpore aequabilis quaedam ad illum ordinem proportio.*

5) Comm. on Gen. 2 : 18, C.O. 23 : 46-7.

제 3 부 참된 질서의 회복 **137**

란한 자질들을 최대한 활용하기는 하지만, '확실한 항구성'을 갖고 있지 못한 이 현재 생활에서 창조의 참되고 충분한 의미를 발견하도록 되어 있는 것은 결코 아니었다. 사람이 현재 생활을 그것이 가지고 있는 기회들과 영광과 더불어 사용하는 것의 목적은, 사람의 최종적 목표가 될 천국의 더 좋은 생활을 묵상하게 하려는 것이었다.[7] 바로 이 목적을 위해서 사람에게 이성(理性)이 주어졌고 사람이 짐승과 구별되었다.[8] 이 땅의 영광은 사람이 하나님의 말씀과 하나님의 성례전적 은사의 도움을 받아 하늘의 기업의 더 큰 영광을 사모할 수 있게 하는 데 그 의미가 있었다.[9] 이와같이 칼빈의 경우 '미래 생활에 관한 묵상' (meditatio futurae vitae)과 하나님의 은혜에 의존한 신앙생활은 사람이 지키도록 되어 있는 자연 또는 창조 본래의 질서의 한 부분이다.

하나님의 뜻 안에서 아주 질서가 있고 잘 균형잡힌 삶을 살므로써, 사람의 생활이 하나님의 형상을 나타냈다. 그리고 이 관점에서 사람이 하나님의 형상으로 창조된 것으로 이해되어야 하는 것이다. 칼빈의 경우, 사람이 하나님의 형상으로 창조되었다고 하는 것은, 사람의 영혼에게 어떤 정태적(靜態的) 특징이 각인(刻印)되었거나, 정연하게 정의될 수 있는 어떤 타고난 기능이나 자질을 의미하지 않는다. 하나님의 말씀에 의지하여 계속적으로 살고 하나님의 은혜에 꾸준히 응답함으로써 사람이 하나님의 형상을 소유하게 되었다. 칼빈이 말하는 바 사람에게 있는 하나님의 형상은 나머지 모든 피조물에 대한 인간의 우월성,[10] 거울처럼 사람이 반영하는 신적 의(義)[11], 인간 생활의 모든 부분의 건강한 상태,[12] 하나님의 은혜에 대하여 미래 생활에 관한 묵상의 반응,[13]

---

6) Inst. 1 : 14 : 20.
7) Comm. on Gen. 2 : 7, C.O. 23 : 36. *Hoc singulare (est) beneficium Christi ut renovemur in coelestem vitam, quae etiam ante lapsum Adae nonnisi terrena fuit: quia non habebat stabilem fixamque constantiam.*
8) Arg. in Gen. C.O. 23 : 11. Cf. Inst. 1 : 15 : 6. *Sicut autem absque controversia ad coelestis vitae meditationem conditus fuit homo, ita eius notitiam animae fuisse insculptam certum est.*
9) Ibid. Cf. T. F. Torrance, *Calvin's Doctrine of Man*, pp. 33-4.
10) Inst. 2 : 12 : 6; and 1 : 15 : 3.
11) Comm. on Eph. 4 : 24, C.O. 51 : 208-9.
12) Inst. 1 : 15 : 4. *Unde colligimus initio in luce mentis, in cordis rectitudine, partiumque omnium sanitate conspicuam fuisse Dei imaginem.*
13) Cf. Introd. Arg. in Gen. C.O. 23 : 11. *Tertio intelligentia et ratione fuisse*

그리고 다른 남자들과 여자들과 사람이 맺고 있는 바 질서있는 사회적 정치적 관계 등이다.[14] 이 문제에 관한 칼빈의 기본적 사상은 "신적 형상의 혁신에 있어서 주요한 특징이 피조물에게 있어서 최고의 위치를 차지하고 있었음에 틀림없다"[15]는 것이다.

우리의 중생에서 무엇이 일어나고 있는가를 묵상하므로 해서 하나님의 형상이 본래 어떤 것이었음에 틀림없는가를 알게 된다.[16] 이를 기초로 해서 칼빈이 얻은 결론에 의하면, 아담이 하나님의 형상으로 창조되었다고 하는 것은 그가 질서있는 순결과의 가운데(in an ordered integrity and righteousness) 창조주의 은혜를 의지하여 살고, 그가 마음으로 반영하도록 되어 있던 하나님의 말씀을 통해서 그리고 피조물들이 드러내는 영광을 통해서 하나님과의 교통을 더욱 깊게 가지며 천국 생활을 묵상하고, 자기의 동료 피조물 및 환경에 대하여 참으로 질서있는 관계를 가지고 사는 것을 의미했다.

3. 구속의 목적은 본래의 질서와 형상의 회복임

아담의 타락으로 인하여 사람이 정욕(concupiscence)의 세력 아래 사로잡히게 되었을 뿐만 아니라, 바로 이 사건을 통해서 사람의 생활이 완전히 무질서하고 혼돈하게 됨으로 해서, 그의 생활이 하나님의 형상을 반영했던 바 창조 본래의 질서의 분명한 흔적이 전혀 남아 있지 않게 되었다.[17] 사람이 타락하여 결과된 이 무질서는 사람을 둘러싸고 있는 이 세계와 자연의 본래의 질서가 부패해 버린 환경과의 관계에 반영

---

praeditum, ut a brutis animalibus discretus potiorem vitam meditaretur: imo ut ad Deum recta tenderet, cuius insculptam imaginem gerebat. The tree of life was a sacramental symbol to help him to do this. Cf. comm. on Gen. 2 : 9, C.O. 23 : 38–9.

14) Comm. on John 17 : 11, C.O. 47 : 382. Serm. on Job 10 : 7–15, C.O. 33 : 489. *Il signifie que l'image de Dieu est imprimee en nous d'autant que nous avons intelligence et raison, que nous discernons entre le bien et le mal, que les hommes sont nais pour avoir quelque ordre, quelque police entre eux.*

15) Inst. 1 : 15 : 4.

16) Comm. on Eph. 4 : 24, C.O. 51 : 208–9.

17) Inst. 1 : 15 : 4. *Dei imago . . . quae refulsit in Adam ante defectionem, postea sic vitiata et prope deleta, ut nihil ex ruina nisi confusum, mutilum, labeque infectum supersit.*

되어 있다.[18] 사람은 자기의 환경의 주인이 더 이상 아니다.[19] 환경이 질서있는 방식으로 사람을 더 이상 섬겨 주지 않으며, 그것은 부패와 쇠퇴에서 모든 인간의 본래적 관계의 뒤틀림을 반영한다. 더욱이 사람은 그가 자기의 창조주와 교통을 나눌 수 있는 방편으로 또는 자기의 천국 생활에 대한 증거로 자기의 환경을 더 이상 활용하지 않는다. 그는 지금 여기 이 세상에서의 자기의 찰나적인 존재의 조잡한 목적들을 위해서만 자기의 환경을 사용한다.[20]

그러나 사람 자신의 심령과 마음에서 그리고 자기의 동료들과의 사람의 관계에서 무질서가 가장 두드러지게 나타나 있다. 사람은 하나님의 영광을 구하는 일과는 전혀 다른 일에만 급급한다.[21] 그의 마음에는 "영구적인 무질서와 무절제"[22]가 나타나 있다. 거기에는 아무런 절제가 전혀 없으며, "모든 감정들이 난폭한 충동과 더불어 그 한계를 지나쳐 폭발한다."[23] 사람은 이러한 '무절제'에 빠지기가 아주 쉽게 되어 있기 때문에 사람이 보기에는 선하고 고상한 것으로 간주될 수 있는 그러한

---

18) Cf. serm. on Acts. 1 : 6–8, C.O. 48 : 609. *Or il nous a declaré les choses qui sont selon l'ordre de nature et comme il doit faire froid en hyver et chaut en esté. Que si quelquesfois nous voyons de grands froids en esté, cognoissons que cela vient de nos pechez qui pervertissent l'ordre de nature, et que pour l'enormité d'iceux nous meritons bien que tout soit perverti*; and Inst. 3 : 25 : 2.

19) Comm. on Ps. 8 : 7, C.O. 31 : 94. *Certe si quid adversum est hominibus in coelo vel in terra, iam collapsa est illa ordinis integritas, unde sequitur humanum genus, postquam defectione Adae dissipatum est, non modo hac tam praeclara et honorifica sorte privatum esse, ac priori dominio non potiri: sed captivum teneri sub deformi pudendaque servitute.* Cf. comm. on Ps. 104 : 21–2, C.O. 32 : 92–3.

20) Serm. on Job 33 : 29–34 : 3, C.O. 35 : 126. *Ceux qui ne daignent prester l'aureille à Dieu et à sa verité pour estre enseignez, et quand ils ont desia esté instruits, ne cerchent d'estre confermez de plus en plus, pervertissent l'ordre de nature, mesmes qu'ils sont comme monstres et pires que les bestes brutes. Et pourquoy? Car une beste suivra son naturel. Or voila un homme qui se dira sage, ayant raison et discretion qu'il a esté creé à l'image de Dieu pour estre illuminé en toute verité: cependant il aura bien cest advis de boire et de manger tous les iours: mais de profiter non.*

21) Comm. on Rom. 11 : 36, C.O. 49 : 232.

22) Inst. 3 : 3 : 12. *Iam vero quum ob naturae pravitatem omnes facultates adeo vitiatae sint ac corruptae, ut in omnibus actionibus emineat perpetua ἀταξία et intemperies: quia ab eiusmodi incontinentia separari nequeunt appetitiones, ideo vitiosas esse contendimus.*

23) Inst. 3 : 16 : 12. *Moderatio in naturae nostrae depravatione conspici non potest, ubi omnes affectus turbido impetu modum excedunt.* Cf. comm. on 1 Cor. 7 : 6, C.O. 49 : 405. *Respondeo ad prius: quum in omnibus humanis affectibus inordinatum excessum esse confitear, me non negare quin sit etiam in hac parte ἀταξία, quam vitiosam esse concedo; imo·hunc affectum prae aliis impotentem esse concedo, et prope belluinum*; and on Ps. 23 : 5, C.O. 31 : 241. *Plus satis ad luxuriem proni (sumus) natura*; and on Phil. 2 : 27, C.O. 52 : 41.

감정들마저도 적절한 선을 결코 유지할 수가 없게 되고, 사람의 생활의 다른 측면들과 균형을 잃으므로 해서 부패하게 되고 만다.[24]

하나님이 우리를 구속(救贖)하신 목적은 사람의 생활의 본래 질서를 회복하는 것이다. 칼빈이 말하는 바에 의하면, "세상의 창조주이신 하나님께서 그 자신이 처음에 세우신 질서를 결코 무시하지 않는 것은 우리의 신앙의 영광이다."[25] 예수 그리스도가 하시는 일은 아담 안에서 상실된 하나님의 형상을 사람에게 회복시키는 것이다. "아담이 처음에는 하나님의 형상을 따라 창조되었고, 거울의 경우처럼 신적 의(神的義)를 반영하였다. 그러나 그 형상이 죄로 말미암아 흉하게 지워졌기 때문에, 이제는 그리스도 안에서 회복되어야 한다. 성도의 중생은 진실로 …그들에게서 하나님의 형상이 새롭게 이루어지는 것 이외에 다른 아무것도 아니다 …중생에 의하여 기대되는 계획은 우리가 방황하는 것을 멈추고 우리의 창조된 그 목적을 상기시키는 것이다."[26] 우리의 심령 속에서 성령이 하시는 일은 우리 자신들 속에서와 온 세상 가운데서 하나님의 형상의 완전한 회복을 목표로 하여 "하나님의 형상에로 우리를 개혁하기 시작하는 것이다."[27]

4. 이 참된 질서와 형상은 복음에 나타난 하나님의 계시와 예수 그리스도의 인성에서 볼 수 있음·

그러므로 우리의 삶이 하나님의 형상을 본받아야 한다고 하는 것이 기독교 생활과 윤리에 대한 칼빈의 개념의 아주 중요한 측면이다. 우리가 그 모형으로 개혁되어야 할 이 형상은 "아버지 하나님의 살아 있는 형상"이신 예수 그리스도 안에서 우리 앞에 제시되었다.[28] 이것이 의미

---

[24] Serm. on Matt. 26 : 36–9, C.O. 46 : 839–40.
[25] Comm. on Ps. 11 : 4, C.O. 31 : 123.
[26] Comm. on Eph. 2 : 24, C.O. 51 : 208–9. Cf. comm. on 2 Cor. 3 : 18, C.O. 50 : 47. *Nota hunc esse finem evangelii, ut Dei imago, quae inducta fuerat per peccatum, reparetur in nobis, atque huius instaurationis progressionem tota vita esse continuam.*
[27] Comm. on Luke 17 : 20, C.O. 45 : 425.
[28] Serm. on Job 1 : 6–8, C.O. 33 : 59.

하는 바는, 하나님의 자녀가 되는 것에는 행태(行態)와 태도에서 하늘에 계신 하나님 아버지를 참으로 닮는 것이 포함된다는 것을 기억하고 우리가 예수 그리스도 안에서 하나님이 나타나신 것을 본대로 하나님의 용서하며, 부드럽고 너그러운 사랑의 모본을 우리 자신의 생활들을 통해서 참으로 힘써 본받아야 한다는 것이다.[29] 다른 사람들에게 선을 행하는 일에서 보다 하나님을 더 참되게 닮을 수 있는 일이 아무것도 없다는 것을 우리는 결코 잊어서는 안된다. 이 점에서 우리는 우리 자신 안에서 하나님 아버지의 성품(ingenium)을 재현시키도록 노력해야 하는 것이다.[30] "하나님이 하늘에서 계시는 바대로를 우리로 하여금 이 땅에서 드러나게 하기를 하나님이 명하신다"고 칼빈은 말한다.[31] 이것은 아주 굉장한 명령이다. 그 명령이 의미하는 바는, 우리의 기독교적 사랑을 통해서 힘없는 자들에게 하나님의 값없는 은혜를 나타내 보이고, 가난한 자들에게 하나님의 섭리적인 돌보심을 보이며, 이 어두운 세상에서 하나님의 빛을 발하고, 고아와 과부들을 기꺼이 돌보아 주는 것 등이다.[32] 그것은 또한 하나님의 온화하심은 불법을 미워하는 자의 온화함임을 기억하는 것을 의미한다.[33]

그러나 칼빈의 경우, 하나님의 형상에 일치된 삶을 사는 것은 질서있는 삶을 사는 것을 의미한다. 이는 회복된 하나님의 형상의 모형이 질서의 모형이기 때문이다. 하나님의 형상으로 우리가 변혁되는 것은 어떤 '본체의 유입'(influx of substance) 보다는 질서의 개혁 또는 회복에 있다.[34] 중생의 목적은 "우리가 하나님을 닮게 되고, 그의 영광이 우리

---

29) Serm. on Gal. 6 : 1-2, C.O. 51 : 63. *Il nous faut estre conformez à Dieu, puis qu'il a bien daigné nous choisir pour ses enfans comme aussi nostre Seigneur Iesus le remonstre. Soyez semblables à vostre pere celeste (dit-il) qui a pitié mesme de ceux qui n'en sont pas dignes . . . Regardons à la nature de luy qui nos appelle pour estre conformes à son exemple: c'est que nous soyons humains.*
30) Comm. on Ps. 30 : 5, C.O. 31 : 294.
31) Comm. on 1 John 4 : 17, C.O. 55 : 357.
32) Serm. on Matt. 3 : 9-10, C.O. 46 : 548. *Car il veut que nous-nous employons principalement envers ceux qui n'en peuvent plus: comme c'est son office de repaistre les povres affamez: d'illuminer ceux qui sont en tenebres, et d'aider à ceux qui n'ont nul secours: et d'autant qu'il est le protecteur des vefves et des orphelins, et que brief il maintient ceux qui n'ont de quoy estre supportez selon le monde, il veut aussi que nous employons toutes nos facultez en cest endroict.*
33) Serm. on Gal. 6 : 1-2, C.O. 51 : 63.
34) Inst. 1 : 15 : 5. *Atque ubi de imaginis instauratione disserit Paulus (2 Cor.*

안에서 빛날 수 있게 되는 것이다." 그러나 이 영광과 하나님을 닮은 모습은 주로 우리의 본성적 성품에 더하여진 다소 흐릿한 찬란한 광채에 의해서라기 보다는 오히려 "온 영혼의 정직성과 순결성"에서 현재적으로 드러난다.[35] "그리스도는 …그가 우리를 참되고 실질적인 순결에로 회복시켜 주기 때문에 둘째 아담으로 불리우는 것이다."[36]

여기서 유의할 것은, 예수님의 인성에서 모든 과욕 또는 무질서의 추방과 질서 곧 참된 절제와 조화의 완전한 모형을 보게 된다는 사실을 칼빈이 크게 강조하고 있는 점이다. 이 점에서 예수 그리스도는 다른 모든 사람들과 전혀 다르다. "우리의 감정들이 죄악된 이유는 제멋대로 돌진하며 절제를 전혀 할 줄 모르는데 있다. 그러나 그리스도에게 있어서는 감정들이 하나님께 순복하여 조절되고(compositi) 규제되며(moderati) 전혀 죄가 없었다."[37] 인간의 본성의 보편적인 부패의 가장 확실한 표(sign)는 모든 사람들에게서 내면적 감정들이 항상 난폭하고, 제어할 수 없으며, 평형을 잃고, 무법한 목적들을 항상 지향하기가 쉬우며, 아주 사소한 일에도 쉽게 흥분하는 것 등이다. 그러나 "그리스도에게는 …적절한 한계를 뛰어넘거나 이성이나 건전한 판단에 근거하지 아니한 성정(性情)이나 감정이 전혀 없었다."[38] 지나치게 과도(過度)하므로 무절제하여 모든 성정들이 죄악되는 것이 결코 있지 않게 하는 이 완전한 절제가[39] 예수님의 경우, 생활상의 통상적인 것들을 사용하고 즐김에 있어서 "참으로 신적인 절제(temperantia)"를 통해서 뿐만 아니라,[40] 당혹함이나 두려움 또는 비통함 가운데서도 난폭한 감정을 스스로 억

3, 18), *ex eius verbis elicere promptum est, non substantiae influxu, sed Spiritus gratia et virtute hominem fuisse Deo conformem.*

35) Comm. on Col. 3 : 10, C.O. 52 : 121. *Hinc etiam discimus, tum quis finis sit regenerationis nostrae, hoc est, ut Deo reddamur similes, ac in nobis reluceat eius gloria; tum quae sit Dei imago, cuius mentio fit apud Mosem, nempe totius animae rectitudo et integritas: ita ut homo sapientiam Dei, iustitiam et bonitatem quasi speculum repraesentet.*

36) Inst. 1 : 15 : 4.

37) Comm. on John 11 : 33, C.O. 47 : 265.

38) Ibid, C.O. 47 : 266. *In Christo nihil tale: nulla enim eius passio ultra suum modum unquam erupit, nulla nisi iusta et ex ratione rectoque iudicio suscepta.* Cf. Inst. 2 : 16 : 12, for similar thought and language.

39) Comm. on Ps. 22 : 15, C.O. 31 : 227-8.

40) Comm. on Luke 7 : 34, C.O. 45 : 307-8.

제하는 데서 나타나 있다.[41]

이같은 완전한 자기 억제의 결과로 칼빈은 음악의 한 표현을 빌려 우리 주님의 내면적 생활의 특징인 두 의지 간의 긴장을 완벽한 통일과 조화를 이루는 긴장으로 묘사하는 것이다. "음악의 소리들이 비록 서로 간에 각양각색이기는 하지만 좋은 멜로디와 화음을 낼 수 있을 정도로 결코 불협화(不協和)하지 않는 것처럼, 그리스도에게는 신적 의지와 인간적 의지 등 두 의지 간에 현저한 적응의 실례가 있어서, 그 의지들은 충돌이나 적대가 없이 서로 달랐던 것이다."[42]

그러므로 우리의 기독교적인 생활을 살아가는데 있어서 "우리는 질서를 지혜롭게 지켜야 한다"고 칼빈은 말한다.[43] 그가 지적하는 바에 의하면, '종교'라는 단어가 어떤 것을 적당한 한계 안에서 모으는 것을 의미하는 까닭에, 참된 종교에는 미신에 결여되어 있는 질서 정연(orderliness)의 개념이 함축되어 있다.[44]

5. 그리스도 안에서 질서있는 새로운 생활의 종말론적 의미

그러므로 칼빈의 경우, 이 세상에서 무질서를 극복하는 것은 종말론적으로 깊은 의미가 있다. 요한복음 13:31에 "지금 인자가 영광을 얻었고 하나님도 인자를 인하여 영광을 얻으셨도다"는 우리 주님의 말씀을 십자가에서 전피조물이 그것의 본래의 영광과 질서에로 이미 회복된 것을 의미하는 것으로 칼빈은 해석한다. "가장 찬란한 극장(창조세계)에서처럼, 그리스도의 십자가에서, 하나님의 무비(無比)의 선하심이 온 세상 앞에 나타났다. 참으로 하늘과 땅의 모든 피조물에서 하나님의 영광이 빛나고 있다. 그러나 십자가에서처럼 찬란하게 빛난 곳은 아무 데도 없다. 그 십자가에서 사물들의 놀라운 변화가 일어났고, 모든 사람들에 대한 정죄(定罪)가 드러났었으며, 죄가 폐기되었고, 구원이 사

---

[41] Cf. Inst. 2:16:12, Comm. on Matt. 26:37, C.O. 45:720; on Matt. 26:39, C.O. 45:723.
[42] Comm. on Matt. 26:39, C.O. 45:723.
[43] Comm. on Luke 10:42, C.O. 45:382. *Ordinem prudenter tenendum.*
[44] Inst. 1:12:1.

람들에게 되돌려졌다. 요약해서 말하자면, 온 세계가 갱신(更新)되고 만물이 질서를 회복한 것이다."[45]

그러나 십자가를 통한 질서의 이같은 갱신과 회복의 성취는, 십자가의 영향이 날마다 체험되는 것처럼, 사회 생활에서 나타나야 하는 어떤 것이다. 악마와 육체가 장악하고 있는 현세에는 줄곧 혼돈과 패괴(敗壞)가 있다. 그렇지만 개혁이 항상 끊임없이 일어나고 있는 것이다. 왜냐하면 사단이 그의 자리에서 축출되고 악의 권세가 꺾이고 있기 때문이다. 이 모든 것은 "날마다 나타나고 있는 바 그리스도의 그 죽음의 두드러진 효과"이다.[46] "이제 이 세상의 심판이 이르렀으니 이 세상 임금이 쫓겨나리라"는 본문에서 '심판'이라는 단어의 의미가 이 세상에 대한 '정죄' 뿐만 아니라 그것은 개혁과 바른 질서에로의 회복을 가리키는 것으로 칼빈은 생각한다. 그러므로 그리스도의 죽음은 세상의 혁신이 그 절정에 이르는 잘 규제된 상태의 시작이다.[47]

그러므로 중생한 사람의 생활 속에서 그리스도의 죽음과의 교통을 통하여 결과된 바 참되게 자기를 부인하고 정욕을 죽이는 것이 나타나고, 무질서와 혼돈만이 있었던 곳에 질서가 결과적으로 회복되는 때마다, 하나님 나라의 재건설의 표지(標識)들을 칼빈은 본다.[48] 중생한 사람에게 나타난 바 새롭게 질서가 잡힌 실존과 바른 삶에서, 하나님의 형상이 여기서 회복되고 있는 참된 표지들을 칼빈은 또한 본다.[49] 이 표지들이 과거에 상실되었던 그 형상을 단지 흐릿하게만 반영하고 있는 것은 사실이다. 사람의 심령과 우주 속에서의 참된 질서의 최종적

---

45) Comm. on John 13 : 31, C.O. 47 : 317.
46) Comm. on John 12 : 31–2, C.O. 47 : 293–4.
47) Ibid. *Nam vox hebraica mishpat, quae per iuducium redditur, rectam constitutionem significat. Scimus autem extra Christum nihil in mundo nisi confusum esse. Etsi autem iam regnum Dei erigere coeperat Christus, mors tamen eius verum demun status rite compositi exordium et plena mundi instauratio fuit. Notandum tamen simul, quod haec in mundo rectitudo constitui nequeat, quin regnum Satanae prius aboleatur, quin redigatur in nihilum caro et quidquid Dei iustitiae adversum esse. Denique necessum est, ut mundi novitatem mortificatio praecedat.*
48) Comm. on Matt. 6 : 10, C.O. 45 : 197. *Regno Dei opponitur omnis ἀταξία et confusio: neque enim quidquam ordinatum est in mundo, nisi quum moderatur ipse manu sua consilia et affectus. Hinc colligimus, initium regni Dei in nobis esse veteris hominis interitum et nostri abnegationem, ut renovemur in aliam vitam.*
49) Inst. 1 : 15 : 4. *Dei imago . . . nunc aliqua ex parte conspicitur in electis, quatenus spiritu regeniti sunt.* Cf. comm. on 2 Cor. 3 : 18, C.O. 50 : 47.

회복을 위하여는, 만물을 회복할 그리스도의 재림을 기다려야 한다.[50] 그렇지만 하나님의 말씀에 순복하는 중생한 사람의 모든 새로운 태도와 행태는 사람이 아담 안에서 창조되었던 대로의 사람의 생활의 본래의 모형을 보여주고 있는 것이다.[51]

---

50) Comm. on James 5 : 7, C.O. 55 : 425.
51) Comm. on Gen. 1 : 26, C.O. 23 : 26. *Quoniam deleta est imago Dei in nobis per lapsum Adae, ex reparatione iudicandum est qualis fuerit.* And on Gen. 9 : 6, C.O. 23 : 147. *Deinde ipsum coelestem fictorem, utcunque corruptus sit homo, finem tamen primae creationis habere ante oculos.* Cf. comm. on Eph. 4 : 24, C.O. 51 : 209. *Quare huc spectare docet regenerationem, ut ex errore reducamur ad eum finem ad quem sumus conditi.* It should be noted, however, that the image restored in Christ is far superior to that originally in Adam. Cf. Inst. 2 : 12 : 6 ; and 1 : 15 : 4 ; and comm. on Eph. 4 : 24; on 1 Cor. 15 : 45.

제 2 장
율법에 나타난 인간 생활의 참된 질서

1. 하나님의 형상과 율법

칼빈에게 있어서, 이 땅 위에서 인간 생활의 전과정을 통하여 갱신되기 시작하는 하나님의 형상은 의(義)와 참된 거룩이다.[1] 타락을 인하여 사람에게서 하늘의 형상이 지워지는 것은 "지혜, 덕, 정의, 진리 및 거룩" 등이 제거된 것을 의미했다.[2] 하늘의 형상으로 사람 안에서 이루어지는 혁신은 "정의, 심판, 긍휼 등에 의하여 맺어진 열매들로 나타난다."[3] 그러나 이 의(義)와 거룩의 삶은 다른 것이 아니고, 회개의 열매들을 요약하고 하나님의 형상의 윤곽을 밝혀 놓은 십계명에 요약된 대로 하나님의 율법을 따라 사는 삶을 말한다.[4] 그러므로 하나님의 형상을 따라서 질서가 잡힌 삶을 사는 것은 곧 하나님의 율법을 따라 사는 것이다.

"본래대로의 하나님으로 말하면" 그는 현재적 상태의 사람에게는 감

---

1) Inst. 3 : 3 : 9.
2) Inst. 2 : 1 : 5.
3) Inst. 3 : 3 : 8.
4) Inst. 3 : 3 : 16. *Iam et poenitentiae fructus quales sint, intelligi potest: nempe officia pietatis erga Deum, caritatis erga homines, ad haec in tota vita sanctimonia, ac puritas. Denique quo maiore quisque studio vitam suam exigit ad normam Legis Dei, eo certiora poenitentiae suae signa edit.*

제 3 부 참된 질서의 회복 **147**

히 가까이 할 수 없고 이해 할 수 없는 분으로서, [5] 위엄과 영광과 공의의 하나님이시다. 하나님에게는 우리가 도저히 이해할 수 없고, 죄악된 상태에 있는 우리에게는 항상 감추어져 있어야 하며, 우리가 그것을 보는 때에는 즉사(即死)하게 되는 감추인 공의 또는 의가 있다. 그렇지만 이 의(義)는 우리 자신의 삶에서 우리 자신이 반영해야 하는 하나님의 참된 형상의 한 면이고, 지금 현재의 삶 속에서 이것을 향하여 우리가 진보를 보이기를 시작해야 하는 것이다. 그래서 하나님은 우리의 연약함을 아시고 우리의 필요를 공급해 주시기를 원하여 우리의 능력에 자신을 맞추어 그의 율법에서 그의 불가해적이고 감추인 공의의[6] 형상을 나타내신다. 그리하여 율법을 준행함으로써 그의 형상을 우리로 하여금 나타낼 수 있게 하시는 것이다. 우리가 십계명에서 보는 대로, 하나님의 완전한 그렇지만 감추인 공의를 참되게 반영하는 모형 또는 형상을 율법에서 칼빈은 본다. [7] "이는 그 안에 하나님이 자신의 성격을 잘 묘사해 놓은 까닭에 그 율법에서 명령되어진 것을 아무든지 행동으로 나타내 보이면 하나님의 형상을 삶 속에서 어느 정도 나타내는 것이 된다."[8]

좀더 정확하게 표현하자면, 하나님에게는 '이중 공의'(double justice)가 있다고 칼빈은 주장한다. 즉, 율법에 나타나 있는 공의와 사람들의 모든 능력들을 뛰어넘어 하나님의 영원한 존재 안에 있는 감추인 공의가 있다. [9] 다른 곳에서 그는 하나님의 존재 안에 있는 '완전한 공의'

---

5) Cf. Inst. 2 : 16 : 13. Comm. on Ps. 86 : 8, C.O. 31 : 749; on Ezek. 1 : 28, C.O. 40 : 60; on Exod. 33 : 20, C.O. 25 : 111; on 1 Pet. 1 : 20, C.O. 55 : 226-7.
6) Serm. on Job 9 : 29-35, C.O. 33 : 459. *Mais tant y a qu'il y a encores une iustice plus haute en Dieu. C'est à dire une perfection, à laquelle nous ne pouvons pas attaindre, et de laquelle nous ne pouvons pas approcher, iusques à ce que nous soyons faits semblables à luy, et que nous ayons contemplé ceste gloire, qui maintenant nous est cachee, et que nous ne voyons sinon comme en un miroir, et par obscurité.*
7) Serm. on Job 9 : 29-35. C.O. 33 : 458-9. *Il est vray que Dieu nous a bien baillé en sa Loy un patron et une image da sa iustice, mais c'a esté selon nostre capacité. Or savons-nous que nostre entendement est si rude, qu'il ne peut monter si haut, que de concevoir ce qui est en Dieu en perfection. Ainsi donc la iustice mesme qui est contenue en la Loy de Dieu, est une iustice qui est compassee à la mesure des hommes.* Cf. also serm. on Job 15 : 11-16, C.O. 33 : 718-30; and on Job 10 : 16-17, C.O. 33 : 496.
8) Inst. 2 : 8 : 51.
9) Serm. on Job 10 : 16-17, C.O. 33 : 496. *Nous voyons donc maintenant comme il y a double iustice en Dieu, l'une c'est celle qui nous est manifestee en la Loy, de*

(iustice parfaite)와 하나님이 자신을 사람에게 제시하는 바 '방편적 공의'(iustice moyenne)를 구별한다.[10] 후자는, 거울의 경우처럼, 전자의 희미한 반영이다. 그러나 사람들이 육체 안에 머물러 있는 한 항상 감추어진 채로 남아 있게 될 것이 틀림없는 하나님의 존재 안에 있는 더 높은 차원의 공의의 영광을 율법의 공의가 단지 희미하게만 반영하지만, 그것은 하나님의 존재 안에 형언할 수 없게 존재하는 의의 참된 계시인 것이다.[11]

칼빈에 따르면, 하나님을 섬기며 찬미하는 죄없는 천사들마저도, 그들이 미치기에는 너무 높이 있는 형언할 수 없는 공의를 따라서가 아니고, 율법에 나타난 그 의의 표현을 따라서 자신들을 규제한다.[12] 더욱이 하나님의 백성이 믿음으로 하나님의 율법을 지키게 될 때, 그들은 하나님에 의하여 의롭다고 간주된다. 이는 그같은 행위를 통하여 그들이 얻게 되는 어떤 공로나 위엄 때문이 아니고, 율법에 대한 그들의 순종에서 하나님 자신의 의(義)의 형상의 반영을 보며 이로써 하나님 자신이 그것으로 '만족하시기' 때문이다. 하나님의 본질적(intrinsic) 의(義) 및 사람이 궁극적으로 본받아야 하는 최종적 영광과 비교하면, 율법의 공의는 희미하고 왜곡된 것에 지나지 않지만, 우리의 현재적 피조 상태에 대하여는, 그것이 성경에서처럼, 완전한 의(義)로 불리울 수가 있는 것이다.[13]

기독교 생활의 법칙으로 칼빈이 율법을 언급함에 있어서, 율법의 두 돌판 모두에 합당한 중요성을 부여하는 균형잡힌 율법 준수를 그는 요구한다. "우리의 생활에는 이 두 가지 주요한 것들이 있으니, 하나님을

---

laquelle Dieu se contente, pource qu'il luy plaist ainsi: il y a une autre iustice cachee qui surmonte tous sens et apprehensions des creatures.
  10) Serm. on Job 15 : 11-16, C.O. 33 : 727. *Mais encores n'allons point à ceste iustice si parfaite: venons seulement à ceste iustice moyenne que Dieu nous a declaree.*
  11) Serm. on Job 9 : 29-35, C.O. 33 : 459.
  12) Serm. on Job 10 : 16-17, C.O. 33 : 496; on Job 9 : 29-35, C.O. 33 : 459.
  13) See all above passages from sermons on Job. Even if we perfectly kept the Law of God, we would not thereby attain a true righteousness which could stand before the face of God in the presence of His perfect righteousness. Cf. serm. on Job 9 : 29-35, C.O. 33 : 460. *Iob donc entend en ce passage, que quand il n'y auroit que toute pureté en luy: ie di mesmes selon la iustice de la Loy: il n'y auroit qu'ordure et infection quand il se viendroit se presenter devant Dieu.*

순전하게 섬기는 것과 그 다음에, 우리의 이웃들을 순결하고 의롭게 대하고 각 사람에게 자기의 몫에 해당하는 것을 돌려주는 것이다."[14] 생활의 의무들이 이렇게 요약될 수 있기 때문에 율법이 두 돌판으로 나누어, 첫번째 돌판은 "경건 및 하나님의 예배인 종교의 합당한 의무들을 함양하는 방법"을 우리에게 가르쳐 주며, 둘째 돌판은 "하나님의 이름을 두려워하여 우리가 우리의 동료들을 향하여 어떻게 행동해야 할 것인가"를 보여주고 있다. 우리 주님 자신도 우리에게 명하여 우리의 하나님을 마음을 다하고 영혼을 다하며 온 힘을 다 기울여 사랑하고 우리의 이웃들을 우리 자신처럼 사랑하라고 하셨을 때 생활의 의무들을 이같은 두 제목으로 나누셨던 것이다.[15]

그러므로 참된 기독교인은 자신을 위해서라기 보다는 하나님과 이웃을 위하여 사는데 관심을 갖는다.[16] 율법에 나타난 하나님의 의의 형상을 땅 위에서 반영하게 될 생활이란 하나님에 대한 신앙과 예배의 관계 및 동시에 이웃들에 대한 사랑과 교제의 관계를 갖는다.[17] 잘 정돈된 생활에서는 이 이중의 관계가 균형을 이루어 유지되는 것이다.

우리가 하나님께 대한 우리의 헌신이나 사람에 대한 의무를 어느 것 하나라도 소홀히 해서는 안되지만, 하나님께 대한 헌신에 우선 순위가 있어야 한다. 칼빈은 그의 설교에서, 우리가 마땅히 드려야 할 예배와 신앙과 헌신을 돌려 드리지 아니하는 경우는, 사람들 앞에서 아무리 의롭고 정직하게 살며 우리의 이웃으로부터 도적질하거나 아무런 해도

---

14) Serm. on Deut. 5 : 16, C.O. 26 : 309. Cf. serm. on Deut. 5 : 22, C.O. 26 : 392. *D'autant qu'il y a deux poincts principaux en nostre vie, nostre Seigneur a divisé sa Loy en deux tables : c'est assavoir, que nous sachions comment il nous faut gouverner envers luy, et puis comment nous avons à converser avec nos prochains.*
15) Inst. 2 : 8 : 11.
16) Serm. on Job 1 : 1, C.O. 33 : 30–1; and on 2 Sam. 3 : 28 f. pp. 76–7.
17) Calvin can thus sum up the Christian life under two headings variously described as *holiness* (piety or godliness) and *righteousness* (justice), or as *faith* and *love*. Cf. comm. on Luke 1 : 75, C.O. 45 : 50; serm. on Eph. 4 : 23–6, C.O. 51 : 621; comm. on Luke 2 : 25, C.O. 45 : 89. *Pietas et iustitia referuntur ad duas legis tabulas : itaque duabas his partibus constat integritas vitae.* When Calvin refers to the combination of sobriety, righteousness and godliness in Titus 2 : 12, and faith, love and patience in Titus 2 : 2, he seems to make Christian duty consist of "three branches". Cf. Inst. 3 : 7 : 3 and serm. on Gal. 5 : 19–32, C.O. 51 : 33–4. But in these threefold combinations he regards patience and sobriety as not distinct from each other and as a mere seasoning for the other two distinct virtues. Cf. comm. on Titus 2 : 2 and 12, C.O. 52 : 419 and 423.

그에게 끼치지 아니한다고 자랑할 수 있을지라도 모두가 헛되다는 것을 아주 힘써 주장한다. 왜냐하면 우리의 이웃에게 해를 끼치는 것보다는 하나님에게서 그의 영광을 도적질하고 그의 위엄을 거스려 죄를 범하는 것이 훨씬 더 무서운 것이기 때문이다.[18] 진실로 하나님께 대한 우리의 예배 의무를 소홀히 하는 것은 그의 위엄을 없이 하려는 소치이며, 그것은 모든 도둑질, 살인, 성적 방종, 해독, 거짓말과 여타의 죄악들 보다 훨씬 나쁜 죄악이다.[19]

그러므로 율법에 제시되어 있는 우리의 의무의 두 주요한 국면 중 어느 하나라도 우리가 소홀히 해서는 안되지만, 우리가 하나님께 대하여 마땅히 드려야 할 것을 우리의 첫번째 관심사로 삼아야 하며, 그 다음 이 일이 다 되어진 후에, 우리의 동료(이웃)와 관련된 의무들을 실천하는 일에 관심을 가져야 하는 것이다. "우리는 하나님의 명령, 하나님께 드리는 예배를 우선적으로 고려해야 한다. 그 다음에, 우리의 능력이 미치는 범위에서, 사람들에게 베풀어야 마땅한 일을 해야 하는 것이다 …우리가 하나님께 순종한 다음에, 우리의 부모, 아내, 자녀들을 생각하는 것이 바른 순서이다. 그리스도께서 자기 어머니에게 관심을 가지시지만, 그것은 그가 자기 아버지의 작정을 따라 소명을 받았던 그 십자가에 달리신 이후이다."[20] 그러므로 하나님께 대한 예배가 우리의 전 생활의 기초가 되고 우리의 이웃에 대한 사랑의 동기가 되어야 하는 것이다. 왜냐하면 사람의 주요한 목적이 자기의 창조주에게 영광을 돌리는 것이기 때문이다.[21]

그렇지만 한편 하나님께 대한 우리의 사랑이 우리의 동료들에 대한 사랑으로 표현되어야 한다는 점이 강조되어야 한다. 진실로 하나님께 대한 사랑은 이웃에 대한 이같은 사랑의 표현이 없이는 존재할 수가

---

18) Serm. on Deut. 7 : 22–6, C.O. 26 : 576–7.
19) Serm. on Job 34 : 4–10, C.O. 35 : 134–5. Cf. Inst. 2 : 8 : 11.
20) Comm. on John 19 : 26, C.O. 37 : 417. Cf. serm. on Deut. 5 : 16, C.O. 26 : 309.
21) Serm. on Job 34 : 4–10, C.O. 35 : 135. *Dieu a distingué sa Loy en deux tables, pour nous monstrer que son service et l'honneur que nous luy devons, va devant: et puis, qu'il y a le devoir que nous avons envers nos freres. Il faut donc que le service de Dieu soit comme le fondement de toute nostre vie: que nous le glorifions, sachans que c'est à cela qu'il nous a creez.*

없다. 그러므로 이웃에 대한 사랑은 우리가 하나님께 대하여 고백하는 사랑의 진실성을 보여줄 수 있는 유일한 참된 증거이다.[22] 우리의 이웃이 하나님의 자리에 차지함으로써, 결과적으로는 우리가 하나님께 대하여 품고 있는 사랑의 대상이 되는 것이다.[23] 직접적으로 하나님께 대해서 보다는 오히려 우리의 이웃에 대하여 우리가 우리의 마음에서 우러난 사랑과 헌신을 아주 분명하게 표현할 수 있기 때문에, 그리스도께서는 그의 가르침에서 율법(십계명)의 첫번째 돌판 보다는 두번째 것을 더 강조하시며,[24] 사도 바울도 "성도들이 온전케 되는 것이 자비를 베푸는데 있다"고 말한다.[25]

종교적 예배에 대한 외형적 열심은 하나님께 대한 진실한 사랑의 참된 시금석이 결코 아니다. 사람은 위선적으로 열심을 내어 외형적으로만 경건한 모양을 갖추어 하나님께 대한 거짓된 사랑의 고백을 할 수가 있다. 그러나 사람에게 베푸는 참된 사랑의 열매는 사랑을 베푸는 그 성도가 하나님 앞에서 의인임을 보여주는 틀림없는 증거인 것이다. 이와 같은 이유 때문에, 세례 요한이 율법의 둘째 돌판의 실제적 의무들을 실천하여 하나님께 대한 회개를 입증하라고 자기의 청중에게 강권했던 것이다.[26] 그러나 이 모든 것을 진술함에 있어서, 사람에 대한 사랑을 하나님께 대한 사랑 보다 더 높은 차원의 것으로 생각해서는 결코 안된다고 칼빈은 우리에게 여전히 상기시킨다. 하나님께 대한 내면적 사랑이 외형적으로 나타날 때 이것이 바로 이웃에 대한 사랑이라고 보면 좋을 것이다.[27]

---

22) Serm. on Deut. 5 : 16, C.O. 26 : 309. *Il veut esprouver nostre obeissance, et l'amour que nous luy portons, quand il nous commande de cheminer avec nos prochains en toute droiture et equité. . . . Voila (di-ie) une espreuve que Dieu a mise pour cognoistre si nous l'adorons de coeur.* Cf. serm. on 1 Cor. 10 : 15–18, C.O. 49 : 668. *La charité . . . est une approbation que nous aimons Dieu.*

23) Cf. serm. on Deut. 5 : 16, C.O. 26 : 313; and comm. on Gal. 5 : 14, C.O. 50 : 251. *Iam dixi Deum esse invisibilem; se autem nobis repraesentat in fratribus, et in illorum persona quod sibi debetur exigit.*

24) Inst. 2 : 8 : 52.

25) Inst. 2 : 8 : 53.

26) Comm. on Luke 3 : 10, C.O. 45 : 119; and on Ps. 15 : 2, C.O. 31 : 144.

27) Ibid. *Hoc primo habendum est, nominari caritatis officia, non quod excellant supra cultum Dei, sed quatenus testantur de hominum pietate.* Cf. comm. on Gal. 5 : 14, C.O. 50 : 251; and comm. on Matt. 25 : 35, C.O. 45 : 688.

2. 율법의 참된 의미로서의 하나님께 대한 봉헌

율법은 첫번째 돌판에서 우리의 전자아(全自我)를 우리의 창조주 하나님께 봉헌(consecration)할 것을 우리에게 요구한다.[28] 그 율법이 가르치는 성결(sanctity)에는 첫째로 우리의 전생활(全生活)을 산 제사로 하나님께 드리는 것이 포함된다.[29] 그러나 이 성결은, 앞에서 우리가 본 대로 율법의 두번째 돌판을 성취하여 우리의 동료들을 향해서 우리가 행하는 모든 일의 기초가 되어야 한다. 이 말의 뜻은, 우리가 우리의 동료들과의 관계에서 나타내 보이는 모든 덕행(德行)들이 하나님 자신에 대한 헌신과 순종에서 나와야 하고, 그것들을 실행함에 있어서도 하나님께 제사로 드려져야 한다는 것이다.[30]

이 점에서 율법은 고대 철학자들이 가르쳐 준 모든 도덕 체계보다 우월하다. 이방의 저술가들과 모든 불신자들은 덕행에 대하여 아주 많이 말하고 덕행을 쌓으려고 노력하나, 그들의 생활과 덕행을 하나님과 연결짓지는 않는다.[31] 이방인들 가운데 덕행이 뛰어났던 많은 사람들이 있었음을 칼빈은 인정한다. 그렇지만 그 덕행이 하나님과 관련되지 아니했기 때문에 그러한 덕행은 자만심과 야심에 의하여 손상되었다.[32]

---

[28] Serm. on Deut. 6 : 1–4, C.O. 26 : 422. *Il faut donc commencer par ce bout, si nous voulons observer la Loy deument . . . c'est que nous luy portions reverence . . . et que nous demandions de luy faire hommage comme à nostre souverain Roy, que nous demandions de nous dedier à luy comme à nostre createur, que nous demandions de l'honorer comme nostre Pere. . . . C'est le commencement de toute la Loy, et de toute iustice.*

[29] Serm. on Eph. 4 : 23–6, C.O. 51 : 621. *Il faut que la saincteté soit coniointe avec la iustice: car les deux tables de la Loy sont inseparables. Et sous ce mot de saincteté, sainct Paul a compris tout ce qui appartient au service de Dieu . . . c'est que nous cheminions purement devant Dieu . . . que nous soyons separez des pollutions de ce monde pour luy estre offerts en sacrifice.*

[30] Serm. on Gal. 5 : 4–6, C.O. 50 : 681. *Et pourtant regardons de servir à Dieu comme il le demande. Or en quoy est-ce qu'il nous veut exercer? . . . C'est que nous cheminions en droiture et equité avec nos prochains: qu'un chacun selon sa faculté aide à ceux où il y aura pitié: que nul ne soit addonné à soy-mesmes: que nous soyons fideles . . . quand nous en verrons quelques uns despourvues et qui auront besoin de nostre secours, que là nous offrions comme une sacrifice à Dieu, sçachant qu'il nous appelle pour monstrer l'amour que nous luy portons: Ainsi donc apprenons pour bien servir à Dieu . . . c'est de cheminer en telle rondeur et humanité.*

[31] Comm. on Ps. 49 : 2, C.O. 31 : 482. Serm. on Gal. 5 : 19–23, C.O. 51 : 41.

[32] Comm. on Ps. 86 : 2, C.O. 31 : 792, Inst. 3 : 3 : 7. Cf. Inst. 2 : 8 : 5.

제 3 부 참된 질서의 회복 **153**

"몇몇 유명한 사람들에게서는 온화, 고결, 절제 그리고 관용 등의 빼어난 실례들이 나타났다. 그러나 모두가 단지 허울 좋은 위선에 지나지 아니했음이 분명하다. 쿠리우스(Curius)와 파브리키우스(Fabricius)는 용기가 뛰어났고, 카토(Cato)는 절제가, 스키피오(Scipio)는 친절과 관용이, 파비우스(Fabius)는 인내가 특출하였다. 그러나 단지 사람들의 보기에 그리고 시민 사회의 구성원들로서 그들은 아주 빼어났던 것이다. 하나님이 보실 때에는, 모든 순수의 원천으로부터 나온 것 외에는 아무 것도 순수하지 않다."[33]

3. 율법의 참된 의미로서의 청렴과 자기 부인

율법을 통하여 하나님은 외형적 행태(行態)에 있어서 뿐만 아니라 심령에 있어서도 자신을 향한 반응을 구하신다. 하나님은 심령을 살피시는 하나님이시기 때문에, 그의 율법은 "우리의 마음 뿐만 아니라 우리의 손길에도 동일하게" 적용된다.[34] 우리의 반응은 "외형적 정직에서 뿐만 아니라 내면적 영적 의(義)로" 되어져야 한다.[35] 외형적 정직이 율법에서 요구되는 것은 틀림없다. 그러나 외형적 행태는 마음의 참된 표현이어야 하는 것이다. "자유롭고 자발적인 사랑에서 나오는 것이 아니면 율법을 참으로 지키는 것이라고 결코 볼 수가 없다."[36] 이와 관련하여 칼빈은 바울을 이렇게 인용한다. "계명의 목적은 청결한 마음과 선한 양심과 거짓이 없는 믿음으로부터 나는 사랑이다."[37] 그러므로 하나님

---

33) Comm. on Gal. 5 : 22, C.O. 50 : 255. Equally vain is the virtue that has no relation to the love of fellow men. Calvin criticises the "profane historians'" applause of Crates the Theban who threw all his wealth into the sea in order to save his soul. No matter how virtuous the act, or how much good it did to his own character "he who deprives others along with himself of the use of money deserves no praise." Calvin points out that our Lord in contrast not only enjoins the rich man to *sell* but likewise to *give to the poor*. Comm. on Matt. 10 : 20, C.O. 45 : 540.
34) Inst. 2 : 8 : 46; 2 : 8 : 6.
35) Inst. 2 : 8 : 6.
36) Comm. on Ps. 119 : 159, C.O. 32 : 286. *Interea docemur, veram legis observationem non nisi ex liberali amore nasci.*
37) 1 Tim. 1 : 5. Cf. Inst. 2 : 8 : 51. Calvin is always ready to point out that the Scripture requires on our part not only deeds of love but a genuine feeling of sympathy with others in their evils "as though they were our own." "No act of

이 율법을 주실 때 사람에게서 단지 외형적 질서를 요구하실 뿐만 아니라, 내면적 영적 질서와 마음의 참된 청렴(true integrity)까지를 요구하신다. 율법에서 하나님은 우리가 몸과 영혼이 온전히 하나를 이루어 하나님께 봉헌되어지는 것을 요구하시는 것이다.

그리고 참된 의(義)는 전심으로 외형적 계명들에 대하여 응답하는 것이다. 이와같이 응답하려면, 하나님의 형상을 반영하는 심령의 순수성을 지녀야 한다. 율법에 응답하여 나오는 참된 의와 청렴의 온전한 실례를 칼빈은 사가랴와 엘리사벳에게서 찾는다. "이 두 사람은 하나님 앞에 의인이니 주의 모든 계명과 규례대로 흠이 없이 행하더라." 여기에서 보면 하나님 앞에서의 내면적인 행실과 사람들 앞에서의 외형적인 행실이 다 강조되어 있다.[38] 그러므로 율법은 문자(文字)를 따라서가 아니라 영적으로 해석되어야 한다. 이런 의미에서 율법을 참되게 해석하신 분은 산상설교(山上說敎)를 주신 그리스도 자신이시다. 그는 그 설교에서 "음란한 눈으로 여자를 보는 것이 간음이고, 형제를 미워하는 것이 곧 살인이다"라고 선언한다.[39] 십계명의 의미를 칼빈 자신이 해석할 때 그가 항상 따르는 원리는, "말로 표현되어 있는 것보다 훨씬 더 많은 것이 항상 율법의 요구와 금지 명령에 담겨 있다"는 것, 각 계명마다 "실례를 통해서, 각종의 범죄에 있어서 가장 더럽고 가장 사악한

---

kindness except accompanied with sympathy is pleasing to God.'' (Comm. on 1 John 3 : 17, C.O. 55 : 341). To wear ourselves out in helping others is no great matter ''if we have not the heart to be as they be and to join ourselves with them as though we felt their grief in our own persons.'' If a man in adversity suspects a lack of real compassion on the part of those who are helping him, our help doubles his grief instead of being a relief. ''So then when we want to fulfil our duty towards those who are in adversity: let us begin at this point, i.e. to pity their miseries and to feel part of them ourselves as closely as we can. For this is the true test of love.'' (Serm. on Job 2 : 11–13, C.O 33 : 133–4.)

38) Serm. on Luke 1 : 5–9, C.O. 46 : 17. *Il monstre en premier lieu quelle est la vraye iustice, c'est asçavoir où il n'y a point de feintise : et pourtant, que nous ne cherchions point seulement de vivre sainctement, et d'estre irreprehensibles devant les hommes, mais que sur tout nous ayons les yeux et les sens eslevez à Dieu, pour luy complaire, et pour conformer nostre vie à sa volonté. Si donc il n'y a point d'integrité de coeur nous pourrons estre louez des hommes . . . mais il n'y aura que fumee. . . . Apprenons donc pour bien regler nostre vie . . . que nous ayons une affection droite et pure de nous addonner à l'obeissance de nostre Dieu*

39) Inst. 2 : 8 : 6–7. Cf. serm. on 1 Tim. 1 : 5–7, C.O. 53 : 30. *Dieu en publiant sa Loy, a regardé à une fin et à un but certain, auquel aussi il nous faut tascher : et quand nous en ferons ainsi, nous aurons la vraye ame de la Loy, ce ne sera pas une lettre morte.*

제 3 부 참된 질서의 회복 **155**

것"이 제시되어 있다는 것, 그리고 계명들은 어떤 죄악들을 정죄하고 있는 것으로 뿐만 아니라 "반대되는 의무들과 적극적인 행위들"을 요구하고 있는 것으로 적극적으로 해석되어야 한다는 것 등이다. [40]

칼빈의 경우, 하나님과 우리 이웃에 대한 사랑은 첫째로 자기 부인 (自己 否認)을 통해서 이기적 사랑이 완전히 제거되고 참된 사랑(agape)으로 하나님과 사람에 대하여 활짝 열려진 심령에서만이 일어날 수가 있다. [41] 하나님과 사람에 대한 사랑은 자기 부인과 십자가 짊어지기의 열매인 하나님과 사람 앞에서의 겸손과 불가분하다. [42] 그러므로 칼빈은 율법의 핵심에서 자기를 부인하고 십자가를 짊어지라는 엄한 명령을 발견한다. 젊은 부자 관원이 예수님께 와서 그가 어려서부터 모든 계명들을 지켰다고 고백했을 때, 율법이 가르쳐 준 '한 가지,' 즉 그 관원이 율법을 지킴에 있어서 결여한 그 '한 가지'는 (그 관원의 경우 모든 소유를 팔므로) 자신을 부인하고 자기 어깨에 십자가를 짊어지고 예수님을 따르는 것이었다. [43] 이것을 행하는 것이 율법 준수의 가장 핵심적인 요소였다. 이렇게 해서 예수님은 그 청년이 십계명들의 참된 의미가

---

40) Inst. 2 : 8 : 8–10. Cf. e.g., Calvin's exposition of the eighth Commandment. It "requires every man to exert himself honestly in preserving his own." It forbids misuse of God's blessings (Calvin regards all unbelievers as thieves since they have no filial right to the blessings they daily take from God's hands— Cf. p. 131). It forbids "all the acts by which we obtain possession of the goods and money of our neighbour" even though these may have a "semblance of justice" in the eyes of the Law (Inst. 2 : 8 : 45. Cf. serm. on Deut. 5 : 19, C.O. 26 : 349). *Il y beaucoup d'especes de larrecin. Car les uns usent de fraude cachee, quand ils attirent par moyens subtils, et par pratiques la substance d'autruy à eux ... il semblera qu'ils n'y touchent ... ils sont larrons devant Dieu* (serm. on Deut. 5 : 19, C.O. 26 : 347). The Commandment, on the contrary involves us in helping our neighbour to retain his property (Inst. 2 : 8 : 45). It forbids withholding the help we could give him in his need—we are thieves if we do not help him (Serm. on Deut, 22 : 1–4, C.O. 28 : 10). It forbids declining any duty we owe him as our neighbour. It involves faithfully performing whatever duties or honour we owe to each other as rulers, subjects, ministers of the Gospel, elders, congregation, parents, children. It forbids all excessive eagerness to obtain wealth in order to satisfy our avarice or prodigality (Inst. 2 : 8 : 46).
41) Cf. pp. 61–2; and comm. on Gal. 5 : 14, C.O. 50 : 251–2.
42) Serm. on Deut. 5 : 16, C.O. 26 : 313. *Dieu declaire qu'il n'est point honoré de nous sinon que nous luy facions hommage en la personne de ceux qu'il a constituez en son lieu, et ausquels il a imprimé son image. En somme nous voyons que la charité commence par ce bout, que nous soyons humbles, et modestes, et que nul ne s'esleve en fierté et presomption, que nul se prise par trop: mais que nous soyons prests de nous humilier, pour nous ranger à tout ce qu'il plaira à Dieu.*
43) Mark 10 : 21.

무엇인지를 직접 볼 수 있게 가르쳐 주었던 것이다. 이는 정욕(concupiscence)을 명백하게 정죄함에 있어서 율법의 의도가 "사람들에게 자기를 부인하게 하려는" 것이며, 율법이 온전하게 해석되는 경우 "우리에게 십자가를 짊어질 것을 가르치고" 있기 때문이다.[44] 그러므로 그리스도 자신이 보여준 바 자기 부인(否認)과 십자가 짊어지기의 모형에서 온전히 구체화된 그 자기 부인(否認)을 통해서 하나님은 율법에서 우리에게 이기적 사랑의 파기(破棄)를 가르치고 있다. 율법의 어떤 한 구절도 사람의 '육체적 본성'을 조금이라도 거들어 주지 않는 것이다.[45] 율법이 우리에게 첫째로 요구하는 것은 우리가 우리의 마음과 심령을 철저하게 제어하라는 것이다.[46] 율법의 엄한 요구들에 의하여 우리가 인도되는 바 겸손 및 우리 자신의 능력에 대한 불신뢰(distrust)[47]를 통해서, 우리는 이같은 자기 절망(self-despair)과 자기 부인(self-denial)에 또한 이를 수 있게 되는 것이다.

4. 성령과 율법

율법의 참된 의미에 따르면, 하나님께 몸과 영혼을 성결케 하여 온전히 드리는 일, 자기 부인 그리고 온전한 기독교 생활에 전혀 흠이 없는 생활 방식을 율법이 가르치고 있기 때문에, 성령의 능력이 없이 율법을

---

44) Comm. in loc. C.O. 45 : 539.
45) Inst. 2 : 8 : 54.
46) Inst. 2 : 8 : 6. *Quia animis nostris lata est Lex coelestis, eorum coercitio ad iustam eius observationem imprimis necessaria est.*
47) Inst. 2 : 8 : 3. The meaning of the fourth Commandment (the Sabbath) under the Old Covenant was to teach man the duty of resting from his own works and looking for a true spiritual rest to come. Thus the Sabbath was an ordinance by which the Jews were taught to cease trusting in their own works and to mortify concupiscence. Self-denial is therefore in a deep sense the true meaning of the Sabbath. Since Christ came and fulfilled the Sabbath promise of rest and abrogated the Sabbath law in this sense, a Christian truly observes the Sabbath and fulfils this Commandment by the practice of daily self-denial, and is thus free from the "external observation" of the Sabbath. (Inst. 2 : 8 : 28-34, comm. on Exod. 31 : 13, C.O. 24 : 584, and serm. on Deut. 5 : 12-14, C.O. 26 : 283-8). The Sabbath, however, still remains in force for the secondary purpose of providing opportunity for rest and public worship etc. (see note on p. 244). Its transference to the Lord's day is a sign of our liberty (C.O. 26 : 294).

이루고자 한다면 그것은 절망적인 것이 될 것이다. 우리를 그리스도에게 연합시킴에 있어서 성령의 직분은 우리로 하여금 육체를 죽이게 하고, 우리를 온전히 하나님께 드리게 할 뿐만 아니라, 우리의 마음판에 하나님의 율법을 새기는 것이다. "마음에서 우러나 순종하지 아니하면 율법을 준행하기 위해 발과 손과 눈을 규제해 보아도 헛될 뿐이다. 하나님의 율법을 우리의 마음에 새기는 것이 성령 자신의 특별한 직분인 것이다."⁴⁸⁾

우리의 마음에 율법을 새김에 있어서 성령의 사역의 효과는, 죄에로 기울어지는 대신에 우리가 이전에 전적으로 반대하였던 의(義)를 충심으로 구하기 시작하게 하는 것이다.⁴⁹⁾ 이는 "마음에 율법을 새긴다"는 문구의 뜻이, 율법이 마음 속에서 지배한다는 것과 "율법의 교리에 화합하지 않거나 찬동하지 않는 감정이 마음에 전혀 없게 된다"는 것 등이기 때문이다.⁵⁰⁾ 성령에 의하여 우리의 마음 속에 이같이 심어진 바 율법에 대한 사랑은 우리가 중생하고 하나님의 자녀로 받아들여진 확실한 표이다.⁵¹⁾

5. 의의 완전한 법칙으로서의 율법

우리가 만일 율법의 참된 의미를 이해하고 그것을 성령의 능력으로 이루고자 할 경우, 우리의 성화와 우리의 기독교 생활의 완성을 위해 필요로 하는 모든 것이 율법 안에 포함되어 있다. 어려서부터 율법을 지켜 왔다고 단언한 바 있었던 그 젊은 부자 관원에게, "네게 오히려

---

48) Comm. on Ps. 40 : 8, C.O. 31 : 412. Cf. serm. on 1 Tim. 1 : 8–11, C.O. 53 : 55. *Mais quand Dieu nous instruit ainsi par son sainct Esprit, il forme quant et quant nos coeurs en son obeissance, comme il est escrit aux Prophetes, tant en Ieremie qu'en Ezechiel, où nostre Seigneur dit, que Dieu engravera sa Loy en nos entrailles, qu'elle ne sera pas seulement escrite devant nos yeux, mais nous l'aurons là dedans, en sorte que nostre vie s'y conformera, sans qu'on nous y pousse.*

49) Comm. on Ps. 40 : 8, C.O. 31 : 412.

50) Comm. on Jer. 31 : 33, C.O. 38 : 692. *Et scribere in cordibus tantundem valet atque corda ipsa sic formare, ut lex illic dominetur, et nullus sit affectus cordis, qui non eius doctrinae subscribat atque consentiat.*

51) Comm. on Ps. 119 : 159, C.O. 32 : 286. *Adde quod sincerus legis Dei amor certum est adoptionis signum, quum opus sit spiritus sancti.*

한 가지 부족한 것이 있으니…네가 온전하고자 할진대 가서 네 소유를 팔아 가난한 자들을 주라"고[52] 그리스도께서 말씀하셨을 때, 그는 '율법을 뛰어넘은' 것이 아니라 '율법을 지키는 바로 그' 한 가지를 의미하였다.[53] 이는 율법이 '완전한 의의 법칙'이기 때문이다.[54] "단지 의의 초보들과 기본 원리들만이 율법에 나타나 있다고 생각하는 것은 잘못이다." 만일 우리가 율법을 올바르게 이해하고, 올바르게 해석한다면 '완전한 의'의 길로 우리를 인도할 수가 있게 된다.[55]

여기서 또한 거듭 유의할 것은, 율법이 온전히 이루어지면 사람의 생활에서 참된 질서가 회복되게 된다는 점이다. 즉, 우리의 외형적 생활과 마음의 느낌 사이에 참된 조화가 있게 되고, 하나님께 대한 우리의 의무와 사람에 대한 우리의 의무, 즉 율법의 첫째 돌판과 둘째 돌판 사이에 그리고 거룩과 의(義) 사이에 참된 관계가 이루어지게 되는 것이다. 이와 같이 전심(全心)으로 율법에 응하는 것은 완전(perfection)이라고 불리울 수 있는 마음의 참된 순결(integrity)을 나타내 보이는 것이요,[56] 율법의 성취인 사랑으로 행하는 것을 의미한다. 칼빈의 경우, 완전은 최고 수준의 어떤 덕행에 도달하는 것을 의미하지 않고, 전심(全心), 순결, 성실 등을 가리킨다.[57]

칼빈은 때때로 이상적 기독교 생활을 향한 우리의 모든 노력을 통하여 도달되어야 할 목표로 '완전'(rondeur)과 함께 '균형'(symetrie)을 언급한다. 그는 어떤 탁월한 특징들을 갖춘 생활의 이상 보다는 참으로 균형잡히고 질서있는 생활의 이상을 사람들 앞에 제시하고자 하고 있

---

52) Mark 10 : 21 ; Matt. 19 : 21.
53) Comm. on loc. C.O. 45 : 539. *Ergo Christus non unum praeter legis observationem iuveni deesse intelligit, sed in ipsa legis observatione.*
54) Inst. 2 : 8 : 5, *perfectae iustitiae regula.*
55) Cf. Inst. 2 : 8 : 51 ; and serm. on Eph. 4 : 23-6, C.O. 51 : 622. *Or il est certain que la Loy de Dieu ne nous a point enseignez à demi de ce que nous avons à faire: mais Dieu nous a là monstré une droite reigle, à laquelle on ne peut adiouster ne diminuer.*
56) Serm. on Eph. 4 : 23-6, C.O. 51 : 621-2.
57) Comm. on Jer. 29 : 13, C.O. 38 : 596. *Propheta cor totum opponit duplici. Non ergo hic intelligitur perfectio, quia nulla posset reperiri in hominibus, sed duntaxat integritas vel sinceritas.* Cf. comm. on Matt. 12 : 33. C.O. 45 : 343. *Non requiri a Christo exactam perfectionem, cui nihil desit, sed duntaxat simplicem ac minime simulatum affectum.*

음이 분명하다.⁵⁸⁾ 그는 성경의 본문, "사랑은 온전하게 매는 띠(bond of perfection)니라"는 말씀을 자주 인용하여, 사랑이 지배(reign)하는 곳에서만 사람이 가질 수 있는 다른 덕행들 중에 질서와 균형이 가능하다는 점을 주장하고자 하는 것이다.⁵⁹⁾ 그는 또한 일방적이고 편파적인 덕행을 바로잡고자 하는 문맥들에서도 이 본문을 인용한다.⁶⁰⁾

---

58) Serm. on 2 Sam. 2 : 22–3, p. 46. *Et au reste qu'entre toutes autres vertus la rondeur et symetrie nous doit estre recommandee.* Cf. Calvin's comments on Eph. 4 : 12 (C.O. 51 : 198–9.) where Calvin identifies the "perfection" of the Church with its symmetry, balance and order. The symmetry of the Church is destroyed when anything opposes the head.
59) Comm. on Col. 3 : 14, C.O. 52 : 123. *Vinculum perfectionis: quo significat, virtutum omnium chorum sub ea contineri. Nam haec vere regula est totius vitae et omnium actionum, ad quam quidquid non exigitur, vitiosum est, qualemcunque alioqui splendorum habeat. Haec causa est cur vocetur hic vinculum perfectionis, quia nihil est in vita nostra bene compositum quod non ad ipsam dirigatur.*
60) Comm. on Matt. 10 : 20, C.O. 45 : 540; on Matt. 22 : 40, C.O. 45 : 614. Serm. on Matt. 3 : 9–10, C.O. 46 : 547–8.

제 3 장
현실 세계에 대한 기독교인의 태도

1. 현세로부터의 초연

(1) 현세에 대한 노예적 사랑인 정욕

아담이 하나님의 형상으로 창조된 의미를 성취하기 위하여 에덴 동산에서 살게 되었을 때에, 좋은 주위 환경을 즐기는 데서 자기의 존재 목적을 찾도록 되어 있었던 것이 아니고, 오히려 피조된 세계 속에서 창조주의 은혜의 증거들을 발견하고, 그 자연계를 통해서 더 좋은 생활 (천국생활)을 묵상하며 열망할 수 있게 하기 위함이었다. 그러므로 그는 현재 생활 속에서 즐기고, 또 하나님의 모든 은사를 감사히 사용하도록 되어 있었지만, 그는 또한 이 현재 세계로부터 어느 정도 초연하도록 되어 있었던 것이다.

타락의 결과로 자연인은 마음 속에서 이 세상을 초연하여 미래 생활을 묵상할 수 있는 능력을 완전히 상실 당했다. 정욕(concupiscence)이 발동하여 사람의 마음 속에서 이 현재 세계를 미친듯이 사랑하게 하며, 이로써 하나님을 참되게 찾지 못하게 할 만큼 이 세상에 얽매이게 만든다.[1] "우리는 날 때부터 이 세상을 노예처럼 사랑하는 경향이 있다."[2]

---

1) Inst. 3 : 9 : 1-4.
2) Inst. 3 : 9 : 1. *In belluinum mundi huius amorem (sumus) natura inclinati.*

만일 사람이 이 세상의 짧음과 덧없음을 참되게 고려했다고 하면, 이 세상은 곧 지나가 버릴 것이 틀림없는 그림자에 불과하다는 것을 깨닫게 될 것이고, 또한 이 세상 것들에 대한 소원들이 시들어졌을 것이다. 그러나 사람의 마음의 관심은 항상 세상적인 것들에 쏠리고 감정은 마음을 뒤따른다. 사람의 심령은 이 세상의 것들로는 만족할 줄 모르는 밑터진 항아리이다. 그런데도 이 세상에서 계속적으로 만족을 헛되이 구한다.[3] 사람들은 세상 염려 때문에 천국 생활에 대한 모든 열망을 사장(死葬)시킨다. 그래서 "이 세상에서 사는 동안 그들은 하나님께 대하여는 죽어 있는 것이다."[4] 사람은 이 세상이 자기의 영원한 안식처인 것으로 생각하고, 자기가 여기에서 자기 힘으로 지은 깨지기 쉬운 보금자리가 안전한 것으로 생각함으로써 그들 스스로 속는다.[5] 이 세상에 대한 이같은 무절제한 사랑을 야고보 사도가 간음에 비교한 것을 칼빈은 적절한 것으로 인정한다. 이는 세상을 과도하게 사랑하는 것은 하나님이 우리를 자기의 정숙한 처녀로 구혼하여 우리와 맺고자 하시는 혼인을 침해하는 것이요, 우리가 하나님께 마땅히 드려야 하는 애정을 천박한 것에게 욕되게 주어버리는 것이기 때문이다.[6]

칼빈이 끊임없이 강조하는 바에 의하면, 자기의 영혼을 강력하게 끌어내려 악한 굴레에 얽매이게 할 수 있는 바 현실 세계에 대한 이 사랑을 사람이 제거하는 것이 자신의 힘으로는 거의 불가능하다. 예수께서 부자가 천국에 들어가기가 얼마나 어려운가에 대하여 말씀하실 때 그는 바로 이와 같은 어려움을 가리켜 말했던 것이다.[7] 우리의 마음들이 본성적으로 이 세상에 아주 집착되어 있고 세상의 쾌락과 염려에 질식

---

[3] Serm. on Job 14 : 1–4, C.O. 33 : 657. *C'est un abysme et un gouffre insatiable que l'homme, tellement qu'il n'est question de se contenter de toutes choses de la terre, il n'y a ne fin ne mesure en lui. Et qui en est cause? Or si nous pensions à la brefveté de nostre vie, il est certain que nos cupiditez seroyent attrempees, que nos appetis ne seroyent point ainsi bouillans. . . . Mais cependant nous sommes si aspres pour amasser des biens, et ceci et cela, que nous ne pensons à autre chose. Et qui en est cause? Nous pensons tousiours ici bas.*
[4] Comm. on Ps. 119 : 144, C.O. 32 : 280. *Quando itaque terrenis curis obruitur coelestis vitae meditatio, nihil aliud quam se in sepulcrum demergunt homines, ut mundo viventes, Deo moriantur.*
[5] Comm. on Ps. 90 : 4, C.O. 31 : 835.
[6] Comm. on Jas. 4 : 4, C.O. 55 : 415–16.
[7] Comm. on Matt. 19 : 26, C.O. 45 : 543.

되어 있어서 우리들은 영원의 즐거움을 맛볼 수조차 없다. 영원에 대한 체험만이 우리를 이 세상에 대한 속박으로부터 해방시켜 줄 수가 있다.[8] 하나님의 은혜로 우리 안에서 어떤 근본적인 태도의 전환(轉換)이 일어나지 않는 한, 이 세상에 대한 헛된 사랑으로부터 생각을 돌리도록 요구되는 때에 우리가 거기에 응답하리라고 기대하는 것은, 공(ball) 위에 부어지는 물을 그 공이 모아 담으리라고 기대하는 것처럼 헛된 것이다.[9]

(2) 이 세상으로부터의 초연과 그리스도에 대한 기독교인의 관계

이 현실 세계와 사람 간의 참된 초연 관계를 회복하는 것은 그리스도 안에서의 중생과 성화의 결과이다. 이 초연한 관계에 의하여 그리스도의 부활과 승천에 믿음으로 참여함을 통해서 사람은 미래 생활을 묵상할 수 있게 된다.[10] 믿음의 은사를 통해서만 이 현실 세계로부터의 참된 초연이 회복된다. 믿음의 은사를 받아들일 때 사람의 마음이 피조 세계를 뛰어 넘어 이 세상 건너편에 계시는 승천하신 그리스도에게로 승화되는 것이다.[11] 기독교 생활에 있어서 '미래 생활에 관한 묵상'의 전과정은 자연의 참된 질서의 회복(the restoration of the true order of nature)으로 생각되어야 한다.

현실 세계의 부(富)와 낙(樂)과 더불어 이 현실 세계에 대한 기독교인의 태도에 대한 칼빈의 설교와 가르침과 이 모든 것이 아주 중요한 실제적 관계를 가지고 있다. 칼빈은 자기의 청중들과 독자들에게 이 세상으로부터의 이같이 초연(超然)하는 태도의 의미를 단지 순수한 금욕주의적 동기에서가 아니라 실제적으로 생각해 볼 것을 권한다. 칼빈에 의하면, 인간이 타락하여 정욕에 빠짐으로써, 그리고 인간의 주변 환경 속에 악이 팽배함을 인하여 인간에게 부과된 필연적이고 꼴 사나운 상태로 단지 이 세상을 보고서 우리가 초연하는 것은 결코 아니다.[12] 단

---

[8] Comm. on Ps. 119 : 132, C.O. 32 : 274; and on Ps. 90 : 4, C.O. 31 : 835.
[9] Comm. on 1 John 2 : 15, C.O. 55 : 318.
[10] Cf. pp. 87-9.
[11] Cf. p. 22.
[12] Though this does enter largely into Calvin's preaching. (See pp. 234-6.)

지 이러한 초연하는 태도가 참으로 자연스런 것이기 때문에, 그같은 태도를 취할 경우 더욱 참으로 인간적이 되고 이 현재 생활의 참된 의미를 발견하게 되는 것이다.

그리스도의 죽음을 같이 하여 우리가 받는 고난들이 이 현실 세계에 대한 덧없는 사랑으로부터 우리를 떼어놓음에 있어서 담당하는 역할에 또한 유의해야 한다.[13] 하나님께서 우리에게 환난을 주시는 것은 우리를 훈련시켜 현실 세계를 경멸하고 미래 생활을 동경하게 하기 위함이다. 그러한 환난들에는 현실 생활의 덧없음을 우리로 하여금 감지(感知)할 수 있게 하고,[14] 그 현실 세계가 우리를 사로잡고 있는 환상의 괴력으로부터 벗어날 수 있게 하는 효과가 있다.[15]

그러나 우리가 하나님의 은혜와 선하심에 대하여 신앙과 감사로 참되게 반응을 보일 것 같으면 그러한 환난이 있지 않아도 될 것이다. 이 세상에서 하나님이 자기의 자녀들에게 주는 모든 세속적 은사들에 있어서 하나님의 목적은 자기의 부성애(父性愛)를 보증하여 우리가 하나님 자신에게로 더 가까이 나아가게 하는 것이다.[16] 하나님이 이 세상에서 우리를 편안하게 하고 먹을 것과 입을 것 뿐만 아니라 다른 사람들이 당하는 환난들로부터 보호해 주시는 것은, 그러한 친절을 통해서 하나님이 우리를 그 자신에게로 이끌고 계시는 것으로 칼빈은 말하고자 하는 것이다.[17] 더욱이 하나님이 우리의 몸을 부양해 주고 돌보아 주심에 있어서 그의 목적은 그가 자기의 구속 사랑(redeeming love)을 통해서 우리의 영혼에게 베푸시고, 단순히 떡과 포도주만이 아니라 더욱 더 귀한 영적 음식을 가지고 우리를 먹이며 돌보신다는 표를 우리에게 주려는데 있다.[18]

---

13) Cf. also pp. 89-90.
14) Inst. 3 : 9 : 1. *Quocunque autem tribulationis genere premamur, respiciendus semper est hic finis, ut assuescamus ad praesentis vitae contemptum, indeque ad futurae meditationem excitemur. . . . Huic malo ut occurrat Dominus, assiduis miseriarum documentis suos de praesentis vitae vanitate edocet.*
15) Inst. 3 : 9 : 2.
16) Serm. on 1 Tim. 4 : 1-5, C.O. 53 : 362-3 ; on 1 Cor. 10 : 25-30, C.O 49 : 692 ; on Deut. 8 : 3-9, C.O. 26 : 602.
17) Serm. on Deut. 6 : 10-13, C.O. 26 : 450.
18) Serm. on 1 Cor. 10 : 25-30, C.O. 49 : 692. *Le principal est quand nous beuvons et mangeons que nous sçachions que cela nous procede de la main de Dieu,*

한걸음 더 나아가 금생(今生)에서 하나님이 우리에게 주시는 모든 좋은 것들은 하나님의 그 크신 사랑이 우리를 위해 정해 놓으신 하늘의 기업에 대한 예비적 증거로 간주되어야 한다. 이같이 해서 금생에서 하나님의 축복을 통하여 내려지는 영생의 소망 가운데서 훈련을 받아야 한다.[19] 그런 까닭에, 하나님이 주시는 세속적 선물들은 우리의 심령과 마음이 하늘에 닿는 사닥다리가 되는 것이다.[20] 우리를 향한 하나님의 세속적 섭리(God's earthly providence)의 모든 증거들, 태양의 뜨고 짐, 땅의 열매들, 하늘의 변화 등은, 그러한 것들이 아니었더라면 어두움 가운데서 전적으로 믿음으로만 살아야 했을 때 우리의 하늘로 향해 가는 길을 비추어 주는 빛들이 될 수가 있다. 이러한 것들은 하나님이 우리와 멀리 계시지 않고 우리가 영원히 하나님과 연합하여 충만한 기쁨과 행복을 맛보게 되는 그 큰 날을 내다보고서, 우리를 자신에게로 항상 이끌기를 원하고 계신다는 것을 입증하기 위하여 내민 하나님의 손과도 같다.[21]

(3) 자연과 복음은 다같이 절제, 검소, 세속에 대한 경멸을 포함함.

칼빈은 하나님이 우리에게 지금 여기에서 주시는 것은 무엇이나 단지 우리에게 빌려주는 것에 지나지 않다는 것을 우리에게 일깨워줌으로써, 우리가 마음대로 처분할 수 있게 하나님이 넘치게 주시는 바 세속적인 필수품과 기호품들을 사용하는데 있어서도 절제하며 검소할 것을 그는 우리에게 자주 권면한다. 하나님은 우리에게 그것들을 주심과 동시에 그 자신의 손에 그것들을 쥐고 계신다.[22] 그러므로 우리는 그것

---

et qu'en cela il nous declare que nous sommes ses enfans, et qu'il fait desia office de Pere, et que s'il ha le soin de nos corps, par plus forte raison nos ames luy sont recommandees. And serm. on Deut. 8 : 3–9. C.O. 26 : 602. *Il faut monter plus haut : et cognoistre que nos ames ne sont point repeues ne de pain, ne de vin, qu'elles ont une autre viande plus precieuse.*
19) Serm. on Job 3 : 1–10, C.O. 33 : 143–4.
20) Serm. on Matt. 5 : 11–12, C.O. 46 : 822; on Job 1 : 2–5, C.O. 33 : 41.
21) Serm. on Cant. Ezech. v. 9–12, C.O. 35 : 535.
22) Serm. on Deut. 7 : 1–4, C.O. 26 : 503–4. *Et de là nous sommes admonnestez, qu'en tout ce que Dieu nous a mis entre nos mains il nous faut regarder de ne point prendre trop grand liberté, pour user des biens qu'il nous fait, à nostre poste. . . . Quand Dieu aura donné abondance des biens de ce monde à quelcun . . . s'il veut dire:*

제 3부 참된 질서의 회복 **165**

들을 절제하여 사용하고, 궁핍한 자들과 그것들을 나누어 가져야 한다. 그리고 하나님이 원하시는 때는 언제든지 모든 것을 내놓을 수도 있어야 한다.[23] 오늘 세상적인 부(富)로 부자가 된 믿음의 사람은 내일 그가 가난하게 될 수도 있다는 것을 또한 안다. 그래서 그는 그가 순식간에 포기해야 될지도 모를 부(富)에 너무 집착하지 않게 될 것이다.[24] "기독교인이라고 하는 사람의 마음은 세속적인 것들에 연연하거나 그것들을 의지해서는 안된다. 이는 우리가 매순간 현세를 떠날 사람처럼 살아야 하기 때문이다."[25]

우리는 이 세상을 덧없이 과도하게 사랑하는 일에 빠지지 않도록 특별히 항상 주의해야 한다. 이 세상의 것들을 사용함에 있어서 우리를 따라다니는 위험은 그것들이 우리의 마음과 심령이 하나님께로 향하여 올라갈 수 있게 하는 사닥다리가 되는 대신에 이 땅에서 우리의 영혼들이 사장(死葬)되는 무덤이 되어 버리는 것이다.[26] 우리의 세속적 소유물들이 우리를 하나님께로 인도하는 축복이 되는 대신에 우리를 질식시키는 밧줄같이 될 수가 있다.[27] 이 세상에 대한 우리의 통치권은 참된 통치권이어야 한다. 세속적인 것에 얽매이지 않을 수 있고,[28] 모든 것들을 절제하며 검소하게 사용함으로써 천상(天上)의 목표를 향하는 그들의 진보가 방해를 받지 않는 사람들만이 이세상을 다스리는 것이다.[29]

그러므로 이 세상의 덧없고 썩어질 것들을 '제멋대로' 과도하게 즐겨서는 안된다. 우리는 이 세대의 육감적 관능(官能)이나 쾌락에서 보다는 복음에서 우리의 기쁨을 찾아야 한다.[30] 시편 23편에서, 시편 기자

Ceci est mien, i'en feray ce que bon me semblera: c'est frauder Dieu du droict qu'il s'est reservé. Il est vray que nous appellerons bien nostre ce qu'il aura donné: mais c'est à ceste condition, que tousiours cela demeure en sa main, et . . . que nous en usions en toute sobrieté et modestie. Cf. comm. on Luke 16 : 12, C.O. 45 : 405.
23) Comm. on Phil. 4 : 12, C.O. 52 : 64.
24) Serm. on Matt. 5 : 11–12, C.O. 46 : 822. Cf. comm. on Phil. 3 : 8, C.O. 52 : 47–8.
25) Comm. on 1 Cor. 7 : 29, C.O. 49 : 420.
26) Serm. on Matt. 5 : 11–12, C.O. 46 : 822.
27) Serm. on 1 Cor. 10 : 19–24, C.O. 49 : 682.
28) Comm. on 1 Cor. 6 : 12, C.O. 49 : 396.
29) Comm. on 1 Cor. 7:31, C.O. 49 : 421.
30) Serm. on John 1 : 1–5, C.O. 47 : 468. *Quand donc nous prononcerons ce mot Evangile qui est à dire Bonne nouvelle, que nous apprenions de ne nous point resiouir outre mesure és choses de ce monde, qui sont caduques et vaines. Ne nous*

를 위하여 그의 원수들의 목전(目前)에서 좋은 것들로 가득찬 진수성찬의 상(床)을 주께서 차려주신 사실로 인하여 그는 그의 마음을 열어 영원한 기업을 사모할 수 있게 되었다. "그는 육체의 모든 위로들이 그로 하여금 하나님께 대하여 살 수 있도록 해준 까닭에 그것들을 중요하게 보았던 것이다…그러므로 확실한 것은, 다윗이 누렸던 일시적 형통(亨通)으로 말미암아 그의 마음이 승화되어 영원한 기업을 소망하게 된 점이다."[31] 이것이 바로 사람에게 있어야 되는 바 이 세상으로부터의 참된 초연(超然)이다.

이것이 의미하는 바는, 앞으로 있게 될 인생의 빛 또는 어두움이 금생에서 우리가 살아가며 행하는 모든 일에 있게 마련이고, 우리의 모든 세속적 활동을 이 세상 넘어 우리의 영원한 삶과 관련을 지어야 하며, 그렇게 해서 우리의 일상적 직업에서 참된 목적과 의미를 발견해야 한다는 것이다. 칼빈은 지혜의 말씀, "우리는 먹고 마시기 위해서 살아서는 안되고, 영생을 향해 인도되기 위해서 먹고 마셔야 한다"[32] 는 말씀을 전폭적으로 지지하며 인용한다. 복음의 사역자들만이 영생을 거두기 위하여, 성령을 위하여 씨를 뿌리는 것이 아니다. 모든 사람들은 그들의 일상적인 직업이 무엇이든지간에 그들이 노동자이든, 기술자이든, 장사꾼이든, 그들의 모든 활동을 더 높은 차원의 미래의 생활과 연관을 지어야 한다. 이렇게 해서 우리의 심령이 미래의 생활을 사모하게 되면, 우리의 모든 세속적인 수고는 단지 먹고 살 양식을 위하는 것일지라도 영원한 수확을 가져올 씨뿌림이 될 것이다. 미래 생활에 관심을 두지 아니한 채 현재 생활의 필요에 대하여 염려하는 것은 우리가 육체에서 '부패를 거두도록' '육체를 위하여 심는' 것이 된다.[33]

---

reiouissons point en delices, en voluptez, ni en rien qui soit; mais esiouissons nous en ce que Iesus Christ nous a este envoyé.

31) Comm. on Ps. 23 : 5-6, C.O. 31 : 242-3.
32) Serm. on Gal. 6 : 6-8, C.O. 51 : 95.
33) Cf. Ibid. pp. 94 and 95. *Les ministres donc ont bien cela de special: mais tous en commun nous devons semer à la vie eternelle, c'est à dire passans par ce monde comme estrangers, ayans nos sens eslevez à cest heritage où doit estre nostre repos, et là aussi où il nous faut appliquer toutes nos estudes. Et mesmes quand nous travaillons pour la nourriture de nos corps, que ce soit tousiours tendant à ce but-là. . . . Puis ainsi est donc, quand un homme mesme s'appliquera pour gagner sa vie, soit en labeur, soit d'un art mechanique, soit un marchant, quoy qu'il en soit, quand nous*

제 3 부 참된 질서의 회복 **167**

물론 이 세상을 향한 우리의 태도가 어떠해야 하는가를 표현하기 위해 우리의 존재를 이 세상에서 '순례자와 나그네'로 보는 성경적 비유를 칼빈이 이용한다. 세상에서 잠깐 머무는 자(sojourner)처럼 사는 것은 사람이 하나님의 자녀요 하늘 나라의 후사인 표(sign)이다.[34] 칼빈은 또한 이 세상에서의 하나님의 자녀들의 생활을 이 세상에서 이 가지 저 가지로 날아다니면서 어떤 보금자리에도 결코 오래 머물지 않는 새의 생활에 비교한다.[35] 그러나 이 비유들에는 칼빈에 따르면, 기독교인의 태도에 어느 정도 들어 있어야 하는 바 이 세상에 대한 혐오와 경멸의 요소가 포함되어 있지 않다. 칼빈은 이 세상에 대하여 우리가 취해야 하는 참된 태도를 '세상에 대한 경멸'(contemptio mundi)로 정의하기를 주저하지 않는다.[36] '경멸'이라는 용어는 미래 생활에 대한 우리의 태도를 정의하는 '묵상'(meditatio) 및 '갈망'(desiderium)과 대조적으로 사용되어 있다. 칼빈이 주장하는 바에 의하면, 우리가 이 세속 생활을 멸시하고 무시할 수 있게 되는 것은 세속 생활을 천국 생활과 대조할 때에만 가능하다.[37] 특별히 이 현실 세계에 대한 무절제한 사랑은 그것을 지배하는 경향이 있는 악한 세력들에게 타협하거나 맹종하게 하는 경향이 있기 때문에,[38] 우리는 이 세상을 혐오하기를 배워야 한다.[39] 경건한 사람을 사악한 사람으로부터 분리시켜 주는 것은 이 현실 세상과 저 세상에 대한 그들의 정반대 되는 태도인 것을 우리가 기

---

aurons le soin et de nos personnes et de nos familles, que nous tendions plus haut. Car de faict c'est une chose mauvaise si un homme s'amuse seulement à gagner sa vie, qu'il ne regarde point de servir à Dieu. Cf. comm. on Gal. 6 : 7–8, C.O. 50 : 261–2.
34) Comm. on Ps. 119 : 54, C.O. 32 : 237.
35) Serm. on Deut. 9 : 20–4, C.O. 26 : 708. *Il y a premierement ce pelerinage terrestre auquel Dieu nous a tous assuiettis en ce monde: combien qu'il nos donne repos, que plusieurs ne bougent de leur maison, et de leur nid: tant y a que nous serons bien mal advisez si nous ne passons par ce monde comme oiseaux sur la branche, et que nous n'y soyons estrangers. Car autrement Dieu nous desavouë, et renonce.*
36) Inst. 3 : 9 : 1. *Sic enim habendum est, nunquam serio futurae vitae desiderium ac meditationem erigi animum, nisi praesentis contemptu ante imbutus fuerit.*
37) Inst. 3 : 9 : 4.
38) Cf. pp. 203–4.
39) Serm. on Deut. 9 : 20–4, C.O. 26 : 708. *Ainsi ceux qui ont honte de se nommer estrangers en ce monde, qu'ils s'en aillent cercher leur heritage avec le diable: car ils n'ont ne part ne portion avec Dieu.*

억해야 한다.[40] 더욱이 이 현실 세계에 대한 우리의 사랑이 우리로 하여금 이기적 사랑에 빠지게 하고 우리의 마음 속에 있는 정욕을 발동할 것 같으면, 세상에서 우리를 얽어매는 모든 것에 대하여 바로 그 혐오의 태도를 또한 반영하기 위하여 우리 자신을 미워하고 부인하기를 배워야 하는 것이다. 그러므로 칼빈은 이 세상에 대한 경멸을 자기 부인의 상관어(相關語)로 간주한다.[41]

하지만 이 세상에 대한 우리의 혐오나 경멸은 무제한적이어서는 안된다. 현재의 생활이 하나님의 은사임을 항상 잊어서는 안된다. 그것은 "멸시되어서는 안될 하나님의 축복들 가운데" 있다.[42] 그러므로 우리의 혐오와 경멸은 하나님께서 선하게 만드신 바 현재 생활 자체에 대한 것이어서는 안되고, 그것이 우리를 죄에게 굴복케 하는 때에 한하여 그 생활에 대해서만 혐오하며 경멸해야 하는 것이다. 이 세상에서의 우리의 생명이 하루 속히 끝나기를 갈망하는 것은 합당하지만, 우리가 이 세상에 머무는 것이 하나님의 뜻이라고 하면 이 세상에서의 우리의 생명의 모든 깊은 의미들을 감사하는 마음과 온순함으로 받아들여야 한다는 것을 깨닫게 될 때에는 우리가 불평하거나 안타까와 하지 않게 될 것임에 틀림없다.[43]

그러므로 이 세상을 바르게 사용하는 조건들로는, 자기네들이 여행하고 있는 다른 세계에 자기들의 마음을 둔 순례자들의 경우처럼 이 세상을 살아나가는 것과, 우리의 수중(手中)에 가지고 있으면서 여기서 즐기는 모든 것을 하나님에게 그가 기뻐하시는 때는 언제든지 우리에게서 취해가실 수 있는 제물로 드리는 것과, 현재의 이 창조 세계에서 우

---

40) Comm. on Ps. 119 : 132, C.O. 32 : 274.
41) Comm. on 1 Pet. Arg. C.O. 55 : 205. *Consilium Petri est in hac epistola, fideles ad sui abnegationem mundique contemptum hortari, ut liberi carnis affectibus, terrenisque omnibus impedimentis soluti, ad coeleste Christi regnum toto animo adspirent.* And on Gal. 6 : 14, C.O. 50 : 265-6. *Mundus est quasi obiectum et scopus veteris hominis.*
42) Inst. 3 : 9 : 2.
43) Inst. 3 : 9 : 4. [*Vita*] *odio certe habenda nunquam est, nisi quatenus nos peccato tenet obnoxios: quanquam ne illud quidem odium proprie in ipsam convertendum est. Utcunque sit, nos tamen ita eius vel taedio vel odio affici decet, ut finem eius desiderantes, parati quoque simus ad arbitrium Domini in ea manere, quo scilicet taedium nostrum sit procul ab omni murmure et impatientia.*

리가 누리는 하나님의 사랑의 증거들로 말미암아 미래에 있을 더 좋은 영광을 갈망하게 되는 것 —다시 말해서, 미래에 있을 것을 위한 준비로서 이 세상을 감사하게 사용하는 것 등이 있다. 이러한 조건들 하에서는 이 세상을 우리가 참되고 감사한 마음으로 깊이 사랑함이 옳은 것이다.[44] 그런 까닭에 우리가 먼저 이 세상을 멸시하기를 참되게 배운 때에만이 이 세상을 사랑할 수 있게 된다는 역설적 진리를 우리는 가지고 있다.

2. 현실 세계에 대한 이용과 향유

(1) 현실 세계에 대한 통치권이 그리스도 안에서 사람들에게 회복됨.

인간은 이 피조 세계 가운데서 통치권을 부여받았다. 원래 인간이 이 세상의 모든 좋은 것과 풍성한 것을 소유하며 향유하도록 되어 있었다. 그래서 아담은 그가 타락하기 전에 하나님이 그의 목전에 놓아둔 모든 좋은 것들을 자유로운 양심과 하나님께 대한 감사로 사용하며 향유하는 권세를 받았었다. 그는 모든 여타의 피조물들과 모든 환경들의 주인으로 창조되었다. "온 세상이 사람들을 위로하고 행복하게 할 목적으로 만들어져 있다."[45]

그러나 타락으로 인하여 오게 된 주요한 결과들 중의 하나는 사람이 하나님의 형상을 따라서 참된 창조의 질서대로 살아야 하는 소명(召命)을 거부함으로 해서 이 세상의 소유주요, 통치자로서의 권리와 위치를 상실하였다. "세상에 대한 통치권이 아담 안에서 우리에게서 박탈되었다"[46]고 칼빈은 말한다. 물론 타락한 사람도 이 세상을 이용해야 하며

---

[44] Comm. on John 12 : 25, C.O. 47 : 289. *In summa, vitam hanc amare non per se malum est, modo in ea tantum peregrinemur semper ad scopum nostrum intenti. Nam hic legitimus est amandae vitae modus, si in ea manemus quamdiu Domino visum fuerit . . . si eam quasi manibus gestantes offerimus Deo in sacrificium.* Cf. Inst. 3 : 9 : 3. *Deinde altera, quod variis beneficiis divinae benignitatis suavitatem delibare in ea incipimus: quo spes ac desiderium nostrum acuatur ad plenam eius revelationem expetendam.*
[45] Comm. on Ps. 8 : 7, C.O. 31 : 94.
[46] Comm. on 1 Tim. 4 : 5, C.O. 52 : 297.

이 세상의 생산물로 살아야 하는 것은 사실이나 그렇게 할 아무런 권리가 없다. 왜냐하면 이 세계는 하나님의 자녀들을 위하여 만들어진 하나님의 세계요, 인간이 하나님과 하나님의 자녀의 지위를 포기했기 때문이다. 그러므로 사람은 그가 아무 권리도 가지고 있지 않는 세계에서 도적으로 살 수 있을 뿐이다.[47]

이 모든 것이 사실이라고 하는 증거로 인간의 바로 그 환경이 이 세상 안에서 아무런 통치권도 가지고 있지 않는 자에게 복종하기를 거부하여 그에게 등을 돌려버린 것이다. "아담이 죄로 인하여 스스로 하나님으로부터 소외되자마자 그가 받았었던 좋은 것들을 박탈당했다. 그것들을 사용할 수 없게 거부된 것이 아니고, 그가 하나님을 져버린 후로는 그것들에 대해 아무런 권리도 가질 수 없게 된 것이다. 그리고 그것들을 사용함에 있어서도 하나님은 사람이 이같이 권리를 상실한 것을 보이는 다음과 같은 몇몇 증거들이 있게 하셨다. 야생 짐승들이 포악하게 우리를 공격하고, 우리의 존재에 의하여 외경심을 갖게 되어 있는 자들이 우리에게 공포심을 주며, 어떤 것들은 우리에게 결코 순종하지 않고, 다른 것들은 길들이기가 굉장히 힘들며, 그것들이 여러 방면으로 우리에게 해를 끼친다. 우리가 땅을 경작할 때 우리의 기대에 미치지 못한다.[48] 하늘, 바람, 바다, 기타의 것들이 흔히 우리에게 적대적이다. 그러나 모든 피조물들이 계속해서 복종한다 할지라도, 아담의 자손들이 소유한 것은 무엇이나 약탈로 간주될 것이다. 왜냐하면 그들 자신이 하나님의 자녀들이 아닌 한 그들이 자기 것이라고 주장할 수 있는 것이 하나도 없기 때문이다."[49]

---

[47] Serm. on Titus 1 : 15–16, C.O. 54 : 484. *Nous ne pourrions pas toucher une seule viande que nous ne fussions larrons; car nous sommes privez et bannis de tous les biens que Dieu a creez, à cause du peché d'Adam, iusques à tant que nous en ayons la possession en nostre Seigneur Iesus Christ.*

[48] Man's daily work, according to Calvin, as he experiences it in this life, is not according to the order of nature. It is true that God originally made man to work, giving him hands and feet and putting him in the garden to cultivate it, but work as man knows it today is, generally speaking, a curse and punishment for sin. Cf. serm. on Deut. 5 : 13–15, C.O. 26 : 296, Comm. on Gen. 3 : 19, C.O. 23 : 74–5. Cf. also pp. 155–6.

[49] Comm. on Heb. 2 : 5, C.O. 55 : 24.

하지만 이 세상에 대한 사람의 관계에 있어서의 참된 질서가 예수 그리스도 안에서 회복되었다. 시편 8편에 있는 약속의 성취로 하나님께서는 온 세상(땅)의 소유권을 그의 아들 예수님에게 주었는데 시편 8편은 창조의 본래의 계획과 이 우주에서의 인간의 참된 지위를 기술하고 있다.[50] 우리 또한 그리스도에게 접붙임 받고, 그의 자녀들로 입양(入養)되어 하나님의 권속으로 재허락됨으로써, 이 세상에서 하나님의 자녀의 기업을 다시 물려 받을 수 있게 됨으로써 이 세상의 모든 좋은 것을 함께 누릴 권리를 다시 받게 된 것이다.[51] "하나님은…우리를 자기의 아들에게 접붙임으로 우리를 새롭게 하여 이 세상의 주인공들이 되게 하고, 그리하여 자기가 우리에게 공급하시는 바 모든 부(富)를 우리 자신의 것으로 합법적으로 사용할 수 있게 하신다."[52] 그러므로 바로 여기에 이 세상에서의 통상적 생활에서 불신자의 위치와 신자의 위치 간의 차이점이 있다. 불신자는 이 세상에서의 그의 통상적 생활에서, 심지어는 자기의 생명을 유지하기 위하여 먹고 마시는 일에 있어서도, 그가 하나님께로부터 받고 있는 것에 대하여 아무런 권리가 없다. 그런 까닭에 그는 하나님을 약탈하고 있고, 하나님의 자녀들을 약탈하고 있으며, 계속적으로 제8계명을 범하고 있는 것이다.[53]

---

50) Serm. on 1 Tim. 4 : 1–5, C.O. 53 : 360. *Voilà aussi pourquoy il est dit, que ce qui est contenu au Pseaume huitieme, est accompli en la personne de nostre Seigneur Iesus Christ, c'est asçavoir que Dieu luy a donné en possession la terre, les bestes des champs, les oiseaux du ciel, les poissons des eaux. Et pourquoy? Car par le peché nous sommes privez de tout bien, nous ne sommes pas dignes de toucher un morceau de pain, ni une goutte d'eau: mais nous sommes restituez par le moyen et par la grace de nostre Seigneur Iesus Christ en ceste possession-là.* Cf. ibid, C.O. 53 : 364–5. *Il est appelé heritier du monde.* Serm. on Deut. 6 : 1–4, C.O. 26 : 426. *Mais quand nostre Seigneur Iesus Christ est apparu, alors il a acquis la possession de tout le monde.*
51) Comm. on Heb. 2 : 5, C.O. 55 : 24. *Hoc est quod habuimus initio huius epistolae, Christum a patre ordinatum esse haeredem universorum. Certe totam uni haereditatum vendicando, reliquos omnes excludit tanquam alienos. Et merito . . . quae ergo suis domesticis alimenta destinavit, ad nos rapere fas non est. At Christus per quem in familiam cooptamur, simul in societatem iuris sui nos admittit, ut toto mundo cum Dei benedictione fruamur.* Cf. serm. on 1 Cor. 10 : 25–30, C.O. 49 : 686.
52) Comm. on 1 Tim. 4 : 1–5, C.O. 52 : 297.
53) Serm. on 1 Tim. 4 : 1–5, C.O. 53 : 360. *Quand les incredules boyvent et mangent ils desrobbent à Dieu ce qui leur a esté donné.* Comm. on 1 Tim. 4 : 3, C. O. 52 : 296. *Quare veluti alienum furantur aut praedantur infideles quodcunque usurpant.*

(2) 세속적 환경에 대한 기독교인의 새로운 관계

예수 그리스도를 통한 새로운 질서의 회복이란, 그리스도에게 연합되고 그의 나라 안에 있는 자들은 그들이 이 땅에서 사는 동안 지금 여기에서도 자기들의 환경에 대하여 새로운 관계를 갖는다는 것을 의미한다.[54] 하나님은 그들에 대하여 특별한 방식으로 섭리적으로 행동하시며, 이 현실 생활에서 그들의 삶을 통하여 특별히 악으로부터 보호받고 특별하게 공급을 받으며 특별하게 축복을 받는다. 비록 하나님께서 모든 사람들을 사랑하시고 자기의 사랑으로 모든 사람들을 보전하시지만, 하나님이 자기의 계획과 뜻을 행사하는 주요한 관심사는 예수 그리스도에게 연합되어 있는 자들을 지금 구원하고, 그들이 당하고 있는 모든 미혹과 시련 및 사단의 공격 가운데서 그들을 보전하는 것이다.[55] "선견지명이 있는 사람이라면 다른 사람들에게 검약하게 자기의 물질을 사용함으로써 자기의 자녀나 가족을 사기하거나 자기 자신의 집을 피폐하게 하지 않는 방식으로 모든 사람들에 대한 자기의 관대함을 규제하는 것처럼, 하나님도 이와 같이 자기의 권속이 아닌 외방인(外方人)에게 자기의 은택을 베푸심에 있어서 세습적 권리에 의하는 경우처럼 하나님 자신의 자녀들을 위해서 그들의 것을 비축하는 방법을 잘 알고 계신다."[56] 칼빈은 경건을 소유한 자들에게는 내세의 생명 뿐만 아니라 '지금 여기에서의 생명에 대한' 약속까지도 가지고 있다고 한 바울의 주장을 중요하게 취급한다.[57]

---

54) Though the curse of hard labour in daily work which all men generally have to bear as a result of the fall is not removed, nevertheless "God often remits a portion of the curse to His own children, lest they should sink beneath the burden," and by making such toil a sacrifice in faith to God, and by accepting it as a cross to subdue the flesh, the Christian can triumph even in this respect. Cf. comm. on Gen. 3 : 19, C.O. 23 : 74–5.

55) Serm. on Luke 2 : 50–2, C.O. 46 : 478.

56) Comm. on Ps. 31 : 19, C.O. 31 : 310. Cf. comm. on Matt. 14 : 16, C.O. 45 : 438. *Certum tamen est, nunquam passurum, ut suis desint vitae subsidia* and comm. on 1 Tim. 4 : 8, C.O. 52 : 300.

57) 1 Tim. 4 : 8. Cf. serm. on Deut. 7 : 11–15, C.O. 26 : 542. *Et voila pourquoy sainct Paul dit: Que la crainte de Dieu n'a point seulement les promesses de la vie immortelle, mais aussi de ceste vie terrienne. Que si nous cheminons en la crainte de Dieu, non seulement nous serons asseurez qu'il nous a appresté son heritage là haut: mais cependant que nous aurons à vivre en ce monde, qu'il nous conduira, que nous serons sous sa protection, qu'il ne permettra point que rien nous deffaille, entant qu'il cognoist qu'il nous fait besoin.* Cf. also comm. on Ps. 128 : 3, C.O. 32 : 328.

그러므로 하나님의 자녀들은 하늘의 기업을 받도록 되어 있고 지금 여기에서 영적인 것들로 축복을 받고 있을 뿐만 아니라, "현실 생활에서의 그들의 조건에 있어서도" 복을 받고 있다.[58] 칼빈은 또한 경건한 자들이 영원한 축복 뿐만 아니라 세속적 번영도 누리게 되리라는 많은 구약의 약속들을 중요하게 다루려고 노력한다. 오늘날에는 옛날의 경우보다는 '좀더 인색하게'[59] 세속적 축복들이 주어지고 있지만, 이같은 약속들은 여전히 유효하며, 이 세상에서 하나님을 신뢰하는 자들에게 그가 베푸시는 선하심(the goodness)은 만일 악인들이 그들의 눈을 감고 있지 않을 경우 그들마저도 분명하게 인지할 수가 있는 것이다.[60]

하나님이 기독교인의 생활을 섭리적으로 바로잡아 창조의 참된 질서 회복의 그러한 증거들을 기독교인으로 하여금 맛볼 수 있게 한 것은 하나님의 나라가 이 현실 세계에서 이미 회복되기 시작했다는 표인 것이다. 만일 하나님이 자기의 섭리 하에 거칠게 사람들을 다루어 그들에게서 그의 부성애(父性愛)의 증거들을 박탈하고 계심이 분명한 경우는 그의 부성애를 증거하도록 되어 있던 바 창조의 참된 질서가 뒤집혔다는 표인 것이다.[61] 그러나 이미 세상이 혁신되기 시작했으며, 현실 생활에서 성부 하나님의 특별한 사랑과 섭리 중 기독교인이 누리는 것은 무엇이나 아담에서 상실되었던 것이 지금 그리스도 안에서 이미 회복되고 있다는 사실에서 얻어지는 특권이다. 하지만 하나님의 나라가 완전하게 나타나고 성취되는 것은 "우리가 최종적으로 구속(救贖)되는 때"까지 기다려야 한다.[62] 다른 말로 표현하자면 현실 생활에서 성도들의 보전과 행복을 위해 하나님이 베푸시는 것에서 그들이 "그들의 완전

---

58) Comm. on Ps. 25 : 13, C.O. 31 : 258. *Summa est, veros Dei cultores non spiritualiter modo beatos esse, sed ab eo quoque benedici quod ad praesentis vitae statum.*
59) Cf. comm. on Ps. 128 : 3, C.O. 32 : 328.
60) Comm. on Ps. 31 : 19, C.O. 31 : 309-10.
61) Serm. on Job 5 : 17-18, C.O. 33 : 259. *Il est vray que Dieu signifie bien qu'il deteste le peché; et de fait l'ordre qu'il avoit institué en la creation du monde est troublé, quand nous ne sommes point traittez de luy paternellement.*
62) Comm. on Heb. 2 : 6, C.O. 55 : 24. *Status enim primae creationis obsolevit, et una cum homine cecidit quoad ipsum hominem. Ergo quoad nova fiat restitutio per Christum, psalmus hic locum non habebit. Nunc apparet non vocari orbem futurum duntaxat qualem e resurrectione speramus, sed qui coepit ab exordio regni Christi: complementum vero suum habebit in ultima redemptione.*

무흠의 얼마 간의 열매를 이미 얻고 있는 것"으로 칼빈이 말하고 있는 것이다.[63]

그러나 현재로는 아주 제한된 방식으로만이 땅에 대한 소유권이 기독교인을 위해 실현되어 있다는 것을 칼빈은 인정한다.[64] 이는 하나님의 백성이 과도하게 이 세상에서 편안을 느끼거나 그들의 사상이나 감정이 세상에 깊이 빠져들어 내세의 생활에 대한 희망을 잃지 않게 하는 것이 하나님의 뜻이기 때문이다.[65] 그래서 하나님은 불경건한 자들에게 생기는 것과 똑같은 환난들이 자신의 백성들에게도 임하게 하고, 하나님의 넘치는 풍성을 통해서는 그의 부성애(父性愛)를 성도들이[66] 단지 맛보게 하시는 것이다.[67] "만일 이 시편(즉 128편)에 묘사되어 있는 행복이 경건한 자들에게 항상 주어지는 것이 아닐지라도" 기독교인이라면 불평하지 않을 것이다. "대신에 때때로 아내가 문제투성이요, 교만하거나 도덕적으로 부패하며, 자녀들은 방종하거나 망나니 짓을 하고, 자기들의 아버지의 집에 수치를 가져다 준다고 할지라도, 그들은 하나님의 축복을 자기들이 빼앗긴 것이 그들 자신의 허물로 그 축복을 자기들이 거절한 때문인 것으로 생각해야 한다. 그리고 각자가 자신의 사악함에 대하여 생각할 것 같으면 하나님의 은총이 자기에게서 거두어져 간 것이 정당하다는 것을 인정할 것이다."[68]

비록 그러한 환난들이 하나님의 자녀들에게 임하고, 현실 생활에서의 그들의 복락이 이같이 제한되지만, 하나님의 자녀들이 이 세상의 상속자들이라고 말하는 것은 "단지 허구(虛構)이거나 공상적인 것"에 지나지 않는다고 생각해서는 안된다.[69] 왜냐하면 이 세상에서의 성도들의

---

63) Comm. on Ps. 128 : 3, C.O. 32 : 328.
64) Comm. on Ps. 85 : 13, C.O. 31 : 790. *Sed notandum est, sic restringi caducae huius vitae commoda, ne terrenis blanditiis indormiant fideles.*
65) Comm. on Ps. 37 : 9, C.O. 31 : 371. *Terrae possessio quam filiis Dei promittit, non semper est oculis exposita, quia et peregrinos in ea vagari oportet, nec patitur Dominus sedem usquam figere.* Comm. on Ps. 128 : 4, C.O. 32 : 328-9.
66) Comm. on Ps. 37 : 25, C.O. 32 : 379.
67) Comm. on Ps. 85 : 13, C.O. 31 : 790.
68) Comm. on Ps. 128 : 3, C.O. 32 : 328.
69) Comm. on Ps. 37 : 27, C.O. 31 : 380. Cf. comm. on Matt. 5 : 5, C.O. 45 : 162-3. *Pro Dei autem filiis respondeo, etiamsi nusquam pedem in suo figere queant, terrae domicilio quiete frui: neque imaginaria est haec possessio, quia terram inhabitant, quam sibi divinitus concessam esse norunt. Deinde adversus malorum intemperiem et furias opposita Dei manu teguntur. . . .*

삶은 경건치 않는 자들의 경우보다 항상 무한히 더 낫기 때문이다. "성도들은 그들의 극한 가난 속에서도 하나님이 그들과 함께 하신다는 것을 확신하고, 이같은 위로를 힘입어 살므로 평안을 누리기 때문에 그들은 참으로 행복한 것이다."[70] 극한 환난 가운데서도 하나님은 자기의 은혜에 대한 이같이 실제적이고 실험적인 증거를 자기의 자녀들에게 제공하여[71] "그들이 이 세상의 적법한 상속자들임을 가장 확실하게 알게 하신다."[72]

(3) 현실 생활의 은택들은 감사와 신앙으로 사용되고 향유되어야 함.

신자가 현실 세계를 이용하고 향유함에 있어서 그는 신앙의 태도를 가져야 한다. "세속적 축복의 이용은 신앙의 순수한 감정(cum puro fidei sensu)과 연결되어 있다. 신앙을 통해서만이 그 세속적 축복들을 정당하고 합법하게 우리 자신의 복리(福利)를 위하여 향유할 수가 있다."[73] 이 세상의 좋은 것 중에서 우리가 사용하며 향유하는 것을 '오직 하나님의 손으로부터' 우리에게 온 어떤 것으로 우리는 받아들여야 한다.[74] 우리가 하나님의 손으로부터 받아 누리는 것마다 우리의 정당한 유산인 것은 우리가 그것을 받을 자격이 있기 때문이 아니라, 하나님이 우리를 선택하여 그것을 향유할 수 있게 하셨기 때문인 것으로 생각해야 마땅하다.[75] 우리가 먹고 마시는 것은 하나님의 부성적(父性的) 사랑과 돌보심의 증거인 것이다.[76]

---

70) Comm. on Ps. 25 : 13, C.O. 31 : 258.
71) Comm. on Ps. 89 : 47, C.O. 31 : 829. *Gratiam suam re et experientia ipsis ostendat.*
72) Comm. on Ps. 37 : 9, C.O. 31 : 371. 73) Comm. on Ps. 36 : 9, C.O. 31 : 363.
74) Comm. on 1 Cor. 10 : 26, C.O. 49 : 469. Cf. on Tit. 1 : 15, C.O. 52 : 418. *Nihil pure usurpant homines, nisi quod e manu Dei fide suscipiunt.*
75) Serm. on Deut. 4 : 19–24, C.O. 26 : 164. *Mais cependant aussi, que nous meditions ceste doctrine . . . c'est de sentir quand nous iouyssons des creatures de Dieu, que nous les tenons comme nostre heritage : non pas que nous en soyons dignes . . . : mais d'autant que nostre Dieu nous a eleus.*
76) Serm. on 1 Cor. 10 : 25–30, C.O. 49 : 686. *Tout est licite aux fideles, pour ce qu'ils sont restablis par le moyen et par la grace de nostre Seigneur Iesus Christ, à ce qu'ils puissent boire et manger pour leur nourriture, cognoissans qu'en cela Dieu se monstre leur Pere.* Cf. comm. on Ps. 36 : 8, C.O. 31 : 363.

이 신앙의 태도로 말미암아 우리가 이 세상을 사용하고 향유함에 있어서 우리의 심령이 성결케 되고, 불순한 양심을 가지고 하나님의 세속적 축복들을 더럽힘이 없이 그것들을 사용할 수 있게 되는 것이다. [77] 그러나 불신자들은 그 축복들을 불순한 양심 때문에 더럽히기 마련이다. [78] 이 신앙은 우리의 심령을 성결케 함으로써 세속적 축복 자체까지도 성결케 하며 그것들이 순결하게 되게 하며 그 축복들이 우리가 구원에 이르는데 기여하게 한다. [79]

칼빈이 주장하는 바에 의하면, 하나님의 말씀을 떠나서는 인간이 이 세상의 축복들을 사용할 때 그 양심이 순결케 될 수가 없고, 그것들이 성결하게 사용될 수도 없다. 왜냐하면 하나님의 말씀만이 무엇이 현실 생활의 축복들을 참되게 사용하는 것인지를 우리에게 가르칠 수 있기 때문이다. 또한 하나님의 말씀은 하나님의 은총들을 부성애의 증거들로 인식하게 해준다. 우리가 이 세상의 진정한 후사들이라는 것과 따라서 우리가 이 세상에 대하여 즐기는 것은 합법적으로 우리의 것이라는 것을 우리의 양심에 하나님의 말씀이 증거한다. [80] "만일 하나님의 말씀을 통해서 우리가 이 세상의 상속자임을 가르침 받지 아니했다고 하면

---

77) Serm. on 1 Tim. 4 : 1-5, C.O. 53 : 359. *Il est dit au 15 des Actes, que c'est la foy qui purifie nos coeurs : ceste pureté-là s'estend plus avant, c'est que quand un homme ha son coeur pur, s'il reçoit les biens que Dieu luy distribue pour son usage, qu'il ne pollue rien. Pourquoy? Car il est net.* Cf. Tit. 1 : 15.

78) Comm. on Tit. 1 : 15, C.O. 52 : 417. *Quia enim nulla est coram Deo quam fidei puritas, sequitur infideles omnes esse immundos. . . . Quia, quum impuri sint ipsi, nihil sibi in mundo purum reperient.* Cf. comm. on 1 Tim. 4 : 3, C.O. 52 : 296; on Heb. 2 : 5, C.O. 55 : 24. Serm. on 1 Tim. 4 : 1-5, C.O. 53 : 359. *Quand i'auray bien lavé mes mains, ie peux manier les choses qui sont pures, et ie ne les noirciray pas : mais si ie manie un linge le plus blanc du monde, et que i'aye les mains souillees, voyla pour tout infecter.*

79) Serm. on 1 Cor. 10 : 15-18, C.O. 49 : 664. *Les viandes nous sont sanctifiees quand nous cognoissons qu'elles nous procedent de la bonté de Dieu, et que là dessus nous recourons à luy, et luy demandons nostre pain quotidien, et qu'il nous gouverne. . . .* Comm. on Luke 17 : 19, C.O. 45 : 424. *Sola igitur fides dona Dei nobis sanctificat, ut pura sint, et cum legitimo usu coniuncta in salutem nobis cedant.* Serm. on 1 Tim. 4 : 1-5, C.O. 53 : 359. *L'usage des bonnes creatures ne peut appartenir à tous pour leur salut, mais seulement à ceux qui ont cognu la verité.*

80) Serm. on 1 Tim. 4 : 1-5, C.O. 53 : 364-5. *Dieu . . . nous a donné sa parole pour dedier les viandes à nostre usage. Et comment cela? Quelle est ceste parole dont parle sainct Paul? ce sont les promesses. . . . Or si ainsi est que nous ne pouvons estre nourris quant au monde, que la parole de Dieu n'aille devant, et qu'elle ne soit comme une lampe pour monstre quel est le bon usage et licite des biens de Dieu.* Cf. comm. on Ps. 60 : 8, C.O. 31 : 577. *Nam utcunque Deus innumeris gratiae suae exemplis nos obruat, nulla tamen vigebit eorum notitia, nisi praefulgente verbo.*

우리 가운데 누가 감히 한 톨의 쌀이라도 자기 것이라고 주장할 수 있을 것인가?"⁸¹⁾ 이로부터 얻어지는 결론은 하나님이 우리에게 주시는 세속적 축복들을 믿음으로 참되게 사용하고 받아들이는 데에 기도와 특별히 감사가 따르게 된다는 점이다.⁸²⁾ 칼빈이 말하는 바에 의하면 하나님의 선물들은 기도로 성결케 된다.⁸³⁾ 그는 감사하러 돌아오지 아니한 아홉 문둥이들에게 베풀어진 그 치유를 "배은망덕에 의하여 손상되고 오염된 것"으로 간주한다.⁸⁴⁾

현실 생활과 그것의 축복들을 받아들여 하나님의 자녀들의 권리인 자유를 가지고 그것들을 유쾌하게 사용하는 것은 기독교인의 의무이다.⁸⁵⁾ 신자에게 있어서는 이 세상에서 사는 것보다는 죽는 편이 더 낫고 바람직하다고 많이 생각한다는 것을 칼빈은 인정한다. 왜냐하면 내세의 생활이 현재의 생활보다 훨씬 더 좋기 때문이다. 그렇다고 해서 기독교인이 현실 생활을 멸시할 권한이 있다거나, 하나님의 좋은 선물이 아닌 다른 어떤 것으로 간주해도 된다는 뜻은 결코 아니다.⁸⁶⁾ 기독교인에게는 자기의 생일을 저주할 아무런 권한도 또한 없다. 현실 생활의 축복을 인하여 하나님께 대하여 엄숙하고 가슴에서 우러난 감사를 가지고 우리의 생일을 기념하는 것은 기독교인의 의무요, 현세에 대한 참된 기독교인의 태도이다.⁸⁷⁾

그러므로 기독교인 생활에서 어떤 때는 금식할 필요가 없지 않아 있

---

81) Comm. on 1 Tim. 4 : 5, C.O. 52 : 297.
82) Comm. on John 6 : 11, C.O. 47 : 132. *Non semel nos monuit exemplo suo Christus, quoties cibum attingimus a precibus auspicandem esse. Nam quaecunque in usum nostrum destinavit Deus, tanquam immensae eius bonitatis et paterni in nos amoris symbola ad eum celebrandum nos invitant. Et gratiarum actio, sicuti Paulus* (1 Tim. 4 : 4) *docet, solennis quaedam sanctificatio est, ut eorum usus nobis purus esse incipiat.* Cf. pp. 284–6.
83) Serm. on 1 Cor. 10 : 15–18, C.O. 49 : 664.
84) Comm. on Luke 17 : 19, C.O. 45 : 424. Cf. comm. on John 6 : 11, C.O. 47 : 132. *Unde sequitur sacrilegos esse donorum Dei profanatores qui ea neglecto Deo ingurgitant.*
85) Serm. on 1 Cor 10 : 25–30, C.O. 49 : 692. *Pourquoy est-ce que ma liberté sera condamnee? Comme s'il disoit, Mes amis, la liberté qui m'a este donnee est une chose precieuse, quand il nous constitue en ce monde comme ses heritiers: qu'il veut que nous iouissions de toutes creatures: comme aussi pour conclusion il en sera parle. C'est un benefice que nous devons bien priser.* Cf. Inst. 3 : 10 : 1.
86) Cf. comm. on Phil. 2 : 27, C.O. 52 : 40.
87) Serm. on Job 3 : 1–10, C.O. 33 : 145.

지만 어떤 금욕주의적인 원리나 인위적인 법에 따라 사람이 금식하는 것은 참된 헌신의 표가 아니고 오히려 천박한 불경(不敬)과 망은(亡恩)의 표이다. 우리는 하나님이 우리의 손에 쥐어 주는 좋은 음식을 거절해서는 안된다. [88] 칼빈이 지적하는 바에 의하면, 바벨론에서 유대인들은 포로 기간 동안 음식을 먹었는데, 이는 "만일 그들이 굶어 죽었을 것 같으면 그것이 죄악된 절망에 빠진 증거가 되었을 것이기 때문이었다."[89]

지금의 현실 생활을 우리가 받아들임에 있어서 그것을 우리가 사용할 뿐만 아니라 즐기도록 우리에게 주어진 것임을 기억해야 한다.[90] 하나님께서 우리가 마음대로 쓸 수 있게 주신 꽃들, 과일들 그리고 아름다운 비단과 귀금속들을 둘러 볼 때, 이 땅이 우리의 세속 생활에 풍요와 흥겨움을 줄 수 있는 양질(良質)의 아름답고 매혹적인 것들로 가득차 있음을 발견케 된다. 하나님께서 우리에게 마음껏 즐길 수 있도록 주신 것들에서 즐거움을 얻는데 몰두하는 것은 사물의 자연적 질서임이 분명하다.[91]

칼빈은 가장 엄격한 절제의 표준을 가지고 있는 사람들을 만족시킬 만한 말로 항상 절제(節制)와 절주(節酒)를 요구한다. 그렇지만 그러한 말을 사용하면서도, 술을 사용하는 것이 "필요한 경우들에서 뿐만 아니라 우리를 유쾌하게 하기 위해서도" 적법하다고 주장한다.[92] "필연적인 경우가 아니고서는 세상의 물질들을 사용하는 것을 금하므로 해서 하나님의 은총의 적법한 열매를 우리에게서 악의적으로 박탈할 뿐만 아니라, 사람에게서 모든 감각들을 박탈하여 멍청이가 되게 하지 않고서는 결코 실현될 수 없는 비인도적(非人道的) 철학을 없이하라."[93]

---

88) Serm. on 1 Tim. 4 : 1-5, C.O. 53 : 358-9.
89) Comm. on Ps. 102 : 5, C.O. 32 : 63. *Edebant quidem in exsilio fideles: et hoc fuisset impiae desperationis signum, inedia se conficere.*
90) Serm. on 1 Cor. 10 : 31—11 : 1, C.O. 49 : 698. *Cependant Dieu nous permet de nous esiouir en ce monde: car il veut non seulement que nous ayons ce qui est de necessité, mais que nous ayons de superabondant et en nostre boire, et en nostre manger, et en tout le reste.*
91) Inst. 3 : 10 : 2. Cf. comm. on 1 Tim. 6 : 17, C.O. 52 : 334.
92) Comm. on Ps. 104 : 15, C.O. 32 : 91. *Colligimus ex eius verbis, vino licere uti, non modo ad necessitatem, sed ad laetitiam, sed haec laetita sobrie temperanda est.*
93) Inst. 3 : 10 : 3.

그러므로 사람들이 다른 사람들을 해함이 없이 거룩한 방법으로 즐길 경우에는 하나님은 화를 내지 않으신다. 칼빈이 지적하는 바에 의하면, 편안하게 거드름을 피우며 살고 자기들의 연회장에 각종 악기들을 연주하게 한 사람들을 선지자들이 비난한 경우, 그들이 비난한 것은 그러한 악기 연주 그 자체가 아니라 그러한 것에 과도하게 탐닉하는 방탕이었다.[94] 열정적인 영성(靈性, intense spirituality)에는 반드시 편협하고 병적인 문화관이 따르게 마련이라고 생각하는 것은 오판(誤判)이다. 그래서 칼빈은 선대(先代)의 광신주의자들과 당대의 재세례파들을 정죄한다. 그들은 모든 학문과 문학을 멸시하였고, "과학에 무식한 것을 내세워 자기들이 영적인 사람들임을 자랑하였었다."[95]

기독교인은 세상을 볼 때에 모든 사물들의 특징인 부패성과 세상의 덧없는 성격을 분명히 보게 되지만, 세상이 그것의 기초를 하나님의 말씀에 두고 있기 때문에 여러 방면에서 세상의 구조의 특징을 이루고 있는 견고성을 또한 알아볼 수 있어야 하는 것이다.[96]

기독교인은 다른 사람들 심지어 어떤 면에서는 사악하고 우리의 원수된 자들 안에 있는 인간적인 덕행과 은총들을 하나님의 은사로 평가하고 인정해야 한다. 칼빈은 자기의 숙원의 원수인 사울에 대하여 다윗이 읊은 애도의 시에서 사울의 위대성을 관대하게 평가한 것을 우리가 본받아야 할 모범으로 힘주어 권한다. 만일 하나님이 사람들에게 위대한 자질들을 주셨다고 하면, 비록 그들이 그러한 것을 사장(死葬)시키려고 한다 할지라도 우리는 높이 평가해 주어야 하는 것이다.[97] 그러므로 기독교인은 칭찬을 받아 마땅한 경우에는 언제나 칭찬을 돌려주고,

---

94) Serm. on 1 Cor. 10 : 31–11 : 1, C.O. 49 : 697–8.
95) Comm. on Ps. 71 : 15, C.O. 31 : 659.
96) Comm. on Ps. 119 : 90, C.O. 32 : 253–4. *Haec igitur duo inter se optime conveniunt, verbi Dei constantiam ex statu terreno minime aestimandam esse, quia subinde fluctuat, et instar umbrae effluit: rursum tamen ingratos esse homines, nisi hanc eandem sententiam ex parte agnoscant in mundi opificio: quia terra, quae alioqui momento uno non staret, firma tamen manet, quia fundata est verbo Dei.*
97) Serm. on 2 Sam. 1 : 17 ff., p. 15–16. *Car l'iniure ne se fait pas a vne creature mortelle, quand les graces de Dieu sont mises souz le pied, et qu'on n'en tient plus compte, ceste ingratitude la s'adresse a Dieu. Et au reste que nous sachions que ceux qui effacent ainsi la memoire des vertus qui sont en leurs ennemys se font grand tort. Et pourquoy? Dieu nous donne occasion de le louer et priser, quand il met ainsi ses graces aux hommes.*

인생의 모든 영역에서 참된 위대성이 빛나면 그것을 높이 평가해 주어야 한다. "하나님께서 탁월한 자질을 부여해 준 자들을 우리가 칭찬해 주지 않으면, 이는 하나님이 베푼 은사들을 멸시하는 것이다."[98]

하나님은 아담의 타락 이래로 사람에게서 하나님 자신에 대한 참된 지식을 거두셨을 때 모든 칭찬할 만한 은사들을 결핍한 채로 남겨 두셨음을 우리는 인정해야 한다. 하나님의 나라에 대한 지식이나 참된 영적 분별력과 같은 '하늘의 일들'에 있어서는 우리가 "아주 눈이 멀어 있지만,"[99] "현실 생활과 관련이 있는" 정치, 경제, 공학이나 문학과 같은 '세속적인 일들'에서는, 일반적으로 사람들이 공공 질서와 정직에 대한 이해력을 나타내 보이고,[100] "하나님의 특별한 은사"인 수공예(手工藝)와 문학에서 상당한 소질과 정확성을 보이고 있음을 우리가 인정해야 한다.[101] "그러므로 세속적인 작가들의 글을 읽을 때에, 그들에게 나타난 진리의 귀한 빛을 통하여 인간의 마음이 그것의 본래의 순결에서 아무리 많이 타락하고 부패되어 있다고 할지라도, 아직도 창조주께로부터 온 귀한 은사들을 지니고 있음을 우리는 일깨움 받아야 한다.

만일 하나님의 성령이 진리의 유일한 기초인 것을 우리가 깊이 생각할 것 같으면, 우리는 하나님께 모욕을 드리는 일을 피하려 할 것이기 때문에, 진리가 나타날 때마다 그것을 거절하거나 비난하지 않도록 유의하게 될 것이다. 은사들을 멸시할 때 우리가 그것을 주신 분(하나님)을 모욕하는 것이다…우리가 어떤 것이나 하나님의 손으로부터 온 것임을 알지 못하고서야 그것을 귀하고 칭찬할 만한 것으로 어찌 생각할 수 있을 것인가?"[102]

그러므로 기독교인은 모든 종류의 인간적인 도움이 하나님의 손으로부터 "하나님의 섭리의 적법한 도구"로 온 것임을 알고, 그러한 도움이 자기의 필요에 적절할 경우 감사함으로 그것을 받아 사용할 것이다.[103]

---

98) Comm. on 1 Pet. 3 : 7, C.O. 55 : 256.
99) Inst. 2 : 2 : 18.
100) Inst. 2 : 2 : 13.
101) Inst. 2 : 2 : 14.
102) Inst. 2 : 2 : 16.
103) Inst. 1 : 17 : 9.

성령이 신자들의 경우와 동일한 방식으로 불경건한 자들의 속에 거하지는 않지만 그는 인류의 공통의 행복을 위하여 많은 종류의 자연적 은사들을 불경건한 사람들에게까지도 주신다.[104] "만일 물리학, 논리학, 수학 그리고 다른 유사한 학문들에서 불경건한 자들의 노고와 사역을 통해서 하나님이 우리에게 도움을 주시기를 기뻐하였다고 하면, 우리에게 제공된 하나님의 은사들을 소홀히 함으로 해서 우리의 게으름 때문에 벌받지 않도록 그들의 수고를 우리가 이용해야 한다."[105]

---

104) Inst. 2 : 2 : 16.
105) Inst. 2 : 2 : 16.

제 4 장

자연의 질서와
기독교 생활

1. 율법의 둘째 돌판과 자연의 질서 간의 상응관계

칼빈이 가르치는 바에 따르면, 율법의 첫째 돌판에 관한 내용들에 있어서 나면서부터 타락한 인간은 참되고 의로운 것에 대한 지식을 거의 가지고 있지 않다.[1] 그렇지만 율법의 둘째 돌판에 속하는 내용들, 즉 '바르게 행실을 규제하는 방법'에 있어서, 자연인(natural man)마저 그 자신의 양심과 전통과 환경으로부터 얻어낼 수 있는 지식이 아주 중요하다. 참으로 "이 세상에서 가장 보편적인 것은 사람이 자연법(natural law)으로 올바른 행실의 법도를 충분하게 가르침 받을 수 있는 사실이다."[2] 이 자연법 또는 '자연의 질서'(order of nature)와 신적 계시를

---

1) Cf. Inst. 2 : 2 : 24 and 22. Certainly he knows that there is a God who is to be worshipped and prayed to (Comm. on Rom. 2 : 15, C.O. 49 : 38; cf. on Jonah 1 : 5 and 6, C.O. 43 : 213 and 6; serm. on Deut. 5 : 16, C.O. 26 : 3 : 2-3), but he has no idea of how such worship should be given (Inst. 2 : 2 : 24; 2 : 8 : 1). Moreover the perversity of his heart forces him to turn the truth he has into a lie by turning his conception of God into an idol. Cf., *Calvin's Doctrine of Word and Sacrament*, p. 69-70.

2) Inst. 2 : 2 : 22. *Lex naturalis* is the phrase Calvin uses here. In his comm. on Rom. 2 : 14-15, a passage to which he gives great weight, he says that the Gentiles have *nonnullam iustitiae regulam,* and are illuminated by *naturalem iustitiae fulgorem* which takes the place of the Law of the Jews. He speaks also here of *naturalis quaedam legis intelligentia.* Cf. C.O. 49 : 37-8. He speaks in his sermons most frequently of this as the *ordre de nature.* Calvin finds the basis of

제 3 부 참된 질서의 회복 **183**

통해서 주어진 하나님의 법 간에는 참된 일치(correspondence)가 있다. "하나님의 율법과 모든 사람들에게 새겨져 있는 자연의 질서 간에는 일치(conformité)가 있다."3)

우리가 기독교인으로서 하나님의 율법의 둘째 돌판의 계명들을 대하게 될 때, "우리가 이미 이전에 알았어야 하는 것에 하나님의 권위를 첨가하는"4) 어떤 것을 대하게 되는 것이다. 그러므로 기록된 율법이 "자연법의 모호성을 제거하고,"5) 모든 열방(列邦)에 의하여 이미 인식되어진 것을 하나님의 권위를 가지고 재확인하는 것으로 볼 수 있다.6) 참으로 칼빈이 말하고자 하는 요지는 "하나님의 소위 도덕적인 율법은 자연법과 하나님이 사람들의 마음에 새겨놓은 양심의 증거에 지나지 않는다."7) 우리는 이 자연법의 영역(領域)과 중요성을 과장해서는 안 된다. "절대적으로 눈먼 것이 아니다"라고 한 칼빈의 말은 자연인에게 비추어지고 있는 도덕적 빛의 정도를 표현하고 있는 것으로 볼 수가 있다.8)

더욱이 자연인의 지식에는 그가 알고 있는 것을 준행할 수 있는 능력이나 심지어는 의지마저도 없다.9) 단지 "올바른 것과 불의한 것, 정직

---

all good lawmaking by the civil magistrates in what he calls "equity" as well as "justice." The judicial law of the Jews (the third branch of the Law after the moral and ceremonial) delivered to them "as a kind of polity certain forms of equity and justice," Inst. 4 : 20 : 15. (*Lex*) *iudicialis, politiae loco illis data, certas aequitatis et iustitiae formulas tradebat*). But this principle of equity which is expressed in the merciful provisions of the Jewish Law is "common to all nations and ages" (comm. on Ps. 15 : 5, C.O. 31 : 148), being a natural principle finding different legal expression under different circumstances (Inst. 4 : 20 : 16). Cf. serm. on Job 1 : 6–8, C.O. 33 : 66, where Calvin defines *equité* as doing to others as you would have them do to you (Matt. 7 : 12). These words of Christ seem for Calvin to sum up the common rule of equity (*communis aequitatis regula*) and at the same time to be the foundation of the Law and the Prophets (comm. on Exod. 22 : 25, C.O. 24 : 681).

3) Serm. on 1 Tim. 5 : 4–5, C.O. 53 : 456–7.
4) Serm. on Deut. 5 : 17, C.O. 26 : 324.
5) Inst. 2 : 8 : 1. Cf. comm. on Exod. 22 : 25, C.O. 24 : 679, where Calvin points out that profane writers teach what the Law teaches but "not clearly enough."
6) Comm. on Eph. 6 : 1, C.O. 51 : 228. *Praeter naturae legem, quae recepta est inter omnes gentes. Dei quoque auctoritate sancitam docet filiorum obedientiam.*
7) Inst. 4 : 20 : 16. He continues: "the whole of that equity of which we now speak is prescribed in it." Cf. above, p. 141 n.
8) Inst. 2 : 2 : 22.
9) Comm. on Rom. 2 : 15, C.O. 49 : 38.

한 것과 천박한 것"을 구별하는 능력이 있을 뿐이다. [10] 사람에게는 "사회를 보전하는 본능"과[11] 연약한 자들을 돌보는 동정심이 있고, [12] 야수같이 잔인하게 피홀리는 것을 혐오하며, 자기들의 본능에 거슬려 요나를 배에서 내던진 선원들이 보여준 것과 같은 살생(殺生) 앞에서 공포감에 떠는 본능이 있다. [13] 열방의 불경건한 자들도 성경의 교훈들에 의하여 강화되는 선행(good behaviour)의 여러 측면들, 예컨대 나쁜 사귐과 악한 교제가 초래하는 악한 결과들, [14] 행실 뿐만 아니라 심령의 순결의 필요와[15] 부모에 대한 자녀들의 의무 등을 이해하고 있는 것이다. [16]

2. 복음의 한 요소로서의 자연의 질서

칼빈은 여러 가지 방면으로 '자연법'에 관심을 갖는다. 그러나 하나님은 자신이나 우리를 전적으로 자연법에 따라 행하도록 결코 구속(拘束)하지 아니한다는 것을 칼빈이 인정하고 있음은 물론이다. [17] 하지만 그가 자주 지적하는 바에 따르면 복음을 통해 하나님이 사람들을 다루심에 있어서 만물의 자연적 질서(natural order of things)에 따르고, 자연법을 존중하여 하나님의 은혜에 응답할 것을 사람들에게 요구한다. 이에 대한 몇 가지 실례들을 지금 들어보자면, 교회가 세상으로부터 분리되었고 지금도 분리된 채로 있논 것은 자연의 질서에 속한다. 이 분리는 창조에 있어서 어두움과 빛의 분리에 해당하며 아마 그 분리에 의하

---

10) Ibid. *Inter aequum et iniquum, honestum et turpe.*
11) Inst. 2 : 2 : 13.
12) Comm. on Ps. 15 : 5, C.O. 31 : 148.
13) Comm. on Jonah 1 : 14, C.O. 43 : 227-8.
14) Cf. serm. on Eph. 4 : 29-30, C.O. 51 : 643. *Comme aussi les Payens mesmes diront. Il fait bon à la compagnie d'un tel homme. Et pourquoy? On y oit tousiours quelque bon mot, et iamais on ne se depart d'avec luy qu'on n'en rapporte quelque bien.*
15) Cf. serm. on 2 Sam. 3 : 12 ff., p. 64. *Ainsi donc, puisque les payens ont bien eu cela imprimé de nature et que leur sens a la conduitz, par plus forte raison d'autant que l'Escriture nous exhorte tante de fois a simplicité et rondeur et nous declare qu'il nous faut cheminer comme devant Dieu. . . .*
16) Comm. on Eph. 6 : 1, C.O. 51 : 228.
17) Cf. eg. serm. on Matt. 3 : 9-10, C.O. 46 : 541. *Dieu en maintenant son Eglise, n'est pas suiet à aucun ordre naturel, mais . . . il y besongne d'une façon estrange.* Cf. also comm. on John 21 : 18, C.O. 47 : 454.

여 예표된 듯하다.[18)]

더욱이 정결한 것을 불결한 것으로부터 우리가 분리시키는 것은 자연스럽다. 하나님의 백성이 그같은 분리를 견지하기를 거부하는 것은 "자연의 전질서(全秩序)를 뒤짚는 것"이나 마찬가지이다.[19)] 하늘과 땅을 뒤섞는 것이요, 전창조계(全創造界)에 끔찍스런 혼돈을 초래하는 것과도 같다.[20)] 신앙의 영역에서 마땅한 것에 대한 또 하나의 실례는, 기독교인이 오직 하나님만을 신뢰하기를 배워야 하는 것이다. 왜냐하면 두 대상을 신뢰하는 것은 자연의 질서를 혼돈시키는 것이요 하늘과 땅을 뒤섞는 것이기 때문이다.[21)]

칼빈은 교회 내에서의 하나님의 말씀의 선포와 경청에 주어진 특출한 위치에서 자연의 참된 질서의 회복을 본다. 이는 우리에게 서로 교통할(communicate) 수 있는 능력이 주어진 것은 "단지 장화나 신발이나 모자나 빵과 포도주를 살 수 있게 하려는데 있지 아니하고," 우리의 입과 귀를 사용하여 서로를 인도하여 위엣 것을 사모하여 하나님 자신을 묵상하는 데까지 이르는 신앙을 갖게 하는데 그 목적이 있기 때문이다.[22)] 칼빈이 의미하는 바에 의하면, 하나님께 대한 참된 예배는 자연적인 것으로서 금요일에 육식을 금하는 것과 같은 부자연스런 의식(儀式)을 반대한다.[23)] 그러므로 기독교인은 '상식에 맞는' 의무들을 아주 진지하게 받아들여야 한다.[24)] 흔히 기독교인은 하나님의 율법이 그에게 단지

---

18) Comm. on Gen. 17 : 7, C.O. 23 : 237.
19) Comm. on Zech. 2 : 7, C.O. 44 : 157.
20) Serm. on Deut. 7 : 5–8, C.O. 26 : 515. *Il y en a bien peu qui pensent à ceci. Car nous aurions autre horreur de nous polluer parmi les infections de la papauté, si ceste doctrine nous estoit bien imprimee, que Dieu nous ait separez, et que nous allions faire un meslinge nouveau: c'est autant comme si nous assemblions le ciel et la terre, voulans renverser tout ordre de nature, et que tout soit dissipé, qu'il y ait une confusion horrible: car il est certain qu'il y doit avoir plus de distance entre les enfans de Dieu, et les incredules, qu'entre le ciel et la terre.*
21) Comm. on Jer. 17 : 5, C.O. 38 : 265.
22) Serm. on Job 33 : 29–33, C.O. 35 : 127. In serm. on 1 Tim. 2 : 12–14, C.O. 53 : 219, he ranks the preaching of the Word along with the institution of marriage and government as part of the natural order.
23) Cf. serm. on 1 Tim. 4 : 1–3, C.O. 53 : 352. His phrase is *le vraye service de Dieu et naturel*. It is to be noted that in the next sentence he asserts that to deny ourselves (i.e. the *evil* nature within us) is a *service raisonnable*.
24) Comm. on Exod. 20 : 12, C.O. 24 : 605. *Principibus esse obediendum sensus ipse naturae dictat*. It was the same *naturae sensus* which "impelled" the pagan

인간적이고 본성대로(human and natural)이기를 명령하고 있음을 발견하게 될 것이다.[25]

칼빈의 경우, 만물의 자연적 질서에 순응하는 것은 성도의 생활의 참된 기독교적 요소에 대한 단순한 보충이나 보완으로서 행해지는 바 우리의 의무의 제2차적이거나 동떨어진(alien) 측면이 아니고, 그것은 기독교적 경건의 본질적 요소이자 그리스도 안에서의 기독교인의 새 생활에서 절대 필요한(integral) 요소인 것이다. 그것은 회복된 하나님 형상(imago Dei)의 표현이다. 우리가 이미 본 대로, 칼빈의 경우 자연의 질서(또는 자연법) 곧 하나님의 법에 나타나 있는 질서와 예수 그리스도 안에서 나타나 있고 제정되어 있는 인간 생활의 참된 질서—기독교인은 신앙에 의하여 이미 이 질서에 참여하고 있다—사이에는 아주 밀접한 관련이 있다. 기독교 생활은 이 세상의 일상 생활에서 볼 수 있는 이같은 자연적 질서의 표현인 것이다.

그러므로 우리가 다음에 보게 되는 대로 칼빈 자신은 주저함 없이 복음을 따라서 뿐만 아니라, 자연의 질서와 자연법에 따라 그의 청중과 독자가 살 것을 강권한다. 그가 자연법에 이같이 강하게 호소한다고 해서 예수 그리스도와 복음에서 떠나 새로운 종류의 지침과 영감의 근원을 결코 주장하려는 것은 아니다. 오히려 자연적 영역을 사용하여 기독교인을 위한 하나님의 율법의 의미의 상세한 것들을 그는 예증하며 충분하게 보완한다. 그가 하는 대로 사람들더러 참으로 인간적이고 본성적이 되라고 강권한다 하여 참으로 인간적이고 본성적인 것이 오직 그리스도 안에서만 계시되고, 오직 그가 죽으시고 부활하신 까닭에 우리의 인간성과 본성이 참된 의미를 갖는다는 것을 칼빈이 잊고 있는 것은

---

sailors to cry to God in the storm (comm. on Jonah 1 : 6, C.O. 43 : 216). Such invocation came *non aliunde quam ab arcano quodam instinctu et quidem duce et magistra natura* (Ibid. 1 : 5, C.O. 43 : 213). Such natural impulse is clearly different from the "natural" impulse of the "flesh" which is always contrary to God. Cf. pp. 53–8.

25) Cf. e.g. Serm. on Eph. 5 : 28–30, C.O. 51 : 759. *Quand l'Escriture saincte nous exhorte a estre humains, debonnaires et patiens les uns envers les autres, et qu'elle nous propose l'exemple de Dieu . . . il faut bien que nous ayons les coeurs plus durs qu'acier, s'ils ne sont amollis. Or tant y a encores que toutes ces exhortations ne nous peuvent suffire pour nostre malice et corruption. Pour ceste cause Dieu à fin de nous faire plus grand'honte, nous renvoye à l'ordre naturel.*

결코 아니다. 그런 까닭에 기독교인의 경우, 자연법은 하나님의 율법으로부터 분리되어서는 안되며, 하나님의 율법 또한 자연법으로부터 분리되어서는 안된다. 기독교인은 이 둘을 다 따르게 되어 있는 것이다.[26]

3. 기독교 의무와 하나님의 은혜는 자연계로부터 예증이 가능함

칼빈이 우리의 기독교 의무를 설명함에 있어서 언급하는 '자연의 질서'(order of nature)란 사람의 마음에 새겨진 자연법 뿐만 아니라 하나님이 물리적 자연계(the physical and natural world)를 통치하는 전체 배열(arrangement)과 정돈(ordering)을 포함한다. 자연의 영역(realm)은 하나님의 창조적 말씀에 대한 반응을 통해서 주어진 질서를 반영한다. "경험을 통하여 분명히 알 수 있는 대로 하나님의 음성이 말 못하는 피조물을 통해서도 들려지며, 자연의 질서는 세상의 모든 부분이 하나님께 드리는 순종에 지나지 않는다. 그러기에 모든 곳에서 그의 최고의 권위(imperium)가 빛난다. 이는 그가 명하심에 우주의 모든 원소들이 그것들을 위하여 정하여진 법칙을 지키며, 하늘과 땅이 그것들의 기능을 수행한다. 땅은 소산을 내며, 바다는 정해진 경계를 넘어 흐르지 않고, 해와 달과 별들은 그것들의 궤도를 돌며, 하늘 역시 일정한 주기(週期)로-비록 그것들에게는 이성(理性)과 지성(知性)이 없지만 놀랍도록 정확하게 회전한다."[27] 그런 까닭에 온 자연계를 통해서, "황소, 나귀, 개, 심지어는 돌과 나무들" 가운데서, 우리가 기독교 생활을 삶에 있어서 우리에게 모범이 될 수 있는 바 "하나님께 복종하는 본성적 경향"을 칼빈은 발견한다.[28] 특별히 동물의 세계에서 자연의 영역이 "하나님께

---

26) Cf. serm. on 1 Tim. 5 : 4-5, C.O. 53 : 456. Comm. on Jonah 1 : 13-14, C.O. 43 : 227.
27) Comm. on Isa. 1 : 2, C.O. 36 : 29.
28) Serm. on Deut. 10 : 12-14, C.O. 27 : 34. Cf. serm. on Job 27 : 5-8, C.O. 34 : 467. *Qui pis est, il faudra que les bestes brutes nous condamnent: car combien qu'un boeuf ne sache pourquoi il est creé, si est-ce qu'encores il suit quelque ordre naturel. Pourquoy est-ce qu'il baisse les cornes, et qu'il plie le col pour porter le ioug, sinon d'autant que nostre Seigneur luy donne quelque instruction sans vouloir, sans sentiment, tellement que les povres bestes ont une inclination à faire ce qui est de leur office.*

서 우리에게 우리의 의무를 밝히 보여주시는 그림(peinture) 또는 거울(miroir)임을 우리가 발견한다."²⁹⁾

어미 새가 그것의 새끼를 돌보는 것을 지켜볼 때, "이같이 자신을 훈련하여 인간적이 되고 결코 잔인한 행동을 취하지 말라"고 하나님이 우리에게 말씀하는 것을 듣는다.³⁰⁾ 타락의 결과로 자연계에 들어온 뒤틀림과 혼돈을 칼빈이 알고 있음은 사실이다.³¹⁾ 그러나 이같은 사실에도 불구하고, "짐승들이 흔히 자연의 질서를 사람들 보다 더 정확하게 지키며 더 인간적임을 드러내 보인다."³²⁾ 예를 들면, 짐승들은 주인들에게 순복하며, 그들과 같은 종류들에게는 순복하며, 그들과 같은 종류들에게는 잔인하지가 않다. 왜냐하면 그것들은 피차 자신들의 유사성(類似性, similitudo)을 알아보기 때문이다. 또한 짐승들은 먹고 마시는 일에 있어서 "과욕을 부리지 아니하며 그들의 조직을 완전히 파괴하는 일이 없다." 이 모든 일에 있어서 그것들은 우리의 모범이 될 수가 있는 것이다.³³⁾

자연의 질서 속에서 '본분의 거울'(a mirror of duty)을 발견하는 것 외에도, '하나님의 영적 은혜'의 암시들을 또한 발견할 수가 있다.³⁴⁾ 예를 들면, 마치 썩어 없어질 것처럼 땅에 떨어진 씨가 새 생명으로 싹트는 것에서 몸의 부활의 한 예증(例證)뿐만 아니라 자연의 배열과 예수 그리스도 안에서의 하나님의 새로운 질서 간에 있는 하나님의 목적의

---

29) Serm. on Deut. 22 : 5-8, C.O. 28 : 24-5.
30) Ibid. C.O. 28 : 22.
31) Cf. p. 106. Calvin can liken the evil behaviour of man to that of cats and dogs and wolves and foxes. Cf. serm. on Eph. 5 : 28-30, C.O. 51 : 760 and on Eph. 6 : 5-9, C.O. 51 : 800.
32) Comm. on Isa. 1 : 3, C.O. 36 : 30. *Saepe enim bestiae naturae ordinem melius sequuntur, et plus humanitatis prae se ferunt quam homines ipsi.* Cf. serm. on Eph. 5 : 28-30, C.O. 51 : 760.
33) Ibid. Calvin suggests that it is because of such examples in the animal world that even the heathen know the ways of kindness. Cf. serm. on Eph. 5 : 28-30, C.O. 51 : 759. *Comme les Payens ont bien sçeu remonstrer cela: n'ayant nulle foy en Dieu, n'ayant nulle pieté, si est-ce qu'ils ont bien sçeu dire que les bestes sauvages ne se font point la guerre. Car un loup ne mangera point les autres: les ours et les lions qui sont parmi les forests, ont ie ne sçay quoy qui les tient en bride, en sorte qu'ils ne se nuisent point les uns aux autres . . . il y a comme un mouvement naturel qui les pousse à cela, qu'ils s'entr'aiment, en sorte que chacun se nourrit avecs son compagnon.*
34) Cf. comm. on Isa. 6 : 13, C.O. 36 : 142. *Nam quum cernimus gratiam Dei spiritualem in ipso naturae ordine, non parum confirmamur.*

아주 근접한 유사성에 근거한 참된 유비(類比, analogy)를 또한 발견한다.[35] 더욱이 자연의 질서의 불변성은 우리의 구원과 관계가 있는 약속들의 불변성에 대한 하나의 표적이다.[36] 그리고 하나님께서 비와 해를 주시어 땅의 힘을 돋우어 땅이 소산을 내게 하는 것은 하나님의 부성애(父性愛)의 표적이자 하나님이 우리의 세속적 생활을 뒷바라지하실 때 우리의 영적 생활을 또한 뒷바라지해 주실 것이라는 사실에 대한 표적이기도 한 것이다.[37]

---

[35] Cf. comm. on 1 Cor. 15 : 36, C.O. 50 : 556. Serm. on Job 18 : 1–11, C.O. 34 : 68–9. *Toutes fois et quantes qu'on nous parlera de Dieu, que ses œuvres . . . nous conduisent tousiours plus haut à lui. Exemple. . . . S'il fait que la semence qui sera iettee en terre, germe apres qu'elle sera pourrie, et qu'elle apporte fruict de nouveau: si nous allons en corruption, Dieu ne nous pourra-il pas restablir en une meilleure vie, veu qu'il monstre une telle vertu en l'ordre de nature?*

[36] Serm. on Job 18 : 1–11, C.O. 34 : 68–9.

[37] Ibid and Serm. on Deut. 28 : 9–14, C.O. 28 : 375. Calvin's idea that bread and wine in themselves have no power of nourishing or refreshing men, but that by the order of nature God can use them; and normally does use them, to convey strength and nourishment to our bodies as we partake of them (cf. e.g. serm. on Deut. 8 : 1–2, C.O. 26 : 595–6), seems to suggest that the mystery of the Lord's Supper too has its parallel in the natural world, but Calvin can insist that the Sacrament has no such natural counterpart. Cf. serm. on Luke 1 : 36–8, C.O. 46 : 97–8, where Calvin scorns the suggestion that in the doctrine of the Supper *nous voulions nous gouverner selon l'ordre de nature.* Comparing the influence of the sun on the earth with that of the ascended Christ on His people, he says, *Le soleil fait son office selon l'ordre de nature: mais Iesus Christ fait miracle.*

제 5 장
자연의 질서 내에서의 상호 교통과 복종

1. 상호 교통

(1) 사랑으로 하는 상호 교통은 그리스도 안에서 회복된 하나님의 형상에 근거한 자연적 본분임.

이웃을 사랑한다고 하는 것의 의미를 칼빈이 해석할 때, 그의 가르침과 설교에서 그는 예수 그리스도 안에서 자연의 질서가 계시되며 회복되는 것을 보는 까닭에 그 질서를 곧잘 언급한다. 예를 들면 마태복음 5:43에 관한 해석에서, 모든 사람이 나의 이웃이라고 하는 '일반적 개념'으로 온 인류를 포함하여 모든 사람들 간에 '거룩한 교제'(societas sancta)가 있다고 칼빈은 확언한다. 이것은 사람의 부패성마저도 침해하지 아니한 자연의 질서의 한 요소이다. 이것은 "본성 자체가 명하는 바" 사람과 사람 사이에서 행해지는 형제 우애(brotherly love)에 의한 '상호 교통'(mutua communicatio)으로 나타난다. 이 모든 것은 나의 형제와 동일한 인간적 본성을 나도 가지고 있다는 인식에 근거한다. "내가 사람을 볼 때마다 나는 필연적으로 거울로 보는 것처럼 나 자신을 보게 되어 있는 것이다."[1]

---

[1] Comm. on Matt. 5:43, C.O. 45:187. *Mirum est, eo absurditatis delapsos fuisse scribas, ut proximi nomen restringerent ad benevolos: quum nihil clarius sit*

이 모든 것에서 우리의 이웃을 사랑하는 본분을 전적으로 본성적인 기초에 칼빈은 근거하고 있어 보인다. 그러나 다른 구절들로부터 미루어 보면, 이웃에 대한 우리의 전본분(全本分)이 우리가 그리스도 안에서만이 알 수 있는 한 가지 사실—모든 사람이 하나님의 형상으로 창조되었다는 것에 참으로 근거하고 있음이 분명하다. 본성이 가르치는 바에 따라 인간성 때문에 요나를 죽이기를 주저하였던 그 선원들은 이 진리를 알지 못했다. 그런 까닭에 이 점에서 우리는 "그들을 뛰어넘어야" 하는 것이다.[2] 비록 타락 까닭에 하나님의 형상이 알아볼 수 없을 만큼 아주 꼴사납게 뒤틀려 있지만 그래도 기독교인은 모든 사람을 하나님의 형상으로 창조되었고 지금도 그 형상을 지니고 있는 존재로 간주해야 하는 것이다. 이러한 고려는 자기의 동료 일반에 대한 기독교인의 태도를 결정함에 있어서 기본적으로 중요하다. "우리는 사람들이 그들 자체로서 받아 마땅한 것을 보는 대신에, 모든 사람들에게 있고, 우리가 마땅히 경의와 사랑을 드려야 하는 바 하나님의 형상을 주목해야 하는 것이다."[3] 사람이 하나님의 형상으로 창조되어 있는 까닭에 우리의 동료에 대한 죄는 어느 것이나 하나님을 해치는 것으로 간주되는 행동으로 또한 여겨져야 하는 것이다.[4]

인간의 생명을 해치는 것을 금하는 계명들의 배후에 있는 이유는, 사람이 하나님의 형상으로 창조된 까닭에 하나님 자신이 사람들을 자기 자신의 형상으로 빚어진 것으로 보시고서 인간의 잔인성과 사악성의 희생물이 된 자들에게서 그 자신이 상처를 입으신 것으로 느끼실 만큼

---

nec certius quam Deum complecti totum humanum genus, quum de proximis nostris loquitur. Nam quia sibi quisque addictus est, quoties alios ab aliis separant privata sua commoda, deseritur mutua communicatio, quam natura ipsa dictat. Deus ergo ut nos in fraterno amoris complexu retineat, propinquos esse testatur quicunque sunt homines, quia eos nobis conciliat communis natura: quoties enim hominem adspicio, quia os meum et caro mea est, me ipsum quasi in speculo intuear necesse est. Quamvis autem maior pars ut plurimum a sancta societate dissiliat, non violatur tamen eorum pravitate naturae ordo, quia spectandus est Deus coniunctionis autor.

2) Comm. on Jonah 1 : 13–14, C.O. 43 : 227.
3) Inst. 3 : 7 : 6.
4) Serm. on 2 Sam. 2 : 14–17, p. 42. S'ils font ung jeu de tuer, que nous considerions tousiours que c'est vne chose detestable que de ruiner et effacer l'image de Dieu qui reluyt en ses creatures, d'autant que tous hommes sont creez a son image. Cf. on 2 Sam. 2 : 27–31, p. 49. Vn homme estant creé a l'image de Dieu, ne peut estre tué que l'offense ne s'adresse a Dieu mesme.

그는 사람들을 사랑과 경의를 가지고 대하신다는데 있다.[5] 이와 같이 복음은 사람들이 서로를 사랑해야 한다고 하는 계명을 위한 자연적 근거로 보이는 것을 우리에게 제시한다. 그리고 칼빈은 이것을 출발점으로 하여 더 진전된 '자연적' 원리들을 연구한다.

모든 사람들에게서 하나님의 형상을 보게 될 때 우리 모두가 하나의 공통된 본성으로 창조되어 있다는 것을 깨닫게 된다.[6] 하나님께서 우리더러 서로 사랑하고 돕도록 격려하고자 하실 때 그는 우리가 '한 육체와 한 본성으로' 만들어져 있음을 일깨우신다. 그러므로 우리가 우리 자신의 육체를 멸시해서는 안되는 것이다. 어떠한 것이 우리를 다른 인간 존재로부터 분리시킨다 할지라도, 그가 우리와 같은 기원을 가지고 있고 같은 모양으로 창조되어 있음을 기억해야 하는 것이다.[7] 사람에 대한 사람의 본분(本分)을 가르침에 있어서, 칼빈은 모든 인류가 한 부모에게서 기원하였고,[8] 따라서 모든 사람들이 한 몸을 이루고 있다는[9] 자기의 신앙을 크게 강조한다.

칼빈은 '자신들의 육체로부터' 자신들을 숨기지 말라고 자기 시대의 백성들에게 한 이사야의 호소를 자주 인용한다.[10] 그러므로 우리가 인간(human creatures)이라고 하는 바로 그 사실이 의미하는 바에 의하면, "우리에게 전혀 낯설은 사람들일지라도 가난하고 멸시받는 자들, 스스로를 도울 능력이 전혀 없는 약한 자들 그리고 자기들의 짐에 눌려 신음하는 자들에게서 우리는 거울로 보는 것처럼 우리 자신의 얼굴을 볼 수밖에 없게 되어 있다. 아프리카의 무어(Moor) 사람이나 야만인을 다

---

5) Serm. on Deut. 4 : 39 : 43, C.O. 26 : 227. *Voila donc Dieu qui nous porte une telle amour, qu'il se sent blessé et outragé en nos personnes, d'autant qu'il nous a creez à son image.*
6) Serm. on 1 Tim. 2 : 1-2, C.O. 53 : 128. *Et pour ceste cause il nous a creez d'une nature. Quand ie regarde un homme il faut que ie contemple là mon image, et que ie me regarde en sa personne et que ie m'y cognoisse.*
7) Serm. on Eph. 5 : 28-30, C.O. 51 : 760. Cf. serm. on Gal. 6 : 9-11, C.O. 51 : 105. *Et d'autant qu'il a imprimé son image en nous, et que nous avons une nature commune, que cela nous doit inciter à subvenir les uns les autres.* Cf. serm. on Deut. 5 : 19, C.O. 26 : 351.
8) Serm. on Job 31 : 9-15, C.O. 34 : 655.
9) Serm. on Deut. 4 : 39-43, C.O. 26 : 229.
10) Cf. e.g. serm. on Deut. 22 : 1-4, C.O. 28 : 16; on Gal. 6 : 9-11, C.O. 51 : 105; comm. on Gal. 5 : 14, C.O. 50 : 251; Inst. 3 : 7 : 6; serm. on Eph. 5 : 28-30, C.O. 51 : 760.

룸에 있어서도 그의 존재가 사람이라고 하는 바로 그 사실로 말미암아 그가 우리의 형제요, 우리의 이웃임을 볼 수 있는 거울을 그의 몸에 지니고 있다."[11]

우리가 공통된 인간성을 가지고 있다는 이 인식—그것의 기초에는 모든 사람들에게 하나님의 형상이 있다고 하는 우리의 인식이 깔려 있다—자체가 "우리의 이웃을 우리 자신처럼 사랑하라"고 하는 율법 및 예수님의 가르침의 명령의 기초를 이루고 있다. 이 세상에서 모든 사람은 그들이 누구이든지간에 이웃들이다. 참으로 선한 사마리아인의 비유에서, 예수님의 목적은 "이웃이라는 단어가 모든 사람에게 무차별하게 적용된다는 것을 가르치는 것이었다. 왜냐하면 온 인류가 교제의 거룩한 관계로 연합되어 있기 때문이다."[12]

이 두 기본 사실들—모든 사람들이 하나님의 형상으로 창조되어 있다는 것과 모두가 공통된 인간적 본성을 가지고 있다는 것—이 인간 관계에 대한 칼빈의 모든 가르침의 초석(礎石)이다. 이 인간 관계 자체가 다른 모든 사람 뿐만 아니라 기독교인이 따라 살아야 하는 '자연의 질서'를 정의한다. 거듭거듭 칼빈은 기독교적 사랑이 의미하는 바를 정의함에 있어서 이 질서를 언급한다. 자연의 질서에 의하면, 하나님이 모든 사람을 함께 묶으셨고, 서로를 도울 수 있도록 이 세상에 그들을 두셨다.[13]

만일 우리가 평화롭게 살지 아니하거나 서로 화합하지 아니하면, 자연의 질서가 깨뜨려진다.[14] 아무리 다른 사람들이 사악하다 할지라도, 그들이 우리의 형제나 이웃으로 여겨지기에는 아무리 미천하다 할지라도, 그들이 하는 아무것도 하나님이 정해 놓으셨기에 우리가 마땅히 준행해야 하는 이 질서를 변경시킬 수가 없는 것이다. 사악한 사람이나 우리를 미워하고 해치는 사람도 하나님의 형상을 지닌 자로 여전히 간

---

11) Serm. on Gal. 6 : 9–11, C.O. 51 : 105.
12) Comm. on Luke 10 : 30, C.O. 45 : 613. *Poterat simpliciter docere Christus, proximi nomen ad quemvis hominum promiscue extendi, quia totum humanum genus sancto quodam societatis vinculo coniunctum sit.* Cf. serm. on Deut. 22 : 1–4, C.O. 28 : 16.
13) Serm. on Gal. 6 : 9–11, C.O. 51 : 100.
14) Serm. on Deut. 2 : 1–7, C.O. 26 : 9.

주되어야 한다. [15]

　이와 같은 근거로 우리의 동료에 대하여 사랑을 가지고 행동하는 것은 그에 대하여 우리 자신이 인간적임을 나타내 보이는 것을 단지 의미할 뿐이다. 다른 사람을 사랑하는 것은 우리의 공통된 인간성을 인식하여 인간성을 가지고 행동하는 것이다. [16] 인간의 삶을 해치는 모든 잔인성과 교만은 사람들이 모든 사람들과 더불어 가지고 있으며, "우리가 피차 간에 겸손과 공의로 행동해야 할 것을 가르쳐 주는" 공통된 인간성(the common humanity)을 잊거나 무시할 때, 그리고 그 인간성을 소유하고 있음을 잊거나 무시할 때 생겨난다. [17] 이것이 주인이 자기 집에서 남종과 여종을 다룰 때 기억해야 할 사항이다. 비록 주인이 종들보다 지위상 우위에 있음이 분명하고, 종들에게 식탁에서 그보다 상석에 앉게 하거나 자신의 침대를 내어주어 잠을 자게 하는 데까지 양보할 것은 없지만, 종들도 하나님의 형상으로 창조된 바 주인과 같은 골육(骨肉)의 아담의 자녀들임과 따라서 피차 인간성을 가지고 행해야지 무지한 짐승을 다루듯해서는 안되는 것을 항상 주인은 기억해야 한다. [18]

　자기의 불쌍한 동료들에게 동정과 자비―모든 인류가 형제라는 사실에 비추어 당연한 도리임―를 거부하는 사람들은 자신들을 비인간화(非人間化)시킨다고 칼빈은 주장한다. 만일 우리가 가난한 자들에게 아무런 사랑도 베풀지 않는다고 하면, 그것은 인간성의 상실을 의미하며, 따라서 우리가 사람들 가운데 자동적으로 들 수가 없게 되고 짐승들 가운데 들게 되는 것이다. [19] 이와 같이 우리의 이웃에게 구제를 하지 않게 됨으로 해서 우리 자신의 가치를 손상시킨다. [20] 그리고 하나님의 형

---

15) Serm. on Gal. 5 : 14–18, C.O. 51 : 19. Cf. comm. on Gal. 5 : 14, C.O. 50 : 251. *Neque enim hominum improbitas ius naturae delere potest.*
16) Cf. e.g. serm. on 1 Tim. 4 : 1–3, C.O. 53 : 346. *Brief, que nous soyons humains et pitoyables, et qu'il y ait equité en nous et droiture.*
17) Comm. on Ps. 10 : 2, C.O. 31 : 109. *Saevitiam vero non parum amplificat haec circumstantia, quod humanitatis obliti, pauperibus et afflictis contumeliose insultent. Superba quidem semper est crudelitas, imo superbia omnium iniuriarum mater est.*
18) Serm. on Deut. 5 : 13–15, C.O. 26 : 304.
19) Serm. on Deut. 5 : 19, C.O. 26 : 351.
20) Serm. on Gal. 6 : 9–11, C.O. 51 : 105. *Car il faut que celuy qui se voudra exempter de subvenir à ses prochains se deffigure, et qu'il declare qu'il ne veut plus estre homme.*

제 3 부 참된 질서의 회복 **195**

상을 포기하고 황소나 사자나 곰같은 존재로 우리를 격하시키는 것이 된다.[21]

바로 그 자연의 질서가 교회의 교제 내에서도 우리의 관계를 결정해야 한다. 사실 칼빈에 의하면 비록 자연의 질서에 의해 우리가 우리의 동료 일반과도 아주 밀접하게 결속되어 있지만, 아무리 다른 기독교인 동료가 가난하다고 할지라도 교회 내에서의 우리와 우리의 기독교인 동료 간에는 더욱 밀접한 결속이 있다.[22] 하나님의 형상은 우리 주변에 있는 다른 일반 사람들의 경우에서 보다는 "중생된 자들에게서 더 찬란하게 빛난다." 따라서 그리스도의 제자들을 서로 결속시키는 관계가 교회 밖에서 보다는 안에서 더욱 강하고 거룩하다.[23] 만일 우리의 동료 인간을 해치는 것이 자연의 질서를 파괴하는 것이라고 하면, 우리의 동료 기독교인을 해치는 것은 "예수 그리스도를 산산조각으로 찢는 것"에 해당한다.[24]

(2) 상호 교통의 법칙이 세속적 사교의 기초임.

모든 사람들과 더불어 우리가 공통된 본성을 가지고 있는 것을 기초로 하여 자연의 질서를 성취하는 것이 무엇을 의미하는가를 보다 더 면밀하게 정의함에 있어서, 칼빈은 전체 공동 생활이 풍부해질 수 있도록 우리가 줄 수 있는 것을 필요로 하는 모든 사람들과 더불어 갖는 '상호 교통'(mutual communication)에 대한 우리의 의무를 말한다.[25] 이러한 상호 교통은 창조할 때 하나님께서 각 사람을 위하여 수없이 많은 개인적인 세계를 만들지 아니하고 한 세계 안에 하나의 공동(共同) 거주지를 만들어 주셨다는 사실과,[26] 우리 모두가 '한 몸으로 결속되고 연합되

---

21) Serm. on Job 31 : 9–15, C.O. 34 : 655. But cf. p. 146.
22) Serm. on 2 Sam. 1 : 12, p. 6. *Et puis il y a vne conioinction plus prochaine de nous auec les poures fideles qui sont espars ca et la.*
23) Comm. on John 13 : 34, C.O. 47 : 318. *In regeneratis clarius elucet Dei imago.*
24) Serm. on Deut. 2 : 1–7, C.O. 26 : 9.
25) Serm. on 1 Cor. 11 : 11–16, C.O. 49 : 739. *Il est impossible que nul se passe de l'aide et secours de ses prochains: mais il faut qu'il y ait communication mutuelle, et qu'un chacun serve de son costé et que le tout se rapporte aussi à la vie commune.*
26) Serm. on 1 Tim. 2 : 1–2, C.O. 53 : 128. *Car nostre Seigneur n'a point creé de mondes infinis, afin qu'un chacun demeurast là à l'escart vivant à soy et à son profit privé: mais il nous a mis les uns avec les autres. Voulant donc que l'habitation fust*

어' 있다는 사실에서[27] 나온 분명한 결과이다. 자연의 질서 속에서 이러한 상호 교통을 보조하기 위하여 말로 교통하는 능력이 사람들에게 주어졌으며, 격려와 훈육과 위안을 통해서 서로의 필요를 충족시킬 수 있는 언어가 만들어진 것이다. 그러므로 말이나 언어를 남용하는 것은 모두가 자연의 질서를 악화(惡化)시키는 것이 된다.[28]

또한 우리가 상호 교통할 수 있도록 하기 위하여 화폐 사용이 자연의 질서의 한 부분으로 하나님에 의해 제정되었다.[29] 따라서 돈(화폐)을 잘못 사용하거나 그릇된 태도를 갖는 것은 자연의 질서를 오염시키는 것이 된다.[30] '현실 생활의 모든 일용품'을 사용할 때 우리를 향하신 하나님의 선하심을 찬미할 뿐만 아니라, 우리의 이웃과 우리 주님이 명하신 바 '공동 분배'(Communauté)에 관심을 가져야 한다.[31] "하나님께서 교제의 확실한 띠로 사람들을 연합시켜 놓았기 때문에, 그들은 선한 직분을 통해서 상호 교통을 해야 하는 것이다. 이 점에서 그런 까닭에, 부자가 가난한 자를 도와주고 배고픈 자들에게 먹을 것을 주어야 하는 것이다."[32]

칼빈이 기독교적 사랑의 의무들에 대하여 말할 때, 하나님께서 우리

---

commune, il nous a aussi obligez, afin qu'un chacun pense qu'il doit communiquer avec ses prochains. Et pour ceste cause il nous a creez d'une nature.
27) Serm. on Job 1 : 6-8, C.O. 33 ; 66. *Et ceste droiture tend là, qu'un chacun ne se retire point à part, pour cercher son profit, mais que nous communiquions ensemble, comme Dieu nous a liez et unis en un corps, qu'un chacun regarde à servir à ses prochains, qu'il y ait ceste communauté fraternelle.*
28) Serm. on Eph. 4 : 29-30, C.O. 51 : 644. *Nostre Seigneur nous a donné langue pour communiquer les uns avec les autres. . . . Nous ne pourrons point marcher un pas, que nous ne voyons que l'un a besoin d'estre picqué, l'autre reprins, l'autre consolé, l'autre enseigné. Quand nostre langue se tient quoye en tout cela, et que nous n'avons souci ni des corps ni des ames de ceux qui sont conioints avec nous, et ausquels nous devons estre unis comme deux doigts de la main : quand donc nous abastardissons ainsi l'usage naturel de nostre langue, n'est-ce point comme despiter Dieu manifestement? . . . quand donc nous profanons . . . nos langues, n'est ce point pervertir tout l'ordre de nature?*
29) Serm. on 1 Tim. 6 : 9-11, C.O. 53 : 582. *Car voici Dieu qui a regardé aux necessitez des hommes, il ne leur a voulu defaillir en rien : et comme il a creé le blé, le vin, et autres choses . . . il a adiousté l'argent, afin que les hommes peussent communiquer les uns avec les autres.*
30) Ibid, p. 581 and 2. Cf. note on usury, p. 156 below.
31) Serm. on Deut. 20 : 2-9, C.O. 27 : 609. *Communauté* here doubtless means common sharing of goods.
32) Comm. on Ezek. 18 : 7, C.O. 40 : 429. *Sed quia Deus homines quodam societatis vinculo inter se coniunxit, ideo necesse est communicari inter ipsos officia. . . .*

가운데 제정해 놓으신 질서 안에서 우리의 직분을 성취함에 있어서 우리 각인이 의무적으로 해야 하는 이 상호 교통을 그는 자주 언급한다.[33] 우리를 서로 이렇게 결속하는 관계를 '사랑의 일반 관계'(Common bond of love)라고 칼빈은 말한다.[34] 그렇지만 가난한 자들에 대한 부자들 편에서의 '직분의 교통'(Communication of offices)은 '자연법에 의하여 마땅한' 것을 단지 지불하는 것에 지나지 않는다. 그것은 모든 사람들이 서로 간에 가져야 하는 인간성의 자연적 감정(a natural feeling of humanity)의 표현으로 단지 간주되어야 한다. 기독교인이 그러한 의무를 수행함에 있어서 특별히 자만할 것이 전혀 없다.[35] 이방(異邦)의 사상가들까지도 우리 모두가 인류를 위하여 태어났다는 것과 사회 생활이 사람들 간에 선한 직분들을 상호 교환함으로 해서만이 온전하게 발전될 수 있다는 것을 가르친다.[36]

하나님은 아무도 자충족(自充足)할 수 없도록 인간 생활을 정해 놓으셨다. 개인이 아무리 영리하고 자력(資力)이 풍부하다 할지라도, 인간 생활의 가장 세속적인 필수품 공급의 경우에 있어서마저도 이웃들을 필요로 하는 것이다. 땅을 가지고 있는 농부는 자신의 고된 노동을 통해서 스스로 먹을 것과 마실 것을 생산할 수가 있다. 그러나 저녁에 어둠을 밝혀줄 양초나, 자기가 기른 양이나 소의 가죽으로 만든 조잡한 것보다 더 나은 옷을 입기를 원하는 경우, 발에 맞는 신발과 어깨를 따뜻하게 해줄 옷 등을 얻기 위해서는 다른 사람들의 기술과 노동을 필요로 한다. 자연의 법에 따르면, 사람마다 주어야 하고 사람마다 받아야 한다. 자충족감을 느끼고 부귀를 누리는 부자들마저도 인간의 몸의 중요한 부분들은 눈과 같이 아주 정교한 부분들이고, 그것은 아주 정교한 까닭에 몸의 다른 부분들로부터 더 많은 도움과 보호를 받을 필요가 있다는 점을 기억해야 하는 것이다.[37]

---

33) Cf. serm. on Eph. 2 : 22–6, C.O 51 : 735–6.
34) Serm. on Eph. 5 : 18–21, C.O. 51 : 732. *Dieu . . . veut que nous soyons serviables les uns aux autres et que nous ne cerchions point tellement chacun son profit, que nous ne regardions que nous sommes conioints d'un lien mutuel de charité.*
35) Inst. 3 : 7 : 7.
36) Comm. on Exod. 22 : 25, C.O. 24 : 679.
37) Serm. on 1 Cor. 11 : 11–16, C.O. 49 : 739.

(3) 각 인은 자기의 소명(召命)에 따라 사회의 책임들에 참여해야 함.

인간 사회에서 여러 다른 기능들을 이행하는 사람들 사이의 이같은 상호 교통은 사회를 위한 자연의 질서가 성취될 수 있도록 질서 정연한 방법으로 맡겨진 직업 또는 소명(calling)을 각자가 이행해야 한다는 것을 의미한다. 물론 칼빈의 경우, 어떤 사람이 어떤 소명을 받아 태어난다고 하면 그 소명을 바꾸려고 할리 없을 것이라고 가르치지는 않는다. "양복 만드는 재단사가 다른 무역업을 배울 자유가 없다고 하거나, 상인이 농사일을 할 자유가 없다고 한다면 그것은 아주 힘든 일일 것이다.[38)] 그렇지만 사회에서 각 개인은 자기가 속해 있는 사회적 공동체 생활에서 어떤 유익한 기능을 수행하도록 하나님께 소명을 받았음을 인식해야 한다.[39)] 그러므로 자기의 적법한 소명의 '한계,' 즉 농부는 들판, 장사꾼은 자기의 특별한 분야를 각기 지키는 것이 그의 의무인 것이다. 그렇게 할 때만이, 혼돈과 무질서를 피할 수가 있다.[40)] 각 인은 "자기 자신의 일에 전념해야"한다는 이 규정은, 그렇다고 해서 사람들이 피차 별도로 살아야 한다는 것을 결코 의미하지 않는다. 사람들이 피차 돌보아 주고 서로 함께 해야 하는 공동 생활이 사회 안에 있기 때문에, 고립된 특수화(isolated specialisation)는 본래 좋은 일이 아닌 것이다.[41)]

인간이 사회 생활에 참여한다고 하는 것은 아담의 타락의 결과로 인류에게 지워진 고된 수고(手苦)의 짐을 나누어 갖는 것을 의미한다. 이 수고의 짐이 모든 사람에게 동일하게 지워지는 것은 아니다. 어떤 사람들은 더 많이 지는데 비하여, 어떤 사람들은 조금 밖에 지지 않는다.[42)] 수고로운 노동의 생활이 수치스런 것으로 생각해서는 안된다. '묵상의

---

38) Comm. on 1 Cor. 7 : 20, C.O. 49 : 415.
39) Ibid.
40) Comm. on 1 Thess. 4 : 11, C.O. 52 : 163. *Haec igitur optima tranquillae vitae ratio, dum unusquisque vocationis suae officiis intentus, exsequitur quae sibi a Domino mandata sunt, et in iis se occupat: dum agricola se in operibus rusticis exercet, opifex artem suam tractat: atque ita singuli intra proprios fines se continent. Simulatque hinc deflectunt homines, omnia incomposita sunt ac turbulenta.*
41) Ibid.
42) Comm. on Gen. 3 : 19, C.O. 23 : 75.

제 3 부 참된 질서의 회복 **199**

생활'이 수고롭게 노동하는 것보다 더 낫다고 가르치는 자들은 거짓되게 가르치고 있는 것이다. ⁴³⁾ 우리가 경험하는 대로 노동은 흔히 지나치게 힘들고 보수도 시원치 않지만, ⁴⁴⁾ 땅에 살고 있는 동안에는 어떤 형태의 노동이든 열심히 일해야 할 목적을 위해, 하나님께서 우리를 창조하였다는 것을 기억해야 한다. ⁴⁵⁾

그러므로 일하는 것(to labour)은 하나님의 형상을 따라 계획되어 있는 바 자연의 은혜로운 질서를 성취하는 것이다. 더욱이 우리가 땅에서 수고할 때 그 수고가 하나님에 의하여 정해진 신적 소명(divine vocation)이 되도록 하나님의 소명(the call of God)이 우리에게 임할 뿐만 아니라, 우리의 노동이 열매를 맺게 될 것임을 확신시켜 주는 데까지 하나님의 손이 우리에게 뻗쳐있다. ⁴⁶⁾ 사단이 노동과 집안 일은 하나님과 관계없는 세속적 일들이라고 설득시키려 하는 거짓말을 믿어서는 안된다. 우리는 현재의 세속 생활을 주님께 드리는 예배와 분리시켜서는 안된다. 하나님은 정직하고 건실한 노동을 하나님 자신이 기뻐하시는 예배로 받으신다. ⁴⁷⁾

만일 하녀와 남종이 그들의 집안 일들을 부지런히 하여 그들의 일을 통해 자신들을 하나님께 제물로 드린다고 하면, 그들이 하는 일이 하나님 보시기에 기뻐하는 거룩하고 순전한 제물로 하나님께 받아들여지는 것이다. ⁴⁸⁾ 칼빈이 고리 대금업을 반대하는 이유들 중의 하나는, 자신들

---

43) Comm. on Luke 10 : 38, C.O. 45 : 381-2.
44) Cf. pp. 131n. and 132n.
45) Comm. on Luke 17 : 7, C.O. 45 : 414. *Meminerit ergo unusquisque, se ideo creatum esse ut laboret, ac strenue se in ministerio suo exerceat.* Cf. comm. on Luke 10 : 38, C.O. 45 : 382.
46) Comm. on 1 Tim. 6 : 12, C.O. 52 : 329.
47) Serm. on 1 Cor. 10 : 31-11 : 1, C.O. 49 : 695. *Le diable a tellement aveuglé les hommes qu'il leur a persuadé et fait à croire, qu'en choses petites il ne faloit point estimer que Dieu fust honoré ne servi : et ce sous ombre que cela estoit du monde. Comme quand un homme travaille en son labeur pour gaigner sa vie, qu'une femme fait son mesnage, qu'un serviteur aussi s'acquite en son devoir, on pense que Dieu n'a point esgard à tout cela, et dit on que ce sont affaires seculiers. Or il est vray que tout cela est propre pour ce qui concerne ceste vie presente et caduque : mais cependant ce n'est pas à dire qu'il nous fale separer cela du service de Dieu.*
48) Ibid, p. 696. *Si une chambriere balie la maison, si un serviteur va à l'eau, et bien, cela ne sera rien prisé : Et toutesfois quand ils le font en s'offrant à Dieu, pour ce qu'il luy fait en s'offrant à Dieu, pour ce qu'il luy plaist les appliquer à cela, un tel labeur est accepté de luy comme une oblation saincte et pure.* Cf. comm. on Luke 10 : 38, C.O. 45 : 382. . . . *nec ulla sacrificia magis placere Deo, quam dum in suam quisque vocationem intentus utiliter in commune bonum vivere studet.*

의 노동이나 기술을 가지고 사회에 유익을 기여함이 없이 사회에서 다른 사람들의 노동의 유익을 자기 것으로 만드는 계층의 사람들을 고리대금업이 만들어내는 것이기 때문이다.

카토(Cato, BC 234~139년 ; 로마의 장군, 정치가-역자주)가 고리대금업과 살인을 동일 수준의 잔학행위로 취급한 것은 옳다. 이는 이 계층의 사람들의 목적이 다른 사람들의 피를 빨아 먹는 것이기 때문이다. 다른 사람들은 많은 수고를 통해 자기들의 생계 수단을 확보하는데 반해-농부들은 그들의 일상의 일터에서 피곤하기까지 일하고, 공장 노동자들은 그들의 이마에서 구슬땀을 흘려 가면서까지 그들의 사회를 섬기며, 상인들은 허리 아프게 일할 뿐만 아니라 많은 불편과 위험을 당하기도 하는데 반해-돈벌레(moneymongers)들은 무위도식(無爲徒食)하면서 다른 사람들의 노동으로부터 조공을 받는 것은 아주 이상하고 부끄러운 일인 것이다.[49]

---

[49] Comm. on Ps. 15 : 5, C.O. 31 : 148. Calvin discusses usury at some length in his commentaries (on Ps. 15 : 5, C.O. 31 : 147-8; on Ezek 18 : 8, C.O. 40 : 430-2; on Exod. 22 : 25, C.O. 24 : 680-3), though he feels that there is much more that could be said (40 : 432). He does not agree with Aristotle that all usury is contrary to nature, since it is unnatural that money alone should beget money (24 : 682), but he does regard it as significant that even amongst the heathen usury is universally detested. He frequently quotes with approval Cato's judgment that usury was almost the same as murder (24 : 681; 31 : 147-8; 40 : 431). It is, however, the pursuit of usury as a trade or profession that is to be condemned thus outrightly, and not the occasional lending of money (24 : 683; 40 : 431). Calvin's personal view is that the professional usurer ought to be "expelled from intercourse with his fellow man," and certainly he ought not to be allowed in the Church (40 : 431). The very word usury in Hebrew means "to bite" (40 : 429-30). Professional usury invariably leads to extortion and oppression of the poor (31 : 147-8; 40 : 432). But God's law does not condemn all usury, e.g. it allowed Jews to lend money to Gentiles. We must not try to be more strict (40 : 430), lest if we condemn all usury without distinction men will plunge in despair into the worst type of usury without discrimination (31 : 147). We can lend money to the rich and take interest. Otherwise why should the rich borrower reap all the advantage (24 : 682)? We must remember that apart from usury men cannot transact their business (40 : 432). In many cases usury is no worse than purchase. "Usury is not now unlawful except in so far as it contravenes equity and brotherly union" (24 : 683). But we should not exact interest from the poor and we must always beware of practising this vice under specious names (31 : 147). "The common fellowship of the human race (*communis generis humani societas*) demands that we should not grow rich by the loss of others" (24 : 680). Cf. serm. on Deut. 23 : 18-20, C.O. 28 : 117 and 121.*La somme est telle que nous ne devons point grever nos prochains, prenant aucun profit d'eux: voire i'enten profit qui leur soit à dommage. . . . Ce n'est pas le tout aussi que la police nous excuse. Car voila la Loy qui sera de cinq pour cent . . . est-ce à dire pourtant qu'il soit tousiours licite de prendre cinq pour cent? Nenni.*

2. 상호 복종

(1) 우리의 공통의 인간성에는 자연의 질서의 요소로 상호 복종이 포함됨.

사회 내에서 상호 간에 사랑으로 하는 모든 교통에는 상호 복종이 포함된다.[50] 칼빈은 자연의 질서에 있어서 인간 상호 간의 전체 본분을 '상호 복종'의 본분으로 규정한다.[51] 사람들 가운데는 아무 사람도 회피하려고 해서는 안되는 멍에, 곧 '복종의 보편적 관계'(universale subiectionis vinculum)가 있다.[52] 칼빈은 가끔 여기에서 한걸음 더 나아가 그러한 복종에는 '예속'(servitude)이 또한 포함되어 있는 것으로도 말한다. "하나님이 우리를 서로 간에 아주 밀접하게 결속시켜 놓았기 때문에 아무도 복종을 면하려 해서는 안된다. 사랑이 지배하는 곳마다 상호 예속(mutual servitude)이 있다.[53]

사회 안에는 개인들이나 단체들을 서로 결속하므로 보편적 인류 관계보다 더 밀접하고 더욱 구속력(拘束力)이 있는 어떤 관계들이 있다는 것을 칼빈은 인정한다.[54] 남편과 아내 사이의 혼인의 '인연'(yoke)은 모든 인간 관계들 중에 가장 밀접하고 가장 거룩한 것이다.[55] 그 다음에 부모와 자녀들 간의 밀접한 관계가 있다. 그리고 세번째로 "주인과 종

---

50) Serm. on Eph. 5 : 22–26, C.O. 51 : 735. *Nous avons veu ci dessus, comme chacun de nous est subiet à ses prochains, et ne pouvons autrement converser les uns avec les autres qu'en rendant quelque devoir comme de subietion.*
51) Cf. comm. on 1 Pet. 5 : 5, C.O. 55 : 287.
52) Comm. on Eph. 5 : 22, C.O. 51 : 222.
53) Comm. on Eph. 5 : 21, C.O. 51 : 221 . . . *Ac ubicunque regnat caritas, illic mutua est servitas.* Cf. serm. on Eph. 5 : 18–21, C.O. 51 : 733. . . . *que chacun support son prochain. Et n'est-ce pas subietion que cela? Nous ne pouvons pas vivre ensemble sans ce support. Or est-il ainsi que tout support emporte servitude.* Cf. also p. 734.
54) Comm. on Ps. 55 : 13, C.O. 31 : 540. *Interea sciamus damnari a spiritu sancto eos omnes qui sacra naturae foedera violant quibus erant inter se devincti. Quaedam est totius humani generis societas: sed quo quisque propius ad nos accedit, eo sanctiore vinculo nobis est coniunctus. Nam principium, quod profanis hominibus incognitum fuit, nobis tenendum est, non fortuito, sed Dei providentia fieri, ut vicinitas, cognatio, vocatio communis, homines ipsos inter se consociet. Sacratissimum autem est pietatis foedus.* Cf. comm. on Eph. 5 : 22, C.O. 51 : 222.
55) Serm. on Eph. 5 : 28–30, C.O. 51 : 761. *Or le lien le plus sacré que Dieu ait mis entre nous, est du mari avec la femme.* Cf. serm. on Deut. 5 : 18, C.O. 26 : 335.

들을 연결하는 관계"가 있다. [56] 이 관계들은 일반적 인류의 관계보다 더 밀접하기 때문에, 인류 일반에 대한 의무들에 대한 복종을 고무하는 것과 같은 사랑의 정신으로 이루어져야 하는 특별한 형태의 복종을 사람들에게 요구한다. [57] 사랑이 상호 복종을 일반 사람들에 대한 우리의 의무로 요구한다고 하면, 특별히 밀접한 이 관계들 중의 하나와 관련되어 있는 자들에 대하여는 더욱 더 강하게 사랑의 복종을 우리에게 요구하는 것이다. [58]

백성과 통치자, 종과 주인, 아내와 남편, 자녀와 부모의 관계에 있어서 낮은 자가 높은 자에게 복종하는 것은 성부 하나님에 의하여 정해진 불가침의 질서의 한 요소이다. [59] 이러한 질서가 지켜지지 아니하거나, 권세있는 자들이 그들의 고유한 자리를 견지하지 못하거나, 권세 아래 있는 자들이 그들 위에 있는 자들에게 복종하지 아니한다고 하면 인간 사회가 지탱될 수가 없다. [60] 사회 내의 이러한 질서는 모든 사람들로 하여금 원만하고 건실한 인간적 생활을 살 수 있게 하는 유일한 방법으로 하나님이 제정하셨다. [61]

---

56) Comm. on Eph. 5 : 22, C.O. 51 : 222. *Porro oeconomia tribus quasi iugis constat, in quibus mutua est partium obligatio. Iugum primum est coniugii inter virum et uxorem. Secundem iugum conficiunt parentes et liberi. Tertium dominos et servos continet.* Cf. comm. on 1 Pet. 5 : 5, C.O. 55 : 287.

57) Serm. on Eph. 5 : 22-6, C.O. 51 : 735. *Combien qu'en general il y ait ceste reigle . . . neantmoins il y a aussi en particulier subietion plus grande du fils au pere et de la femme au mari, des subiets à leurs superieurs, qu'il n'y a pas indifferemment entre tous hommes . . . et puis il y a aussi subietion special.*

58) Serm. on Eph. 5 : 28-30, C.O. 51 : 760. *Or si cest argument-là doit valoir en general, par plus forte raison quand les hommes sont conioints ensemble d'un lien plus estroit.*

59) Serm. on Gal. 3 : 26-9, C.O. 50 : 567-8. *Or cependant sainct Paul n'a pas voulu dire, quant à la police de ce monde, qu'il y ait des degrés divers: car nous sçavons qu'il y a des serviteurs et maistres: il y a des magistrats, et peuples suiets: il y a au mesnage l'homme qui est le chef, et la femme qui luy doit estre suiete: nous sçavons donc que ceste ordre-là est inviolable et nostre Seigneur Iesus Christ n'est pas venu au monde pour faire une telle confusion, que ce qui est establi de Dieu son Pere soit aboli.* Calvin calls such subjection *subiectio politica.* Comm. on 1 Pet. 2 : 18, C.O. 55 : 247.

60) Comm. on Exod. 20 : 12, C.O. 24 : 602-3. *Imo non aliter foveri et integra manere potest humana societas, quam si filii parentibus se modeste subiiciant, ac reverenter etiam colantur quicunque aliis divinitus sunt praefecti.*

61) Serm. on Deut. 5 : 10, C.O. 26 : 310. *D'avantage puis qu'ainsi est que toute preeminence vient de Dieu, et que c'est un ordre establi par luy, sans lequel mesme le monde ne peut subsister: que seroit-ce, si Dieu n'avoit tenu conte de cela, quand il nous a donné une certaine forme de bien vivre et saincte?*

제3부 참된 질서의 회복 **203**

　칼빈은 이러한 질서를 전적으로 자연이나 창조의 질서에 속하는 것으로 그저 항상 받아들이지는 않는다. 세상 도처에 있는 주인에 대한 종의 복종 관계가 "자연의 전질서와 반대된다"는 것을 칼빈은 주장한다. 왜냐하면 단지 인간이 타락한 까닭에 하나님의 형상으로 창조된 인간이 이러한 굴욕과 예속을 맛보게 되어 있는 것이기 때문이다.[62] 칼빈이 말하는 바에 의하면, 남자에게 하는 여자의 복종에는 본래의 질서에 속하지 않은 가혹성(severity)이 담겨 있다.[63] 이것은 부분적으로는 타락에서 여자가 저지른 역할에 대한 형벌이다.[64] 하나님께서 이러한 질서를 제정하신 목적이 각 개인의 만족할 줄 모르는 지배와 통치욕으로 나타나는 타락한 인간의 교만과 거만을 억제시키고,[65] 그러한 방자한 교만으로부터 결과될지도 모를 사회의 혼돈을 막는데 있는 것처럼 칼빈은 때때로 말한다.[66]

　인간적 권세에 복종하라고 하는 명령이 인간의 "고약한 성미에는 아주 역겨운" 것이기 때문에, 하나님께서 우리가 "우리의 마음을 부드럽게 하여 복종하는 습관"에 더 쉽게 길들여지게 하기 위하여, 청소년기에 부모에게 하는 '가벼운'(amiable) 순종의 멍에를 지움으로써 우리로 하여금 굴욕을 참는 훈련을 시작하신다. 우리의 본성 자체마저도 그러한 멍에를 거부하는 것이 가증스럽고, 때로는 그러한 멍에를 짊어지는 것이 유쾌하다는 것을 분명하게 가르쳐 준다. 칼빈은 말한다. "그 복종으로부터 시작하여 주께서 우리를 모든 종류의 적법한 복종에 점점 익숙하게 하며, 동일한 원리가 모든 복종에 통하게 하신다."[67]

---

62) Serm. on Eph. 6 : 5–9, C.O. 51 : 798. *Or si nous regardons quel estoit le droict des maistres, nous dirons tousiours que ç'a esté une chose contraire à tout ordre de nature. Car nous sommes tous formez à l'image de Dieu: et qu'une creature raisonnable en laquelle Dieu a imprimé sa marque, soit mise en telle contumelie, cela est par trop exorbitant. Mais ce sont les fruits de la desobeissance et du peché de nostre pere Adam.*
63) Comm. on 1 Tim. 2 : 14, C.O. 52 : 277. *Et deinde propter peccatum accidentalis serviendi esse coeperit, ut iam minus liberalis sit subiectio quam prius fuisset.*
64) Ibid. and serm. on 1 Tim. 2 : 12–14, C.O. 53 : 209.
65) "Everyone has within him the soul of a king" is a proverb in which Calvin finds perfectly expressed the attitude which can alone be curbed by such political subjection. Comm. on I Pet. 5 : 5, C.O. 55 : 287 ; and serm. on 1 Tim. 2 : 1–2, C.O. 53 : 133.
66) Serm. on 1 Tim. 2 : 1–2, C.O. 53 : 131, on Eph. 6 : 5–9, C.O. 51 : 803.
67) Inst. 2 : 8 : 35. Cf. comm. on Exod. 20 : 12, C.O. 24 : 606. *Si generaliter dixisset obediendum esse omnibus praefectis, ut omnibus ingenita est superbia, non*

하지만 대체적으로, 우위(superiority)와 종속(subordination)을 포함하여 모든 직분들의 기원과 기초를 칼빈은 인간의 타락[68] 대신 자연의 질서에서 찾는다. [69] 이러한 질서가 필요한 것은 혼돈을 피하기 위해서 뿐만 아니라, 인간이 본래 창조된 바 하나님의 형상의 요소인 그 참된 순결성과 인간성을[70] 사회와 사람이 나타낼 수 있도록 하기 위함이다. [71]

그러나 특별히 남자와 여자의 관계에 있어서는 종속이 창조의 질서에 근거하고 있다. 인간의 죄로 말미암아 결과된 상태들과는 별도로 자연의 참 질서에 의하면 남자는 여자의 머리로 창조되고, 여자는 남자의 일부, 즉 부속품이다(une partie, et comme un accessoire). [72] 우리의 타락한 상태에서도 비록 혼인한 여자가 그 타락 때문에 형벌로 더 많은 고통을 당하고 본래의 남녀 관계가 뒤틀려 있으며 '얼마 간의 하나님의 축복'이 부스러기로 발견되지만, 남자는 그의 본래의 권세를 상실하지 아니했다. [73] 타락 이후 하나님이 아담에게 짐승의 가죽으로 옷을 지어 입도록 허락하심으로써 짐승들이 사람에게 본래 대로 복종하는 표를 주신 것처럼, 여자가 남자에게 계속적으로 복종하는 데에 자연적 질서의 얼마 간의 잔재가 남아 있다. [74] "그러므로 혼인의 많은 불편들—이

---

facile fuisset maiorem hominum partem ad paucorum obsequium flectere. Imo ut naturaliter odiosa est subiectio, multi refragati essent. Speciem ergo subiectionis proponit Deus, quam recusare immanis esset barbaries; ita ut paulatim subacta ferocia, homines assuefaciat ad ferendum iugum. Cf. serm. on Deut. 5 : 16, C.O. 26 : 310–11. Nous savons qu'il y a un tel orgueil aux hommes, qu'ils ne plient pas volontiers le col pour estre sous les autres, chacun pense devoir estre maistre . . . Dieu donc voyant que c'est une chose si contraire à nostre nature, que subiection, afin de nous y attirer d'une façon plus aimable, nous a ici mis en avant le pere et la mere.

68)Cf. Inst. 4 : 20 : 22, where he denies that the magistrate is merely a "necessary evil."
69)Cf. serm. on 1 Tim. 2 : 12–14, C.O. 53 : 218–20; comm. on 1 Pet. 5 : 5, C.O. 55 : 287. Ubi eorum qui vel iure vel naturae ordine praesse debent, nulla est autoritas, statim proterve omnes lasciviunt.
70)Comm. on Exod. 20 : 12, C.O. 24 : 602–3; Inst. 4 : 20 : 3; serm. on 1 Tim. 2 : 1–2, C.O. 53 : 133.
71)Cf. pp. 103–4.
72)Serm. on 1 Tim. 2 : 13–15, C.O. 53 : 224; in serm. on 1 Tim. 2 : 12–14, C.O. 53 : 209 the woman is given to the man *pour aide inferieur*. Calvin will not admit equality of degree between man and woman even though he insists that she is his companion. Serm. on 1 Cor. 11 : 4–10, C.O. 49 : 723, and 724–5.
73)Comm. on 1 Tim. 2 : 13, C.O. 52 : 276.
74)Serm. on 1 Tim. 2 : 12–14, C.O. 53 : 209.

것은 타락한 본성의 열매들이다—가운데, 얼마 간의 신적 선의 잔재가 남아 있다. 마치 눈으로 보아서는 분명히 꺼져있는 불 속에서 약간의 불똥이 여전히 반짝이는 것과도 같다."[75]

(2) 타락 이래로 그것의 손상된 형태에서도, 상호 복종은 하나님의 형상의 표현이요, 신적 축복의 방편임.

인간 사회에서 우위와 복종을 포함하는 관계들의 제정(制定)은, 칼빈의 경우, 사람들 사이에서 질서를 유지하는 단순한 방편 이상의 의미를 갖고 있다. 그것은 하나님의 형상이 인간 생활 내에서 반영될 수 있는 방편이다. 칼빈은 하나님의 영광이 모든 인간적 탁월에서 반영되고 있음을 본다.[76] 칼빈은 세속적 국가 원수를 "조국의 아버지, 백성의 목자, 평화의 수호자, 정의(正義)의 대통령, 무죄한 자의 변호자"로 높이는 시적 구절들을 찬동하여 인용한다.[77] 그리고 그가 암시하는 바에 의하면, 통치자의 참된 기능은 하나님의 형상의 외관(appearance)을 반영하는 것이다.[78]

하나님은 세속적 부권(父權)의 지위와 세속적 왕권(王權)의 위엄에서 그 자신의 본성이 반영되게 하신다. 그 자신의 이름을 사용하게 하시고, 그 자신의 권위를 나눠 갖게 하신다. "아버지, 하나님, 주님의 호칭들은 모두 그 분에게서만 충족되기 때문에, 이 호칭들 중 어느 것이든 언급되는 때에는 언제나 우리 마음이 동일한 경외 감정을 갖게 되어 있다. 그러므로 하나님이 이러한 호칭들을 나누어 주는 자들은 그의 휘광(refulgence)의 작은 광채로 구별하여 각자의 위치에서 존귀를 누리게

---

[75] Comm. on Gen. 2 : 18, C.O. 23 : 47. Calvin is emphatic that according to the order of nature women should neither rule nor teach and that by nature they are "born to obey" (Comm. on 1 Tim. 2 : 12, C.O. 52 : 276). "Wherever natural propriety has been maintained women have in all ages been excluded from the public management of affairs (Comm. on 1 Cor. 14 : 34, C.O. 49 : 533). But God Himself is not bound to observe this common order and is at liberty to work by miracle, making extraordinary exceptions, as in the case of Deborah, to despite and humiliate men (Serm. on 1 Tim. 2 : 13–15, C.O. 53 : 221–2; comm. on 1 Tim. 2 : 12, C.O. 52 : 276; on Micah 6 : 4, C.O. 43 : 388).
[76] Comm. on 1 Cor. 11 : 7, C.O. 49 : 476. *In hoc superiore dignitatis gradu conspicitur Dei gloria, sicuti relucet in omni principatu.*
[77] Inst. 4 : 20 : 24.
[78] Ibid.

하신다. 이러므로 우리는 우리의 육친(肉親)의 아버지에게 얼마 간의 신의 성품이 있는 것으로 생각해야 하는 것이다. 왜냐하면 그가 신적 호칭을 갖게 된 데는 그만한 이유가 있기 때문이다. 그리고 우리의 왕과 통치자에게도 하나님이 누리는 존귀를 다소간 누리고 있는 것으로 여겨야 한다. [79] 칼빈이 주장하는 바에 의하면, 지금 여기에서의 복종 관계에서 세속적 통치의 축복들에 대한 우리의 경험은 하나님의 부성애(父性愛)의 표지(sign)일 뿐만 아니라, 하나님 나라의 최종적 영광을 미리 맛보는 것이다. [80]

그러나 특별히 결혼의 관계에 있어서와 "남자가 여자에 대하여 우위성을 갖도록 부여해 준 구별"에 있어서, 하나님의 영광이 빛나고 있다. [81] 결혼은 "다른 모든 관계들 보다 하나님이 가장 선호(選好)하신 관계(bond)이다."[82] 남자의 갈비를 취하여 여자를 창조한 기사(記事)에는 그리스도의 구속(救贖) 사역에 대한 유사(類似, analogy)가 있다. 그리스도는 자기의 교회가 자기와 연합되어 그 자신의 생명과 힘을 통해서 강해질 수 있도록 약해지셨던 것이다. [83] 결혼의 참된 이상(理想)이 성취될 때, 인간에 대한 하나님 자신의 사랑을 반영(reflection)하여 서로 간에 참 인간적이 되고 서로 사랑한다고 하는 것이 무엇을 의미하는지가 예증될 수 있도록 하는 것이 하나님의 목적이다. 참된 결혼만이 하나의 공통된 본성을 가진 한몸을 이루는데 인간성(humanity)이 얼마나 중요한가를 우리에게 가르쳐 줄 수가 있다. [84]

---

79) Inst. 2 : 8 : 35. Cf. serm. on Deut. 5 : 16, C.O. 26 : 312. *Il est dit que nous n'avons qu'un pere au ciel, à parler proprement: et cela n'est pas seulement entendu quant aux ames, mais aussi quant aux corps. Cest honneur donc est propre à Dieu seul, d'estre nommé pere, et ne peut convenir aux hommes, sinon entant qu'il luy plaist de leur communiquer. Or maintenant puis que ce tiltre de Pere est comme une marque que Dieu a imprimee aux hommes: on voit que si les enfans ne tiennent conte de pere et de mere, qu'ils font inuire à Dieu.*
80) Serm. on Gal. 3 : 26–9, C.O. 50 : 569–70. *Et que de nostre costé nous cheminions paisiblement en leur obeissance et suietion: que nous sentions là comme des premices de ce Royaume celeste: que nous cognoissions que nostre Seigneur par un tel signe monstre desia qu'il a le soin de nous, et qu'il preside ici, et qu'il veille sur nous, iusques à ce que nous sentions cela en perfection quand il nous aura recueillis à soy.*
81) Comm. on 1 Cor. 11 : 4 and 7, C.O. 49 : 475 and 6.
82) Comm. on Gen. 2 : 24, C.O. 23 : 50.
83) Inst. 4 : 19 : 35; Comm. on Gen. 2 : 21, C.O. 23 : 49.
84) Serm. on 2 Sam. 1 : 21–7, p. 26. *Ce sera vne nation brutale et cruelle qui ne*

제 3 부 참된 질서의 회복 **207**

참된 결혼에는 그리스도와 그의 교회 간의 관계와 연합에 대한 유사(類似)가 있다.[85] 교회에 대한 그리스도의 사랑은 인간의 결혼의 참된 실례(實例)이다.[86]

(3) 상호 복종 관계에서 권위는 겸손, 교우(交友), 이해와 복종을 포함함.

모든 형태의 세속적 권위 행사에 있어서 공통된 인간성에 대한 인식과 겸손(humility)을 칼빈은 자주 요청한다. 권위를 행사함에 있어 거칠거나 횡포하는(domineering) 것이 결코 있어서는 안된다. 통치자들은 하나님께서 나라와 정권을 세우신 이유가 소수의 사람들을 사회의 다수 사람들 위에 군림하게 하려는 것이 아니고 약자(弱者)들의 복지(福祉)를 마련해 주려는 것임을 기억해야 한다.[87] 그들은 그들의 세입(歲入)을 '백성의 피'나 마찬가지로 간주해야 한다. 따라서 그 세입을 절약하지 않는다면 그것은 가장 몰인정(沒人情)한 것이 될 것이다.[88] 세속 정부 원수(元首)들은 형벌을 가할 때에도 '무자비하고 냉혹해서는' 안되며, "개인의 허물로 벌을 받는 그 사람에게 있는 일반적 본성(a common nature)을 측은히 여겨야 한다."[89] 주인들이 종들을 다루는 것에 대하여 말할 때, 고용주들의 냉혹함 때문에 고용인들이 불안하게 되고 모든 선

---

scauront que c'est de l'amour des femmes, ou du debuoir du mariage. Car nostre Seigneur a voulu que l'humanité se monstrast principalement en cest endroit, c'est ascauoir en la beniuolance que se doiuent le mary et la femme. Car c'est aussi la source du mariage qu'il nous faut aymer les vns les autres. Car comme Dieu a aymé les siens depuis le plus grand jusques au plus petit, il veut que nous soyons membres d'vng corps. Il y a vng priuilege que Dieu fait aux hommes en ce qu'il y a vne nature commune, mais si nous regardons, comment la nature s'entretient, c'est par le mariage. The love which God has instilled between sexes is for Calvin closely analogous to the love which men ought to bear generally in fulfilling the duties of humanity. Calvin notes that the phrase "love of woman" is used in Scripture as comprehending all human duty. Cf. comm. Dan. 11 : 38-9, C.O. 41 : 273 ; and serm. on loc. C.O. 42 : 93. The love of husband for wife shows in the highest degree what all love should be.
 85) Inst. 4 : 19 : 34.
 86) Inst. 4 : 19 : 35. Though marriage is not a sacrament, cf. Inst. 4 : 19 : 33, "it is a good and holy ordinance of God. And agriculture, shoemaking and sharing are lawful ordinances of God. But they are not sacraments."
 87) Serm. on 1 Tim. 2 : 12-14, C.O. 53 : 220.
 88) Inst. 4 : 20 : 13.
 89) Inst. 4 : 20 : 2, quoting Augustine.

의와 상호 신뢰가 손상된다는 것을 칼빈은 지적한다.[90]

만일 이방인들마저도 그들의 형평(衡平) 개념에 의하여 가르침 받아 노예들이 그들의 노동에 대한 삯을 받아 마땅하다는 것을 주장했다고 한다면, 큰 자와 작은 자 간에 형제 관계가 있는 기독교의 경우에는, 주인과 종들이 다같이 영생의 같은 희망을 가지고 있는 한 주인들은 종들의 동료들이어야 하는 것이다.[91]

특별히 결혼한 남편과 아내 사이의 관계에 대하여 말할 때, 상호 복종에 교우(companionship)가 있어야 한다는 사실을 칼빈은 강조한다. 하나님이 여자를 만드신 것은 "남자를 도와 잘 살 수 있게 하는 동료(companion)와 친구(associate)가 되게 하기" 위함이었다.[92] 그러므로 이 목적을 위하여 자기의 동료가 되도록 창조된 자를 남자는 포학하게 다루거나 짓밟아서는 안된다.[93] 여자에게서 남자는 자기의 짝을 찾도록 되어 있다. 여자는 남자에게 꼭 어울리는 짝이며,[94] 남자의 주변에 있는 그 어느 것도 결코 짝이 될 수가 없다.[95] 하나님의 형상이 남자와 여자 둘 모두에게 똑같이 새겨져 있는 것이다.[96] 여자의 기원에 대한 기사가 증거해 주는 대로, 여자는 남자의 짝일 뿐만 아니라 그의 한 부분(part)이다.[97] 만일 남자가 여자 위에 있다고 한다면 그것은 마치 머리가 몸통 위에 있는 것과도 같다. 따라서 만일 이들이 분리된다고 하면,

---

[90] Serm. on Eph. 5 : 5–9, C.O. 51 : 800. *Mais il y a une autre raison qui nous pourroit desbaucher ou bien refroidir à nous acquitter de nostre devoir envers les hommes, c'est l'ingratitude. Car ceux qui nous employent, le plus souvent ne nous en sçavent nul gré, mesmes il leur semble que nous soyons faits pour eux. Quand nous voyons qu'ils recognoissent si mal le service que nous leur faisons, cela nous despite, et ce seroit pour nous faire tout quitter.*
[91] Serm. on Eph. 6 : 5–9, C.O. 51 : 808.
[92] Comm. on Gen. 2 : 18, C.O. 23 : 47.
[93] Serm. on 1 Cor. 11 : 11–16, C.O. 49 : 737; on 1 Tim. 2 : 12–14, C.O. 53 : 217–18; on Job 3 : 1–10, C.O. 33 : 148.
[94] Comm. on Gen. 2 : 18, C.O. 23 : 47. *Dicitur enim mulier e regione viri esse, quia illi respondeat.*
[95] Comm. on Gen. 2 : 19, C.O. 23 : 48. Adam could not choose a companion out of any other species because there was no *aequabilis proportio* elsewhere.
[96] Serm. on Job 3 : 10, C.O. 33 : 146–7.
[97] Comm. on Gen. 2 : 21, C.O. 23 : 49; serm. on 1 Cor. 11 : 4–10, C.O. 49 : 729. *Il est vray que Dieu a fait cela, afin de nous recommander l'union que nous devons avoir ensemble: car il pouvoit bien creer Eve de la terre comme Adam: mais il a voulu prendre un coste de l'homme, afin que l'homme ne pensast point avoir rien separé d'avec la femme: mais qu'on cognust qu'il nous a unis comme en un corps.*

이 둘은 마치 난도질 당한 몸의 절단된 지체(肢體)들과도 같게 되는 것이다.[98]

이 모든 것이 이와 같은 까닭에, 남자에게 있는 권위는 자기에게 짝 (partner)으로 주어진 여자에 대하여 '무례함이 없이 절제하여' 행사되어야 한다.[99] 칼빈은 자기 시대의 남자들에게 이렇게 말한다. "만일 남자들이 가족을 위하여 자기들의 일터에서 열심히 일할 뿐만 아니라, 집안에 있는 아내들을 부양하고 그들에게 용기를 주며, 아내들이 아이들을 돌보느라 힘겨워할 때 가능한 한 많은 도움을 주는 등 그들이 밤잠을 설칠지라도 이 모든 것을 감당하는 것이 자기들의 일과(日課)로서 하나님께서 받으실 만한 제사임을 안다고 하면, 그들의 결혼 생활이 새로운 의미를 갖게 되는 것을 발견하게 될 것이다."[100] 남녀 간의 이같은

---

[98] Comm. on 1 Cor. 11 : 11, C.O. 49 : 477. In discussing divorce, it is this aspect of the indissoluble union grounded on creation that Calvin stresses. "Whoever divorces his wife tears himself in pieces because such is the force of holy marriage that the husband and wife become one man." (Comm. on Matt. 19 : 5, C.O. 45 : 529). Divorce is evil primarily because it is unnatural. "He tears from him, as it were, half of himself. But nature does not allow any man to tear in pieces his own body" (comm. on Matt. 19 : 4, C.O. 45 : 528; on Deut. 24 : 1, C.O. 24 : 658; cf. on Exod. 21 : 1, C.O. 24 : 701, where divorce is likened to the barbarity of a man disembowelling himself). Calvin's other main argument against divorce is that if it is unnatural for anything to break the link between parent and child, it is even much more contrary to nature and natural law to separate husband and wife, where the bond of union is even closer and more sacred (comm. on Deut. 24 : 1, C.O. 24 : 657; on 1 Cor 7 : 10, C.O. 49 : 410; on Gen. 2 : 24, C.O. 23 : 50; on Matt. 19 : 5, C.O. 45 : 528). Calvin notes, too, that in the making of the marriage contract God presides and therefore the bond created is a covenant, "superior to all human contracts," which no action from the human side alone can annul (comm. on Mal. 2 : 14, C.O. 44 : 452; on 1 Cor. 7 : 11, C.O. 49 : 410, and serm. on Deut. 5 : 18, C.O. 26 : 335). But though no amount of other human sin or hardship or infirmity can possibly justify divorce, marriage is nevertheless automatically dissolved by adultery, for the adulterous party becomes a rotten member which (naturally) would be cut off (comm. on Matt. 19 : 9, C.O. 45 : 530–2). Therefore the freed partner can remarry. The case in 1 Cor. 7 (of an unbelieving partner rejecting a Christian husband or wife) Calvin regards as exceptional. Here the divorce has been made between the unbelieving partner and God. The Christian is therefore free. Calvin doubts if this could be paralleled even in his day with those married to Papists, though he seems to have regarded Coracciolus as an exception. Comm. on 1 Cor. 7 : 11 and 15, C.O. 49 : 410 and 417.

[99] Comm. on 1 Cor. 11 : 12, C.O. 49 : 478.

[100] Serm. on 1 Tim. 2 : 13–15, C.O. 53 : 229. *Il faut aussi que les hommes de leur costé recueillent ici instruction. Car si les femmes sont sauvees quand elles allaitteront leurs enfans de leurs mammelles, quand elles les torcheront et nettoyeront, quand elles auront esté fachees à les porter: aussi les hommes quand ils prendront peine à nourrir leur mesnage. . . . et s'il y a des fascheries pour le mesnage, qu'ils supportent leurs femmes, et qu'ils leur donnent courage, qu'ils les aident tant qu'il leur*

'상호 자선'(mutual benevolence)의 관계는 결혼한 부부 사이에서 뿐만 아니라 모든 사회 생활을 통해서 또한 보편화되어야 하는 것이다.[101]

칼빈은 때때로 상호 복종의 법을 언급하므로 지위상(地位上) 우위에 있는 자들의 의무를 요약하는데, 이 법에 의하면 아랫 사람이 윗 사람에게 복종해야 할 뿐만 아니라, 또한 윗 사람이 아랫 사람에게 복종하는 것이 요구된다.[102] 윗 사람 편에서 보다 더 '자발적'인 복종이 있어야 하는 것이 사실이지만 사랑의 법이 성취되려고 한다면 그것은 '마땅히' 자발적인 복종이어야 한다.[103] 칼빈이 발견한 바에 의하면, 아리스토텔레스가 그의 분배권(分配權, distributive right) 법칙에서 이 문제에 관한 진리를 상세하게 다루었다. 바울도 주인들에게 그들의 종들에게 '의와 공평'을 베풀 것을 간청하면서 이 법칙을 언급하기 위하여 골로새서 4:1에서(또한 고후 8:13에서) 헬라어 이소테타($i\sigma\acute{o}\tau\eta\tau\alpha$)를 사용하고 있다고 칼빈은 말한다.[104]

sera possible, comme Dieu les a conioints d'un lien inseparable: quand ils seront res-veillez pour leurs enfans, qu'ils en auront des soucis, moyennant qu'ils portent cela patiemment, qu'ils se resiouissent, voyans que Dieu les benit en leur labeur, ce luy :ont autant de sacrifices. . . . Si ceci estoit bien imprimé au coeur, il est certain qu'on verroit reluire un autre ordre en mariage qu'on ne fait pas.
101) Comm. on 1 Cor. 11 : 11-12, C.O. 49 : 477-8. Calvin is continually warning men against despising woman in general. Man has no ground to boast on apart from woman for he cannot exist without her (serm. on Job 3 : 1-10, C.O. 33 : 148). He owes his life to his mother. In rejecting woman he therefore rejects himself. In the person of his mother he owes honour to all womanhood (serm. on 1 Tim. 2 : 12-14, C.O. 53 : 217). Though God is glorified more in the birth of a boy than of a girl we must not be too desirous of having male children and in no way reject girls. Boys can scratch our eyes out and like seagulls swallow up our living (serm. on Job 3 : 1-10, C.O. 33 : 147)! A man should not despise the whole sex by remaining unmarried even though he might find this convenient (comm. on 1 Cor. 11 : 11, C.O. 49 : 477). He must not despise the wonderful gift of marriage even though he dislikes being bound to another permanently. If, through the Fall, the sweetness of marriage has been mixed with bitterness, this is accidental, and it still can be regarded as a "heavenly calling" (comm. on Matt. 19 : 10 ff, C.O. 45 : 533-4. Cf. Inst. 2 : 8 : 43; serm. on 2 Sam. 3 : 2-5, p. 55). Only a few men have the calling and ability to remain single (Inst. 2 : 8 : 42).
102) Comm. on 1 Pet. 5 : 5, C.O. 55 : 287. *Neque enim quum senibus defertur autoritas, ius vel licentia illis datur excutiendi fraeni; sed ipsi quoque in ordinem coguntur, ut mutua sit subiectio.*
103) Serm. on Eph. 5 : 18-21, C.O. 51 : 733. *Que ceux qui sont eslevez en haut, regardent bien que si Dieu les a honorez ainsi, c'est à fin qu'ils se rendent plus volontairement subiets pour soustenir les peines et les charges qui sont de leur office.*
104) Comm. on Col. 4 : 1, C.O. 52 : 127. *Non dubito quin Paulus $i\sigma\acute{o}\tau\eta\tau\alpha$ hic posuerit pro iure analogo aut distributivo: quemadmodum ad Ephesios $\tau\grave{\alpha}$ $\alpha\grave{v}\tau\acute{\alpha}$. Neque enim sic habent domini obnoxios sibi servos, quin vicissim aliquid ipsis debeant: quemadmodum ius analogum valere debet inter omnes ordines.* Cf. comm.

그러므로 왕들과 정부 관리들과 주인들은 자기 아래 있는 자들에 대한 사랑의 복종을 결코 회피하려고 해서는 안된다.[105] 만일 아버지들이 아버지의 이름에 합당한 존귀를 받을 수 있도록 자녀들을 다스리려고 한다면, 집을 다스릴 때 자기의 자녀들에게 복종하는 일도 있게 된다는 것을 아버지들이 기억해야 한다.[106] 또한 칼빈은 남편들에게 권하기를, 연약한 그릇인 아내들을 뒷받침하는 일에는 그녀에 대한 복종과 권위를 사려분별력 있게 사용하는 것이 포함된다고 한다. 그렇게 해야 병들 때나 건강할 때 아내가 자기의 동반자가 되어주고, 자기 또한 이 상호 관계가 주는 축복들 중 자기 몫을 받게 되는 것이다.[107]

(4) 복종 의무의 범위와 한계

우리의 위에 있는 사람들에게 복종을 해야 하는 의무는 극한의 상황에서도 포기될 수가 없다. 우리의 위에 있는 사람들에게 그들의 직분에 의해 반영되어야 하는 위엄에 합하는 영예와 경의를 표해야 한다.[108] 우리는 "폭군(tyrant)들에게까지도 그들이 권력을 잡고 있는 한 존경을 표할 만큼 높이" 정부 제도를 평가해야 한다.[109] 왜냐하면 저울의 한쪽에는 폭군을 통치자로 갖는 악을 놓고, 다른 쪽에는 통치자가 없는 무정부(無政府)의 악을 놓고서 저울질하여 둘 중 하나를 택해야 한다고 할 때, 후자 곧 통치자 없는 무정부가 더 큰 악임을 발견할 것이다.[110]

---

on 2 Cor. 8 : 13, C.O. 50 : 101, and on Eph. 6 : 9, C.O. 51 : 231. *Eodem nunc τά αὐτά posuit. Quorsum autem illud, nisi ut servetur ius analogum quod vocant? Non est quidem aequalis domini et servi conditio: sed est tamen aliquod ius mutuum inter eos, quod sicuti servum domino obnoxium reddit, ita vicissim proportione habita dominum obstringit aliquatenus servo.* Calvin adds that this law of analogy will be misunderstood unless it is interpreted as part of the law of love which is the only true rule.
105) Comm. on Eph. 5 : 21, C.O. 51 : 221; and serm. on Eph. 5 : 18-21, C.O. 51 : 732. Cf. Inst. 4 : 20 : 29.
106) Serm. on Eph. 5 : 18-21, C.O. 51 : 732-3. In serm. on Eph. 6 : 5-9, C.O. 51 : 803, Calvin asserts that fathers will receive subjection from their children if they treat them gently.
107) Ibid. *Autant en est-il du mari envers la femme. Car n'est ce pas subietion, que le mari supporte la fragilité de la femme, qu'il ait ceste prudence de ne point user de rigueur envers elle, mais qu'il la tienne comme sa compagne et qu'en santé et en maladie il reçoive une partie des charges sur soy? Ne voilà point une subietion?*
108) Inst. 4 : 20 : 22.
109) Comm. on 1 Pet. 2 : 14, C.O. 55 : 245.
110) Serm. on 1 Tim. 2 : 1-2, C.O. 53 : 131.

통치자들과 부모와 남편은 그들 자신이 비록 악한 성품을 가지고 있고 그들의 권위를 남용한다 할지라도 순종되고 존경되어야 한다. 왜냐하면 그들의 사악함으로 말미암아 그들의 신적 신분(divine status, 즉 하나님이 주신 신분)이 무효화되는 것이 아니기 때문이다. 우리는 개인을 볼 것이 아니라, 하나님의 뜻으로 말미암아 그 개인들에게 하나님이 새겨주신 불가침의 위엄(majesty)이 있음을 유념해야 하는 것이다.[111] 하나님의 섭리로 말미암아 우리가 우리의 이웃이 누구이든 관계없이 그와 상호 의무 관계로 결속되는 것처럼, 바로 그 섭리에 의하여 더 밀접하고 더욱 더 의미깊은 띠로 우리가 부모, 주인 그리고 권세잡은 자들과 결속되는 것이다.[112] 그러므로 자녀가 그의 부모를 멸시하는 것은 신성모독이다. 설사 아버지가 개인적으로는 그 존귀를 받을 가치가 없다 할지라도, "자연의 영구적 법칙은 사람의 죄들로 말미암아 뒤집히지 않는다. 그러므로 아무리 어떤 아버지가 존경을 받을 가치가 없다 할지라도…그가 아버지이신 한에는, 그는 여전히 자기의 자녀들에 대하여 부권(父權)을 가지고 있는 것이다."[113] 부모가 우리를 가혹하게 다룰 때마저도 그들을 존경할 것을 본성 자체가 우리에게 가르친다.[114]

그러나 "우리는 사람들보다 하나님께 순종해야 한다"는 말을 칼빈은 놓치지 않고 인용한다. 우리의 세속적 신분에서 우리 위에 있는 사람들의 직분에 대하여 우리가 아무리 많은 존경을 표해야 한다 할지라도, 그들이 우리에게서 순종을 요구함에 있어서 넘어서는 안될 한계가

---

111) Inst. 4 : 20 : 29, Cf. serm. on 1 Tim. 2 : 1-2, C.O. 53 : 130. *Il ne faut point que nous regardions aux personnes si elles s'acquittent auiourd'huy de leur devoir ou non : mais que plustost nous regardions à l'ordre que Dieu a establi, lequel ne peut estre iamais violé par la malice des hommes, ou bien ne peut estre effacé du tout, qu'il n'en demeure quelque residu.*
112) Serm. on Deut. 22 : 1-4, C.O. 28 : 13. *Car quand il a institué proximité entre nous, ça esté à ceste condition, qu'encores qu'un homme s'en rende indigne, nous ne laissions pas de luy faire tout le bien qu'il sera possible. Et ainsi, le lien de parentage qui a esté ainsi ordonné de Dieu, ne peut estre violé en façon que ce soit.* Serm. on Deut. 5 : 16, C.O. 26 : 314. *Quand un enfant aura son pere et sa mere, il ne faut point qu'il dise: O voila mon pere n'est pas tel du tout qu'il devroit, i'y trouve à redire. Or si est-il ton pere. Il faut que ce mot-la te contente, voire si tu ne veux.... abolir l'ordre de nature ... Celuy qui t'a commandé d'honorer ton pere et ta mere, il t'a donné un tel pere que tu l'as. Autant en est-il des maistres, des princes et superieurs: car ils ne viennent point à l'aventure, c'est Dieu qui les envoye.*
113) Comm. on Exod. 20 : 12, C.O. 24 : 603.
114) Comm. on Heb. 12 : 9, C.O. 55 : 175.

있다. 우리는 맹목적 순종(blind obedience)이 아니라 주 안에서 그들에게 순종해야 한다. 다니엘의 경우 그의 왕이 그의 한계를 넘었을 때 그에게 다니엘이 순종하기를 거부한 것은 좋은 실례이다(단 6 : 22). 여로보암이 주님께 대한 불충성을 명령했을 때 그리고 그에게 맹목적으로 무비판적으로 순종한 이스라엘 백성들은 우리가 좇아서는 안될 실례(實例)로 정죄되어 있다(왕상 12 : 28, 호 5 : 11). "우리의 구속(救贖)이 그리스도에게 요구한 큰 값으로 우리가 그에 의하여 구속된 것은, 사람들의 부패한 욕망에 노예적 순종을 하지 않도록 할 뿐만 아니라, 한걸음 더 나아가 그들의 불경건에 경의를 결코 표하지 않도록 하기 위함이다"[115] (이것은 『기독교 강요』의 마지막 문장이다. 칼빈은 사악한 통치자를 적극적으로 대적하는 반역을 합법적인 것으로 말하지는 않으나 역사상에 있었던 정권 교체를 인정하고, 특별히 폭군 체제를 강력한 정치 집단이 나타나 뒤집는 것을 발전적인 것으로 본다. 그러나 폭군 정권을 뒤집는 것이 일반적으로 당연시될 수 있는 의무로 생각해서는 안된다고 그는 말한다—역자주).

이와 마찬가지로 부모들도 하나님의 최고의 권위 아래에서만 자기 자녀들을 다스린다. 바울이 자녀들에게 그들의 부모들을 '주 안에서' 순종하라고 권면할 때 그가 의미하는 바는, "만일 아버지가 불의한 것을 명할 경우에는, 그에게 순종이 자유롭게 거부될 수가 있다. 그러나 필멸(必滅)의 인간이 불법한 것을 사악하게 요구하더라도 하나님에게서 하나님의 권리를 박탈하지 않는 한, 과도한 엄격, 뾰루퉁함 그리고 심지어는 잔인성까지도 용납되어야 하는 것이다."[116]

인간 사회의 유지를 위하여서는 아주 중요한 상하(上下) 간의 구별은 그 어느 것도 하나님의 나라에서는 아무 효력이 없다. 그 구별들은 정

---

[115] Inst. 4 : 20 : 32. This is the last sentence of the Institutes. Calvin does not say that it can become right to rebel actively against a wicked ruler. We have no command on this matter but to obey and suffer. He approves of the fact that at times in history popular and powerful magistrates have overthrown their rulers, and he would no doubt approve of a development in a state where powerful political parties were able to overthrow a tyrannical order. But we ourselves must not be too ready to imagine that the duty of overthrowing a tyrant has been laid on our shoulders. Inst. 4 : 20 : 31.

[116] Comm. on Exod. 20 : 12, C.O. 24 : 603-4.

치적이고 사회적인 것일 뿐 영적인 것이 아니다. "하나님 앞에서 그리고 내면적으로는 양심에 있어서 영적 관계에 관해서는 그리스도가 아무 차별없이 남자와 여자의 머리이시다."[117] 사람이 노예 제도 하에 있을지라도 그의 영적 자유는 불가침의 영역이다.[118] 하나님은 사람을 외모로 보는 분이 결코 아니시다.[119]

더욱이 그러한 모든 사회적 구분들은 일시적이고 잠정적이다. 칼빈은 이 사실에 대하여 그리스도께서 마지막 부활 시에 모든 권세를 멸하고자 하신다는 약속을 언급한다(고전 15 : 24). "세상이 종말을 보게 되어 있는 것처럼, 정부, 정권, 법률, 계급의 구분, 각종 신분 제도와 그러한 종류의 모든 것들 또한 종말을 보게 될 것이다. 주종(主從) 간이나, 군신(君臣) 간이나, 관민(官民) 간에 더 이상 아무 구분도 없게 될 것이다. 그러므로 하늘의 천군 천사와 정사들이나, 교회 내의 목회자들과 고급 성직자들도 그 신분이 종말을 보게 되는데, 이는 하나님 홀로 사람들이나 천사들의 도움 없이 그의 권세와 주권을 행사할 수 있기 위함이다.[120] 이같은 사실을 알게 될 때에 지체 높은 자들이 교만하거나 건방지지 않게 되고,[121] 모든 억눌린 여성이 위로를 받으며,[122] 이 세상에서 힘있는 자들의 외관상의 권세에 복종하고자 하는 유혹을 받는 자들이 담대해진다.[123]

하지만 하나님의 나라가 예수 그리스도 안에서 이미 임하였다고 해서, 이 세상의 현 질서가 뒤집혀진 것을 의미하지는 않는다.[124] 우리가 신령하기 때문에 현실 사회 질서 안에 있는 우열(優劣)의 모든 구별을 더 이상 인정할 필요가 없다고 말하는 자들이 이단 사상(異端 思想)을

---

117) Comm. on 1 Cor. 11 : 3, C.O. 49 : 474.
118) Comm. on Eph. 6 : 5, C.O. 51 : 230–1.
119) Comm. on Eph. 6 : 9, C.O. 51 : 232.
120) Comm. in loc. C.O. 49 : 547.
121) Serm. on Eph. 6 : 5–9, C.O. 51 : 803.
122) Serm. on 1 Cor. 11 : 4–10, C.O. 49 : 727–8.
123) Serm. on Isa. 53 : 1–4, C.O. 35 : 615. *Il est vray que selon l'estat present, ils auront une telle maieste qu'il semblera que tout doyve trembler sous eux: mais si nous pouvons eslever nos sens à Dieu, et ietter là nostre veuë, il est certain que toutes ces fanfares du monde ne nous seront rien, non plus qu'un festu.*
124) Serm. on Eph. 6 : 5–9, C.O. 51 : 798. *L'Evangile n'est pas pour changer les polices du monde, et pour faire des loix qui appartiennent à l'estat temporel.* Cf. serm. on Gal. 3 : 26–9, C.O. 50 : 568.

칼빈은 복음을 폐기하려고 하는 악마적 시도로 보고 거부한다.[125] 이 점을 염두에 두고서, "하나님이 자기의 손으로 우리에게 지워준 '사람들의 멍에'(the yoke of men)를 가볍고 기쁜 마음으로 받아들여 하나님께 대한 우리의 겸허를 나타내 보여야 한다"고 그는 주장한다.[126]

---

125) Serm. on Eph. 6 : 5-9, C.O. 51 : 802-3. Calvin passes over almost in silence the phrase "There is neither male nor female" in Christ (Gal. 3 : 28); cf. comm. and serm. in loc C.O. 50 : 223 and 568. His stress is on the fact that woman must render obedience. Cf. comm. on 1 Cor 11 : 10-12, C.O. 49 : 476-8.

126) Serm. on Eph. 5 : 5-9, C.O. 51 : 800. A passage from the same sermon shows that the Genevan tradesmen were not so docile as we might imagine. *Et voilà pourquoy il met la simplicité. Car nous sommes par trop subtils à cercher nostre avantage: il n'y a celuy qui ne soit grand docteur quand il est question de son proufit.... Qu'on prenne les gens mechaniques, qui iamais n'ont veu un mot de lettres, s'il est question de les avoir à iournee et d'avoir affaire en chose que ce soit avec eux, ils sçauront si bien disputer leur cause qu'on diroit que tous sont advocats.* C.O. 51 : 799.

제 6 장
기독교인의 절제

1. 질서있는 기독교 생활의 필수 요소인 절제와 자제

질서있는 기독교 생활에서 필수적인 요소는, 어떤 열심과 그 열심에 수반하는 열정이 아무리 좋고 선한 뜻을 가지고 있다 할지라도, 그 모든 열심과 열정을 절제하는 것이다. 칼빈은 성경에서 '절제의 법칙'을 발견하여,[1] 육체의 모든 부절제가 악(惡)이라고 단언한다.[2] 그의 견해로는 기독교인이란 온건, 온유, 사려분별 등이 그의 행동의 특징이 될 수 있도록 그의 모든 정욕, 열심, 야망 등을 절제할 수 있는 자이다. 불경건한 자들과 하나님의 백성 간의 주요한 차이점 중의 하나는, 전자가 여러 방면에서 과욕을 부리는데 반하여, 후자는 세속적 위로와 쾌락에 대한 부절제하고 불규칙한 욕구들을 온전하게 잘 자제하는데 있다.[3]

기독교인이 도달하고자 하는 이상(理想)은 인성(人性)을 입으신 예수 그리스도가 보여주신 대로 모든 일에서 온전하게 절제하는 것이다.[4]

---

[1] Cf. serm. on Luke 1 : 11–15, C.O. 46 : 36. *Or cependant quant à l'usage du boire et du manger, il nous faut tenir la regle qui nous est donnee en l'Escriture saincte, c'est à sçavoir d'attrempance.* Cf. comm. on Ps. 104 : 15, C.O. 32 : 90.
[2] Serm. on Deut. 5 : 18, C.O. 26 : 342. *Toute intemperance de la chair est vice.*
[3] Comm. on Ps. 36 : 5, C.O. 31 : 361; and on Ps. 4 : 7–8, C.O. 31 : 63–4.
[4] Cf. p. 109.

제 3 부 참된 질서의 회복 **217**

우리 주님 자신이 '절제의 훌륭한 모범'이시다.[5] 예수님이 때때로 부자들로부터 지나치다 싶게 환대를 받으신 것이 사실이다. 그러나 그때마다 그는 결코 낭비나 사치스런 것을 결코 용납하려 들지 아니하셨고, 그를 호의적으로 청해준 사람들에게마저 검소와 절제를 꼭 당부하셨다.[6]

주목할 만한 것은, 칼빈이 흔히 예수님의 가르침을 열정의 절제와 부절제의 기피(avoidance of excess)에 대한 요청으로 해석하고 있는 점이다. 예를 들면, "아비나 어미를 나보다 더 사랑하는 자는 내게 합당치 아니하다"는 말씀은 사람들 간에 존재하는 모든 상호적 사랑에서 절제와 질서를 요구하는 요청이다. 왜냐하면 혈육의 정(情)에는 "특별히 요구되는 규칙이나 절제가 전혀 있지 아니하기 때문이다.[7] 산상설교에서 "왼편 뺨도 돌려대라"는 명령을 해석함에 있어서, 칼빈은 어거스틴의 해석을 따라 예수님은 외형상의 행동을 위한 규칙을 정하신 것이 아니라, "신자들의 마음을 훈련시켜 절제와 공의(公義)에 이르게 하여 한두 번의 손상(損傷)에 쉽게 낙심해 버리는 일이 없도록 하려는데 있다"고[8] 하였다. "이 동네에서 너희를 핍박하거든 저 동네로 피하라"는 말씀도 (역시 어거스틴을 따라) 절제의 교훈을 가르치는 것으로 칼빈은 해석한다. 즉, 위험에 직면하여 너무 겁먹지도 말고, 그렇다 하여 무모하게 위험을 감수하는 일이 있어서도 안된다는 뜻으로 해석한다.[9]

이러한 절제에 이르기 위해서는, 기독교인은 모든 방면에서 그의 욕망과 열정을 규제하고 삼가해야 하는 것이다.[10] 모든 한계를 뛰어 넘으려고 하는 것이 육체의 끈질긴 속성이므로, 육체가 항상 죽지 아니하면 질서있는 기독교 생활이 영위될 수가 없게 된다.[11]

---

[5] Comm. on Luke 5 : 29, C.O. 45 : 249. *Ipse singulare erat temperantiae exemplum.*
[6] Ibid.
[7] Comm. on Matt. 10 : 37, C.O. 45 : 294. *Non iubet quidem exuere humanos affectus, non vetat quin debitam quisque benevolentiam suis praestet, sed tantum in ordinem cogi vult quidquid est mutuae dilectionis inter homines, ut superemineat pietas.* Serm. on Matt. 26 : 36-9, C.O. 46 : 840. *Il n'y a iamais regle ni moderation telle qu'il seroit requis*; and serm. on Job 1 : 2-5, C.O. 33 : 39.
[8] Comm. on Matt. 5 : 39, C.O. 45 : 184.
[9] Comm. on Matt. 10 : 23, C.O. 45 : 285.
[10] Comm. on Ps. 78 : 18, C.O. 31 : 729.
[11] Inst. 3 : 10 : 3. *Sed non minus diligenter altera ex parte occurrendum est carnis*

2. 인간 사회와 개인 생활을 해치는 여러 형태의 부절제

부절제(不節制)하는 성향은 우리 대부분의 생활의 특징으로서, 우리가 추구하는 선(善)마저 오염시키는 경향이 있다. 우리의 모든 인간 관계와 쾌락에는, 그 자체로서는 아무리 무흠하다 할지라도 지나친 부절제로 말미암아 야기된 무질서(無秩序)가 다소 간에 항상 있다. 연회석이나 사교 모임에서 대부분의 사람들은 필요 이상으로 너무 많이 먹는다. 그래서 비록 그들이 폭식(暴食)에 빠지지는 않지만, 이 무질서로 인하여 범죄한다.[12] 대부분의 사람들은 거의 이같은 죄를 의식하지 못한다. 그렇지만 한 톨의 소금이나 한 방울의 식초가 좋은 포도주 전체를 오염시킬 수 있는 것처럼, 그러한 무질서와 부절제도 우리의 무흠한 추구(追求)들을 오염시킨다.[13] 이와 같이 그 자체로서는 선한 것들이 부절제한 열정으로 말미암아 손상될 수가 있는 것이다.

그런 까닭에 기독교인은 부절제를 기피할 수 있도록 하기 위하여 자기의 생활을 질서있게 해야 한다. 자기나 다른 사람들의 감정을 상하게 하거나 부절제한 열정에 빠지게 하는 일에 대하여서는 언제나 특별히 미심쩍게 생각해야 하는 것이다. 주로 이같은 이유 때문에, 기독교인이 죄와 죄책(罪責)에 깊이 휘말리지 아니한 채 소송(訴訟)이나 전쟁에 참여하는 것이 가능할 것인가에 대하여 칼빈은 회의를 표한다. 왜냐하면 소송을 걸거나 전쟁하는 것이 여러 가지 이유로 정당화될 수 있고 더

---

libidini: quae nisi in ordinem cogitur, sine modo exundat.
12) Serm. on Job 1 : 2–5, C.O. 33 : 39–40. *Exemple, quand un mari aime sa femme, qu'un pere aime ses enfans, ce sont choses bonnes et sainctes et louables: et neantmoins on ne trouvera point un homme au monde qui aime sa femme en telle mesure, qu'il n'y ait que redire, qui aime ses enfans d'une amour pure et entiere.... Ainsi est-il de ce que les hommes ne se peuvent tenir en mesure qu'ils n'auront point leurs affections si bien reglees, qu'il n'y ait à redire.... Si on s'assemble, il y aura de la superfluité quelques fois aux viandes, et ceux qui seront assemblez par compagnie mangeront et boiront outre leur portion ordinaire.... Vray est qu'ils ne seront point gourmans pour se farcir le ventre, et pour se saouler comme des pourceaux, tant moins encores seront-ils yvrongnes pour avoir leur esprit abruti: non mais tant y a qu'ils peuvent bien exceder mesure.*
13) Ibid, cf. comm. on Ps. 104 : 15, C.O. 32 : 90.

적은 악일 수도 있으나, 소송이나 전쟁을 치루는 과정에서 감정이 거칠어지고 무법하게 되어 버릴 것 같으면 그것을 정당화하는 근거들이 더욱 더 유지될 수가 없게 되기 때문이다.

예를 들어, 기독교인이 소송을 거는 것이 정당화될 수 있는가를 논함에 있어서, 그릇된 것을 바로 잡기 위하여 시장(civil magistrate)에게 기독교인이 호소하는 것은 옳다고 칼빈은 주장한다.[14] "이는 마치 어떤 선한 사람이 자기 자신의 권리를 회복하려 할 때 하나님께서 정당한 방법을 그에게 제정하여 주신 경우에는 사사로운 방법을 사용하는 것이 금해져 있는 것과도 같다."[15] 그렇지만 모든 문제들에 있어서처럼, 이러한 문제에 있어서도 사랑이 그의 행동을 규제해야 한다.[16] 이것이 의미하는 바는 법정에서 자기의 원수를 상대할 때 '온전한 우정'을 가지고 해야 하며,[17] 개인적인 보복 감정을 결코 가져서는 안되고[18] '조용하고 침착한 태도로' 해야 한다.[19]

우리는 항상 인내하고 불법(不法)을 당할 준비가 되어 있어야 한다. 그리고 심판자이신 하나님의 보복 조치를 기다리되 그것을 고대하려고 해서는 안된다.[20] 이러한 완전한 태도는 갖추기가 지극히 어려운 것이 사실이지만, 그렇게 되지 아니하면 전과정들이 그르쳐질 수밖에 없게 된다. "마음이 악의(惡意)로 가득차고, 시기심으로 부패되면 화가 타오르고, 열기띤 논쟁으로 가열되므로 해서 사랑을 제쳐 놓게 되면 가장 의로운 대의(大義)에서 나온 모든 간청마저도 불경건할 수밖에 없게 되고 만다."[21]

---

14) Inst. 4 : 20 : 20.
15) Comm. on Luke 6 : 30, C.O. 45 : 185.
16) Comm. on 1 Cor. 6 : 7, C.O. 49 : 392. *Huius rei caritas optima erit moderatrix.*
17) Inst. 4 : 20 : 20.
18) Calvin is very emphatic that a Christian man is absolutely prohibited from indulging in revenge or in any desire for revenge. Inst. 4 : 20 : 19, Comm. on 1 Cor. 6 : 7, C.O. 49 : 391. *Fateor ergo, christiano homini prohibitam esse, omnem ultionem, ne vel per se, vel per magistratum eam exerceat, imo ne appetat quidem.* He utters very solemn warnings against prayers or appeals to God's justice which proceed from private desire for revenge rather than from the "pure zeal of the Spirit." To indulge in such is to "seek to make God execute the wishes of our depraved cupidity." Such conduct is inexcusable. Comm. on Rom. 12 : 19, C.O. 49 : 247; Inst. 4 : 20 : 19.
19) Comm. on Matt. 5 : 40, C.O. 45 : 185.
20) Comm. on 1 Cor. 6 : 7, C.O. 49 : 391-2; on Luke 6 : 30, C.O. 45 : 185-6.
21) Inst. 4 : 20 : 18.

전쟁과 관련하여 하나님이 '자기의 복수의 수단'으로 왕들과 관리들을 세우신다고 칼빈은 주장한다.[22] 그들의 의무는 백성들 사이에서 범죄 요소들에 의하여 야기될 수 있는 폭력에 대해서 뿐만 아니라, 온 나라를 무질서 상태로 빠뜨리고자 하는 자들에 의하여 일으켜질 수 있는 황폐에 대하여 법과 질서를 유지하는 것이다. "자기들의 보호를 받도록 맡겨진 백성들을 보호하기" 위하여 그들이 무장해야 하는 것은 '자연적 형평 원리'(natural equity)인 것이다.[23] 그러나 이 문제에 있어서도, 모든 적법한 무력 사용의 경우처럼, 자기의 대의(大義)의 정당성만 생각하고 무법하게 행동하는 것은 바르지 못하다. 모든 전쟁은 적당하게 수행되어야 한다.[24]

여기서 칼빈이 의미하는 바는, 전쟁에 참여하는 자들이 화를 내거나, 증오심을 품거나, 감정이 격해져서는 안된다는 것이다.[25] 정당 방위로 다른 사람을 죽인 개인마저도 법을 따라 그렇게 한 경우에만 정당화될 수가 있다. 그러나 만일 정당 방위하는 과정에서 분노하거나 감정이 북받쳐 자신을 억제하지 못할 경우에는 하나님 앞에서 그는 평계할 수가 없게 된다.[26] 하나님은 적절하게 절제하는 경우에만 무력의 사용을 허락하신다. 그러므로 부절제한 잔인성은 일체 배제되어야 한다.[27] "만일 그들의 본분을 수행하는데 그러한 절제가 따르지 아니하면, 왕들이 자기들에게 하나님이 복수를 실시하도록 위임하셨다고 자랑하는 것은 허사(虛事)이다."[28] 광범위하게 확산된 극단적인 혼돈을 가져오는 어떤 전쟁도 정당화될 수 없다.[29]

칼빈이 그 시대에서 알았던 대로, 그가 통탄한 바에 의하면 전쟁은

---

22) Comm. on Ps. 18 : 48, C.O. 31 : 192. *Ultionum suarum ministros.* Cf. Inst. 4 : 20 : 11. In serm. on 2 Sam. 2 : 14 ff. p. 42. Calvin says we must avoid shedding blood *sinon pour maintenir la querelle de Dieu.*
23) Inst. 4 : 20 : 11.
24) Serm. on Deut. 20 : 10–18, C.O. 27 : 622. *Car ce n'est point assez que nostre cause soit bonne: mais il faut aussi qu'elle soit bien demenee.*
25) Inst. 4 : 20 : 12.
26) Cf. serm. on Deut. 20 : 10–18, C.O. 27 : 622.
27) Serm. on 2 Sam. 2 : 17 ff., p. 44.
28) Comm. on Ps. 18 : 48, C.O. 31 : 192.
29) Serm. on Deut. 20 : 16–20, C.O. 27 : 636. *Notons donc que les guerres ne sont pas tellement licites, qu'on puise tout pervertir, et qu'il y ait une confusion extreme.*

모든 질서가 무너지고 사람들이 광란의 짐승으로 변할 만큼 몰인정한 약탈 행위나 다를 바가 없었다.³⁰⁾ 설사 전쟁이 원만하게 치루어진다 할지라도, 하나님의 형상으로 창조된 사람들이 처참하게 죽임을 당하는 비극이 벌어질 것이다.³¹⁾ 칼빈이 그의 설교에서 전쟁에 대하여 한말로 미루어 보면, 현대의 핵 전쟁의 가능성을 보게 되면 평화주의자가 되었을 것이다.

더럽혀진 성(性) 관계는 사회 생활을 심각한 무질서의 도가니로 만들고, 개인이 자신을 통제하지 못하여 엄청난 부절제에 빠지게 하는 인간 생활의 또 하나의 다른 중요한 국면이다.³²⁾ 이같은 시험(temptation)에 직면하여 사람들을 유일하게 억제할 수 있는 바 하나님께 대한 경외가 사람들에게 필요하고, "우리의 악한 감정들이 억제되고, 이 저주받을 정욕이 우리 안에서 왕노릇하거나 자리를 차지하거나 접근할 수 없도록 하나님이 우리를 주장해 주시기를" 기도할 필요가 있다.³³⁾ 사람들이 이러한 시험을 경계할 수 있도록 하기 위하여 칼빈은 자기 시대에서 유행하던 방탕한 이야기와 유행가 그리고 댄스 등을 강력하게 반대하였다.³⁴⁾

---

30) Serm. on Deut. 2 : 1–7, C.O. 26 : 14. *Ainsi voyons-nous, en somme, qu'auiourd'huy ce ne sont que brigandages de toutes les guerres qui se meinent: qu'il y a des cruautez et inhumanitez si exorbitantes, que c'est une confusion extreme, qu'il semble qu'on vueille oublier toute equité, et qu'une guerre ne se puisse faire qu'on n'oublie toute droiture: qu'il n'y ait plus de loy, que les hommes deviennent comme bestes furieuses.*
31) Serm. on Deut. 20 : 16–20, C.O. 27 : 636.
32) Cf. serm. on Job 31 : 9–15, C.O. 34 : 652–3. *Il n'est point dit seulement, C'est une lascheté . . . : mais c'est un feu qui consume tout, qui va iusques à la racine, c'est une perdition extreme il n'y demeurera nulle substance que tout ne soit raclé. . . . Il faudra que le feu s'allume par toute la ville et par tout le pays.*
33) Ibid. C.O. 34 : 649. It is important to note, however, that for Calvin a sin such as fornication is of special gravity, according to the New Testament (especially 1 Cor. 6 : 18), not simply because of the disorder and excess it introduces into human life, but because it is committed on the body and it leaves a trace or mark impressed on the body as other sins do not (serm. on Deut. 5 : 18, C.O. 26 : 339. *Il y demeure quelque trace imprimee au corps*): "My hand it is true, is defiled by theft or murder, my tongue by evil speaking or perjury, and the whole body by drunkenness; but fornication leaves a stain impressed upon the body such as is not impressed upon it by other sins" (comm. on 1 Cor. 6 : 18, C.O. 49 : 18). Because of this Calvin appeals to his hearers never to imagine that such a sin can be treated lightly by God (cf. Eph. 5 : 6), especially since the body of a Christian is in a real sense a member of Christ and the temple of the Holy Ghost (serm. on Job 31 : 9–15 C.O. 34 : 651).
34) Serm. on Deut. 22 : 5–8, C.O. 28 : 20. *Dieu non seulement veut nous tenir purs et nets de toute paillardise: mais il veut que nous prevenions les dangers.*

이와 관련하여 그가 흔히 마음에 둔 것으로 보이는 성경 본문은 고린도전서 15 : 33에 "악한 친구들은 선한 행실을 더럽힌다"임이 분명하다. 그러한 방탕한 친구들과 허튼 이야기들을 하다 보면, 그 이야기들이 우리 마음 속에 깊이 파고 들어 우리를 지배하는 것이다.[35] 더욱이 우리 자신의 혀 자체가 그러한 말로 감염되어 있다고 하면, 그것은 악이 깊이 자리잡은 징조이다.[36] 칼빈은 자기의 회중에게 간곡하게 경고하기를, 어린 소녀에게 사랑 노래를 가르치는 것은 성적(性的) 악에 대한 지식이나 정결(貞潔)에 대한 분별력을 그녀가 갖기도 전에 그녀를 방탕하게 만들 수 있다고 했다.[37] 칼빈의 경우 춤추는 것 또한 '악한 교통(communication)'의 수단이었다. 칼빈의 시대에 제네바에서 행해진 대로는 춤이 전혀 해로운 것이 없다 하여 칼빈을 반대하는 주장도 있었지만, 칼빈은 그러한 춤이 성적(性的) 악의 시작이 되고, 인간 생활에 무질서를 야기할 수 있도록 사단에게 문을 활짝 열어준다고 주장하였다.[38]

결혼한 관계 사이에서는 부절제를 끊임없이 삼가할 필요가 있다. 부부 간의 성관계(性關係)는 그것이 하나님의 순결한 제도이기 때문에 순결하고 귀하고 거룩한 일이다.[39] 그런데 수치감이 그러한 성관계에서 대체적으로 느껴지게 되는 것은, 타락 이후로 사람에게서 나오는 모든 것이 부패되어 있고, 그러한 성관계에 부절제와 과도(過度)함이 수반하는 사실 때문이다.[40] 그러나 결혼은 그러한 부절제의 허물을 가리워 주

---

35) Serm. on Eph. 4 : 29–30, C.O. 51 : 643.
36) Serm. on Deut. 5 : 18, C.O. 26 : 341.
37) Serm. on Eph. 4 : 29–30, C.O. 51 : 646.
38) Serm. on Deut. 5 : 18, C.O. 26 : 340–1. *Et par cela voit-on combien les subterfuges sont frivoles et pueriles, quand on se veut excuser que ce n'est point malfait de ceci, ne de cela, moyennant que l'intention n'y soit point. Comme ceux qui voudroyent avoir et danses et dissolutions: O! moyennant qu'il n'y ait point de paillardise, cela est-il si mauvais? C'est comme s'ils se vouloyent mocquer pleinement de Dieu, et luy boucher les yeux pour le souffleter, et cependant qu'il devine s'il y a du mal. Or on sait bien que les danses ne peuvent estres sinon des preambules à paillardise, qu'elles sont pour ouvrir la porte notamment à Satan, et pour crier qu'il vienne, et qu'il entre hardiment. Voila qu'emporteront tousiours les danses.*
39) Comm. on 1 Cor. 7 – 6, C.O. 49 : 406. Cf. on Gen. 2 : 22, C.O. 23 : 22.
40) Serm. on Matt. 2 : 9–11, C.O. 46 : 357. *La generation de soy, d'autant qu'elle procede de Dieu, ne peut et ne doit estre reputee pour souilleure: mesmes quand les bestes procreent lignee, en cela il n'y a nulle pollution. Pourquoy? c'est l'ordre de Dieu. Or quand les hommes et les femmes engendrent et conçoyvent, c'est une chose detestable devant Dieu. Et dont procede ceste diversite . . . ? C'est bien pour nous monstrer que c'est des hommes et de toute la race d'Adam depuis le peche. D'autant*

고, 수치심을 제거하여 하나님 앞에서나 천사들 앞에서까지도 떳떳하게 해주는 너울(veil)이다.[41] 하지만 결혼은 절제있게 수행될 때에만이 음란에 대한 치료책이 되는 것이다.[42]

부절제의 죄는 사치와 방탕으로 나타난다. 칼빈의 격언 중의 하나는 이것이다. "자연은 적은 것으로 만족한다. 자연적 소용(natural use)을 지나 넘는 것은 모두 불필요하다."[43] 그렇지만 이 점에 있어서 사람들은 자연적인 것으로 결코 만족하지 않는다. 하나님께서 관대하면 할수록 사람들은 부절제하여져 하나님의 은택들을 더욱 더 남용한다.[44] 칼빈에 따르면 기독교인은 그가 다른 모양으로 살 수 있는 방편이 있다 할지라도 '근검 절약하여' 살아야 한다.[45] 우리에게는 이 세상을 임의로 사용할 자유가 있지만, 우리의 목표는 "가능한 대로 적게 탐닉하는 것"과 사치를 억제하고 과다한 낭비 요소를 제거하는 것이다.[46]

그렇지만 다윗이 아름답게 장식된 궁정에서 사는 것이 하등에 문제가 없는 것처럼, 부자가 가난한 자에 비하여 더 높은 수준으로 살고 하나님이 그에게 주신 얼마 간의 풍요를 즐기는 것은 괜찮다.[47] 그러나

donc qu'il ne peut rien proceder de l'homme, apres qu'il s'est corrompu par sa cheute, sinon toute malediction, voyla pourquoy il a falu que les femmes se purgeassent. Mesmes il nous faut aussi noter, que le mariage, encores qu'il y ait de l'intemperance et de l'exces aux hommes et aux femmes, neantmoins par son honnestete couvre tout cela. Voire, mais cependant si ne peut il effacer encores ceste malediction.

41) Serm. on Deut. 5 : 18, C.O. 26 : 342-3. *Ceste intemperance de la chair donc estant vicieuse en soy, estant damnable, ne nous sera point imputee devant Dieu, quand ceste couverture de Mariage y sera. . . . Mais quand un homme vivra honnestement avec sa femme, en la crainte de Dieu: combien que la compagnie du lict soit honteuse, si est-ce toutesfois que devant Dieu elle n'a point d'opprobre, ne devant ses Anges. Et pourquoy? La couverture du mariage est pour sanctifier ce qui est pollu et prophané.* Cf. comm. on 1 Cor. 7 : 6, C.O. 49 : 405-6.

42) Comm. on 1 Cor. 7 : 29, C.O. 49 : 420. *Coniugium est remedium incontinentiae: verum est si quis temperanter utatur.* Cf. comm. on Gen. 2 : 22, C.O. 23 : 49. *Deinde obviam eundum est carnis lasciviae, ut pudice cum uxoribus habitent mariti.*

43) Comm. on 1 Tim. 6 : 8, C.O. 52 : 326.

44) Comm. on Ps. 104 : 15, C.O. 32 : 90. Cf. serm. on 1 Cor. 10 : 3-6, C.O. 49 : 604. *C'est à dire que nous ayons tousiours une telle attrempance en nous que si Dieu nous donne plus qu'il ne nous faut, nous ne facions des chevaux eschappez: comme on en verra à qui il semble que tout soit perdu, sinon qu'ils engouffrent tant qu'il leur sera possible, quand ils auront de quoy. Ils ne regarderont point, que me faut-il pour ma refection? mais ceci sera perdu pour moy, si ie ne boy encores ce verre, et un autre.*

45) Comm. on Mark 10 : 21, C.O. 45 : 540. *Modo parce et frugaliter.*

46) Inst. 3 : 10 : 4.

47) Comm. on Ps. 23 : 5, C.O. 31 : 241; on 1 Tim. 6 : 8, C.O. 52 : 326.

부자가 사치하는 데는 적절한 한도가 있어야 한다. "만일 우리가 하나님의 축복들을 오염시키고 싶지 않다면, 그것들을 검소하게 사용해야 하는 것이다."[48]

그런 까닭에 부유해지는 것은 위험한 일이다. 왜냐하면 우리가 일단 부(富)를 탐닉하게 되면 우리의 욕망에는 한계가 없기 때문이다.[49] 부자는 참으로 그가 자기의 심령과 생활을 절제할 수 있는지에 대하여 항상 엄하게 시험을 받고 있는 것이다―부자는 자기가 시험을 받고 있다는 것을 의식(意識)해야 한다.[50] 그는 "풍요 가운데서 절제를 힘써 자기의 부(富)를 사용하기를" 배워야 한다.[51] 가난한 자 또한 자기의 가난 가운데서 인내할 수 있는지에 대하여 시험을 받고 있음이 사실이다. "우리가 부요를 즐김에 있어서 절제해야 하는 것 못지 않게, 궁핍을 감당함에 있어서 온건하고 참을성이 있어야 하는 것이다."[52] 그렇지만 비교해서 말하자면, 가난한 자는 뒤집히거나 강둑의 나무에 부딪칠 위험이 있는 작은 강에서 조그마한 배를 타고 항해하는 것과도 같다. 그러나 그러한 위험은 파도와 바람이 심한 대양에서 돛단배로 항해하는 것에 비하면 아무것도 아니다. 가난한 자보다 부자가 되는 것은 이보다 훨씬 더 위험하다.[53]

칼빈은 과음(過飮)에 대하여 특별한 경고를 발한다. 왜냐하면 이 과음이 다른 형태의 방탕의 근원이요, 모든 절제의 적(敵)이기 때문이다.

---

48) Comm. on Zech. 9 : 15, C.O. 44 : 280.
49) Serm. on 1 Tim. 6 : 3–7, C.O. 53 : 575. *C'est qu'un chacun oublie ce qu'il luy faut, nous ne regardons point à nostre necessité, ni à l'usage legitime des biens de Dieu, mais nous voulons estre confits en toutes nos delices. . . . Mais cependant si nous laschons la bride à nos cupiditez, il n'y a nulle fin, nous sommes du tout perdus et abysmez.*
50) Serm. on 2 Sam. 1 : 21–7 (pp. 24–5). *Et apres quand vng homme est riche, qu'il aduise de se bien reigler et imposer loy. Car il est certain que Dieu nous esprouue, quand il nous donne ainsi les biens comme en superfluite, que c'est pour nous examiner, si nous serons sobres, et si nous aurons vne vraye modestie.* Cf. comm. on Zech. 9 : 15, C.O. 44 : 280. *Imo affluentia bonorum probatio est frugalitatis*; also comm. on Ps. 104 : 15, C.O. 32 : 90.
51) Prayer to lecture on Dan. 1 : 8, Amst. Edn., Vol. 5, p. 7.
52) Inst. 3 : 10 : 4. Cf. serm. on 1 Tim. 6 : 3–7, C.O. 53 : 576. *C'est donc une science grande et forte difficile à prattiquer, de sçavoir estre riche, c'est à dire d'user sobrement des richesses : mais il faut aussi que nous sçachions que c'est d'estre povres, et ceste science n'est pas moindre que l'autre.*
53) Serm. on Job 1 : 2–5, C.O. 33 : 35–6.

제 3 부 참된 질서의 회복 **225**

"술이 지배하는 경우, 자연적으로 방탕이 뒤따른다. 그런 까닭에 절제와 품위에 관심이 있는 자는 모두 술취하는 것을 혐오하고 회피해야 하는 것이다. 이 세상의 자녀들은 환락을 북돋기 위해 과음하는데 익숙해져 있다. 그러한 육욕적(肉慾的) 흥분은 성령이 주는 거룩한 기쁨과는 성질이 전혀 다르다."⁵⁴⁾ 칼빈은 그의 설교들에서 강력하게 술취하는 것의 악한 결과를 비난하여, 사람이 술에 취하면 수치심을 잃고 이성(理性)없는 짐승으로 변하고, 하나님의 형상을 손상시키며, 모든 질서와 품위를 상실한다.⁵⁵⁾ 칼빈은 이성의 의지력(意志力)이 너무 약하여서 자신의 연약함을 솔직하게 인정하려 하지 아니하거나 자신을 억제하며 절제할 수 없는 자에게 호소하고 있다.⁵⁶⁾

야심(ambition)은 죄악된 부절제의 경향이 드러나는 인간 삶의 또 하나의 다른 측면이다. 칼빈에 따르면 높은 지위를 갖는 것은 많은 재산을 갖는 것처럼 여러 가지의 두려운 시험에 우리를 빠지게 한다. 높은 지위에 있는 자들의 경우 그들이 누리고 있는 존귀와 다른 사람들이 품고 있는 경쟁심으로 인하여 "자신들을 겸손하게 하기"가 아주 힘들게 되는 것이다.⁵⁷⁾ 높은 지위에 있는 통치자들은 시기심으로 오염되어 있다. "야심이 거의 항상 그들을 지배한다. 이 야심은 모든 기질(氣質)들 중에 가장 비굴한 것이다."⁵⁸⁾

칼빈은 사회 일반에 "그리고 특별히 교회 안에" 존재하는 모든 악(惡)의 어머니로 야심을 일컫는다.⁵⁹⁾ 그러므로 높은 지위를 차지하고 있는 사람은 "자기의 지위를 의심을 가지고 바라보며"⁶⁰⁾ 절제와 온유의 은사를 간구하게 될 것이다.⁶¹⁾ 이와 관련하여 칼빈은 어거스틴을 다음

---

54) Comm. on Eph. 5 : 18, C.O. 51 : 220.
55) Serm. on Eph. 5 : 15-18, C.O. 51 : 718-19.
56) Serm. on Luke 1 : 11-15, C.O. 46 : 36. *Et ceux qui ne peuvent soustenir le vin, seroyent bien sages, quand ils en prendroyent par mesure: ce leur seroit une belle vertu de cognoistre, I'ay ce vice en moy de me charger de vin: I'ay la teste et le cerveau trop debile pour le porter: ainsi il faut que ie m'en abstienne, ou que ie le modere tellement que cela ne me nuise point.*
57) Serm. on 2 Sam. 3 : 26-7 (p. 72).
58) Comm. on John 12 : 42, C.O. 47 : 300.
59) Comm. on Gal. 5 : 26, C.O. 50 : 256-7. *Multorum malorum quum in tota hominum societate, tum praesertim in ecclesia, mater est ambitio.*
60) Comm. on John 12 : 42, C.O. 47 : 299.
61) Serm. on 2 Sam. 3 : 26-7 (p. 72). *Ceux qui sont ainsi esleuez en honneur et*

과 같이 인용한다. "나무가 위로 자라날 수 있기 위해서는 아래로 깊숙히 뿌리를 박아야 하는 것처럼, 자기 영혼을 겸손 가운데 깊이 뿌리 박지 않은 자는 모두가 스스로 교만해져 멸망에 빠진다."[62]

3. 절제는 겸손, 과시의 기피, 자기 삶의 몫에 대한 만족 등으로 나타남

우리는 지금까지 사람들이 죄악된 부절제에 빠지는 몇 가지 측면들을 살펴보았다. 기독교 생활에서의 절제의 실천은 이상에서 거론한 모든 부절제를 주도 면밀하게 피하는 것 뿐만 아니라, 보다 더 적극적으로 소위 기독교의 '미덕'(virtue)으로 불리우는 것들을 행하는데 있다. 칼빈 자신은 '미덕'들을 결코 분류하려고 하거나[63] 기독교 생활의 목표로서 미덕의 함양을 제시한 바 없지만, 그의 가르침으로 미루어 보아 인내, 겸손, 신중(prudence) 등을 모두 묶어서 기독교적 절제의 다른 측면들로 간주할 수가 있다.

칼빈은 우리의 동료들과의 관계에서의 절제를 언급할 때 그것을 흔히 '겸손'(modesty)으로 일컫는다. 그러나 유의할 것은, 칼빈은 '겸손'이라는 단어가 현대 영어에서 가지고 있는 바 제한된 의미로 사용하고 있지 않다는 점이다. 그는 사실 그것을 '절제'(moderation)라는 단어 자체와 동의어(同意語)로 흔히 사용한다. 칼빈은 때때로 그러한 겸손 또는 절제가 기독교의 주요한 아니 유일한 미덕인 것처럼 말한다.[64]

왜냐하면 우리의 모든 반사회적 열정들과 교만한 자기 의지(self-will)를 절제하고 다른 사람들에게 복종하는 능력이 참된 기독교 윤리를 이루는 모든 겸손(humility)과 사랑의 기초이기 때문이다.[65] 칼빈은 한 곳

---

dignite, ont occasion de prier Dieu qu'il leur face la grace de se moderer en telle sorte, que chacun cognoisse qu'ils ont vn esprit de mansuetude.
62) Comm. on James 4 : 10, C.O. 55 : 419.
63) Though cf. note on p. 114.
64) Comm. on Rom. 12 : 16, C.O. 49 : 244. *Siquidem praecipua fidelium virtus moderatio est.*
65) Comm. on Col. 3 : 13, C.O. 52 : 122. *Nemo comis erit ac tractabilis, nisi qui deposito fastu et altidudine animi, ad modestiam se submiserit, sibi nihil arrogans.*

에서 말하기를, "각 사람이 다른 사람에게 경의를 표하는 바 겸손은 사랑의 가장 좋은 간호원(the best nurse of love)이다"라고 하고,[66] 다른 구절에서는 겸손을 '절제의 어머니'라고 부른다. 이 절제로 말미암아 우리가 무엇보다도 우리 자신의 권리를 포기하고 혈기를 쉽게 내지 않게 된다.[67]

칼빈의 생각에 모든 사랑의 기초는 하나님의 은혜를 통해서 우리 자신을 내면적으로 멸절시키는 것, 즉 우리의 심령이 내면적으로 죽는 것이다. 이로 말미암아 내면적 심령에서 거짓없는 겸손이 나오게 되고,[68] 거기에는 "행태상(行態上) 외형적 그리고 시민적(市民的) 겸손"이 수반된다.[69] 십계명에서 "살인하지 말라"는 부정적 명령을 통해서 하나님이 이웃에 대한 사랑을 가르치고 있다는 것이 칼빈에게는 아주 중요하다. 왜냐하면 참된 사랑의 기초에는 각 사람이 자기의 심령을 살피고, 우리의 이웃에게 해(害)를 끼치게 할 가능성이 있는 모든 본성적 사상들과 경향들을 단호하게 억제하는 것이 있어야 하기 때문이다. 만일 우리가 사랑하기를 시작하고자 한다면, 먼저 우리의 심령을 죽이고(mortify) 절제해야 한다.[70]

이러한 내면적 겸손은 다른 사람들 앞에서 허식과 과시하는 일을 삼가하는 것으로 나타날 것이다.[71] 이것은 기독교인이 옷을 입는 방식에서 특별히 분명하게 드러날 것이다. 이 점에 있어서 '절제의 규칙'의 실제적 적용에 대한 특별히 여자들에게 주는 신약성경의 간곡한 부탁을 칼빈은 언제나 강조한다.[72] 즉, 여자들이 선호(選好)하는 주름 장식

---

66) Comm. on Rom. 12:10, C.O. 49:241. *Optimum amoris fomentum est modestia.*
67) Comm. on Phil. 2:3, C.O. 52:24.
68) Comm. on Luke 14:7-11, C.O. 45:396. *Humilitas non fucata solum deiectio censeri debet, sed vera exinanitio, quum scilicet, infirmitatis nostrae probe nobis conscii, nihil sublime spiramus, scientes nos sola Dei gratia excellere.*
69) Ibid, p. 397. *Externa et civili modestia.*
70) Cf. serm. on Deut. 5:17, C.O. 26:329-30.
71) Serm. on 1 Tim. 6:9-11, C.O. 53:583. *Et puis, cependant que Dieu leur fait la grace de iouir des richesses qu'ils possedent, qu'ils en sçachent bien user modereement, que ce ne soit pas pour gourmander à eux, et pour affamer leurs prochains, pour en faire leurs pompes, et leurs bravetez.* Cf. serm. on Deut. 8:14-20, C.O. 26:631-2. *Nous serons advertis ... de ne point abuser de nostre largesse, comme font ceux ... qui sont adonnez à pompes, et à vanitez pour se monstrer.*
72) Comm. on 1 Tim. 2:9, C.O. 52:275. *Regula mediocritatis.*

(frill)과 많은 머리를 금하는 것과 금이나 값비싼 보석을 가지고 사치하는 것을 삼가하는 것 등을 강조한다.[73] "왜냐하면 과도한 우아함과 지나친 과시, 요약해서 모든 부절제가 부패한 마음에서 나오기 때문이다."[74] 만일 칼빈이 지나치게 옷치장하는 여자들에게 까다롭게 보인다고 하면, 사치하는 남자들에 대하여는 더더욱 심한 것이다. 칼빈이 개탄하는 바에 의하면 그의 시대에서는 유사(有史) 이래로 여자로 자신이 전환하기를 원하는 것처럼 보일 정도로 호사스럽게 인형처럼 옷을 입는 이같은 종류의 남자가 있었다. 그와 같은 남자들은 자신을 위장하고 사람들의 시선을 끌기 위해 항상 새로운 유행에 민감하였으며, 자기의 허영심을 충족시킬 수 있는 새로운 옷을 사 입기 위해 밥을 굶기도 하였다.[75]

그렇지만 그러한 극단들을 삼가함에 있어서도 우리는 절제하는데 유의해야 한다. "옷을 입을 때 멋과 우아함을 전적으로 삼가하는 것은 지나치게 엄격한 것이 될 것이다. 옷감이 너무 호사스럽다고 말한다고 하면 주님께서 그렇게 그것을 만드셨기 때문이다. 예술이 주님께로부터 나왔음을 우리는 안다. 그러므로 베드로는 모든 종류의 장식을 정죄하려 하지 않고, 여자들이 흔히 빠지기 쉬운 허영의 악을 정죄하였다."[76] 이 모든 일에서 우리는 '질서와 분수'를 지키도록 유의해야 한다.[77]

---

[73] Serm. on 1 Tim. 2 : 9–11, C.O. 53 : 197.
[74] Comm. on 1 Pet. 3 : 3, C.O. 55 : 254.
[75] Calvin suggests that the most suitable punishment for such *grans seigneurs* would be to make them serve as ladies' tailors. See vivid passage in serm. on Deut. 22 : 5–8, C.O. 28 : 20.
[76] Comm. on 1 Pet. 3 : 3, C.O. 55 : 254.
[77] Serm. on Deut. 22 : 5–8, C.O. 28 : 20, *à tenir ordre et mesure*. Calvin admits that dress is an "indifferent matter" (cf. p. 309) and that it is difficult to assign any definite limits, yet pride and love of display are not indifferent matters and too often find expression in clothing (cf. comm. on 1 Tim. 2 : 9, C.O. 52 : 275 and on 1 Pet. 3 : 3, 55 : 254). If we constantly remembered when we dressed ourselves that clothes are ordained simply in order that we may hide ourselves and our shame since the image of God in our bodies has become so disfigured, then we would not be given to superfluous pomp in clothing (serm. on Deut. 22 : 5–8, C.O. 28 : 20)! The manner of our dress should be determined by necessity (that we should be protected both from cold and heat) and decency (*honnesteté*). Moreover it is dishonest for anyone to "dress up" as if on a stage to play a part (serm. on 1 Tim. 2 : 9–11, C.O. 53 : 205; and on Deut 22 : 5–8, C.O. 28 : 19). The clothes of a Christian woman should also have *quelque marque de saincteté* (28 : 20) *qu'elles monstrent un accoustrement convenable à des femmes qui font profession de crainte de Dieu par bonnes œuvres* (53 : 197).

제 3 부 참된 질서의 회복 **229**

기독교적 겸손의 중요한 측면은 우리의 삶의 몫(lot)에 대한 만족이다. 겸비(humility)와 겸손(modesty)은 우리로 하여금 우리 자신의 소명의 한계 안에 우리 자신을 머물게 하도록 할 것이다.[78] 칼빈이 지적하는 바에 따르면, 우리 주님 자신이 "그의 인성(人性)을 통해서 우리가 기대할 수 있었던 대로, 하나님이 그에게 주신 그 소명의 한계 안에서 자신을 지키셨다.[79] 하나님이 우리에게 주신 몫으로 만족하는 것이 삶의 법칙이다. 이 법칙은 하나님 자신의 질서를 거절하지 않는 한 거절될 수가 없으며,[80] 이 삶의 법칙을 제쳐 놓으면 인간은 그 자신의 탐욕스런 야심으로 말미암아 절망하여 이리저리 표류할 수밖에 없게 된다."[81]

하지만 만족이란 결코 쉽게 얻어지는 미덕(美德)이 아니다. 시편 기자가 포학한 통치에 의한 핍박(provocation)에도 불구하고 자신의 소명을 지키는 것은 '놀랄 만한 겸손의 징표'였다.[82] 만족은 하나님께서 우리에게 정해 주신 한계들을 무너뜨리고자 하는 우리의 본성의 경향에 반대되는 미덕이다. 그래서 이 미덕은 하나님의 뜻에 완전히 순종할 때에만 맺힐 수 있는 열매인 것이다. 우리는 하나님의 뜻을 따를 경우 건강이 좋지 않음, 가난 그리고 수치까지도 평안하게 받아들일 수가 있다.[83]

우리가 인생 길에서 처해 있는 곳에 있을 때에 하나님이 우리의 순종을 시험하고 있다는 것을 기억하는 것은 중요하다.[84] 이 순종은 순복과

---

78) Comm. on Ps. 91 : 11, C.O. 32 : 6. Cf. serm. on 1 Cor. 10 : 10–11, C.O. 49 : 635. *Dieu nous a advertis d'estre paisibles, et qu'un chacun se contente de sa condition . . . que nous ayons ceste mansuetude de cheminer en nostre degré.* Cf. p. 154.
79) Comm. on Mark 7 : 24, C.O. 45 : 456.
80) Serm. on 1 Tim. 6 : 9 11, C.O. 53 : 584.
81) Serm. on Deut. 5 : 19, C.O. 26 : 351.
82) Comm. on Ps. 119 : 161, C.O. 32 : 288.
83) Serm. on Deut. 8 : 1–4, C.O. 26 : 590–1. *Quand donc nous venons là, si nous pouvons nous retenir en la subiettion de Dieu, pour dire, Seigneur, il est vray que ceci m'est dur à porter, il m'est contraire, ma nature tend tout à l'opposite: mais quoy qu'il en soit ie renonce à ma volonté. Ie voudroye estre sain: mais puis qu'il te plaist que ie soye malade, ton Nom soit benit. Ie voudroye estre riche, et avoir toutes mes commoditez et delices, et tu veux que ie soye povre, et indigent: ie voudroye estre en honneur et en credit, et tu veux que ie soye en opprobre, et en ignominie: et bien, Seigneur, que nous ayons ceste humilité-la de nous assuiettir à ce qu'il te plaist nous envoyer, et non point suyvre ce que bon nous semble.*
84) Serm. on 1 Cor. 10 : 10–11, C.O. 49 : 637.

만족의 태도를 통해서만이 현실적으로 증명될 수가 있다. [85] 우리가 또한 기억해야 할 것은, 하나님이 계획하지 아니한 길을 우리가 추구하는 한 하나님의 도우심을 결코 확신할 수가 없지만, [86] 하나님의 소명의 한계 안에서 만족스러워하는 자들에게는 하나님의 도우심이 결코 끊이지 않게 될 것이라는 점이다. [87]

4. 절제는 환난 가운데서의 인내로 나타남

우리의 절제는 인생에서 우리의 소명(vocation)으로 뿐만 아니라 환난 가운데서의 인내로 또한 나타나는 것이다. 하나님의 부르심(call)이 없이 인생에서의 우리의 위치로부터 '움직이는' 것이 하나님께 대한 반역이라고 하면, [88] 시험과 환난 가운데서 우리의 감정과 욕구가 한계를 벗어나는 것 또한 마찬가지로 하나님께 대한 반역이다. [89] 그러므로 역경, 모독, 상해(傷害) 그리고 모든 종류의 염려와 걱정에 직면하여 감정과 슬픔을 억제할 것을 칼빈은 요구한다. [90] 왜냐하면 그러한 상황 아래서는 우리의 연약함에 빠져 절제의 한계를 벗어나 감정과 반작용에 의하여 격분하기가 아주 쉽기 때문이다. [91] 사실, 인생의 슬픔이 인생의 기

---

85) Serm. on Deut. 8 : 1–4, C.O. 26 : 591. 86) Comm. on Ps. 91 : 11, C.O. 32 : 6.
87) Comm. on Ps. 18 : 21, C.O. 31 : 180. Calvin can express the certainty that contentment will be given those who follow the Lord in the way He has appointed, and that He will always provide what is lacking. Indeed he says: *On le voit aussi à l'oeil. Car ceux qui seront les mieux vestus, ne laissent point d'estre morfondus: voire, et où il semble que les povres gens doyvent estre transis, et que la glace les doit percer cent fois, Dieu les eschauffe, voire qu'ils sont restaurez comme s'il les foumentoit, comme s'il y avoit un medecin aupres d'eux qui leur administrast bons remedes pour subvenir à la froidure.* Serm. on Deut. 8 : 3–9, C.O. 26 : 604.
88) Serm. on 1 Cor. 10 : 10–11, C.O. 49 : 637.
89) Serm. on 1 Cor. 10 : 8–9, C.O. 49 : 628. *Mais tant y a que toutesfois et quantes que nous ne pouvons souffrir que Dieu nous gouverne selon sa volonté, mais sommes bouillans en nos passions, que nous voulons prevenir, que nous voulons qu'il s'assubietisse à nos souhaits, nous le tentons, c'est à dire qu'avec une desfiance nous entrons contre luy comme luy voulans faire la guerre. Puis qu'ainsi est donc, apprenons de cheminer en plus grande humilité et modestie dores en avant, et que ce passage de nous serve de bride, toutesfois et quantes que nos appetis seront trop soudains, et que mesmes il y aura de l'impatience.*
90) Comm. on 1 Thess. 5 : 16, C.O. 52 : 174. *Semper gaudete. Hoc ad moderationem animi refero, dum placide in rebus adversis se retinet, neque fraena dolori laxat.* Cf. comm. on Luke 12 : 29, C.O. 45 : 212.
91) Comm. on Ps. 85 : 9, C.O. 31 : 788.

쁨보다도 훨씬 쉽게 우리로 하여금 이성을 잃게 만들 수가 있다.[92] 우리는 우리의 슬픔까지라도 억제함으로 "우리의 마음을 가라앉혀 인내에 이르게"[93] 해야 하는 것이다.

인내를 말함에 있어서, 하나님 앞에서 '잠잠하는 것'에 대하여 시편 기자가 사용하는 표현을 칼빈이 흔히 마음에 두고 있음이 분명하다. 환난을 당할 때 우리의 성정(性情)의 경향은 '하나님께 대해 반란을 일으키는' 대로 나아가기 때문에, "경건한 자들이 그들의 마음을 삼가하여 하나님의 권위에 순복하게 하는 일종의 침묵"으로 칼빈은 인내를 정의하는 것이다.[94] 그가 유의한 바에 의하면, 다윗은 자기가 환난을 받을 때 더욱 더 '침묵'하기를 힘썼으며, 때로는 "모든 육체적 성향을 죽이고 철저하게 자신을 하나님의 뜻에 순복시켜야 했다."[95]

이러한 태도를 가질 때 하나님을 대적하는 악한 감정이 전혀 우리에게서 나타나지 않게 되는 것이다.[96] 우리는 우리 또는 다른 사람들을 다루시는 하나님의 방법들에 대해 판단하기를 거부하게 된다. 이는 우리 자신의 상상(fantasy)의 표준으로는 하나님의 판단의 깊이를 절대 측량할 수가 없다는 것과 실제에 있어서 우리 자신을 하나님 앞에서 겸비하게 하지 않는 한 하나님이 의로우시다고 고백하는 것이 헛되다는 것을 우리가 기억하기 때문이다.[97] 그런 까닭에 하나님이 자기 교회와 자

---

[92] Serm. on Job 1 : 20–2, C.O. 33 : 94.
[93] Comm. on Ps. 39 : 2, C.O. 31 : 396.
[94] Comm. on Ps. 85 : 9, C.O. 31 : 788. *Ita patientia species est silentii, quo se sub eius imperio continent piae mentes.* Cf. on Ps. 62 : 2, C.O. 31 : 585. *Statuit sibi tacendum esse: quo verbo intelligit patienter et sedato animo ferendam esse crucem.*
[95] Comm. on Ps. 62 : 6, C.O. 31 : 587.
[96] Comm. on Ps. 39 : 2–3, C.O. 31 : 397.
[97] Serm. on Deut. 7 : 16–19, C.O. 26 : 545. *Ce n'est pas à nous de mesurer les iugemens de Dieu à nostre fantasie: car il nous faut confesser qu'ils sont quelques fois comme des abysmes: mais cependent ils ne laissent pas d'estre iustes. Nous ne verrons point donc tousiours la raison de ce que Dieu fait: mais si nous le faut-il approuver sans contredit. Car c'est bien raison que toutes creatures s'humilient sous luy, et qu'il ne soit point tenu à rendre conte. Et ainsi, quand il nous semblera que ce que Dieu aura commandé soit estrange: retenons nos esprits en bride, et en subiection, et faisons cest honneur à Dieu, de confesser qu'il est iuste et equitable, encores que nous n'y voyons goutte. . . . Et qui plus est, quand nous verrons qu'il desploye une rigueur qui nous semblera excessive, contre les autres, cognoissons en cela sa bonté et misericorde envers nous: car il nous pourroit faire le semblable.* Cf. serm. on Job 34 : 10–15, C.O. 35 : 143. *Ce n'est point donc assez, qu'en un mot nous protestions que Dieu est iuste: mais le principal est quand ce vient à la pratique, que nous trouvions bon tout ce qu'il fait.*

기 백성에 대하여 참 사랑을 베푸실 것을 믿는 신앙으로 하나님의 때를 참을성 있게 기다려야 하는 것이다. 만일 어떤 사람이 이러한 신앙을 가지고 있다고 하면, 그는 "침묵 중에 희망을 간직하고, 하나님께 도움을 구하면서 자신의 혈기를 억제할 것이다."[98] 더욱이 하나님의 보호 아래 지킴을 받는다고 믿는 신앙을 갖게 되면, 다른 사람들이 우리에게 행한 손상(損傷)들을 인하여 그들에게 보복을 하게 하는 성급함을 품는 대신에 하나님께 우리의 대의(大義)를 맡길 수 있게 된다.[99]

하지만 환난 중에 참는다고 하는 것은 절제하는 것을 의미하되, 슬픔이나 걱정이나 분노와 같은 우리의 감정들을 완전히 억누르는 것은 아니다. 우리가 의미하는 것은 모든 감정에 대하여 완전히 금욕적(stoical)인 무관심의 태도를 갖는다거나, 우리의 인간적 본성을 제거하고 돌같이 우리 자신을 완고하게 하는 따위가 결코 아니다.[100] "인내는 환난을 받고 있음에 대하여 결코 무감각하지 않는다. 하나님의 자녀들도 자기들의 불행을 인하여 가슴 아파하지 않을 수가 없는 것이다."[101] 친구들이나 친애하는 이들이 죽게 되는 때에 슬피 애통하게 되어 있다.[102] 그들의 신앙이 두려움으로 크게 흔들리는 것을 발견하게 된다.[103] 근심에 사로잡히는 자신들을 발견하게 된다. 이는 경건한 자들에게는 불신(不信)에서 나오는 그릇된 종류의 근심은 아니지만, 하나님은 사람들이 자신들의 복지에 관심이 없이 나무 토막처럼 되기를 원하지 않으시며, 또한 아버지된 자가 자기 가족에 대하여 전혀 염려하거나 걱정하지 않아도 되는 것을 하나님이 원하지 않으시기 때문이다.[104] 중요한 것은 우리가 우리의 슬픔을 억제하고, 두려움을 적절하게 삼가며, 염려 또한 적당하게 해야 한다는 것이다.[105]

왜냐하면 죽음에 직면하여 슬픔을 억제하지 못하는 것은 불신자의

---

98) Comm. on Ps. 38 : 14, C.O. 31 : 392.
99) Comm. on Ps. 97 : 10, C.O. 32 : 46.
100) Comm. on 1 Thess. 4 : 13, C.O. 52 : 165.
101) Serm. on Job 1 : 20-2, C.O. 33 : 96.
102) Comm. on 1 Thess. 4 : 13, C.O. 52 : 164.
103) Comm. on Matt. 8 : 25, C.O. 45 : 265.
104) Comm. on 1 Cor. 7 : 33, C.O. 49 : 422.
105) Comm. on Luke 12 : 29, C.O. 45 : 212.

표이고,[106] 근심이 그 자체로서는 나쁘지 아니하지만 그것이 과도하게 되는 때에는 부패하여지기 때문이다.[107] 칼빈은 때때로 아주 인간적이지만 다윗이 사울을 위해 한 애통에 대하여 비판함에 있어서는 거의 금욕적으로 신랄하다. 이는 다윗의 애통에 칭찬할 만한 것이 많이 있기는 하지만, 그의 슬픔이 품위를 잃고 절제가 없기 때문이다.[108]

5. 절제는 신중(愼重)으로 나타남―기독교인은 과열(過熱)을 피해야 함

우리의 행동에 있어서 절제를 간청할 때 칼빈은 참된 기독교적 개념에서 우리가 신중해야 한다는 것을 흔히 의미한다.[109] 그가 발견한 바에 의하면, 많은 선한 사람들의 삶과 증거가 다른 실수 못지 않게 무분별한 열심으로 말미암아 손상되는 경향이 있었다. 칼빈은 성경에서 나무랄데 없는 동기와 참된 열심을 갖고 있으면서도 감정을 억제하지 못하거나 하나님의 불쾌감을 불러일으킬 만한 어리석은 행동에 빠지는 사람들의 실례를 많이 발견하였다. 방금 앞에서 지적한 대로, 사울의 죽음에 대한 다윗의 슬픔이 그러한 실수를 범하였다. 욥의 친구들의 경우, 그들이 그를 보고서 땅을 치며 통곡할 때 분명코 그들의 감정은 순수하였다. 그러나 그들의 바로 그 열정적 동정과 슬픔으로 인하여 참된 실제적 도움을 자기들의 친구인 욥에게 줄 수가 없게 되었을 뿐더러 그에게 부담스런 존재가 되고 말았다.[110]

모세와 바울은 하나님의 목적의 한 측면이 성취되기를 너무 지나치

---

106) Comm. on 1 Thess. 4 : 13, C.O. 52 : 164.
107) Comm. on 1 Cor. 7 : 33, C.O. 49 : 422.
108) Serm. on 2 Sam. 1 : 17–20, p. 14. *Car nous voyons icy comme en vng miroir vng homme qui monstre vng dueil desordonne, et n'a point eu moderation en luy. Or par la nous sommes enseignez, encores que noz dueilz et pleurs tendent a vne bonne fin, et qu'ils procedent d'vne bonne source, neantmoins il y aura tousiours du meslinge au milieu de nostre vertu, il y aura de brouillars et vices, tellement que cela doit bien rabatre tout nostre orgueil, afin de ne nous point priser, mais que nous cognoissions que Dieu trouuera toussiours a redire en tout ce que nous ferons.*
109) Cf. p. 188.
110) Serm. on Job 2 : 11–13, C.O. 33 : 136. *Ce n'est pas donc le tout d'avoir quelque amour, et d'en monstrer les signes, mais il faut que ceste amour-la soit bien reglee, afin que nous puissions servir les uns aux autres, comme Dieu le commande.*

게 소원한 나머지 그들 자신의 저주를 서슴치 않고 말하는 데까지 나아 갔다. 이것은 어떤 사람이 만일 하나님의 목적을 순간적으로나마 부분적으로만 경솔하게 보게 될 경우, 그의 기도와 소원이 어리석고 맹목적이 될 수 있음을 보여주는 실례이다.[111] 아사헬이 아브넬을 죽였을 때 그는 대단히 담대하고 좋은 의도를 가지고 있었다. 그러나 우리의 담대함은 무모함에 의해 동기가 부여되는 대신에 지혜에 의하여 통제되어야 한다고 칼빈은 논평한다.[112]

이러한 모든 행동은 심각하게 과오(過誤)가 있다. 왜냐하면 하나님을 섬기는데 있어서 우리의 열심과 열정이 신중(愼重)의 은사에 의하여 절제되고 지혜롭게 방향을 잡아야 하기 때문이다. "경솔한(indiscreet) 열정은 무기력(inactivity)이나 연약성(softness) 못지 않게 악이다."[113] 우리는 우리의 열심의 도(度)가 지나쳐 "이성과 절제의 한계를 넘지" 않도록 해야 하는 것이다.[114] 기독교인의 행동과 교회 생활의 여러 면과 관련하여, 칼빈은 우리의 열정이 신중하게 절제될 필요가 있음을 강조하되, 사람이 흔히 관심을 갖기 쉬운 격식에서 벗어나,[115] 교회 내에서의 개혁의 열정을 품을 것을 말한다. 왜냐하면 "만일 무질서한 상태에 있는 일들을 우리가 개혁하고자 한다면, 우리가 하나님의 영원한 말씀에 어긋나지 않고 있다는 것을 사람들에게 확신하게 하는 그러한 신중과 절제를 항상 기울여야 하기 때문이다."[116]

더욱이 우리가 기억해야 할 것은, 우리 주님 자신이 자기의 천사들을 통하여 마지막 날에 자기의 타작 마당을 '철저하게' 청소할 것이기 때문에, 만일 우리 자신이 교회를 청소함에 있어서 너무 철저를 기하려 할 것 같으면 우리가 천사들에게서 그들의 직분을 빼앗아 우리 것으로 삼게 되는 결과가 빚어지게 된다는 점이다.[117] 다윗도 자기 시대의 교회

---

111) Serm. on Job 3 : 11–19, C.O. 33 : 156–7.
112) Serm. on 2 Sam. 2 : 22–3, p. 26. *Que nous apprenions d'estre hardiz par reigle, et non pas par temerité.*
113) Comm. on Heb. 12 : 13, C.O. 55 : 177. *Nihilo enim minus vitiosus est inconsideratus fervor quam inertia et mollities.*
114) Comm. on Matt. 26 : 51, C.O. 45 : 730.
115) Comm. on John 12 : 7, C.O. 47 : 279.
116) Comm. on Matt. 5 : 17, C.O. 45 : 171.
117) Comm. on Matt. 13 : 40, C.O. 45 : 370.

안에 만연된 사악(邪惡)에 대하여 증오심이 끓어 올랐지만, "신중하게 그의 열심을 절제하고, 자신을 불경건한 자들과 분리하되 성전에 자주 가는 일을 멈추지 아니했다."[118]

주목할 만한 것은, 심지어 구제와 가난한 자들에게 자선을 베푸는 일에 있어서도 칼빈은 자주 신중할 것을 간청한다. 그는 사람들이 다른 사람들에게 구제할 때 관대할 것을 강력하게 주장한다. 우리에게 부(富)가 주어진 주요한 이유들 중의 하나는 다른 사람들을 도와줌으로써 하나님을 섬기는 일에 우리로 참여케 하려는데 있다.[119] 더욱이 다른 사람들에게 구제하는 것은 우리 자신을 위해 우리의 부(富)를 부절제하게 사용하려고 하는 우리 자신의 성향을 규제하는 가장 좋은 방법이다.[120] 그러나 여기에도 차별(discrimination)을 둘 필요가 있다. 우리 주님의 가르침에 의하면 그의 제자들은 구제할 때 '헤픈 대신 관대'해야 한다.[121] 그러나 그들은 지치는 일이 없이 신중을 기하여 관용을 베풀어야 했다. 돈을 받는 사람이 받을 자격이 있는지와 그 필요를 세심하게 고려하지 아니한 채 돈을 주는 것은 관대(generosity)가 아니라 우매(愚昧)이다.[122] 또한 "너희가 가진 모든 것을 모조리 털어서 주지 않는 한 아무것도 해 준 것이 아니라고 생각하는" 광신주의자들을 우리는 본받을 필요가 없다. 칼빈은 기독교의 관대(寬待)에 대하여 고린도 교인들에게 한 바울의 간청에서 그가 사용한 온건한 표현을 좋게 생각한다(그러나 우리 대부분은 지나치게 관대하기 보다는 지나치게 인색한 보험이 더 많다는 것을 칼빈도 잘 알고 있다). 칼빈이 바라는 바에 의하면, 교회 내에서마저도 개인들의 신분들과 다른 상황들을 따라 균형을 이루고 또한 '알맞게 조화'(apta symmetria)를 이루어 분배권 체제(아리스토텔레스에게 온 것이 분명함)를 따라서 구제하는 일이 조절되어야 한다.[123]

---

118) Comm. on Ps. 26 : 5, C.O. 31 : 266.
119) Serm. on 2 Sam. 1 : 21–7, p. 24–5.
120) Comm. on Ps. 104 : 15, C.O. 32 : 90. *Mutua etiam communicatio quam Deus praecipit, optimum est intemperantiae fraenum.*
121) Comm. on Matt. 5 : 42, C.O. 45 : 186.
122) Comm. on Ps. 112 : 9, C.O. 321 : 176.
123) Cf. comm. on 2 Cor. 8 : 13, C.O. 50 : 100–1. As a result of his teaching on both spending and giving, it is obvious that Calvin has at times to recommend the saving of money. "To keep what God has put in our power, provided that,

세르베투스(Servetus)의 사건에서 칼빈이 너무 가혹하였다는 평판을 감안하면, 교회 내에서 우리가 다른 사람들에게서 보는 오류와 사악성을 바로잡고자 하는 열심을 절제하는데 칼빈이 자주 신중을 기할 것을 간청한 사실은 아주 흥미롭다. 칼빈은 "하나님의 영광을 무모하게 변호하고자 하는 자들이 때때로 사악한 자들을 경멸하여 절제함이 없이 대적함으로써 그들을 극도로 격분케 하는"것을 개탄한다. "이미 사납게 타오르고 있는 불에 석유를 붓는 일을 우리는 삼가해야 한다." 사악성을 다룸에 있어서 다윗과 롯이 하나님께 대한 그들의 열심을 어떻게 표현했던가를 우리는 기억해야 하는 것이다. 그들은 책망할 수밖에 없는 사악성을 눈으로 보면서도 책망하는 대신 크게 비통해 하며 금식하였다. 이러한 온화함과 겸손이 거룩한 열심을 억제하는 효과적인 방법들이다.[124] 하나님을 대적하는 원수들에게 재앙의 보복이 임하기를 위하여 우리가 기도할 때마저도 우리는 신중을 기하여 사마리아 마을에 하늘로부터 불이 내려 임하기를 요청하므로 제자들이 죄를 범하게 되었던 바로 그같은 부절제한 열심을 삼가해야 하는 것이다.[125] 바로 그같은 신중(愼重)이 그릇 행하는 형제를 징계하거나 훈련시키는 일에 있어서도 교회 안에서 있어야 한다. 그릇 행한 자들을 다룸에 있어서 우리의 목표는 그들을 하나님께로 되돌아 오게 하고 우리의 형제로 교제에 다시 들어오게 하는 것임을 우리는 기억해야 한다.[126] 그러므로 비록 엄격을 기해야 하겠지만, 지나치게 가혹해서는 안되는 것이다. 이 문제에 관해 교회의 옛 법규들이 범죄자의 복귀가 지극히 어렵게 될 정도로 너무 엄격하였다는 것을 칼빈은 알았으며, 또한 "초대교회의 감독들에게

---

by maintaining ourselves and our family in a sober and frugal manner we bestow some portion on the poor, is a greater virtue than to squander all." Comm. on Mark 10 : 21, C.O. 45 : 450. Calvin does not tackle the problem of immoderation in the mere amassing of wealth—of how to get rid of immoderate savings under his system of restricted giving and spending. But undoubtedly under modern conditions he would have been forced by his own logic to call for moderation in bank accounts and in investments—and even perhaps in business enterprise.

124) Comm. on Ps. 69 : 11, C.O. 31 : 642-3.
125) Comm. on Ps. 28 : 4, C.O. 31 : 283.
126) Serm. on Gal. 6 : 1-2, C.O. 51 : 63. Cf. serm. on Gal. 6 : 2-5, C.O. 51 : 71. *Nous avons declaré quant et quant pour garder une bonne mesure a reprendre ceux qui ont failli, qu'il est besoin qu'un chacun pense à soy.*

지혜가 부족"하다는 것도 알았다. 칼빈이 발견한 대로는 교회 내에서 범죄자가 자기 위치에로 복귀하도록 하는데 있어서 초대교회의 감독들보다 바울이 훨씬 더 유연하였다.[127]

더욱이 바울이 그의 고린도전서에서 고린도 교인들에게 권면할 때 보여준 바 십자가 아래에서의 그의 온화함과 부성적(父性的) 정신과 겸손에 유의할 것을 설교자들에게 칼빈은 강권한다. "여기서 교사들이 배워야 할 점은, 책망할 때 지나치게 가혹하여 사람들의 마음에 상처를 주지 않도록 교사들이 항상 절제를 사용해야 하는 것과 일반 격언 대로 그들이 꿀이나 기름을 식초와 섞어야 한다는 것이다. 즉, 그들이 책망하는 자들에 대하여 의기양양해 보이거나, 그들이 당하는 수모를 보며 즐거워하지 아니하도록 각별하게 주의해야 하는 것이다…왜냐하면 만일 목회자가 내가 지금까지 말한 것에 대하여 그처럼 절제하여 자기의 책망의 날카로움을 완화시키지 아니하면, 단지 호통만 쳐가지고 자기에게 무슨 유익이 있겠는가? 그런 까닭에 만일 우리가 사람들의 허물을 바로잡아 줌으로 유익을 끼치도록 원한다고 하면, 그들로 하여금 우리의 책망이 진정한 우정(友情)에서 나온 것임을 분명히 알 수 있게 해주어야 하는 것이다."[128]

그렇지만 타락하고 사악한 자들에 대하여 온화함과 절제를 나타내 보임에 있어서도 우리의 동료들에게 있는 악을 바로잡기는 커녕 그것을 눈감아 주거나 조장해 줄 정도로 흐릿하게 해서는 결코 안되는 것이다. 우리의 동료 기독교인들의 짐을 져준다는 것은 그들의 허물들을 눈감아 주어 그들의 악을 굳혀 주는 것을 의미하지 않는다. 그러한 태도는 그들을 지옥으로 보내는 촉매가 될 것이다.[129] 자기의 죄 가운데 머물러 있는 사람이 의롭다 함을 받고 죄 사함을 받는 도덕적 혼돈을 우리는 삼가해야 한다.[130]

---

127) Comm. on 2 Cor. 2 : 6, C.O. 50 : 29.
128) Comm. on 1 Cor. 4 : 14, C.O. 49 : 371-2. Cf. comm. on Gal. 6 : 1, C.O. 50 : 257.
129) Serm. on Deut. 22 : 1-4, C.O. 28 : 12.
130) Serm. on Deut. 7 : 1-4, C.O. 26 : 500. *Et pourtant prattiquons ceste doctrine en telle sorte que nous ne soyons point misericordieux outre ce que Dieu a voulu, et que la reigle qu'il nous donne le porte. Car il y en a qui voudroyent qu'on usast de misericorde en meslant le blanc parmi le noir, en mettant toute confusion, en preten-*

우리 자신은 어떤 개인적인 권리 침해의 경우 다른 사람에게 있는 허물을 용서하고 간과해 줄 수 있을지라도, 진정한 용서를 원할 때는 하나님은 참된 회개와 변화를 요구하시고 훨씬 더 엄격하시다.[131] 칼빈이 주목하는 바로는, 그리스도께서는 그의 가르침에서 "연약한 자들에게 결코 큰 부담을 주지 않으나 그들의 질병들을 치료하는데 적합한 중도(中道)를 제시하신다…그리스도께서는 자기의 제자들에게 서로 용서하되 사람들의 허물을 바로잡을 수 있는 그러한 방법으로 할 것을 명령하신다."[132]

칼빈은 사람들 일반에게 주어진 자연적 은사인 일종의 신중이 있다는 것을 인정한다.[133] 이것은 단순히 실제적 상식에 지나지 않는다. 기독교인의 경우는, 하나님이 자기의 섭리 가운데서 모든 사람들에게 제공하시고 모든 건강한 사람들이 사용할 수 있는 바 기독교인의 복지를 위한 도움들과 위험에 대한 방지책들 그리고 악에 대한 치료책들을 이용해야 하는 것이다.[134]

칼빈은 자기들의 문제들을 다룸에 있어서 나태나 우매 또는 운명주의적 사고방식으로 인하여 신중을 기하기를 게을리하는 사람들을 거의 용납하지 않는다. "의인(義人)은 자기들의 집안 일에서 너무 낭비적이지도 천박하지도 않게끔 사려 분별하여 자기의 일들을 처리해낼 것이다. 그들은 너무 인색하지는 않을 것이다. 그들은 사치함이 없이 모든 것을 적절하게 할 것이다. 그들의 모든 일 처리에 있어서 그들은 항상 형평(衡平)의 법칙을 따르게 될 것이다."[135] 그러나 이 모든 것은 '육체에서 나온' 신중이다. 그리고 이기적(利己的) 동기에서 사용되는 까닭에, 그것은 단지 교활(craftiness)에 지나지 않을 수도 있다.[136] 이와는

---

dant que le meschant fust iustifié et absout.
131) Serm. on Gal. 5 : 11–14, C.O. 51 : 14. *La charité donc sera d'homme à homme: quand quelqu'un m'aura fait iniure, il faut que ie l'oublie. . . . mais quand il est question de maintenir la querelle de Dieu, là il faut que les hommes soyent estimez moins que rien.*
132) Comm. on Matt. 18 : 5, C.O. 45 : 511–12.
133) Comm. on Matt. 11 : 25, C.O. 45 : 318.
134) Cf. Inst. 1 : 17 : 4.
135) Comm. on Ps. 112 : 5, C.O. 32 : 174. *Hoc autem optime convenit, iustos sua negotia ratione et iudicio metiri, ut in re domestica neque prodigi sint, neque sordidi, vel nimium tenaces, sed sine luxuria modum teneant. Deinde ut contrahendo aequitatis regulam semper observent.*

달리, "전혀 인간적이 아닌 두뇌에서 나올 수 있고," 하나님의 자녀들인 사람들에게는 성령의 은사인 '참된 신중'이 따로 있는 것이다.[137]

6. 성령의 은사로서의 기독교적 절제

우리가 이상에서 논의한 바와 같은 참된 지혜와 신중에 이르는 것은 모든 인간적 능력을 초월한다. 다른 사람들에 대한 인내의 한계점이 어떤 것인지를 아는 것처럼 "어려운 일은 없다."[138] 이같은 신중과 분별을 요하는 삶의 실제적 문제들에 있어서 우리 자신의 감정들은 우리를 인도하기에 충분하지 못하다. 또한 특정한 경우 어떻게 행동할 것인가를 결정하는 일에 당면하게 될 때 선(善)에 대한 일반적 지식만으로는 충분하지가 못하다. 그것은 모두 우리로서는 알 수가 없다. 그렇지만 하나님 자신에게는 신중과 분별의 영(靈)이 있으시다. 그 영에 우리가 참여함으로써 선악을 분별하고, 행동해야 할 때와 삼가해야 할 때를 알며, 말해야 할 때와 침묵해야 할 때를 아는 지혜를 얻는다.[139] 칼빈은 성령 사역의 이 측면을 자주 강조하며, 성령을 지혜와 신중의 영으로 일컫는다.[140] 성령이 능력의 영일 뿐만 아니라 그 능력의 절제되는 '사랑과 온건'의 영이라고 그는 주장한다.[141] "그러므로 우리의 열심이 하나님의 성령에 의하여 인도받지 아니하면, 우리가 오직 순수한 열심을 가지고 일을 행하였다고 아무리 변명하여도 소용이 없을 것이다. 그러

---

136) Comm. on Ps. 26 : 4, C.O. 31 : 266. *Sua quidem etiam filiis Dei prudentia est, sed quae longe a carnis astutia differt.*
137) Serm. on 2 Sam. 2 : 1, p. 28–9. *Car d'ou vient la prudence, sinon que Dieu la donne par son Esprit? . . . Or cela ne croist point au cerueau des hommes.*
138) Comm. on Matt. 18 : 15, C.O. 45 : 512.
139) Serm. on Gal. 5 : 11–14, C.O. 51 : 15. *Voilà donc nous ne nous esgarions point, voire si nous regardons simplement à Dieu, et que nous ne lascherons point la bride à nos passions : mais que nous soyons gouvernez par cest esprit de droiture et de prudence, et que Dieu nous fera discerner où il nous faut batailler, et là où il nous faut resister.* Serm. on 2 Sam. 2 : 1 f., p. 29. *D'auantage nous tomberions tous les jours en plus grand perplexité, et encores qu'en general nous sceussions ce qui est bon, tant y a que nous ne pourrions encores prendre resolution en quelque acte particulier. Il faut donc suyure ce qui nous est dit : que, Dieu ayant l'Esprit de prudence et de discretion, il nous faut venir a luy et le prier qu'il nous tende la main, et qu'il nous conduise.* Comm. on 1 Pet. 3 : 15, C.O. 55 : 262.
140) Serm. on 1 Cor. 10 : 15–18, C.O. 49 : 662. *Ce n'est point sans cause que le sainct Esprit ha ce titre de prudence et discretion, mais c'est pour nous monstrer que nous avons besoin d'estre aidez et secourus, à cause du defaut qui est en nous.*
141) Comm. on 2 Tim. 1 : 7, C.O. 52 : 350–1.

나 성령께서는 우리를 지혜와 신중으로 인도하여 우리로 우리의 본분에 반대되거나 우리의 소명을 벗어나는 일을 전혀 하지 않게 하실 것이다. 그리고 육체의 모든 불결한 것들을 제거하시어 우리의 마음에 온전한 감정들을 주심으로 우리로 하나님이 제안하고자 하시는 것만을 원하게 하실 것이다."[142]

신중 뿐만 아니라 위에서 설명한 바 겸손, 만족, 인내와 같은 모든 절제 또한 성령의 은사이다. 절제는 우리의 외형적 행동을 단련시키고자 하는 우리 자신의 시도를 통해서 뿐만 아니라 우리의 심령에서 역사하는 하나님의 지배(the rule of God)로부터 결과된다.[143] 그러나 우리의 심령 속에서 역사하는 하나님의 지배는 성령의 숨은 사역(hidden work)이다.[144] 이러한 절제는 성령께서 하나님의 백성의 심령들에게 그리스도의 죽음의 결과를 적용하여 육체를 죽임으로, 즉 십자가에 못 박음으로써 가능케 되는 것이다.[145] 성령은 육체의 방탕한 욕망들을 억제하여 사람들이 즉각적으로 자신들의 삶을 질서있게 하는 '극기의 영' (continentiae spiritus)이다.[146] 그러므로 부절제에 빠지는 모든 시험을 당하여 우리는 끊임없이 이렇게 기도해야 한다. "주께서 성령의 과오가 없는 지배를 통하여 우리를 절제시켜 주옵소서."[147]

그런 까닭에, 칼빈에게 있어서 참된 온유, 만족 그리고 인내는 인간적 결단과 훈련을 통해서 도야(陶冶)될 수 있는 미덕(美德)이 아니고, 십자가를 짊어짐으로써 이루어지는 그리스도와의 연합의 열매요, 하나님의 은혜로 그의 뜻에 기쁘게 순복하는 데서 오는 결과인 것이다.[148]

---

142) Comm. on Luke 9 : 55, C.O. 45 : 526.
143) Comm. on Ps. 106 : 14, C.O. 32 : 121. *Haec unica est moderationis ratio, si Deus affectus nostros gubernet.*
144) Comm. on Ps. 141 : 4, C.O. 32 : 393. *Porro David tam sermones suos quam affectus Deo regendos commendans, fatetur non aliter quam arcana spiritus moderatione et mentem et linguam in officio teneri . . . quia et linguae modestia singulare est spiritus donum.*
145) Cf. pp. 63-7.
146) Comm. on Ps. 23 : 5, C.O. 31 : 241.
147) Comm. on John 12 : 42, C.O. 47 : 300. . . . *ut nos moderetur certa spiritus sui regula.*
148) Comm. on Ps. 116 : 15, C.O. 32 : 200; on Ps. 94 : 12, C.O. 32 : 24. *Et sane haec vera est patientiae ratio, non contumaciter resistere rebus adversis (sicuti praefractam duritiem Stoici pro virtute laudarunt) sed nos libenter subiicere Deo, quia in eius gratiam recumbimus.* Serm. on Deut. 8 : 1-4, C.O. 26 : 590-1.

기독교인이 십자가를 감내(堪耐)하면서 인내를 나타내 보일 때, "하나님에게 합당한 순종의 제사"를 그에게 드리고 있는 것이다.[149] 이와 같은 사실로 인하여 기독교의 인내와 '철학적 인내' 사이에 큰 차이가 있게 되는 것이다.[150] 기독교인이 은혜의 신적 의지에 순복하는데 반하여, 스토아 철학자는 맹목적 필연(blind necessity) 앞에 굴복한다.[151] 십자가 밑에서의 기독교의 인내는 하나님 앞에서 티끌을 뒤집어 쓰고 꿇어 엎드리는 겸비에 뿌리를 두고 있으나, 스토아 철학의 인내는 자만과 독립심에서 나온 것이다.[152] 스토아 철학의 견인불발(堅忍不拔)의 정신과 '인내'는, 사실상 선한 것에 대한 순복이라기 보다는 역경 중에서의 완고와 고집에 지나지 않는다.[153]

자기의 삶과 행동을 절제하는데 있어서 기독교인의 태도와 스토아 철학자의 태도 사이의 가장 중요한 차이점은 기독교인이 고통을 심령 깊숙히 받아들이는데 있다. 기독교인은 자기의 주변 환경에 의하여 자기의 감정이 감동을 받아 참된 반응을 나타내 보인다. 다만 자기 감정의 한계와 방향을 절제하는데 유의하는 것이다. 이에 반하여, 스토아 철학은 사람들을 목석(木石)같이 만들고자 하는 '무쇠 철학'(iron philosoghy)으로서, 인간의 본성을 마땅히 감동시키게 되어 있는 것에 대하여 무감각하고 둔감하다. 기독교는 사람들을 그들의 감정적 반응에 있어서 예민하게 만든다. 그러나 스토아 철학은 감정을 둔하게 만든다.[154]

칼빈은 기독교 생활에 대한 교회의 설교와 가르침에 그와 같은 스토아 철학의 사상과 이상(理想)을 끌어들인 모든 '미친 사람들'을 강력하

---

149) Comm. on Phil. 2 : 27, C.O. 52 : 41.
150) Inst. 3 : 8 : 11, and Ibid. where Calvin distinguishes on the latter side further between *contumacia philosophica* and *immani duritia Stoicorum*.
151) Ibid.
152) Comm. on Ps. 34 : 19, C.O. 31 : 344. *Unde etiam colligimus, verae tolerantiae nihil esse magis adversum, quam altitudinem illam de qua garriunt Stoici: quia non prius vere humiliati censemur, quam dum cordis afflictio coram Deo nos prosternit, ut iacentes erigat.*
153) Comm. on Ps. 94 : 12, C.O. 32 : 24 ; and Inst. 3 : 8 : 11. A further difference between the Stoic and Christian attitude which Calvin points out is that the Stoic has to find his happiness and satisfaction in his own mental attitude which he himself creates, whereas Christ makes the Christian find his in hope of a future reward. Comm. on Matt. 5 : 10, C.O. 45 : 164–5.
154) Inst. 3 : 8 : 9, Comm. on Phil 2 : 27, C.O. 52 : 41.

게 비난한다. 왜냐하면 칼빈의 시대에 "애통하거나 눈물을 흘리며 우는 것 뿐만 아니라 슬퍼하며 근심하는 것마저도 사악한 것으로 주장하는 새로운 종류의 스토아 철학자"가 있었기 때문이다.[155] 칼빈이 주장하는 바에 의하면, 하나님이 인간의 본성에 넣어주신 감정들은 그 자체로서는 그것들의 조성자(造成者) 자신처럼 결코 부패되어 있지 않다. 다만 문제가 되는 것은 그 감정들이 절제되어야 한다는데 있다.[156] 기독교인은 비록 그가 비통함과 슬픔에 빠지지는 않지만 그것들을 느낀다.[157] 칼빈이 자주 지적하는 바에 의하면, 스토아주의와는 반대로 성경에 나오는 인물들은 그들의 감정에 있어서 참으로 인간적이고 자연스러웠다. 예컨대 바울은 에바브로디도에 대하여 크게 걱정하였고,[158] 시편 기자는 깊은 절망에 빠진 일이 있으며,[159] 우리 주님 자신도 그의 가르침과 모범에서 그러하셨다.[160]

여기서 거듭 유의할 것은, 하나님의 성령의 사역의 효과는 사람들을 그들의 감정에 있어서 참으로 인간적이 되게 하는 사실에서 뿐만 아니라 참으로 절제하게 하여 참으로 본성적(natural)이 되게 하는데 있다는 점이다. 왜냐하면 모든 부절제(excess)가 인간을 비인간화(非人間化)시키고 자연의 질서를 거스리는 것이기 때문이다.[161] "자연은 적은 것으로 만족한다"(Nature is content with little).[162]

---

155) Inst. 3 : 8 : 9, Comm. on Acts 8 : 2, C.O. 48 : 175. These words of Calvin are striking in view of the constant modern tendency in some quarters to say in an unqualified way that worry is sinful.
156) Comm. on Acts 8 : 2, C.O. 48 : 175.
157) Cf. comm. on 1 Thess. 5 : 16, C.O. 52 : 174.
158) Comm. on Phil. 2 : 27, C.O. 52 : 41.
159) Comm. on Ps. 30 : 12, C.O. 31 : 299.
160) Inst. 3 : 8 : 9.
161) Serm. on Eph. 5 : 15–18, C.O. 51 : 718; on 1 Tim. 2 : 9–11, C.O. 50 : 206.
162) Comm. on 1 Tim. 6 : 8, C.O. 52 : 326.

제 4 부

교회 안에서의 양육과 훈련

제 1 장
교회 안에서의
성화와 분리

1. 교회의 회원권을 통한 개인의 성화

칼빈(Calvin)의 경우, 개인의 성화(聖化)와 그의 기독교 생활의 성장, 양육, 훈련이 교회 생활 안에서 가능하며, 교회에 대한 개인의 태도와 충성심은 이 점에서 지극히 중요한 요소임이 분명하다. 칼빈은 그의 『기독교 강요』의 교회에 관한 부분에서 이에 대하여 아주 분명하게 그리고 기억에 남도록 말하고 있다. "유형(有形) 교회에 대하여 강론하는 것이 현재 우리의 목적이므로 교회의 유일한 호칭인 '어머니'로부터 교회에 대한 지식이 얼마나 유익한가를 아니 얼마나 필요한가를 배우기로 하자. 왜냐하면 우리가 사멸(死滅)할 육체를 벗고서 천사같이 될 때까지는, 교회가 모태에서 우리를 잉태하여 태어나게 하지 않는 한, 그리고 그녀의 가슴에서 우리를 길러주지 않는 한, 요약하자면 그녀의 책임과 지도 아래 우리를 지켜주지 않는 한 우리가 생명을 얻을 다른 방편이 없기 때문이다."[1]

그러나 개인에 대하여 교회가 성취하는 것은 모성적(母性的) 기능 뿐만 아니라, 학교의 기능이다. 기독교 생활에서 우리는 항상 배우는 자

---

1) Inst. 4 : 1 : 4. Cf. also 4 : 1 : 1.

들로서, 인도(guidance)와 보호(tutelage) 아래 점진적으로 진보한다.[2] 교회는 그리스도 안에서 장성한 사람을 향한 우리의 점진적 교육의 도장(道場)이다.[3] 교회 안에서 우리는 평생 학자들이다.[4]

교회 안에서의 우리의 구원은 동일한 머리(the same Head) 아래서 한 몸을 이루어 함께 모인 지체들(members)이 피차 간에 서로 돌보아 줌으로써 끊임없이 증진된다.[5] "성도들은 그들에게 하나님이 주시는 모든 축복들을 피차 서로에게 나누어 준다는 조건으로 그리스도와의 교제를 통해 연합된다."[6]

교회 안에서 상대방의 은사들에 이같이 상호 참여하는 것이 충만한 기독교 생활을 사는데 있어서 필요한 조건이다. 왜냐하면 "하나님이 개별적으로 각 개인에게 성령을 주시지 않기 때문이다."[7] 예수 그리스도만이 성령을 '한량없이' 받으신 유일한 분이시다. 그런 까닭에 그는 다른 사람들을 통해서 성령을 받으실 필요가 전혀 없었다. 그러나 우리들은 교회 안에서 서로의 은사들을 함께 나누어 갖는데 다소간에 참여함으로써, 그리고 교회 안에서 우리의 통일성을 공고히 함으로써 우리가 필요로 하는 은사들을 받는다.[8]

칼빈은 그의 1537년 요리문답(Catechism)에 이 문제를 간결하게 정리해 놓았다. "그리스도께서는 우리에게 자신을 주시면서, 또한 다른 사람들을 위하여 우리 자신을 줄 것을 권하신다. 그리스도는 모든 사람이 자신을 공유(共有)할 수 있게 하시면서 우리로 그 안에서 또한 하나 되게 하신다."[9]

그래서 우리가 기독교 생활을 사는데 필요로 하는 은사들과 힘을 하나님은 우리에게 직접 그 자신의 손으로부터 주시지 않는다. 하나님은

---

2) Serm. on Eph. 1 : 17–18, C.O. 51 : 335.
3) Inst. 4 : 1 : 5.
4) Inst. 4 : 1 : 4.
5) Comm. on Ps. 20 : 10, C.O. 31 : 212. *Eius (i.e. salutis) vero tunc demum futuri sumus participes, si omnes sub communi nostro capite in unum corpus collecti, mutuam alii pro aliis curam geramus, non autem seorsum quisque sibi consulat.*
6) Inst. 4 : 1 : 3.
7) Comm. on 2 Cor. 13 : 13, C.O. 50 : 156. ***Deus non singulis seorsum largitur spiritum, sed pro gratiae mensura cuique distribuit, ut ecclesiae membra vicissim inter se communicando unitatem foveant.***
8) Ibid. and comm. on John 3 : 34, C.O. 47 : 74–5. Inst. 4 : 1 : 3.
9) C.O. 22 : 70.

교회의 생활 안에서 다른 사람들의 사역을 통해 우리가 필요로 하는 것을 우리에게 부여해 주신다. 그러므로 우리의 본성적 자만심으로 인하여 우리가 아무리 많이 고립하기를 원한다고 할지라도 우리는 "다른 사람들로부터 빌려오지 않으면 안된다."[10] 교회 안에서 "은사들의 상호분배를 통해" 우리는 서로에게 밀착해야 하는 것이다.[11] 그리고 우리의 은사들이 머리되신 그리스도에 의하여 우리에게 주어진 것은 다른 사람들에게 그것들을 나누어 주도록 하기 위함임을 인정해야 한다.[12]

성도들이 우리의 도움을 필요로 하고 있을 때 그들을 소홀히 하는 것은 "그들의 몫을 사취(詐取)하는 것이요,"[13] 또한 (그리스도의) 몸을 볼품 없게 만드는 것이다. 왜냐하면 각자가 가지고 있는 것을 이같이 서로 나누어 가짐을 통해서만이 각자가 몸(교회) 안에서 각자의 위치를 지킬 수 있기 때문이다.[14] 그런 까닭에 하나님의 백성은 "형제 사랑으로 서로 연합되어 상대방에게 자기들의 축복을 서로 나누어 주지 않을 수가 없는 것이다."[15] 칼빈은 우리가 한 몸의 지체들로서 우리 자신 안에서 연합될 때에만이 하나님께 화목될 수 있다는 것을 단언한다.[16]

우리가 영적 은사들을 서로 나누어 가질 수 있도록 교회 안에 우리를 두심에 있어서, 하나님은 각자에게 교회라고 하는 몸 안에서의 지위와 역할을 분담시키셨다.[17] 우리가 교회 안에서 간직해야 하는 통일(unity)은 각 지체에게 그 위치와 역할이 분담되어 있는 바 질서있는 통일인 것이다. 온 몸은 각자에게 맡겨진 그 위치와 역할을 성취함에 있어서 균형과 조화(symmetria et proportio)를 이루어 완전을 향해 성장한다.[18] 이 조화는 지체들이 그들의 기능을 성취하기를 거부하게 되면 파괴되

---

10) Comm. on Rom. 12 : 6, C.O. 49 : 238.
11) Comm. on 1 Cor. 12 : 12, C.O. 49 : 501. *Hic vero fideles hortatur ut mutua donorum collatione inter se cohaereant.*
12) Serm. on Eph. 4 : 15–16, C.O. 51 : 588. *Mais ce qu'il a receu sera pour en communiquer aux autres, et le tout vient du chef.*
13) Comm. on 2 Cor. 9 : 1, C.O. 50 : 106.
14) Comm. on Eph. 4 : 7, C.O. 51 : 192. *Certum modum singulis impertit, ut nonnisi inter se communicando habeant quantum satis est ad status sui conservationem.*
15) Inst. 4 : 1 : 3.
16) Comm. on Col. 3 : 15, C.O. 52 : 123–4; on 1 Cor. 1 : 13, C.O. 49 : 311.
17) Comm. on 1 Cor. 4 : 7, C.O. 49 : 367.
18) Comm. on Eph. 4 : 12, C.O. 51 : 198–9; Cf. comm. on Rom. 12 : 6, C.O. 49 : 238.

고 만다.[19] 그러므로 통일 뿐만 아니라 은혜 가운데 우리가 성장하도록 교회 안에 하나님이 세우신 직제(order)를 지키는 것이 아주 중요하다.[20]

교회를 떠나서 영적으로 성장하려고 하는 것은 불가능하다. 그러나 교회 안에서 다른 지체들에 대하여 우월감을 가지고, 몸 안에서 우리에게 분담된 겸허한 위치를 받아들임이 없이 성장하려고 하는 것은 교회의 참된 본질을 부인하는 기형적(畸形的) 성장을 초래하게 된다.[21] 교회 안에서의 성장과 관련하여 이 조화와 균형 그리고 직제는 예수 그리스도 안에서 사람들 가운데서, 자연의 참된 질서와 인류 가운데서 하나님의 형상의 회복의 표지(sign)이다.[22] 이와 같이 교회의 직제는 자연의 참된 질서를 반영한다.

2. 유형교회 안에서의 모임에는 우리의 성화가 함축됨

하나님이 우리를 선택하여 주신 것과 우리가 교회의 지체가 되어 한 몸을 이룬 바, 그 연합으로부터 우리의 성화가 비롯된다. 앞에서 이미 지적한 대로, 우리의 마음 속에서 되어지는 성령의 내적(內的) 영향을 통해서 뿐만 아니라,[23] 하나님이 자기의 교회에게 그것의 지상(地上) 역사의 과정에서 지우신 십자가를 통하여 그는 자기 교회를 성결케 하신다. 칼빈이 가르치는 바에 의하면, 세상에서는 사람들의 사악(邪惡)이 흔히 처벌되지 아니한 채 묵과되는데 반하여(심판이 마지막 날에 사람들 일반을 위해 축적되고 있는 것임), 교회 내에서의 경우는 그렇

---

19) Comm. on Eph. 4 : 15, C.O. 51 : 202. *Quid est igitur papatus, nisi deformis gibbus, qui totam ecclesiae symmetriam confundit, dum unus homo capiti se opponens, e membrorum numero se eximit?*
20) Inst. 4 : 1 : 5.
21) Serm. on Eph. 4 : 15-16, C.O. 51 : 585. *Car si nous croissions, et cependant que les espaules montassent un demi pied par dessus la teste, que seroit-ce? Ce croissement-là seroit-il desirable? Il voudroit mieux qu'un membre fust du tout amorti, que de desfigurer ainsi le corps. D'autant donc qu'il faut que le chef soit par dessus, sainct Paul notamment declare que ce n'est pas assez de croistre, mais qu'il faut que nous tendions tousiours à ceste subiection de nostre Seigneur Iesus Christ, et qu'il preside par dessus nous, et que grans et petis se rangent là. Or nous voyons par experience que ceci n'a pas este dict sans cause.*
22) Cf. e.g. Inst. 2 : 12 : 6.
23) Cf. pp. 68-74.

지 아니하다. 교회는 마지막 날에 심판을 받지 아니할 것이기 때문에, 그것의 죄를 지금 여기에서 심판하심에 있어서 하나님은 특별히 엄하시다. 그러므로 하나님은 자기의 심판을 먼저 교회에서 시작하신다. 심판의 전사역(全事役)을 완성하실 것처럼 그는 교회를 심하게 징계하여 개혁하신다.[24] 그러므로 우리가 교회의 지체라고 하면, 하나님의 섭리 하에서, 우리가 다른 방법으로는 체험하지 못하였을 '보다 더 엄한 징계'를 받게 될 것을 기대하여야 하는 것이다.[25] 우리가 선택되었다고 하는 것은 하나님이 이같은 특별한 방식으로 우리를 변화시키기 위하여 우리에게 역사하신다는 것을 의미한다.[26] 그러므로 성화(聖化)된다고 하는 것은 하나님이 자신의 백성을 자녀들로 삼아 자기에게 속하게 따로 분리시키는 바 성령의 이같은 특별한 섭리와 인도하심의 대상이 된다는 것을 의미한다.[27] 선택(選擇)된 까닭에 우리가 하나님과의 교제의 장(場)에 들어서게 되는 것이며, "머리되신 그리스도의 이름으로 성별되어," 우리의 모든 환난들이 우리로 하여금 그리스도를 닮게 해주는 바 하나님의 섭리 아래 있게 되는 것이다.[28]

그러므로 성화는 하나님이 교회를 섭리적으로 다루심에 있어서 성취하는 사역이다. 이 점에서 우리는 고립된 개인으로서가 아니라 특별히 교회의 교제 안에서 교회의 지체로서 성화에 참여하는 것이다. 왜냐하

---

24) Serm. on Job 42 : 6-8, C.O. 35 : 492-3. *Nous voyons tous les iours que la condition des fideles est plus miserable que celle des contempteurs de Dieu. . . . Or quand on voit ces choses, on y seroit troublé, sinon que nous eussions ceste doctrine, c'est assavoir que le iugement commence par la maison de Dieu: comme aussi il est dit au Prophet Isaie (10, 12). Quand Dieu aura accompli tout son ouvrage sur la montagne de Sion, alors il n'espargnera point les meschans. Or notamment le Prophete Isaie dit, qu'il faut que Dieu accomplisse toutes ses corrections en son Eglise: comme ce sont ceux qui lui sont plus recommandez que les siens. Il faut donc qu'il les visite en premier lieu, qu'il les purge de leurs fautes, qu'il les reforme pour les reduire à lui . . . qu'il accomplice toute son œuvre. Et puis, il y a une vengeance horrible apprestee sur ceux qui ont abusé de sa patience.*
25) Serm. on Matt. 27 : 11-26, C.O. 47 : 890.
26) Serm. on Eph. 1 : 3-4, C.O. 51 : 270. *Il faut que Dieu besongne et qu'il nous change: car tout bien procede de son election.*
27) Comm. on Rom. 8 : 14, C.O. 49 : 147. *Caeterum observare convenit, esse multiplicem spiritus actionem. Est enim universalis, qua omnes creaturae sustinentur ac moventur: sunt et peculiares in hominibus, et illae quidem variae. Sed hic sanctificationem intelligit, qua non nisi electos suos Dominus dignatur, dum eos sibi in filios segregat.*
28) Comm. on Heb. 11 : 26, C.O. 55 : 162. *Ergo ubi hic finis est ne discedamus a corpore ecclesiae: quidquid patimur, sciamus capitis nomine esse consecratum.*

면 이와 같은 교제를 통해서 우리의 삶이 그리스도의 죽음과 부활에 외형적으로 일치될 수 있기 때문이다.

칼빈에게 있어서 우리가 받은 선택의 전목적(全目的)은 진실로 우리의 성화(聖化)이다. 하나님이 피택자(被擇者)들과 맺으시는 언약은 거룩에의 의무를 포함하고 있는 언약이다. [29] 하나님이 선택과 성화를 한데 결합시켜 놓은 까닭에, 하나님이 결합시켜 놓은 것을 사람이 분리시켜서는 안된다. [30] 생활의 거룩을 선택의 은혜로부터 분리시켜서는 안된다. [31] 우리가 "성도로 부름을 받았다"는 사실은 우리의 거룩이 선택으로부터 비롯된다는 것과 선택의 목표가 거룩에 있다는 것을 의미한다. [32] 그러므로 우리가 선택받았다 해서 방종하거나 아무렇게나 살아도 괜찮다는 것을 결코 의미하지는 않는다. 칼빈은 주저함이 없이 피택자들에게 경고하여 두려움 가운데서 행하라고 말하는가 하면, 자기들에게 주어진 은혜에 자신들이 합당하지 못한 삶을 산다고 할지라도 하나님이 자기들을 하나님의 집에서 내쫓을 리 없을 것으로 생각하지 말라고 경고한다. 우리 자신이 하나님께 선택받은 것을 안다 하여 자기도취에 빠지거나 우리의 삶의 방식에 있어서 결코 부주의하게 되는 것이 아니고, 오히려 우리가 고무되어 하나님의 약속들을 굳게 믿고서 그 약속들이 우리의 모든 삶 동안에 성취되기를 소원하게 되는 것이다. [33] 하나님의 백성으로서의 권세를 얻은 것이 무엇을 의미하는지를 분명하게

---

29) Comm. on Ps. 15 : 1, C.O. 31 : 143. *Quamvis enim gratis adoptaverit Abraham, stipulatus tamen est ut viveret integer : atque haec est generalis regula foederis quod ab initio cum tota ecclesia pepigit.*
30) Serm. on Eph. 1 : 3–4, C.O. 51 : 270. *Car ce sont choses coniointes et inseparables, que Dieu nous ait eleus, et que maintenant il nous appelle à saincteté.* And on Eph. 1 : 4–6, C.O. 51 : 270–1.
31) Comm. on Eph. 1 : 4, C.O. 51 : 148.
32) Comm. on 1 Cor. 1 : 2, C.O. 49 : 308. *Potest autem bifariam accipi : vel ut Paulus causam sanctificationis dicat esse vocationem Dei, propterea quod Deus ipsos elegit.*
33) Serm. on Deut. 7 : 7–10, C.O. 26 : 524. *Notez (dit-il) puis que Dieu a promis à vostre pere Abraham, qu'il sera le Dieu de sa semence apres luy, qu'il ne vous deffaudra point. Mais advisez cependant de cheminer en crainte : car ceste alliance est faite avec condition que vous soyez entiers, que vous ayez le coeur droit. Ne pensez pas donc que vostre Dieu ne vous puisse dechasser de sa maison, et de son Eglise, quand il vous trouvera indignes du bien qu'il vous a presenté. . . . Il est vray que desia il s'allie avec nous . . . : mais ce n'est pas à dire qu'il nous faille estre nonchallans : plustost il nous faut estre resveillez pour embrasser les promesses qu'il nous envoye, pour nous y arrester du tout, et que nous soyons constans en cela toute nostre vie.*

알지 못하는 사람들만이 자기들이 무슨 짓을 하든지 구원을 잃지 않을 것으로 생각하여 자신들을 속인다.³⁴⁾ 그러므로 선택은 선(善)을 그 열매로 맺게 되어 있는 뿌리인 셈이다.³⁵⁾ 우리가 만일 유기(遺棄)된 자가 아니라고 하면, "우리가 그리스도의 교리를 믿음으로 받아들인 후 우리의 생애 기간에 그것을 준행할 때," 우리의 성화는 하나님이 우리를 택하여 주신 그 선택으로부터 비롯되도록 되어 있는 것이다.³⁶⁾

3. 교회 안에 있다고 하는 확신이 우리의 성화에 있어서 중요한 요소임

성화를 위한 우리의 선택에 대한 확신이 우리의 성화의 실제적 성취와 기독교 생활을 삶에 있어서 아주 중요한 요소이다. 우리의 믿음이 견실하고자 한다면 우리에게는 하나님의 소명에 대한 의식(意識)이 있어야 한다.³⁷⁾ 선택(election)은 하나님이 자기의 교회 안에서 교회를 통해서 자기를 섬기도록 사람들을 선택하시는 것을 의미한다. "이 선택은 사람 자신들이 본래 선택을 받기에 적합하기 때문이거나, 그들이 그들의 예배를 자발적으로 드리기 때문이 아니라," 단지 하나님이 그들을 선택하시고 고무(inspire)하시기 때문이다.³⁸⁾ 사실, 만일 우리가 하나님께 가까이 이끌림을 받는다고 하면, 그것은 우리가 하나님의 은혜를 예상하고 미리 행동한 때문이 아니라, 오직 하나님이 그의 손을 뻗쳐 우리에게까지 이르러 주신 때문이다.³⁹⁾ 하나님의 백성 가운데 그의 순전한 은혜에 의하여 이같이 선택된 것으로 우리가 안다고 하면, 그가 시작하신 목적을 우리 안에서 우리와 함께 그가 이루시게 되리라는 것을 우리는 알게 되는 것이다. 우리의 구원과 성화는 "하나님의 선택과 함

---

34) Comm. on Ps. 15 : 1, C.O. 31 : 142. *Nihil magis tritum est in mundo quam falso obtendere Dei nomen idque sibi magna pars hominum secure indulget.*
35) Serm. on Eph. 1 : 4–6, C.O. 51 : 270–1.
36) Comm. on John 13 : 18, C.O. 47 : 311.
37) Serm. on Eph. 1 : 3–4, C.O. 51 : 265. *Si donc nostre foy n'estoit fondee en l'election eternelle de Dieu, il est certain qu'elle nous pourroit estre ravie de Satan à chacune minute.*
38) Comm. on Ps. 105 : 26, C.O. 32 : 110.
39) Comm. on Ps. 65 : 5, C.O. 31 : 605–6.

께 맞물려 있다." 하나님의 선택은 "변경되거나 실패될 수가 없으며 그리스도의 안정성과 연결되어 있다. 그리스도는 자기의 신실한 추종자들이 그에게서 떨어져 나가는 것을 참아 보시기 보다는 자기의 지체들이 산산조각으로 찢겨지기를 원하실 것이다."[40] 이렇듯 선택은 모든 다른 축복들이 흘러 나오는 원천이다.[41] 그러므로 자기가 이같이 선택되어 있는 것을 아는 지식은 실패와 패배에 눌려 압도되는 것으로부터 기독교인을 지켜 주게 될 천부(天賦)의 과업을 행함에 있어서 유쾌함과 확실성을 가져다 주기 마련이다.[42]

그러나 이러한 성화의 확신은 교회의 회원권을 떠나서는 가질 수가 없다. "주께서는 성도의 교통을 통해서가 아니고서는 자기의 긍휼을 약속하지 않으셨다."[43] 피택자들이 당하는 시험과 시련들에도 불구하고 그들을 격려해 줄 것이 틀림없는 약속들은 단지 고립된 개인일 뿐만 아니라 피택자 공동체의 회원인 우리에게 주어진 약속들이다. 왜냐하면 선택은 교회와 더불어 받는 선택을 의미하기 때문이다. "우리가 교회의 품 안에 머물러 있는 동안에만" 진리가 우리와 함께 머물게 되는 것과, 자기 백성에 대한 하나님의 신실하신 약속들이 우리에게 적용될 것을 확신할 수 있게 되는 것이다.[44] 하나님의 양떼 가운데 교회 안에 우리 자신이 부름받아 섞여 있는 것을 발견하게 될 때, 하나님의 값없고 측량할 수 없는 사랑의 대상으로 우리가 선택되고 나머지 세상으로부터 분리되어 있음을 알게 된다. 그리고 이같이 하여 이러한 선택으로부터 비롯되는 모든 은택들을 확신하게 되는 것이다.[45]

---

40) Inst. 4 : 1 : 3.
41) Comm. on Ps. 28 : 8, C.O. 31 : 285. *Quanquam praecipue tenendum est quod alibi attigimus, ex hoc fonte fluere quaecunque in nos Deus confert beneficia, quia gratis in Christo nos elegit.*
42) Comm. on 1 Tim. 1 : 18, C.O. 52 : 263. *Quid enim plus alacritatis addere nobis vel debet, vel potest, quam quum scimus nos divinitus ordinatos ad agendum quod agimus? Haec arma sunt nostra, haec praesidia quibus muniti nunquam deficimus.* Cf. comm. on Ps. 18 : 1, C.O. 31 : 169.
43) Inst. 4 : 1 : 20.
44) Inst. 4 : 1 : 3.
45) Comm. on Ps. 44 : 4, C.O. 51 : 439. *Et certe hic fons et origo est ecclesiae, nempe gratuitus Dei amor: et quibuscunque beneficiis prosequitur Deus suam ecclesiam, ex eodem fonte manat. Ideo quod collecti sumus in ecclesiam, quod fovemur ac protegimur Dei manu: causa non alibi quam in Deo quaerenda est. Nec vero hic de communi Dei benevolentia agitur, quae se extendit ad totum humanum genus, sed distinguitur electus populus a reliquo mundo, et discriminis causa ad merum Dei*

제 4 부 교회 안에서의 양육과 훈련 **253**

그런 까닭에 우리가 교회에 속하고, 그래서 하나님의 백성 가운데 선택되어 있다는 사실에 의하여 우리는 우리 자신을 부단히 격려하고 위로할 수가 있다. 그러므로 "하나님의 양떼와 백성 가운데 속하여 있는 것으로 간주되는 것보다" 더 큰 특권이 있을 리 없다. "왜냐하면 하나님은 자신의 백성에게 항상 최고의 아버지이시자, 그들의 복지 향상에 가장 관심이 있는 신실한 보호자이심이 증명될 것이기 때문이다."[46] 우리가 기억해야 할 것은, 성경의 하나님은 그의 목적이 여기저기에서 각각의 여러 개인들을 선택하실 뿐만 아니라 자기 아들(His Son)을 위하여 한 백성을 선택하는데 있는 분이시다. 이 백성은 생명에 이르도록 작정되고 따라서 아버지를 위하여 아들에 의해 보호되는 것이다.[47] 만일 우리 자신이 이 백성 가운데 들어 있음을 알게 되면, 우리 개인의 복지가 보장되어 있음을 안다.[48]

우리는 교회의 복지를 포함하는 약속들에서 우리 각자에게 제공된 위로를 우리 자신들에게 적용하기를 배워야 한다. "하나님이 특별히 참된 신자들 각각을 위하여 특별한 사랑을 품고 계신다는 것을 그들에게 확신시키기 위하여," 어떻게 시편 기자가 "하나님께서 온 백성에게 주신 약속을 제출하고 하나님이 교회의 수호자이심을 선포하여, 이 일반 원리로 미루어 보아, 샘으로부터처럼, 각자가 자신에게 물줄기를 틀어 댈 수 있도록 하는가"를 칼빈은 주목한다.[49] 산맥에 의하여 안전하게 둘러싸인 예루살렘의 모습—하나님이 자기의 교회를 어떻게 보호하시는가에 대한 상징—은 각 성도에게 대하여 "모든 사람들에게 공통적으로 약속된 안전이 그에게도 해당된다"는 징표가 또한 될 수가 있는 것이다.[50]

---

beneplacitum refertur.
46) Comm. on Ps. 106, C.O. 32 : 117.
47) Comm. on Heb. 2 : 13, C.O. 55 : 31; cf. on Matt. 9 : 36, C.O. 45 : 262.
48) Comm. on Ps. 94 : 6, C.O. 32 : 20.
49) Comm. on Ps. 121 : 4, C.O. 32 : 301. *Tenemus nunc prophetae consilium, nam ut singulis persuadeat Deum peculiarem eorum curam gerere, in medium profert quid toti populo sit pollicitus, Deumque pronuntiat ecclesiae suae esse custodem, ut ex hoc fonte singuli rivos ad se derivent.* Cf. on Ps. 119 : 26, C.O. 32 : 247-8.
50) Comm. on Ps. 125 : 1-2, C.O. 32 : 313-14.

4. 세상으로부터의 분리가 교회 내에서의 성화의 한 측면임

하나님이 우리를 선택하시어 교회 내에서 성화에 이르게 하는 데에는 세상으로부터의 분리가 또한 함축되어 있다. 칼빈이 발견한 바에 의하면, 성경을 통해서 "성화라는 용어는 선택 뿐만 아니라 분리(separation)를 뜻한다."[51] 칼빈은 '세상으로부터,'[52] 그리고 "하나님을 섬기는 것과 반대되는 모든 것으로터"[53] 우리가 분리되는 것에 대하여 자주 말한다.

이러한 분리는 성경적인 거룩의 개념의 한 측면이다.[54] 이 점이 예수 그리스도의 대리적(代理的, vicarious) 성화에 나타나 있다. 이 대리적 성화에는 그가 우리의 모든 인간적 제한, 갈등 그리고 궁핍에 있어서 우리와 자기를 동일시하신 것 뿐만 아니라, 그가 우리로부터 분리되신 것, 그리고 우리의 인성(人性) 안에서 독특하고 유일한 위치를 취하신 것 등이 함축되어 있었다. 중보자로서 성화되기 위하여 그는 사람들의 통속적 계층(common rank)으로부터 구별되어야 하셨다.[55]

---

51) Comm. on 1 Cor. 1 : 2, C.O. 49 : 308. *Porro sanctificationis verbum segregationem significat.* Cf. on Eph. 5 : 25, C.O. 51 : 223. *Iam vero addit ut eam sanctificaret: hoc est, ut segregaret eam sibi.*
52) Serm. on Eph. 5 : 25–7, C.O. 51 : 746; comm. on Dan. 7 : 25, C.O. 41 : 77.
53) Serm. on Deut. 5 : 12–14, C.O. 26 : 284. *Quand l'Escriture nous parle d'estre sanctifiez à Dieu: c'est pour nous separer de tout ce qui est contraire à son service.*
54) Cf. comm. on Exod. 15 : 11, C.O. 24 : 159. *Sanctitas pro gloria accipitur quae Deum a creaturis omnibus separat.*
55) Serm. on Mark 1 : 23–7, C.O. 46 : 739. *Quant à ce mot de Sainct de Dieu, il emporte que nostre Seigneur Iesus Christ, comme Mediateur, devoit estre separé du rang commun des hommes.* Cf. comm. on John 10 : 36, C.O. 47 : 253. Calvin finds the solitary and separate place of Jesus in this respect amongst men foreshadowed in the Old Testament, especially in the stories of Joseph and Samson, who are both referred to as Nazirites (a Nazirite being one who is separated for sanctification; cf. e.g. comm. on Zech. 7 : 3, C.O. 44 : 221. Calvin argues that, though superficial, even the similarity between the names Nazirite and Nazareth, is of divine significance). Joseph and Samson were able to save their people simply by reason of their separation from those they saved—Joseph being sold into Egypt, and Samson being consecrated a Nazirite from his birth (cf. serm. on Matt. 2 : 23, C.O. 46 : 451 ff. In this exposition Calvin admits his debt to Bucer—see comm. on Matt. 2 : 23, C.O. 45 : 103). In all this Calvin finds an illustration of the fact that the sanctification of the people of God is to depend on one Head who is to be set apart likewise unique in his own sanctification (serm. on Matt. 2 : 23, C.O. 46 : 455. *Dieu a voulu figurer desia sous la Loy que la sainctete commune depend d'un chef, qui est seul: comme Joseph. . . . Samson.* Cf.

교회의 머리 뿐만 아니라 지체들은 성화되기 위하여 악으로부터 분리될 필요가 있다. 교회는 하나님을 섬기기 위하여 악으로부터 분리된 그리스도의 성별된 몸이다. "만일 우리가 불경건의 모든 굴레들을 끊어 내버리고, 우상숭배자들로부터 자신을 구별하며, 하나님께 드리는 거룩한 예배를 더럽히거나 침해하는 모든 오염으로부터 우리 자신을 순결하게 지키지 않는다고 하면, 우리는 하나님의 주권 아래서 한 몸된 교회에 연합될 수가 없다."[56] 우리는 불의에서 구별된 것처럼 오직 하나님께만 헌신하여야 한다.[57] 교회 안에서 그리스도와 우리가 갖는 교제를 통해서 우리가 하나님께 성별되기 때문에, 만일 우리가 우리를 더럽힐 가능성이 있는 것으로부터 자신을 구별하지 않는다면, 그것은 무서운 신성 모독 행위요, "성화된 것을 더럽히는 행위"가 되는 것이다.[58] "나는 당신들에게 묻습니다. 예수 그리스도께서 우리 안에 거하시는데 우리는 모든 악행과 불결에 빠져있다고 하면 어찌 이것이 모순되고 어긋나는 일들이 아니겠읍니까? 그리스도께서 돼지 우리(pigsty)에 거하기를 원하실 것으로 생각하십니까?"[59] 그러므로 그리스도에게 참으로 성별되고 믿음으로 사는 기독교인이라고 하면 그리스도에 대한 이러한 관계와 모순되는 모든 것을 혐오하고 증오하게 될 것이다.[60]

이것은 필연적으로 세상으로부터의 분리를 의미한다. 칼빈이 의미하는 바 '세상'(the world)이란 하나님의 나라와는 별도로 그 나라를 대적하여 조직되어 있는 이 세상의 현실 생활이다. 칼빈에게 있어서 '세상'은 '육체'(flesh)의 영역, 이기적 생활의 영역, 사단의 세력의 영역이다. 그가 말하는 바 이 세상은 "하나님과 전적으로 적대 관계"에 있고 하나님의 성령과 반대되는 부패한 형태의 생활을 산다.[61] '세상'은

for Joseph, Gen. 49 : 26 and Deut. 33 : 16; for Samson, Judges 13 : 5).
56) Comm. on Ps. 16 : 4, C.O. 31 : 151. *Neque enim aliter in unum ecclesiae corpus coalescimus sub Deo, quam dum abrumpimus omnes impios nexus, disiungimus nos ad idololatris, et ab omnibus inquinamentis, quae purum Dei cultum corrumpunt ac vitiant, integri sumus ac immunes.*
57) Comm. on Ps. 97 : 10, C.O. 32 : 46.
58) Comm. on Rom. 12 : 1, C.O. 49 : 234.
59) Serm. on 2 Thess. 1 : 6-10, C.O. 52 : 236.
60) Cf. e.g. comm. on Ps. 139 : 21, C.O. 32 : 385; on Ps. 31 : 6, C.O. 31 : 304.
61) Comm. on 1 John 2 : 15, C.O. 55 : 318. *Mundi nomine intellige quidquid ad praesentem vitam spectat, ubi separatur a regno Dei et spe vitae aeterna. Ita in se*

거듭나지 않은 사람의 자기 중심적 본성을 만족시키기 위하여 조직되어 있다. 그래서 이 '세상'의 영역에서 이기적 의지가 그것의 참된 쾌락을 발견하며 가장 용이하게 행사되는 것이다. [62] 더욱이 이렇게 조직되어 있는 세상은 사단의 세력의 지배 아래 있으며, 악마는 세상의 매혹적인 것을 통해서 사람의 마음을 완전히 폭군처럼 장악해 버린다. [63] 그러므로 기독교인은 자신을 악(惡)으로부터 분리시키고자 함에 있어서, 이기적 사랑(self-love)의 생활과 육체와 악마를 섬기는 일에 기독교인을 연루되게 하려고 하는 이 세상의 그러한 면의 생활로부터 자신을 분리시켜야 하는 것이다. [64] 이 세상의 유혹과 염려와 쾌락을 단념하는 대가(代價)를 지불하지 아니하고서는 악마의 세력으로부터 우리의 시간과 생활을 되찾을 수가 없다. [65]

우리를 위하여 창조된 천국 생활을 우리가 갈망하기를 게을리할 때, 이 현실 세계가 악의 세력 아래 크게 지배되고 있다는 사실로 인하여 더욱 심각한 죄가 된다. 왜냐하면 세속성(世俗性)이 유물주의로 통하게 될 뿐만 아니라 다른 세상(곧, 타계적 천국)을 부인하고 악마와 적극적으로 결탁되기 때문이다. [66] 칼빈에게 있어서, 경건한 사람을 사악한 사

---

comprehendit omne genus corruptelas, et malorum omnium abyssum. In mundo sunt voluptates, delitiae, et illecebrae omnes quibus homo capitur, ut se a Deo subducat. Cf. p. 319. Quae propria sunt mundi, cum Deo prorsus dissideant. Tenendum est quod iam dixi, hic notari profanum vitae institutum, quod nihil habet cum regno Dei commune. Cf. comm. on 1 John 5 : 4, C.O. 55 : 363. *Mundi nomen hic late patet: comprehendit enim quidquid adversum est Dei spiritui: ita naturae nostrae pravitas pars mundi est, omnes concupiscentiae, omnes Satanae astus, quidquid denique nos a Deo abstrahit.*

62) Comm. on Gal. 6 : 14, C.O. 50 : 265-6. *Quid autem mundus significat? opponitur procul dubio novae creaturae. Quidquid ergo contrarium est spirituali Christi regno, mundus est: quia ad veterem hominem pertinet. Vel, ut uno verbo dicam, mundus est quasi obiectum et scopus veteris hominis.*
63) Comm. on Eph. 5 : 16, C.O. 51 : 220.
64) Comm. on 1 John 2 : 15, C.O. 55 : 318.
65) Comm. on Eph. 5 : 16, C.O. 51 : 220. *Dies malos esse dicit, hoc est omnia scandalis et corruptelis esse plena. . . . Quum ita corruptum est saeculum, videtur diabolus tyrranidem occupasse: ut tempus non possit Deo consecrari, nisi quodammodo redemptum. Quod autem erit pretium redemptionis? Infinitis illecebris, quae facile nos perverterent, cedere: extricare nos a curis et voluptatibus mundi, omnibus denique impedimentis renuntiare.* Cf. on Matt. 19 : 26, C.O. 45 : 543.
66) Serm. on Deut. 9 : 20-24, C.O. 26 : 708. *Nous serons bien mal advisez si nous ne passons par ce monde comme oiseaux sur la branche, et que nous n'y soyons estrangers. Car autrement Dieu nous desadvouë, et renonce. Puis qu'ainsi est: ceux qui se veulent tellement arrester au monde, qu'il semble qu'ils n'en doivent iamais partir, ils se bannissent du royaume de Dieu, ils declairent que l'heritage des cieux ne leur appartient point. . . . Ainsi ceux qui ont honte de se nommer estrangers en*

제4부 교회 안에서의 양육과 훈련 **257**

랍으로부터 분리해 주는 것은 이 세상과 저 세상에 대한 양자의 상반되는 태도이다.[67]

교회의 교제 안에서만 우리는 이 세상으로부터 참되게 분리될 수가 있다. 왜냐하면 세상으로부터의 분리는 고립된 개인이 독자적(獨自的)으로 성취할 수 있는 어떤 것이 아니기 때문이다. 분리도 성화처럼 하나님이 자기의 교회와 함께 성취하는 사역이다. 우리가 '세상으로부터 분리되지' 않는 한 구원이 기대될 수 없다고 선언하여, 교회 안에 있는 자와 밖에 있는 자들을 분리해 주는 바 교회와 세상 간의 구분의 표지가 세례이므로, 칼빈에게 있어서 분리는 세례의 중요한 측면이다.[68] 세례는 이러한 분리가 필요하다는 것을 선언할 뿐만 아니라, 자신들을 악으로부터 분리하는 조치를 사람들로 하여금 취할 수 있게 하는 방편이 또한 된다. 그리고 교회의 다른 규례들과 함께, 세례로 말미암아 그 분리가 실제적으로 결과된다.[69]

그런 까닭에, 교회는 "사람들이 하나님의 거룩하고 특별한 백성이 될 수 있도록 세상의 오염으로부터 분리되는" 영역이다.[70] 교회 안에서 우리가 분리되고 그리하여 성화될 수 있도록 한 몸으로 연합된다.[71] 우리 자신이 하나님께 선택된 것과 교회의 일원으로 받아들여져,[72] 그리스도에게 연합된 것을 알고,[73] 그리하여 교회의 교제에 계속 충실하게 될

---

ce monde, qu'ils s'en aillent cercher leur heritage avec le diable: car ils n'ont ne part ne portion avec Dieu.
67) Comm. on Ps. 119 : 132, C.O. 32 : 274.
68) Comm. on 1 Pet. 3 : 21, C.O. 55 : 267-8. Cf. comm. on Gen. 7 : 17, C.O. 23 : 133.
69) For Calvin the sacramental signs must be regarded by faith as accompanied by what they signify, cf. e.g. comm. on Isa. 6 : 1, C.O. 36 : 126; on Isa. 42 : 3, C.O. 37 : 61. This is why it is sacrilegious for a baptised person not to remain separate from evil. Cf. serm. on Eph. 2 : 13-15, C.O. 51 : 407-8. *Et ainsi, tous ceux qui se renomment de l'Eglise, et cependant sont gens desbauchez et dissolus, sentiront quel sacrilege c'est d'avoir ainsi profané leur Baptesme que Dieu avoit dedié pour leur salut. Mais de nostre costé, advisons de cheminer comme estans separez des pollutions de ce monde.*
70) Comm. on Ps. 16 : 3, C.O. 31 : 151.
71) Serm. on 1 Cor. 10 : 19-24, C.O. 49 : 675. *La religion emporte qu'ils soyent comme un corps uni pour estre separé d'avec tous incredules.*
72) Prayer in comm. on Zeph. 3 : 1-5, Amst. Edn., Vol. 5, p. 431.
73) Serm. on Eph. 5 : 25-7, C.O. 51 : 746. . . . *que nous soyons separez du monde, à fin d'estre conionts au Fils de Dieu.*

때에만⁷⁴⁾ 우리는 세상으로부터 온전하게 분리되는 것이다.

---

74)Serm. on 1 Tim. 3 : 14–15, C.O. 53 : 314. *Dieu nous a tellement unis à nostre Seigneur Iesus Christ, qu'il ne veut point que nous soyons separez en façon que ce soit d'avec luy ni distraits. Quand donc nous avons cela, n'est-il point question d'estre ravis en cest honneur inestimable, et que nous apprenions de plus en plus de nous retirer des corruptions de ce monde.*

제 2 장
말씀과 성례에 의한 교회의 성화

1. 교회 내에서의 기독교 생활의 시작, 성장, 연단에 있어서 말씀과 성례의 결정적 위치

교회 내에서의 우리의 기독교 생활의 시작(birth), 성장(growth) 그리고 조성(nourishment)에 있어서 결정적 역할을 하는 것은, 교회 안에서 선포되고 가르쳐지는 때의 그 하나님의 말씀 곧 복음이다. 칼빈은 교회의 교제 안에서(within the fellowship of the Church) 하나님의 말씀이 담당하는 역할을 말함에 있어서 다양한 표현들을 사용한다. 하나님의 말씀은 "교회의 손을 빌려 신적(神的)으로 제공된 신령한 영혼의 양식"으로서, 만일 우리가 먹기를 게을리하게 되면 멸망하게 되어 있다.[1] 그것은 하나님의 약속의 축복들이 본래의 근원으로부터 흘러나와 우리에게 이르는 통로이다.[2] 말씀을 방편으로 하여, 불멸(不滅)과 하늘 나라가 우리에게 제공되며, 말씀을 받을 때에 우리가 이 신적 선물들을 얻어 누릴 수가 있다.[3] 말씀을 방편으로 하여, 하나님이 우리에게 그의 평강을

---

1) Inst. 4 : 1 : 5.
2) Comm. on Ps. 119 : 65, C.O. 32 : 243.
3) Serm. on 2 Tim. 1 : 8-9, C.O. 54 : 48. *Seulement ouvrons la bouche afin qu'il la remplisse, ouvrons le coeur, et donnons entree à ce tesmoignage, de l'Evangile, et l'immortalité du royaume celeste habitera en nous.*

주신다.⁴⁾ 말씀은 그리스도 자신이 교회 안에서 우리 가운데 들어오시며, 우리를 깨끗케 하며 구속(救贖)하기 위해 흘린 그의 피(寶血)가 우리 영혼에게 적용되는 방편이다. 왜냐하면 그리스도의 피와 말씀 선포 사이에는 불가분의 관계가 있기 때문이다.⁵⁾ 더욱이 하나님 자신이 그의 말씀을 방편으로 하여 "우리를 만나러 오시고," 즉 "우리에게로 내려 오시며" 우리에게 말씀하신다.⁶⁾ 이같이 자신을 나타내실 때 그는 말씀을 거울로 삼으신다. 이 말씀의 거울이 아니고서는 볼 수 없는 그를 우리가 그 거울을 통해 볼 수가 있는 것이다.⁷⁾

칼빈이 하나님의 말씀을 이같이 고상한 말로 말할 때, 그가 주로 생각하고 있는 형태의 말씀은 개인적으로 읽고 묵상하는 말씀이 아니고,⁸⁾ 교회의 사역을 통해서 전달되는 '선포된 말씀'이다. '교회 내에서의 복음,' '외형적 선포,' '사람들의 사역'을 통해서, "성도들의 중생이 이루어지고 그리스도의 몸이 세워진다."⁹⁾ 교회는 그 안에서 말씀이 선포되기 때문에 우리의 신앙이 조성되고 자라나는 우리의 그리스도 학교(our school of Christ)이다.¹⁰⁾ 교회의 교제 안에서 그리고 교회 안에서의 사역(ministry)의 은사를 통해서 성경에 대한 참된 해석이 개인에게

---

4) Comm. on Ps. 19 : 8, C.O. 31 : 201.
5) Serm. on Gal. 3 : 1-3, C.O. 50 : 459. *Or cependant notons que ce n'est point assez d'avoir cognu en passant que nostre Seigneur Iesus Christ nous a si cherement rachetez : mais qu'il nous faut continuer tousiours en la doctrine de l'Evangile, iusques à tant que cela soit bien imprimé en nostre coeur, comme si son sang decouloit pour appliquer le fruict qui nous en revient à nostre usage;* and ibid. p. 462. *Car nous ne pouvons pas mespriser la doctrine de l'Evangile, que nous ne profanions le sang du Fils de Dieu, qu'il a espandu pour nostre redemption: car l'un ne se peut separer d'avec l'autre. Toutes fois et quantes que Dieu parle à nous et qu'il nous presente la remission de nos pechez, qu'il nous declare qu'il est prest de nous recevoir à merci, il y a une aspersion quant et quant du sang de nostre Seigneur Iesus Christ. Toute ceste doctrine-là ne peut avoir nul effect, sinon que nostre Seigneur Iesus Christ soit là au milieu pour nous approprier l'effusion de son sang.*
6) Comm. on Ps. 18 : 31, C.O. 31 : 185; and comm. on Ps. 81 : 14, C.O. 31 : 766. *Deus enim ad nos descendens per verbum suum, et sine exceptione invitans omnes, neminem frustratur.*
7) Comm. on 1 Cor. 13 : 12, C.O. 49 : 514-15.
8) Inst. 4 : 1 : 5.
9) Inst. 4 : 3 : 2; 4 : 1 : 5.
10) Serm. on Eph. 4 : 11-14, C.O. 51 : 568. *Brief, en toute sorte, sçachons que quand Dieu a mis ce regime en son Eglise, que sa Parole se presche, c'est à fin que cependant que nous sommes en ce pelerinage terrien, tousiours nous venions à l'escole ou Dieu nous enseigne: car nous cheminons en foy. . . . Or la foy dont procede-elle? Comment est-ce qu'elle se nourrit et s'augmente? C'est par la Parole de Dieu. Quand nous avons la predication . . . voilà par où et par quel bout nostre foy commence, voilà comme elle continue et comme elle croist de iour en iour.*

주어지고, 그 개인은 지식과 이해에 있어서 성장할 수 있게 되는 것이다.[11] 그러므로 칼빈에 의하면, 구약에서는 성도들이 성소에서 '하나님의 얼굴'을 볼 수 있는 것으로 말할 수 있었던 것처럼, 신약에서는 말씀 선포를 통해서 예수 그리스도의 얼굴에서 빛나는 하나님의 영광을 우리가 볼 수 있는 것이다.[12] 교회 안에서 말씀 선포자의 이 직분이 이처럼 빼어나고, 하나님의 살아 있고 운동력 있는 말씀과 사람들의 입과 혀를 통해서 말씀되어진 것 사이의 관계가 이처럼 밀접하기 때문에, 하나님의 말씀의 권능에 대하여 단언되는 것이 교회 안에서 자기의 직분을 성취하는 선포자의 말에 대하여서도 또한 단언될 수가 있다.[13]

칼빈에게 있어서, 교회 안에서의 말씀은 성령에 의하여 불가분하게 인쳐진 말씀이다. 하나님은 말씀과 더불어, 성찬과 세례를 계속적으로 사용함으로써 교회 안에서 우리의 기독교 신앙을 성장시키고자 하신다. 그리스도와의 우리의 연합—그것은 우리의 성장의 근원이고, 성례가 그것에 대한 인호(sign)임[14]—은 신앙이 성장할 때 촉진되는 성질의 것이다. 그 연합은 성례로 '표상'될(figured) 뿐만 아니라 성례의 사용을 통해서 더욱 깊게 이루어지며,[15] 성례는 우리의 전체 기독교 생활에 영향을 주고, 우리로 하여금 그리스도를 더 충만하게 소유하며 그의 충만 가운데서 그를 즐길 수 있게 해준다.[16] 성찬은 "그리스도의 재림 때까지 우리로 하여금 믿음으로 자라게 하고 믿음 안에서 흔들리지 않도록 의도된 것이다."[17]

예수 그리스도 자신이 그의 약속을 따라서, 그리고 성령이 불가해(不可解)한 힘을 통해서,[18] 이 신비를 집례할 때 임재하시어, "필멸(必滅)의 사람들이 떡과 잔을 나눌 때," 그 자신이 우리 가운데서 역사하신다.[19] 사실대로, 세례는 한번만 개인에게 시행된다. 그러나 성찬과

---

11) Cf. *Calvin's Doctrine of the Word and Sacrament*, pp. 115 ff. Inst. 4 : 1 : 5; comm. on 2 Tim. 2 : 15, C.O. 52 : 367.
12) Inst. 4 : 1 : 5.
13) Inst. 4 : 1 : 5 and 6 ; 4 : 1 : 22.
14) Cf. pp. 18–19.
15) Inst. 4 : 17 : 33.
16) Inst. 4 : 14 : 6.
17) Serm. on 1 Cor. 10 : 14 ff., C.O. 49 : 802.
18) Ibid.

마찬가지로, 그것의 효능은 그것이 시행되는 순간과 반드시 관련되는 것은 아니다.[20] 세례는 결코 신자에게서 '소멸되지' 않는다.[21] 만일 우리가 받은 세례에서 우리에게 주어지는 것이 "우리의 전생애를 통해서 우리 마음에 깊이 박혀" 남아 있다고 하면,[22] 우리의 신앙을 성장시킴에 있어서 말씀과 성찬과 더불어 세례라는 그 성례도 계속적으로 효력이 있는 것이다.[23]

2. 말씀과 성례는 성령을 통해서 교회의 회원들이 왕같은 제사장직을 성취하기 위해 성별되는 방편임

말씀과 성례는 그것들이 생명과 능력이 그리스도로부터 그의 백성에게 전달되는 방편이기 때문일 뿐만 아니라, 교회의 회원들이 그들의 왕같은 제사장직을 성취함에 있어서 하나님께 산 제사로 감사하여 자신들과 자기들의 일(work)을 드리기 위해 성별되는 방편이기도 하기 때문에, 교회 회원들의 성화를 가져온다.[24] 칼빈에게 있어서 복음의 말씀은 그리스도의 생명이 사람들에게 전달되는 통로요, 영혼의 건강을 위한 음식과 의약(醫藥)일 뿐만 아니라, 자기의 생명을 제물로 드리고자 하는 하나님의 백성을 제물로 희생시키는(immolated) 신령한 칼이다.[25]

우리가 하나님께 성별되고, 믿음으로 우리 자신을 참된 제물로 삼을 수 있는 바 극기(克己, mortification)는 하나님의 말씀에 의하여 가능케 된다.[26] 진실로 하나님의 말씀이 우리를 씻어 깨끗하게 하여 성별한다.[27]

---

19) Serm. on Acts. 1 : 1-4, C.O. 48 : 634.
20) Inst. 4 : 14 : 7, C.O. 7 : 741.
21) Inst. 4 : 15 : 3.
22) Comm. on Ps. 63 : 3, C.O. 31 : 594.
23) Comm. on Titus, 3 : 5, C.O. 52 : 430-1.
24) Cf. pp. 28-9.
25) Comm. on Phil. 2 : 17, C.O. 52 : 36. *Evangelium est spiritualis gladius ad caedendas victimas.* Cf. on Heb. 4 : 12, C.O. 55 : 49-51. In Serm. on 1 Tim. 1 : 8-11, C.O. 53 : 60, Calvin refers to preaching as *glaive spirituel.*
26) Ibid. *Nulla enim fides sine mortificatione, per quam Deo consecramur.* Cf. comm. on Exod. 20 : 8, C.O. 24 : 577. *Videndum est quae sit huius sanctificationis summa: nempe carnis interitus.*
27) Serm. on Deut. 7 : 5-8, C.O. 26 : 514. *Qui est cause que nous devons estre un peuple sanctifié à nostre Dieu? assavoir sa parolle: car il est dit: Vous estes nets à cause de la parolle que ie vous ay preschee. Voici donc le moyen par lequel Dieu*

그런 까닭에 성도들은 "복음을 통해서 하나님께 희생제물로 바쳐진다(immolari)."[28] 구약 의식(儀式) — 이 의식이 외형적으로는 피가 있는 제물(bleeding sacrifices)로 예표되었다 — 의 소와 수양과 어린 양의 제물과 더불어 바쳐지도록 되어 있었던 마음과 생명을 드리는 일이 신약에서는 하나님의 말씀의 절제하며 깨끗하게 하는 능력에 의하여 가능케 된다. 참되고 적법한 성별(聖別)은 말씀에 의하여 되어진다."[29] "그런 까닭에 시온 산이 이제는 과거의 그 시온 산과는 다르다. 왜냐하면 복음의 진리가 선포되는 곳이며, 거기서 참으로 하나님이 예배되고, 희생제물들이 바쳐지며, 한 마디로, 신령한 성전이 존재하기 때문이다."[30]

칼빈은 이렇게 기도한다. "전능하신 하나님, 우리의 모든 생각과 감정을 당신께 복종시키고 당신께 우리 자신을 희생제물로 드리지 아니하고서는 달리 우리가 당신의 말씀으로 유익을 얻을 수 없나이다. 당신께서 당신의 말씀의 음성으로 우리 속에 있는 모든 것을 찔러 우리가 죽고 당신께 대하여 살게 하옵소서."[31]

하나님의 백성을 성결케 하는데 있어서 말씀의 효과는 성령의 절제하며 성화시키는 사역과 불가분하다.[32] 더욱이 성례는, 말씀과 더불어 우리가 왕같은 제사장직을 성취함에 있어서, 하나님께 우리 자신을 산제사로 드릴 수 있게 하는데 기여한다. 성찬 집행에 전혀 화목의 효과(propitiatory effect)가 있을 수 없다고 칼빈이 주장하지만, 그것은 교회회원 상호 간에 대한 사랑과 섬김으로 하나님께 온 교회가 바쳐지는 참된 성체적 희생제사인 것이다.[33] 또한 세례를 왕같은 제사장직을 위한 성결과 그리스도의 죽음과 부활을 본받은 성결의 생활을 위한 헌신의 기본 행위로 간주하는 것은 칼빈의 전체적 입장(outlook)과 일치하는 듯

---

nous sanctifie à soy, c'est à dire, il nous retire de la perdition commune de tous les enfans d'Adam, et nous prend pour estre de sa maison, assavoir quand il nous declare sa volonte. Voila donc en somme une consecration solonelle que Dieu fait d'un peuple, quand il veut que sa parolle y soit preschee.

28) Comm. on Heb. 4 : 12, C.O. 55 : 49.
29) Comm. on Hosea 5 : 6, C.O. 42 : 304. Vera enim et legitima consecratio in verbo consistit.
30) Comm. on Micah 4 : 7, C.O. 43 : 355.
31) Prayer in comm. on Mic. 2 : 7–11, Amst. Edn. Vol. 5, p. 297.
32) See pp. 40 and 66.
33) Cf. Inst. 4 : 18 : 13, 17, 3, 42.

하다(그러나 그가 그 점을 명백하게 강조하고 있지는 않다).

3. 마음을 변화시키고 신앙을 심어주며 성장시키는 말씀의 능력

말씀은 양식(糧食)일 뿐만 아니라, 우리의 영적 건강을 위해서 우리가 항상 사용해야 하는 의약이다. 의사가 각종 질병에 대하여 (소독을 하고, 수혈하며, 투약하고, 음식을 조절하여) 사람의 몸을 위하여 최선을 다하는 것처럼, 하나님의 말씀도 우리의 모든 악한 것들에 대하여 우리의 영혼을 위해 모든 일을 할 수가 있다.[34] 하나님의 말씀은 하나님의 포도밭(그것이 교회이든 또는 우리 자신의 심령이든)을 전정(剪定)하고 깨끗케 하며 열매를 많이 맺게 하는 방편이다.[35]

칼빈은 특별히 그의 시편 주해에서 사람의 마음을 연단하고 억제하는 하나님의 말씀, 또는 율법의 능력에 대하여 자주 말한다.[36] 말씀의 훈련과 가르침이 우리의 부패한 본성과는 이질적(異質的)인 것은 사실이다.[37] 그렇지만 말씀이 우리의 마음의 부패성보다 더 강력한 것이다. 말씀은 "우리 육체의 거칠은 부절제를 통제"할 수가 있다.[38] 말씀의 신령한 교훈에 순복하는 자들에게서 말씀은 젊은이의 충동을 억제하는 능력을 가지고 있을 뿐만 아니라 그들의 전생애를 통하여 악을 바로잡는 교정 수단(antidote) 역할을 하게 되는 것이다.[39] 우리의 삶에 대하여 말씀의 영향이 대단히 강하기 때문에, '가장 좋은 절제 규칙'

---

[34] Serm. on 1 Tim. 1 : 8–11, C.O. 53 : 61. *Car dequoy nous doit servir la parole de Dieu? c'est une pasture de nos ames: et puis c'est une medecine. Nous avons le pain et les viandes qui nous servent de nourriture pour les corps: la parole de Dieu a l'usage tel envers nos ames: mais elle emporte encores plus, c'est que quand nous sommes malades de nos vices, qu'il y a beaucoup de corruptions et cupiditez meschantes, il faut que nous en soyons purgez: et la parole de Dieu nous sert maintenant de purge, maintenant de saignee, maintenant d'un bruvage, maintenant de diette; brief tout ce que les medecins peuvent appliquer aux corps humains, pour les guarir de leurs maladies, n'est pas une dixieme partie de ce que la parole de Dieu nous sert pour la santé spirituelle de nos ames. Pour cela sainct Paul parle ici de la saine doctrine.*

[35] Comm. on John 15 : 3, C.O. 47 : 340.
[36] The two are practically identical in Calvin's comments, for the Law of God to the Psalmist was simply the Word as he knew it.
[37] Cf. comm. on Ps. 19 : 7, C.O. 31 : 200; and on Ps. 50 : 17, C.O. 31 : 505.
[38] Comm. on Ps. 119 : 147, C.O. 32 : 281.
[39] Comm. on Ps. 119 : 9, C.O. 31 : 218.

단순히 시편 기자의 본을 따라서 "하나님의 말씀에 우리의 눈을 집중시키는 것이다."[40]

우리의 삶을 개혁하는 일을 이룩함에 있어서 하나님의 말씀이 우리의 심령 깊은 곳에서 역사한다.[41] 하나님의 율법은 "그것이 육체를 지배하여 질서를 지키게 하기 때문에 육체에게는 역겨운 것이지만,"[42] 육체를 지배함에 있어서 율법은 그것의 달콤함을 통해서 우리를 하나님께로 이끌어준다. 그리고 우리의 본성적 상태에서는 죄악된 것이 우리와 가장 잘 어울리지만, 우리가 율법에서 지금 느끼는 기쁨은 우리를 정반대의 방향으로 인도한다.[43]

이와 같이 하나님의 말씀은 우리를 개혁함에 있어서 이중(二重) 효과를 가지고 있다. 그것은 금지(禁止)를 통해서 "우리를 강요하여 순종하게"할 뿐만 아니라 "그것의 달콤함을 통해서 우리를 유인한다."[44] 그리고 하나님의 율법에 대한 이 새로운 사랑의 구축력(驅逐力, expulsive power)에 의하여 육체의 유혹들이 극복된다.[45] 칼빈이 주목하는 바에 의하면, 율법에 대한 이 거룩한 사랑이—시편 기자의 생활에서 지배적인 열망임—돈에 대한 불결한 사랑(나머지 인류의 경우에서 지배적 열망인 것처럼 보임)을 대신한다.[46]

칼빈은 이렇게 확언한다. 우리 안에서, 또한 말씀에 대한 바로 그 사랑이 "금과 은에 대한 부절제한 열망으로부터 우리의 마음을 효과적으로 건져내는데 도움을 주게 된다."[47]

교회 안에서 신앙을 심어주고 성장케 함을 통해서 하나님의 말씀이 교회 회원들의 기독교 생활의 성장을 가져오는 데 주로 효과가 있다. 왜냐하면 사람이 하나님의 말씀을 만날 때 신앙이 심어지고 뿌리가 내리며 성장하기 때문이다. 신앙은 하나님의 말씀이 사람에게 말씀하실

---

40) Comm. on Ps. 17 : 4, C.O. 31 : 161.
41) Comm. on Rom. 12 : 14, C.O. 49 : 244. *Deus autem verbo suo non tantum manus coercet a maleficiis, sed amarulentos quoque affectus in animis domat.*
42) Comm. on Ps. 119 : 29, C.O. 32 : 226.
43) Comm. on Ps. 119 : 15, C.O. 31 : 220-1.
44) Comm. on Ps. 19 : 10, C.O. 31 : 202.
45) Comm. on Ps. 112 : 1, C.O. 32 : 172.
46) **Comm.** on Ps. 119 : 13, C.O. 32 : 220.
47) **Comm. on Ps. 19 : 10,** C.O. 31 : 202.

때 그 말씀에 대하여 취하는 사람의 반응이다. "하나님의 말씀이 없이는 결코 신앙이 있을 수 없다. 왜냐하면 하나님이 말씀해 주실 때에야 비로소 우리가 그의 신실성(信實性)을 확신할 수 있게 되기 때문이다 … 하나님의 말씀과 우리의 신앙 사이에 상호 관계가 있다는 것을 우리는 항상 주장해야 하는 것이다."[48]

그러나 하나님이 자기의 말씀으로 사람에게 말씀하실 때 신앙이 사람의 심령 속에서 싹튼다. 왜냐하면 하나님의 말씀을 이해하는 확신이 신앙 자체이기 때문이다.[49] 특별히 하나님의 말씀의 약속들이 우리의 마음과 심령 속에서 신앙의 반응을 낳고 증진시키는 경향이 있다.[50] 이는 말씀의 약속들을 통해서 하나님이 주로 그의 은혜 가운데서 사람을 만나 주시고, "주로 하나님의 인애와 사랑에" 신앙이 기초하기 때문이다.[51]

4. 말씀과 성례를 통해서 교회 안에서 개인은 자신이 그리스도에 의하여 선택되고 부름받은 것을 발견케 됨

교회 안에서 말씀과 성례를 통하여 개인은 자신이 개인적으로 예수 그리스도를 만나며 말씀을 전해 듣고 있음을 발견케 되고, 예수 그리스도의 구속 사역의 공로를 개인적으로 자신에게 적용할 수 있게 되는 것이다. 그리스도께서 세상 전체를 위하여 죽으셨다거나 교회 일반에게 그리스도의 신령한 은사들이 부어진 것으로는 충분하지 않다. 교회 안에서 개인이 선택되어야 하고, 그 자신이 선택받아 그리스도의 죽음과

---

[48] Comm. on Heb. 11 : 11, C.O. 55 : 154.
[49] Comm. on John 4 : 50, C.O. 47 : 102.
[50] Inst. 3 : 2 : 7; and 3 : 2 : 29.
[51] Comm. on Heb. 11 : 11, C.O. 55 : 154. Yet it must be remembered that this response to the Word of God is no mere human response. Faith can be added to the Word only when it is at the same time "begotten within us by the inward operation of the Spirit" (comm. on 1 Pet. 1 : 2, C.O. 55 : 208), for faith (cf. p. 22) "does not arise out of the ordinary faculties of men but is an extraordinary and rare gift of God (comm. on John 12 : 37, C.O. 47 : 296). Cf. serm. on Acts 1 : 9–11, C.O. 48 : 617. *Ne sçavons-nous pas que la foy surmonte tout sens humain? Car ce n'est pas une faculté que les hommes ayent d'heritage, mais c'est une grace que Dieu leur fait en corrigeant leur nature*; and serm. on Eph. 1 : 13–14, C.O. 51 : 301. *Il faut bien que Dieu besongne par son S. Esprit et par une grace speciale, outre ce qu'il veut que l'Evangile nous soit presché.*

부활에 개인적으로 관련되어 있음을 알아야 하는 것이다. 칼빈은 갈라디아서 2 : 20에 관한 그의 주해에서, "'나를 위하여'라는 말이 아주 강조되어 있다"고 말한다. "그리스도께서 세상의 구원을 위하여 죽으신 것으로 간주하는 것만으로는 충분하지 않게 될 것이다. 각자가 개인적으로 이 은혜의 효과와 소유를 주장할 수 있어야만 된다."52) 우리가 이미 살핀대로, 하나님이 교회 전체를 위하여 자기의 말씀을 가지고 계시고 그 교회 전체와 더불어 자기의 사역을 이루어 놓으신 것이며, 개인이 이 사실을 깨닫는 것은 아주 중요한 일인 것이다.53)

그러나 교회 안에서 작동하는 말씀은 단순히 하나님의 백성 전체에게 전해지는 모호한 말로 결코 남아 있을 수가 없다. 그 말씀은 교회 안에서 각 개인이 당면하고 있는 문제나 환경들과 특별한 관련을 가지고 그 개인에게까지 미치는 말이 되어야 한다.54) 신앙을 불러 일으키는 말씀은 그것을 가지고 하나님이 개인적으로 우리의 이름을 불러 말하시고 우리의 상황에 대해 정확하게 적용하여 말하시는 특정한 말이어야 하는 것이다.55) 마리아 자신이 개인적으로 뜰에서 부활하신 예수님이 말씀하고 자기의 이름을 부르신 것을 들었던 것처럼, 하나님의 말씀은 "모든 사람의 귀에 무차별하게 들리는 통상적 음성이 아니라"(non communi voce), 하나님이 특별하게(peculiariter) 자신의 양을 부르시는

---

52) Comm. on Gal. 2 : 20, C.O. 50 : 200; cf. serm. on Gal. 2 : 20, C.O. 50 : 450. *Or il ne se contente point de dire qu'il s'est livré pour le monde en commun: car cela seroit aussi trop maigre: mais il faut qu'un chacun applique à soy en particulier la vertu et le fruict de la mort et passion de nostre Seigneur Iesus Christ. . . . Il faut qu'un chacun en son endroit se conioigne à nostre Seigneur Iesus Christ, et qu'il conclue. C'est pour moy qu'il a souffert.*
53) See p. 195.
54) Cf. serm. on 2 Sam. 2 : 1, p. 29. *Quoy qu'il en soit, David scait bien que ce n'est pas assez quil ait entendu, quelle est la volonté de Dieu quant a la reigle commune, mais il faut qu'en sa vie il sache, de quel costé il se doit tourner. . . . Car nous sommes suffisamment enseignez par sa parolle de ce qui est bon droit et juste; cependant il reste que Dieu nous donne intelligence de sa volonté, et qu'estans illuminez par son Esprit, nous comprenions ce quil nous a donné par sa parolle. Mais ce n'est pas le tout. Car nous serons en quelque differend de cecy et de cela, et apres auoir balancé long temps, encores ne pourrons nous conceuoir beaucoup de choses particulieres pour certaines. Là, comme jay desia dit, il nous faut inuoquer Dieu et recourir à luy.*
55) Comm. on Ps. 12 : 6, C.O. 31 : 129. *Neque enim satis foret, Deum apud se statuere quid facturus sit in salutem nostram, nisi recta nos et nominatim compellet, nam inde nobis spes salutis affulget, quum Deus voce sua ostendit se nobis fore propitium.*

음성이 되어야 한다.[56]

이 문제를 논함에 있어서, 말씀을 통해서 뿐만 아니라 성례를 통해서 개인 자신이 개인적으로 선택받고 말씀을 전해 듣게 된 것을 알게 되고 그리스도의 수난의 공로를 자신에게 적용할 수 있게 된다는 것을 칼빈이 강조하고 있음은 주목할 만하다.[57]

개인에 대하여 자체를 이처럼 상세하게 열거할(particularise) 수 있는 하나님의 말씀에 대한 신앙의 반응에서, 그 말씀이 단지 일반적 약속에 지나지 않게 말해지는 때일지라도, 마치 자신에게 말씀되어지는 것처럼, 개인이 자신에게 그 말씀을 적용하는 강도높은 개인적 요소가 있게 되어 있다. 시편 기자처럼, 신앙의 사람은 주님을 '자신의' 하나님으로 부를 때 항상 힘을 얻게 되는 것이다.[58]

우리 자신이 이같이 개인적으로 말씀을 듣는 귀가 열리고, 그리하여 개인적으로 말씀에 대하여 반응하고 있음을 알게 될 때, 이것이 바로 우리가 선택받은 확실한 표지(sign)이다. 이것이 참으로 우리의 소명(召命)을 구성한다. "하나님은 우리를 선택하신 후에 우리를 부르심(召命)으로 우리에 대한 자기의 사랑을 확증하신다."[59] 하나님께서는 자기의

---

[56] Comm. on John 20 : 16, C.O. 47 : 432.
[57] Serm. on Deut. 4 : 27–31, C.O. 26 : 197. *Ton Dieu n'a il pas dit, qu'il aura pitié de ceux qui l'invoquent? Et voire—mais ie ne say si ie suis d'un tel rang. N'ay-ie pas este baptisé au nom de nostre Seigneur Iesus Christ? N'ay-ie pas la saincte Cene, qui m'est encores un second gage par lequel Dieu me monstre qu'il me reçoit au nombre de ses enfans?* Cf. serm. on Gal. 2 : 20–1, C.O. 50 : 450. *Quand nous sommes baptizez, ce n'est pas un seul qui le soit pour luy, on ne iettera point un asperges sur chacun: mais chacun sera baptizé en son particulier, à fin d'avoir une application speciale, . . . aussi quand nous recevons la saincte Cene, chacun vient prendre sa portion, pour nous monstrer que nostre Seigneur Iesus Christ nous est communiqué, voire à chacun de nous.*
[58] Comm. on Ps. 7 : 2, C.O. 31 : 80. 10th serm. on Ps. 119, C.O. 32 : 601–2. *Que nous ne facions point comme les Papistes, qui diront, O, il est vray que Dieu a promis cecy et cela, mais nous ne scavons pas s'il nous appartient . . . Or au contraire, il nous faut faire ceste conclusion que fait yci David, Seigneur, selon ta parole donnée à ton serviteur. Il ne dit point, selon ta parole donnée à ie ne scay qui, aux hommes du nombre desquels ie ne suis pas, en telle sorte que ie ne m'y puisse pas appuyer: mais il dit, Selon ta parole donnée à moy Seigneur. Apprenons donc à son exemple. . . . Quand nostre Seigneur dit, Ie reçoy tous pecheurs à mercy: que chacun dise, I'en suis un, Seigneur, ie suis une povre creature desesperée, ie vien à toy, et t'allegue la promesse que tu m'as donnée. Voyla comme il nous en faut faire: ou autrement, nous ne ferons que vaguer en l'Escriture saincte tout le temps de nostre vie.*
[59] Comm. on Ps. 65 : 5, C.O. 31 : 606.

말씀을 모든 사람에게 전하여 주시고, 반응을 보이는 자는 아무도 그가 실망시키지 않으시지만, "그 말씀이 어떤 사람의 가슴에는 깊이 파고 들어가나 다른 사람들은 단지 그것의 소리만을 흘려 듣게 되는 이 차이를 알기 위해서는, 하나님의 은밀한 선택 계획(the secret electing purpose of God)의 근원을 추적해야 하는 것이다."60) 이와 같은 신앙의 반응이 없으면 선택은 불완전하게 될 것이다. 61) 그러나 선택은 반드시 불가피하게 우리가 그리스도 안에서 부르심을 받아 믿음에 이르도록 해주게 되어 있다. 그래서 우리의 믿음은 "하나님의 영원한 선택에 대한 충분한 증거(attestation)"가 되어 우리의 기독교 생활을 확실하게 해주는 것이다. 62)

---

60) Comm. on Ps. 81 : 14, C.O. 31 : 766.
61) Comm. on John 6 : 40, C.O. 47 : 147. *Tolle fidem, et mutila erit electio.*
62) Ibid. Cf. serm. on Eph. 1 : 3-4, C.O. 51 : 265. *Que nous soyons tout resolus et persuadez que Dieu nous tient pour ses enfans. Et comment aurons nous cela, sinon d'autant que nous embrassons sa misericorde par foy, selon qu'il nous offre en l'Evangile, et que nous sçachions aussi que nous sommes fondez en son election eternelle? Car si nostre foy dependoit de nous, il est certain qu'elle nous eschaperoit bien tost.*

제 3 장
말씀에 의한 훈련

1. 말씀의 영향과 인도에 따르는 기독교 생활

칼빈에게 있어서 기독교 생활은 하나님의 말씀의 영향과 인도를 받아 사는 생활이다. 기독교인이란, 하나님의 말씀의 가르침과 훈계가 우리 자신의 부패한 본성과는 맞지 않을지라도, 아주 유순한 정신으로 그것의 가르침에 자신을 맡기어 그것의 교훈에 의해 다스림 받고 단련되는 자이다.[1] 이와 같이 하나님의 말씀에 우리 자신을 복종시키는지의 여부가 하나님 자신을 두려워하는지의 여부에 대한 확실한 시금석이다.[2] "하나님의 율법에 대한 거짓없는 사랑이 우리가 하나님의 자녀 된(adoption) 확실한 증거이다. 왜냐하면 그러한 사랑이 성령의 사역(work)이기 때문이다."[3] 완고한 마음은 말씀을 멸시하는 마음으로서, 그 말씀을 경외와 순종으로 받아서 들을 때 부드럽고 유순한 마음과 대

---

1) Comm. on Ps. 19 : 7, C.O. 31 : 200; on Ps. 50 : 17, C.O. 31 : 505. *Itaque ferocia nostra nos exasperat contra Dei verbum, quia correctionem non libenter suscipimus, nec fieri potest ut quis mansueto et docili animo Deum loquentem audiat, eiusque verbo obtemperet, donec se regendum et corrigendum ei tradat.*
2) Comm. on Ps. 50 : 17, C.O. 31 : 505; on Ps. 111 : 10, C.O. 32 : 171. *Merito igitur hoc examine probari Dei timorem docet propheta, si libenter iugum eius suscipimus, nosque regi patimur eius verbo.*
3) Comm. on Ps. 119 : 159, C.O. 32 : 286.

조를 이룬다.[4] 더욱이 하나님의 말씀을 멸시하는 것은 하나님 자신을 멸시하는 것이다.

하나님의 말씀에 기초하고, 그 말씀에 의하여 지도받고 고취되는 생활만이 하나님을 참으로 기쁘게 할 수가 있다. 하나님을 기쁘게 하는 일을 추구함에 있어서 먼저 중요한 것은 우리의 마음을 하나님과 바른 관계에 있게 하는 것이다. 이는 바른 마음이 외형상의 행동보다 더 중요하기 때문이다. 그렇지만, 바른 마음을 가지고 있다 할지라도, 어떤 사람이나 하나님의 말씀을 제쳐놓고 홀로 하나님을 기쁘게 하는 방법을 강구해낼 수 있다고 생각한다면 그것은 헛된 일이다. "아무도 자기가 기뻐하는 대로 스스로의 힘으로, 하나님의 말씀에 의하여 뒷받침되지 않는 새로운 형태의 의(義)를 만들어내서는 안된다. 우리는 신적 권위에 의하여 통제되어야 하는 것이다."[5] 만일 우리의 삶과 하나님께 드리는 예배가 열납되어야 한다면, 그것들이 믿음—이 믿음은 오직 하나님의 말씀으로부터서만이 얻어질 수가 있다—에 의하여 조절되고 인도되어야 한다.[6]

우리는 이 일에 있어서, 아무리 좋은 의도를 가지고 있다 할지라도, 단지 우리 판단에 좋게 여겨지는 것을 행함으로써 공중(空中) 누각을 짓지 아니하도록 삼가해야 한다. 이는 하나님이 자기의 말씀으로 우리를 분명하게 인도하시기를 원하기 때문이다.[7] "그러므로 하나님이 우리에게 요구하시는 첫번째 일은 우리 자신이 하나님의 순전한 말씀으

---

4) Comm. on Ps. 95 : 8, C.O. 32 : 33.
5) Comm. on Luke 1 : 6, C.O. 45 : 10.
6) Comm. on Ps. 119 : 79, C.O. 32 : 249. *Vera igitur religio et cultus Dei ex fide oriuntur : ut nemo rite Deo serviat, nisi qui edoctus fuerit in eius schola.*
7) Serm. on Deut. 9 : 8–12, C.O. 26 : 667. *Or en ceci voyons-nous que c'est une chose de grande consequence, que la parolle de Dieu nous soit communiquee, que nous ne doutions point qu'elle ne procede de luy, et que nous sachions qu'il nous y faut assuiettir : si nous n'avons cela, il n'y aura nulle religion entre nous. Il est vray que nous en cuiderons bien avoir : mais le principal fondement de religion, c'est à dire, de foy, de service de Dieu, c'est que la doctrine nous soit certifiee. Car si nous y allons par cuider, comme les Payens, les Turcs, et tous Idolatres : comme les Papistes aussi auront leurs bonnes intentions : tout cela est frivole, c'est bastir en l'air, et par fantasie. Notons bien donc que la premiere entree que nous devons avoir pour servir Dieu, et pour estre approuvez de luy, c'est que nous ayons une reigle toute asseuree, que nous ne disions pas : Ie pense que cela soit bon, il me le semble, on me l'ainsi dit : mais nous avons la parolle de Dieu qui nous guide . . . car nostre conducteur ne nous trompera iamais.*

로 규제되게 하는 이 겸허이다."⁸⁾ 어떠한 인간의 행동이나 예배도 하나
님의 말씀으로부터 나온 것이 아니면 거짓되고 변하기 쉬우며 하나님
자신에 의해 인정되지 않는다.⁹⁾

그러므로 기독교인은 하나님의 말씀에 자신을 구속(拘束)시키며, 그
저 믿음으로 순종하고, 그것의 교훈이 "모든 면에서 충분하고 완전한
까닭에, 우리의 신앙에 흠결이 있을 때 그것은 모두 성경에 대한 우리
의 무지(無知) 탓으로 돌려 마땅하다"는 것을 믿는다.¹⁰⁾ 그래서 기독교
인은 하나님의 율법만을 의지하고, 지혜, 인도, 격려를 위하여 다른 근
원들을 여기저기 찾아 방황하는 일을 삼가하는 것이다.¹¹⁾

우리가 참되게 겸손할 경우, 하나님의 뜻에 대하여 말씀에 계시되어
있는 것을 뛰어넘어 질문들을 묻거나 대답하지 않게 된다.¹²⁾ 왜냐하면
종교의 법칙들 중의 하나가 '겸손과 온건의 법칙'(rule of modesty and
soberness), 즉 "애매한 문제들에 있어서, 하나님의 말씀이 지시한 것
이상으로 말하거나, 생각하거나, 심지어 알려고도 하지 않는다"는 것
이기 때문이다.¹³⁾ 더욱이 기독교인은 하나님의 모든 말씀이 자기에게
말하는 것을 하나도 빠짐없이 가리지 않고 받아들인다. "바른 신앙은
하나님이 말씀하실 때마다 그를 경청하고, 그의 거룩한 입으로부터 나
오는 것은 무엇이나 주저없이 받아들인다. 그러기에 은혜로운 약속들
뿐만 아니라 명령과 위협의 말씀도 포함한다."¹⁴⁾ 칼빈에게 있어서 하나

---

8) Serm. on 1 Tim. 4 : 1–5, C.O. 53 : 366.
9) Comm. on Luke 1 : 6, C.O. 45 : 10; on Ps. 128 : 1, C.O. 32 : 327.
10) Comm. on John 20 : 9, C.O. 47 : 430. Cf. serm. on Deut. 9 : 8–12, C.O. 26 : 666–7. *Nous se savons point le moyen de servir Dieu, il nous faut excuser si nous forgeons a nostre teste: mais voici Dieu qui nous a donne une declaration pleine de son vouloir, il faut qu'ils s'arrestant la, et qu'ils obeissent simplement, et sans y adiouster rien qui soit*; and serm. on Deut. 26 : 16–19, C.O. 28 : 282–3. *Moyse exprime ici les commandemens, les statuts, . . . pour monstrer que Dieu ne nous enseigne point à demi, quand nous avons sa parolle, mais que nous avons une instruction parfaicte.*
11) Cf. comm. on Ps. 119 : 30, C.O. 32 : 227.
12) Comm. on Ps. 81 : 14, C.O. 31 : 766.
13) Inst. 1 : 14 : 4. Our response to the Word must always be mixed with a sobriety that refuses to speculate about the hidden mysteries of God (comm. on Matt. 20 : 23, C.O. 45 : 555). This sobriety will make us "tremblingly adore what exceeds our senses" (comm. on Matt. 23 : 34, C.O. 45 : 639) and will prevent us from attempting anything which God has not given us liberty to do (serm. on Job 3 : 11–19, C.O. 33 : 162).
14) Comm. on Heb. 11 : 7, C.O. 55 : 151.

님의 말씀은 정금(精金)처럼 전혀 흠결이 없다.[15]

기독교인은 하나님의 말씀에 밀착되어 있는 까닭에, 가장 심각하고 어려운 갈등 속에서도 말씀을 찾게 된다. 이는 "그가 하나님의 말씀을 떠나게 되면 아무런 희망도 자기에게 남지 않게 될 것"을 알기 때문이다.[16] 기독교인은 자신의 본성적 중생하지 못한 인간적 이성과 하나님의 말씀 사이에서 끊임없이 일어나는 긴장과 갈등 속에서 성령의 인도하심을 따르기 위하여 육신적 분별력을 포기하게 되는 것이다.[17] 왜냐하면 "우리의 인간적 이성에 맞는 것만을 받아들이는 것은 얼마나 정신나간 일인가? 만일 하나님의 뜻이 우리를 기쁘게 할 때에만 받아들여진다면 그것이 무슨 권위가 있겠는가?"라고 묻지 않을 수 없기 때문이다.[18] 물론, 이것은 특별히 평범한 기독교인에게 적용된다. 그가 자신의 목전(目前)에서 일어나고 있는 현실 문제들을 보면서 하나님과 자신의 상황을 판단하도록 되어 있을 때 하나님의 말씀의 권위에 순복해야 하는 것이다. 칼빈이 항상 우리에게 말하는 것은, 우리가 하나님의 약속들을 신뢰할 수 있기 위해서는, 우리로 하여금 하나님을 믿지 못하게 방해하는 모든 것에 대하여 우리가 항상 눈을 감아야 한다는 점이다.[19]

2. 기독교 생활의 훈련에 있어서 묵상의 위치

---

[15] Comm. on Ps. 119 : 140, C.O. 32 : 278.
[16] Comm. on Ps. 119 : 25, C.O. 32 : 225.
[17] Comm. on Ps. 81 : 13, C.O. 31 : 765.
[18] Comm. on Ps. 115 : 25, C.O. 32 : 109.
[19] Serm. on Luke 1 : 39–44, C.O. 46 : 101. *Il est vray qu'il nous faut avoir les yeux fermez, quant à tous obiects de ce monde qui nous pourroyent divertir de nous reposer en Dieu et en ses promesses. Car il est certain que si nous voulons entrer en conseil avec nostre sens naturel, si nous en voulons iuger selon les apparences, que tousiours nous serons en branle, et iamais Dieu n'aura son autorite envers nous telle qu'il merite. Et pourtant, que la parole de Dieu nous soit pour une verite certaine et infallible. Car les hommes opposeront tousiours, Voire ceci, Voire cela; mais de nostre costé ayons tousiours les yeux fermez à ce qui nous peut empescher de croire à Dieu. Cependant il nous les faut ouvrir à ce qui nous peut servir de bien contempler ses œuvres.* Cf. serm. on Gal. 5 : 4–6, C.O. 50 : 674. *Or Dieu veut esprouver nostre obeissance quand il nous remet à sa pure et simple parole. Et c'est aussi le vray honneur que nous luy rendons, quand nous fermons les yeux à tout cela, et qu'il nous suffit que Dieu nous ait declaré sa volonté.*

칼빈에 따르면, 하나님의 말씀에 대하여 우리가 보이는 사랑과 감사의 반응에는 첫째로, 하나님의 말씀에 대한 마음과 사상의 반응이 포함되어야 한다. 우리는 우리의 온 마음과 영혼과 뜻과 힘을 다하여 주(主)를 사랑해야 하는 것이다.

하나님의 은혜에 대한 우리의 신체 기능들의 이같은 반응에 있어서, 마음(mind)이 주동(主動) 역할을 담당해야 한다. 그리고 스스로 훈련하여 하나님의 말씀에 대해 끊임없이, 참되게 그리고 사려깊게 생각해야 하는 것이다.[20] 말씀에 대한 참된 반응이란 손과 발로 그 말씀에 순종하는 것 뿐만 아니라 우리의 마음과 감정에서 그것이 으뜸되는 위치를 차지하게 하는 것을 의미한다.[21] 하나님의 말씀이 우리의 모든 생각을 먼저 지배하게 할 때에만, 우리가 하나님을 전적으로 사랑하거나, 우리의 마음과 힘을 다해 하나님께 반응을 보이는 것이 가능하다. "우리가 의당(宜當)해야 하는 대로 우리의 마음으로 하나님을 알고 있는가? 이것이 중요하다. 그렇지 아니하면, 우리의 모든 힘과 우리의 모든 감정을 다해 그를 사랑하는 것이 불가능하다. 이는 지식이 사랑보다 순서상 앞서기 때문이다. 만일 우리가 하나님을 부분적으로만 안다고 하면, 그리고 우리 주변에 아직도 안개가 많이 끼어 있다고 하면, 우리의 사랑 또한 매우 시원치 않을 것이다."[22]

하지만, 만일 우리가 하나님의 말씀에 우리의 모든 정신적 인식적(認識的) 기능들을 순복시킨다고 하면, 이로 말미암아 다른 기능들이 사랑과 순종에로 나아가게 되고, 우리의 삶이 크게 성화되는 결과를 가져오게 되어 있는 것이다.[23] 더욱이 사상의 성화가 최고로 중요한 것은, 사

---

20) Serm. on Deut. 6 : 4-9, C.O. 26 : 434-5. *Il met donc Ame, Coeur, Pensee; comme s'il disoit, qu'il faut qu'un homme qui voudra bien observer la Loy, se dedie en tout et par tout en l'obeissance de Dieu, et en son amour. Or nous voyons qu'en nos ames il y a premierement la vertu de penser, quand nous concevons les choses pour iuger, pour discerner: voila la premiere faculté de l'ame. C'est qu'apres avoir veu les choses, nous entrons en deliberation, et iugement, nous concluons ceci ou cela: Dieu donc veut retenir à soy toutes ses pensees-la.*
21) Comm. on Ps. 119 : 2, C.O. 32 : 216. *Non satis est pedibus et manibus obsequium praestare, nisi primum locum teneat cordis veritas.*
22) Serm. on Deut. 6 : 4-9, C.O. 24 : 435. *Si tu fais la moindre chose du monde, et que toutes tes pensees ne tendent à aimer Dieu, que l'amour de Dieu ne te conduise: tout cela est corrompu.*
23) Serm. on Deut. 6 : 13-15, C.O. 26 : 457-8. *Car il est impossible que nous*

단이 먼저 우리의 마음 속에 악을 스며들게 하여 우리를 그것의 올무와 오류에 빠뜨리고, 그렇게 해서 악한 생각을 집어 넣음으로 우리의 전체 삶을 부패시키기 때문이다.[24] 칼빈이 일깨워 주는 바에 의하면, 과식(過食)과 과음(過飮)으로 몸이 쇠약해질 수 있는 것처럼, 마음은 이 세상의 염려와 정욕으로 짓눌릴 수가 있다. 그같은 유혹들에 대하여 참으로 경계하고 승리하는 길은 하나님의 일들(things)을 우리가 묵상하는 데 있다.[25]

그러므로 "우리가 이미 들은 것들에 대하여 묵상하는 일을 게을리하거나 전혀 생각하지 아니한 채," 그저 설교를 들으러 가거나, 구원의 교리를 가르침 받는 것만으로는 좋은 기독교인이 될 수가 없는 것이다. 이같이 행하는 것은 마치 좋은 무기를 가지고 있으나 그것을 벽에 걸어 둠으로 녹이 슬게 하는 군인처럼 행하는 것이 된다.[26] 우리가 강단으로부터 들은 말씀을 묵상하고 우리 자신들에게 적용해야 한다.[27] 그런 까닭에, 말씀은 피상적인 태도로 받아들여져서는 안되고, 기독교인의 마음에 깊이 그리고 끊임없이 영향을 미치도록 해야 하는 것이다. '길고,' '꾸준한' 묵상을 통해서 시편 기자들은 그들이 받는 유혹들을 저항하기 위하여 자신들을 강화시켰다.[28] 이와 같은 묵상을 통해서만이 말씀이 영혼 속에 '새겨'지거나,[29] '깊게 자리잡게' 되거나,[30] '심령 깊은 곳에 저장'되어,[31] 심령 속에서 성화(聖化)하는 사역을 이룰 수가

---

pensions à Dieu, que nous ne soyons incitez à l'honorer, sinon que nous en facions une idole. Car quand la maiesté de Dieu nous vient en memoire, ne faut-il pas que nous soyons touchez, pour nous humilier devant icelle? Ne faut-il pas que nous sachions qu'il nous a creez à ceste condition-la, d'estre du tout à luy, et de nous dedier à son service? Notons bien donc que la memoire de Dieu emporte que nous le craignions.

24) Cf. comm. on 1 Cor. 15 : 33, C.O. 49 : 554; on Ps. 119 : 29, C.O. 32 : 226.
25) Comm. on 1 Cor. 16 : 13, C.O. 49 : 570. *Haec autem vigilantia mentis est: dum soluti et expediti a curis terrenis meditamur quae sunt Dei.*
26) Serm. on Job 3 : 11-19, C.O. 33 : 158.
27) Serm. on Matt. 2 : 9-11, C.O. 46 : 356. *Mais il suffit de l'avoir touché en bref, afin que chacun y pense. Car les choses qui se disent en chaire, quand elle sont entendues, se doyvent puis apres mediter, et chacun y doit appliquer son estude en particulier.*
28) Comm. on Ps. 39 : 2, C.O. 31 : 396; comm. on Ps. 38 : 16, C.O. 31 : 393.
29) Serm. on Gal. 3 : 1-3, C.O. 50 : 459.
30) Comm. on Ps. 19 : 11, C.O. 32 : 203.
31) Comm. on Ps. 119 : 166, C.O. 32 : 290. . . . *penitus atque intimo cordis recessu clausam.*

있다.

기독교 훈련의 한 측면으로서 묵상의 본질과 위치를 고려함에 있어서, 현실 세계와 권리 주장(claims)과 쾌락에 대한 기독교인들의 태도와 관련하여 "내세(來世)에 대한 묵상"에 칼빈이 부여하고 있는 위치를 생각하지 않을 수가 없다.[32] 하지만, 내세가 우리의 묵상의 유일한 초점이 될 필요는 없다. "우리가 알 필요가 있는 것과 주님께서 우리로 하여금 묵상하기를 원하시는 것에 대하여 잘 들어두는 것은 아주 중요하다. 우리가 밤낮으로 힘써 행하여야 하는 것, 그리고 우리가 전적으로 몰두해야 하는 것을 묵상할 때 우리 앞에 그리스도의 사랑이 약속된다. 이 한 가지면 족하다."[33]

칼빈은 자주 그리스도의 수난과 죽음의 의미를 묵상할 것을 우리에게 권한다. 우리가 이것을 묵상하게 될 때, 우리가 강하게 되어 역경과 시험들을 이겨내며,[34] 핍박을 견디어내고,[35] 우리의 심령이 시험을 받아 흔들리어 그리스도의 대의(大義)를 저버리려 할 때 용기를 얻게 되는 것이다.[36] 물론 우리 자신을 제한하여 십자가만을 묵상할 필요가 있는 것은 아니다. 만일 우리가 십자가를 묵상하는 것으로 시작할 것 같으면, 부활하여 하늘의 영광 중에 계시는 그리스도를 생각하지 않을 수 없게 되어 있다.[37] 그러나 그의 수난과 죽음에 우리의 묵상을 집중하는 것은 적어도 안전하다.[38] 또한, 우리의 묵상의 주제가 되어야 하는 하나님의 영광이 복음의 사건들에만 제한되지 않고, 세계의 전체 구조에서 '빛나며,' 그것과 관련되어 있는 것으로 볼 수 있음은 사실이다.[39]

---

32) **Cf. pp. 85-93**
33) Comm. on Eph. 3 : 18, C.O. 51 : 188.
34) Serm. on Gal. 2 : 20-1, C.O. 50 : 449.
35) Comm. on 1 Pet. 4 : 12, C.O. 55 : 278. *Ergo ut praesenti simus animo quum excipiendi sunt persequutionum fluctus, mature assuefieri nos oportet ad meditationem assiduam crucis.*
36) Comm. on 1 Tim. 6 : 13, C.O. 52 : 330.   37) Cf. pp. 78-9 and 329-30.
38) Serm. on Gal. 2 : 20-21, C.O. 50 : 449-50. *Il est certain que la victoire nous sera bien aisee contre toutes tentations, quand nous pourrons considerer que vaut la mort et passion de nostre Seigneur Iesus Christ, et ce qu'elle emporte. . . . Car il nous faut estre arrestez à la mort et passion de nostre Seigneur Iesus Christ, cognoissans qu'elle est suffisante pour nous retirer des abysmes de mort. Et au reste, il nous faut contempler nostre Seigneur Iesus Christ non seulement comme mort en l'infirmité de sa chair, mais comme estant ressuscité en sa vertu divine et celeste.* Cf. e.g. we are to meditate on His second coming (Inst. 2 : 16 : 17).

그러므로 그리스도 안에서 참되신 창조주를 아는 기독교인의 삶에서, 창조에 나타난 하나님의 솜씨를 감사함으로 묵상하고, 창조의 질서에서 배우는 일이 중요시 되어야 하는 것이다.[40] 그러나 자연 신학(natural theology)의 위치에 대한 이 문제에 관한 칼빈의 전체적 태도는, 경건 생활에 있어서 마저도, 모든 지혜와 지식의 보화가 예수 그리스도 안에 감춰어 있다는 사실에 의해 결정된다. "이것을 넘어서는 아무 견실한 것도, 아무 유용한 것도 없다. 요약해서, 아무 건전한 것도 없다. 너희가 하늘과 땅과 바다를 살펴보아도, 이것을 넘어갈 것 같으면 반드시 지혜의 적법한 한계를 넘게 될 것이다."[41]

3. 하나님의 진노에 관한 묵상과 경외감의 함양

우리로 하여금 하나님을 두려워할(敬畏) 수 있게 하는데 도움을 주는 우리에 대한 하나님의 관계들(dealings)의 여러 측면들을 묵상해야 한다. 우리가 십자가를 생각하며 그리스도의 고통과 그가 버림받아 울부짖던 외침의 의미를 이해하려고 할 때, 그 십자가가 우리 자신의 죄와 우리에 대한 하나님의 진노에 대하여 가르쳐 주는 계시를 보고서 두려움과 놀램으로 우리는 떨지 않을 수 없게 되는 것이다.[42] 우리로 하여금 떨게 하는 하나님의 은혜의 이 측면을 무시하고, 그의 은혜를 당연한 것으로 생각하는 것은 하나님을 무시하는 것이 된다.[43] "하나님의 진노를 우리가 무시하는 것만큼 그의 진노를 충천하게 하는 일은 없다."[44] 그러므로 우리가 항상 일깨어서 하나님을 경외하는 것이 우리

---

39) Comm. on 1 Cor. 13 : 12, C.O. 49 : 514.
40) Cf. pp. 103–4 and 145–7, and e.g. comm. on Ps. 104 : 1, C.O. 32 : 85; on Ps. 68 : 33, C.O. 31 : 635.
41) Comm. on Eph. 3 : 18, C.O. 51 : 188.
42) Serm. on Isa. 53 : 4–6, C.O. 35 : 625–6. *Mais quand nous voyons que Dieu n'a point espargné son Fils unique . . . et qu'en son ame mesme il a este affligé iusques au bout, iusques a s'ecrier, Mon Dieu, mon Dieu, pourquoy m'as-tu laissé? Quand nous oyons toutes ces choses, il est impossible (ou nous sommes plus endurcis que pierres) que nous ne fremissions et concevions une telle crainte et estonnement en nous, que ce soit pour nous rendre du tout confus: et que nos offenses et iniquitez ne nous soyent detestables, veu qu'elles provoquent ainsi l'ire de Dieu contre nous.*
43) Serm. on Deut. 6 : 15–19, C.O. 26 : 474.
44) Serm. on Job 14 : 13–15, C.O. 33 : 682.

기독교인의 의무이다. 이로써 우리가 우리의 생활을 규제할 수 있게 되고, 재갈처럼 그 경외감이 우리의 광폭한 정욕들을 억제시킬 수가 있는 것이다.[45]

하나님께 대한 경외감으로 우리 자신을 억제하는 일에는, 죄의 결과들에 대해 엄숙하게 생각하는 것이 마땅히 포함된다.[46] 예를 들면, 자기의 회중들이 성범죄(性犯罪)에 빠지지 않도록 그들의 심령과 마음을 깨어서 지킬 것을 간청하면서, 하나님께 대한 경외심이 그들을 억제시킬 수 있게 하라고 칼빈은 강권한다. 그리고 그러한 죄가 어떻게 처벌되는가를 그들에게 일깨워 주면서, "여기에 말씀되어 있는 심판을 한시도 잊지 말라"고 그는 말한다.[47] 그는 다른 설교에서, 죄악의 결과들에 대하여 경고하면서 성경으로부터 몇몇 아주 심각한 구절들을 인용한 후에,[48] "그러한 본문들의 말씀을 들을 때 우리가 떨자. 그리고 우리가 하나님께 대한 경외감으로 계속 절제하고 있다는 것을 사람들이 알 수 있게, 우리의 이웃들과 공정하게 그리고 참으로 바르게 행하기를 주의하자"고 그는 말한다. 결국은 진짜 위험이 있는 데도 무감각하여 아무 것도 두려워하지 않고, 술취한 사람처럼 자신을 창 밖으로 내던지거나, 미친 사람처럼 불 가운데 투신하는 것은 미덕이 아니다.[49] 이웃에게 해(害)를 입히거나 악을 행하고자 하는 시험을 받는 기독교인은 하나님이 보복하시는 방법을 기억하는 것이 마땅할 것이다. 금생(今生)에서도 다른 사람을 위하여 함정을 파놓는 사람들은 자신들이 거기에 빠지게 된다. 자기 자신의 구원을 고려하면, 가장 작은 범죄까지도 삼가해야

---

45) Comm. on Ps. 36 : 1, C.O. 31 : 359. *Ideo dicitur timor Dei esse ante oculos, quum vitam hominum regit, ac quaecunque se vertunt, occurrens, obiectu suo libidines refraenat.* Cf. comm. on 1 Cor. 7 : 9, C.O. 49 : 408; and on 2 Cor. 7 : 1, C.O. 50 : 84.
46) Calvin does insist, however, that forgiveness can be followed even during our earthly life, by deliverance from the punishment due for sin. Such deliverance testifies that God is no longer displeased with us. In this Calvin argued against those who said, "God retains the punishment though he forgives the fault." Yet Calvin admits that God does not always immediately on forgiveness give men relief. He can chastise the forgiven. Yet even here he "moderates His rigour" (cf. comm. on Ps. 85 : 3, C.O. 31 : 786; on Ps. 130 : 8, C.O. 32 : 338).
47) Serm. on Job 31 : 9-15, C.O. 34 : 652-3.
48) Isa. 33 : 1; Ps. 17 : 16; Jas. 2 : 13.
49) Serm. on Deut. 7 : 19-24, C.O. 26 : 562.

한다.[50] "하나님의 심판을 믿음의 눈을 가지고 생각하며," 그리하여 "하나님의 율법을 깨어지키는" 자들은 사악한 자들이 아니고 믿는 사람들이다.[51]

우리가 행하는 모든 것을 보시고 채점하시는 분, 그의 손과 심판을 우리가 피할 수 없는 그 분의 목전에서 항상 우리가 살고 있다는 생각을 우리는 계속적으로 우리의 마음 속에 품고 지내야 한다.[52] 하나님이 무한히 가까이 계시는 인격적 하나님이시라는 이 생각이 우리의 행동을 규제하는데 도움이 된다.[53] 그리고 여기에다, 우리가 어느 날엔가 최후의 심판대 앞에서 계산해야 한다는 사실을 진지하게 묵상하는 일이 첨가되어야 한다. 이를 통하여 기독교인이 바울이 말한 "주의 두려우심(terror)을 알게" 되고, 모든 부주의한 생활이 사라질 정도로 경외감으로 감화되는 것이다.[54]

칼빈의 경우, 기독교인에게 있어야 되는 하나님의 진노 또는 공포에 대한 체험이 있다. 하나님께 대한 거룩한 외경(畏敬)이 "우리로 하여금 그의 진노를 참되고 진지하게 느끼게 한다."[55] 인생에 있어서 어떤 다른 두려운 체험도 그것에 비교될 수가 없다. 하나님에 대한 의식(意識)이 떨림과 공포를 가져다 주고 "전인(全人)을 흡수한다."[56] 이 체험은 우리의 양심이 특별히 일깨어 있을 때 특별히 격렬하다. 다윗의 경우를 보면(시 51편), "그의 눈과 모든 그의 감각들은 하나님을 꿰뚫었고," "하나님의 심판들에 대한 중압감으로 짓눌리고 압도되어 있었다."[57]

---

50) Comm. on Ps. 7 : 17, C.O. 31 : 87.
51) Comm. on Ps. 119 : 127, C.O. 32 : 271.
52) Serm. on Job 34 : 4–10, C.O. 35 : 137. *Ce mot ici Cheminer avec Dieu emporte que l'homme s'addonne tellement au service de Dieu, qu'il pense tousiours à rendre conte, qu'il cognoisse, Celui qui m'a creé et formé, me conduit et gouverne, ie ne puis pas fuir sa main, ni eschapper de son iugement; et ainsi il faut que ie lui soye present devant ses yeux, il faut qu'il cognoisse non seulement toutes mes œuvres, mais aussi mes pensees.* Cf. serm. on Job 31 : 1-4, C.O. 34 : 634-5.
53) Comm. on Ps. 94 : 7, C.O. 32 : 21.
54) Comm. on 2 Cor. 5 : 11, C.O. 50 : 66. *Scire igitur terrorem Domini est esse participem illius cogitationis, quod semel reddenda sit ratio coram Christi tribunali. Nam qui hoc serio meditatur, necesse est ut tangatur timore et neglectum omnem excutiat.* Cf. comm. on Ps. 10 : 3, C.O. 32 : 110.
55) Comm. on Ps. 90 : 11, C.O. 31 : 838.
56) Comm. on Heb. 10 : 3, C.O. 55 : 138. *Itaque quisquis sibi cum Deo esse negotium reputabit, eum (nisi valde sit stupidus) serio trepidare et expavescere necesse est. Imo fieri nequit quin ille Dei sensus totum hominem absorbeat: ut nulli dolores vel cruciatus cum eo sint conferendi.*

그러나 사악한 사람들이나 특별히 큰 죄인들은 그러한 경험들을 갖지 않는다. 오히려 신실한 자들과 경건한 자들이 체험한다. 사악한 사람들은 "고통으로 차 있어서 큰 소리로 절규하지만, 그들의 잔악성을 억제시킬 만큼 그들의 영혼 깊숙히까지 신적 진노가 파고 들지 않는다. 오직 경건한 사람들의 마음들만이 하나님의 진노로 상처를 입으며, 하나님의 벼락(thunderbolt)을 기다리지 않고(버림받은 자들은 그들의 완악하고 뻔뻔한 목을 내밀어 그 벼락들을 맞는다), 하나님이 그의 작은 손가락 하나만 움직여도 바로 그 순간에 그들은 떤다… 신실한 자들만이 하나님의 진노를 느낀다. 하나님의 진노가 그들을 정복할 때, 그들은 자기가 아무것도 아님을 인식하고, 참으로 겸손하게 하나님께 전적으로 자신들을 헌신한다."58)

그러나 경외감의 함양(cultivation of fear)에는 위험과 한계가 있다. 칼빈이 인정하는 대로 하나님을 섬기는데 적극적이고 진실한 관심을 불러일으키는 대신에, 단지 우리의 신앙의 모든 확신을 파괴하고 우리를 무디게 만드는데 도움을 주는 일종의 두려움이 있다.59) 그러므로 경외(fear)가 우리의 기독교 생활에서 그것의 참된 위치를 차지하려고 하면, 그것은 하나님의 궁휼에 대한 확신을 기초로 하여 견실하게 그 위에 항상 근거해야 한다. 그리고 하나님께 대한 감사와 사랑으로부터 결코 그것이 분리되어서는 안된다. 하나님의 진노의 증거들만을 생각하게 될 경우, 만일 우리가 하나님이 자비로우시다는 것을 새롭게 발견하여 생명을 회복하지 못하게 된다면, 우리는 어두운 죽음같은 절망에 빠지고 말 것이다.60) 단지 하나님의 권능과 공의를 통해서 우리로 하여금 하나님을 경외하고 순종케 해가지고서는, 우리가 의당(宜當) 해야 하는 대로, 우리의 몸이나 우리의 마음을 기울여 하나님을 찬양하거나 섬길 수가 없다. 차라리 하나님이 자기의 선하심과 궁휼을 통하여 우리로 하여

---

57) Comm. on Ps. 51 : 6, C.O. 31 : 511.
58) Comm. on Ps. 90 : 11, C.O. 31 : 839. But here it must be remembered that to speak of God's anger is an inappropriate mode of speaking (Cf. p. 4 and esp. comm. on Ps. 74 : 1, C.O. 31 : 692).
59) Comm. on Heb. 4 : 1, C.O. 55 : 45. *Caeterum hic nobis commendatur timor, non qui fidei certitudinem excutiat, sed tantam incutiat sollicitudinem ne securi torpeamus.*
60) Comm. on Ps. 6 : 9-11, C.O. 31 : 78.

금 즉각적이고 마음에서 우러난 반응을 보이도록 해야 하는 것이다.[61]

4. 하나님의 선하심에 관한 묵상과 감사의 함양

우리가 하나님을 경외해야 하지만, 그렇다 하여 두려움으로 말미암아 주눅들어서는 안된다.[62] 우리가 기억해야 하는 것은, 단지 강요된 두려움 보다는 감사와 사랑이 시험을 물리치고 마음으로부터 하나님을 섬길 수 있는 더 강력한 동기를 부여해 준다는 점이다.[63] 참된 경건에서, 하나님께 대한 경외가 그의 은택을 알므로 해서 오는 사랑과 불가분하다.[64] 경외(또는 두려움)보다는 차라리 감사가 하나님의 뜻을 행하고자 하는 열망을 우리 안에 심어주고,[65] 환난 중에서 인내할 수 있는 힘을 주며,[66] 악을 극복할 수 있게 한다. "하나님이 우리를 돌보아 주고 있다는 이같은 생각이 우리의 마음을 채우고 있는 동안에는 큰 시험들을 물리칠 수 있는 가장 좋은 방편인 것이다."[67]

그러므로 우리를 향한 하나님의 섭리적 선하심(providential goodness)의 모든 측면을 묵상해야 한다. "이로써 하나님을 신뢰하고, 부르며, 찬미하고, 사랑할 수 있게 되는 것이다."[68] 하나님이 우리를 구속(求贖)하시고 모든 은사들을 주신 목적은 그의 선하심을 기억하고 묵상함을 통하여 우리로 그에게 전적으로 헌신되게 하려는데 있다.[69] 하나님이 우리에게 쏟아 부어주신 은택들을 기억하게 될 때에, 그 은택들로 말미

---

61) Cf. comm. on Rom. 12 : 1, C.O. 49 : 233-4; and on Ps. 118 : 1-4, C.O. 32 : 202.
62) Serm. on Deut. 7 : 19-24, C.O. 26 : 562.
63) Serm. on Job 31 : 9-15, C.O. 34 : 654. *Et au reste, que nous avisions de n'estre point seulement retenus d'une crainte forcee, pour ne point commettre l'acte de paillardise; mais voyons que Dieu nous a fait ceste grace de nous choisir pour estre temples de son sainct Esprit, et qu'il nous a attirez à soy. . . . Et d'autant que nous sommes entez au corps de nostre Seigneur Iesus Christ . . . regardons de ne luy faire point cest approbre que de nous aller ainsi polluer en telle turpitude. Voila donc comme les fideles se doivent induire à chasteté. non point d'une crainte forcee seulement, mais en cognoissant la grace et l'honneur que Dieu leur a fait.*
64) Inst. 1 : 2 : 1.
65) Comm. on Phil. 4 : 6, C.O. 52 : 61.
66) Comm. on Rom. 8 : 33, C.O. 49 : 163.
67) Comm. on Ps. 25 : 4, C.O. 31 : 252.
68) Inst. 1 : 14 : 22.
69) Comm. on John 5 : 14, C.O. 47 : 109.

암아 육체의 방탕함이 억제되고, 그 은택들을 사닥다리로 삼아 우리가 하나님께 더 가까이 올라갈 수가 있게 된다.[70]

우리가 "하나님이 주시는 축복들을 항상 묵상하기를 힘쓸" 때 그가 우리에게 주시는 그 축복들로부터 유익을 온전하게 누릴 수 있게 된다.[71] 우리가 하나님의 선하심을 계속 기억하면, 우리로 감사를 드릴 수 있게 하는 하나님의 선하심에 대한 체험으로 말미암아 미래에 대한 우리의 희망이 강화된다.[72] 우리가 가지고 있는 바 하나님의 은혜에 대한 체험들을 묵상하지 않기 때문에 우리의 신앙이 성장하지 않는다.[73] 그러므로 특별히 우리가 곤경 가운데 있을 때, 우리는 묵상을 통해서 하나님의 선하심에 대한 모든 증거를 되새겨 보고, 우리의 어린 시절부터 우리에게 베풀어진 것뿐 아니라, 역사를 통해서 줄곧 자기 백성에게 베풀어진 그의 깊은 사랑을 기억해야 한다. 이같이 하여 우리의 신앙이 튼튼해지고 유지되는 것이다.[74]

더욱이 역경 가운데 있을 때는, "하나님이 우리를 창조하여 이 세상에 두시고, 우리에게 자기의 형상을 새기셨으며 우리가 그의 백성이라는 것을 알 수 있는 많은 증거들을 주셨다는 것을 고려해야 한다. 이렇게 할 때 우리의 마음이 힘을 얻어 하나님이 받으시기에 합당한 찬미를 드릴 수 있게 되고, 하나님을 신뢰할 수 있도록 우리를 고무시킨다."[75] 우리가 먹고 마시며 입는 것과 보고 듣는 은사들마저도, 그의 관대하심을 인하여 그의 이름을 우리로 하여금 찬미할 수 있게 하는 그의 선하심에 대한 증거들로 우리 마음에 받아들여지게 되는 것이다.[76]

---

70) Comm. on Ps. 23 : 1, C.O. 31 : 238.
71) Comm. on Phil. 1 : 6, C.O. 52 : 9. *Ergo assidua beneficiorum Dei meditatione se exerceant fideles, quo spem futuri temporis foveant et confirment.*
72) Comm. on Ps. 63 : 5, C.O. 31 : 596; cf. serm. on Deut. 7 : 19-24, C.O. 26 : 558. *Car quand Dieu nous fait du bien, ce n'est pas seulement pour l'heure: mais il veut que cela nous serve en toute nostre vie, et que nous concluyons hardiment, que s'il a bien commencé, il poursuyvra.*
73) Comm. on Ps. 77 : 13, C.O. 31 : 717.
74) Comm. on Ps. 4 : 1, C.O. 31 : 59; on Ps. 22 : 10, C.O. 31 : 226; on Ps. 143 : 4, C.O. 32 : 402; and serm. on Job 3 : 20-6, C.O. 26 : 165.
75) Serm. on Job 3 : 11-19, C.O. 33 : 153-4.
76) Serm. on Deut. 4 : 19-24, C.O. 26 : 163.

5. 기독교 생활 훈련에 있어서 말씀에 의한 자기 검토의 위치

우리의 말씀 묵상에는 끊임없는 자기 검토(self-examination)가 수반되어야 한다. "하나님을 기쁘시게 하는 유일한 길은 우리가 우리 자신에 대하여 신랄한 비판자가 되는 것이다."[77] 성경이 가르치는 바에 의하면, 죄사함을 언도받기 위해서는 말로만 우리의 죄를 고백하는 것으로는 충분하지 않고, "우리의 죄들을 엄격하고 무섭게 검토해야 한다."[78] 또한 인류의 공통의 죄들에 우리가 관여되어 있는 것을 형식적으로 인정하는 것으로 만족해서도 안된다. "각자가 개인적으로 자신을 검토하여 자신의 죄를 특별하게 고백할 수 있어야 한다."[79] 이같은 자기 검토는 우리의 기독교적 체험의 발작적 순간적 특징이어서는 안되고, 우리가 매일 아침 저녁으로 부지런하게 행하는 의무이어야 한다.[80] 우리의 죄들이 우리 마음에 떠오르게 될 때 우리는 그것들에 대하여 생각해야 하며, "그것들의 쓴맛이 우리 안에 간직되게 하여" 절망에 빠지는 대신 우리의 삶을 더욱 깨어 경계할 수 있어야 한다.[81] 이같이 자기를 검토하는 중에, 하나의 죄를 회상하게 되면 그것이 방편이 되어 "다른 것들까지 들추어 되생각함으로써 깊은 자기 굴욕감에서 하나님 앞에 엎드리게 되는 것이다."[82] 한걸음 더 나아가, 우리가 연루되어 있고 자기의 4대 자녀들에게까지 임하게 되는 조상들의 죄에 대하여서도 우리는 생각할 수 있어야 한다.[83]

---

77) Comm. on Ps. 106 : 6, C.O. 32 : 118.
78) Comm. on Ps. 51 : 5, C.O. 31 : 510. *Ideo discamus, non modo ore nos damnare, sed rigidum et formidable examen habere de peccatis nostris, si cupimus a Deo absolvi.*
79) Comm. on Ps. 65 : 4, C.O. 31 : 604.
80) Serm. on Deut. 9 : 6–7, C.O. 26 : 657. *Il nous faut entrer en cognoissance de nos pechez; et non pas seulement pour un coup, mais qu'un chacun s'appareille a un tel examen, et soir et matin, et quand nous aurons cogneu une faute, que nous entrions en cognoissance de l'autre.* Cf. serm. on Deut. 9 : 20–4, C.O. 26 : 706.
81) Serm. on Deut. 6 : 15–19, C.O. 26 : 476–7.
82) Comm. on Ps. 51 : 8, C.O. 31 : 515.
83) Serm. on Deut. 9 : 6–7, C.O. 26 : 662–3. *Et voila comme il nous est expedient de penser aux pechez qui ont esté commis devant que nous fussions nais: que nous regardions: Helas! il est vray que i'estoye à naistre de ce temps-la: mais que sera-ce si nos peres ont failli, et que de nostre part nous soyons mis avec eux? Car il est dit*

그러나 이 자기 검토의 문제에 있어서 참된 자기 지식(self-knowledge)에 이를 수 있는 본성적 능력이 우리에게는 전혀 없다. 우리는 하나님 앞에서 병들 수가 있고 문둥이들처럼 악취를 풍길 수도 있다. 그러면서도 그것을 알지 못하고 있다. 우리는 바다 밑바닥까지 우리의 닻을 내릴 수가 있다. 그러나 하나님만이 우리의 마음의 바다을 조사할 수 있다.[84] 이 문제에 있어서 우리는 우리의 양심을 신뢰할 수가 없다. 왜냐하면 성자(聖者)들까지도 사단의 올무에 걸려 그들의 큰 범죄들에 대하여 의식하지 못하고 있을 정도이기 때문이다. 무지(無知) 등과 같은 수백의 사소한 죄들은 말할 것도 없다.[85] 우리의 양심에만 맡겨두게 되면, 우리는 교활함으로 충만하여져 가지고 나뭇잎으로 우리의 발가벗음을 가리우는 것이다.[86]

그러므로 만일 우리가 참으로 우리 자신을 알고자 하면, 우리 자신을 하나님 앞에 드려 하나님이 우리의 심령의 밑바닥을 살펴 주시기를 간구해야 한다.[87] 하나님의 면전(面前)에서처럼 우리 자신을 의식할 때에만이 우리의 죄악에 대하여 참된 평가를 할 수 있게 된다. 왜냐하면 하나님을 아무것도 피할 수가 없고, 항상 자상하게 가장 가까이서 그는 보고 계시며, 우리의 모든 발걸음을 헤아리시고, 우리의 언행심사(言行心思) 중 하나도 간과하지 않으시기 때문이다.[88] 더욱이 하나님의 면전에서 하나님 보시기에 무엇이 죄인지에 대하여 우리 자신의 표준이 아니라 하나님의 말씀의 가르침을 따라 우리 자신을 검토해야 하는 것

---

que Dieu recueille l'iniquité des peres iusques en la quatriesme generation.
[84] Serm. on Acts 1 : 4-5, C.O. 49 : 603.
[85] Comm. on Ps. 19 : 12, C.O. 31 : 204.
[86] Comm. on Ps. 32 : 2, C.O. 31 : 317. *Quisquis ergo se non examinat coram Deo quin potius Dei iudicium fugitans, vel se abdit in tenebras, vel foliis obtegit: secum dolose agit, et cum ipso Deo.*
[87] Serm. on 2 Sam. 3 : 28 f. p. 76. *Presentons nous a Dieu, afin qu'il nous sonde, comme il est dit au Pseaume: "Seigneur, que tu examines mes reins."*
[88] Serm. on Job 31 : 1-4, C.O. 34 : 634-5. Calvin, noting especially how the Psalmists communed with themselves at night upon their bed when they were apart from other men, recommends solitude for self-examination, for in solitude our thoughts are not distracted or deceived through intercourse with men, and there is less to hinder our thinking without disguise about our faults (comm. on Ps. 4 : 5, C.O. 31 : 61-2). "Solitude enables men to collect themselves together, thoroughly to examine themselves and to speak to themselves seriously without any others looking on." (Comm. on Ps. 77 : 6, C.O. 31 : 713. Cf. also on Ps. 66 : 3, C.O. 31 : 611).

이다.[89]

자기 검토(self-examination)는 기독교 생활에서 필요한 훈련이다. 자기 검토가 있게 될 때 우리의 평화로운 자신감(自信感)이 무너지게 되고, 우리의 불완전함을 보고서 내면적으로 탄식하게 되는 것이다.[90] 이는 자기 검토 과정에서 모든 자만심이나 거만함 그리고 우리가 자랑할 수 있는 모든 것이 철저하게 제거되기 때문이다.[91] 오직 자기 지식(self-knowledge)을 통해서만 우리가 참되게 겸손해질 수가 있는 것이다. 칼빈은 어거스틴이 말한 바, "사람의 온전한 겸손은 자신에 대한 지식에 있다"는 말을 인용하고 있다.[92] 또한 그가 제시한 바에 의하면, "자신을 많이 아는 사람은 자신을 적게 칭찬한다"는 통속적 격언은, "자신을 결코 칭찬하지 않고, 대신 자신에 대한 수치감에서 혼란을 일으켜 오히려 멸절(annihilated)된다"는 말로 수정하는 것이 더 나을 것이다.[93] 그러나 우리의 과거 생활에 대한 이와 같은 내면적 '탄식'은, 우리를 방탕이나 절망에 빠지게 하기는 커녕, 우리로 회개하게 하고 하나님의 은혜에 더욱 감사하게 하는 것이다.[94]

---

89) Serm. on Luke 2 : 25-8, C.O. 46 : 372. *Apprenons donc, de tout ce que Dieu nous aura enseigné par sa parole, de le recevoir en toute humilité, et que nous ne facions point comme ces gaudisseurs qui diront. He, c'est un peche veniel, il n'y a pas là si grande importance. Dieu a ouvert sa bouche sacree pour declarer, Voyla qui me plaist, voyla que ie condamne: et cependant les hommes viendront ietter de leur gosier puant ces blasphemes. Ho cela ne vaut pas le parler, cela n'est pas de grande consequence, cela est bien petit. Est-ce ainsi que nous prisons la maiesté de Dieu?*
90) Serm. on Luke 1 : 5-9, C.O. 46 : 18. *Quand donc nous voudrons nous conformer à la volonte de nostre Dieu, il est certain que nous sonderons toutes nos pensees les plus profondes, et toutes nos affections: et quand nous aurons trouvé quelque chose à redire là dedans, nous gemirons, voyans que nous sommes encores bien eslongnez de la perfection, à laquelle il nous faut tendre.*
91) Serm. on Deut. 7 : 5-8, C.O. 26 : 519.
92) Comm. on Ps. 9 : 20-1, C.O. 31 : 108. Self-knowledge comes not only through the discipline of self-examination but also through the chastisements with which God visits us and others in this life. Cf. ibid. and serm. on Deut. 9 : 1-9, C.O. 26 : 644. *Ainsi donc voulons-nous estre despouillez de toute vaine gloire? Advisons de nous mirer en ceux que Dieu punit, et contre lesquels il use de sa rigueur extreme. Valons-nous mieux qu'eux?*
93) Serm. on Deut. 9 : 1-6, C.O. 26 : 645.
94) Comm. on 1 Pet. 4 : 3, C.O. 55 : 271; serm. on Deut. 10 : 15-17, C.O. 27 : 55. *Et toutesfois nous devrions estre attentifs, et de soir, et de matin de penser à nos fautes passees: non point pour estre nonchallons, ou pour en tomber en desespoir: mais afin de gemir, afin d'estre plus soigneux de cheminer autrement que nous n'avons point fait, afin de remercier Dieu de sa bonté, d'autant qu'il luy a pleu de nous corriger.*

자기 검토가 가져다 주는 유익들은 칼빈이 흔히 다루는 주제이다. 자기 검토를 통해서 하나님의 은혜를 더 잘 받는 준비를 하게 된다.[95] 만일 우리가 우리 안에서 어떤 선한 것을 발견하게 된다고 하면, 그와 같이 놀라운 은사를 값없이 주신 하나님의 선하심을 우리가 찬미하기에 이르러야 하는 것이다.[96] 우리가 깊이 깨달아야 할 사실은, 우리가 때때로 다른 사람들에게서 정죄하고 질타하는 악들에 우리 자신이 아주 가까이 하고 있다는 점이다. 그러므로 우리가 악을 더욱 미워하는 한편, 만일 다른 사람을 심판하기 전에 우리 자신을 검토할 것 같으면, 우리가 남을 판단함에 있어서 훨씬 더 부드럽고 온유하게 될 것이다.[97]

이로써 최후의 심판을 준비하는 데 도움이 된다. 왜냐하면 하나님이 책들을 여실 때까지 기다리는 것보다는 지금 우리들의 죄들에 직면하는 것이 더 낫기 때문이다. 심판 때에 이르러서는 때가 너무 늦어져 우리 자신을 정죄할 수도 없게 되는 것이다.[98] 또한 자기 검토를 하게 될 때 우리가 시험에 빠지는 것을 미연에 방지할 수 있게 된다. 왜냐하면 우리가 어느 부분이 약하고 또 어떻게 약한가에 대하여 더 나은 지식을 자기 검토를 통해 얻을 수가 있으며, 사단이 우리의 삶을 지배하는데 이용할 수 있는 악한 정욕들을 제거할 수 있게 되기 때문이다.[99]

6. 자기 훈련과 금식

우리가 앞에서 살핀대로, 칼빈에게 있어서 '자기 부인'(self-denial)은

---

95) Serm. on Deut. 7 : 5–8, C.O. 26 : 519. *Quand donc un tel examen sera fait: voila les hommes qui seront disposez à recevoir la grace de Dieu, et de l'en glorifier, quand ils l'auront receuë.*
96) Comm. on Ps. 8 : 4–5, C.O. 31 : 91.
97) Serm. on Gal. 6 : 1–2, C.O. 51 : 66; and on Gal. 6 : 2–5, C.O. 51 : 77.
98) Serm. on Deut. 9 : 20–4, C.O. 26 : 706. *Qu'un chacun regarde à ses pechez et n'attendons pas que Dieu œuvre ses registres, comme il fera au dernier iour, et ce sera trop tard de passer alors condamnation: mais auiourd'huy qu'il nous adiourne par sa parolle, qu'il nous advertit, qu'il nous faut penser à nos fautes, qu'un chacun se vienne rendre comme un povre malfaicteur devant son iuge.*
99) Serm. on Deut. 7 : 5–8, C.O. 26 : 510. *Ainsi il n'y a rien meilleur, que de cognoistre nostre infirmité, et en la cognoissant user du remede que Dieu nous donne. Si un homme sent son cerveau debile, et qu'il ne puisse porter trois verres de vin qu'il ne soit surprins: s'il boit sans discretion, n'est-il pas comme un porceau? ... Ne doit-il pas penser au vice qui est en luy pour le prevenir?* Cf. serm. on 2 Sam. 3 : 26–7, pp. 72–3.

성령을 통하여 그리스도의 죽음에 믿음으로 교통(communion)하는 것을 주로 의미한다. 왜냐하면 이같은 교통을 통해서 그리스도와 함께 내면적으로 죽고 정욕(concupiscence)을 억제할 수 있는 능력을 얻기 때문이다. 그리스도의 죽음과의 이 교통은 교회 생활 안에서 활성화되지만, 그러나 '육체'의 알찬 훈련을 통해, 하나님이 우리 안에서 역사하기를 원하시는 은혜에 대하여 반응을 보이는 일이 필요하다. 우리는 우리 자신을 미워할 뿐만 아니라, 또한 우리 자신을 훈련해야 한다.

비록 기독교인이 중생하여 새로운 본성을 가지고 있다 할지라도, 이제는 자기의 '본성적' 충동들을 따라도 된다고 생각해서는 안된다. 왜냐하면 옛 본성이 항상 자신을 내세울 준비가 되어 있기 때문이다. 그러므로 '본성'을 엄격하고 주도면밀하게 항상 계속해서 통제해야 하는 것이다. "우리의 본성은 모든 것을 뒤로 끌어당긴다. 그래서 강제 또는 폭력에 의하여 강요되지 않는 한 결코 선(善)을 사랑하지 않게 되는 것이다. 그러므로 사람들은 점진적으로 선을 행하기를 원할 때, 필멸(必滅)의 원수에게 강타(强打)를 힘껏 가해야 한다. 그러면 누가 우리의 원수들인가? 악마가 으뜸가는 원수인 것이 사실이다 … 그러나 우리 자신의 모든 생각들, 감정들, 욕망들이 우리를 파멸에 이르게 하는 치명적인 원수들이다."[100] 그런 까닭에, "우리 자신을 강요하고 억누를" 의무가 우리에게 있는 것이다. 우리 자신과 '더불어 투쟁'해야 하며, '적대적인 정욕들을 강타'하고,[101] 우리의 본성적 감정들을 억제하며,[102] 용의주도하게 부정(不淨)을 삼가해야 한다.[103]

이 모든 것에는 자기 훈련의 실천이 포함되어 있다. 우리는 우리가 천사가 되어 하나님을 섬기는 데서 돌이켜 자기 중심적인 노력으로 기울어질 필요가 없게 되기를 희망할 것이나, 우리의 경우 현실이 그렇지 아니하기 때문에, 우리는 "우리 자신을 강요하고 죄인처럼 붙잡아 두는 것을 배워야 한다. 하지만 그렇게 하는 것이 우리의 성미와는 전혀 맞

---

[100] Serm. on Gal. 5 : 14–18, C.O. 51 : 28. Cf. on pp. 57–61.
[101] Comm. on Phil. 2 : 21, C.O. 52 : 38; cf. on Rom. 12 : 14, C.O. 49 : 243; on 1 Thess. 4 : 5, C.O. 52 : 161; on 1 Tim. 6 : 7, C.O. 52 : 326.
[102] Inst. 3 : 7 : 4.
[103] Comm. on Ps. 18 : 24–5, C.O. 31 : 182.

지가 않는 것이다. 그럼에도 불구하고 한걸음 더 나아가, 하나님께서 우리를 이길 수 있도록 하자."[104]

그리스도께서 자기의 제자들에게 청하여 짊어지라고 한 멍에는 육체의 전투에 그들이 참여할 수 있도록 할 목적에서 "훈련이라는 짐 아래서 자기들을 연단"(exercere sub disciplinae onere)하는 것이었다.[105] 그러므로 기독교인들은 "부지런히 육체를 훈련하고 죽이는 수고를 하여, 경건의 연습을 통해 자기들이 규제되고 있는 것처럼 나타나 보여야 한다."[106] 칼빈이 뜻하고자 하는 바에 의하면, 기독교의 미덕(virtues)은 그리스도의 영이 우리 안에 내주(內住)하시는 데서 맺히는 열매이고, 그 미덕을 얻기 위해서는 성령의 감화에 우리의 심령을 내맡겨야 한다. 하지만 이것이 유일한 측면은 아니다. 온유와 같은 미덕은 얻기가 아주 어렵기 때문에 '보다 강도 높은 훈련'(intentiore studio)을 통해서 그것을 얻기 위해 노력해야 한다.[107]

우리 자신을 억제하고 정욕을 제어하는 습관적인 이 과정이 참된 금식이다. "기독교인들에게 있어서 습관적(perpetua)이 되어야 하는 그 온건과 절제가 일종의 금식이다."[108] 칼빈은 그같은 자발적인 금식을 통하여 절제를 함양하는 것을 권장한다.[109] 그러나 이같은 습관적인 과정 외에도, 재난과 하나님의 불쾌의 표들을 만났을 때 삼베와 재를 둘러 쓰고 금식하던 구약 사람들의 본을 따라 금식을 행할 필요도 때에 따라서는 있다. 우리가 삼베를 입고, 재를 둘러쓸 필요는 없지만, "오

---

104) Serm. on Gal. 5 : 14–18, C.O. 51 : 29. Calvin also speaks of our need to "hold ourselves in" (*se retenir*). Serm. on Job 2 : 11–13, C.O. 33 : 130; cf. serm. on 2 Sam. 1 : 17 ff., pp. 10–11. *Ne laissons pas de nous tenir en bride courte.*
105) Comm. on Matt. 11 : 29, C.O. 45 : 322.
106) Comm. on Rom. 8 : 1, C.O. 49 : 136.
107) Comm. on Rom. 12 : 14, C.O. 49 : 243.
108) Comm. on 1 Cor. 7 : 5, C.O. 49 : 404.
109) Serm. on Deut. 9 : 8–12, C.O. 26 : 672. *Car quand nous ne ferons point de Karesme, il y a les iusnes qui nous sont commandez par l'Escriture saincte: c'est assavoir en premier lieu attrempance, et sobrieté en toute nostre vie, que nous ne gourmandions point un iour pour estre sobres l'autre: mais que nous usions moderement des biens que Dieu nous donne. Que ceux qui en ont à largesse n'abusent point de cela à superfluité: mais que nous iusnions, voire nous constraignant d'une bride volontaire tant au boire et au manger, qu'aux autres choses où nous pourrions commettre exces, et intemperance, que nous ayons tousiours une abstinence volontaire.*

제 4 부 교회 안에서의 양육과 훈련 **289**

늘날에도 우리 가운데서 금식을 하는 것은 좋은 일이다."[110] 이러한 금식은 "하나님의 진노를 모면할 목적에서 하는 인내의 엄숙한 표현이다."[111] 그러나 대체로, 금식은 이차적인 행동이고[112] 위험할 수가 있다. 내핍 생활이 실행되는 경우에는, 사람들이 자신을 속여 그 생활이 이룩하는 것보다 더 많은 것을 이룬 것으로 과대하게 생각하는 경향이 늘 있다. "그리스도는 세례 요한처럼 내핍 생활을 하지 않으셨다. 그렇다 해서 그가 조금이라도 더 못하셨는가?"[113] 우리는 금식을 가려서 해야 한다. 그것은 기도를 위한 종속적 보조 수단이다. 금식은 우리가 기도를 더 잘할 수 있게 해준다면 좋은 것이다. 그러나 금식은 단순히 내핍을 목적으로 하여 행해져서는 안된다. "금식은 다른 목적, 즉 우리를 연단시켜 절제케 하는 것, 육체의 정욕을 억제하는 것, 간절함으로 기도하게 하는 것 그리고 우리의 회개를 증명하는 것 등을 지향하는 경우에만 하나님을 기쁘시게 한다."[114]

---

110) Comm. on Ps. 35 : 14, C.O. 31 : 352.
111) Comm. on 1 Cor. 7 : 5, C.O. 49 : 404; cf. on Ps. 102 : 4-5, C.O. 32 : 63.
112) **Comm. on Luke 2 : 37,** C.O. 45 : 96
113) Comm. on **1 Tim. 4 : 8,** C.O. 52 : 299.
114) Comm. on Matt. 6 : 16, C.O. 45 : 204; cf. comm. on Luke 2 : 37, C.O. 45 : 96; serm. on Deut. 9 : 8-12, C.O. 26 : 672. *Quand nostre Seigneur nous afflige, ou que nous sommes en quelque difficulté, que nous recourions aux iusnes, voire pour nous picquer à prieres, et oraisons; et que cela soit pour mieux eslever nos coeurs en haut, et pour nous humilier, rendons tesmoignage de nos fautes devant Dieu.*

제 4 장
가견교회에 대한 충성

1. 가견교회의 결함에도 불구하고 그것에게 충성해야 함

 개인의 성화가 교회에 의하여 좌우되기 때문에, 가견교회(可見敎會, the Visible Church)에 충실하게 애착을 갖는 것은 그의 의무인 것이다. "하나님의 눈에만 보이는 불가견(不可見) 교회"가 있다고 볼 수 있는데, 칼빈 자신은 성경이 교회를 언급할 때 때때로 이 교회를 "하나님 앞에 실제로 있는 교회—양자(養子)의 은사를 통해서 하나님의 자녀들이 되고, 성령의 성화를 통해서 그리스도의 참된 회원들이 되는 자들 외에는 아무도 받아들여지지 않는 교회—로 말하고 있음을 알고 있다."[1]
 그러나 이 불가견 교회는 "한 하나님과 그리스도를 섬긴다고 고백하고, 세례를 통해서 신앙에 입문하며, 성찬에 참예하므로 참된 교리와 선행에 있어서 하나됨을 선언하고, 주의 말씀을 붙잡기로 동의하며, 그리스도께서 말씀선포를 위하여 세우신 직분을 준행하는 전세계에 흩어져 있는 전인류 공동체"(즉, 가견교회)와 전혀 무관한 어떤 것으로 생각될 수가 없다.[2]
 실제면에서 보면, 불가견 교회의 회원권은 칼빈이 세심하게 앞서 정

---
[1] Inst. 4 : 1 : 7.
[2] Ibid.

의한 가견교회의 회원권과 불가분하다. 거룩한 보편교회를 믿는다는 것은 "어느 정도 외형적 교회와 관련되어" 있고, 교회의 교통을 넓히고 그것의 권위에 합당하게 순종하며 양떼 가운데 하나로 행하는 것 등이 포함되어 있다.[3]

우리는 그러한 교회가 가지고 있는 모든 허물들에도 불구하고 그것에게 온전하게 충성하여야 한다. 교회 회원된 자들 가운데 그 신실성이나 그 믿음의 진실성에 의심스런 점이 분명히 있는 자들이 포함되어 있다 할지라도, 만일 교회가 그들을 용납하고[4] 그리고 교회 회원에게 지워진 의무들을 외형상 행하고 있으면,[5] 우리는 그들을 형제로 받아들여야 한다. 교회의 불순(不純)함이나, 회원들의 흠결, 교회의 행정에 대한 불만 때문에 교회를 떠날 생각을 품는 자들에게 칼빈은 여러 말로 경고한다. 그리스도께서는 알곡과 가라지 비유를 말씀하심으로써, "순전한 천사들 외에는 아무하고도 자유롭게 사귐을 가져서는 안된다고 생각하는 사람들의 열심을 억제시키고 절제하게 하셨다."[6] "만일 우리가 세례와 성찬에 참예할 때 악한 사람들과 동석하게 된 것을 보고서 역겨움을 느끼고, 그들과 관련됨으로 해서 우리에게 오점이 남게 되었다고 생각한다면, 우리는 곧장 스스로 낮아져 자신의 악함을 꾸밈없이 살펴보아야 할 것이다. 이같이 자신을 검토하게 되면, 가장 불순한 샘에서라도 기꺼이 몸을 씻고 싶어하게 되는 것이다."[7]

교회 안에는 그리스도의 통치를 파괴하려는 것처럼 보이는 '건축 청부자들'(master builders)이 항상 있어 왔고, 앞으로도 항상 있게 될 것이다. "교회의 안녕을 해치는 원수 노릇하는 자들 외에는 아무 목자들도 전혀 없었다고 한다면, 그것은 교회가 한심한 상태에 있었다는 말이 될 것이 분명하다." 그러나 교회의 지도자들이 모든 세대에서 계속 소경들이었다고 볼 수는 없다. 만일 건축 청부자들이 잘못 건축할지라도

---

3) Inst. 4 : 1 : 3 and 7.
4) Inst. 4 : 1 : 9.
5) **Inst. 4 : 1 : 8.**
6) Comm. on Matt. 13 : 39, C.O. 45 : 369.
7) Comm. on Matt. 9 : 12, C.O. 45 : 250; cf. Inst. 4 : 1 : 15, "Paul does not require that we should examine others, or . . . the whole Church, but that each should examine himself."

우리가 교회에서 떠나는 것이 허락되지 않는다고 하면, 그 건축자들이 잘 짓는 경우는 어떤 이유로도 떠나서는 안되는 것이다. 더욱이 칼빈이 덧붙여 말하는 바에 의하면, 교회의 정치(government)가 지혜롭든 아니든간에 그것을 감독하시는 분이 하나님이시기 때문에, "이적적인 것이 우리의 이해를 뛰어넘는 까닭에, 교회가 사물들에 대한 우리의 지식(understanding)을 따라서 다스려져야 한다고 기대하는 것은 불합리하다."[8]

그러므로 우리 모두는 아무리 세상에서 우리가 높아져 있다 할지라도, 모든 교만을 버리고 '교회의 유순한 자녀들'이 되어야 하는 것이다.[9] 말씀과 성례의 사역은, 비록 교회 안에서 그리고 허물이 많은 목회자의 손으로부터 일지라도, 그것을 믿음으로 받으면 은총을 베푸는 효과가 있지 않을 수 없게 되어 있다. 왜냐하면 하나님의 규례들은 너무나 중대하고 강력한 까닭에 몇몇 불경건한 사람들의 허물에 의하여 그 효능이 결코 제거되는 것이 아니기 때문이다.[10] 고린도에서처럼 '악한 무리들' 가운데서도 바울이 교회가 존재하는 것을 보았다고 하는 사실은, "개인들의 허물들로 말미암아서 종교의 순수한 표지(標識)들을 가지고 있는 사회(society)가 교회로 인정되지 못하는 일은 없다"는 것을 의미한다.[11]

2. 교회 회원된 자는 세상의 악으로부터 자신을 분리하는데 세심해야 함

교회는 세상과 분리되어[12] 그 자체의 구별된 생활 양식을 가지고 있는 선택된 공동체이기 때문에, 우리가 교회에 충실하고자 할 때, 교회와는 무관하게 사는 불경건한 사람들의 사귐으로부터 우리 자신을 일

---

8) Comm. on Ps. 118 : 25-6, C.O. 32 : 212.
9) Comm. on Ps. 48 : 10, C.O. 31 : 471.
10) Inst. 4 : 1 : 9, 10, 16; C.O. 9 : 26; comm. on John 4 : 2, C.O. 47 : 78.
11) Comm. on 2 Cor. 1 : 2, C.O. 50 : 9. *Notandum semper, ut ecclesiam agnoscat, ubi tanta erat malorum colluvies. Non enim quorundam vitia impediunt quominus ecclesia censeatur quae veras religionis tesseras habet.*
12) Cf. pp. 202-5.

상 생활에서 다소간 세심하게 분리시키고, "하나님을 경외하는 사람들과의 교제를 끊임없이 추구해야 하는 것이다.[13] 하나님의 성소를 오염시키지 않도록 모든 불결(不潔)로부터 우리 자신을 더럽히지 않게 하는 것이 마땅하다."[14] 하지만 우리가 이 세상에 머물러 있는 이상, 불경건한 자들과 어느 정도 교제를 해야 한다. 왜냐하면 이 세상이 그러한 자들로 가득차 있기 때문이다. "우리는 그들과 한 빵을 먹고, 한 공기를 마신다." 그리고 하나님께서는 우리로 하여금 가능한 한 그들을 구원의 길로 인도하기를 원하신다.[15] 우리가 불경건한 자들과의 일상적인 거래(commercium)를 피할 수는 없지만, "기독교인들이 관계하는(communicare) 것이 적법할 수 없는 일들에 참여하는 일(participatio)"[16]은 피해야 한다. 우리가 그들과 대화는 할 수 있지만, 친하게 사귀거나(commune) 지나치게 밀착될 수는 없는 것이다.[17]

이 문제에 있어서 칼빈의 기본적인 확신은, 우리가 만일 불경건한 자들과 지나치게 밀착된 교제를 갖게 되면 우리가 그들에게 선한 영향을 끼치게 되기 보다는 그들이 우리에게 악한 영향을 끼치기 십상이라고 보는데 있는 듯하다.[18] 우리가 불경건한 자들과의 사귐으로부터 이처럼 자신을 분리해야 하는 주요한 이유는 단순히 그 사귐이 위험하다는 데 있다.

우리는 더 이상의 악으로 감염되지 아니할지라도 이미 충분히 감염

---

13) Serm. on 1 Cor. 10 : 25-30, C.O. 49 : 691. *En somme notons de ce passage, que songneusement les enfans de Dieu se doyvent retirer de toute mauvaise compagnie, de peur d'en tirer quelque mauvaise infection. Et là dessus ils taschent de pratiquer ce qui est contenu au Pseaume 15, c'est à sçavoir d'honorer les gens craignans Dieu et d'aimer leur compagnie, afin que nous y profitions: et quant aux meschans, et ceux qui se mocquent de Dieu, de les avoir en mespris comme des brebis rongneuses qui sont pour infecter tout le troupeau.*
14) Comm. on 2 Cor. 6 : 7, C.O. 50 : 83.
15) Ibid.; and on 2 Cor. 6 : 14, C.O. 50 : 81: and serm. on Deut. 7 : 1-4, C.O. 26 : 506; serm. on 2 Sam. 3 : 12-13, p. 65.
16) Comm. on 2 Cor. 6 : 14 and 17, C.O. 50 : 81 and 83.
17) Serm. on Deut. 7 : 1-4, C.O. 26 : 506. *Il nous faut donc habiter avec eux. Mais en quelle sorte? Que ce soit avec telle mesure, que nous n'ayons point accointance, ne de privauté avec eux. . . . Nous devons converser avec les meschans. Mais de nous envelopper parmi eux, d'avoir accointance ni privauté: c'est manifestement tenter Dieu.*
18) Serm. on Deut. 7 : 1-4, C.O. 26 : 506. *Voici Dieu qui nous admonneste de la fragilité qui est en nous, et nous dit que si nous sommes meslez parmi les meschans, qu'ils nous attireront à mal plustost que nous ne les pourrons pas reduire à bien: que donc il nous faut garder de leur compagnie.*

된 상태에 있는 것이다.[19] 연약한 우리가 악과 더불어 싸우는 싸움은, 우리에게 단지 패배만을 가져다 줄 자들과 동맹하지 않더라도 이미 절망적이다. 우리를 단지 낙망시키는 일밖에 할 수 없는 자들과 사귐을 갖지 않더라도 우리는 이미 냉담해 있다.[20] 그러므로 우리는 실제의 우리보다 우리가 더 강한 것으로 오산(誤算)하므로 우리 자신을 속이지 말자. 하나님이 우리의 연약성에 대하여 우리에게 경고하실 때 우리가 우리 자신을 아는 것보다 하나님은 우리를 더 잘 알지 못하는 것처럼 생각하지 말자.[21]

그래서 칼빈은 그리스도의 양(羊)인 우리에게 권하여 '늑대처럼 울부짖지' 말라고 한다.[22] 그는 이 문제에 있어서 아주 한계가 분명하다. 우리는 세상에 팽배해 있는 거칠고 역겨운 생각들을 물리치고 자신을

---

[19] Serm. on 1 Cor. 10 : 25-30, C.O. 49 : 690. *Ainsi donc S. Paul parlant de frequenter parmi les infideles, dit qu'il ne le peut pas defendre simplement, pour dire, Voyla un peché mortel: mais tant y a que par conseil il monstre que c'est une chose dangereuse, et qu'on en doit user sobrement: et qu'il est possible de s'en abstenir, on le doit faire. Et pourquoy? Car quand nous tacherons de attirer l'infection, qui est desia par trop en nous, ce sera un merveilleux labyrinthe que nostre train.* Calvin often seems to argue that even though there is no law forbidding any particular indulgence or pleasure, it is wrong if it is at all dangerous. We have an instinct within us for stumbling (*une semence de trebuscher*). So weak and perverse is our nature that if we have no occasion to fall we will go out of our way to seek one. Indeed we will hurl ourselves down to destruction on the very ladders God has given us for climbing up to heaven (serm. on Deut. 4 : 19-24, C.O. 26 : 162). It is for this reason that Calvin warns his hearers against such things as the dances and games (*ieux*). *Si les hommes sentent en eux une telle fragilité, il ne faut point qu'ils cerchent les occasions: car si un homme se va ietter au milieu du feu à son escient, ne bataille-il pas manifestement contre Dieu?* (Serm. on Deut. 7 : 22-6, C.O. 26 : 579). Therefore it is no use asking Calvin where such things are forbidden in Holy Scripture. A drunkard could also ask, "Where is wine-drinking forbidden?" Such an approach would justify drunkenness for wine-drinking is not forbidden. The obvious answer is, "You can take what you can hold." But Calvin obviously regards dancing, etc. as a universally dangerous pastime leading men to an excess they cannot avoid, and this is why it is generally wrong in his eyes (serm. on 1 Cor. 10 : 25-30, C.O. 49 : 689).

[20] Serm. on Deut. 20 : 2-9, C.O. 27 : 614. Calvin especially warns his congregation against mixing with those who indulge in blasphemous or unchaste talk or sing dissolute songs (Evil communications corrupt good manners), no matter with how much brilliance and wit and conviviality. We must flee from such like devils (it is not quite clear whether they or we are compared to devils!). Who would bare and present his throat if he saw someone with an open dagger in his hand—or go in search of someone to murder his body? Why then should we mix with those who in such a way are out to murder our souls? (Serm. on Eph. 4 : 29-30, C.O. 51 : 647; on 1 Cor. 10 : 25-30, C.O. 49 : 690; on Deut. 7 : 22-6, C.O. 26 : 579).

[21] Serm. on Deut. 7 : 1-6, C.O. 26 : 507.

[22] Comm. on Ps. 12 : 2, C.O. 31 : 127; and on Ps. 17 : 4, C.O. 31 : 161.

제 4 부 교회 안에서의 양육과 훈련 **295**

고상하게 지켜야 한다.²³⁾ 우리는 어떠한 악(惡)과 "관련되거나 동조하거나 권면하거나 방조하는 일을 삼가해야 한다." 이는 어두움의 불결한 일들에 관련을 맺는 것(communicare)을 의미하기 때문이다.²⁴⁾ 우리는 권세잡은 악한 사람들에 대하여, 비록 그들에게 우리가 순종하기는 하지만, 아첨하거나 편의를 도모해 주거나 존경을 표하는 것을 삼가해야 한다. 왜냐하면 그러한 사람들을 비난하지 않는 것은 곧 어두움과 교제하는 것이기 때문이다.²⁵⁾ 그리고 무엇보다도, 악에 몰입하거나 하나님을 무시할 가능성이 있는 어떤 사람과 결혼하기로 약속함으로써 하나님을 저버리는 일을 피해야 한다.²⁶⁾ 그리고 악한 친구들을 피함에 있어서, 하나님을 잘 섬기고 있는 것으로 이미 알려져 있는 자들과의 우정이나 그들의 지도력을 통해서 우리에게 올 수 있는 힘과 용기를 우리는 기억해야 한다.²⁷⁾

우리는 교회 자체는 악이 가능한 한 깨끗해진 공동체라는 것을 확실하게 하기를 노력해야 한다. 교회의 불순성(不純性) 때문에 교회를 우리가 떠나서는 안되지만, 그리고 교회를 깨끗케 할 힘이 없을 수도 있지만, "교회의 순수성을 열망하는 것은 우리의 의무이다."²⁸⁾ "세속적인 사람들에 의하여 하나님의 교회가 오늘 우리 자신의 시대에 오염된 것을 우리가 목격하더라도 그것은 전혀 새로운 것이 아니다. 그러나 우리는 하나님께 간구하여 하나님이 자기의 집을 속히 깨끗케 하시고, 교회가 쓰레기장같이 되어 개나 돼지에게 밟히지 않게 하시도록 해야 하는 것이다."²⁹⁾ 하나님의 거룩한 처소로서의 교회의 복지에 대한 열심을 가지고 우리는 교회를 변질시키거나 더럽히는 모든 악을 제거해야 한다.³⁰⁾ 교회의 정화(淨化)를 위해서라면 '공적인 배려'(public care) 뿐만 아

---

23) Comm. on Ps. 10 : 14, C.O. 31 : 116-17.
24) Comm. on Eph. 5 : 11, C.O. 51 : 217.
25) Comm. on Ps. 15 : 4, C.O. 31 : 145-6.
26) Serm. on Deut. 7 : 1-4, C.O. 26 : 506-7. *Et sur tout quand on contractera alliance de mariage: n'est-ce pas comme se plonger au mal? Si on voit quelque contemteur de Dieu, si on voit sa fille qui sera semblable, et on s'en ira là accoupler n'est-ce pas comme si on renonçoit pleinement à Dieu?* (p. 507).
27) Serm. on Deut. 20 : 2-9, C.O. 27 : 615.
28) Comm. on Ps. 22 : 25, C.O. 31 : 233.
29) Comm. on Ps. 10 : 16, C.O. 31 : 119.
30) Comm. on Ps. 118 : 19 f., C.O. 32 : 208.

니라, 각 개인이 교회 생활에서 차지하고 있는 자기 위치에서의 개인적인 노력들이 요구된다.[31]

역사가 가르쳐 주는 바에 의하면, '교회가 그 가슴 안에' 위선과 사악함을 품고 있을 때 교회는 가장 큰 위기를 맞게 된다. 그러나 하나님만이 교회를 참으로 깨끗케 하실 수 있고, 그가 그 자신의 때에 그렇게 하실 것임을 겸허하게 인정해야 하는 것이다. "모든 것이 익어지고 교회를 깨끗케 하는데 적합한 시기가 올 때까지는, 우리의 힘으로 바로잡을 수 없는 악들에 대하여는 참아야 한다."[32]

3. 교회 회원된 자는 온 교회와 더불어 세상 앞에서 증인이 되어야 함

우리가 가견교회(可見敎會)에 충성하고 세상으로부터 분리될 때, 전 교회와 더불어 예수 그리스도의 이름으로 모든 사람들에게 증거하고 그들을 섬겨야 하는 의무가 뒤따른다. 우리가 교회 안에서 선택되고 구별이 된 것은 우리 자신의 개인적인 성화(聖化)와 구원을 위해서 뿐만 아니라, 우리가 증인들이 될 수 있도록 하기 위함이다. "우리를 주님이 부르신 것은 다음과 같은 조건, 즉 모든 사람이 이후로 다른 사람들을 진리 가운데로 인도하고, 방황하는 자들을 바른 길로 돌이키며, 넘어진 자들에게 도움의 손을 내밀어 주고, 교회 밖에 있는 사람들을 얻는 일에 힘쓸 것을 전제한다."[33] 세례 받을 때 우리는 사람들 앞에서 하나님께 충성할 것을 맹세한다.[34]

그러므로 우리가 세상으로부터 분리된 사실로 말미암아 우리의 구별됨이나 특권을 자랑해서는 안되고, 모든 열심을 총동원하여 우리의 신

---

31) Comm. on Ps. 26 : 5, C.O. 31 : 267. Cf. comm. on Ps. 15 : 1, C.O. 31 : 143. *Simul tamen iubentur fideles, pro se quisque dare operam, ut a corruptelis purgetur Dei ecclesia.*

32) Comm. on Ps. 15 : 1, C.O. 31 : 143. But cf. comm. on Matt. 13 : 24 ff., C.O. 45 : 368, where Calvin says we must not extend this principle of toleration (that what cannot be corrected must be endured) to "wicked errors which infect the purity of the faith."

33) Comm. on Heb. 10 : 24, C.O. 55 : 132.

34) Inst. 4 : 15 : 3.

제 4 부   교회 안에서의 양육과 훈련   **297**

앙을 다른 사람들과 함께 나누도록 해야 하는 것이다. 우리는 교회 밖
에 있는 자들을 향하여, 하늘에 계신 우리 아버지께서 팔을 내민 것처
럼, 우리의 팔을 내밀어 그들을 잡아주어야 하는 것이다.³⁵⁾ 하나님의
긍휼을 덧입은 기독교인은, 시편 기자처럼, 모든 사람들에게 "하나님
의 은혜를 크게 외치는 전파자"가 되어야 한다.³⁶⁾ 우리가 하나님께 화
목된 것은 "각자 자기가 받은 그 은총을 자기 형제들로 받아 누리도록
힘쓰게 하려는데 있다."³⁷⁾ '천국 교리'(heavenly doctrine)의 빛이 우리에
게 비추인 것은 우리가 우리 자신을 판단하고 인도할 뿐만 아니라, "다
른 사람들에게 그것을 비출 수 있도록 하기 위함이다."³⁸⁾

이러한 증거 생활은 하나님의 영광에 대한 우리의 열망에서 나오는
결과인 것이다.³⁹⁾ 우리의 이웃과 불신자들을 그리스도에게로 인도하는
일에 무관심하는 것은 곧 하나님의 영광에 대하여 무관심하고 그의 나
라를 제한하는 일일 뿐만 아니라 온 세계를 위하여 죽으신 그리스도의
죽음의 범위와 능력을 또한 제한하는 것이다.⁴⁰⁾ 그러므로 우리는 모든
인류에게 복음을 전해야 한다. "참된 기독교인이라면 바른 길로 자기
혼자 걷는 것으로 만족하지 않고 온 세계를 바로 그 길로 끌어들이려고
노력할 것이다."⁴¹⁾

35) Serm. on Eph. 4 : 15-16, C.O. 51 : 583. *Que donc nous ne soyons point separez d'avec le monde de nostre bon gré: mais que nous ayons comme les bras tendus pour amener tous ceux qui se viendront rendre dociles à l'obeissance de Dieu, à ce que nous puissions avoir une mesme foy ensemble, et que nous mettions peine à cela. Et c'est aussi pourquoy sainct Paul nous declare ici que la foy et obeissance que nous rendons à Dieu, n'est pas pour enfler nostre cœur de fierté, en sorte que nous reiettions les autres, et que chacun se prise et se contente de soy: mais c'est à fin que nous ensuyvions l'exemple de nostre Pere celeste, d'autant qu'il convie à soy ceux qui en estoyent eslongnez.*
36) Comm. on Ps. 51 : 16, C.O. 31 : 521.
37) Comm. on Ps. 32 : 8, C.O. 31 : 322.
38) Comm. on Phil. 2 : 16, C.O. 52 : 35.
39) Comm. on Ps. 51 : 14-15, C.O. 31 : 520. *Sed huc etiam impellere eos debet pietatis studium et zelus gloriae Dei, ut omnes, quantum in se est, eiusdem gratiae participes faciant.*
40) Serm. on 1 Tim. 2 : 5-6, C.O. 53 : 161-2. *Notons que tous ceux qui ne tienent conte d'amener leurs prochains au chemin de salut, ceux qui ne soucient d'amener aussi les povres incredules, et qui les laissent aller à perdition, monstrent bien qu'ils ne portent nul honneur à Dieu, et qu'ils diminuent la puissance de son empire entant qu'en eux est, et qu'ils luy veulent assigner des bornes, afin qu'il ne domine point sur tout le monde: et d'avantage qu'ils obscurcissent en partie la vertu de la mort et passion de nostre Seigneur Iesus Christ, qu'ils amoindrissent la dignité qui luy a esté donnee de Dieu son Pere.*
41) Serm. on Job 4 : 1-6, C.O. 33 : 181.

우리의 증거는 단지 고립된 개인들로서 할 뿐만 아니라 교회의 증거하는 교제(the witnessing fellowship) 안에서 그리고 그 교제를 통해서 이루어진다. 교회는 그리스도 자신에 대한 그의 백성들의 증거가 가장 힘 있게 주어지는 장(場)이다. 칼빈은 교회 안에서의 "성도들의 모범"이 우리에게 미치는 영향에 대하여 흥분된 어조로 말한다.[42] "성도들의 미덕들은 우리를 견고하는 많은 증거들이 되어, 우리가 그들을 우리의 안내자와 동반자로 삼아, 우리로 하여금 민첩하게 하나님께로 나아갈 수 있게 한다."[43] 하나님의 종들을 존경하고 사랑하며 본받는 것은 '경건을 배우는데' 있어서 기본적인 요소이다.[44] 그들이 고통 중에서도 승리하는 것을 보게 되면, 우리도 승리하게 되리라는 것을 확신할 수 있게 된다.[45]

칼빈이 신자 안에 있는 신적 새 생명(new divine life)의 은닉성(hiddenness)과 불가견성(obscurity)에 대하여 다소간 말한 것이 있지만, 성도들의 모범에서 우리가 하나님의 형상을 본다는 것과, 하나님의 종들에게서 우리가 보는 의와 거룩에서 "하나님의 성령의 빛이 찬란하게 빛난다는 것을 그는 아주 상세하게 언급한다. 우리를 하나님 자신에게 인도하는데 도움이 될 수 있는 그의 영광의 뚜렷한 표적, 즉 가시적(可視的) 체현(體現, escutcheon)을 이 세상에서도 볼 수 있게 하는 것이 하나님의 뜻이다. 그러므로 성도들에게는 그들의 모범을 통해서 우리로 하여금 천국 생활을 묵상할 마음을 갖게 하는 하나님의 형상이 괄목할 만하게 있는 것이다."[46] 살아 있는 성도들의 모범뿐만 아니라, 교회 안에서 우리 앞서 먼저 간 사람들의 과거 역사에서도 우리는 새로운 용

---

[42] Comm. on 2 Cor. 1 : 6, C.O. 50 : 12. *Hic succurrere nobis debent sanctorum exempla, quae nos animosiores reddant.*
[43] Comm. on Heb. 12 : 1, C.O. 55 : 170.
[44] Comm. on Ps. 15 : 4, C.O. 31 : 146. . . . *ad pietatis studium.*
[45] Comm. on Phil. 1 : 14, C.O. 52 : 14. *Hac freti, plus solito audere debemus, iam in persona fratrum pignus victoriae nostrae habentes.*
[46] Comm. on Ps. 16 : 3, C.O. 31 : 151. *Sanctos autem qui in terra sunt, diserte exprimit, quia Deus etiam in hoc mundo illustres gloriae suae notas exstare vult, quibus nos ad se deducat. Ac ideo fideles imaginem eius gestant, ut nos suo exemplo incitent ad coelestis vitae meditationem. Eadem causa praeclaros vocat, vel magnificos, quia iustitia ac sanctitate, in quibus relucet spiritus eius claritas, nihil pretiosius esse nobis debet.*

기와 신앙을 얻어야 한다. 칼빈은 터툴리안이 말한 바, "순교자들의 피는 교회의 씨앗이다"라는 금언을 인용하고, 또한 다음과 같이 덧붙인다. "수많은 순교자들이 당한 살해(殺害)에는 복음이 우리의 심령 속에 인쳐질 때 사용되는 수많은 인(印)들이 그들이 되어 왔다는 점이 적어도 수반되었다."[47] 더욱이 이같은 은혜의 수단으로부터 이익을 얻을 뿐만 아니라, 하나님의 백성들의 모임 앞에서 감사함으로 우리 자신의 증거를 계속적으로 더 하는 것이 우리의 본분이다. "다른 사람들이 하나님을 신뢰할 수 있게 하는 모범으로서, 모든 사람이 하나님의 은혜에 대한 자기의 체험을 공적으로 간증하는 것은 아주 필요한 일이다."[48]

4. 우리의 삶이 우리의 증거를 보증해 주어야 하겠지만, 오해와 수치를 피할 수가 없음

교회가 말씀선포를 통해서 사람들에게 계속적으로 증거를 해야 한다고 칼빈은 항상 강조하지만, 그의 이름에 대한 우리의 고백이 가슴으로부터 우러나오지 않는다고 하면 우리가 입술에 붙은 말로만 증거해 가지고는 아무 소용이 없다는 것을 그는 인정한다.[49] 만일 우리가 사람들을 설복시키고자 한다면, "우리가 피상적으로 말한 것(comme dehors)이 아니라, 우리의 입에서 나오는 말이 우리의 가슴에서 우러나온 것임을 행동으로 보여주어야 하는 것이다."[50] 더욱이 우리의 외형적 생활이 말과 가슴으로 우리의 증거를 보증해야 한다. "왜냐하면 이것이 우리의 신앙에 대해서와 우리가 가지고 있는 영생의 소망에 대하여 나타내 보여주어야 하는 증거이기 때문이다. 만일 우리가 말로만 한다고 하면,

---

47) Comm. on Phil. 1 : 7, C.O. 52 : 11.
48) Comm. on Ps. 26 : 12, C.O. 31 : 270. *Nec vero tantum dicit se privatim fore beneficii memorem, sed publicos etiam conventus testes fore, quia ad exemplum interest, quam quisque expertus est Dei gratiam, palam celebrari.* Cf. comm. on Ps. 115 : 2, C.O. 32 : 183.
49) Serm. on Deut. 32 : 1-4, C.O. 28 : 661. *Nous sommes ici enseignez, que les principal que nous ayons à faire en toute nostre vie, c'est de magnifier le nom de Dieu, et de prescher ses louanges, non seulement de bouche pour inciter un chacun à le louer d'un accord avec nous, mais de coeur, qu'un chacun s'employe là, et qu'on s'y exerce.*
50) Serm. on Job 4 : 1-6, C.O. 33 : 181.

그것은 아주 무미건조한 일인 것이다. 그러나 어떤 사람이 하나님을 섬긴다고 하는 그의 고백이 참으로 진실성이 있고, 그가 자신이 증거한 대로 사는 것을 다른 사람들이 볼 수 있도록 행동한다면, 그것은 설득력이 있고 확실한 것이다."[51]

칼빈이 아주 강하게 필요를 의식한 것은, 교회의 증거가 말씀의 사역자들을 통해서 뿐만 아니라 평신도들에 의해서도 많은 종류의 상황 아래서 그리고 수많은 다양한 방법들로 이루어져야 한다는 점이다. "분명한 것은 신앙에 대한 보다 더 공적인 고백이 개인 신분의 사람들 보다는 가르치는 자들에게 요구되고 있다는 점이다. 게다가 모든 사람들이 동일한 분량의 신앙을 부여받은 것이 아니다. 그리고 어떤 사람이든 성령의 은사들에 있어서 뛰어난 경우에는 그는 자기의 모범을 통해서 다른 사람들을 앞서 가야 한다. 그러나 하나님의 아들이 자기의 증인으로 요구하지 않는 신자는 아무도 없다. 어떤 장소에서, 어느 때에, 얼마나 자주, 어떤 태도로, 그리고 어느 정도까지 우리의 신앙을 우리가 고백해야 하는가 하는 문제는 쉽게 획일적으로 결정될 수가 없으나, 적절한 때에 자기의 의무를 수행하지 못하는 일이 없도록 우리는 각자 유의해야 한다. 그리고 주님께 지혜와 용기의 성령을 구하여, 그의 인도하심 아래 무엇이 적합한지를 알 수 있게 되고, 그가 우리에게 명령하시는 것으로 우리가 확신할 수 있는 것은 무엇이나 과감하게 준행할 수 있어야 하는 것이다."[52]

만일 우리가 증인들이 되고자 한다면, 사람들에게서 좋은 평판을 얻도록 노력해야 한다. "우리 자신을 위해서 뿐만 아니라 우리의 형제들의 건덕(建德)을 위해서도 우리의 순결성이 사람들에게 인정을 받아야 한다는 것은 아주 바람직하였다."[53] 만일 하나님의 영광을 위해서 우리가 이같이 좋은 평판을 구하고, 우리의 신앙을 위해서라면 수치까지도 받을 준비가 항상 되어 있다고 하면, 교회 밖의 세상 사람들로부터도 좋은 평가를 받도록 해야 하는 것이다. 칼빈은 어거스틴의 말을 좋게

---

51) Serm. on 1 Tim. 6 : 12-14, C.O. 53 : 603.
52) Comm. on Matt. 10 : 32, C.O. 45 : 291.
53) Comm. on Ps. 69 : 5-6, C.O. 31 : 639.

제 4 부 교회 안에서의 양육과 훈련 **301**

생각하여 다음과 같이 인용한다. "평판(fame)에 무관심한 자는 잔인하다. 왜냐하면 선한 양심이 하나님 앞에서 필요한 것 못지 않게 평판이 우리의 앞에서 필요하기 때문이다."[54] 좋은 평판을 받고 있고 동료들에게 자기들의 유익을 구하는 자로 알려져 있는 기독교인은, 아브라함처럼 바깥 사람들에게 큰 영향력을 갖게 된다.[55] 더욱이 비록 어려운 일이기는 하겠지만, 우리가 불경건한 자들에 대하여 끼칠 수 있는 영향을 과소평가해서는 안된다. 왜냐하면 그들을 되찾으려는 시도들이 절망적이라고 너무 성급하게 결론짓기 쉽기 때문이다.[56]

그렇지만 여기서 칼빈은 사실적으로 그리고 솔직하게 어려움들을 인정한다. 모든 사람들이 우리를 좋게 말해 준다는 것은 불가능하다. 사람들의 인정을 받아내기 위하여 힘껏 모든 일을 했을지라도, 그들은 우리의 모든 말과 행동을 곡해할 수가 있다.[57] 왜냐하면 우리를 물어뜯고 헐뜯으며 돌아다니는 개들이 너무나 많이 있기 때문이다.[58] "선행을 하고서도 욕을 먹는 일은 성도들이 매일 당하는 것"임을 우리가 깨달아야 한다.[59]

더욱이 그리스도 자신이 그의 지상(地上) 생활 기간에 자신을 증거하면서 당했던 오해와 멸시에 교회가 참여하고 있는 것에 대하여 교회는 만족스럽게 생각해야 한다. 사람들이 그리스도의 증거를 받아들이지 아니했던 것은, 그들이 그의 가르침(doctrine)을 싫어했기 때문만이 아

---

54) Comm. on 2 Cor. 8 : 21, C.O. 50 : 105. Cf. serm. on Gen. 14 : 20–4, C.O. 23 : 674. *Ce n'est point assez d'avoir nostre conscience pure devant Dieu, mais aussi qu'il nous faut procurer (comme sainct Paul nous en monstre l'exemple) d'avoir bonne estime et reputation envers nos prochains. Pourquoy? Afin qu'ils ne nous condamnent point, quand ils cuideront qu'une chose mauvaise ait esté faite par nos mains : plus tost que nous les incitions à bien faire. Il est vray que nous ne pourrons pas eschapper les morsures et les abaiz de beaucoup de chiens : et quand nous serons sans aucune tache et macule, si ne laisseront-ils pas de detracter et mesdire de nous : car le Fils de Dieu a bien passé par là; tous les Prophetes et Apostres ont esté chargez de fausses calomnies.*
55) Serm. on Gen. 14 : 13–16, C.O. 23 : 643.
56) Comm. on Ps. 51 : 15, C.O. 31 : 520.
57) Comm. on Ps. 69 : 5–6, C.O. 31 : 639. Cf. Calvin's own difficulty in witnessing for the truth in Geneva, e.g. in serm. on 1 Tim. 1 : 8–11, C.O. 53 : 57–8.
58) Serm. on Gen. 14 : 20–4, C.O. 23 : 674.
59) Comm. on Ps. 4 : 2, C.O. 31 : 58. If it happens to us in this way we must make sure "that we do not make ourselves odious through our own fault so that the saying should be fulfilled in us 'They hated me without a cause'!" Comm. on Phil. 2 : 14, C.O. 52–34.

니라, 그에게서 아무런 뚜렷한 영광이나 신성을 볼 수 없었기 때문이었다. "그는 고운 모양도 없고 풍채도 없은즉 우리의 보기에 흠모할 만한 아름다운 것이 없도다"(사 53 : 2). 이 구절을 주해하면서 칼빈은 이렇게 말한다. "이 말씀은 그리스도의 인격 뿐만 아니라… 그의 전체 왕국을 가리키는 것으로 이해되어야 한다. 그리스도와 그의 나라는 사람들의 보기에 아무런 아름다움도, 풍채도, 광채도 없었다."[60] 이것이 의미하는 바는, 그리스도의 영광을 증거하는 시도에 있어서마저도, 예수 그리스도의 영광을 훼손하고 모호하게 한 결함(deformity)—특별히 그가 십자가에 달리셨을 때—에 참여하는데 교회가 만족해야 한다는 것이다. 교회 자체의 아름다움이 십자가 아래 감추어져 있다.[61] 비록 교회가 그것의 생활 안에 참되게 그리스도를 소유하고 있고, 그의 은혜와 아름다움을 참되게 나타내기를 구하고 있다 할지라도, 믿음을 가지고 있지 않은 사람들은 교회가 선포하기를 힘쓰고 있는 영광을 그 증거에서 조차도 볼 수가 없는 것이다. "흔히 하나님의 자녀들과 세속 간에 아무런 차이도 발견되지 아니하고,"[62] 그리고 이것이 늘 하나님의 자녀들의 허물이 아니기 때문에 우리는 거룩한 보편교회(Holy Catholic Church)를 믿어야 하는 것이다. 사실상, 신앙은 하나님의 자녀들의 신실성에 합당한 조건일지도 모른다. 만일 교회가 그리스도의 죽음에서 그를 닮고자 한다고 하면, 그것은 "불쾌하기 짝이 없게 보이는 십자가 밑에서 세상의 보기에 심지어 경멸스럽게" 보일 준비가 되어 있어야 한다. 십자가의 영광은 "천상적(天上的)이고 불가견적인 것들을 이해하는 신앙"에 의해서만 인지(認知)될 수가 있는 것이다.[63] 만일 교회가 십자가에서 그리스도가 당한 수치와 어둠에 이같이 참여해야 한다고 하면, 개(個) 기독교인 역시 그같은 일을 당할 것임에 틀림없다. 기독교인은 현재 여기서는 부활보다 십자가에 더 두드러지게 참여한다는 것을 기억해야 한다.

---

60) C.O. 37 : 256.
61) Cf. introd. to comm. on Ps. 87, C.O. 31 : 800.
62) Inst. 4 : 1 : 2.
63) Comm. on Isa. 61 : 10, C.O. 37 : 379.

그러나 이것은 그리스도의 영광을 증거하는 것이 불가능하다든가 이와 관련된 우리의 의무가 덜 중요하다는 것을 의미하지 않는다. 교회가 세상에게 나타내 보여줄 영광이 조금밖에 없음을 그것이 알고 있을 때일지라도, 교회(그리고 기독교인)가 그것의 증거에 충실하다고 하면, 그것의 감추인 영광이 빛나 영광스런 증거를 하게 될 때와 시기가 오게 될 것이다. 조각난 질그릇 가운데 앉아 있는 비둘기는 그것을 둘러싸고 있는 그릇들처럼 더럽고 부서진 것으로 항상 나타나지는 않는다. "그것은 본연의 아름다운 색깔을 지니고 있으며, 그 날개에 오물이 끼지 않는다. 여기서 우리가 배울 수 있는 것은, 교회가 항상 행복한 평온을 누리는 것이 아니고, 그것이 때로는 어두움 속에서 나타나며 어떠한 악으로도 전혀 더럽혀지지 아니한 것처럼 그것의 광채를 회복한다."[64]

교회의 영광이 쏟아져 비추이는 것은 계속적 상태(a continuous state)라기 보다는 사건(an event)이다. 사람들은 흔히 '교회의 이 광채'가 너무 단명(短命)하다고 불평하기 쉬우나, 칼빈은 이에 대하여 대답하기를, "십자가 아래에서 그리스도의 영광이 빛남으로 해서, 하나님의 이름이 남아 있어서 믿음으로 하나님을 부르는 백성이 있다."[65] 비록 우리가 십자가 아래 남아 있다 할지라도 우리의 삶 속에서 '그리스도를 드러내며,' '그의 모범을 본받고자' 적어도 항상 노력할 수가 있는 것이다.[66] "우리의 생활을 통해서 우리가 그리스도의 지체인 것을 증명할 수 있도록" 우리 안에 있는 죄의 세력을 성화(聖化)의 과정을 통해 극복하는 것을 확실하게 우리가 나타내 보여야 한다.[67] 칼빈은 이렇게 말한다. "하나님의 영광이, 인인(認印, signet)으로 하는 것처럼, 그리스도의 모양으로 우리에게 새겨져 있는 것을 우리가 인지(認知)하지 못하는 한, 아무도 그리스도의 제자로 간주될 수가 없다."[68]

---

[64] Comm. on Ps. 68 : 13–14, C.O. 31 : 624–5.
[65] Comm. on Isa. 60 : 15, C.O. 37 : 365
[66] Inst. 3 : 6 : 3.
[67] Comm. on Rom. 6 : 12, C.O. 49 : 111.
[68] Comm. on John 17 : 22, C.O. 47 : 388.

5. 기독교인은 종교적 규례들을 준행하고 겸손과 사랑으로 전체 교회의 통일을 도모해야 함

기독교 생활이 가견교회(可見敎會)를 떠나서는 있을 수가 없기 때문에, 교회 생활에서 아주 중요한 부분을 치지하고 있는 의식(儀式)들과 '종교적 관행'을 조심스럽게 준행하는 것은[69] 기독교 생활의 중요한 부분인 것이다. 어떤 가상적(假想的) 신격(神格)에게 흐릿하게 그리고 제멋대로 존경을 표하는 것으로는 충분하지 않다. "참되고 유일한 살아계신 하나님께 합당한 예배를 오직 그에게 명백하게 드려야 하는것이다.[70]

구약 시대에 성전이 하나님을 만나고 예배하던 장소였던 것처럼, 유대인들에게 성전이 의미를 가졌던 것 못지 않게 그 성전을 대신하여 오늘날 우리에게 의미가 있는 바 어떤 '외형적 직제'(external order), 말씀, 성례, 공기도(公祈禱) 그리고 다른 보조 수단들 아래 하나님은 자기 백성을 여전히 두신다.[71] 우리는 교회의 '평범한 규율과 직제'에서 하나님이 우리를 자신에게로 이끄시는 방편을 보아야 한다. 오직 가장 무모한 교만으로 말미암아서만이 우리의 연약한 신앙에 도움을 주기 위하여 하나님이 제정하신 공적 예배행위를 우리가 저버리거나 멸시하게 될 수가 있었다.[72] 그러므로 성도들이 서로 격려하여 하나님을 예배하게 하는 성회(聖會, sacros conventus)에 우리가 자주 참석해야 하는 것이다. "그래서 우리가 하나님 안에서 하나가 되도록 하기 위하여, 영생에 대한 소망 가운데서와 그의 이름을 연합하여 찬양하는 중에 일반 성례들을 통해서 하나님은 우리를 모으신다."[73] 개인적인 성경 읽기와 묵상이 공적인 말씀 선포에 참석하는 것(즉, 공적 예배 참석)을 결코 대

---

[69] Comm. on Ps. 42 : 2, C.O. 31 : 426. *Pietatis exercitia*.
[70] Comm. on Ps. 9 : 12, C.O. 31 : 101.
[71] Comm. on Ps. 27 : 4, C.O. 31 : 274; cf. on Ps. 42 : 2, C.O. 31 : 426.
[72] Comm. on Ps. 26 : 8, C.O. 31 : 268. *Ostendit autem haec contestatio, Davidem, quamlibet alios fide praecelleret, veritum tamen fuisse ne vulgaribus istis rudimentis, quae Deus ecclesiae suae tradiderat, eum privaret tyrranica hostium violentia. Nam se communi disciplina et ordine opus habere videns, de retinenda templi possessione sollicite contendit.*
[73] Comm. on Ps. 52 : 10, C.O. 31 : 529.

신할 수가 없다.[74] 비록 진흙으로 빚어진 아주 연약한 인간으로부터 나오는 말을 유순하게 경청하도록 되어 있지만,[75] 공적 말씀선포에 참석하는 일은 그 무엇으로도 대신할 수가 없다. 더욱이 "성도들의 공적인 모임에서 기도하기를 거부하는 자는 따로 혼자서 또는 집에서 개인적으로 기도하는 것이 정말 무엇인지도 알지 못하고 있다는 점을 우리는 주장해야 한다."[76]

만일 우리가 그리스도의 임재를 다소라도 중시(重視)한다고 하면, 우리는 교회의 규례들을 지키게 될 뿐만 아니라, 사랑 안에서 교회의 통일(unity)을 도모해야 한다.[77] 교회 안에서, 우리가 앞에서 본대로,[78] 인간 사회의 기초인 자연의 질서에 해당하는 직분들의 상호 교통(the mutual communication of offices)은 그것의 가장 참되고 좋은 표현을 그리스도의 몸 안에서 이루어지는 지체 상호간의 섬김에서 발견한다. 교회의 이러한 '아름다운 질서'와 '균형'은 인간의 본래 하나님의 형상으로 창조되었을 때 그에게 부여된 바 그 질서와 균형의 참된 반영인 것이다.[79] "성도의 완전성(perfection)은 … 사랑에 있다."[80] 그리스도와 그의 백성 간에 성령으로 조성된 신앙과 연합의 관계(the bond of faith and unity)는 그것이 사랑으로 표현되지 않는 한 참된 것이 아니다. 우리가 사랑으로 다른 형제들과 연합되어 있지 아니하면, 기도로 하나님께 나

---

74) Inst. 4 : 1 : 5.
75) Inst. 4 : 3 : 1. This trains us in humility and tests our obedience.
76) Inst. 3 : 20 : 29. Therefore it is necessary to keep the Sabbath day. It is true that its "external observance" has been abolished (see p. 120 n.). If we could be trusted to meet for worship every day we would not need a Sabbath (Inst. 2 : 8 : 32). But since this is impossible, we need the Sabbath as a politic arrangement to preserve the Church (Ibid., comm. on Exod. 20 : 8, C.O. 24 : 597). *Il est vray que nous ne sommes point astraints au septieme iour. . . . Mais pour monstrer la liberté des Chrestiens le iour a este changé. . . . Mais tant y a que nous devons observer ceste police, d'avoir quelque iour la sepmaine, soit un soit deux: car on laissera tout cela en la liberté des Chrestiens.* Serm. on Deut. 5 : 12-14, C.O. 26 : 294. This liberty means that we need not be so narrow in our observance as the Jews were. But we must employ the day in meditating on the works of God, and not in playing or shutting ourselves in our houses and gorging ourselves where no one can see us (Ibid.).
77) Comm. on Matt. 18 : 20, C.O. 45 : 517. *Nam quisquis vel sacros conventus negligit, vel se disiungit a fratribus, ac segniter se gerit in colenda unitate, hoc ipso demonstrat se Christi praesentiam pro nihilo ducere.*
78) See pp. 152-5.
79) Comm. on Rom. 12 : 6, C.O. 49 : 238.
80) Comm. on 1 Pet. 1 : 22, C.O. 55 : 228.

아가는 일이나, 우리의 머리이신 그리스도와의 연합이나, 미래 기업에 대한 희망 등이 전혀 있을 수가 없다.[81] 그리스도께서는 "자기의 모든 백성이 서로를 아낄 수 있도록 그들을 함께 품으신다."[82]

그러므로 우리는 교회 안에서 형제우애(兄弟友愛)를 도모해야 한다. "우리가 형제를 사랑하는지의 여부는 우리가 하나님을 사랑하는지에 대한 확실한 시금석이다"(Whether or not we cultivate brotherly love is the sure test of whether or not we love God).[83] 왜냐하면 "하나님은 불가견적(不可見的)이지만 형제들에게서 자신을 우리에게 나타내시며, 자신에게 마땅히 주어져야 할 것을 형제들에게서 요구하시기 때문이다."[84] 그러므로 "형제들로부터 자신을 단절하는 자는 누구나 하나님의 나라로부터 소외된다"는 것을 인식하여,[85] 우리를 성도의 교제로부터 소원(疏遠)케 할 수 있는 모든 압력을 경계해야 하는 것이다.

특별히 교회 안에서 우리의 동료들과의 이러한 통일을 도모해야 한다. 왜냐하면 우리가 다른 사람들과 가지는 어떠한 교제보다 더 가까운 교제를 통해서 신앙의 권속들과 우리가 관련되어 있기 때문이다.[86] 그러므로 만일 그리스도의 양떼에 속하지 아니한 사람들을 우리가 사랑하고 섬겨야 한다고 하면, 이미 하나님께서 우리를 연합시켜 준 자들의 경우는 우리가 얼마나 더 많이 섬김(care)을 베풀어야 할 것인가![87] 우리가 모든 사람들을 사랑하고 돌보아 주어야겠지만, 하나님을 올바로 섬기는데 있어서 우리의 첫번째 의무는 "하나님의 거룩한 종들에게 선을 베풀기를 힘쓰는 일이다." 하나님은, "우리의 선행(善行)이 그를

---

81) Comm. on 1 Pet. 3 : 7, C.O. 55 : 257; Inst. 4 : 1 : 2.
82) Comm. on John 15 : 12, C.O. 47 : 344.
83) Comm. on 1 Pet. 1 : 22, C.O. 55 : 228.
84) Comm. on Gal. 5 : 14, C.O. 50 : 251.
85) Comm. on Eph. 4 : 4, C.O. 51 : 191.
86) Comm. on 1 Pet. 2 : 17, C.O. 55 : 247. *Loquitur enim, de singulari amore, quo domesticos fidei prosequi iubemur : quia magis arcta necessitudine cum illis sumus coniuncti.*
87) Comm. on Heb. 10 : 25, C.O. 55 : 132. Cf. serm. on 1 Tim. 2 : 1-2, C.O. 53 : 129. *Ce passage nous admoneste de nostre devoir : c'est ascavoir que tous ceux qui portent le nom de Iesus Christ, nous doivent estre recommandez par special, que nous les aimions comme nos freres, que nous soyons conioints et unis avec eux : car autrement nous ne sommes pas dignes que Dieu nous advoue pour ses enfans. Car quand nous deschirons le corps de Iesus Christ, quelle part et portion pretendons nous en cest heritage immortel auquel nous sommes appelez?*

위해 베풀어질리 없기 때문에(즉, 하나님 자신은 사람의 선행을 필요로 하지 않기 때문에), 우리가 우리의 사랑을 베풀어야 할 성도들로 자기 자리를 대신하게 하신"것을 우리는 알아야 한다.[88]

교회 안에서의 이러한 사랑은 실제적이어야 한다. 우리의 형제에게 교제의 표시로 내미는 손은 그에게 실제적인 도움을 우리가 기꺼이 주는 표이어야 한다.[89] 우리는 서로를 위한 '상호 중보의 직분'을 사랑으로 성취해야 한다.[90] 그리고 교회 안에서 우리 서로 간의 사랑의 연습으로 주님이 기도를 주셨다는 것과, 서로를 위한 이러한 중보기도는 결코 헛되지 않다는 것을 기억해야 하는 것이다.[91] 우리가 무릎을 꿇을 만큼 절박한 개인적 필요를 느끼지 아니함으로 해서, 결과적으로 우리의 기도 생활이 느슨해지려고 할 때, 우리를 위한 칼빈의 치료가 여기에 있다. "우리 형제들 가운데 얼마나 많은 수가 각종의 어려운 고통들로 인하여 지쳐있는가를 생각해 보라. 비통(悲痛)으로 말미암아 그들은 가슴이 눌리고 슬픔에 잠겨있는 것이다. 만일 이러한 사실들에 생각이 미치고서도 잠에서 깨어나지 않는다고 하면, 우리는 돌같은 심령을 가지고 있음에 틀림없다."[92] 물론, 중보기도는 교회만을 위하는 것으로 제한되지 않는다.[93] 우리는 신자들만을 위하여 기도하는 것이 아니라, 모든 사람을 위하여 기도해야 한다. "그렇지만, 사랑의 모든 다른 직분들에서처럼, 기도할 때 우리의 첫번째 관심은 물론 성도들에 대한 것이어야 한다."[94]

교회 안에서 이러한 사랑의 직분들에 참여하는 데는 겸손이 요구된다. 겸손은 상호 교통을 가능케 하는 접합제(bond)요, 이 겸손을 통해서 사람마다 혼자로서는 가진 것이 충분하지 아니하기 때문에 다른 사람들로부터 빌려와야 한다는 것을 깨닫는다.[95] 우리가 겸손해야 할

---

[88] Comm. on Ps. 16 : 3, C.O. 31 : 150.
[89] Comm. on Ps. 119 : 63, C.O. 32 : 242.
[90] Comm. on 2 Cor. 1 : 10, C.O. 50 : 15.
[91] Comm. on Col. 4 : 3, C.O. 52 : 127-8. Calvin in both above passages reminds us that this does not justify praying for the dead.
[92] Comm. on Eph. 6 : 18, C.O. 51 : 237.
[93] See chapter on Prayer.
[94] Comm. on Eph. 6 : 18, C.O. 51 : 237-8.
[95] Comm. on Rom. 12 : 6, C.O. 49 : 238.

필요가 있는 것은, 예를 들어, 하나님에 의하여 우리를 위해 지정된 도움을 간과하지 않기 위함이요, 또한 사도 바울의 모범을 따르기 위함이다. 사도 바울은 기도에 있어서 모든 다른 사람들을 능가했지만, 자기의 형제들에게 그들의 중보기도를 통해서 자기를 도울 것을 간청한 바 있다. 96) 우리는 "다른 사람들의 기도로부터 열심히 도움을 구해야 한다."97)

우리가 겸손해야 할 필요에 대하여 칼빈이 자주 말하는 것을 보면, 우리가 교회 안에서 말씀의 사역으로부터 유익을 얻고자 하면 겸손해야 한다. 왜냐하면 하나님이 우리에게 말씀을 주심에 있어서 사용하는 사람들이 단연코 항상 '경멸할 만한 필연적 존재들'(contemptible mortals)이요, 98) 흔히는 "비열하고 무가치한 사람들"이며, 99) "보잘 것 없는 사람들"이기 때문이다. 100) 하지만 그리스도의 몸 안에서 그들과 사랑으로 우리가 하나된 것은, 하나님이 그들을 통해서 우리에게 주시기를 기뻐하는 덕(德)을 우리가 받아들일 만큼 겸손해야 한다는 것을 의미하고 있음을 우리는 기억해야 한다. 교회 안에서 어떠한 근원으로부터 우리에게 새로운 진리가 제시되든지간에, 우리가 너무 교만해서 그 진리들에 대하여 우리의 마음을 열지 못하고, 그래서 그 진리들을 기꺼이 받아들이지 못하여서는 안되는 것이다. 왜냐하면 우리를 교화하는(edify) 열심을 다른 사람들에게 주시는 분이 성령님이시기 때문이다. 101)

이런 까닭에, 우리가 겸손으로 시작하는 때에만이 교제의 통일 안에서(within the unity of the fellowship) 우리의 위치를 잡을 수가 있는 것이다. 102) 주(主)의 집에서 문지기가 되고자 하는 시편 기자의 소원은 불

---

96) Comm. on 2 Thess. 3 : 1, C.O. 52 : 208; on 2 Cor. 1 : 10, C.O. 50 : 157.
97) Comm. on Col. 4 : 3, C.O. 52 : 128.
98) Inst. 4 : 3 : 1.
99) Comm. on John 9 : 34, C.O. 47 : 231.
100) Comm. on Luke 2 : 17, C.O. 45 : 79.
101) Serm. on Job 18 : 1–11, C.O. 34 : 66. *Toutes fois nous sommes ici admonnestez quand on nous presentera quelque doctrine, de discerner ce qui en est : que nous ne reiettions point ce qui nous est incognu : comme nous en verrons qui ne font pas grand cas, si on leur veut monstrer ce qui seroit utile pour leur salut, de reietter tout. Que nous n'ayons point donc cest orgueil-là en nous; car non seulement nous constristerions . . . l'Esprit de Dieu qui habite en eux, et qui leur donne ce zele de nous edifier.*
102) Comm. on Eph. 4 : 2, C.O. 51 : 190.

행하게도 너무나 희귀한 소원이다(즉, 사람들이 별로 품지 않는 소원이다). 이와는 반대로, 심지어 교회에서 조차도 높은 지위를 얻지 못하면 마음이 결코 편해질 수 없는 사람들을 우리는 너무나 많이 볼 수 있다. [103] 우리를 참으로 겸손하게 해줄 수 있는 것은, 하나님의 은혜가 없으면 모든 사람들이 가난하고 비참한 상태에 놓이게 된다는 것을 깨닫는 데 있다. [104]

교회 안에서 형제 사랑으로 하나되는 것을 도모한다는 말은, 우리의 약한 형제들 — 만일 우리가 하나님 앞에서 우리의 모든 자유를 교회 안에서 사용할 것 같으면 상처를 입거나 실족할 수도 있는 자들 — 에 대한 사랑의 요구들과 관련하여 우리의 자유를 제한하는 것을 의미한다. [105] 이와 관련하여, 온유함으로 서로 우리가 "멍에를 같이하고 (accoupler),"[106] 약한 자들에게 '우리 자신을 조절하여 맞추는'(infirmis attemperare) 것에 대하여 칼빈은 말한다. [107]

우리는 교회 안에서 어떤 사람도 결코 멸시해서는 안된다. 왜냐하면 "사랑은 존경과 연관되어야 하기 때문이다."[108] 우리가 모든 사람에게 우리 자신을 적응시킬 수 없다는 것은 사실이다. 우리가 연약한 자들을 기쁘게 하기를 힘써야겠지만, 완고한 사람들의 감정을 상하게 한 것을 인하여는 불안해 할 필요가 없다. [109] 우리는 "우리의 가슴 속에서 하나님 앞에서 자유"를 항상 유지해야 한다. [110] 그러나 대부분의 일들이 적법하다고 생각할지 모르나, "참여가 사랑의 법에 의하여 규제되지 않으

---

103) Comm. on Ps. 84 : 11, C.O. 31 : 784.
104) Comm. on Eph. 2 : 13–15, C.O. 51 : 402.
105) Serm. on Gal. 2 : 6–8, C.O. 50 : 377–8. *Si nous voyons que quelqu'un soit retardé de venir à l'Evangile, ou bien qu'on le trouble, d'autant qu'il n'est pas encores bien fortifié, il nous faut abstenir de ce qui nous estoit licite: comme nous avons veu par cidevant qu'il nous faut tousiours regarder ce qui est expedient et propre pour le salut de chacun.* Serm. on 1 Cor. 10 : 25–30, C.O. 49 : 687. *Mais quand ie verray que l'acte que ie fay pourra troubler mes freres, qu'ils pourront tourner cela en mal, ou concevoir quelque suspeçon, que (brief) ils pourront estre mal edifiez de moy . . . il faut que ie me proive de ce qui me seroit licite: et ceste servitude là est licite: car ma conscience demeure neantmoins tousiours en son entier.*
106) Serm. on Gal. 5 : 11–14, C.O. 51 : 18.
107) Comm. on 1 Cor. 9 : 22, C.O. 49 : 448; cf. serm. on 1 Cor. 11 : 11–16, C.O. 49 : 742. *Que ceux qui sont grans descendent, pour se conformer avec les petis.*
108) Comm. on 1 Pet. 3 : 7, C.O. 55 : 256.
109) Comm. on Matt. 15 : 14, C.O. 45 : 453.
110) Cf. pp. 308–12.

면 그것은 결코 적법하지 않는 것이다."¹¹¹⁾ 자유는 항상 사랑에 굴복되어야 한다. ¹¹²⁾

그러므로 교회가 교회의 모든 지체들의 으뜸되는 관심의 대상이어야 한다. "우리가 마음을 쓰는 모든 다른 대상들보다 교회를 먼저 생각하지 않는다고 하면, 우리는 교회의 지체로 간주될 가치가 없다."¹¹³⁾ 더욱이 다윗처럼, 우리는 우리 자신의 개인적 유익보다는 교회의 유익에 더 큰 관심을 가져야 하는 것이다. 우리가 알아 두어야 할 것은, 우리는 교회의 몸과 아주 밀접하게 결속되어 있기 때문에 아무 개인적 지체도 전체 몸이 번영하지 않고서는 결코 번영할 수 없다는 점이다.¹¹⁴⁾ 이 점에 있어서 예수 그리스도는 우리의 모범이시다. 왜냐하면 그는 자신을 위해서는 아무것도 구하지 아니했고, 그의 유일한 관심이 그 자신의 백성의 유익에 대한 것이었기 때문이다.¹¹⁵⁾ 그러므로 교회의 생활에서 분쟁들이나 어느 지체이건 거의 행실에서 추한 것들을 보는 것보다 우리의 가슴을 찢어놓고 근심케 하는 일은 아무것도 없어야 하는 것이다.¹¹⁶⁾ 이스라엘의 역사상에 있었던 내전(內戰)에 대한 이야기들에서, 교회 안에서의 내적 분쟁이 몸을 연약하게 하는 원인이 되는 까닭에 그러한 분쟁에서는 아무 승리도 전혀 가치가 없다는 진리를 칼빈은 끌어낸다. 그러므로 교회의 평화가 우리의 첫번째 관심이어야 하는 것이다.¹¹⁷⁾ 교회 내에서의 분열은 개인들이 "다른 사람들의 방식이나 습관에 적응하기가 어렵다"는 것을 보여주는 징조이다. 그리고 우리 각자가 할 수만 있으면 자신의 교회를 하나씩 갖겠다는 증거인 것이다.¹¹⁸⁾ 그러나 이같은 교회 분열은 교회를 그리스도로부터 떼어놓는다.¹¹⁹⁾ 교회는 연합될 때

---

111) Comm. on 1 Cor. 8 : 13, C.O. 49 : 435.
112) Inst. 3 : 19 : 12; comm. on Rom. 14 : 14, C.O. 49 : 264.
113) Comm. on Ps. 102 : 4, C.O. 32 : 62.
114) Comm. on Ps. 128 : 5, C.O. 32 : 329.
115) Comm. on Ps. 28 : 9, C.O. 31 : 285-6.
116) Comm. on 1 Cor. 5 : 2, C.O. 49 : 378-9; on Gal. 5 : 15, C.O. 50 : 252.
117) Serm. on 2 Sam. 2 : 14 f., p. 42. Or par cecy nous sommes admonestez que nulle victoire de guerre interieure n'est a desirer . . . D'autant que l'Eglise de Dieu en sera cependant amoindrie . . . il vaudroit beacoup mieux cercher paix et faire tout ce qui nous est possible, a ce que Iesus Christ regne, sans entrer en combat.
118) Comm. on Heb. 10 : 25, C.O. 55 : 132.
119) Comm. on 1 Cor. 1 : 13, C.O. 49 : 316.

에만 강해질 수가 있다.[120] 칼빈은 소망 중에, "로마 교황주의자들이 변절하여 저버렸던 그 거룩한 일치(concord)에로" 되돌아 올 가능성을 기대하고 있었던 것으로 보인다.[121]

---

120) Comm. on Ps. 122 : 3, C.O. 32 : 304.
121) Comm. on Ps. 133 : 1, C.O. 32 : 354.

제5부

신앙의 훈련

제 1 장
신앙의 시련과 시험

1. 악에 대한 예수 그리스도의 갈등은 우리 자신의 끊임없는 시련과 시험을 예시하고 있음

신앙의 사람에게는 그의 신앙을 훈련(exercise)시키고, 그에게 항상 깨어있을 것과 하나님의 말씀에 점진적으로 더욱 의존할 것을 아울러 요구하는 갈등(conflict)이 항상 끊임없이 있는 것이다.

신앙은 죄악에 대한 갈등과 긴장 아래서가 아니고서는 존재할 수가 없다. "우리는 좋은 군사들이 되어야 한다. 그렇지 않으면, 신앙의 사람이 될 수가 없다"고 칼빈은 말한다.[1] "우리의 신앙은 어떤 것과 싸우지 아니하고서는 존재할 수도 없고 존재해서도 안된다."[2] 모든 인간 생활이 힘들다(hard)는 것은 사실이다. 모든 사람들은 단지 그들이 인간이기 때문에, 수많은 각종의 시련들(trials), 염려들, 슬픔들, 두려움들과 고통들을 당한다.[3] 그리고 하나님의 백성들도 "모든 사람들과 공통적으로 인간 생활의 불행들을 당한다."[4] 하지만, 기독교인의 경우 특별

---
1) Serm. on 1 Tim. 6 : 12–14, C.O. 53 : 595.
2) Serm. on 1 Tim. 1 : 5–7, C.O. 53 : 29. *Nostre foy ne peut et ne doit estre sans combat.*
3) Comm. on Ps. 90 : 10, C.O. 31 : 838.
4) Comm. on Ps. 121 : 6, C.O. 32 : 301. . . . *humanae vitae miseriis promiscue subiaceant fideles.*

히 그 투쟁이 힘들고 더욱 가혹하다.⁵⁾

그런 까닭에, 우리는 '힘든 전쟁'에 대비(對備)해야 하는 것이다.⁶⁾ 그리스도 자신은 보통 사람들이 당하는 일반적 고통들보다 훨씬 더 심한 것들을 당하셨다. 그는 그의 나라가 확장되는 것을 싫어했던 자들로부터 유별난 수치와 비난과 굉장한 적대행위를 받았다. 그가 그의 지상(地上) 생활 기간 중 당해야 했던 적대(敵對)는 "세상 끝날까지 그의 나라가 점진적으로 발전되어 갈" 때 교회와 그것의 회원들의 생활에서 계속적으로 부딪치고 괴로움을 당하게 될 어떤 것에 대한 예시(豫示)임을 우리는 기억해야 한다.⁷⁾

그리스도께서 탄생하시던 때 무죄한 아기들이 학살당한 사실은, 칼빈에게는 그리스도의 전생애(全生涯)가 악한 세력들과의 투쟁의 생애가 되어야 했다는 것과 오늘날 그를 자기들의 우두머리로 삼는 자들의 경우 평화로운 휴식을 기대하는 대신에 바로 그 앙심 깊고 단호한 대적들과 싸워야 하는 것에 대한 표적이다.⁸⁾ 그리스도의 군사가 된다고 하는 것은 "대부분의 세상이 우리를 대적하여 일어나 우리가 죽을 때까지 괴롭게 하는 것을 각오하는 것이요."⁹⁾ 마귀를 "우리의 철천지 원수"(徹天之 怨讐)로 갖게 되는 것을 의미한다.¹⁰⁾ 마귀는 우리의 인생 길에 어려움들을 첩첩으로 쌓을 것이다. 다른 사람들의 심령 속에서 악감(惡感)을 불러일으켜 그것을 사용할 것이요, 우리의 길을 가시투성이로 만들고 우리의 진보가 더디게 만들 것이다.¹¹⁾

---

5) See also pp. 47–8 and 68–9.
6) Comm. on Ps. 18 : 1, C.O. 31 : 170. *Quod nobis cognitu non parum utile est, ne immunitatem speremus ab omni molestia, ubi sequimur vocantem Deum, sed nos potius ad duram militiam paremus.*
7) Comm. on Ps. 69 : 5, C.O. 31 : 639; and on Ps. 118 : 25, C.O. 32 : 211–12. *Interea meminerimus, quod in Christi persona impletum fuit, spectare ad continuum regni eius cursum usque ad finem mundi.*
8) Serm. on Matt. 2 : 16–22, C.O. 46 : 444.
9) Comm. on Matt. 5 : 10, C.O. 45 : 164.
10) Serm. on Matt. 26 : 40–50, C.O. 46 : 849. *Le diable est nostre ennemi perpetuel, si nous sommes membres de nostre Seigneur Iesus Christ.*
11) Serm. on 1 Tim. 6 : 12–14, C.O. 53 : 595. Even though there is no wickedness perpetrated by men to which Satan does not excite them, nevertheless Satan merely kindles into a fierce furnace a flame that is already there. Therefore men under the power of Satan are inexcusable for their misdeeds. Comm. on John 13 : 2, C.O. 47 : 305–6.

2. 하나님은 환난과 진노를 통하여 우리의 신앙을 섭리적으로 연단 하실 수 있음

기독교인들로서 우리는 악한 사람들과 악한 세력들에 의해서 공격을 받을 뿐만 아니라, 특별히 하나님 자신에 의하여 시험(tempted)과 시련 (tried)을 받기도 한다. 사실 악의 세력들로 말미암아 우리에게 가해지는 공격도 다만 하나님께서 의도적으로(deliberately) 허락하여 우리로 그렇게 공격당하게 하신 까닭에 가능한 것이다.[12] 하나님의 인도를 받는 우리의 기독교적 체험은 항상 우리를 신앙으로 단련하고 신앙의 성장을 돕도록 되어 있다. 왜냐하면 우리가 오직 믿음으로만 살 수 있는 상황에 계속적으로 놓이게 되기 때문이다. 때때로 하나님이 우리에 대한 모든 염려를 저버리고, 마치 그가 우리의 고통과 불행을 보시지 않은 것처럼 그것들을 지나쳐 가는 것처럼 보일 때, 우리는 고통스런 시험을 당하게 된다.[13] 때때로 하나님은 그 빛나는 얼굴을 우리에게서 돌리시거나 가리워 버리신다. 다시 말해서, "그의 사랑에 대한 감정" 또는 "그의 은총에 대한 외형적 증표"들이 거두워지고, 양심이 공포로 질리게 되며,[14] 하나님의 말씀이 우리에게 참 맛을 내지 못하게 되는 때가 있는 것이다.[15] 참으로, 다윗이 그의 시편들에서 기도하여 과장되어 보이는 언어로 극심한 신체적 고통과 심적(心的) 슬픔에 자기가 처해 있는 것으로 표현하는 경우, 그는 신체적 상태보다는 그의 마음과 영혼의 상태를 묘사하고 있는 것이다. 그가 하나님의 진노를 강하게 느끼고 있을 때, 그는 "마치 지옥이 자기를 받아들이기 위해 열려있는 것을" 보는 것 같아 보인다.

칼빈이 단언하는 바에 의하면, 만일 우리가 그리스도를 오늘 따른다

---

12) This, Calvin finds, is the meaning of the dialogue between God and Satan in Job. Serm. on Job 1 : 9–12, C.O. 33 : 74.
13) Comm. on Ps. 22 : 2, C.O. 31 : 221. *Hac tentationis specie . . . ubi Deus quasi abiecta nostri cura ad nostras miserias et gemitus connivet.*
14) Comm. on Ps. 67 : 2, C.O. 31 : 618.
15) Comm. on Ps. 119 : 135, C.O. 32 : 276. *Saepe autem contingit ipsis quoque obnubilari in hac parte Dei faciem, dum genuino verbi sui gustu eos privat.*

고 하면 그러한 경험은 우리의 것이 될 수가 있는 것이다. "다윗이 자신에 관하여 묘사하고 있는 것을 우리 자신 안에서 체험하지 못하게 오늘날 우리를 방해하는 것은 다만 우리의 육체의 우둔함 뿐이다."[16] 하나님께서는 자기 자신의 백성에게 화를 내실 수가 있다.[17] 그분은 마귀보다 더 심하게 우리를 취급하는 것이다. 마귀는 사람들을 추겨주어 (flatters) 가지고 그들을 멸망시킨다.[18]

우리가 신앙을 가지고 있는 까닭에 당하는 공격들에서, 우리의 원수가 하나님 자신의 규제와 지시를 받고 있다는 사실은 우리에게 공포가 될 수 있을 뿐만 아니라, 큰 위로와 힘이 될 수도 있다. 왜냐하면 우리의 시련은 곧 축복의 근원이 될 것이기 때문이다.[19] 칼빈은 하나님이 우리에게 그러한 환난들이 임하게 허락하고 그 자신의 손으로 그러한 고통을 가하시는 여러 가지 많은 이유들을 제시한다. 지나친 행복은 우리로 하여금 마취되게 하고 부절제에 빠지게 하기 때문에, 하나님께서는 우리의 술잔에 물을 섞으시고, 우리가 기쁨으로 들떠 있을 때 슬픔을 당하게 하여 우리를 아껴 주신다.[20] 연단이 느슨해지면 우리가 반항적인 야생마(野生馬)처럼 될 것이기 때문에,[21] 하나님께서는 끊임없이 채찍을 사용하여 우리의 격정(激情)을 제어하시고 더욱 주의하여 장래를 대비케 하신다.[22] 이러한 연단(discipline)은 계속되어야 한다. 왜냐하면 우리에게 회초리가 계속적으로 가해지지 아니하면 우리가 끊임없이 불순종에 빠져들 것이기 때문이다.[23]

하나님은 그가 진노하실 때에도 우리에게 아버지이시기를 결코 멈추지를 않으신다. 자기 백성을 괴롭게 하실 때에도 그들에게 짊어질 것을

---

[16] Comm. on Ps. 6 : 6–7, C.O. 31 : 77.
[17] Comm. on Ps. 79 : 8, C.O. 31 : 750.
[18] Serm. on 2 Tim. 3 : 16–17, C.O. 54 : 291. *Ho nous voulons estre gagnez par douceur. . . . Allez-vous en à l'escole du diable, car il vous flattera assez à vostre perdition.*
[19] Serm. on 1 Tim. 6 : 12–14, C.O. 53 : 598. *Le second est, qu'il ne nous doit point fascher si Dieu nous esprouve, car ce n'est point à l'aventure que nous bataillons, nous ne sommes point en danger de perdre nostre vie sans la recouvrer . . . mais l'issue de nostre gendarmerie est desirable, d'autant que Dieu preside sur nous.*
[20] Serm. on 2 Sam. 1 : 1–16, p. 2.
[21] Serm. on Deut. 6 : 10–13, C.O. 26 : 448.
[22] Comm. on John 5 : 14, C.O. 47 : 109–10; and on Heb. 12 : 4, C.O. 55 : 173.
[23] Comm. on Ps. 85 : 9, C.O. 45 : 788.

그가 요구하시는 십자가를 계속적으로 그는 경감시킨다.[24] 그는 그들을 벌하실 때마저도 슬픔 가운데 위로를 주시고 그의 궁휼과 사랑을 깊이 체험할 수 있도록 항상 애쓰신다.[25] 그는 그들을 징벌하실 때에도 그들이 받아 마땅한 대로 결코 갚지 않으시고, 그가 괴롭게 하시는 자들을 항상 후원해 주신다.[26] 하나님은 우리에게 어떠한 괴로움을 주시든, 우리로 하여금 하나님을 섬길 수 없도록 할만큼 심하게 되지 않도록 배려하신다.[27] 그는 우리의 연약함과 고통을 감내하는 우리의 능력을 아시기에, 우리가 감당할 수 있는 것보다 더 무거운 짐을 결코 지우지 않으신다. 우리의 힘이 증가할 때에만 하나님은 우리에게 괴로움을 증가시키는 것이다.[28]

그런 까닭에, 하나님이 자기 백성에게 주시는 환난의 성질을 결정하는 것은 언제나 그들의 참된 복지(true welfare)이다. 그는 우리의 악(惡)의 다양성을 따라 그의 훈련의 방법을 조절하여, "어떤 사람은 가난을 통해, 어떤 사람은 수치를 통해, 어떤 사람은 질병을 통해, 어떤 사람은 집안의 우환을 통해, 어떤 사람은 힘들고 고통스런 노동을 통해서 낮추신다."[29] 바울의 '육체의 가시'에 대하여 설명하면서 칼빈은 제안하기를, 하나님이 '치신다'(colaphis caedi)는 것은, 고통과 두려움 외에도, 치욕의 요소가 있는 특종(特種)의 환난을 교만한 자들에게 주신다는 것을 의미한다고 말한다.[30] 그러나 이 문제에 있어서 하나님의

---

24) Comm. on Ps. 74 : 9, C.O. 31 : 695. *Proinde nos quoque si materiam patientiae et consolationis quaerimus, ubi nos Deus castigat, discamus ad istam moderationem, qua nos Deus ad spem invitat, oculos intendere: atque inde statuamus, Deum ita irasci ut non desinat tamen esse pater. Correctio vero quae salutem affert laetitiam continet dolori admistam.* Cf. comm. on John 21 : 18, C.O. 47 : 454. *Sic temperat Dominus crucem, qua vult servos suos experiri.*
25) Comm. on Ps. 39 : 11, C.O. 31 : 403.
26) Serm. on Job 34 : 10–15, C.O. 35 : 146–7. *Ainsi donc notons que Dieu ne punit point les pescheurs, et qu'il ne leur fait point sentir sa vengeance en mesure egale, si tost qu'ils l'ont desservi: mais il les supporte, tellement que tous les chastimens que nous recevons en ce monde, ne sont qu'advertissemens que Dieu nous fait, nous donnant encores lieu de repentance.*
27) Comm. on Ps. 125 : 3, C.O. 32 : 315.
28) Serm. on Job 2 : 7–10, C.O. 33 : 116. *Dieu donc regarde nostre portee, et selon que nous sommes exercez à endurer les afflictions, il nous les envoye petites ou moyennes: mais quand nous y sommes, comme endurcis, alors il nous peut bien charger d'avantage: car il nous a donné aussi dequoi le porter.* Cf. comm. on John 21 : 18, C.O. 47 : 454.
29) Comm. on Ps. 119 : 67, C.O. 32 : 244.
30) Comm. on 2 Cor. 12 : 7, C.O. 50 : 139–40.

섭리를 우리가 충분하게 이해할 수 있는 "어떤 확실하거나 획일적인 규칙"은 전혀 없다. "하나님은 어떤 사람은 보아 주시는가 하면, 어떤 사람은 징책하신다. 그는 어떤 사람들의 숨은 질병들은 치료하시나, 다른 사람들은 그러한 치료를 전혀 필요로 하지 않기 때문에 간과하신다. 어떤 사람들에게는 견인불발의 정신을 주시어 인내할 수 있게 도우신다. 그리고 다른 사람들을 모범으로 제시하신다. 하지만, 하나님은 모든 사람들을 공히(in common) 자기의 진노의 증거들을 가지고 낮추시어 회개할 마음을 먹게 하시는 것이다."[31] 그러나 분명한 것은, 우리의 마음과 생각을 변화시킴으로써 뿐만 아니라, 외적 환경을 압력 수단으로 사용하여 하나님은 그의 길로 우리가 걸으며 그를 섬기도록 격려하신다는 점이다.[32]

3. 우리의 갈등은 육체와 마귀에 대한 우리의 투쟁으로 말미암아 더욱 심화됨

기독교인이 당하는 갈등(conflict)은, 외부의 원수들의 적대 행위와 더불어 투쟁해야 할 뿐만 아니라, 육체로부터 일어나는 시험과 의심들에 대해 자신의 심령 속에서부터 끊임없이 투쟁하고 있기 때문에 더욱 더 험해지는 것이다. 자기 부인(自己否認)의[33] 전과정이란, 로마서 7장과 갈라디아서 5장에서 바울이 묘사하고 있는 바 영(靈)과 육(肉) 간에 벌리는 끊임없는 투쟁에 지나지 않는다.[34] 여기서 말하는 '육체'는, 칼빈

---

31) Comm. on Ps. 37 : 25, C.O. 31 : 378; cf. on James 1 : 2, C.O. 55 : 383-4.
32) Serm. on 2 Sam. 4, p. 85. Here again we have to remember that the children of God are afflicted more than the wicked because God reserves the judgment of the wicked for the last day and treats His people with greater severity in this present life. See p.198. Comm. on 1 Pet. 4 : 17, C.O. 55 : 281-2; and on John 9 : 2, C.O. 47 : 217; Inst. 1 : 5 : 6.
33) See pp. 50-67.
34) Cf. comm. on Rom. 7; on Gal. 5 : 17, C.O. 50 : 252-3; and on Col. 3 : 15, C.O. 52 : 123; serm. on Deut. 5 : 12-14, C.O. 26 : 290. *Or tant y a que nous ne pouvons point nous acquitter tellement en renonçant à nos affections, qu'il n'y ait tousiours à redire. Sainct Paul se glorifie bien que le monde luy est crucifié, et qu'il est crucifié au monde: mais cependant il ne laisse pas de dire que sa chair combat contre l'esprit: et qu'il n'y a iamais d'accord: et mesmes il confesse au septieme des Romains qu'il a tousiours senti en soy ceste repugnance, qu'il ne faisoit pas le bien qu'il eust voulu, c'est à dire, il ne l'accomplissoit pas d'une affection si ardente, il n'estoit pas si resolu de cheminer selon Dieu, qu'il n'y eust tousiours des empeschemens pour*

의 경우 그 경향이 항상 하나님의 뜻을 대적하는 옛 인간적 본성을 가리킨다. 사람이 하나님의 뜻에 순종하려고 하면 그 옛 본성은 부단히 억제되고 죽어야 한다. '영'은 중생한 사람의 새 영적 본성(new spiritual nature)이다.[35] 그러므로 기독교인은 옛 본성인 육체와 그의 새 본성인 영 사이에서 자신이 분열되어 있는 것을 항상 발견하는 것이다. 그의 육체는 죄와 부절제와 무질서 속으로 자기의 삶을 몰아넣으려고 하며, 결코 완전하게 억제될 수가 없는데 반하여, 그의 새로운 영적 열망과 세력은 하나님의 법에 삶을 일치시키려고 노력한다.[36] "하나님의 중생 사역이 시작된 경건한 사람들은 내적으로 분열되어 있어서, 특별한 열정을 가지고 하나님을 뜨겁게 사모하고, 하나님의 의를 갈급하여 죄를 미워하되, 그들의 육체의 잔재로 말미암아 그들은 땅에로 내려 앉는다."[37] 이 갈등은 중생한 사람만이 느낀다. 본성적인 사람(the natural man)은 이같은 방식으로 육체를 저항하지 않는다.[38]

육체에 대한 투쟁은 그릇된 욕망에 대해서 뿐만 아니라 거짓 사상과 불신앙에 대한 끊임없는 내면적 투쟁을 의미한다. 이는 불신앙 또한 육체(즉 옛 본성)의 활동이기 때문이다. 하나님과 우리의 상황에 대한 육체의 판단은 항상 신앙과 반대된다. 하나님의 백성들의 체험에 있어서, 신앙의 판단— 하나님이 항상 가까이 계시고 승리하신다는 것 — 은 육체의 연약성과 판단을 항상 반대하고 용납하지 않는다. 이와 같은 갈등에서 칼빈은 시편 기자들이 자기들의 시련 가운데서 토해내는 바 분명히 모순되어 보이는 말들의 진의(眞意)를 발견한다. 비록 신앙은 하나

---

le retarder. In comm. on John 21 : 18, C.O. 47 : 455, Calvin traces Peter's unwillingness to face martyrdom to this conflict between flesh and spirit. In serm. on Job 34 : 4–10, C.O. 35 : 132 he links up Job's conflict with himself, and Jacob's wrestling, with Rom. 7, and Gal. 5 : 17.

35) Comm. on Gal. 5 : 17, C.O. 50 : 252–3.
36) Serm. on Job 34 : 4–10, C.O. 35 : 132; comm. on Rom. 7 : 14–15, C.O. 49 : 128–130.
37) Comm. on Rom. 7 : 15, C.O. 49 : 130. *Pii contra, in quibus coepta est Dei regeneratio, sic divisi sunt, ut praecipuo cordis desiderio ad Deum suspirent, coelestem iustitiam expetant, peccatum oderint: sed rursum carnis suae reliquiis in terram retrahantur.*
38) Comm. on Gal. 5 : 17, C.O. 50 : 253. Cf. comm. on Rom. 7 : 15, C.O. 49 : 129. *Notandum est, hoc certamen, de quo loquitur apostolus, non prius exstare in homine quam spiritu Dei fuerit sanctificatus. Nam homo naturae suae relictus totus sine repugnantia in cupiditates fertur.*

님이 우리를 사랑하신다는 것을 확실하게 믿을 수 있지만, 육체의 불신앙은 왜 하나님이 부재(不在)하느냐고 하는 믿음없는 질문들을 던질 수가 있는 것이다.[39] 시편의 한 구절은 신앙의 훌륭한 표현으로 보일 수 있으나, 곧이어 나오는 것은 아주 대조적인 본성적 의심의 표현인 경우가 있다.[40] "나의 하나님, 나의 하나님, 어찌하여 나를 버리셨나이까?"라는 외침은 성도의 기도를 씨줄로 하여 엮어진 '모순된 감정' (the contrary affections)을 나타내고 있다.[41]

불신앙에 빠지는 우리의 시험은 육체의 연약함을 통해서 뿐만 아니라 마귀의 장난질에 의해서도 생겨난다. 마귀는 우리가 투쟁하고 있을 때 살며시 우리에게 와서 믿음없는 말로 속삭여 하나님이 성령의 후원을 거두셨다고 말하고,[42] 그리하여 우리로 하여금 절망에 빠지게 만든다.[43] "마귀가 단지 바라는 것은… 하나님이 우리를 저버리셨다는 생각을 우리 머리 속에 주입하는 것이다."[44]

이래서 큰 환난 가운데서는 우리의 절망적인 입장을 우리에게 깨닫게 하는데 욥을 찾아온 엘리바스와 같은 외부의 사람이 하등에 필요하지 않다고 칼빈은 단언한다. 우리 각 사람이 우리 자신의 본성 안에 우리를 절망으로 몰아넣는 갈등의 온상을 품고 있는 것이다.[45] 절망에 빠지게 하는 이러한 시험에 대하여 우리의 신앙이 흔들리지 아니하며 굴하지도 아니해야 한다.[46] "우리가 절망에 대하여 씨름하여, 우리의 슬픔이 치유될 수 없을 것처럼 보일지언정, 그 슬픔에도 불구하고 우리의 입을 다물지 않고 하나님 앞에서 우리의 기도를 토해낼 수 있게 되는

---

39) Comm. on Ps. 44 : 24, C.O. 31 : 448. *Statuendum quidem est, a Deo nos respici, etiamsi dissimulet: quia tamen haec persuasio fidei est, non carnis, contrarium illum sensum quem ex praesenti rei adspectu concipiunt, familiariter exonerant in sinum Dei.*
40) Comm. on Ps. 69 : 15-19, C.O. 31 : 645.
41) Comm. on Ps. 22 : 2, C.O. 31 : 220. *Idem quotidie quisque fidelium in se experitur, ut pro carnis sensu, a Deo se reiectum et desertum existimet: fide tamen apprehendat absconditam gratiam. Ita fit ut in eorum precibus contrarii affectus simul permixti sint ac impliciti.* Cf. comm. on Ps. 13 : 2, C.O. 31 : 132. *Davidem non prohibuit a quaerendo Deo carnis infirmitas, sed affectus in speciem contrarios optime coniunxit.*
42) Comm. on Ps. 55 : 5, C.O. 31 : 536.
43) Serm. on Job 14 : 13-15, C.O. 33 : 686.
44) Serm. on Job 2 : 11-13, C.O. 33 : 140.
45) Serm. on Job 4 : 7-10, C.O. 33 : 190.
46) Comm. on Ps. 49 : 7, C.O. 31 : 484.

것이 우리로서의 당연한 것이다."⁴⁷⁾

---

47) Comm. on Ps. 77 : 3, C.O. 31 : 712. *Atque ita cum desperatione luctari nos decet, ut dolor, licet insanabilis, ianuam tamen votis nostris minime praecludat.* Comm. on Ps. 13 : 2, C.O. 31 : 132. *Sic nobis cum tentationibus luctandum est, ut ipso conflictu fides nobis dictet superanda esse mala quae nos ad desperationem sollicitant.* Cf. comm. on Ps. 42 : 6, C.O. 31 : 429.

제 2 장
갈등과 고통 중에서의 신앙의 태도

1. 신앙은 복종과 자기 부인할 때 오직 '하나님의 손'만을 의지함

신앙의 사람은 그가 환난과 시련을 당할 때 불신자와는 전혀 다른 태도를 취한다. 환난을 당할 때 믿음이 없고 불경건한 자들은 더욱 더 완악하게 될 수 있지만, 신앙의 사람은 바로 그같은 환난을 당할 때 참으로 회개하여 하나님께로 향하는 경향이 있다.[1]

악에게 폭행을 당하고 섭리에 의하여 매를 맞을 때, 신앙의 사람은 하나님께, "당신은 나의 하나님이십니다"라고 말하게 되어 있는 것이 그 특징이다. 그는 하나님만 의지하며, 하나님만을 신뢰하는 것이다.[2] 이 땅에서의 모든 일들이 "우리가 하나님께 올 때까지는 우리가 사방을 둘러 보아도 어디에나 절망할 것밖에 안보이기 때문에" 우리는 하나님을 의지하지 않을 수가 없다. 우리의 속을 들여다 보면 썩은 것으로 가득찬 '죽음의 거울'만 단지 보이는 것이다. 우리의 주변을 둘러보면, 어디에서나 부패가 있을 뿐이다. 모든 세속적 변화는 '멸망의 전주곡'이다. 안정(stability)은 오직 하나님에게서만 발견되어질 수 있는 것

---

1) Inst. 3 : 8 : 6.
2) Comm. on Ps. 31 : 14, C.O. 31 : 307-8.

이다.[3]

그러므로 신앙의 사람은 오직 하나님만을 끊임없이 의지하게 될 것이다. 하나님 외에 어디에서도 도움과 위로를 받으려 눈을 돌리지 않을 것이다. 이는 그렇게 되면 그가 넘어질 것이기 때문이다.[4] 그는 그가 하나님에게만 주어야 할 신뢰를 사람에게는 조금치도 주려하지 않을 것이다.[5] 여기저기를 두리번거리면서 오늘은 여기서 도움을 구하려 하고 내일은 저기서 구하려 하는 불신자들과는 대조적으로, 신앙인의 모든 기도와 바램은 단 하나의 목표와 방향이 있을 따름이다.[6]

이와 같이 하나님만을 의지한다고 하는 것은 세상으로부터 오는 도움을 일체 거부한 것 뿐만 아니라, 우리 자신에게는 우리를 도울 능력이 전혀 없음을 확신하게 된 것을 의미한다.[7] 칼빈이 항상 강조하는 바는, 하나님을 믿는다고 하는 데에는 "우리 자신을 포기하는 것"이 포함된다는 점이다.[8] 그러므로 환난 가운데서 신앙은 철저한 자기 부인(自己否認)의 태도를 취하게 될 것이다. 이는 고통을 당할 때, 우리가 심하게 시험을 받아 우리의 감정이 격렬해지고 그릇된 행동을 하고 싶은 충동을 받으며 절망과 신성모독의 죄에 빠질 수 있게 되기 때문이다.[9] 하나님이 십자가를 통하여 우리의 마음을 부드럽게 하고자 하시기 때문에, "우리는 적어도 부드러워지기를 노력해야 하고, 철저하게 완고함을 벗어버리고, 하나님이 우리에게 지우시는 멍에를 기쁘게 져야 한다."[10] 하나님이 십자가를 통하여 우리를 무익한 존재로 인식케 하고자 하시기 때문에, "우리는 하나님이 우리를 억제하시는 것(mortify)을

---

[3] Comm. on Ps. 102 : 25–6, C.O. 32 : 73.
[4] Comm. on Ps. 16 : 8, C.O. 31 : 155; and on Ps. 71 : 16, C.O. 31 : 660.
[5] Comm. on Ps. 118 : 8, C.O. 32 : 204.
[6] Comm. on Ps. 25 : 1, C.O. 31 : 250; on Ps. 71 : 1, C.O. 31 : 654; and on Ps. 73 : 25, C.O. 31 : 688.
[7] Comm. on Ps. 28 : 1, C.O. 31 : 281.
[8] Comm. on Matt. 21 : 32, C.O. 45 : 590. To have faith involves "distrusting our own strength" (comm. on Phil. 1 : 6, C.O. 52 : 9), "self-despair" (serm. on Gen. 15 : 6, C.O. 23 : 699), becoming "destitute of all good" (ibid. p. 700). The Holy Spirit sometimes "sets the assistance of God in opposition to human strength" (comm. on Ps. 20 : 7–8, C.O. 31 : 211).
[9] Comm. on Ps. 143 : 10, C.O. 32 : 404.
[10] Comm. on Ps. 119 : 67, C.O. 32 : 244. *Suo interim exemplo docet propheta, saltem ubi duritiem nostram subigendo ostendit Deus, se velle nos habere discipulos, dandam esse operam ut mitescamus, et deposita ferocia, quod nobis imponit iugum, libenter feramus.*

인내심을 가지고 허락해야 한다."¹¹⁾ 칼빈이 자주 우리에게 경계하시는 바는, 심한 환난 가운데서 우리가 '마음을 침착하게 가라앉히고,' 계속적으로 '자신을 억제해야 한다'는 것이다.¹²⁾ 그는 예수님의 산상설교에 나오는 바 "심령이 가난한 자"라는 말에서, 하나님의 뜻을 따라 참되게 고통을 감내하는 자들의 바른 태도가 표현되어 있는 것으로 해석한다.¹³⁾

기독교인은 그가 당하는 고통이 하나님께로부터 직접 온다는 것과 자기의 상황이 전적으로 하나님의 통제 하에 있다는 것을 알기에, 믿음으로 하나님을 의지하게 된다. 하나님이 만사(萬事)를 자기의 계획대로 명하시기 때문에, 그러므로 자기의 자녀들이 당하는 것이면 무엇이나 하나님의 선하신 손 아래서(under His good hand) 그의 규례와 명령을 따라 당하고 있는 것이다.¹⁴⁾ "가난이나 추방, 투옥이나 모욕, 질병이나 사별(死別), 또는 이같은 종류의 악이 우리를 괴롭힐지라도, 그것들 중에 어느 하나도 하나님의 뜻에 의하지 아니하고서는 일어나지 않는 것으로 우리는 생각해야 한다. 더욱이 하나님이 하시는 모든 일은 가장 완전하게 질서 정연한 것으로 생각해야 한다."¹⁵⁾ 칼빈은 다음과 같은 어거스틴의 사상을 인정한다. 의심 많은 사람의 생각에는, 고통을 어두운 신비(a dark mystery)로 간주할 수 있게 하는 바 명백하게 비합리적인 재난들마저도 하나님의 단순한 허용에 의해서가 아니라 그의 의지와 작정에 의하여 일어나고 있는 것으로 생각되어야 한다.¹⁶⁾ 때때로, 칼빈

---

11) Comm. on John 12 : 25, C.O. 47 : 288. *Nam si mori nos oportet ut fructum feramus, patienter ferendum est ut Deus nos mortificet.*
12) Comm. on Ps. 10 : 18, C.O. 31 : 120. *Verum si locum dare cupimus eius auxilio, domandus est fervor noster, sedanda impatientia, mitigandi dolores, usquedum miseriae nostrae Dei gratiam provocent.* Cf. serm. on Job 1 : 9-12, C.O. 33 : 71. *Il nous faut apprester quand il plaira à Dieu de nous affliger et nous exercer en beaucoup de maux, et de miseres, que toutesfois nous soyons tenus en bride, que nous ayons ceste humilité-là de nous assubiettir à luy, que nous soyons patiens et paisibles pour recevoir toutes ses corrections.*
13) Cf. comm. on Matt. 5 : 3, C.O. 45 : 161-2.
14) Inst. 1 : 16 : 3. *Hoc solatio in rebus adversis se leniant fideles nihil se perpeti nisi Dei ordinatione et mandato.*
15) Inst. 3 : 8 : 11.
16) Comm. on Ps. 115 : 3, C.O. 32 : 184. *Ideo apposite et scite Augustinus hoc testimonio probat, non simplici Dei permissu accidere quae videntur nobis absurda, sed nutu etiam et decreto.* Calvin's reasons are cogent: *Nam si facit Deus noster quaecunque vult, cur permitteret fieri quae non vult? Cur diabolum et omnes impios sibi repugnantes non coercet? Si medius fingitur inter actionem et passionem, ut toleret quae fieri non vult: erit igitur otiosus in coelo, ut Epicurei somniant.*

제 5 부 신앙의 훈련 **327**

이 어떤 재난들은 "하나님의 허용에 의하여" 일어나는 것으로 말하고 있음이 사실이다.[17)]

자기들을 치시는 하나님을 고통 중에서 의지하지 않게 될 자들에 대한 이사야의 탄식과 경고를 칼빈이 자주 염두에 두고 있음이 분명하다. 그는 대부분의 사람들이 이 문제에 관하여 아주 생각이 깊지 못한 것을 인하여 탄식한다. 그들은 들의 짐승들과 다를 바가 없어서 그들이 당하는 고통을 평가할 때 '단지 그것이 주는 통증만을' 고려한다.[18)] 그러나 환난을 당할 때 우리의 생각이 우리 자신의 위로와 희망과 신체적 안녕과 관련하여 일어난 재난들에만 머물러서는 안된다. 우리는 이보다 한 걸음 더 나아가야 한다. 그리고 환난 때에 우리를 치는 그 손에 우리는 마음을 써야 하는 것이다.[19)] "우리는 우리를 치시는 하나님의 손을 인식해야 하며, 우리가 당하는 재난들이 격렬한 맹목적 운명의 장난으로부터 생겨나는 것으로 생각해서는 안된다."[20)] 구약에서 참된 성도가 고통을 당할 때 취한 태도의 특징은 그들의 모든 환난 가운데서 그들이 느끼는 고통을 하나님과 관련지은 점이다. 하나님께서 그들을 괴롭히시는 것으로 그들은 인식하였다. 그들에게 있어서 그들이 당하는 고통은 하나님의 손이 그들의 위에 있는 표이었다.[21)]

만일 사악한 자들이 그들을 핍박하고 있을 경우, 그들이 맨 먼저 생각하는 것은, 하나님께서 그가 사악한 자들을 견제하는데 사용하시던 고삐를 의도적으로 느슨하게 풀어주신 때문으로 보았던 것이다.[22)] 만일

---

17) Comm. on 1 Pet. 4 : 19, C.O. 55 : 283. *Reducit tamen in memoriam, nihil nisi Dei permissu nos pati: quod multum ad consolationem valet.* Cf. comm. on Ps. 79 : 5, C.O. 31 : 748-9.
18) Comm. on Ps. 38 : 3, C.O. 31 : 387. *Atqui David in morbo, sicut in aliis rebus adversis, manum Dei suis oculis proponit ad punienda peccata armatam. Et sane quisquis in mali sui sensu subsistit, nihil a pecudibus differt.*
19) Comm. on Ps. 6 : 2, C.O. 31 : 73. *Et tamen videmus quantus torpor omnes fere occupet in hac parte, nam quum se miseros esse clamitent, ad manum ferientem vix centesimus quisque respicit.* Cf. comm. on Ps. 38 : 3, C.O. 31 : 387. *Sed quum nos de iudicio admoneant omnia eius flagella, haec vera fidelium prudentia est, manum percutientis respicere, ut propheta Ies.* 9 : 13 *loquitur.* Comm. on Ps.79 : 5, C.O. 31 : 749. *Quoties nos flagellis suis ferit Deus, ad manum eius attendere convenit.*
20) Comm. on John 5 : 14, C.O. 47 : 109.
21) Comm. on Ps. 74 : 1, C.O. 31 : 691. *Notandum autem est, quod fideles a profanis gentibus vexati, oculos tamen ad Deum attollunt, ac si plagas omnes sola eius manus infligeret.* Cf. comm. on Ps. 79 : 5, C.O. 31 : 749.
22) Cf. ibid.

그들이 친구들의 도움을 받지 못했을 경우에는, 인간의 연약성에 대하여 깊이 생각하기 보다는 하나님이 의도적으로 그의 도움을 철회하신 것 때문에 이같은 인간적 도움이 끊어지게 된 것으로 생각했다.[23] 이같은 환난들을 체험하는 바로 그때가 우리에게는 하나님을 찾는 가장 좋은 기회이다. 하나님이 이같은 모든 환난을 주관하시는 인격적 존재이시기 때문에, 십자가 아래에서 철저하게 순종하는 것이 위선자들의 의식적(儀式的)인 기도와 금식 및 눈물보다 훨씬 더 낫고 확실한 하나님을 찾는 길이다.[24] "생사(生死)의 주관권(Lordship)이 하나님께 돌려질 때, 모든 사람은 자기의 처지(處地)를 하나님이 지우신 멍에로 알고 잘 감내할 수 있게 되는 것이다…그러므로 만일 육체가 어느 때라도 역경 중에서 뒤로 물러날 때에는, 자유하지 않는 자는 자신을 주장할 수 없다는 것과 만일 그가 자기의 주님의 선한 뜻을 의존하지 않을 경우 법과 질서를 깨뜨리게 된다는 것을 우리는 기억해야 한다."[25]

2. 신앙은 환난 중에서 하나님의 진노와 아울러 그의 부성애의 증거들을 발견함

하나님의 손에 마음을 씀에 있어서, 신자는 자기가 당하는 환난이 어떤 면에서는 자기의 과거의 죄들로 인하여 받아 마땅한 형벌과 관련되어 있다는 사실을 생각하게 될 것이다.[26] "우리가 환난을 당할 때마다, 우리는 우리의 과거 생활을 즉시 되돌이켜 생각해 보아야 한다."[27] 신자는 그가 당하는 고통을 자기의 죄에 대한 하나님의 진노와 심판의 증거로 간주할 것이다.[28] "자기들이 하나님의 진노를 받아 마땅한 것으로

---

23) Comm. on Ps. 88 : 9, C.O. 31 : 808. *Quod notatu dignum est: quia nisi in memoriam succurrat, ideo nos destitui humanis mediis, quia Deus manum suam subducit, tumultuamur sine fine et modo.*
24) Comm. on Isa. 9 : 13, C.O. 36 : 204.
25) Comm. on Rom. 14 : 8, C.O. 49 : 261.
26) Comm. on John 5 : 14, C.O. 47 : 109. *Docet etiam haec admonitio, quidquid patimur mali peccatis nostris imputandum esse.*
27) Inst. 3 : 8 : 6.
28) Serm. on Job 5 : 17–18, C.O. 33 : 260. *Nous avons à retenir . . . que si tost qu'il nous advient quelque mal, l'ire de Dieu nous doit venir devant les yeux, que nous devons cognoistre qu'il ne peut porter le peché: et sur cela faut que nous sentions la rigueur de son iugement.* Cf. serm. on Job 3 : 20–26, C.O. 33 : 168. *Ainsi quand*

제 5 부 신앙의 훈련 **329**

느낄 수 있을 만큼 자기들의 죄를 정면으로 즉시 부딪치지 않는 자들은 그들이 환난을 당할 때 거의 영적으로 진보하지 못하였다."[29] 사실상 환난은 흔히 이러한 생각을 우리의 마음 속에 새길 목적으로 주어지는 것이다. 그리고 이 점에서, 고통을 죄와 관련지을 줄을 모르는 불신자들이 환난을 대하는 태도에 있어서 신자들과 다르다.[30] 그러므로 칼빈의 분명한 가르침에 의하면, 기독교인은 어떠한 고통이 그에게 오든지 그것이 어떻게든 자기 자신의 죄와 관련된 것으로 받아들이게 되어 있다.[31]

칼빈은 우리의 죄에 대한 하나님의 진노와 심판의 증거로 환난을 간주할 것을 우리에게 말함과 동시에, 바로 그 환난에서 하나님의 부성적(父性的) 사랑의 증거를 감지(感知)할 것을 우리에게 강권한다.[32] 환난의 목표는 하나님이 우리에게 긍휼을 베푸실 수 있도록 우리를 겸손케 하는데 있다. 만일 하나님이 우리를 낮추실 것 같으면, 이는 그가 우리를 일으켜 세울 수 있기 위함에서이다. 그러므로 우리가 당하는 고통이

---

il est question de nous fascher, que nous ne regardions point ni à froid, ni à chaud, ni à povreté, ni à maladies, mais que nous regardions à nos pechez: et mesmes quand Dieu nous affligera . . . que cela nous advise de monter plus haut: ne nous arrestons point au mal corporel, mais cognoissons, Voici les fruits de nos fautes.

29) Comm. on Ps. 6 : 2, C.O. 31 : 73.

30) Serm. on Job 3 : 1–10, C.O. 33 : 144. *Or cependant il est vray qu'il y a dequoy gemir et pleurer, d'autant que quand nous sommes ici, nous sommes en un abysme de toutes miseres: mais quoy? il nous faut regarder d'où cela procede. Les Payens n'ont cognu sinon que la condition des hommes estoit miserable: mais il nous faut regarder pourquoy Dieu nous a assubiettis à tant de maux: c'est à cause du peché.*

31) But Calvin never teaches that we should as any general rule assert that when any person suffers, that is due to his or her sins. Calvin's comments on the problem of the man born blind in John 9 are important in this connexion. "It is undoubtedly true," he asserts, "that all our distresses arise from sin." But, he points out, often the cause of suffering is concealed and we ought, in judging cases, to restrain our curiosity that we may neither dishonour God nor be malicious to our brethren. It is difficult to make any judgment on individual instances, for sometimes God, in sending affliction has the purpose simply of training us to obedience or testing our patience. Moreover, God is far more severe in punishing his Church (which must be conformed to Christ in His death) at present than the wicked whose punishment is reserved for the judgment day. "They are false interpreters therefore who say that all afflictions, without any distinction, are sent on account of sins." Comm. on John 9 : 1 ff., C.O. 47 : 217–8.

32) Inst. 3 : 8 : 6. *Ergo in ipsa quoque tribulationem acerbitate, Patris nostri clementiam erga nos ac benignitatem recognoscere convenit: quando ne tum quidem desinit salutem nostram promovere.* Cf. serm. on Job 5 : 17–18, C.O. 33 : 260. *Nous avons à retenir ces deux poincts . . . l'un est, que . . . l'ire de Dieu nous doit venir devant les yeux. . . . Et au reste que cependant aussi nous apprehendions la bonté de Dieu de ce qu'il ne nous laisse point aller en perdition sans nous retirer à soy.*

단지 우리에게 부정적인 영향만을 미치도록 해서는 안되는 것이다.[33] 고통은 이렇듯, 하나님이 자기의 부성애(父性愛)로 우리를 생각하시는 증거가 될 수 있다. 왜냐하면 하나님이 우리에게 벌을 주시고 있다는 바로 그 사실이 그가 우리를 위해 사랑으로 계획하고 계시고, 우리가 멸망하도록 내버려 두지 않으시며, 우리를 불러 회개케 하신다는 것을 의미하기 때문이다.[34] 우리가 가장 두려워 해야 할 것이 있다고 하면, 우리의 죄들을 보고서도 하나님이 처벌하지 않으시거나 그것들을 치료하여 우리로 회개하도록 마음을 써주지 않으실 때인 것이다.[35] 하나님께서는 자기 백성에 대하여 자기의 진노를 쏟으실 때에 그의 긍휼을 결코 잊지 않게 하는 방법으로만 하시고, 그의 형벌들이 그의 진노에 대한 것이라기 보다는 그의 부성애에 대한 증거들로 간주될 수 있는 방법으로 하신다.[36] 그 자체로서는 하나님의 진노의 표들인 하나님의 채찍들이 그리스도 안에서 복이 될 수가 있고, 우리로 하여금 하나님의 부성애(父性愛)를 붙잡는 기회가 될 수도 있다.[37] 그러므로 환난 당할 때 "육체를 죽이는데 그것이 필수적인 만큼" 우리가 하나님의 심판 앞에서 크게 떨되, 그 심판들로 말미암아 인류에 대한 하나님의 온전한 섭리를 우리가 깨닫게 됨으로써 우리가 얻을 수 있는 위안을 놓쳐서는 안되는 것이다.[38]

---

33) Comm. on Ps. 6 : 3, C.O. 31 : 75. *Quia autem hunc finem in poenis sumendis Deo propositum esse scimus, ut nos humiliet, simul ac ferulis eius subacti sumus, eius misericordiae aperta est ianua. Adde quod quum proprium sit eius munus infirmos sanare, iacentes erigere, fulcire debiles, mortuis denique vitam restituere: haec una ratio ad petendam eius gratiam nobis sufficit, si malis succumbimus.* Cf. serm. on Luke 1 : 26–30, C.O. 46 : 71.
34) Serm. on Job 14 : 13–15, C.O. 33 : 684. *Au reste, cependant que nous vivons que ceci nous soit bien resolu, qu'il n'y a rien meilleur pour nous que quand Dieu pense de nous: voire et fust-ce mesmes pour nous punir. Si Dieu pense de nous, afin de nous faire sentir sa grace, voila où consiste toute nostre ioye et nostre gloire, comme il est dit au Pseaume huitieme (v. 5) . . . mais comme i'ai dit, s'il nous chastie de nos pechez, encores nous fait-il grace: car il monstre par cela qu'il ne veut point que nous perissions.*
35) Comm. on Ps. 81 : 12, C.O. 31 : 764–5.
36) Comm. on 1 Cor. 11 : 32, C.O. 49 : 495.
37) Comm. on Rom. 8 : 31, C.O. 49 : 162.
38) Comm. on Ps. 119 : 52, C.O. 32 : 237. *Si quis obiiciat contrarium esse Dei iudiciis ut consolationem nobis afferant quae debebant terrorem incutere: responsio facilis est, iudiciis Dei terreri fideles quatenus illis ad carnis suae mortificationem expedit: sed quatenus inde agnoscunt Deo curae esse genus humanum, ampla consolationis materia sese offert.*

그러므로 우리가 환난을 당할 때에도 감사할 이유가 항상 있는 것이다. 실제로 욥과 같은 사람들의 고통을 생각해 보면, 우리가 당하고 있는 고통은 우리가 마땅히 받았어야 할 것과 비교할 때 부드러운 징계요, 우리에게 위안을 주는 가벼운 환난에 지나지 않음을 우리는 깨달아야 한다. [39] 사악한 헤롯에 의하여 자행된 무죄한 어린애들의 대학살을 생각하면, 만일 하나님께서 계속적으로 그의 손을 내밀어 우리를 대적하는 세력들을 억제시키지 아니했다고 하면, 우리의 운명이 살벌하고 소름이 끼칠만큼 우리를 둘러싼 악의 세력들이 우리를 진멸하는데 맹렬하고 아주 단호하다는 것을 우리는 또한 깨달아야 한다. [40] 예수님께서 구원하여 주시는 과정에 있던 작은 소년 간질환자를 사단이 거칠게 땅에 나딩굴게 한 것처럼, 영원한 구속(救贖)을 위하여 그리스도의 손 안에 있는 성도들에 대하여 악의 세력들은 더욱 더 거칠게 공격을 퍼붓는 것이다. [41] 우리가 당하는 바로 그 고통은 우리의 구속에 필수적으로 수반한다. 그리고 우리가 그리스도의 손 안에 있기 때문에 우리는 악의 세력에게 압도당하거나 결단날 수가 없는 것이다. [42]

3. 신앙은 환난 중에서 하나님의 말씀을 붙잡음

기독교인이 그의 신앙에 부딪치는 갈등과 모순 가운데서 하나님을 의지하고 모든 다른 도움을 거절할 때, 그는 하나님의 말씀을 붙잡는 까닭에 강하게 견디어낼 수가 있는 것이다. 하나님의 말씀만이 우리가 인내를 배우고 십자가를 감당하는데 익숙해지는 근원이다. [43] 하나님의

---

39) Serm. on Job 2 : 7–10, C.O. 33 : 118. *Or nos afflictions sont moyennes et douces, si on les accompare à celles dont il est ici parlé. Concluons donc que Dieu se monstre benin et pitoyable envers nous, quand nous sommes chastiez ainsi doucement de sa main.*
40) Serm. on Matt. 2 : 16–22, C.O. 46 : 446–7.
41) Serm. on Mark 1 : 23–7, C.O. 46 : 744. *Et cependant aussi notons, que comme ce povre homme a este delivré de Satan avec grans tourmens qu'il a endurez, que le diable l'a ietté par terre, et l'a comme deschiré, encore qu'il ne luy ait peu nuire pour le ruiner du tout, aussi quand Iesus Christ nous tire et delivre, de la tyrranie de Satan, si nous endurons quelque violences qu'il ne nous faut point trouver cela estrange.*
42) Cf. Inst. 1 : 14 : 18.
43) Comm. on Ps. 94 : 12. C.O. 32 : 24.

말씀만이 이 세상에서의 삶에 대해 그릇된 방향을 제시하는 맹목적 지혜와 대조가 되는 참된 지혜를 얻는 원천이다.[44] 우리가 아무리 명백하게 하나님께 버림을 받은 것처럼 보일지라도, 우리는 하나님의 약속들의 진리에 의존함으로써 만족과 기쁨의 근원을 얻을 수가 있다.[45] 하나님은 자기 백성이 심한 신앙적 투쟁을 하고 있을 때 정확히 다음과 같은 교훈을 가르쳐 주고자 하신다. 즉, 하나님의 백성들은 자기들을 뒷받침해 주는 모든 것들이 제거되는 때 하나님의 '순전한 말씀'을 의존해야 한다는 것이다.[46] 그러므로 "사물들의 현재적 국면"에 마음을 쓰는 대신에, 말씀에서 힘을 얻어가지고, 하나님이 약속하신 것의 성취를 참을성 있게 기다리면서 망대 위에 있는 것처럼 서 있어야 한다.[47] "현실을 보는 대신에 하나님의 말씀을 의지하라"고 칼빈은 말한다.[48] 하나님의 의(義)에 전적으로 반대되는 것처럼 보이는 상황 속에서, 하나님의 말씀이 우리를 붙들어 주며, 우리로 하여금 "주여 당신은 의로우십니다"라고 말할 수 있게 해준다.[49]

4. 신앙은 악에 대하여 유순할 뿐만 아니라 공격적임

칼빈에 의하면, 우리 기독교인의 전투의 대부분은 공격적 행동을 취하는데 있다기 보다는, 악의 공격에 대하여 인내심을 가지고 견디어내는데 있다.[50] 그래서 악의 유혹을 받을 때 절제하고 분리하는 것이 필

---

44) Comm. on Ps. 119 : 24, C.O. 32 : 224–5; and on Ps. 86 : 11, C.O. 31 : 795; serm. on Deut. 6 : 13–15, C.O. 26 : 465.
45) Comm. on Ps. 56 : 5, C.O. 31 : 548–9; and on Ps. 11 : 1, C.O. 31 : 120; serm. on Luke 1 : 69–72, C.O. 46 : 173.
46) Comm. on Ps. 56 : 11, C.O. 31 : 552. *Ad hanc meditationem se assuefaciant fideles, ut inter tentationes firmam gloriam retineant, nudo verbo contenti. . . . Vix tamen unquam tres passus conficere licebit, nisi in solum verbum recumbere didicerint.* Cf. on Ps. 51 : 9–11, C.O. 31 : 516.
47) Comm. on Ps. 87 : 3, C.O. 31 : 801. Cf. serm. on Gal. 2 : 20–1, C.O. 50 : 448. *Voilà donc comme il nous faut vivre par foy . . . que nous prenions ce miroir de la parole de Dieu, pour regarder les choses qui surmontent tout nostre sens, qui sont eslongnees de ce monde et qui sont invisibles du tout: et que nous eslevions nos yeux iusques là: non point selon que nostre raison et prudence nous y pourra guider (car ce n'est point assez), mais que nous surmontions ce monde, et que nous quittions les choses presentes, afin de nous entretenir en l'attente des promesses de Dieu.*
48) Comm. on 2 Cor. 5 : 7, C.O. 50 : 63. *Loco rei, in verbo acquiescimus.*
49) Serm. on Job 34 : 4–10, C.O. 35 : 139–40.
50) Comm. on 2 Tim. 2 : 3, C.O. 52 : 361.

요하다고 칼빈은 늘 강조하였다.[51] 그렇지만 악에 참여하지 않고 그것을 행하는 것을 단지 삼가하는 것만으로는 충분하지 않다고 그는 분명히 주장한다. 어떤 모양의 악이든지 그것을 우리로 하여금 공격하기를 하나님이 원하신다고 칼빈은 주장한다. 무죄한 자들이 억눌려 있을 때 그들의 대의(大義)에 동조하고, 정의를 위한 싸움에 참여해야 한다.[52]

우리 자신이 행악자(行惡者)들의 원수들임을 보여주고 그들을 대적하는 행동을 취하여야 하는 것이다. 그렇지 않으면, 우리는 우리가 적극적으로 비난하지 않는 악들의 공범자로 하나님 보시기에 간주될 것이다.[53] 악에 연루된 자들의 기분을 상하게 하는 것을 두려워하여 우리가 침묵하고 항거를 소극적으로 함으로써 그들의 악행(惡行)에 찬동하게 되는 때, 칼빈은 하나님의 대의(大義)를 저버리고 하나님으로부터 우리 자신을 분리시키는 것에 해당하는 것으로 그것을 간주한다. 이렇게 하는 것은 곧 악(惡)의 대의를 지지하는 것이나 마찬가지이다.[54] 교회 안에서 악과 악습을 공격하는 것은 우리의 의무이다. 우리에게는 이러한 공격을 행할 수 있는 어떠한 권세와 능력도 가지고 있지 않다. 그렇지만 이러한 상황에서도 권위를 가지고 있지 않는 자들이 "그들이 자유롭게 사용할 수 있는 혀를 가지고 그들의 손으로 치료할 수 없는 그러한 악들을 대적하는" 것이 그들의 의무인 것이다.[55]

우리의 주변에서 우리가 보는 악과 오류들에 대한 우리의 태도는 그리스도의 영광과 대의(大義)를 보존하고자 하는 열심에 의하여 결정되어야 한다. 악이 견제되지 않은 채 활개치도록 놓아둔다고 하면 하나님의 존귀가 위태하게 된다는 것을 우리는 알아야 한다. 우리가 깨달아야 할 것은, 하나님께서 자기의 의를 옹호하는 일을 우리의 손에[56] 맡기

---

51) See pp. 203-5 and 234-6.
52) Serm. on Matt. 5 : 11-12, C.O. 46 : 811. *Car la malice des hommes est si grande, qu'il faut entrer souvent en combat pour maintenir les bons et innocens qu'on afflige: et pour prendre en main les bonnes causes et iustes. . . . Ce n'est point assez que chacun s'abstienne de malefice et d'outrage, mais il faut que nous procurions le bien, entant qu'en nous est.*
53) Serm. on Deut. 9 : 20-4, C.O. 26 : 703-4.
54) Serm. on Job 27 : 5-8, C.O. 34 : 457-9; cf. comm. on Ps. 119 : 158, C.O. 32 : 285-6.
55) Comm. on Matt. 21 : 12, C.O. 45 : 580.
56) Comm. on Ps. 139 : 22, C.O. 32 : 385. *Quisquis ad scelera connivet, eaque*

셨다는 점과 사람들이 우리에 대하여 어떻게 생각하든 또는 우리에게 어떻게 행하든지간에, '하나님의 싸움을 지지하는' 것은 우리의 본분이라는 점이다.[57] 기독교인이라면, 그리스도가 온 세상의 후사(heir)이고, 그의 죽음으로 온 세상을 이미 성화시켰으며, 따라서 모든 것이 지금도 그에게 복종해야 한다는 것을 기억해야 한다.[58] 만일 우리 자신에게 가해진 악행들에 대하여 민감하고, 우리 자신의 명예가 손상되는 때 화가 불같이 치밀어 오른다고 하면, 하나님의 명예가 악에 의해 공격을 받는 때에는 더욱 더 관심을 갖고 슬퍼해야 마땅할 것이다.[59]

5. 신앙은 죽음이 주는 저주의 공포를 느끼고 그것의 심판을 알면서도, 죽음에서 축복의 방편을 발견하기에 그것과 과감하게 맞설 수 있음

기독교인이 고통뿐만 아니라 죽음 자체에 직면하고 극복해야 하는 방법에 대하여 칼빈은 많은 것을 말하고 있다.

죽음은, 우리가 그것을 솔직하게 맞는다고 하면, 언제나 아주 두려운 사실인 까닭에 우리 안에서 본성적으로 혐오감을 불러일으킨다. 이는 죽음이 하나님의 저주로 말미암은 자연의 부패(corruption of nature)요, 하나님이 타락 이전에 세우신 참된 질서의 반전(反轉)이기 때문이다.[60] "죽음에 대한 공포는 우리 모두에게 선천적으로 존재한다. 왜냐하면 우리의 몸이 해체되는 것(dissolvi)을 바라는 것은 자연(nature)에 대하여 반항하는 것이기 때문이다."[61] 이와 같이, 죽음은 하나님의 진노에 대

---

fovet suo silentio, perfidus est causae Dei proditor, qui nobis omnibus iustitiae suae patrocinium commendat.
57) Serm. on Gal, 5 : 11–14, C.O. 51 : 14.
58) Comm. on Matt. 17 : 25, C.O. 45 : 522–3; and serm. on Deut. 6 : 1–4, C.O. 26 : 427. *Notons qu'auiourd'huy nous devons estre incitez beaucoup plus de servir à Dieu, veu qu'il a dedié toute la terre à soy, et qu'il veut que son Nom soit reclamé par tout: car le sang que nostre Seigneur Iesus Christ a espandu, a sanctifié tout le monde qui estoit pour lors comme en pollution. Car nous savons qu'il n'y avoit que ceste terre que Dieu se reservast, et en laquelle il voulust dominer iusques à la venue de son Fils.*
59) Comm. on Ps. 119 : 139, C.O. 32 : 278; and on Ps. 139 : 22, C.O. 32 : 385.
60) Serm. on Job 27 : 5–8, C.O. 34 : 467–8; cf. comm. on 1 Cor. 15 : 21, C.O. 49 : 545. *Mors non est a natura sed ab hominis peccato.*
61) Comm. on John 21 : 18, C.O. 47 : 455. This dissolving is the *dissidium carnis et spiritus.*

한 증거요, 인간이 하나님의 면전에서 거부당하고 그의 나라로부터 소외당한 것에 대한 증거이다.[62]

칼빈이 단언하는 바에 의하면, 이방인들과 불신자들마저도 죽음이 아담과 그의 모든 후손에게 선언된 하나님의 저주라는 것을 인정하지 않을 수 없게 되어 있다. 왜냐하면 모든 사람이 살기를 원하며, 죽는 때에는 우리가 멸절되어 버리기 때문만 아니라, 하나님께서 모종(某種)의 혼적(quelque marque)을 남겨두신 까닭에 사람들은 기독교의 가르침을 거의 한 마디도 배우지 않고서도 이것을 이해하고 있기 때문인 것이다.[63] 그러므로, 죽음에는 두 가지의 목적이 있다. 죽음은 "사람의 몸(영육)의 해체를 위해서 뿐만 아니라, 하나님의 저주를 사람이 느낄 수 있도록 하기 위하여" 명해진 것이다.[64]

기독교인도 모든 사람들처럼 죽음에 대하여 이같은 본성적 공포심을 가지고 있다. 왜냐하면 기독교인도 사람이기 때문이다. 그러나 기독교인의 경우는 죽음을 당하는 것이 불신자의 경우 만큼은 두렵지가 않다. 불신자의 경우는 그리스도 없이 죽음을 보고 그 죽음에서 단지 저주만을 보는 것이다.[65] 그러나 그리스도인들의 경우는, 죽음을 두려워하는 것은 틀림없지만, 그 죽음 때문에 우리의 신앙고백이 손상되거나, 우리의 희망이 주는 기쁨과 위로가 꺾이는 일이 없도록 죽음의 공포를 대적하여 싸워야 한다.[66] 우리의 경건이 우리의 공포를 극복하고 능가해야 하는 것이다.[67]

장차 올 생명의 영광을 우리가 내다볼 때에 죽음에 대한 우리의 공포가 사라진다.[68] 기독교인의 경우 죽음은, 불신자의 경우와는 달리, 갈

---

[62] Serm. on Cant. Zech. v. 9-12, C.O. 35 : 528.
[63] Ibid.
[64] Serm. on Matt. 26 : 36-9, C.O. 46 : 840. Calvin points out here that in His death our Lord, besides His physical pain, suffered far more than being taken from this world and sundered in body and soul, for death is also an entry into the abyss of Hell and should alienate us from God and take away all hope of salvation. This is truly what death means, and if Christ had not suffered it, it would have been our lot.
[65] Comm. on Heb. 2 : 15, C.O. 55 : 33.
[66] Comm. on Matt. 10 : 32, C.O. 45 : 290; and on 2 Cor. 5 : 8, C.O. 50 : 64.
[67] Inst. 3 : 9 : 5.
[68] Comm. on Phil. 1 : 23, C.O. 52 : 18. *Interea non desinunt fideles mortem horrere: sed quum oculos convertunt ad vitam illam quae mortem sequitur, consolatione ista facile vincunt formidinem.*

기갈기 찢겨지는 고통을 주지 아니하며, 자기의 뜻에 거슬러 세상적인 것들로부터 이별하는 아픔을 결코 주지 않는다.[69] 죽음의 칼(the sword of death)이 불신자의 경우는 심령을 치명적으로 관통할 수도 있었겠지만, 기독교인의 경우는 그것이 무디어져서 그것이 상처를 입힌다 해도 가벼운 상처를 줄 따름인 것이다. 왜냐하면 죽음이 기독교인의 경우 생명으로 들어가는 문이기 때문이다. 죽음이 죄처럼 우리 안에 거할 수도 있으나, 우리를 지배할 수는 없다.[70] 신앙에 의하여 사람의 영혼이 소생하게 될 때, 죽음은 이미 그것의 독침(毒針)이 제거됨으로써, 치명적인 상처를 줄 수가 없게 되는 것이다.[71] 우리의 경우 죽음은 더 이상 필멸적(必滅的) 죽음이 아니다. 그것은 단지 하나님의 저주에 대한 경고일 뿐이다. 이는 그리스도께서 우리를 대신하여 진짜 저주를 당하셨기 때문이다.[72]

우리 기독교인의 경우, 죽음은 이미 극복된 것이 사실이지만, 그것이 아직도 우리에게 할 말이 많이 있기 때문에, 우리는 그것의 증거에 귀를 기울여야 한다. 죽음이 우리에게 일깨워 주는 바에 의하면, 우리는 우리에게 수천의 생명이 있는 것으로 가끔 착각하고 있지만, 아침 안개처럼 금방 사라져 버리는 단 하나의 생명 밖에는 우리에게 없다는 사실이다.[73] 우리가 세상의 부귀(富貴) 가운데서 평안함을 누리는 것이 단지 허사(虛事) 뿐임을 죽음은 우리에게 가르쳐 준다.[74] 죽음은 이 세상을 자기의 손아귀에 통채로 집어 넣고 싶을 뿐 아니라 그것으로도 모자라 하나님이 또다른 새로운 세상들을 만들어 주기를 바라기까지 하는 우리의 모든 야심이 결국은 자기가 묻혀 썩어 무(無)가 될 자기 키만큼의 한 조각의 땅을 갖는 것으로 끝나게 된다는 것을 우리에게 일깨워 줌으로써 우리의 거짓된 안전감(false sense of security) 뿐만 아니라 교만과

---

69) Serm. on Job 27 : 5-8, C.O. 34 : 465-6.
70) Comm. on 1 Cor. 15 : 26, C.O. 49 : 548.
71) Comm. on John 8 : 51, C.O. 47 : 212.
72) Serm. on Isa. 53 : 11, C.O. 35 : 662 and 663. *La mort ne nous est plus mortelle, . . . et . . . nous sommes affranchis de la malediction de Dieu. . . . Car la mort a laquelle nous sommes maintenant suiets, n'est qu'un advertissement de la malediction de Dieu.*
73) Comm. on Ps. 90 : 5, C.O. 31 : 836.
74) Serm. on Job 27 : 5-8, C.O. 34 : 464-5.

탐욕까지도 제거시켜 줄 수가 있다.[75] 죽음은 또한 그리스도가 우리를 위하여 당하셔야만 했던 것에 대하여 계속적으로 우리에게 일깨워 줄 수가 있다. 왜냐하면 만일 우리 자신이 어떤 형태로든 죽음을 당하지 않게 된다고 할 것 같으면, 그리스도의 죽음이 우리에게 참된 효과를 가질 수 없을 것이기 때문이다.[76] 죽음을 통하여 죄에 대한 하나님의 노여움을 우리는 항상 유념해야 한다.[77] 그런 까닭에, 우리가 "계속적으로 죽음에 관하여 생각해야 하는 것이다.[78] 이는 우리가 장례식들을 보거나 무덤 사이를 거닐 때에는 생명의 허무(虛無)에 관하여 철학적으로 깊이 생각할 수 있겠지만, 금방 망각하고 안이(安易)함에 빠져들기 때문이다."[79]

죽음은 기독교인에게 줄 메시지를 가지고 있을 뿐만 아니라, 그리스도와 더불어 갖는 축복과 교통(communion)의 수단으로 계속 사용될 수가 있다. 죽음은 그리스도 안에서 우리가 얻는 생명을 완성하는데 도움이 되는 바, 그리스도 안에서 우리가 죽는(mortification) 과정의 완성인 것이다. 믿음으로 죽는 것은 믿음으로 예수 그리스도와 더불어 우리의 십자가를 짊어지는 마지막 행위이다. 칼빈은 루터처럼 죽음이 우리의 세례의 성취라고 분명하게 말하는 것 같지는 않다. 그러나 "우리가 살아나기 위해 죽는다"(we perish in order to be revived)는 것을 그는 강조한다.[80] 죽음은 그리스도께서 자기의 목적—우리가 죽음과 부활에서 그리스도 자신처럼 되는 것—을 이루어 우리를 생명으로 인도하는 길이다. 이런 까닭에, 우리가 죽음을 당하는 것은 '그와 공통적으로' 가지는 어떤 것이다.[81] "우리는 그리스도와 공통으로 차후에 생명을 얻기

---

75) Serm. on Job 1 : 20-2, C.O. 33 : 97-8. Calvin goes on to indicate that he regarded pompous funerals and magnificent tombs as a rebellion against God. *Et neantmoins on en voit beaucoup qui bataillent contre une telle necessité: ils feront des sepulchres braves, ils auront des funerailles triomphantes: il semble que telles gens veulent resister à Dieu.*
76) Serm. on Isa. 53 : 11, C.O. 35 : 663.
77) Comm. on Phil. 2 : 27, C.O. 52 : 41. *Hoc primo fidelibus perpetuum est, quod in morte cuiusvis de ira Dei adversus peccatum commonefiunt.*
78) Serm. on Job 3 : 11-19, C.O. 33 : 162.
79) Inst. 3 : 9 : 2. Comm. on Luke 12 : 17, C.O. 45 : 385.
80) Inst. 3 : 9 : 5.
81) Comm. on John 12 : 26, C.O. 47 : 290. *Est autem nobis dux itineris ad obeundam mortem. Mitescit ergo, et quodammodo suavis redditur mortis acerbitas,*

위하여, 그리스도를 떠나서가 아니라 그와 더불어 죽는다."[82] 죽음은 우리가 "그리스도 안에서 취하는 잠이다." 즉, 죽음에서 우리는 '그리스도와의 연합'(coniunctio cum Christo)을 누리게 되는 것이다.[83]

그런 까닭에, 죽음과 우리의 모든 부패하는 경향은 그리스도와의 우리의 연합을 공고히 하고 그리스도 안에서 우리의 갱신(更新)을 더욱 새롭게 하는 성례에 버금하게 기독교인이 믿음으로 이용할 수가 있다. 그러나 오직 믿음을 통해서만이 죽음이 이같이 받아들여질 수가 있는 것이다. 불신자의 경우 죽음은 아무 희망이나 아무 축복도 가져다 줄 수가 없다.[84] 그렇지만, 기독교인은 자기의 삶을 통해서 잘 사는 것뿐만 아니라 잘 죽는 것을 배울 수가 있다. 믿음으로 죽음을 맞고 또 그것을 이용함으로써 삶에서처럼 죽음에서도 많은 유익을 얻을 수가 있는 것이다.[85] 그는 이 독약과 같은 죽음을 자기에게 양약(良藥)이 될 수 있게 하는 것이다. 왜냐하면 예수 그리스도께서 죽음 속에 들어있는 독(毒)을 모두 마셔 없앴기 때문이다.[86] 죽음에 대하여 이같은 태도를 취할 수 있으려면 '죽음을 멸시할' 수 있는 단계에 이르러야 한다.[87] 죽음을 이같이 멸시할 수 있다고 하는 것은 죽음과 인생의 극한적 상황들을 직면할 때 자기의 궁극적 구원을 도모하는데 그러한 것들을 믿음으로 이용할 수 있다는 것을 의미한다.

이것은 믿음이 성취할 수 있는 최대의 이적이다. 어떤 사람이 자기의 수명을 백 년을 더 늘리거나 불치의 병으로부터 이적적으로 회복되는

---

dum nobis eius subeundae conditio cum filio Dei communis est.
82) Comm. on 2 Tim. 2 : 11, C.O. 52 : 365.
83) Comm. on 1 Thess. 4 : 14, C.O. 53 : 165.
84) Serm. on Gal. 2 : 20–21, C.O. 50 : 445–6. *Nous ne pourrions pas estre renouvellez pour parvenir au royaume de Dieu, sinon que nous mourions. Il nous faut tousiours tendre à ceste corruption, et cependant n'estre point arrestez à ce que nous appercevons à veuë d'oeil: car ce n'est qu'un ombrage que de ceste vie terrestre, ce n'est que fumee qui s'escoule et s'esvanouit: par cela neantmoins nous sommes renouvellez au dedans. Non pas que cela soit commun à tous, car les incredules appercevront assez leurs foiblesses, ils sont contraints de sentir les adiournemens de la mort, surtout quand ils viennent en viellesse, ils cognoissent qu'il ne faut quasi qu'un souffle pour les mettre bas. Sur cela ils se tempestent, et veulent quasi despiter Dieu et nature. Quoy qu'il en soit, ils ne sont pas renouvellez, combien qu'ils pourissent.*
85) Serm. on Deut. 31 : 14–17, C.O. 28 : 629–30.
86) Serm. on Matt. 26 : 36 f., C.O. 46 : 841.
87) Comm. on Ps. 16 : 10, C.O. 31 : 156.

것보다 훨씬 더 위대한 이적인 것이다.[88] 우리 주님 자신이 그의 가르침에서 '자기의 제자들에게 죽음을 멸시할' 것을 권하고자 하셨다.[89] 이같이 죽음에 대한 공포가 변하여 죽음에 대한 멸시로 바뀌어야 한다.

우리로 하여금 죽음의 공포를 극복할 수 있게 할 때 믿음이 우리 안에서 죽음을 멸시할 수 있게 할 뿐만 아니라 '죽음을 바라기까지' (desiderium mortis)하게 할 수 있다.[90] 이렇듯, 믿음은 "본성이 두려워하는 것을 우리로 하여금 열렬하게 바라게도 할 수 있는 것이다."[91] 칼빈은 우리에게 죽음을 사모할 것을 대단하게 강권한다.[92] 이 문제에 있어서 칼빈은 아주 냉철한 논리를 구사한다. 죽기를 소원하는 것은 단순히 우리에게 허용되어 있는 어떤 것이 아니고 우리의 의무에 해당하는 어떤 것이다. 모든 사물은 그것이 창조된 바 목적을 지향하여 나아가는 경향이 있는 것이다. 그러나 우리가 갈망해야 하는 목적지는 내세에 있다. 그래서 우리는 이 세상을 떠나기를 원해야 하며, 그것도 또 곧 떠나기를 원해야 하는 것이다.[93] 그러나 죽음에 대한 이같은 열망은 절제되어야 한다. '부절제한 감정'에 치우쳐서는 안된다. 왜냐하면 하나님의 뜻에 조용히 순복해야 되기 때문이다. 우리는 "하나님을 위하여 살기도 하고 죽기도 해야 한다."[94] 더욱이 죽음을 소원함에 있어서 바른 동기에 의하여 현세(現世)를 떠나려고 해야 하는 것이다. 단순히 이 세상이 싫거나 불행이나 가난 질병으로 인하여 불행하기 때문에 떠나려 해서는 안되고, 여기서는 죄의 굴레에 항상 얽매어 있고 여러 가지로 불완전한 것들이 많으며 하나님의 형상으로 아직껏 온전히 새로워지지 못한 것 때문에 현세를 떠나려 해야 하는 것이다.[95]

그런 까닭에, 기독교인이라면 언제라도 '죽을 준비'가 되어 있는 것

---

[88] Comm. on Heb. 11 : 35, C.O. 55 : 167.
[89] Comm. on Matt. 10 : 28; C.O. 45 : 288.
[90] Comm. on 2 Cor. 5 : 8, C.O. 50 : 64. *Observa hic . . . veram fidem non contemptum modo, sed etiam desiderium mortis gignere. Itaque e converso infidelitatis signum esse, quum mortis horror supra apei gaudium et consolationem in nobis dominatur.*
[91] Inst. 3 : 9 : 5.
[92] Inst. 3 : 9 : 4.
[93] Serm. on Job 3 : 20–26, C.O. 33 : 170.
[94] Comm. on Rom. 7 : 24, C.O. 49 : 135.
[95] Serm. on Job 3 : 20–26, C.O. 33 : 167 and 170.

이다.[96] 그래서 죽음이 여전히 주는 공포에도 불구하고 "잘 살뿐만 아니라 행복하게 죽을" 수가 있기 때문에, 기독교인은 기쁘게 죽음을 맞이하게 되는 것이다.[97]

---

[96] Serm. on Deut. 31 : 14-17, C.O. 28 : 629.
[97] Inst. 2 : 16 : 14; comm. on 2 Cor. 5 : 1, C.O. 50 : 60-1.

제 3 장
믿음의 주요한 연습인 기도

1. 하나님의 은혜에 대한 반응으로서 믿음과 회개의 연습인 기도

칼빈이 말하는 바에 의하면, "하나님의 자녀들이 행하는 주요한 연습 (principal exercise)은 기도하는 것(to pray)이다. 이는 이같은 방식으로 그들이 자기들의 신앙에 대한 참된 증거를 나타내 보이기 때문이다."[1] 칼빈은 그의 『기독교 강요』의 기도에 관한 장(章)에서 기도를 '신앙의 영속적 연습'(perpetual exercise of faith)으로 부르고 있다.[2] 기도는 인간의 심령 속에 신앙이 현존할 때 불가피하게 나타나는 결과(the inevitable outcome of the presence of faith)이다. 왜냐하면 신앙이 존재하는 경우에 기도가 둔해질 수가 없기 때문이다. 신앙은 즉각적으로 기도로 터져 나온다.[3] 신앙은 기도를 통해서 "우리 주님의 복음이 발견해내어 보여주는 보화들을 캐낸다."[4] 그러므로 기도는 살아 있는 신앙의 표현인

---

1) Serm. on 1 Tim. 2 : 1-2, C.O. 53 : 125.
2) Inst. 3 : 20.
3) Comm. on Matt. 21 : 21, C.O. 45 : 585. *Fidem Dei habere tantundem valet atque certo sibi promittere, et exspectare a Deo quidquid opus fuerit. Sed quia fides, si qua est nobis, erumpit statim in preces, et ad thesauros gratiae Dei, qui verbo ostensi sunt, penetrat, ut illis fruatur, ideo fidei precationem subiungit Christus.* Comm. on Acts 1 : 4, C.O. 48 : 16.
4) Inst. 3 : 20 : 1-2.

것이다.⁵⁾ 기도는 하나님을 향한 사랑과 열망을 토해내는 신앙이다.⁶⁾ 심령 속에서 신앙을 불러일으키는 바로 그 약속들은 그것들의 실현을 위하여 끊임없이 기도할 것을 요구하며 도전한다. 그리고 심령 속에 신앙을 심어주는 바로 그 성령께서 신자로 하여금 기도하지 않을 수 없게 만든다.⁷⁾ 그러므로 기도의 실습은 신앙이 현존한다는 것을 가장 확실하게 보여주는 증거이다. 기도가 없이는 신앙은 순수할 수가 없는 것이다.⁸⁾ 더욱이 기도를 연습함으로써 신앙이 살아 움직이게 된다. 기도에 대한 끊임없는 도전과 요구는 신앙이 잠자는 것에서 깨워주고 이완되는 것을 막아준다.⁹⁾

이방인들과 불신자들이 도움과 구조를 위하여 기도를 할 수가 있고, 비록 그러한 기도들이 믿음에서 나온 것이 아닐지라도 하나님이 들으시고 응답하실 수도 있다는 것을 칼빈은 인정한다.¹⁰⁾ 그러나 이같은 사실은 신자들에게 결코 아무런 중요한 의미를 갖지 못한다. 이방인들이 자기들의 필요 때문에 어쩔 수 없이 하나님을 부르지만, 그들은 '혼란되고 격앙된 태도'로 그렇게 할 뿐인 것이다. 하나님께 대한 불신자들의 이같은 접근과 하나님의 부성애(父性愛)와 선하심에 대한 기독교인의 신앙과 지식에 의하여 고취된 기독교적 접근 사이에는 엄청난 차이가 있다.¹¹⁾ 참되고 순수한 기도는 "단지 목소리만 높이면 되는 것이 아니고, 신앙의 내적 원리로부터 우리의 간구들을 하나님께 제시하는 것이다."¹²⁾ 기도는 우리가 필요로 하는 모든 것을 하나님께로부터 얻을

---

5) Comm. on Ps. 54 : 6, C.O. 31 : 533. *Docet . . . precatum esse ex vivo fidei sensu.*
6) Comm. on Ps. 91 : 15, C.O. 32 : 8. *Amor enim ille et desiderium, quae ex fide nascuntur, nos ad eum invocandum adducunt.*
7) Serm. on 1 Cor. 10 : 12-14, C.O. 49 : 648. Cf. comm. on Ps. 145 : 18, C.O. 32 : 418.
8) Inst. 3 : 20 : 1.
9) Inst. 3 : 20 : 3-4. Cf. comm. on Ps. 119 : 58, C.O. 32 : 239. *Sine precibus otiosa torperet fides.* Comm. on Ps. 145 : 18, C.O. 32 : 418.
10) Inst. 3 : 20 : 15.
11) Comm. on Ps. 18 : 7, C.O. 31 : 173. *Deinde appellans Deum suum, se a crassis Dei contemptoribus vel hypocritis discernit, qui necessitate quidem coacti coeleste numen confuse invocant: sed nec familiariter, nec puro corde ad Deum accedunt, de cuius paterna gratia nihil tenent.* Cf. on Ps. 79 : 7, C.O. 31 : 750. *Significat propheta, nisi praecedat Dei cognitio, non posse ipsum invocari.* Serm. on Eph. 1 : 3-4, C.O. 51 : 265.
12) Comm. on Ps. 140 : 6, C.O. 32 : 388-9. *Haec igitur vera precandi regula est, non futiliter vocem attollere, sed ex fide intus concepta proferre nostras preces.*

제 5 부 신앙의 훈련 **343**

수 있다고 하는 우리의 희망에 대한 증거이기 때문에, 믿음이 없이 기도하는 것은 '위선적으로(dissemblingly) 기도하고'[13] 우리의 불신(distrust)과 불성실(insincerity)에 의하여 하나님의 감정을 해치는 행위인 것이다.[14] "의심에 찬 기도는 단지 속임수에 지나지 않는다."[15]

그래서 칼빈은 "우리가 성공에 대한 확실한 희망으로 활력을 얻어 기도해야 한다"는 것을 그의 기도에 관한 네 조건들과 규칙들 중의 하나로 삼은 것이다.[16] 다른 곳에서 그는 또한 말하기를, 기도의 첫번째 단계는 "우리의 기도가 결코 헛되지 않다는 확실한 신앙"이라고 했다.[17] 우리의 기도는 "신앙의 발자취를 따라야 한다."[18] 신앙은 "우리의 가는 길을 비추기 위하여 앞서가며, 하나님이 우리 아버지이심을 확신시켜주고" 우리가 그와 자유롭게 대화할 수 있는 문을 열어준다.[19] 기도할 수 있다는 것은 기적이다. "자신을 회개시키거나 기도하는 것은 사람의 힘으로 도저히 해낼 수가 없다."[20]

그러므로 기도는 예수 그리스도 안에서 하나님의 사죄 은혜(forgiving grace)에 대한 반응으로 생각되어야 하는 것이다. 하나님께로 나아가는 바 이 기도는 하나님이 자기의 부성적 사죄의 사랑(fatherly forgiving love)으로 사람들에게 먼저 솔선하여 오심을 통해서만이 가능하다.[21] 기도는 본질적으로 화목의 관계 안에서 드려지는 용서받은 자들의 활동이다. 우리가 용서를 위하여 기도할 필요가 있다는 것은 사실이다. 사실 칼빈에 따르면, 기도를 시작할 때마다 용서를 먼저 구하지 않을 수가 없는 것이다.[22] 그러나 우리가 이미 그의 용서를 확신하고 그의 용

Calvin also speaks here of *se orare serio, et recondito fidei sensu.* (p. 388.)
13) Comm. on James 1 : 6, C.O. 55 : 387.
14) Inst. 3 : 20 : 11.
15) Comm. on Ps. 140 : 13, C.O. 32 : 390.
16) Inst. 3 : 20 : 11.
17) Comm. on Mark 9 : 22, C.O., 45 : 495.
18) Inst. 3 : 20 : 11.
19) Comm. on Ps. 18 : 7, C.O. 31 : 173.
20) Comm. on Jer. 29 : 12, C.O. 38 : 595 (quoting Augustine).
21) Comm. on Ps. 143 : 10, C.O. 32 : 405. *Iam quum dicit, quia tu Deus meus, ostendit non aliunde quam ex gratuita adoptione et promissionibus se petere impetrandi fiduciam. Neque enim in arbitrio nostro est facere ut sit Deus noster, donec gratis nos praeveniat.*
22) Comm. on Ps. 130 : 4, C.O. 32 : 335. *Ut autem orando quis proficiat, eum necesse est a gratuita peccatorum remissione incipere.*

서하는 사랑에 온전히 붙들린 바 되었기 때문에 용서를 비는 기도를 하는 것이다.[23] 신앙의 경우처럼 기도의 경우도 마찬가지이다. 하나님이 우리를 자기의 자녀로 받기 위하여 팔을 넓게 벌려 자신을 우리에게 제시하시기 때문에 우리는 기도할 뿐이다.[24] 하나님께서 "우리를 친히 초청하여 우리보다 앞서 행하시지" 않는다고 하면 우리는 기도할 수가 결코 없었다.[25] 우리가 그에게로 향하기 전에, 그는 우리를 받으실 준비가 되어 있다. 우리가 우리의 입을 열기도 전에, 그는 우리가 필요로 하는 모든 것을 주실 준비를 하고서 자기의 손을 내미셨다.[26]

더욱이 우리가 하나님께 기도로 말할 수 있는 것은 하나님 자신의 은혜로운 격려와 초청의 말씀에 대한 메아리로서만 단지 말할 수 있을 뿐인 것이다. 하나님이 자기의 말씀으로 우리를 자기 백성이라고 선언하셨기 때문에 우리는 기도로 그를 우리의 하나님으로 주장하는 것이다. 기도할 때 우리의 확신은 하나님이 자기의 말씀으로 자신에게 붙인 '사랑스럽고 부드러운' 호칭들과, 기도에 대한 하나님의 명령에 항상 수반되는 응답의 약속들에 의하여 고취된다.[27]

이런 까닭에, 믿음의 기도는 겸손과 겸비의 기도가 될 것이다. 신앙은 하늘에 계신 아버지께 어린 아이와 같은 신뢰감을 가지고 나아갈 수 있게 해주지만, 신앙은 또한 회개와 불가분하게 관련되어 있다. 믿는 자가 하나님께 나아갈 때 그는 두려움과 떨림의 태도를 가져야 마땅하며,[28] 그의 기도는 자기가 생각해낼 수 있는 과거의 죄악들 뿐만 아니라 그의 본성의 죄악성에 대한 참회의 고백으로 시작되어야 마땅하다.[29] 그래서 신자들은 하나님의 부성애(父性愛)를 확신하는 까닭에 주저없이 그에게 나아가지만, "거짓된 안정감으로 들뜬 상태"가 아니라, '겸

---

[23] Comm. on Ps. 51 : 9 f., C.O. 31 : 517. *Imo sic habendum est, non posse nos serio precari, ut Deus peccanti ignoscat, nisi iam fide conceperimus, ipsum fore placabilem.* Calvin goes on to point out that in the Lord's Prayer "we . . . begin by addressing God as our Father, and yet afterwards . . . pray for remission of sins." Cf. comm. on Isa. 63 : 16, C.O. 27 : 402. "Believers do not contend (*litigare*) with God."
[24] Serm. on Luke 1 : 45-8, C.O. 46 : 111.
[25] Inst. 3 : 20 : 13.
[26] 10th serm. on Ps. 119, C.O. 32 : 596.
[27] Inst. 3 : 20 : 13.
[28] Inst. 3 : 20 : 11.
[29] Inst. 3 : 20 : 9.

손한 간청자'로서 그렇게 나아가는 것이다.[30] 성경에 나오는 많은 기도들을 검토하여, 기도하는 사람의 확신이 오직 하나님의 긍휼에 근거한다는 것을 칼빈은 입증했다.[31] 왜냐하면 자기네들이 하나님께 드리는 예배나 자신들에게 어떤 선한 것이 있다고 생각하는 자들을 하나님이 거절하시기 때문이다.[32]

2. 기도와 그리스도의 중보

기도는 오직 그리스도의 이름으로, 중보자이신 그리스도를 통해서 드려질 수가 있다. 예수 그리스도의 이름과 그의 희생은 우리가 갖는 하나님과의 부자 간(父子 間)의 친밀한 교제에 대한 희망의 유일한 근거이다. 따라서 그렇게 아니 된다면, 기도의 기초가 되는 바 그 교제에 대한 희망을 가질 수가 없게 되고, 결국은 그 희망이 없이는 하나님께로 결코 나아갈 수가 없게 되는 것이다. 그리스도의 중보를 통해서만이 하나님의 두려운 영광과 위엄의 보좌가 은혜의 보좌로 바뀌는 것이다.[33] 오직 우리가 예수 그리스도를 믿는 믿음으로 우리 자신을 깨끗케 하고, 그리스도의 수난과 죽음을 통해서 우리를 위하여 획득되었던 은혜를 하나님께 제시할 때에만 우리가 하나님 보시기에 깨끗하고 만족스럽게 된다.[34] 우리가 하나님께 기도로 말할 때 '아버지'라는 호칭을 사용하고자 한다면, 우리가 그리스도의 수난과 죽음에 의지할 때에만 그렇게 할 수가 있다.[35] "그리스도를 통하지 않고 다른 방법으로는 하나님이 아버지로 불리울 수가 없다."[36]

---

30) Inst. 3 : 20 : 14.
31) Inst. 3 : 20 : 8-9.
32) Comm. on Ps. 16 : 2, C.O. 31 : 150. *Summa est, quum ad Deum accedimus, exuendam esse omnem confidentiam. Nam si quid penes nos esse fingimus, quia praecipuam honoris sui partem ei detrahimus, non mirum est si nos repudiet. Si vero nostra obsequia agnoscimus per se nihili esse, nulloque pretio digna haec humilitas quasi suffitus est boni odoris qui illis gratiam conciliet.*
33) Inst. 3 : 20 : 17.
34) Serm. on Job 1 : 2-5, C.O. 33 : 46.
35) Serm. on Deut. 21 : 22-3, C.O. 27 : 700. *Ainsi, quand nous voudrons trouver Dieu propice, que nous le voudrons nommer nostre Pere (comme il faut que nous usions de ce tiltre, si nous le voulons prier en vraye confiance) recourons tousiours à la mort et passion de nostre Seigneur Iesus Christ.*
36) Comm. on Isa. 53 : 16, C.O. 37 : 402. Cf. Inst. 3 : 20 : 36.

더욱이 우리의 기도를 고무해 주고 우리로 기도하게끔 초청해 주는 말씀의 약속들이 모두 그리스도의 피로 인쳐져 있다는 것을 우리는 기억해야 한다.[37] 그러므로 그리스도의 중보를 통해서 하나님께 이같이 나아갈 때에만이 우리가 기도할 때 확신을 가질 수가 있는 것이다.[38] 그러나 이러한 기도는 기도를 가로막을 수 있는 여타의 모든 장벽들을 무너뜨릴 때에 효과가 있다. "우리가 하나님 앞에 그의 아들의 이름을 제시하자마자 하나님의 사랑을 받게 된다"고 칼빈은 말한다.[39]

칼빈은 흔히 우리의 기도가 그리스도의 피로 씻어진 것으로, 또는 피로써 뿌려진 것으로, 또는 그리스도의 죽음을 통해서 성결케 된 것으로 말한다.[40] 그는 또한 우리의 기도가 그리스도의 중보기도와 관련되어 있는 것으로 말한다. 그는 성경에서 희생 사역과 기도 간의 밀접한 관련을 항상 유념한다. 구약 시대에는, "선조들이 기도할 때…, 그들이 구한 것을 얻으리라는 희망이 희생제물들에 기초하였다."[41] 하나님이 율법에서 명령한 바에 의하면, "제사장만이 그의 어깨에 이스라엘의 열두 지파의 이름과 그의 가슴에 그만한 수의 보석들을 지니고서 성소에 들어간다. 그때 백성들은 멀리 성소의 바깥 뜰에 서서 그들의 기도로 그 제사장과 연합하였다." 희생 사역은 "그들의 기도를 인준하고 확실케 하는 효과를 가졌던 것이다."[42] 구약에서 희생제물이 기도를 효과있게 한 것처럼, 그리스도의 희생 사역도 하나님의 우편에서 우리를 위하여 드리는 그의 중보기도를 영원히 효과있게 만든다.[43] "그리스도께서 우리의 죄를 속량하시기 위해 흘린 피와 그가 드린 순종은 우리를 위한 계속적인 중보이다"라고 칼빈은 단언한다.[44] 사실, 우리가 그리스도의

---

37) Serm. on Deut. 26 : 16-19, C.O. 28 : 292.
38) Inst. 3 : 20 : 16.
39) Comm. on John 16 : 26, C.O. 47 : 371. *Docemur cor Dei nos tenere, simul ac filii nomen illi opposuimus.*
40) Serm. on Job 42 : 9-17, C.O. 35 : 504. *Il faut que nos prieres soyent arrousees du sang qu'il a espandu pour laver nos macules.* Cf. serm. on Deut. 21 : 22-3, C.O. 27 : 700. Cf. comm. on Ps. 20 : 4 f., C.O. 31 : 209. *Hodie non aliter gratae sunt nostrae orationes Deo, nisi quatenus eas sui sacrifii odore Christus perfundit et sanctificat.* Cf. comm. on Heb. 8 : 3, C.O. 55 : 97.
41) Comm. on Ps. 20 : 4 f., C.O. 31 : 209.
42) Inst. 3 : 20 : 18.
43) Comm. on 1 Tim. 2 : 6, C.O. 52 : 272. *Lege quartum caput ad Hebraeos circa finem, et initium quinti: reperies quod dico, intercessionem, qua propitiatur nobis Deus, in sacrificio fundatam esse.*

중보 사역에 대하여 생각할 때, 그리스도가 성부(聖父) 하나님 앞에 계속적으로 무릎을 꿇고 자기 백성을 위하여 간구하는 것으로 여기는 것이 아니고, 단순히 "그가 하나님 앞에 나타나고 그의 죽음의 능력이 우리를 위한 영구적 중보의 효과를 가지고 있다"는 것을 뜻한다. [45]

그리스도의 중보기도를 통해서 속죄(贖罪)가 하나님 앞에서 계속 유효하게 되는 것이기 때문에, 우리 자신들은 그리스도의 이름으로 기도하고자 하여 그리스도의 희생을 간구할 때, 구약에서 하나님의 백성들이 자기들의 희생제물을 성소로 가지고 들어가는 제사장의 기도와 자기들의 기도를 연관지었던 것과 똑같은 방식으로 우리의 기도를 그리스도의 중보와 연결지어야 하는 것이다. 그리스도의 중보기도로 뒷받침되지 않는 모든 기도들은 거절된다고 칼빈은 말한다. [46] 우리의 기도들이 그리스도의 희생 사역에 근거되어야 할 뿐만 아니라, 그리스도께서 우리를 대신하여 하나님께 우리의 기도를 전하며 응답되게 하신다는 것을 또한 확신해야 한다. [47] 그리스도께서는 자기 백성의 기도들을 계속적으로 하나님께 드리신다. [48] 그래서 교회 안에서의 우리의 모든 상호 중보기도들이 그것의 기초가 되는 그리스도의 중보기도와 관련되어야 한다는 것 뿐만 아니라[49] 우리의 감사기도가 그리스도의 희생과 중보와 관련해서만 거룩하게 될 수 있다는 것을 칼빈이 주장하는 것이다. [50]

3. 기도는 하나님의 말씀으로 지배되고, 이루어지며, 고취되어야 함

기도가 신앙의 순수한 연습(a genuine exercise of faith)이 되기 위해서

---

44) Comm. on John 16 : 26, C.O. 47 : 371. *Virtus sacrificii, quo semel Deum nobis placavit, semper vigens et efficax, sanguis quo expiavit peccata nostra, obedientia quam praestitit, continua est pro nobis intercessio.*
45) Inst. 3 : 20 : 20.
46) Comm. on Heb. 7 : 26, C.O. 55 : 95.
47) Serm. on Job 42 : 9–17, C.O. 35 : 507. *Nous serons là receus à pitié: voire, quand nos oraisons seront fondees sur ce sacrifice qu'il a offert, et que nous cognoistrons que c'est à luy de porter la parole pour nous, et de faire que nous soyons exaucez.*
48) Inst. 3 : 20 : 20.
49) Inst. 3 : 20 : 9.
50) Comm. on Ps. 66 : 15, C.O. 31 : 615; Inst. 3 : 20 : 28; comm. on Ps. 118 : 27 f., C.O. 32 : 214.

는 하나님의 말씀에 기초되어야 한다. 기도를 불러일으키는 신앙은 말씀에 의하여 생겨나고, 말씀의 약속들을 경청함으로써 더욱 생명력을 갖게 되는 것이다. 말씀을 통해서 하나님은 우리가 자기 백성임을 계속 주지시키시고, 우리가 그를 꼭 붙잡을 수 있도록 자신을 보이신다.[51] 다시 말해서, 신앙은 이러한 약속에 '아멘'으로 화답할 수 있을 뿐만 아니라, 문이 활짝 열리어 우리 모두가 간사한 술책없이 "하나님의 은총을 구하고, 하나님을 찾으며 기도하게 하며, 하나님이 우리의 두려움을 제거하시고 분명하고 간절한 초청을 해주시며 심지어 자기에게 오라고 우리에게 명령하신 사실에 의해 고무되어 담대하게 하나님께 나아갈 수 있게 한다.[52] 그러나 위선자들이나 불경건한 자들은 "현재의 필요 때문에 어쩔 수 없이" 그리고 "우연한 결과를 막연하게 기대하여" 기도한다. 하나님께서 말씀을 통하여 우리에게 인격적으로 은혜롭게 이같이 접근해 주시지 않고 또 기도에 대한 우리의 확신이 이러한 말씀에 대한 응답이 아니라고 하면, 우리 중에 아무도 기도를 통해서 하나님의 존전으로 결코 나아갈 수가 없다. 왜냐하면 하나님이 우리를 초청하여 부르실 때까지는 기다려야 하기 때문이다.[53] "그렇지 않다고 하면 어떤 사람이 감히 하나님 앞에 자신을 내세울 수가 있으며, '내게 은혜를 베푸시고, 당신은 나의 하나님이 되시고 나는 당신의 백성 가운데 하나로 헤아려질 수 있게 함께 약정을 맺읍시다'라고 말할 수 있을 것인가?" 그러한 접근은 '악마적인 무모한 용기'로 단지 간주될 수 있었다.[54] 그러므로 하나님의 말씀에 근거하지 아니한 기도는 어떠한 경

---

51) Serm. on Luke 1 : 18–25, C.O. 46 : 53–4. *Car si tost que Dieu parle, nostre office est de respondre Amen: c'est à dire, d'accepter sans replique ne murmure pour certain et infallible tout ce qu'il prononce: comme il est dit que quand il nous tiendra pour son peuple, nous avons à respondre de nostre costé, Tu sera nostre Dieu. Il faut donc qu'il y ait un accord mutuel entre les promesses que Deu nous offre, et la foy qui s'y range.*

52) Comm. on Ps. 27 : 8, C.O. 31 : 275–6. *Dixi nuper fieri non posse ut quisquam fide assurgat ad Deum quaerendum, donec eius invitatione patefactus fuerit aditus. . . . Iam ergo David se hac clave ianuam sibi ad Deum quaerendum fuisse apertam dicit. . . . Ita nihil opus est anxium artificium et longas ambages quaerere, quibus se fideles in Dei gratiam insinuent.* Cf. comm. on Ps. 65 : 2, C.O. 31 : 603.

53) Comm. on Ps. 71 : 22, C.O. 31 : 663.

54) Serm. on Deut. 26 : 16–19, C.O. 28 : 289. Cf. comm. on Ps. 80 : 10, C.O. 31 : 756. *Quis enim in nostrum Dei conspectum prosilire audeat, donec praeveniat nos ipse?*

우이든 결코 하나님께 나아갈 수가 없는 것이다.[55]

하나님의 말씀이 기도를 시작하기 전에 선행하고 동기를 제공해야 할 뿐만 아니라, 우리의 기도는 그것의 방향과 세부적인 사항에서 바로 그 말씀에 의하여 지배되고 억제되어야 한다.[56] 기도에 있어서 우리 자신의 마음의 생각을 아무렇게나 따르거나, 우리 자신의 공상(空想)을 따라서 우리의 소원을 지어내서도 안된다. 하나님께서 임의로 주시고자 하는 것 이상으로 구하여서는 안된다.[57] 그렇게 한다면 하나님을 시험하는 것이 될 것이다.[58] 신앙의 연습에 있어서, 자기 부인(自己 否認)과 자기 억제 및 하나님의 말씀에 대한 순종이 항상 지배적인 원리들이다. "육신의 어리석고 난잡한 욕망들만큼 신앙과 상반되는 것이 없기 때문에, 신앙으로 지배를 받는 사람들은 무분별하게 아무 것이나 바라지 않고, 오직 주님께서 주시마고 약속한 것만을 구하게 되는 것이다."[59]

그러므로 우리가 우리의 욕구들을 절제하여 하나님이 말씀하신 것에 우리의 기도를 제한하지 않는 한 우리는 믿음으로 기도할 수가 없다.[60] 이는 이 점에 있어서 기도의 법칙이 신앙의 법칙을 따르기 때문이다.[61] 그런 까닭에, 유일의 안전한 법칙은 하나님의 말씀에 잘 비추어 그가 명령하신 것을 따라 우리의 기도를 구성하고, 우리의 기도가 우리의 심령 속에서 하나님의 약속들의 메아리가 되게 하며, 그가 약속하신 것 이상을 구하지 않는 것이다.[62] 칼빈은 우리에게 흔히 경고하기를, 우리 자신의 유머와 변덕 또는 야심이나, 조급하거나 모호하고 모순된 욕망이나, 어리석고 완고한 정욕에 하나님이 맞장구치게 하려는 시도를 삼

---

55) Serm. on Ps. 119 (10th), C.O. 32 : 601.
56) Comm. on Ps. 35 : 23, C.O. 31 : 356. *Ergo ut rite composita sint vota nostra, fulgeat in cordibus nostris primum necesse est fides providentiae Dei: nec tantum ordine praecedat omnes affectus, sed etiam temperet ac dirigat.*
57) Comm. on Ps. 91 : 15, C.O. 32 : 8. *Unde iterum patet . . . legitimam precandi rationem fundatam esse in Dei verbo: quia hic nihil proprio arbitrio audendum est.* Cf. comm. on John 15 : 7, C.O. 47 : 341; and on John 17 : 2, C.O. 47 : 376. *Haec perpetua est orandi regula, non plus petere quam quod ultro daturus esset Deus.*
58) Comm. on Ps. 106 : 14, C.O. 32 : 121–2.
59) Comm. on Matt. 17 : 19, C.O. 45 : 496.
60) Comm. on Ps. 7 : 7, C.O. 31 : 82. *Nec sane aliter ex fide concipitur oratio, nisi dum in primis respicimus quid Deus praecipiat, ne temere vel fortuito prosiliant animi nostri ad appetendum plus quam licet.*
61) Comm. on Matt. 21 : 21, C.O. 45 : 585.
62) Comm. on Ps. 7 : 7, C.O. 31 : 82; and on Ps. 50 : 15, C.O. 31 : 503.

가하라고 했다.⁶³⁾ "기도의 유일한 목적과 합법적인 용도는 … 하나님의 약속들의 열매들을 우리가 거둘 수 있게 되는 것이다."⁶⁴⁾

칼빈은 우리가 하나님께 드리는 기도들에서 성경의 말씀들을 그대로 사용할 것을 꾸준하게 권장한다. 주기도문이나 다른 구절들에서 성경의 주요 목표는 우리가 자유로이 떠나서는 안될 말들을 구술해 주는데 있다기 보다는 "우리의 소원들을 인도하고 억제하는데" 있는 것이 사실이다.⁶⁵⁾ 그렇지만 주기도에 대해서 마저도 우리 주님이 "우리의 입에 말씀들을 넣어주고 있다"고 칼빈은 말하는 것이다.⁶⁶⁾ 우리가 기도하는데 필요한 "말들을 공급받을 수 있도록" 성경의 약속들을 묵상할 것을 그는 추천한다.⁶⁷⁾ 그는 시편에 나오는 성령에 대하여 '기도의 형식들'을 우리에게 '구술'(dictating)해 주는 분으로 말한다.⁶⁸⁾ 그러한 기도의 형식들을 성령이 우리로 하여금 잘 이해하여 응용할 수 있게 한다.⁶⁹⁾ 종려주일에 무리들이 사용한 기도인 '호산나'에서, 그는 성경에서 기원하고 역사를 통해 중단됨이 없이 계속 교회가 사용해 온 기도를 우리가 그 '호산나'라는 기도에서 드리고 있음을 주목한다. 그리고 우리에게 그는 강권하기를, 그 기도에서 표현된 것과 똑같은 소원들을 우리 가슴에 간직할 뿐만 아니라, 하나님은 우리의 기도가 뜨겁게 하기 위해서 "우리에게 말씀들을 집어 넣어주신다"는 것을 주목하라고 한다.⁷⁰⁾ 그러한 기도의 형식들이 영감되고 하나님의 성도들의 입에 넣어져 있었다고 하는 바로 그 사실은 그러한 형식들을 사용하는 것이 헛되지 않을 것이라는 약속을 담고 있는 것으로 간주되어야 할 것이다.⁷¹⁾

---

63) Cf. comm. on Ps. 119 : 38, C.O. 32 : 231; on Ps. 55 : 23, C.O. 31 : 545; on Ps. 7 : 7, C.O. 31 : 82; and on Ps. 109 : 6, C.O. 32 : 149; Inst. 3 : 20 : 44.
64) Comm. on Ps. 119 : 38, C.O. 32 : 231.
65) Comm. on Matt. 6 : 9, C.O. 45 : 195.
66) Inst. 3 : 20 : 34.
67) Comm. on Ps. 85 : 6, C.O. 31 : 787. *Sic enim inter precandum promissiones Dei meditari convenit, quae nobis verba suppeditent.*
68) Comm. on Ps. 102 : 9, C.O. 32 : 64. *Nam spiritus sanctus hanc precandi formam dictando, testari voluit, Deum talibus contumeliis moveri ut suis succurrat.* Comm. on Ps. 44 : 20, C.O. 31 : 445. *Sciamus autem in his verbis dictari nobis a spiritu sancto precandi formam.*
69) Comm. on Ps. 13 : 4, C.O. 31 : 133.
70) Comm. on John 12 : 13, C.O. 47 : 282–3.
71) Comm. on Ps. 17 : 8, C.O. 31 : 163. *Nam quum haec precandi forma a spiritu sancto dictata sit, promissionem in se continet.*

기도가 하나님의 말씀 위에 기초하게 될 때, 그것은 참으로 담대하게 드려질 수 있게 된다. 칼빈이 주장하는 바에 의하면, 우리는 머리를 바로 세우고 하나님의 은혜의 보좌로 나아가야 한다. 기도할 때 겁을 먹으면 기도가 더럽혀지고 하나님의 이름이 손상된다는 것이다.[72] 그러나 하나님의 말씀은 우리의 기도가 담대하도록 해준다. 하나님의 말씀은 계속적으로 우리를 격려하여 우리의 모든 인간적인 이성이 생각해낼 수 있는 것보다 훨씬 더 큰 일들을 하나님께로부터 기대할 수 있게 하며, 우리 자신의 생각이나 표준에 의하여 하나님의 사랑과 권능을 측량하지 못하게 한다. 우리는 하나님의 크신 약속들을 진지하게 받아들여, 그 약속들에서 힘을 얻어 아주 담대하게 그에게로 나아와 그가 자기의 말씀으로 선언하신 것에 합당한 영예를 그에게 돌려드려야 하는 것이다. 만일 하나님께서 우리의 요구를 처음에 응답해 주시지 않으면, 모세와 아브라함처럼, 그가 우리를 물리치시며 그를 성가시게 하지 말라고 말씀하시는 것처럼 보일 때라도, 뒤로 물러 서서는 안된다.[73] "하나님은 그의 약속들 때문에 마치 그가 채무자이신 것처럼 우리 앞에 계신다는 것을 알라"[74]고 칼빈은 말한다. 우리가 하나님께로 나아가 그가 약속하신 대로 우리에게 선처해 주실 것을 큰 확신을 가지고 담대하게 요구하는 것은 헛수고가 결코 아니다.[75] 성경에 말씀되어진 약속들이 너무나도 명백하기 때문에 우리는 더욱 더 담대해질 수가 있는 것이다.[76] 그런 까닭에, 말씀을 듣는 자들에게서 겸손과 경외를 불러일으키고, 육체의 정욕들을 제어하여 하나님의 뜻에 절대 복종케 하는 바로 그 말씀이 한편으로는, 그 순종하는 자들에게 담대함과 확신을 가지고 하나님께로 나아갈 수 있게 한다. "기도할 때의 담대한 정신은 경외, 두려움 그리고 염려와 잘 어울린다"고 칼빈은 말하는 것이다.[77]

---

[72] Serm. on Luke 1 : 73-8, C.O. 46 : 186. *Il faut . . . que nous puissions nous presenter devant luy la teste levée, et que nous l'invoquions en fiance et hardiesse, comme il est dit au 3 ch. des Ephesiens. Car sans cela aussi toutes nos prieres seront souillées et n'y aura que puantise, et nous profanerons mesmes le nom de Dieu.*
[73] Comm. on Ps. 31 : 19, C.O. 31 : 309; 10th serm. on Ps. 119, C.O. 32 : 593; serm. on Deut. 9 : 13-14, C.O. 26 : 686-8.
[74] Comm. on Ps. 119 : 58, C.O. 32 : 240.
[75] Serm. on Deut. 26 : 16-19, C.O. 28 : 292.
[76] Comm. on Rom. 8 : 15, C.O. 49 : 150. *Nam quo apertior est promissio etiam maior precandi libertas.*

4. 기도는 우리의 인간적 필요와 항상 관련되어야 함

　기도는 인간적 필요로부터 생겨나는 것임에 틀림없다. "우리가 하나님의 은혜에 대한 필요를 느낄 때 구하는 것이 바로 기도하는 것이다."[78] 기도는 단지 인간적인 자원들만으로는 충족될 수 없는 상황 가운데서 인간의 심령에서 나오는 바 도움을 청하는 순수한 외침이다. 기도가 하나님의 영에 의하여 동기가 부여되어야 하고, 예수 그리스도의 사랑과 은혜에 대한 반응이어야 한다고 하는 것은 사실이다. 그렇지만 한편으로는 기도의 동기가 우리의 인간적 필요에서 나와야 하는 것이다.[79] 그렇지 아니하면, 기도가 형식적인 경건의 연습을 단지 시행하는 것에 지나지 않게 되고 말 것이다. 모든 기도에서, 단지 인간적 필요가 아니고, 하나님의 영광이 첫번째 동기가 되어야 한다는 것은 사실이다.[80] 그렇지만, 우리가 하나님을 관련시키고 그가 문제를 해결해 주시기를 기대하는 모든 상황과 모든 대의(大義)를 우리가 언급하지 않는다고 하면, 그것은 하나님에게서 그의 영광을 빼앗는 것이 될 것이다.[81] 하나님을 섬기는데 참으로 헌신하는 사람들은 모두가 하나님의 도움을 자기들이 필요로 하는 것을 깊이 느끼게 되어 있고, 어떠한 상황에서든지 기도를 통해서만 안도와 확신을 얻으며 승리할 수 있게 되는 것이다. 이와 같이 하나님은 자기 백성이 자기들의 필요를 깨닫고 기도할 것을 가르쳐 주기 위하여 그들에게 십자가를 지는 훈련을 시킨다.[82] "아무도 십자가를 통해서 누그러지고 철저하게 억제되지 아니하는 한 기쁜 마음으로 기도를 드릴 수가 없는 것이다."[83]

---

77) Inst. 3 : 20 : 14
78) Comm. on Jer. 29 : 13, C.O. 38 : 595. *Quaerendi autem ratio, ubi opus habemus Dei gratia, non alia est quam precari.*
79) Inst. 3 : 20 : 6.
80) Comm. on Ps. 115 : 1, C.O. 32 : 183. *Imo hic etiam, quum iuvari petimus, scopus nobis esse debet, ut illustret nomen Dei liberatio quam adepti erimus.* Cf. comm. on Ps. 118 : 26, C.O. 32 : 213.
81) Comm. on Ps. 17 : 1, C.O. 31 : 159.
82) Comm. on Zech. 13 : 9, C.O. 44 : 359. *Ergo eruditio crucis necessaria est, ut vigeant inter nos seriae precationes.* Cf. comm. on Ps. 39 : 8, C.O. 31 : 401.
83) Comm. on Ps. 30 : 9, C.O. 31 : 297.

그러므로 우리의 필요를 우리의 기도의 구실과 동기로 삼는 것을 부끄러워해서는 안된다. 사실, 다윗은 자기의 필요를 자기가 하나님께로 향하여 올라갈 때 사용하는 전차(戰車)로 삼았다.[84] 그는 자기의 필요(need)를 전차(chariot)로 삼아 하나님께로 향하여 나아가 기도하였다. 기도의 연습(exercise of prayer)은 우리의 불행들에도 불구하고 하나님이 우리에게 주신 '가장 효과적인 위안'이요, 계속되는 환난 가운데서 하나님이 주시는 선물임을 우리는 알아야 한다.[85] 우리의 상황이 아무리 평안하고 순탄할지라도, 우리가 모든 상황에서 기도해야 한다는 것은 사실이다. 우리가 그것을 깨닫기만 한다고 하면, 그러한 상황들에서도 하나님의 은혜에 의존하고자 하는 우리의 필요는 다른 때와 마찬가지로 필사적일 것이다. 그러나 환난의 날은 우리가 특별히 기도에 힘써야 하는 날들로 간주되어 마땅하다.[86] 우리의 상황이 불리하고 어려울수록, "우리는 더욱 더 열심을 내어 기도해야 하며,"[87] 극심한 환난은 우리에게 더욱 더 간절하게 기도하라는 하나님의 요구요, 도전임을 깨달아야 한다.[88] "그러므로 우리가 시험을 받을 때마다, 거룩한 피난처로 가듯이 기도하는 데로 곧장 나아가자."[89]

우리가 기도할 때마다 항상 기억해야 할 것은, 하나님 앞에서의 우리의 참된 필요는 죄사함에 대한 것이라는 점이다. 우리에게 다른 많은 긴급한 필요들이 있을 수 있겠지만, "우리가 주로 그리고 특별히 구해야 할 것은 모든 다른 축복의 근원인 긍휼을 하나님이 우리에게 베풀어 주실 것을 바라는 것이다."[90] 하나님 앞에서 참회하는 신앙인은 자기의 죄의 치유를 간구하고, "질병의 뿌리를 무시한 채 겉으로 나타난 증상(症狀) 치료에만 관심을 갖는 어리석은 환자들을 본받지 않게 될 것이다."[91] 가장 지독한 환난에서 해방되기를 기도할 때마저도, 죄악된

---

[84] Comm. on Ps. 143 : 6 f., C.O. 32 : 403.
[85] Comm. on Ps. 14 : 7, C.O. 31 : 141.
[86] Comm. on Ps. 50 : 15, C.O. 31 : 502.
[87] Comm. on Ps. 17 : 9, C.O. 31 : 163.
[88] Comm. on Ps. 118 : 5, C.O. 32 : 203. *Circumstantia temporis quam exprimit, admonet, quo magis nos premunt res adversae, tunc vere opportunum esse orandi tempus.*
[89] Comm. on Phil. 4 : 6, C.O. 52 : 61.
[90] Comm. on Ps. 119 : 58, C.O. 32 : 239–40.
[91] Inst. 3 : 20 : 9.

불평을 토로함이 없이 죄의 고백과 사죄의 희망을 가지고 "온전하게 연단된 헌신의 정신"으로 기도해야 한다. 그리고 환난이 완전히 제거되기를 요구하는 대신, 조금치라도 경감되면 그것으로 크게 만족하여야 하는 것이다.[92]

5. 기도는 하나님께 대한 심령의 표현임

기도가 하나님 앞에 심령을 토로해내는 것이라는 사실을 칼빈은 강조한다.[93] 기도는 영혼 깊은 곳에 박힌 불평들을 영혼이 토해내는 것이다.[94] 하나님이 우리에게 환난을 주시는 목표는, 은밀한 슬픔을 가슴에 삼켜 두는 대신에, 기도로 하나님께 토로하고 이로써 우리의 신앙을 단련하게 하는데 있다.[95] 모든 기도는 그것이 감사이든 간구이든 또는 고백의 형식이든간에, "심령을 살피시는 하나님 앞에 내면적 감정을 토로하여 나타내는 것이다."[96] 이 신앙의 연습을 통하여 하나님은 우리의 심령 깊이 들어오시어 우리 마음의 내면적 감정과 교통을 가지기를 원하신다.[97] 우리가 우리의 영혼을 하나님께 토로할 수 있을 때에만이, 악한 생각들이 우리 영혼 깊이 들어오는 것을 막을 수가 있다.[98] 우리는 본성적으로 우리의 괴로움을 가슴에 응어리지게 품으며,[99] 우리의 두려움과 슬픔을 금욕적 극기로 억제하고,[100] 우리 자신의 슬픔을 삼켜

---

92) Comm. on Ps. 38 : 2, C.O. 31 : 386. Cf. on Ps. 109 : 21, C.O. 32 : 155.
93) Comm. on Isa. 63 : 16, C.O. 37 : 402. *Nam oratio nihil aliud quam explicatio cordis nostri coram Deo est.* Cf. Inst. 3 : 20 : 3. . . . *dum vota nostra omnia coram eius oculis sistere adeoque totum cor effundere discimus.* Cf. comm. on Ps. 62 : 8, C.O. 31 : 588. *Optimum remedium adhibet David, ut fideles curas suas in Deum exonerando, quodammodo ante euis oculos corda sua effundant.*
94) Comm. on Ps. 3 : 2, C.O. 31 : 53. *Sed rarae fidei signum fuit, quod tanto metu perculsus, querimoniam suam in Dei sinum deponere ausus est.* Cf. comm. on Ps. 73 : 11, C.O. 31 : 680.
95) Comm. on Rom. 8 : 26, C.O. 49 : 157. *Non ideo aerumnis eos Deus affligit ut intus caecum dolorem vorent, sed ut se exonerent precando, atque ita fidem suam exerceant.*
96) Inst. 3 : 20 : 29. *Quando vero hunc esse orationis scopum iam prius dictum est, ut erecti in Deum animi ferantur, tum ad confessionem laudis, tum ad opem implorandam: ex eo intelligere licet primas eius partes in mente et animo positas esse: vel potius orationem ipsam, esse proprie interioris cordis affectum, qui apud Deum, cordium scrutatorem, effunditur et exponitur.*
97) Ibid.
98) Comm. on Ps. 73 : 11, C.O. 31 : 680.
99) Comm. on Ps. 62 : 8, C.O. 31 : 588.

두며,[101] 하나님께 보다는 사람들에게 불평을 말하고 은둔해 버리고자 하는 경향을 모두 가지고 있다.[102] 이 모든 것은 우리에게 좋지가 않다. 신자를 불신자와 구별해 주는 표지는 신자는 본능적으로 자기의 짐을 기도로 주님께 내맡기는 것이다.[103] 어떤 사람이 뿌루퉁하여 재갈을 물기를 싫어하거나 자기의 고통을 하나님께 토로하지 않기 보다는, 자기의 필요를 인하여 하나님과의 교제를 갖게 되는 것은, 고통 중에서도 믿음이 있다고 하는 증거임에 틀림없다.[104]

우리가 하나님께 구하기 전에 그가 우리의 필요를 이미 알고 계시는데도 왜 우리가 기도해야 하는가 하는 질문에 대한 하나의 대답이 여기에 있다. 하나님이 이미 알고 계시는 것에 대하여 하나님께 알릴 필요가 하등에 없는 것은 사실이다. 하나님과 논쟁하는 것은 부질없는 일이다. 그렇지만 우리가 하나님 앞에 우리의 마음을 쏟아 놓음으로써 우리의 모든 괴로움들을 하나님께 우리가 기쁘게 알리게 될 때, "우리의 염려들이 크게 경감되고 우리의 기도가 응답되리라는 확신은 증가한다."[105] 시편들 중의 하나에서 동일한 기도 제목이 자주 반복되는 것을 지적하여 칼빈은 이렇게 말한다. "이같은 반복은 … 결코 헛된 것으로 생각되어서는 안된다. 왜냐하면 이같은 반복을 통하여 성도들은 조금씩 자기들의 염려들을 하나님께 내맡기게 되고, 이같은 집요함은 하나님 앞에 향내나는 제사(sacrifice)이기 때문이다."[106]

기도에서 몸의 자세와 기도에 사용되는 용어들은 모두 가슴으로 느끼거나 느끼고자 하는 것을 순수하게 표현하는 것이어야 한다.[107] 기도할 때는, 우리의 심령을 놓치지 않고 보시는 하나님께로 향하는 것이지

---

100) Comm. on Ps. 143 : 6 f., C.O. 32 : 403.
101) Comm. on Ps. 89 : 46, C.O. 31 : 828.
102) Comm. on Ps. 88 : 2, C.O. 31 : 806.
103) Ibid.
104) Comm. on Ps. 3 : 5, C.O. 31 : 54–5.
105) Comm. on Ps. 10 : 13, C.O. 31 : 116. *Nam usus precandi semper notandus est: ut scilicet Deus omnium nostrorum affectuum testis sit: non quod alioqui ipsum lateant, sed quia, dum coram ipso effundimus corda nostra tantundem levantur curae nostrae, et augescit impetrandi fiducia.* Cf. comm. on Ps. 54 : 4, C.O. 31 : 532.
106) Comm. on Ps. 86 : 6, C.O. 31 : 793.
107) Comm. on John 17 : 1, C.O. 47 : 375. *Cavendum est ne plus exprimant caeremoniae quam sit in animo, sed interior affectus oculos, manus, linguam, et quidquid est impellat.*

사람들을 상대하는 것이 아니기 때문에, 우리의 동료들에게 성공적으로 깊은 인상을 주기 위하여 사용할 수 있는 인위적인 웅변이나 문장은 전혀 기도에 걸맞지 않는다. 가장 중요한 것은 '순수한 단순성'(pure simplicity)이다.[108] 이를 강조하기 위하여 예수님은 우리에게 충고하여, 우리가 기도할 때 골방에 들어가 문을 닫고 은밀하게 기도하라고 하셨던 것이다. 그가 그와 같은 충고를 통하여 가르치고자 하신 것은, 기도를 반드시 혼자서 해야 한다는 것이 아니고, 기도가 하나님 앞에서만 드려지는 바 우리의 내적 은밀한 심령의 문제이기 때문에, 우리가 하나님 앞에서만 기도한다는 것을 의식할 때 오직 우리가 자연스럽고 자발적이 될 수 있다는 것을 가르치고자 하신 것이다.[109] 그러나 아무런 외형적 표현의 형식이 없이 우리의 심령의 내면적 감정을 하나님께 전달하려고 통상적으로 시도해서는 안된다. 물론, 반드시 그런 것은 아니지만, 속 마음에 품은 것이 분명한 말로 표현되어야 하고,[110] 겸손한 자세로 그것이 반영되어야 하며,[111] 우리의 손과 눈은 우리의 도움의 유일한 근원인 하늘에로 우리의 마음이 지향하는 것이 우리의 소원임을 보일 수 있게 외양(外樣)을 갖추어야 하는 것이다.[112] 이상적(理想的)인 기도는 마음이 "혀를 움직이고 지도하며,"[113] 혀가 "마음을 앞서 가지 아니하고,"[114] "몸이 자연스럽게 마음을 뒤따라가야 한다."[115] 진실로, 마음

---

108) Comm. on Ps. 17 : 1, C.O. 31 : 159. *Discamus praeterea, ubi ad Deum accedimus, fucose agendum non esse: quia tota rhetoricae nostrae gratia coram Deo mera est simplicitas.* Cf. Inst. 3 : 20 : 29.
109) Comm. on Matt. 6 : 6, C.O. 45 : 193. *Utile quidem est fidelibus, quo liberius vota sua et gemitus coram Deo effundant, subducere se ab hominum conspectu.* .... *Summa autem est: sive quis solus, sive coram aliis precetur, hunc tamen affectum induendum esse, quasi abditus in conclave solum Deum haberet testem.* Cf. Inst. 3 : 20 : 29.
110) Comm. on Ps. 109 : 30, C.O. 32 : 158. *Etsi enim pectus linguam praeire debet in celebrandis Dei laudibus, frigoris tamen signum est nisi lingua etiam comes accedat.*
111) Inst. 3 : 20 : 33; comm. on Ps. 95 : 6, C.O. 32 : 31. *Hoc enim tribus verbis exprimitur, officio suo non defungi fideles, nisi palam et genu flexione et aliis signis se in sacrificium offerant.*
112) Serm. on Gen. 14 : 20-24, C.O. 23 : 677-8. *Voila donc comme par la ceremonie et le geste exterieur nous monstrons que les prieres nous conioignent à Dieu, et qu'elles font que nous entrions au ciel par foy, et que Dieu aussi de son costé descende vers nous, pour se monstrer prochain.* Cf. comm. on Ps. 134 : 2, C.O. 32 : 356; and on Ps. 28 : 2, C.O. 31 : 281; also Inst. 3 : 20 : 5 and 33. Comm. on John 11 : 41, C.O. 47 : 268-9.
113) Comm. on Ps. 102 : 2, C.O. 32 : 62.
114) Comm. on Matt. 6 : 7, C.O. 45 : 193.

제 5 부 신앙의 훈련 **357**

의 느낌이 아주 강렬하므로 해서 "혀가 즉각적으로 열려 말을 쏟아내고 다른 지체들은 제스쳐(gesture)를 취해야 하는 것이다."[116] 그렇지만 가슴이 차갑고 해이해질 때가 있다. 그러한 때에는, 몸의 자세를 바르게 하고 입을 열어 말로써 기도를 해보고 찬양도 하게 되면 마음이 열릴 수가 있게 되는 것이다.[117] 그때 중요한 요건은, 마음이 외적 의식(儀式)에 잘 반응을 보이고,[118] 마음의 감정이 기도할 때 하는 말에 따라 줌으로써, 위선이 있어서는 안된다.[119]

6. 감사와 기도

칼빈이 감사를 기도의 한 국면으로 가끔 다루고 있음은 사실이지만, 기도와는 별도로 취급될 만한 가치가 있는 기독교 생활의 중요한 한 국면으로 그는 감사를 또한 생각하고 있는 것이다.[120] 감사(thanksgiving)는 우리의 전생애에 걸쳐 우리가 힘써야 할 '경건의 주요한 연습'(the chief exercise of godliness)이다.[121] 하나님이 우리를 창조하시고, 이 세상을 각종의 아름답고 선한 것들로 장식하시며, 자상한 섭리의 손길로 우리를 보살피시는 목적은 우리가 마음에서 우러나 하나님께 찬미를 계속적으로 돌려드릴 수 있게 하는데 있다.[122] 하나님은 사람이 모든 좋은 것이 하나님께로부터 온 것임을 '그저 단순히 인정해 주는 것'만으로도 만족해 하신다.[123] 이러한 감사를 빠뜨리는 것은 하나님에게서 그의 이름에

---

115) Comm. on John 11 : 41, C.O. 47 : 268-9.
116) Inst. 3 : 20 : 33.
117) Comm. on Acts 9 : 40, C.O. 48 : 220. Inst. 3 : 20 : 31; on Ps. 28 : 2, C.O. 31 : 281; and on Ps. 102 : 2, C.O. 32 : 62. *Est hic igitur aliquid reciprocum: quia sicuti cor praeire verba debet ac formare, sic et lingua ipsa cordis torpori opitulatur.*
118) Comm. on Acts 9 : 40, C.O. 48 : 220. *Nobis autem quoties in genua procumbimus, videndum est, ut ceremoniae, ne fallax sit ac lusoria, interior cordis submissio respondeat.*
119) Inst. 3 : 20 : 31. Cf. comm. on John 17 : 1, C.O. 47 : 375.
120) Cf. e.g. comm. on Ps. 50 : 14, C.O. 31 : 501; and on Heb. 13 : 15, C.O. 55 : 192-3.
121) Comm. on Ps. 50 : 23, C.O. 31 : 507. *Nam quum praecipuum sit pietatis officium, in quo nos tota vita exerceri vult Deus.*
122) Comm. on Ps. 146 : 1, C.O. 32 : 421. *In hunc finem alit et sustinet suos Deus in mundo, ut toto vitae cursu se in ipso laudando exerceant.* Comm. on Ps. 7 : 18, C.O. 31 : 87; and on Ps. 104 : 31, C.O. 32 : 96.
123) Comm. on Ps. 116 : 13, C.O. 32 : 198. *Summa huc tendit, non esse magnopere*

합당한 존귀를 빼앗는 것이나 마찬가지이다.[124] 하나님께 보상하고자 하는 다른 모든 시도들이 실패되더라도, 마음에서 우러난 감사는 그의 사랑에 대한 '유일한 보상'으로 받아들여지는 것이다.[125]

칼빈은 거의 시종일관하여 성경적인 용어로 감사를 '찬미의 제사'로 부른다.[126] 구약의 의식(儀式)에서 사람들이 제물을 제단에 가져왔을 때, 하나님은 주로 그 제물들 자체에 관심이 있었던 것이 아니고, 그 제물을 통해서 나타나는 바 감사하는 마음을 원하셨던 것이다.[127] 그리스도 안에서의 새 언약 아래에서도, 제사 의식의 화목적 측면이 성취되어 이제는 폐기된 까닭에, 제물(sacrifice)로 드려진 감사만이 특유하게 하나님을 기쁘시게 한다.[128] 감사가 없이는 아무것도 하나님을 기쁘시게 할 수가 없다. 하나님은 예배가 자기의 궁휼에 대한 진정한 감사의 표현일 때에만 모든 예배를 받으신다. 그러므로 감사를 통해서 우리의 남은 생애와 우리가 하나님께 드리는 예배가 거룩해지는 것이다.[129] 그러나 그리스도께서만이 하나님께 완전한 감사의 제사를 드리셨기 때문에, 이와 같은 감사의 제사를 드리고자 하는 우리의 모든 시도들이 그리스도의 제사장으로서의 중보에 의하여 거룩해지지 아니하면 오염되게 된다는 것을 기억해야 한다.[130]

감사는 우리의 남은 생애 뿐만 아니라 기도의 전체 활동을 거룩하게 한다. 기도가 사랑의 정(情)으로부터 우러나와야 하는 것이기 때문에, 우리의 가슴이 하나님께 대한 참된 감사 의식(感謝 意識)으로 충만해 있을 때에만이 우리는 바르게 기도할 수가 있다.[131] 그렇지 아니하면 하나

---

laborandum fidelibus quomodo se liberent, quia Deus satisfactiones non quaerit quibus eos scit carere, sed nuda et simplici gratitudine contentus est: nam haec iusta solutio est, fateri omnia illi nos debere.

124) Comm. on Ps. 109 : 30, C.O. 32 : 158.
125) Comm. on Ps. 104 : 31, C.O. 32 : 96. *Haec gratitudo unicae compensationis loco est apud Deum, ubi debita eum laude prosequimur.*
126) Cf. comm. on Ps. 50 : 23, C.O. 31 : 507; and on Ps. 7 : 18, C.O. 31 : 87; Inst. 3 : 20 : 28.
127) Comm. on Jonah 2 : 8-9, C.O. 43 : 245; and on Hosea 14 : 3, C.O. 42 : 501.
128) Comm. on Heb. 13 : 15, C.O. 55 : 192-3; and on Hosea 14 : 3, C.O. 42 : 501.
129) Comm. on Heb. 13 : 16, C.O. 55 : 194. *Summa haec est, si Deo sacrificare libeat, ipsum esse invocandum, et cum gratiarum actione praedicandam esse eius bonitatem, deinde fratribus nostris benefaciendum esse.*
130) Inst. 3 : 20 : 28; comm. on Heb. 13 : 15, C.O. 55 : 193.

님 앞에 가슴을 열고 진실하고 자연스럽게 토로하지 않게 되는 것이다.[132] 더욱이 하나님의 뜻을 '우리의 소원의 전부'로 삼을 때에, 우리의 소원들이 하나님의 뜻하시는 바와 일치하게 됨으로써 감사를 통해 우리의 간구들이 거룩해지게 된다.[133] 감사에 의하여 우리의 감정들과 소원들이 규제되고 절제될 때에만이, 하나님께 대한 짜증내고 뿌루퉁한 불만과, 하나님의 때 늦은 응답이나 우리의 이기적인 소원에 대한 하나님의 거절에 대한 초조감을 피할 수가 있다. 하나님께 대한 불평이나 초조함으로 인하여 많은 사람들의 경우 기도 생활이 엉망이 되어 버린다.[134]

그러나 감사는 기도 생활에 있어서 단순히 규제하는 역할만을 하는 것이 아니다. 감사를 통하여 우리의 신앙이 활기를 얻으며, 기도에 새로운 열정이 더하여지고, 우리의 마음 속에서 하나님의 선하심을 인정하게 되며, 과거에 하나님이 우리를 위하여 행하신 것을 기억하게 되는 것이다.[135] 이같은 감사의 마음을 통하여 다윗은 장차 있을 위기를 희망을 가지고 대비하며, "이같은 방편을 통하여 기도의 문을 연다."[136]

7. 성령과 기도

기도는 우리의 심령의 절박한 필요와 감사가 동기가 되어 드려지는 바 심령의 순수한 표현이어야 하지만, 단지 심령의 본성적 충동에 의하여 강요되거나 고취되어서는 안된다.[137] 아무도 자신의 감정의 즉흥적

---

131) Inst. 3 : 20 : 28.
132) Comm. on Ps. 18 : 4, C.O. 31 : 172. *Et certe nisi qui gratiae Dei memoria se eriget, nunquam libere precabitur.*
133) Comm. on Phil. 4 : 6, C.O. 52 : 61.
134) Inst. 3 : 20 : 28. *Nam quia multos impellit morositas, taedium, impatientia, doloris acerbitas, et metus ut orando obmurmurent, iubet ita temperari affectus, ut fideles, antequam adepti sint quod cupiunt, hilariter nihilominus benedicant Deo.* Comm. on 1 Thess. 5 : 17, C.O. 52 : 175. *Atqui desideria nostra sic fraenari convenit, ut contenti eo, quod datur, gratiarum actionem semper misceamus votis.* Cf. comm. on Phil. 4 : 6, C.O. 52 : 61; and on Ps. 18 : 4, C.O. 31 : 172.
135) Comm. on Ps. 85 : 2, C.O. 32 : 785. *Diximus autem alibi, nulla re nos melius animari ad precandum, quam ubi recordamur superiores Dei gratias.* Comm. on Ps. 7 : 11, C.O. 31 : 84.
136) Comm. on Ps. 9 : 2, C.O. 31 : 96; Inst. 3 : 20 : 3.
137) In comm. on Jer. 29 : 12, C.O. 38 : 595, Calvin quotes Augustine: *Sequitur ergo nos non proprio carnis impulsu orare, sed quum spiritus sanctus corda nos*

충동을 통해서는 바르게 기도할 수가 없는 것이다.[138] 성령의 인도함이 없는 그러한 기도는 단순한 이방인의 중얼거림과 하나님을 조롱하는 것에 지나지 않는다.[139] 우리 자신의 본성적 충동에 따라 기도를 드리는 것은 하나님을 우리의 심판자로 알고 접근하기 보다는, 하나님을 우리의 사악한 정욕의 대행자(agent)로 이용하려는 것에 해당한다.[140] 그러므로 "성령께서 바르게 기도하는 방법을 가르쳐 주시지 않는 한" 우리의 입을 하나님 앞에서 여는 것은 위험하다.[141]

그런 까닭에, 참된 기도를 드릴 수 있는 것은 성령의 은사인 것이다.[142] 하나님이 우리의 심령 속에서 주도권(initiative)을 가지고 기도를 고취해야 한다. "하나님이 자신의 성령으로 우리를 앞서 이끌어 주지 아니하면 우리는 기도할 수가 없다."[143] 하나님의 성령이 우리의 심령 가운데 임하기를 바라는 바로 그 기도마저도 우리 안에 성령의 첫 열매를 이미 가지고 있기 때문에 가능할 수가 있는 것이다. 그러므로 우리는 성령이 우리에게 임하여 오시기를 위하여 기도하기 보다는 성령의 충만(increase)을 위하여 기도해야 한다.[144]

그러므로 성령은 우리를 도와 마음과 심령을 준비시키고, '하나님을 열렬히 사모하게' 만들며, 우리의 요구와 감정들을 규제하신다.[145] 양자(養子)의 영(靈)은 담대함과 확실한 희망을 가지고 우리가 하나님께 그의 자녀로서 나아갈 수 있게 하는 장본인(張本人)이시다. 우리의 기도가 응답될 것을 믿는 확신은 참된 기도가 갖는 두드러진 특징이다.[146] 기독교의 기도의 중요한 특징인 열정과 간절함을 가지고 우리로 하여

---

dirigit, et quodammodo orat in nobis. In comm. on Rom. 12 : 19, C.O. 49 : 247, we are warned against praying *ex privato affectu* rather than *ex puro spiritus zelo.*
138) Comm. on Rom. 8 : 26, C.O. 49 : 157. *Nemo sancta et pia vota sponte conciperet.*
139) Ibid.
140) Comm. on Rom. 12 : 19, C.O. 49 : 247.
141) Inst. 3 : 20 : 34.
142) Comm. on Rom. 8 : 26, C.O. 49 : 157. *Deo exauditas, colligit tamen Paulus in ipso precandi studio iam lucere coelestis gratiae praesentiam. . . . Quare bene precandi modum a spiritu dictari necesse est.*
143) Comm. on Jer. 29 : 12, C.O. 38 : 595.
144) Comm. on Acts 1 : 14, C.O. 48 : 16.
145) Inst. 3 : 20 : 5.
146) Comm. on Rom. 8 : 15. C.O. 49 : 148; Inst. 3 : 20 : 1 and 37. *Petere ab ipso meminerimus, ut correcta nostra timiditate. Spiritum illum magnanimitatis ducem ad audacter orandum praeficiat.*

제 5 부 신앙의 훈련 **361**

금 기도할 수 있게 하는 분도 역시 성령이시다. 성령이 우리의 심령을 감동시켜 '하늘 깊은 곳까지 관통할' 수 있을 만큼 대단한 열정을 갖게 한다.[147] 그렇지만 "성령의 감화가 있으므로 해서 우리의 기도가 효과적으로 드려질 수 있다 하여, 우리 자신의 노력을 성령께서 결코 방해하거나 게을리하게 하지는 않는다." 우리는 기도할 때 성령을 수종들 수 있게 우리 자신을 훈련시켜야 한다. 더욱이 우리의 영적(靈的) 열정(熱情)이 아무리 대단하거나 아니면 아무리 하찮든간에, 기도할 때 항상 이지(理智)와 사려(思慮)를 가지고 하는 것이 가장 중요하다.[148]

8. 중보기도

우리의 기도가 자기 중심적이어서는 안된다. 우리의 기도는 우리가 우리 자신의 필요를 하나님께 내려 놓아야 하는 짐으로 느끼기 때문만 아니라, 우리가 우리의 동료들과 사랑으로 깊이 결속되어 있어서 그들의 필요를 우리 자신의 것처럼 뼈아프게 느끼기 때문에 드려져야 하는 것이다.[149] 이 점에 있어서, 우리 자신의 개인적인 슬픔에 사로잡히는 위험을 경계해야 한다. 하나님이 우리에게 슬픔을 주시는 것은 "우리로 하여금 교회의 온 몸에 대하여 우리의 관심을 기울이게 하려는 데 있다."[150] 우리는 우리의 공통의 운명과 환난과 허물 및 희로애락에 있어서 교회와 혼연일체가 되어, 우리의 개인적인 슬픔에서 나오는 우리의 기도가, 시편에 있는 다윗의 기도처럼, 교회가 당하는 모든 환난 때에 교회를 위하는 중보기도가 반드시 되도록 하여야 하는 것이다.[151] 그

---

147) Comm. on Rom. 8 : 26, C.O. 49 : 157. *Deinde corda nostra sic officiat (spiritus) ut suo ardore in coelum usque penetrent.*
148) Inst. 3 : 20 : 5; comm. on 1 Cor. 14 : 15, C.O. 49 : 522. . . . *quod praecipuum est, requirit (in precationibus), ne mens sit otiosa.*
149) Serm. on 1 Tim. 2 : 1–2, C.O. 53 : 125. *Il s'ensuit donc que nous devons prattiquer ce moyen-ci en priant Dieu : et ne faut pas qu'un chacun soit addonné à sa personne, ni à ses amis particuliers: mais que nous estendions nostre charité et solicitude envers tous, et grans et petis, et ceux qui nous sont privez, et ceux qui nous sont incognus. . . . Il faut commencer par eux avec lesquels nous sommes conioints en foy. . . . Mais . . . il faut aussi que nous ayons pitié et compassion des povres incredules, qui cheminent encores en erreur et ignorance.* (Here are at least the seeds of Foreign Mission enterprise!)
150) Comm. on Ps. 14 : 7, C.O. 31 : 142.
151) Comm. on Ps. 25 : 22, C.O. 31 : 262. *Hoc vero ad fidei confirmationem non*

러므로 우리의 기도가 항상 온 인류를 위하는, 특별히 이 세대 뿐만 아니라 오는 세대들까지 포함하여 온 교회를 위하는 중보기도로 발전되도록 힘써야 하는 것이다.[152]

사람들을 위하여 중보기도를 드리는 것은 우리가 그들에 대한 우리의 사랑을 표현할 수 있는 가장 강력하고 실제적인 방법이다. "어려움 가운데 있는 자들에게 우리가 줄 수 있는 가장 큰 도움은 하나님께 기도하여 그가 그들을 저버리지 않게 하시는 것이다."[153] 우리를 향하신 하나님의 선하심의 두드러진 표(mark)는 하나님이 우리를 구원하실 때 기도를 통하여 우리 자신의 구원을 증진시키도록 허락하실 뿐만 아니라, 중보 사역을 통하여 다른 사람들을 돕는 특권과 "그리스도의 왕국의 영광을 하나님께 돌리는 큰 영예를 주신 점이다. 사실 그리스도의 나라의 영광은 온 세상의 구원보다도 더 귀한 것이다."[154] 이와 같이 모든 기독교인에게 그리스도는 교회와 그의 나라를 위하여 중보기도하는 막중한 일을 맡기심으로써 교회의 복지를 도모케 하신다. 모든 세대에서 교회 안에, 하나님 앞에 나아와 중보기도하는 자들이 있으므로 해서 각 세대마다 교회가 다른 지체들에 대한 무관심이나 냉담으로 인하여 멸망되지 않고 계속 구원을 받게 되는 것이다.[155]

어려움 가운데 있는 우리의 형제들을 위하여 중보 사역을 실천함에 있어서, 그들과 일체감(一體感)을 가져야 하고, 우리가 위하여 기도하는 자들의 어려움에 몸소 동참하고 있음을 느껴야 한다. 우리의 심령으

---

parum valuit, quod David nihil se a toto fidelium corpore separatum habere cogitans, quas patiebatur iniurias, sibi cum omnibus piis duxit esse communes, sed illa etiam tenenda ratio, ut dum sua quisque mala deplorat, simul etiam curas suas et vota extendat ad totam ecclesiam.

152) Comm. on Ps. 90 : 16, C.O. 31 : 841.
153) Serm. on Job 2 : 11–13, C.O. 33 : 137.
154) Comm. on Ps. 51 : 20, C.O. 31 : 523.
155) Serm. on Deut. 9 : 13–14, C.O. 26 : 682–3. *C'est une chose desirable qu'il y ait gens entre nous qui intercedent envers Dieu, et qui le supplient: car nous voyons la froidure qui est en la plus part. Quelquefois en un peuple, en une fort grande multitude on ne trouvera point ou trente ou dix personnes qui ayent un droit zele pour prier Dieu. . . . Or que seroit-ce si ceux-la n'estoyent à la bresche? . . . Et ainsi apprenons que souventesfois Dieu nous espargne, d'autant qu'il y en a que nous ne cognoissons point, mesmes qui intercedent pour nous. . . . Helas! si i'estoye seul, et si tout le monde estoit semblable à moy: que seroit ce? Nous pourrions perir . . . mais . . . nostre Seigneur ne nous veut point laisser perir, quand il ordonne gens qui viennent ainsi au devant de luy.*

로 '그들과 동반하여' 그들과 함께 슬퍼하고, 그들과 함께 하나님 앞에 우리 자신을 낮추어야 한다.[156] 우리는 우리의 모든 이기적이고 개인적인 생각들을 버리고 "공인(公人)의 옷을 입어야 한다."[157] 머리되신 그리스도의 중보와 제사장직에 참여하여, 그리스도의 몸의 지체들로서, 사랑으로 고취되어 중보기도를 드려야 하는 것이다.[158] 교회를 위하는 우리의 중보기도는 그리스도께서 항상 하시는 중보기도(the continued intercession)의 반향(echo)이다. 그것은 또한 교회의 몸 안에서 우리가 서로 간에 하나되어 있는 것과 우리의 큰 대제사장이요 머리이신 그리스도와 하나인 것을 나타내 준다. 시편 20편에는 다윗의 기도가 응답되기를 기도하는 백성들이 묘사되어 있는데, 이를 통해서 칼빈은 그리스도의 제사장적 중보와 교회의 기도 간의 관계에 대한 유추(analogy : anagoge)를 발견한다. "우리의 왕이신 그리스도가 영원한 제사장이 되어 하나님께 중보하시기를 결코 쉬지 않기 때문에, 교회의 온 몸이 그와 더불어 기도로 하나가 되어야 한다. 그래서 그가 우리를 앞서 가시어 우리를 하나님께 인도하시지 않는 한, 우리는 우리의 기도가 응답되리라는 희망을 전혀 가질 수도 없는 것이다."[159] 그러나 우리가 주의할 것은 교회 안에서 우리의 중보기도가 있어야만 예수 그리스도의 중보 사역이 온전해지는 것이 아니라는 점이다. 우리의 중보기도는 우리 안에서 기도하시는 성령으로 말미암아 우리가 참여하게 되는 바 우리의 마음 속에서 일어나는 그리스도의 중보에 대한 반향(echo)인 것이다. 오직 이같이 하여, 우리가 사랑으로 다른 사람들의 고통에 동참할 수가 있게 된다. 한 성령 안에서 그 성령을 따라 하는 기도들이 우리의 심령 속에서 참된 반향(echo)을 불러일으키게 되는 때에, '온 몸을 위하여 각각 공동으로' 기도를 드리는 것이 된다.[160] 사실상, 기도할 때 하나님

---

156) Serm. on Job 12 : 11–13, C.O. 33 : 137.
157) Comm. on Ps. 79 : 6, C.O. 31 : 749–50. *Tenendum est . . . non posse in hunc modum precari nisi qui publicam personam induerint, et omisso sui respectu, curam susceperint totius ecclesiae.*
158) Inst. 3 : 20 : 19.
159) Comm. on Ps. 20 : 2, C.O. 31 : 208.
160) Comm. on Acts 1 : 14, C.O. 48 : 17. *Christus singulos pro toto corpore, et in commune, quasi sub omnium persona orare iubet: Pater noster, da nobis etc. Unde haec linguarum unitas nisi ab uno spiritu?*

을 '우리 아버지'라고 부르는 바로 그 특권은 우리가 교회 안에서 형제 사랑으로 하나로 묶여 있는 경우에 한해서만 우리에게 주어지는 것이다.[161]

9. 기도의 청취자요 응답자이신 하나님

하나님을 섬김에 있어서 인간적인 필요에서 우러나오고, 하나님 자신이 자기의 말씀을 따라서 감화하시는 기도들에 대하여는 하나님이 응답하지 않으실 수가 없다. "기도를 들으시는 주님이시여"로 시작하는 시편 기자의 간구에 관하여 칼빈은 이렇게 해석한다. "하나님께 대하여 여기에 주어진 호칭은 아주 중요한 진리를 담고 있다. 우리의 기도들은 결코 헛되지 않을 것이다. 왜냐하면 그 기도를 거부하시는 때에는 자신의 본성을 하나님이 부인하시는 것이 될 것이기 때문이다. 다윗이 말하는 바에 의하면, 기도의 응답은 하나님이 경우에 따라서만 하시는 어떤 것이 아니고, 하나님의 영광의 항존적(恒存的) 요소이다. 그러므로 하나님이 우리의 간구를 듣지 않으시면 곧 자신을 부인하는 것이 되고 만다. 기도를 듣는 것이 하나님에게는 특별한 어떤 것이고 그와 불가분하다는 것을 우리가 마음으로 확신할 수만 있다고 하면, 기도를 믿는 우리의 신앙은 결코 흔들리지 않게 될 것이다."[162] 우리가 기도할 수 있다고 하는 것은 우리가 하나님께 담대하게 나아갈 수 있다고 하는 것 뿐만 아니라, 자기 백성을 도울 준비가 항상 그에게는 되어 있다는 것을 또한 의미한다.[163] 기도를 통해서 주님의 원수들을 물리치고 자연의 질서를 바꾼 엘리야와 여호수아의 경우들은 전적으로 유일무이(唯一無二)하고 예외적인 사건들이 아니고, 기도로 예수 그리스도께 나아가는 우리들에게 언제나 주어져 있는 특권에 대한 생생한 예증(例證)들인 것이다.[164]

성경에 보면, 우리가 기도하지 아니했더라면 하나님이 행하여 주지

---

161) Cf. ibid. and comm. on Isa. 63 : 16, C.O. 37 : 402.
162) Comm. on Ps. 65 : 3, C.O. 31 : 603.
163) Inst. 3 : 20 : 3.
164) Serm. on Deut. 9 : 13-14, C.O. 26 : 682.

아니하셨을 일들을 우리가 기도로 그에게 강요할 수 있는 것처럼 말씀되어 있다. 하나님은 "자기를 경외하는 자의 소원을 이루시리라"[165]고 시편 기자가 말하는 경우, 이같은 표현을 우리가 얼마나 진지하게 받아들여야 할 것인가는 말하기가 어렵다. "사람이 누구이기에 하나님이 그의 뜻에 추종해야 하는 것인가? … 하지만, 하나님은 우리의 소원에 부응할 수 있도록 이같은 조건들에 자신을 자발적으로 복종시킨다."[166] 칼빈이 말하는 바에 의하면, "신앙은 주께로부터 무엇이나 얻어내는 데 성공하게 된다. 왜냐하면 주님은 신앙을 아주 높이 평가하시는 까닭에 우리의 소원들이 우리에게 유익하는 한 언제나 그것들을 이루어 주실 준비가 되어 있기 때문이다."[167]

성가신 과부의 비유가 사람들에게 가르쳐 주는 바는, "하나님이 쉽게 허락하실 것 같지 않는 것을 그에게서 마침내 얻어낼 때까지 하나님 아버지를 성가시게 괴롭혀야 한다"는 것이다.[168] 하나님은 "기도에 의하여 기진맥진하게 되어 있고," 사람들이 기도를 통해 고집을 부릴 경우 응락하신다.[169] 칼빈은 하나님이 모세에게 말씀하여 이르기를, "나를 막지 말라 내가 그들을 멸하여 그 이름을 천하에서 도말하리라"[170]고 하신 사실을 중요시한다. 이 말씀에서 보면, 하나님은 모세의 기도 때문에 마음대로 화도 내시지 못하는 것처럼 되어 있다. 모세가 기도를 통하여 하나님의 자유에 한계를 설정할 수 있는 것처럼 보인다. 하나님은 그의 속성이 선하시기 때문에 "우리의 기도와 간구에 따라 자신을 크게 제한하여 그 기도와 간구로 말미암아 방해를 받아 진노를 삼가하시고, 때로는 모든 것을 멸하고자 하실 경우에도, 우리가 하나님 앞에 나아와 우리 자신을 낮추면 그는 마음을 바꾸시는 것처럼 보인다."[171]

---

165) Ps. 145 : 19; cf. serm. on Deut. 9 : 13-14, C.O. 26 : 680-1.
166) Comm. on Ps. 145 : 19, C.O. 32 : 419. *Quid enim est homo, ut eius voluntati se morigerum praebeat Deus . . . ? atqui ad hanc legem ultro se demittit ut nostris desideriis obtemperet.*
167) Comm. on Matt. 15 : 28, C.O. 45 : 460. *Fides quidvis impetret a Domino, quia tanti eam aestimat, ut semper paratus sit votis nostris quoad expedit morem gerere.*
168) Comm. on Luke 18 : 1-8, C.O. 45 : 416.
169) Ibid.
170) Deut. 9 : 14.
171) Serm. on Deut. 9 : 13-14, C.O. 26 : 680-1.

하지만, 이러한 표현들은 우리의 미숙함과 연약함을 고려한 비유 (analogies)에 지나지 않는다. 하나님은 그의 계획에 있어서 변경하지 않으신다. 그는 그의 생각과 태도에 있어서 결코 변함이 없다. 그는 자기가 이전에 결정하신 것을 취소하지 않으신다. 그런 까닭에, 그러한 표현을 사용하신 것은 자신을 낮추어 하나님이 인간적인 방식으로 말하고 계시는 것에 지나지 않는다. "하나님이 우리와 맺으신 약속을 우리가 요구할 때에는 우리의 뜻과 소원에 그가 응하시기로 작정하였다는 것을 우리로 하여금 항상 느낄 수 있도록, 우리가 요구하는 모든 것을 그가 성취하게 된다는 약속을 그가 우리와 맺으셨다"는[172] 것을 하나님은 우리가 이해하기를 원하신다. 그러므로 우리의 기도를 통하여 "우리가 하나님을 이겨내며 천천히 그리고 어쩔 수 없이 동정하도록 그를 굴복시키는 것"으로 생각해서는 안된다.[173]

만일 우리의 기도들이 이같이 하나님을 이겨낸다고 하면, 그 기도들은 그의 뜻에 부합하는 것임에 틀림없다. "기도의 필수적인 첫번째 사항은 하나님의 뜻에 부합하는 것이다. 하나님은 우리의 소원에 의하여 결코 속박되지 않으신다."[174] 기도에 대한 이 문제에 있어서 하나님은 자기의 말씀에 의하여 주도권을 잡고 계시는 분이시다. 하나님은 항상 우리를 앞서 가시며, 우리를 그 자신에게로 부르신다. 그리고 우리의 기도들은 단순히 하나님의 약속들을 요약하는 것에 지나지 않는다.[175] 그러므로 기도할 때 본성적으로 부패하고 무법한 정욕들에게 원하는 대로 하도록 놓아두는 것보다 더 불경한 것은 아무것도 없는 것이다.[176] 기독교 생활의 모든 국면에서처럼, 이 기도에서도 육체가 억제되어야 하고, 마음의 소원들이 성령에 의하여 규제되고 감화되어야 한다. 왜냐하면 그때에 우리의 소원들이 성령의 사역이 되며, 하나님이 그 소원들을 물리치지 않으실 것이기 때문이다.[177]

---

172) Serm. on Deut. 9 : 13-14, C.O. 26 : 680-1.
173) Comm. on Luke 18 : 1-8, C.O. 45 : 416.
174) Comm. on Rom. 8 : 27, C.O. 49 : 158. *Primas tenere partes in oratione consensum cum voluntate Domini : quem nostra ipsorum desideria minime alligatum tenent.*
175) Serm. on Deut. 26 : 16-19, C.O. 28 : 291.
176) Comm. on Ps. 145 : 19, C.O. 32 : 419.
177) Comm. on Rom. 8 : 27, C.O. 49 : 158. *Vota nostra, quorum pse moderator*

만일 우리가 하나님만을 즐거워하는 것으로 만족한다고 하면, 하나님은 우리가 소원하게 될 모든 것을 문자적으로 우리에게 허락하시는 것이다.[178] 하나님은 자기 백성의 마음을 지도하여 자기의 뜻에 합하는 기도들을 할 수 있게 늘 준비되어 있으시다.[179] 그렇지만 기도에는 인간적 의지와 하나님의 의지 사이에 긴장의 여지가 있다. 죄가 없고 흠이 없는 것으로 간주되는 하나님의 의지에 "일종의 간접적 불일치"가 있을 수 있다. 이에 대한 실례로 칼빈은 우리의 기도를 제시한다. 우리의 기도가 하나님의 뜻과 일치하지 않더라도 하나님이 기뻐하시는 때에는 교회가 부흥하고 평화로울 수가 있는 것이다.[180]

우리를 위하고 또 이 세상을 위하는 하나님의 뜻으로 우리가 아는 것들을 위하여 기도함에 있어서, 우리의 기도를 응답함에 있어서 하나님이 사용하셔야 하는 방편(또는 수단)과 그의 응답이 오는 방법과 시기를 너무 세밀하게 명시하지 않도록 유의해야 한다. 하나님의 나라가 임하는 방법을 우리가 지시하고자 할 때 흔히 우리가 기도함에 있어서 오류를 범한다. 왜냐하면 절실한 필요에서 구원과 해방을 위하여 우리가 드리는 기도에 대하여 하나님이 항상 응답하시지만, 우리가 그의 응답을 구하는 방법으로 그는 늘 응답하시지는 않는다.[181] 때로는, 하나님은 우리가 구하는 것마저도 허락하지 않으신다. 왜냐하면 우리가 기도할 때 항상 올바르게 기도하는 것이 아니기 때문이다. 그렇지만 그러한 기도마저도 응답하심에 있어서 하나님은 우리를 도우실 방법을 찾아내신다. 우리의 본래의 요구를 하나님이 충분하게 받아 주었더라면 우리가 받은 것보다 훨씬 많은 것을 우리는 하나님에게서 응답으로 얻는다.[182]

---

est, minime frustratum iri.
[178] Comm. on Ps. 37 : 4, C.O. 31 : 368.
[179] Comm. on Ps. 10 : 17, C.O. 31 : 119.
[180] Comm. on Luke 22 : 39, C.O. 45 : 722. . . . *esse tamen quandam obliquae dissensionis speciem, quae culpa caret, nec in peccatum imputatur.* In Inst. 3 : 20 : 15 Calvin notes that in Holy Scripture there are cases where the prayers of men were not in perfect accord with God's will, and yet God complied to them (Judges 9 : 20; 16 : 28). This is exceptional and cannot be made a general rule for believers—yet it demonstrates the mercy of God. Other cases, where e.g. Abraham, Samuel, Jeremiah (Gen. 18 : 23; 1 Sam. 15 : 11; Jer. 33 : 16) uttered with true faith rejected prayers "without any instruction from the Word of God," are more difficult. God regulates events so that even such prayers are not in vain, but we must not imitate such prayers.
[181] Comm. on 2 Cor. 12 : 8, C.O. 50 : 140-1.
[182] Comm. on Heb. 5 : 7, C.O. 55 : 63.

그러므로 흔히 우리에 대한 사랑 때문에, 하나님은 우리의 기도를 응답하시기를 거절함으로써 우리의 그릇된 소원들을 말소시키거나, 우리가 기대했던 것과는 다른 응답을 주시는 것이다. 이와 같이 우리에게 응답을 주시지 아니할 때에도, 그는 사실 참되게 우리의 기도들을 들으시고 응답하시는 것이다. 왜냐하면 사악하고 완악한 자들에게는 때때로 하나님이 그들의 육체가 구하는 대로 그 응답인 진노를 발하시어 그들 자신이 멸망에 빠지게 만드시기 때문이다. [183]

하나님은 우리의 기도들을 응답하실 때까지, 아니면 그가 들으셨고 그래서 이제 응답하려 하신다는 것을 우리가 적어도 인식할 때까지는 우리로 하여금 기다리게 하실 수가 있다. "하나님이 우리의 기도에 동정적이라는 것이 실제 사실들(actual facts)을 통하여 즉각적으로 드러나는 것은 아니다"[184] 그렇지만 응답이 아주 지체될 수 있다 할지라도, 하나님은 자기의 종들의 신앙이 약해지는 것을 결코 허락하지 않으시며, 그들이 기도하기를 멈추는 것을 또한 허락하지 않으신다. 이와 같이 하나님은 "그들의 희망이 헛되지도 않고 절망적이지도 않았다는 것이 실제로 드러날 때까지 그들을 자신에게 붙잡아두신다."[185]

그러므로 비록 하나님이 우리에게 대하여 냉혹하게 보일지라도, 하나님이 자기의 진짜 성격과는 반대로 행하고 계신다거나 아니면, 자기의 계획에 있어서 변덕을 부리시는 것으로 생각해서는 안된다.[186] 우리가 기도의 응답받기를 원한다면 믿어야 한다.[187] 만일 우리의 기도가 하나님의 말씀에 합한다고 하면, 그의 말씀은 반드시 그 목적을 성취할 수밖에 없을 것이다.[188]

10. 기도에 있어서 훈련과 견인의 필요

기독교인이라면 당연히 해야 하는 기도를 하기 위해서는 굉장한 노

---

183) Comm. on Ps. 78 : 26, C.O. 31 : 731.
184) Comm. on Luke 18 : 1–8, C.O. 45 : 416.
185) Comm. on Ps. 10 : 17, C.O. 31 : 119.
186) Comm. on Ps. 25 : 6, C.O. 31 : 253.
187) Comm. on Ps. 6 : 9–11, C.O. 31 : 78.
188) Serm. on Luke 1 : 36–8, C.O. 46 : 95.

력과 훈련이 요구될 뿐만 아니라, 기도하려고 노력할 때에 사람들이 체험하게 되는 많은 난관들로 인하여 결코 낙심하지 않게 되는 단호한 의지가 필요하다. 우리 자신의 감정에도 불구하고, 우리 자신이 힘써 기도하려 하지 않는 한 우리는 기도하지 않게 된다. 이 문제에 있어서 우리 자신의 본능대로 따를 것 같으면 우리의 기도 생활은 맥이 끊어지고 만다.[189] 환난마저도, 그것으로 말미암아 우리가 무릎을 꿇고 기도하는 동기를 얻게 마련이지만, 만일 우리가 "우리의 마음을 움직여 기도하지 않는 한" 반대의 결과를 가져올 수가 있고, 또한 우리를 우둔하게 만들며 기도가 없는 생활을 하게 할 수도 있는 것이다.[190] 우리는 우리의 기도가 응답이 전혀 없는 것으로 간주하고자 하는 시험을 부단히 받게 될 것이다.[191] 우리는 기도를 하는 그 순간에도 이같은 육신의 생각과 우리의 마음에서 일어나는 의심들을 고백하지 않으면 안될 것이다.[192] 시편 88편의 음울하고 절망적인 탄식과 불평의 연속 속에서도 칼빈은 믿음의 기도의 참된 실례와 바울이 로마서 8 : 26에서 의미하는 것의 예증을 발견한다. 왜냐하면 만일 시편 기자가 믿지 아니했다고 하면 그는 이같이 기도할 수 없었을 것이기 때문이다.[193] 이와 같은 감정들로 말미암아 우리의 간구가 결코 효험이 없게 되는 것이 아님을 우리는 믿어야 한다. 왜냐하면 만일 우리가 그러한 것들을 고백하면 그것들이 용서되고, 우리의 기도를 더럽히지 않게 되기 때문이다.[194]

이런 까닭에, 우리가 하나님께 나아감에 있어서 이러한 장애물들을 격파하기 위해서는 마음이 무겁고 답답한 중에서도 더욱 더 줄기차게 노력을 기울여야 하는 것이다.[195] 이러한 상황에서는 공적 예배의 경우처럼, 우리의 은밀한 경건을 위해 특별히 정해진 시간을 활용하는 것이 유익하다. 이같이 경건의 연습을 위하여 시간과 장소를 정하게 되면 우리의 기도 생활이 시들지 않을 수 있게 된다.[196] 우리는 마음 속에 아무

---

189) Comm. on Ps. 55 : 18, C.O. 31 : 542.
190) Comm. on Ps. 130 : 1–2, C.O. 32 : 333; and on Ps. 106 : 58, C.O. 32 : 135.
191) Comm. on Ps. 145 : 18, C.O. 32 : 419.
192) Comm. on Ps. 38 : 22–3, C.O. 31 : 395.
193) Comm. on Ps. 88 : 15–19, C.O. 31 : 810.
194) Comm. on Ps. 44 : 24, C.O. 31 : 448.
195) Comm. on Ps. 61 : 1–3, C.O. 31 : 581.
196) Comm. on Ps. 55 : 17–18, C.O. 31 : 542.

런 감동을 느끼지 않을지라도 기도해야 한다. 성령이 우리를 감화시켜 줄 때까지 기다린다는 것 - "마치 우리가 기도의 직분을 성령에게 떠맡겨야 할 것처럼" - 을 우리가 기도를 게을리하는 것에 대한 핑계로 결코 삼아서는 안된다.[197] 하나님의 말씀이 침묵한다고 할지라도 - 이것은 참으로 고통스런 체험이 아닐 수 없다 - 우리가 기도에 전념하지 못하고 낙심해서는 안되는 것이다.[198] 기도할 때 - 특별히 우리가 고통 중에 있을 경우 - 주의가 집중되지 아니하고 점점 생각이 흐트러지는 것을 인하여 낙심해서도 안된다. 우리가 기도할 때 우리의 신앙이 언제나 '하늘까지 즉각적으로 관통하게 될' 것으로 기대할 필요는 없다. 왜냐하면 신앙이 그것의 생동력(生動力)을 다소 상실한다 할지라도 여전히 산 신앙으로 남아 있기 때문이다.[199] 하나님께서 우리를 그의 은총 가운데로 즉시 품어 주시는 분명한 표가 전혀 없을지라도, 우리는 인내하기를 배워야 한다.[200] 우리가 기도할 때 우리의 기대하는 바가 실망된다 할지라도, 우리의 기도가 산만하게 되는 것에 대하여 하나님께 적어도 계속 토로하기를 힘써, 하나님의 존전에 이 짐을 부려놓을 수 있어야 한다.[201] 우리가 기도하기를 거부하는 것에 대하여는 어떤 핑계도 결코 있을 수 없다는 것을 명심해야 한다. 불행한 사태로 말미암아 우리가 성례나 공적 예배를 드리는 특권을 상실할 수 있으나, 그리스도의 피로 말미암아 영원토록 활짝 열려져 있는 길을 따라 기도로 하늘과 교통하는 특권은 우리에게서 결코 박탈될 수가 없는 것이다.[202] 죄책감으로 말미암아 우리가 마비되어 있을 때일지라도, 그러한 절망적 상황에 있는 자들에게 담대함과 소망을 줄 수 있는 여러 형태의 기도들을 우리는 성경에서 찾을 수가 있다.[203] 하나님이 우리를 저버리셨다는 생각을 가짐으로 해서 기도의 문이 막히도록 해서는 결코 안된다.[204]

우리가 기도할 때 생각이 산만해지지 않도록 노력해야 한다. "기도할

---

197) Inst. 3 : 20 : 5.
198) Comm. on Ps. 77 : 8-9, C.O. 31 : 714.
199) Comm. on Ps. 89 : 47-8, C.O. 31 : 829.
200) Comm. on Ps. 85 : 6, C.O. 31 : 787.
201) Comm. on Ps. 22 : 3, C.O. 31 : 222.
202) Comm. on Ps. 61 : 1-3, C.O. 31 : 581.
203) Comm. on Ps. 80 : 6, C.O. 31 : 756.
204) Comm. on Ps. 44 : 3, C.O. 31 : 437.

제 5부 신앙의 훈련 **371**

때 기도하는 일이 힘들게 느껴지면 느껴질수록 더욱 더 간절하게 애를 써야 하는 것이다."[205] 칼빈은 우리 주님 자신이 보여주신 모본을 높이 평가한다. 주님은 그의 기도의 열정을 쉽게 훼손시킬 수 있었던 모든 장애 요소들을 멀리하셨던 것이다.[206] 주님은 기도를 위한 자극제로, 그리고 기도할 때 인내할 수 있게 하는 방편으로 묵상(默想)을 자주 권장함으로써 유익하고 실제적인 제안들을 하고 계신다. 시편에서 하나님의 본성의 여러 국면들에 관하여 묵상함으로써 '기도의 계속성이 끊어지고' 기도들이 자주 어떻게 멈추어지는가를 그는 유의한다.[207] 다윗은 "자기 자신의 영혼을 위로하기 위하여 기도하면서 사이 사이에 묵상을 한다."[208] 이러한 묵상을 통하여 "우리의 무감각한 심령이 새로운 활력으로 소생할 수가 있는 것이다."[209] "불씨를 보전하기 위하여는 땔감을 자주 얹어 놓아야 하는 것처럼, 기도의 연습에도 이러한 도움이 필요한 것이다."[210]

---

[205] Inst. 3 : 20 : 5.
[206] Comm. on Matt. 14 : 23, C.O. 45 : 441.
[207] Inst. 3 : 20 : 13.
[208] Comm. on Ps. 57 : 4, C.O. 31 : 556; and on Ps. 7 : 11, C.O. 31 : 84.
[209] Inst. 3 : 20 : 13. Cf. comm. on Ps. 7 : 10, C.O. 31 : 84.
[210] Comm. on Ps. 25 : 8, C.O. 31 : 254.

제6부

신앙의 결과와 열매

제 1 장
확신, 담대함과 안정

1. 기독교 생활에 있어서 사죄에 대한 확신의 중요성

정상적인 기독교 생활은 우리의 양심이 확신을 가지며, 하나님이 우리와 화목하시고 우리의 삶이 하나님께 받아들여지고 있다는 것을 확신할 때에만이 가능하다.[1] 만일 우리가 예수 그리스도에 대하여 전심(全心)으로 반응을 보이고자 한다면, 무엇보다 먼저 우리가 확신을 가질 필요가 있음을 칼빈은 자주 언급한다. 우리 자신의 이익만을 생각하는 모든 근심을 떨쳐내 버릴 때에만, 우리 자신을 제물로 드려 하나님을 섬기는데 전심할 수가 있다. 사람들은 그들이 자신들에 대하여 염려하기를 멈추고 그리스도께서 "그를 따르기 위하여 자신들을 부인하는 자들을 돌보신다"는 것을 인식할 때에, 전적으로 그리스도를 따르게 되는 것이다.[2] 우리가 선한 목자의 장중(掌中)에 있다는 것과 사랑과 자기 희생은 그 자체의 보상을 결실(結實)한다는 확신을 가질 때에만이, 다른 사람들이 손상을 입힐지라도 복수하지 않게 될 수가 있다.[3]

---

[1] Serm. on Luke 1 : 73-8, C.O. 46 : 185. *Les fideles s'addonneront à craindre Dieu quand ils seront asseurez. Car de fait, cependent que nous sommes en trouble, et agitez assavoir si Dieu nous sera propice ou non, et si nos services luy seront agreables ou non, cependant donc que nous serons en tel bransle, il faut que nous soyons esgardez quant et quant et que nous quittions le service de Dieu.*
[2] Comm. on John 6 : 2, C.O. 47 : 131.
[3] Serm. on Job 42 : 5-17, C.O. 35 : 507-8.

우리가 경제적 안정을 위협받는다 할지라도 우리의 모든 필요를 하나님께서 채워주시리라는 확신을 가질 때에만이, 기독교적 관용과 자선을 베푸는데 있어서 참으로 친절할 수가 있다. "우리를 인색하게 만드는 요인은, 앞으로 일어날지도 모를 위험에 대해서 너무 세심하게 그리고 지나치게 앞당겨 생각하는 것과 우리가 과도하게 염려하는 것 등이다. 또한 우리의 전생애 기간 중에 우리가 축복으로 얻게 되는 것에 대하여 너무 인색하게 계산하는 까닭이다. 다른 말로 요약하자면, 가장 적은 것을 잃을 때도 굉장한 것을 잃거나 한 것처럼 염려하는 까닭에 우리가 인색하게 되는 것이다. 주님의 축복에 의존하는 사람은 그의 마음이 이같은 속박으로부터 자유함과 동시에 관대하게 자선을 베풀 수가 있는 것이다."[4]

더욱이 어떤 행동이 그 자체로서는 아무리 선하다고 할지라도, 불확실하거나 의심쩍어 하는 양심으로 되어진 것이라고 하면 그것은 선행이 결코 아니다. "모든 행위는, 그것이 아무리 훌륭하고 영광스러울지라도, 만일 바른 양심에 근거하지 아니하면, 죄로 간주된다 … 망설임과 의심은 우리의 모든 행위들을 부패시킨다."[5] 마음과 양심의 고요함과 평안만이 하나님께 대한 참된 예배의 근거가 될 수 있는 것이다.[6] 그같은 고요함과 평안이 없으면 모든 신앙과 종교가 무너지고 만다.[7] "희망과 공포 사이에서 불확실하여 동요하는" 자들은, 그들이 아무리 열심으로 하나님께 순종해 보려고 노력할지라도, 결코 진실하고 정직하게 순종할 수가 없는 것이다.[8]

그러나 이러한 확신은 죄사함을 믿는 신앙의 꾸준한 연습(the constant exercise of faith)을 통해서만이 우리에게 주어질 수가 있다. 모든 기독교

---

[4] Comm. on 2 Cor. 8 : 2, C.O. 50 : 96.
[5] Comm. on Rom. 14 : 23, C.O. 49 : 268–9; cf. comm. on 1 Cor. 8 : 7, C.O. 49 : 433. *Sicut enim operum bonitas ex timore Dei et conscientiae rectitudine manat.*
[6] Comm. on Luke 1 : 74, C.O. 45 49. *Significat enim, non posse nisi tranquillis animis rite Deum coli.*
[7] Comm. on Heb. 4 : 16, C.O. 55 : 55. *Concidit ac perit tota religio quum eripitur haec certitudo conscientiis.* Cf. serm. on Luke 2 : 50–2, C.O. 46 : 482. *La foy donc est perdue, quand elle n'est point enclose en bonne conscience.*
[8] Comm. on Luke 1 : 74, C.O. 45 : 49. In this context Calvin emphasises the necessity of cheerfulness in carrying out the service of God. Cf. comm. on Ps. 130 : 4, C.O. 32 : 335; and on Luke 1 : 74, C.O. 45 : 49.

인은 자기의 기독교 생활이 최고 절정에 있을 때일지라도 죄로 말미암아 절망적으로 훼손되고 뒤틀려져 있다는 것을 인정해야 한다.[9] 그리고 그의 최선의 행위들마저, 하나님의 성령의 감화를 받아 그리고 분명코 그의 양심의 전적인 동의를 얻어 행해진 것일지라도, 하나님이 보시기에는 불결하여 전적으로 거절될 수도 있는 것이다. 어떤 기독교인이라도 주님을 자기의 마음과 목숨과 뜻과 힘을 '다하여' 사랑할 수가 없다.[10] 우리의 최선의 기도마저도 죄사함을 필요로 한다.[11] 기껏해야 우리는 무익한 종들이다.[12] 그러므로 하나님의 계속적인 죄사함을 통하여 우리가 얻을 수 있는 위로와 확신에 대한 신앙을 끊임없이 굳게 견지할 필요가 우리에게 있는 것이다.[13] "죄사함이 의(義)의 시작 단계에서만 필요하다고 생각하는 자들은 크게 오해하고 있다"고 칼빈은 말한다. "신자들이 매일 많은 허물을 범하고 있는 까닭에, 그들을 의(義)의 길로 들어서게 했던 바로 그 은혜가 그들의 생애의 마지막 순간까지 그들을 뒤따르지 아니하면, 그들이 의의 길로 들어선 그 사실이 과거사(過去之事)로 끝나버리고 아무런 유익도 그들에게 주지 못하게 될 것이기 때문이다."[14] 우리의 존재와 우리의 행위에 대한 이러한 죄악 의식(sense of the sinfulness) 때문에 겪게 되는 절망적 갈등은 결코 한번으로 끝나지 않는다. 그것은 우리의 전생애를 통해 계속되는 싸움이요, 하나님의 말씀에 있는 죄용서의 반복되는 약속들을 계속적으로 되새김질하게 하는 투쟁이다.[15]

---

9) Comm. on Matt. 6 : 24, C.O. 45 : 208.
10) Serm. on Job 10 : 16–17, C.O. 33 : 499. Serm. on Luke 1 : 5–10, C.O. 46 : 20–1. *Et mesme qu'on prenne les meilleures œuvres des fideles, si est-ce qu'on ne trouvera pas encore qu'il y ait une telle pureté qu'il est requis, car iamais n'aiment Dieu de tout leur cœur, et de toutes leurs pensees et affections, d'autant qu'ils ne se peuvent despouiller de beaucoup d'infirmitez. Il est vray qu'ils tendront à Dieu d'un desir rond et entier : mais quoy qu'il en soit, il y a tousiours à redire, tellement que tout ce que nous pourrons faire, ie di mesmes par la vertu de l'Esprit de Dieu, tout cela sera comme entaché de quelque macule, et Dieu n'en accepteroit rien, quand il le voudroit iuger à la rigueur.* Cf. comm. on Ps. 32 : 1, C.O. 31 : 315; and on Rom. 7 : 18, C.O. 49 : 132; serm. on 1 Cor. 10 : 3–6, C.O. 49 : 606.
11) Comm. on Ps. 89 : 47, C.O. 31 : 830.
12) Serm. on Isa. 53 : 11, C.O. 35 : 666.
13) Comm. on Rom. 4 : 6, C.O. 49 : 72. *Praeterea hinc gratuitae iustitiae perpetua in totam vitam duratio colligi potest.*
14) Comm. on Ps. 32 : 1, C.O. 31 : 317.
15) Ibid., p. 316.

2. 확신을 갖는데 도움이 되는 선행의 증거

우리를 향한 신적(神的) 은총의 표(signs)인 우리 자신의 선행(善行)을 통하여 도움을 받아 얻어낼 수 있는 바 확신에 찬 '순결한 양심' (integrity of conscience)[16]의 상태가 있다. 우리의 확신은 먼저 오직 하나님의 긍휼에만 '기초하여 세워지고 확립되어야' 한다. 그러나 그 확신은 하나님 앞에서 우리가 우리 자신을 검토하고, 하나님이 우리에게 능력을 주시어 하게 하신 일들을 통하여 하나님이 우리 안에 거하시고 통치하신다는 증거를 발견할 때 '더욱 더 견고해질' 수가 있다.[17] 생활의 순결성은 우리가 입은 선택(election)에 대한 참된 증거가 될 수 있는 것이다.[18] 왜냐하면 하나님이 우리에게 주시는 의(義)가 우리의 심령 속에 항상 묻혀 있는 것이 아니며, 우리의 새 생명(newness of life)이 선행에 의하여 증명되기 때문이다.[19] 그러나 이 모든 증거는 "우리의 신앙의 초석(礎石)이 아니라, 열등한 보조 수단이요, 우리의 신앙을 위한 받침대(prop)에 지나지 않는다."[20]

칼빈은 '이 순결의식(意識)이 주님 앞에서'[21] 가능한 것으로 본다. 그 의식은 하나님께서 우리의 심령 속에서 역사하시는 중생 사역 (regenerating work)의 증거로부터 생겨난다. 이에 대한 실례를 시편에서 찾을 수 있는 바, 환난과 위험 가운데서도 시편 기자들은 그들 자신의 선한 양심이 큰 위로와 힘이 되는 것을 발견한다.[22] 이 확신(confidence : fiducia)또는 순결의식(conscientia probitatis or integritatis)이 시편 기자들이 하나님께 기도할 수 있는 능력과, 그들의 기도에서, 하나님이 그들과 그들의 원수들 간에 심판하실 때 그들의 대의(大義)를 옹호해 주

---

16) Inst. 3 : 14 : 18–19. *Conscientiae innocentia*.
17) Inst. 3 : 14 : 18.
18) Comm. on Pet. 1 : 10, C.P. 55 : 450.
19) Comm. on 1 John 3 : 7, C.O. 55 : 334.
20) Comm. on 1 John 3 : 19, C.O. 55 : 341-2; Inst. 3 : 14 : 19.
21) Inst. 3 : 20 : 10.
22) Comm. on Ps. 58 : 2, C.O. 31 : 559; on Ps. 55 : 1-4, C.O. 31 : 536; and on Ps. 5 : 10-11, C.O. 31 : 71.

실 것을 믿는 그들의 모든 확신의 근거인 것이다.[23]

그러나 기독교인이 자기 자신의 행위를 살필 때, 하나님이 신자들의 인격 뿐만 아니라 그들의 행위까지 계속적으로 의롭다 하시는 사실에서 그는 위로를 얻게 되는 것이다.[24] "우리의 행위마저도 하나님 앞에서 의로운 것으로 간주되고 있다."[25] 우리의 인격 안에 내재하는 악을 덮어주는 바로 그 은혜로운 의의 전가(gratuitous imputation of righteousness)가 우리의 행위에 항상 본래적으로 있는 악도 덮어준다.[26] 하나님은 '율법의 엄격한 법칙'을 따라서 우리의 행위를 살피는 것이 아니다.[27] 우리의 행위에 대한 하나님의 태도는, 실제적으로는 아무런 가치도 없지만 자기의 자녀가 애써 해보려고 노력한 것을 기쁨으로 바라보고 용납하시는 아버지의 경우와도 같다.[28] "하나님은 우리의 행위보다는 우리의 행위에 있는 그의 은혜를 보신다."[29] 그리고 그 행위들을 의로운 것으로 용납하심에 있어서도, 그 자신의 은혜로부터 나오는 은사들을 보시고 받으신다.[30] 하나님은 우리의 행위들을 의로운 것으로 용납하실 뿐만 아니라, 그 행위들이 참된 보상을 받을 가치가 있는 것처럼 그 행위들을 인하여 우리에게 실제로 상급을 주신다. 그러나 그러

---

23) Comm. on Ps. 7 : 5-6, C.O. 31 : 81; on Ps. 54 : 2-3, C.O. 31 : 532; on Ps. 71 : 4, C.O. 31 : 655; and on Ps. 17 : 1-2, C.O. 31 : 158-9. As to the question "How can David boast of his own integrity before God, when in other places he deprecates God entering into judgment with him?" Calvin finds the answer "easy." (Comm. on Ps. 7 : 8-9, C.O. 31 : 83.) When David boasts of his integrity he is not thinking of his whole life but merely comparing himself with his enemies in the matter on hand. (Ibid. and Inst. 3 : 20 : 10; 3 : 14 : 18.) It is the justice of their cause rather than their persons that they are pleading and boasting of (comm. on Ps. 25 : 21, C.O. 31 : 262). Moreover they think of themselves in the light of the free grace and electing love of God who in spite of their sins declared them to be among His children (comm. on Ps. 139 : 23, C.O. 32 : 386; Inst. 3 : 20 : 10).
24) Comm. on Gen. 7 : 1, C.O. 23 : 129. *Ita non modo fideles amat, sed eorum quoque opera. Notandum tamen est, quia semper aliquid vitii haeret in operibus, non posse probari nisi cum indulgentia.*
25) Serm. on Deut. 6 : 20-25, C.O. 26 : 493-4.
26) Comm. on Gen. 15 : 6, C.O. 23 : 214. *Caeterum ut bona eorum opera Deo placeant, ea quoque ipsa iustificari gratuita imputatione oportet.*
27) Comm. on Rom. 6 : 14, C.O. 49 : 112.
28) Serm. on Job 10 : 16-17, C.O. 33 : 499. *Si est-ce que toutes les bonnes œuvres . . . tant s'en faut qu'il y ait dignite ou merite . . . qu'il n'y ait qu'infection. Voire, mais Dieu les reçoit. Ouy, comme un père recevra ce qui procede de son enfant, encores qu'il ne vaille rien.*
29) Comm. on Heb. 6 : 10, C.O. 55 : 74.
30) Ibid. and comm. on Gen. 7 : 1, C.O. 23 : 129.

한 상급은 우리의 공로 때문이 아니라 그 자신의 과분한 은혜로 말미암아 주어지는 것이다.[31] 만일 하나님께 이같이 불완전한 행위를 제사로 드리면서도 신자들이 하나님을 섬기기를 진심으로 소원할 것 같으면 그들의 죄와 자기 불만(self-dissatisfaction)에도 불구하고, 그들은 하나님의 계명들을 지키고 있는 것으로 간주되며, 두 주인을 섬기고자 하는 불신자들이나 위선자들로 하나님이 그들을 보시지 않는다.[32] 그렇지만 우리가 이같은 과분한 자유를 덧입어 우리 자신을 위로하여 하나님 앞에서 아주 담대하게 행할 수 있다 할지라도, 한편으로는 우리가 곧잘 범하는 타협을 인하여 내심(內心) 탄식해야 하며, 계속적으로 우리 자신을 혐오해야 하고, 최선을 다해 우리의 순전한 헌신을 하나님께 바쳐드리도록 힘써야 하는 것이다.[33]

3. 확신이란 하나님 앞에서 그리고 삶의 위기를 당하여도 담대하고 기뻐하는 것을 의미함

기독교인이 하나님 앞에서 그의 확신 가운데 담대하고 기뻐해야 한다고 칼빈은 가르친다. 하나님의 약속들에 의지하여 시작되는 신앙은 한 걸음 더 나아가 두 단계로, 즉 신뢰(confidence : fiducia)와 담대함(boldness : audacia)의 단계로 발전해야 한다. 신뢰는 평화롭고 선한 심령과 마음을 갖는 것이다. 담대함은 "두려움을 몰아내고 하나님의 존전으로 확신과 담대함을 가지고 나아오는" 힘이다.[34] 이 발전이 어떤 사

---

31)Comm. on Ps. 18 : 21, C.O. 31 : 180. *Respondeo, mercedis nomine non ostendit quid Deus nobis debeat, ideoque perperam et falso meritum vel operum dignitatem ex eo colligi, sic enim Deus iustus iudex cuique retribuit secundum sua opera, ut tamen omnes sibi teneat obnoxios, nemini vero sit ipse adstrictus. Ratio est non ea solum quam Augustinus reddit, nullam eum iustitiam in nobis invenire cui praemium reddat, nisi quam gratis donavit: sed etiam quia operum nostrorum maculis ignoscens, iniustitiam imputat quod iure respuere posset.* In this discussion Calvin in the citations given in the two previous notes also acknowledges his debt to Augustine.
32)Comm. on John 15 : 10, C.O. 47 : 343. *Censentur itaque fideles servare Christi praecepta, quum huc suum studium applicant, etiamsi longe a meta distent: quia soluti sunt ab illo rigore legis: Maledictus omnis qui non impleverit omnia etc.* Comm. on Matt. 6 : 24, C.O. 45 : 208; serm. on Job 9 : 29-35, C.O. 33 : 456-7.
33)Serm. on Job 34 : 4-10, C.O. 35 : 135; serm. on Deut. 26 : 16-19, C.O. 28 : 285.
34)Comm. on Eph. 3 : 12, C.O. 51 : 183-4. Cf. serm. on Deut. 26 : 16-19,

람들의 경우는 다른 사람들에 비하여 시원치 않으나, 다소간에 모두에게서 나타나게 되어 있다. 신앙은 이러한 '결과들과 열매들'을 불가피하게 맺도록 되어 있는 것이다.[35] "신앙에는 환희의 담대한 신뢰(the bold confidence of rejoicing)를 얻게 해주는 안정된 마음의 평화가 반드시 있게 마련이다."[36] 그러나 담대함은 교만과 조심스럽게 구별되어야 한다. 왜냐하면 그것은 하나님이 말씀하시는 것이면 무엇이나 의심없이 받아들일 만큼 자신을 낮추는 자가 보여주는 담대함이기 때문이다.[37]

또한 담대함은 사람들을 경솔하게 만들고 기도를 하지 않게 하는 어리석은 종교적 무례(presumption)와도 구별되어야 한다. 왜냐하면 담대함은 사람들을 자극하여 기도하게 하고 하나님께로부터 도움을 구하게 하기 때문이다.[38] '복음적 화평의 성격'은 "무감각한 양심이나, 거짓된 신뢰나, 교만한 뽐냄이나, 우리 자신의 누추함에 대한 무지 등과는 크게 다르다. 그것은 우리가 두려워하기 보다는 오히려 사모하고 사랑하는 어떤 것으로서 하나님의 얼굴을 우리로 하여금 구하게 하는 평화로운 고요(serena tranquillitas)이다."[39]

하나님 앞에서의 이 확신과 담대함은 세속적인 위험을 당하여 겁을 모르는 경향이 있다. 보통 사람의 일상 생활도 위험들로 가득차 있는 까닭에, 우리가 만일 그것들을 숨김없이 직면할 것 같으면 우리는 두려움으로 간담이 서늘하게 되고 삶이 비참하게 될 것이다.[40] 왜냐하면 두려움과 염려로 말미암아 행복이 깨지기 때문이다.[41] 그러나 "우리를 향한 하나님의 사랑을 앎으로 해서, 두려움을 떨쳐내버리고 평화로운 고요를 얻게 되는 것이다."[42] 모든 핍박과 위험 가운데서도, 우리는 '선한 양심의 증거'에 의하여 고무될 수가 있다.[43] 칼빈은 기독교인이 두

C.O. 28 : 289–90. *Par la foy que nous avons en Iesus Christ, la confiance nous est donnee avec audace ou hardiesse de venir à Dieu.*
35) Ibid.
36) Comm. on Heb. 3 : 6, C.O. 55 : 38. Here Calvin says that the *duo perpetui fidei effectus* are *fiducia et gloriatio* referring also to Rom. 5 and Eph. 3.
37) Serm. on Deut. 26 : 16–19, C.O. 28 : 289–90.
38) Serm. on 1 Cor. 10 : 12–14, C.O. 49 : 647–8.
39) Comm. on Eph. 2 : 18, C.O. 51 : 174.
40) Inst. 1 : 17 : 10; comm. on John 7 : 30, C.O. 47 : 176.
41) Comm. on Ps. 16 : 9, C.O. 31 : 155–6. *Scimus praecipuum beatae vitae caput esse εὐθυμίαν, sicuti nihil infelicius est quam inter varias curas et pavores aestuare.*
42) Comm. on 1 John 1, 4 : 18, C.O. 55 : 358.
43) Comm. on Ps. 69 : 4–5, C.O. 31 : 638.

려움과 염려를 극복할 수 있다고 주장한다. 그가 단언하는 바에 의하면, 신앙과 기도가 '잘 통제된 마음의 평화롭고 고요한 상태'를 가져다 줄 수 있다.[44] 하나님의 섭리의 빛을 통하여, 지난 날 우리를 억누른 극도의 두려움과 걱정 뿐만 아니라 '모든 염려'까지 우리가 극복할 수 있게 되는 것이다.[45]

4. 기독교인의 확신에는 항상 두려움과 떨림이 수반됨

두려움과 걱정으로부터의 자유(freedom from fear and worry)는 삶에 대한 두려움들과 걱정들(the fears and worries of life)에 대한 무감각(insensibility)을 결코 의미하지 않는다. 기독교인의 확신은 두려움과 염려들 가운데서도 그것들을 하나님께 내맡김으로써, 비록 그가 그것들을 예민하게 느끼고 있을지라도, 그것들에 의하여 결코 지배되거나 억눌림을 받지 않을 수 있는 자가 가지는 확신이다.[46] 칼빈은 이렇게 말한다. "내가 두려워하는 날에는 주를 의지하리이다"라고 시편 기자가 선언할 때, "모든 위험을 자신있게 무시해 버리는 고상한 영웅티를 그는 결코 내지 않고," 하나님에 대한 신뢰를 고백함과 동시에 자기가 느끼는 두려움을 또한 인정하고 있다.[47] 삶의 위험들은 대단한 것이어서, 만일 어떤 사람이 자기의 심령에 어떤 두려움도 전혀 갖지 아니했다고 정말로 주장한다고 할 것 같으면, 그것은 미덕이라기 보다는 오히려 무감각(無感覺)을 의미할 것이다.[48] 불신자만이 '육신적 안정'에 사로잡혀 죽음의 잠을 자고 있는 까닭에 이같이 두려움이 없다고 주장할 수 있을 것이다.[49] 성경에 나오는 사람들이 자기들은 두려워하지 않는다고 주장

---

44) Comm. on Ps. 3 : 6-7, C.O. 31 : 56. *Quantum bonum ex fide et precibus adeptus fuerit, David commemorat, nempe pacem et tranquillum animi bene compositi statum.*
45) Inst. 1 : 17 : 11. *At ubi lux illa divinae providentiae semel homini pio affulsit: iam non extrema modo, qua ante premebatur, anxietate et formidine, sed omni cura relevatur ac solvitur.*
46) Comm. on 1 Pet. 5 : 7, C.O. 55 : 288-9.
47) Comm. on Ps. 56 : 3-4, C.O. 31 : 548.
48) Comm. on Ps. 27 : 3, C.O. 31 : 272. *Porro se pronuntians securum fore, non prorsus a metu se exinit: (quod magis stupori tribuendum esset, quam virtuti) sed opponit fidei clypeum, ne obiectis terroribus cor suum succumbat.*
49) Comm. on Ps. 23 : 4, C.O. 31 : 240.

한 것은, "두려움이 우리의 마음을 더 이상 엄습하지 않을 정도로 떨쳐 내버린 것이 아니라, 우리가 신앙을 통하여 얻은 평강을 방해하거나 더 이상 우리를 괴롭히지 못할 정도로 두려움을 떨쳐 내버린 것"을 의미했다.[50] 칼빈이 지적하는 바에 의하면, 시편 23편에서, "내가 해(害)를 두려워하지 않으리라"고 다윗이 말한 것은 그에게는 어떠한 두려움도 전혀 없으리라는 것을 의미했을 리가 없다. "주의 지팡이와 막대기가 나를 안위하시나이다 … 만일 그가 두려움으로 인하여 불안하고 심란하지 아니했었다고 하면 그같은 위안을 어찌 그가 필요로 했었을 것인가?"[51]

그런 까닭에, 기독교인이 가지는 '담대함'(fearlessness)은 각종의 걱정과 불신(不信, distrust)에 대하여 싸우는 투쟁에서 연전연승(連戰連勝)하는 것을 의미한다. 우리가 육체와 더불어 항상 싸워야 하기 때문에, 우리의 심령 속에서 일어나는 두려움들을 물리쳐야 할 필요를 결코 떨쳐 버리지 못하며,[52] 하나님의 말씀이 우리에게 명하여 두려워하지 말라고 하실 때 그것을 계속적으로 청종해야 할 필요를 또한 떨쳐 버리지 못하는 것이다.[53] 그런 까닭에, 이 갈등에서 우리는 두려움으로부터 결코 자유하지 아니하나, 우리의 심령으로부터 두려움과 떨림을 떨쳐 버릴 수 있다고 말할 수 있을 정도로 두려움을 항상 딛고 일어설 수가 있다.[54] 그렇지만 그것은 극도로 힘든 갈등이다. 이 세상에서 '가장 힘든 것'은 사람들이 불행감(不幸感)으로 말미암아 심령이 항상 크게 교

---

50) Comm. on 1 John 4 : 18, C.O. 55 : 358. *Ergo non ita pellitur timor, quin animos nostros sollicitet: sed ita pellitur, ut non turbet, neque impediat pacem nostram quam fide obtinemus.*

51) Comm. on Ps. 23 : 4, C.O. 31 : 240.

52) Comm. on Ps. 27 : 1, C.O. 31 : 271. *Discamus ergo tanti facere Dei virtutem ad nos servandos, ut ad profligandos omnes metus praevaleat: non quod in hac carnis infirmitate a pavore semper intactae sint fidelium mentes, sed quia statim recepto vigore ex alta fiduciae arce pericula omnia despicimus.* Cf. comm. on John 7 : 30, C.O. 47 : 176; and on Ps. 46 : 2–3, C.O. 31 : 461.

53) Serm. on Deut. 7 : 19–24, C.O. 26 : 561. *Et là dessus il adiouste: Tu ne craindras point: comme s'il disoit: Il est vray que vostre nature sera tousiours timide; mais tant y a qu'il ne vous faut point craindre, il vous faut resister à une telle crainte.* (Calvin in this sermon reminds us that the very presence of such fear in the heart is sinful: *Tousiours ceste crainte est à condamner. Car regardons la source: si nous avions une foy parfaite en nostre Dieu, elle seroit pour abolir toute crainte*, p. 561.)

54) Comm. on John 12 : 14, C.O. 47 : 285; cf. comm. on 1 John 4 : 18, C.O. 55 : 358.

란되고 많은 위험들을 당하게 될 때 마음의 평강을 얻거나 보전하는 일이다.[55]

여기서 우리가 거듭 주의할 것은, 우리의 담대함이 변질되어 교만이나 거만이 되지 않도록 하는 것이다. 하나님의 약속들은 대단한 까닭에, 만일 우리가 그것들에 믿음을 더할 것 같으면, 우리는 틀림없이 담대하게 되어 있다. 정말로, 만일 우리가 두려워 떤다고 하면, 그것은 우리가 하나님을 알지 못하고 있는 증거이다.[56] 그렇지만 다른 한편으로, 신자들은 "모든 근심을 떨쳐 내버리고 그들의 마음을 교만으로 가득 부풀게 하며 기도하고자 하는 소원을 싹 지워버리는 그러한 우매(愚昧)를 경계해야 한다." 칼빈은 잘못된 두 극단 간의 중간 노선을 바울이 빌립보서에 '매우 아름답게 표현해' 놓은 것으로 보고 있다. "항상 복종하여 두렵고 떨림으로 너희 구원을 이루라 너희 안에서 행하시는 이는 하나님이시니라"(빌 2 : 12, 13).[57]

5. 신앙은 말씀과 하늘 나라에 근거하여 안정을 누림

삶의 변화들과 역경들을 당하여 신자에게 하나님의 말씀을 믿는 신앙이 주는 안정 또는 넓은 아량(magnanimity)을[58] 칼빈은 언급한다. 불신자들에게 있어서는, 삶의 변화와 역경이 낙담과 파멸을 틀림없이 가져다 주게 되는 것이다.

"세상은 마치 물레바퀴처럼 회전한다. 이로 말미암아 정상(頂上)에 오른 자들이 순식간에 밑바닥으로 곤두박질하게 되어 있다. 그러나 유다의 왕국과 그것이 예표(豫表)하는 그리스도의 왕국은 예외이다. 그러나 확신있는 신앙에 의하여 하나님의 품에 안기는 자들만이 이 안정을 누릴 수 있다는 것을 우리는 기억해야 한다."[59]

현실의 불안정 가운데서 신앙이 당혹할 수도 있다. 그러나 결코 무너

---
55) Comm. on Ps. 37 : 3, C.O. 31 : 366.
56) Serm. on Deut. 20 : 2–9, C.O. 27 : 609.
57) Comm. on Matt. 26 : 33, C.O. 45 : 715.
58) Comm. on Ps. 112 : 7, C.O. 32 : 175. *Magnanimitas. . . . recta stabilitas . . . ; comm. on Rom. 8 : 31, C.O. 49 : 162. . . . magnitudo animi.*
59) Comm. on Ps. 21 : 7–8, C.O. 31 : 216.

지지는 않는다. 이는 사람들이 하나님께 둔 신뢰로 말미암아 모든 염려를 딛고 일어설 수 있기 때문이다.[60] 칼빈은 성경이 "하늘을 이 세상과 대립시켜 놓은 것"을 주목한다.[61] 이 현실 세상의 혼란과 소용돌이와는 대조적으로, 우리의 감각이나 이성(理性)으로는 볼 수 없으나, 그리스도께서 영광을 받으시고 하나님이 만물을 정연한 질서대로 통치하시는 하늘 나라를 신앙은 보며 관통할 수가 있다.[62] 그런 까닭에, 믿음으로 (그리고 또한 말씀과 성례를 방편으로 하여), 우리의 영혼은 이 세상을 초월하여 불가견적이고 초월적인 영역을 출입할 수가 있다. 그곳은 그리스도께서 승천하여 높임을 받으신 곳이요,[63] 우리가 육신적 감각으로써가 아니라 영적으로 그를 찾아 구해야 할 곳이며, 그 영역과의 접촉을 통하여 그리스도는 우리와 함께 하시는 것이다.[64] 신앙은 참으로 우리의 심령을 끌어올리어 이 세상과 하늘 자체까지를 초월케 하여, 마침내 만물 위에 계시는 그리스도에게까지 이르게 한다.[65]

이처럼 '이 세상을 초월할' 수 있는 그것의 능력을 통하여, 신앙은 절망으로 떨어지는 시험(temptation to despair)과 불신앙을 항상 정복할 수 있는 것이다. 이 세상을 초월한 신앙은 하나님의 말씀에서 적절한 힘을 얻음으로써 그 뿌리가 흔들리지 않고 견고함을 지탱할 수 있게 된다.[66] "만일 신앙을 통해 하늘에 이르게 되면, 절망에서 벗어나는 것은 아주 용이하게 될 것이다"[67]라고 칼빈은 말한다. 이것은 우리가 처해 있는 역경이 아무리 어두운 것이라 할지라도 사실이다. 이러한 상황 속에서도, 신앙은 우리를 지탱시켜 줄 뿐만 아니라, 우리를 하나님께로 끌어올려 준다.[68] 신앙 자체로 말미암아 우리가 "세상 일들의 현재적 국면으로부터 초월하여, 우리를 둘러싸고 있는 불행들이 우리의 신앙

---

60) Comm. on Ps. 112 : 7, C.O. 32 : 175.
61) Comm. on Ps. 119 : 89, C.O. 32 : 253.
62) Comm. on Ps. 11 : 4, C.O. 31 : 123–4; on Ps. 13 : 2, C.O. 31 : 132; and on John 14 : 9, C.O. 47 : 330–1.
63) Cf. pp. 21–3.
64) Cf. e.g. comm. on John 14 : 19, C.O. 47 : 330–1; and on John 6 : 63, C.O. 47 : 160.
65) Comm. on 1 Pet. 1 : 8, C.O. 55 : 214.
66) Comm. on Ps. 119 : 90, C.O. 32 : 254.
67) Comm. on Ps. 119 : 87, C.O. 32 : 252.
68) Comm. on Ps. 69 : 4, C.O. 31 : 638.

을 무너뜨릴 수 없게 되는 것이다."⁶⁹⁾

　신앙이 하나님의 불변하는 말씀 위에 기초하고 있기 때문에 신앙을 갖게 되면 안정을 얻는다. 하나님의 말씀의 진리가 '그 자리를 하늘에 두고' 있어서 이 세상의 변화무쌍한 상황들과 무질서에 구애받지 않기 때문에, 말씀은 신자로 하여금 이 현실 세상이 주는 안정을 훨씬 능가하는 그 자체의 안정을 누릴 수 있게 해준다.⁷⁰⁾ 이와 같은 이유로, 하나님의 말씀에 의존하는 신앙에 대하여 '온 세상을 초월하여' 그것의 닻을 하늘에 고정시키고 있는 것으로,⁷¹⁾ 그리고 말씀의 빛과 성령에 대해서는 우리로 하여금 칠흙같은 어두움을 벗어나 세상을 초월할 수 있게 해주는 힘이 있는 것으로 칼빈은 말한다.⁷²⁾

6. 확신은 인간적인 주도성(周到性)보다는 하나님 앞에서 양심의 자유를 유지하는데 달려 있음

　우리가 신앙을 통해서 얻는 확신은 양심의 자유로 나타나게 되어 있다. 우리는 우리의 양심에 거슬려 무엇을 해서는 안되는 것이다. 설사 어떤 일이 그 자체로서는 악하지 아니할지라도, 그것이 양심에 어긋날 것 같으면, 그것을 행하거나 생각해서는 안된다.⁷³⁾ "하나님은 우리로 하여금 그에게 합당한 것만을 시도하기를 원하신다. 그러므로 양심상 의심쩍어하며 행하는 것은 무엇이나 그같은 종류의 의심으로 인하여 하나님 보시기에 흠이 있는 것이다. 이것이 바로 하나님이 말씀하시

---

　　69) Comm. on 1 John 3 : 2, C.O. 55 : 330; cf. on Ps. 87 : 3, C.O. 31 : 801; and on John 20 : 29, C.O. 47 : 445.
　　70) Comm. on Ps. 119 : 89, C.O. 32 : 253. *Quia periculum erat ne suspensae haererent piorum animae si veritatem proponeret in mundo, ubi variae sunt agitationes, eam in coelis locans, domicilium attribuit nullis mutationibus obnoxium.* . . . *Nam Petro interprete,* 1 *Petr.* 1, 24 *significat salutis certitudinem in verbo esse quaerendam: ideoque perperam facere qui in mundo subsidunt: quia verbi Dei firmitas mundi naturam longe transcendit.*
　　71) Comm. on John 20 : 29, C.O. 47 : 445.
　　72) Comm. on Heb. 11 : 1, C.O. 55 : 144.
　　73) Comm. on 1 Cor. 8 : 11, C.O. 49 : 435. *Scopus enim, quo tendere nos tota vita convenit, est Domini voluntas. Hoc ergo unum est quod omnes actiones nostras vitiat, dum in eam impingimus: id fit non externo solum opere, sed etiam cogitatione animi, dum nobis quidquam permittimus repugnante conscientia, etiamsi id per se malum non sit.*

는 바, '믿음으로 좇아 하지 아니하는 모든 것이 죄니라'(롬 14 : 23)는 말씀의 의미이다. 그래서 '양심을 거스려 건축하는 자들은 지옥을 건축한다'는 속담이 있게 되는 것이다."[74] 양심을 거스리고 행동하는 것은 '파멸의 대로(大路)'를 질주하는 것과 같다.[75] 아주 사소하게 보이는 일에서도 양심을 해치는 것은 우리의 신앙을 파괴하는 것이 된다. 이는 신앙이 양심과 아주 밀접하게 결속되어 있는 까닭에, 칼빈이 말하는 바에 의하면, 신앙은 선한 양심의 초석이요, 그 자체가 선한 양심(goodness of conscience)이기 때문이다.[76]

그러나 이것이 의미하는 바는, 하나님의 말씀 이외의 어떤 다른 것에도 기독교인이라면 자기의 양심이 속박되는 것을 거부하게 될 것이라는 것을 뜻한다. 칼빈에 따르면 선한 양심은, 하나님 앞에서의 순결한 심령(integrity of heart)이다. 양심은 "하나님과 사람 사이에 위치하여 사람이 억눌림 당하지 않게 하는 것이다."[77] 그런 까닭에 우리의 양심으로 말미암아, 우리는 어떠한 직접적인 방식으로도 우리의 동료에게 구속받지 않고, 엄격하게 말해서 오직 하나님에게만 속박(束縛)된다.[78] 하지만 우리의 경우, 우리의 양심과 하나님 사이의 이 직접적인 관계가 다른 요인들로 말미암아 뒤틀리게 되고 그래서 우리의 양심이 속박을 당하게 되고마는 시험을 부단히 받고 있는 것이다.

양심의 자유를 유지하는 문제는, 그 자체로서는 선하지도 악하지도 아니한 것들과, 하나님이 우리에게 전적으로 자유로운 선택권을 주시어 사용하여 즐기거나 아니면 거부할 수 있는 것들, 그리고 "하나님이 우리의 권한에 맡겨 두셨지만 사용할 때 특별히 절제해야 하는 것들"을 이용하는 문제를 다룰 때, 생각 밖으로 난해(難解)하다. 칼빈은 이러한

---

74) Comm. on 1 Cor. 8 : 7, C.O. 49 : 433.
75) Comm. on 1 Cor. 8 : 11, C.O. 49 : 435.
76) Comm. on Phil. 1 : 23, C.O. 52 : 18. *O bona conscientia, quantum polles ac vales! Bonae autem conscientiae fundamentum est fides: imo ipsa est conscientiae bonitas.*
77) Comm. on 1 Tim. 1 : 5, C.O. 52 : 253–4; Inst. 3 : 19 : 15.
78) Calvin points out that Scripture at times speaks as if by our conscience we were directly bound to our fellow men, e.g. in Rom. 13 : 5, 1 Tim. 1 : 5, Acts 24 : 16. But he insists that in those instances Scripture is speaking loosely, rather than strictly indicating that "the fruits of a good conscience go forth and reach even to men." Properly speaking, conscience refers to God only. Inst. 3 : 19 : 16. Cf. comm. on 1 Cor. 10 : 29, C.O. 49 : 470.

것들을 '대수롭지 않은'(indifferent) 또는 '부대적인'(external) 또는 '어정쩡한'(intermediate) 것들이라 부른다.[79] 칼빈의 경우, 이러한 부대적인 것들에 대하여 지나치게 주도면밀을 기함으로 해서 우리의 양심이 사람들이나 우리 자신들에게 속박되는 일이 없도록 경계하는 것은 기독교적 자유를 위한 우리의 투쟁의 아주 중요한 국면이다.[80]

칼빈은 이러한 주도면밀성(scrupulosity)의 위험들에 대하여 익히 잘 알고 있다. 그가 제시하는 바에 의하면, 어떤 상황에서는 다른 사람들로부터 해(害)를 당하되 저항하지 않는 것이 옳을 수가 있으나, 어떤 상황에서도 다른 사람들이 우리의 양심을 속박하도록 해서는 안된다. 이를 허용하게 되면 우리 안에 있는 빛을 상실하게 되고, 자유의 조성자(造成者)이신 그리스도께 모욕을 주는 것이 된다.[81] 이 문제에 대한 논의가 사소한 것으로 보일 수도 있다는 점을 칼빈은 인정한다. 왜냐하면 육류(肉類)를 먹는 것이나 옷을 입는 일과 같은 사소한 것들까지 논하게 될 수도 있기 때문이다. 그러나 이러한 사소한 것들을 통하여 사람이 멸망의 나락(奈落)으로 떨어질 수 있는 구렁텅이(abyss)가 열리게 된다는 것을 그는 지적한다. "사람이 셔츠와 냅킨과 손수건 등을 만드는데 아마포(linen)를 사용하는 것이 적법한지에 대하여 의심하기 시작하게 되면, 멀지 않아 대마(大麻, hemp)에 대해 안심할 수 없게 되고,

---

79) Inst. 3 : 19 : 7, 8, 16. Serm. on Gal. 2 : 6–8, C.O. 50 : 377–8. Comm. on 1 Cor. 8 : 1, C.O. 49 : 428. *Res medias voco, quae nec bonae sunt per se, nec malae, sed indifferentes: quas Deus potestati nostrae subiecit. Sed in usu debemus modum servare, ut discrimen sit inter libertatem et licentiam.* Cf. serm. on 1 Cor. 10 : 19–24, C.O. 49 : 680. *Il nous faut user sobrement de nostre liberte en toutes choses qui sont moyennes, et esquelles (comme on dit) il n'y a ne bien ne mal.*

80) Serm. on Gal. 5 : 1–3, C.O. 50 : 658–9. *Voila donc comme nous sommes affranchis, c'est en cognoissant que Dieu nous reçoit à merci au nom de nostre Seigneur Iesus Christ. . . . Il y a pour le second, que nous ne soyons point agitez de costé et d'autre pour faire scrupule de tout ce que les hommes auront inventé en leur teste: mais qu'il nous suffise de cheminer selon la parole de Dieu, sçachans au reste que nos consciences sont libres.* Cf. Inst. 3 : 19 : 7, where Calvin makes "freedom of conscience touching the use of indifferent things" the third part of Christian liberty, the first part being freedom of conscience from the terrors of the Law, the second part being the free and unconstrained obedience of conscience to obey the Law from the heart.

81) Comm. on Gal. 5 : 1, C.O. 50 : 243. *Nam si onus humeris nostris iniquum imponant homines, sustineri potest: conscientias si redigere velint in servitutem, fortiter et usque ad mortem resistendum. Spoliabimur enim inaestimabili beneficio, si licebit hominibus conscientias nostras ligare. Et simul Christo libertatis autori fiet iniuria.* Cf. Inst. 3 : 19 : 14.

마침내는 삼(tow)에 대해서까지 의심을 품게 되는 것이다. 이는 냅킨 없이는 식사를 할 수 없을 것이 아닌가, 또는 손수건 없이도 살아갈 수 있을 것인가 등을 깊이 숙고할 것이기 때문이다. 만일 사람이 맛좋은 음식을 먹는 것을 불법한 것으로 생각할 것 같으면, 그는 곧 덩어리 빵과 일상적인 음식을 먹는 일에 대해서도 불안을 느끼게 될 것이다. 왜냐하면 시원찮은 음식만으로도 그의 몸이 충분히 지탱될 수 있을 것으로 그가 생각할 것이기 때문이다. 만일 그가 도수(度數)가 상당히 낮은 포도주 조차 마시기를 주저한다고 하면, 도수가 높은 것은 선한 양심을 가지고서는 거의 쳐다볼 수도 없게 될 것이다. 마침내는, 월등하게 달콤하고 순수한 물이 아니면 손대지도 않으려 할 것이다. 결국에는, 자기가 가는 길에 놓여 있는 지푸라기 하나라도 밟으면 그것이 죄가 되는 것으로 생각하는 지경에까지 이르게 될 것이다."[82]

    칼빈의 시대에는 부분적으로는, 로마 교회의 가르침과 관행에 의하여 장려된 마음의 태도 때문에, 칼빈의 설교와 다른 글들에서 유사한 표현들이 자주 나오는 것으로 미루어 보아, 사소한 문제들에 관하여 이 같이 극단적인 주도성(周到性)에 빠질 위험이 늘 도사리고 있었던 것이다.[83] 칼빈이 자기의 독자들에게 일깨워 주고 있는 바에 의하면, 사람은 다른 사람에 의하여 양심이 속박받을 수도 있지만, 자기 자신의 부절제한 상상을 추종하고 하나님의 말씀과는 아무런 관계도 없는 도덕적 부담을 자신에게 지움으로 해서,[84] 그리고 성경을 해석함에 있어서 아무 생각없는 문자적이고 율법적인 태도를 취함으로 해서도 자신의 양심을 속박할 수 있다는 것이다.[85] 칼빈은 그가 기술하고 있는 것

---
[82] Inst. 3 : 19 : 7.
[83] Cf. e.g. serm. on Gal. 5 : 11-14, C.O. 51 : 17. *Nous voyons comme les poures ignorans qui sont detenus en superstitions sont tousiours en doute et en scrupule.... Chacun dira selon que son cerveau le porte, il me semble que telle chose seroit bonne, voilà que ma devotion me dit : il sera bon de faire encore ceci et cela. Or quand ils sont entres en un tel labyrinthe, en la fin ils douteront de se peigner, ils feront scrupule de manger d'un tel doigt, et ceci et cela : brief il n'y a ne fin ne mesure.* Also serm. on Job 1 : 2-5, C.O. 33 : 41; and serm. on 1 Cor. 10 : 19-24, C.O. 49 : 680, where Calvin refers again to the fear of stepping on straws as being due to the fear of stepping on anything that might be in the shape of a cross.
[84] Serm. on 1 Cor. 10 : 19-24, C.O. 49 : 680; on Gal. 5 : 11-14, C.O. 51 : 17.
[85] Comm. on Luke 3 : 10, C.O. 45 : 120. *Atqui non trepidationem modo iniiciunt conscientiis, sed eas desperatione obruunt, quicunque legem imponunt, ne quisquam proprium aliquid possideat.... Si fas non est duas habere tunicas, idem de patinis,*

과 같은 극단적인 속박의 상태, 즉 사소한 것들에 너무 지나치게 주도 면밀함으로 해서 오는 바 속박의 상태에 사람이 이르게 되었을 때 생겨 날 수 있는 두 가지의 큰 위험을 분명히 알고 있었다. 그러한 상태에 이른 사람은 절망하여 자신을 잃거나, 또는 자신이 당하고 있는 속박에 대한 반동으로 모든 절제를 단념하고 부절제한 방종에 빠지는 위험을 맞게 되는 것이었다.[86]

우리가 이미 보았던 대로,[87] 우리가 교회 안에서 다른 사람들에게 해를 끼치지 않기 위하여, 우리의 양심의 자유를 외형상으로 표현하는 것을 삼가해야 하는 경우들이 있다는 것은 사실이다. 하지만, 우리의 양심의 자유의 외형적 표현을 사랑의 법에 따라 삼가해야 하는 때에도, 우리의 양심은 하나님 앞에서는 자유하며 우리의 외형적 태도에 의하여 제한되지 않는다.[88] 우리가 우리의 형제를 위하여 그의 감정을 상하게 하는 일들을 삼가하게 될 때, 우리 자신의 양심이 아니라 그 형제의 양심이 속박을 받는다. 바울이 "조금이라도 … 자유를 제지하지 않기 위하여 언제나 세심하게 주의하는 것"을 칼빈은 주목한다.[89] 우리가 우리의 이웃에게 우리 자신을 적응시킬 때 우리 자신의 자유는 손상되지 않는 것이다.[90] 그러므로 대수롭지 않은 일들에서는 우리가 좋아하는 대로 행할 우리의 자유가 항상 보장되어야 하고, 따라서 교회의 교제 안에서 기존 관례에 반(反)하는 행동을 탐닉하여 계속 공개적으로 그 자유를 주장해야 한다고는 전혀 생각할 필요가 없다(즉, 대수롭지 않은 일들에 있어서는 교회의 관행과는 아무런 상관없이 자기 좋을 대로 행하여도 되는 것으로 생각해서는 안된다). 우리의 자유는 우리가 그것을

---

salinis, indusiis, totaque supellectile erit dicendum.
 [86] Serm. on Job 1 : 2–5, C.O. 33 : 41. *Et puis quand ils ont fait de tels scrupules, pour dire, nous pechons, quelque chose que nous sachions faire: et à la parfin, bien, il faut donc nous desborder du tout.* Inst. 3 : 19 : 7. *Hinc alios desperatione in confusam voraginem abripi necesse est: alios contempto Deo et abiecto eius timore, viam sibi ruina facere quam expeditam non habeant.*
 [87] Cf. p. 247.
 [88] Inst. 3 : 19 : 16. *Sed utcunque fratris respectu necessaria illi sit abstinentia, ut a Deo praescribitur, non tamen conscientiae libertatem retinere desinit. Videmus ut lex ista externum opus ligans, conscientiam solutam relinquat.*
 [89] Comm. on 1 Cor. 10 : 29, C.O. 49 : 470.
 [90] Comm. on 1 Cor. 10 : 23, C.O. 49 : 468. *Agnosces libertatem nihilominus manere illibatam, dum proximis te accommodas.*

전혀 사용하지 아니해도 하나님 앞에서는 손상되지 않은 채로 보전될 수 있는 것이다. 자유는 "사용할 때 뿐만 아니라 억제할 때에도 존재한다."[91]

하지만, 우리의 자유가 사람들 앞에서도 명백하게 주장되어야 할 경우들이 있다. 우리는 약자들에게는 우리 자신을 순응시켜야 되지만, 바리새인들에게는 그렇게 할 필요가 없다. 그들은 모든 사람들에게 굴레를 씌워 그들의 위선적인 검소를 본받게 하고자 하는 것이다. 만일 바리새인들이 해(害)를 받게 된다고 하면, 우리는 우리 주님의 명령을 순복해야 한다. "그들을 가만 놓아 두어라. 저희는 소경들의 소경 지도자들이 될지니라."[92] 사랑(charity)보다는 신앙의 순결이 우선되어야 하고, 우리의 이웃보다는 하나님을 먼저 생각하여 행동해야 하는 때들이 있는 것이다.[93]

양심의 영역에 있어서, 사람은 하나님 앞에서 자기의 자유를 항상 누려야 하고 또한 항상 누릴 수가 있다. 외관상으로는 이 자유에 대하여 타협함으로써 아무리 속박을 받는 것처럼 보일지라도 사실은 그렇지가 않다. "경건한 사람의 영혼은 전적으로 사람의 눈을 의식하지 아니하고, 하나님의 법정을 의식하며, 그리스도에 의하여 획득된 자유의 축복으로 만족하며, 아무 개인에게도 얽매이지 않고, 어떠한 시간이나 장소에도 구애받지 않는다."[94]

---

91) Inst. 3 : 19 : 10.
92) Inst. 3 : 19 : 11 and 12. Cf. serm. on Gal. 2 : 6-8, C.O. 50 : 377-8. *Mais si nous voyons que sous ombre qu'une chose ne sera bonne ne mauvaise on y vueille mesler quelque saincteté, et qu'il y ait quant et quant obligation pour astreindre les ames et les asservir, là nous avons à resister iusques au bout.*
93) Inst. 3 : 19 : 13.
94) Comm. 1 Cor. 10 : 29, C.O. 49 : 470.

제 2 장
만족과 희망

1. 기독교 생활은 상반되는 감정들에도 불구하고 즐거움이 넘침

이 현실 세상에서도 기독교인의 생활이 행복하고 만족스런 생활이라고 칼빈은 단언한다.[1] 모든 신자들은 그들의 신앙의 이 열매를 맺어, 오직 그리스도만으로 만족함으로써 그들의 양심이 고요하고 상쾌해진다.[2] 그들은 그리스도 안에서 충분하고 완전하게 행복하며 복을 누리는 것이다. 그리스도를 위하여 모든 것을 기쁘게 포기하는 자들에게 하나님이 주시는 위로와 행복은 세상의 모든 부귀보다도, 그리고 그들이 포기해 버린 것에 대한 보상보다도 더 좋은 것이다. 더욱이 그들의 주요한 상급이 하늘에 준비되어 있다는 것을 그들 또한 알고 있다.[3] 칼빈이 말하는 바에 의하면, "사람은 자기 부인(自己否認)에 의하여 행복하여지게 된다."[4] 그리고 이 행복은 순간적이고 일시적인 감정이 아니고, 어떠한 운명의 변화도 결코 빼앗아 갈 수 없는 확실한 상태이다.[5]

---

1) Comm. on Ps. 128 : 2, C.O. 32 : 327. *Meminerimus autem, prophetam non de ultima felicitate loqui . . . sed promittere etiam in hac peregrinatione vel terreno hospito fidelibus felicem vitam quatenus patitur mundi conditio: quemadmodum dicit Paulus, pietati utrumque promitti, ut scilicet Deus toto vitae curriculo nostri curam gerat (1 Tim. 4 : 8) donec ad aeternam gloriam tandem nos perducat.*
2) Comm. on John 8 : 56, C.O. 47 : 215.
3) Comm. on Matt. 19 : 29, C.O. 45 : 546.
4) Comm. on Heb. 4 : 10, C.O. 55 : 48.

그러나 기독교인은 성령 안에서 뿐만 아니라 육체 안에서 산다. 그는 목석(木石)이 결코 아니기 때문에, 우리가 이미 보아온 대로[6] 슬픔이나 두려움과 위험을 뼈아프게 느끼며, 자기의 신앙 때문에 당하게 되는 환난들에 대하여 예민하다.[7] 그러므로 이 세상에서 기독교인이 어떻게 행복해질 수 있는가는 인간의 이해를 뛰어넘는 신비이다.[8] "행복하고 기쁜 생활에 필요한 모든 것을 이 세상에서 하나님이 자기 백성에게 공급하는 것은 육체의 감정과 크게 모순되는 역설(逆說)이다."[9] 하나님의 말씀은 절망 가운데 있는 자들에게 희망을, 궁핍 가운데 있는 자들에게 부요를, 연약한 가운데 있는 자들에게 힘을, 그리고 불행 중에 있는 자들에게 행복을 약속하고 있다.[10] 그러므로 신자들은 자기들의 기독교적 체험을 함에 있어서 "두 개의 아주 상반되는 마음의 상태를 의식(意識)하는 것이다. 한편으로, 그들은 각종의 두려움과 걱정으로 인하여 괴로움과 아픔을 느낀다. 그러나 다른 한편으로는, 하나님께서 그들을 은밀한 기쁨으로 감화하신다."[11] 이같은 '상반되는 감정들'(contrary feelings) 가운데서 기쁨이 항구적으로 슬픔을 대체하고 극복하는 지배적 감정이다. 그러나 우리가 여전히 인간성을 벗어버리지 못하기 때문에, 기쁨이 슬픔에 결코 종지부를 찍지는 못한다.[12] 아무튼 우리의 '신령한 기쁨'은 우리의 십자가의 아픈 고통을 보상해 주고, 감사의 마음을 갖게 하기에 항상 충분한 것이다.[13]

---

5) Comm. on Ps. 13 : 6, C.O. 31 : 134.
6) See pp. 191-2.
7) Comm. on 1 Pet. 1 : 6, C.O. 55 : 212.
8) Comm. on Isa. 33 : 20, C.O. 36 : 575. *Ergo non promittitur eiusmodi tranquillitas quae carnis nostrae sensibus apprehendi possit: sed ad intimos animi sensus veniendum spiritu Dei reformatos, ut pace illa fruamur, quae nullo humano ingenio apprehendi potest.*
9) Comm. on 1 Tim. 4 : 9, C.O. 52 : 300.
10) Comm. on Phil. 4 : 7, C.O. 52 : 62.
11) Comm. on Ps. 94 : 19, C.O. 32 : 27. *Nam fideles duplicem in animis suis affectum gerunt, quia ab una parte anguntur, distrahuntur etiam in varios metus et curas: sed Deus arcanam illis laetitiam inspirat.*
12) Comm. on 1 Pet. 1 : 6, C.O. 55 : 212. *Tristitiam ergo ex malis sentiunt: sed quae ita lenitur fide, ut gaudere propterea non desinant. Ita non impedit tristitia ipsorum gaudium, sed potius locum illi cedit. Rursus gaudium tametsi tristitiam superat, eam tamen non abolet: quia nos humanitate non spoliat.*
13) Inst. 3 : 8 : 11.

2. 기독교적 행복의 주요한 원천은 이 세상을 초월하여 있음

"행복은 그것을 즐기는 그 사람의 마음 상태와 관련이 있다"[14]는 것을 칼빈은 인정한다. 행복은 안일(安逸), 영예 또는 세속적 부귀에서 발견될 수 있다고 생각하는 사람들에게는 주어지지 아니할 것이다. 그러므로 하나님의 종들은 금생(今生)에서 그들이 얻을 것으로 생각되는 것에 대한 그들의 기대를 절제할 때, 그리고 오직 하나님 안에서 그들이 얻는 것으로 만족하기를 배울 때에 만족을 누린다.[15] "이와 같이 우리의 삶이 항상 기쁘고 유쾌함을 발견하게 될 것이다. 이는 하나님을 자기의 기업으로 소유한 자는 행복한 삶을 사는데 아무것도 부족함이 없기 때문이다."[16] 하나님은 자기에게 기꺼이 순종하고, 하나님을 사랑하는 자들에게는 모든 것이 합력하여 선(善)을 이루는 것을 믿는 믿음으로 자신들을 하나님의 돌보심에 맡기는 자들에게 행복을 주어 축복하시는 것이다.[17] "하나님은 자기 백성의 마음을 기쁘게 하여 그들이 누리고 있는 적은 분량의 행복(good)에 대하여, 설사 그리스도로 말미암아 한량없이 많은 금은보화를 그들이 누려보았다 할지라도 그러한 부요보다 더 귀하고 훨씬 복스러운 것으로 받아들일 수 있게 하시는 것이다."[18]

기독교인이 특별히 참된 행복을 발견해야 하는 바 신앙의 몇 가지 국면들이 있다. 행복은 말씀과 성령의 내적 감화를 통하지 않고서는 알 수 없는 하나님의 은혜의 선물이다.[19] 말씀은 금생(今生)에서도 하나님

---

14) Comm. on Ps. 49 : 7 f., C.O. 31 : 484–5.
15) Comm. on Ps. 128 : 2, C.O. 32 : 327; and comm. on Ps. 125 : 3, C.O. 32 : 314–5. Serm. on Eph. 1 : 13–14, C.O. 51 : 306–7. *Il nous faut donc resoudre de tousiours gemir et souspirer, et cependant nous esiouir.*
16) Comm. on Ps. 16 : 6, C.O. 31 : 154. *Sic fiet ut nobis semper iucunda sit ac suavis nostra conditio: quia nulla beatae vitae parte destituitur qui Deum possidet.*
17) Comm. on Ps. 119 : 45, C.O. 32 : 234. *Si quis simpliciter Deo obtemperet, hanc ei mercedem rependi, ut quieto et securo animo iter faciat.*
18) Comm. on Matt. 19 : 29, C.O. 45 : 546. Cf. serm. on Deut. 7 : 11–15. *Quand il ne leur donneroit qu'un morceau de pain ils ont une ioye interieure, qu'il pourront mieux remercier Dieu, que ne feront point les meschans qui se rongent la dedans, qu'encores qu'ils taschent de s'assoupir, afin de n'avoir aucun remords de conscience.*

제 6 부 신앙의 결과와 열매 **395**

이 우리의 아버지 되심을 우리에게 확신시켜 주기 때문에, 우리의 세속적 행복의 불변하는 원천인 것이다.[20] 이로 말미암아 우리는 우리의 환경이 어떠하든지간에 큰 기쁨을 누릴 수 있게 된다. 칼빈은 금생에서 하나님의 보호하심에 대하여 말씀을 통하여 이같이 확신하게 되는 위로를 크게 강조한다. "행복한 생활에 도움을 주는 것처럼 보이는 모든 환경들을 합쳐 놓는다 할지라도, 하나님의 보호 아래 숨김을 받는 것보다 더 바람직한 것은 결코 없을 것이 분명하다."[21] 그러나 칼빈이 인정하는 대로, 이 기쁨은 선한 양심과 우리의 죄가 용서된다는 확신 그리고 하나님을 섬길 때 우리의 수고가 결코 헛되거나 또는 보상에 대한 아무런 희망도 가질 수 없는 것이 아님을 아는 지식이 기초가 되어야 하는 것이다.[22] 더욱이 기독교인에게는 하나님 자신이 살아서 그와 함께 현존하시어 그를 내려다 보고 계신다는 의식(意識)이 있다. 이러한 의식을 가짐으로 해서 그는 참된 만족(滿足)을 얻을 수가 있는 것이다.[23] "만일 하나님께서 자기의 밝은 얼굴 빛으로 우리를 비춰 주시고 우리로 하여금 그의 선하심을 맛보게 해주지 않으신다고 하면, 하나님이 우리를 돌보시고 뒷바라지 해주는 것이 충분하지 못할 것이다."[24] 참된 행복은 '하나님의 목전'(目前)에 거하고[25] 그의 존전에서 차고 넘치는 기쁨의 근원을 발견하는 데 있다.[26]

그러나 기독교인이 희망의 위안을 통해서 십자가의 혹독함이 감해질 수 있도록 '세상으로부터 자기의 행복을 찾는 것'을 배우지 아니했다고 하면, 이 모든 현재적 경험만으로는 충분하지가 못한 것이다.[27] "그리

---

19) Comm. on Phil. 4 : 7, C.O. 52 : 62. *Sola Dei gratia, quae ipsa non cognoscitur nisi per verbum et interiorem arrham spiritus.*
20) Comm. on 1 Tim. 4 : 8, C.O. 52 : 300.
21) Comm. on Ps. 128 : 1, C.O. 32 : 326. Cf. comm. on Ps. 5 : 12, C.O. 31 : 72. *Porro docet hic locus, non aliunde quam ex Dei praesidio nasci verum gaudium.*
22) Comm. on Ps. 19 : 8, C.O. 31 : 200-1. *Nulla alia est nisi bonae conscientiae solida laetitia: qua tunc demum fruimur, ubi certo sumus persuasi vitam nostram Deo placere. . . . Hinc etiam piis Dei cultoribus inaestimabile guadium oritur, quod sciunt non temere nec frustra se fatigari.*
23) Comm. on Ps. 16 : 5, C.O. 31 : 153.
24) Comm. on Ps. 21 : 7, C.O. 31 : 215-6. *Neque enim sufficeret, Deum curam nostri gerere, nobisque prospicere, nisi vicissim nobis sereno suo vultu irradians, bonitatis suae gustum praeberet.*
25) Ibid.
26) Comm. on Ps. 9 : 3, C.O. 31 : 97.
27) Comm. on Rom. 12 : 12, C.O. 49 : 242. *Extra mundum suam felicitatem*

스도 안에서 우리에게 약속되어 있는 행복은 기쁨이 넘치고 고요한 생활을 사는 것과 같은 외형적 편리(external advantages)에서 찾을 수 있는 것이 아니고…천국 생활에서 당연히 얻을 수가 있다."[28] 칼빈이 우리에게 자주 일깨워 주고 있는 바에 의하면, 우리가 환난을 당할 때에 우리 앞에 있는 복되고 기쁜 목적에 대한 확실성을 통해서만이 우리의 현재의 혹독함이 경감될 수가 있다.[29] 더욱이 내세(來世)의 영광과 충만은 우리가 여기서 체험하는 불행―그것 자체가 비록 평생에 걸치는 것일지라도―을 훨씬 능가한다.[30] 금생에서 하나님이 자기 백성에게 가하는 연단(discipline)은, 만일 기독교인이 부활 시에 있을 해방에 대한 기대와 희망이 주는 기쁨을 통해서 자기의 슬픔을 덜지 아니할 것 같으면 모든 사람들 중에서 가장 불쌍하게 되고말 정도로 너무나 심하고 큰 고통을 느끼게 해준다.[31] 그러므로 행복한 생활을 사는 방법을 배움에 있어서 그리스도의 제자들은 그들의 행복을 저 세상에서(beyond the world) 육체의 환난들을 초월하여 찾음으로써,"희망을 통해 십자가의 혹독함마저도 기쁨으로 감당하는 철학을 배워야 하는 것이다.[32] 우리는 이 세상에서 뿐만 아니라 저 세상에서도 우리의 행복을 찾아야 한다.[33] 이는 이 세상의 자녀들이 저 세상보다는 이 세상에서 더 행복해 하기 때문이다.[34]

3. 우리가 행복을 현재 미리 맛봄으로써 내세에서의 그것의 충만을 사모하게 됨

칼빈이 우리의 현재적 행복을 가리켜 하나님의 선하심에 대한 '맛보

---

quaerere didicerit.
28) Inst. 3 : 2 : 15.
29) Comm. on 1 Tim. 4 : 10, C.O. 52 : 300; and on Ps. 94 : 12–13, C.O. 32 : 24.
30) Serm. on Acts 1 : 4–5, C.O. 48 : 603–4.
31) Comm. on 1 Cor. 15 : 19, C.O. 49 : 544–5; on 1 Pet. 4 : 17, C.O. 55 : 282. Comm. on Ps. 14 : 7, C.O. 31 : 142. *Quamvis autem sancti populi laetitiam David in tempus liberationis differat, consolatio tamen haec non modo ad temperandum dolorem nostrum valere debet, sed etiam laetitia condiendum.*
32) Comm. on Matt. 5 : 2, C.O. 45 : 161. *Ita Christi discipulos philosophari convenit, ut suam felicitatem extra mundum et supra carnis affectum constituant.*
33) Comm. on Phil. 1 : 21, C.O. 52 : 17.
34) Comm. on Ps. 119 : 69, C.O. 32 : 245.

기'(taste)라고 말하는 것은,[35] 그것이 사실상은 내세에서 우리가 누리게 될 하나님의 현존에 대한 체험을 미리 조금 맛보는 것을 의미한다. 하나님의 백성들이 고통을 당하는 현재 시점에서도, 영원한 영광 중에서 그들이 누리게 될 지복(至福)을 미리 맛보게 되는 축복들을 하나님은 그들에게 주신다.[36] 신앙을 통해서, 그리고 우리의 심령 속에 계시는 성령의 임재를 통해서, 우리는 지금 여기에서 내세의 복된 생활에 참여하며, 이같이 하여 하늘에 우리를 위하여 쌓아 놓은 그 영원한 기쁨의 첫 열매들, 즉 '얼마 간'(a few drops)을 체험하게 된다.[37] 이 시식(foretaste)으로 우리는 만족을 얻음과 동시에 이러한 경험의 참된 충만을 사모하게 되어야 하는 것이다. 그 영원한 기쁨은 내세에서만이 우리의 것이 될 수가 있다. 이와 같이 현재의 행복과 미래의 희망은 우리 기독교인의 체험의 요소들이다.[38] 우리의 현재적 만족은 내세의 영광과 직접적으로 관련되어 있는 것이다. "나는 의로운 중에 주의 얼굴을 보리니 깰 때에 주의 형상으로 만족하리이다"라고 다윗이 말했을 때, 그가 사후(死後)에 이를 때까지는 아무런 기쁨도 기대하지 아니한 것을 의미하지 아니했다. 그가 말하는 이상(vision)과 만족은 그리스도의 재림 시에야 비로소 신자들을 위하여 완성될 수 있는 것이지만, 지금에도 우리의 심령을 관통하고 성령을 통해서 우리에게 큰 기쁨을 주는 하나님의 사랑을 알게 하는 빛줄기들이 있다.[39]

---

35) Comm. on Ps. 21 : 7, C.O. 31 : 215.
36) Comm. on Ps. 73 : 24, C.O. 31 : 687. *Consilio deinde adiungitur gloria, quae, meo iudicio, ad aeternam vitam restringi non debet, sicuti faciunt quidam: sed totum felicitatis nostrae cursum complectitur, a principio quod nunc cernitur in terra: usque ad finem, quem speramus in coelo.*
37) Comm. on John 16 : 21, C.O. 47 : 367.
38) Serm. on 1 Cor. 11 : 2 and 3, C.O. 49 : 720. *Nous en iouissons en partie, en partie nous esperons encores. Nous iouissons du tesmoignage qu'il nous donne de la remission de nos pechez: nous iouissons du privilege que nous pouvons venir à Dieu, estans asseurez qu'il nous a adoptez, semblablement qu'il nous gouverne par son sainct Esprit, mortifie toutes nos meschantes cupiditez, qui autrement regneroyent du tout en nous: mais nous esperons la vie eternelle, nous esperons ceste delivrance par laquelle Dieu nous monstrera que ce n'est point en vain que nous avons creu en son Fils unique, et luy avons fait hommage comme à nostre chef.*
39) Comm. on Ps. 17 : 15, C.O. 31 : 168.

4. 우리의 기독교 생활과 투쟁은 희망에 의하여 지탱됨

영생(永生)에 대한 이 전조(前兆)나 시식(foretaste)이 지금 우리에게 주어지는 것은, 우리가 직면해야 하는 모든 곤경들 가운데서, 희망을 통하여 우리를 도와 기독교적 투쟁(warfare)을 지탱하게 하기 위함이다.[40] 만일 우리가 하나님의 진노의 징후들에 대하여 그의 은총의 징후들을 비교할 것 같으면, 그의 은총은 영원하고 무한한데 반하여 그의 진노는 단지 순간적이라는 것을 항상 발견하게 될 것이다.[41] 그러나 우리는 믿음으로 금생(今生)을 넘어 복된 부활을 바라보고, "비록 하나님의 은혜가 아직은 감추어져 있을지라도 그것을 멀리서 보아야 한다."[42] 이는 "희망 가운데 감추어져 있는 보화들을 나타내줄 그 날이 아직 나타나지 아니했기 때문이다."[43]

그러므로 희망을 갖는 일과 그 희망 가운데서 성장하는 데는 부단한 노력이 요구된다.[44] 그렇지만 믿음으로 사는 것이 어렵지 않은 것처럼 희망으로 사는 것도 결코 어렵지가 않다. 칼빈의 경우, "희망은 불변하는 믿음(constancy of faith)을 단지 가리킨다."[45] 그는 희망에 대하여 말할 때 그가 믿음에 대하여 말할 때 사용하는 것과 똑같은 말을 사용한다. 그래서 여러 곳에서 두 단어가 상호 교대적으로 사용되는 것이다. 믿음 뿐만 아니라 희망은 하나님의 말씀과의 불가분(不可分)의 관련을 통하여 그것의 기초와 동기를 발견한다.[46] 믿음 뿐만 아니라 희망에는 사람들의 마음을 이 세상을 넘어 저 높은 곳을 향하게 하는 능력이 있는 까닭에, 비록 그들의 세속적 환경이 무덤에 비교될 수 있다 할지라도 그들은 '희망으로 하늘에서 살' 수가 있는 것이다.[47] 믿음 뿐

---

40) Comm. on Eph. 1 : 14, C.O. 51 : 154.
41) Comm. on Ps. 30 : 5-6, C.O. 31 : 295.
42) Comm. on Ps. 63 : 5-6, C.O. 31 : 596.
43) Comm. on Phil. 1 : 6, C.O. 52 : 10.
44) Comm. on Ps. 61 : 4-5, C.O. 31 : 548.
45) Comm. on Heb. 3 : 6, C.O. 55 : 38. *Nam spei vocabulum, pro fide accipio: et profecto spes alioqui nihil aliud est quam fidei constantia.*
46) Comm. on Ps. 119 : 123, C.O. 32 : 269.
47) Comm. on Ps. 9 : 18, C.O. 31 : 106. *Descendunt quidem et fideles in sepulcrum,*

만 아니라 희망은 불신앙과 두려움 그리고 절망에의 유혹과의 항상 있는 긴장 속에서만 존재할 수가 있다.[48] 믿음뿐만 아니라 희망은 인내에 의하여 지탱되며,[49] 현재에는 있지 아니하나 미래에 있을 좋은 것들에 관심을 집중한다.[50] 이 불가분의 은사들인 믿음과 희망을 구별한다고 하면, 믿음은 미래적(未來的)이기 보다는 불가견적(不可見的)인 것으로 간주되는 실체들에 대한 우리의 관계를 말할 때 사용하는데 가장 적합한 단어이고, 희망은 불가견적이기 보다는 미래적인 것으로 간주되는 실체들에 대한 우리의 관계를 말할 때 사용하는 데 가장 적합한 단어이다. 희망은 먼 미래를 앞당겨보며 현재적으로는 전혀 얻을 것 같지 아니한 것을 약속함으로써 현재의 슬픔을 덜어 준다.[51]

칼빈은 기독교인의 삶의 가치있는 동기로서 상급에 대한 희망(hope of reward)에 대하여 자주 말하는 것을 부끄러워하지 않는다. "성경이 우리에게 밝히 보여주는 대로, 하나님을 섬기는 것이 결코 헛수고가 아님을 우리는 잘 알고 있다. 왜냐하면 하나님이 우리에게 풍부한 상급을 약속하셨고, 우리의 기대가 결코 좌절되지 않을 것이기 때문이다."[52] 성경에 주어져 있는 상급에 대한 약속들은 우리의 연약함을 고려한 특권(concession)이다. "우리의 마음의 눈은 너무나 흐려서 단순히 보기에 선한 것만으로는 매료되지 아니하기 때문에, 우리의 가장 자비로우신 하나님 아버지께서는 상급에 대한 희망을 통해서 그 선한 것을 사랑하고 사모할 수 있게 되기를 기뻐하셨다."[53] 우리가 우리의 선행(good works)에 대하여 상급을 받게 된다고 하는 것은 하나님이 신자의 인격(person) 뿐만 아니라 그의 일(works)까지 의롭다 하신 사실에서 나온 은혜로운 결과인 것이다(즉, 하나님이 신자의 인격과 행위를 모두 의롭다고 인정하시는 까닭에 그 결과로 그가 상급을 받을 수 있게 되는

---

sed non illo violento impulsu, qui eos sine spe exitus demergat, quin potius in sepulcro reconditi, spe tamen in coelo habitant.
48) Comm. on Ps. 63 : 4, C.O. 31 : 548.
49) Comm. on Rom. 8 : 24–5, C.O. 49 : 156. Iam spes non nisi per patientiam sustinetur.
50) Ibid. Proprium spei est, futuris et absentibus bonis intentam esse.
51) Comm. on Ps. 42 : 6, C.O. 31 : 429. Spem suam . . . in longum tempus extendit. Atque ut emergat ex praesenti moerore, sibi promittit quod non apparet.
52) Serm. on Job 4 : 7–11, C.O. 33 : 187.
53) Inst. 2 : 8 : 4.

것이다. 따라서, 상급도 하나님의 은혜에 속한다). 하나님은 그의 은혜로 말미암아 우리의 섬김을 받을 뿐만 아니라 우리의 섬김의 사역들에 대하여 상급을 주신다. 그런 까닭에, 이 상급은 믿음의 의(the righteousness of faith)와 결코 모순되지 아니하며, 부가물로 간주되어서도 안 된다."54) 이러한 상급은 우리의 행위가 결코 그것을 받을 만하기 때문이 아니라, 하나님께서 우리의 인격과 행위를 용납하실 뿐만 아니라 우리의 섬김에 대하여 상급을 주실 만큼 은혜로우시기 때문에 주어지는 것이다. 55) 우리가 하나님께 빚을 지울 수는 없지만, 56) 그는 너무나 은혜로우셔서 우리의 행위에 상급을 주실 만큼 우리의 채무자가 되기를 기뻐하신다. 57)

만족과 행복에 대한 우리의 현재적 체험과 우리의 미래적 희망은 다 같이 우리의 기독교 생활의 질(質)을 결정하는데 주요한 역할을 한다. 우리가 현재적으로 누리는 만족과 행복은 우리에게 도덕적 안정(moral stability)을 주어 우리가 길을 잃고 죄에 빠지거나 악의 유혹을 받아 하나님께로부터 멀어지는 것을 막아줄 수가 있다. 58) 이 만족과 행복으로 말미암아 우리의 가슴은 대장부처럼 넓어져 그것 자체의 편협성에 의하여 제약을 받음이 없이 하나님의 율법을 자유롭게 지킬 수가 있게 된다. 59) 우리가 해로움과 괴롭힘을 당할 때 우리의 심령 속에 희망을 품게 되면, 우리가 복수심에 불타는 대신 온유할 수 있게 되고, 우리가 연단받아 평안과 인내를 얻을 수 있게 된다. 60) 다른 사람들과는 달리,

---

54) Comm. on 1 Tim. 6 : 19, C.O. 52 : 334.
55) Serm. on Job 4 : 7–11, C.O. 33 : 187–8. *Or ici quand ie parle du loyer, ie ne traite point si le loyer nous est deu ou non: car nous ne sommes pas sur ceste matiere. Quand nous aurons fait tout ce qui est possible, Dieu ne nous sera point redevable, mais quand il nous promet loyer, i'entens qu'il est gratuit, que cela n'est pas que nous l'ayons merité ... mais c'est d'autant que comme il nous a receus en sa grace, il veut aussi advouer nos œuvres, ouy, lesquelles il fait par son sainct Esprit ... cela est pour nous donner tant meilleur courage de le servir, regardans à ses promesses.* Cf. comm. on Ps. 62 : 12–13, C.O. 31 : 593.
56) Ibid.
57) Comm. on Luke 17 : 7–9, C.O. 45 : 415.
58) Serm. on Deut. 5 : 19, C.O. 26 : 356. *La vraye richesse ... est la benediction de Dieu. Il nous faut donc boire de ceste fontaine, et en estre rassasiez, si nous voulons nous abstenir de tous larrecins.* Cf. comm. on Ps. 116 : 1, C.O. 32 : 192–3.
59) Comm. on Ps. 119 : 32, C.O. 32 : 227–8.
60) Comm. on Ps. 37 : 10–11, C.O. 31 : 371.

우리가 갖는 희망은 "불안함을 못이겨 악한 행실을 범하지 않게" 우리를 막아준다.[61] 또한, 상급에 대한 희망이 기독교인의 섬김을 위한 우리의 동기에 있어서 합당한 위치를 갖도록 되어야 한다.[62] 칼빈이 단언하는 바에 의하면, 부활에 대한 희망이 기독교 신앙의 기본 요소인 것처럼, 상급에 대한 희망도 기독교 윤리의 순수한 요소임에 틀림없다. 왜냐하면 부활에 대한 신앙이 없이는 우리의 경건의 전체 구조가 무너지게 되고, 상급에 대한 희망이 없이는 선한 생활을 위한 견고한 동기가 결코 있을 수 없기 때문이다.[63] 칼빈은 큰 상급에 대한 희망을 통해서 기독교인의 관대한 구제 생활이 동기를 얻게 된다고 주장한다. "만일 이교(異敎) 시인이 '당신이 구제하여 베푸는 그 부(富)들을 당신은 항상 그만큼 소유하게 될 것입니다'라고 말할 수 있다고 하면, 사람들의 보은(報恩)에 관심을 두는 대신 하나님만을 의식하는 우리 기독교인들의 경우 그 이교 시인의 말을 깊이 생각하므로 많은 도전을 받아 마땅할 것이다. 하나님은 가난한 사람 대신 자신이 채무자가 되어 우리가 구제한 것에 대한 높은 이자를 더하여 우리에게 되돌려 주시기 때문이다."[64] 진실로, 칼빈은 당대의 계산속이 빠른 사람들에게, 사람이 할 수 있는 최상의 투자는 가장 신뢰할 만하고 높은 이자를 주며 우리로 하여금 가장 많은 이윤을 얻을 수 있게 해주는 하나님을 섬기는데 있다고 말할 수 있었던 것이다.[65]

---

61) Comm. on Ps. 26 : 3, C.O. 31 : 265.
62) Cf. also pp. 34-40
63) Comm. on 1 Cor. 15 : 58, C.O. 49 : 565. *Ex adverso autem significat sublata spe resurrectionis, quasi evulso fundamento, ruere totum pietatio aedificium. Certe spe praemii remota et exstincta non frigescet tantum, sed concidet currendi alacritas.*
64) Comm. on 1 Cor. 16 : 2, C.O. 49 : 567.
65) Serm. on Gal. 6 : 9-11, C.O. 51 : 101. *Celuy qui a argent en bourse, voyant un profit s'offrir, espandra et de costé et d'autre, car il presuppose que rien ne sera perdu, et que la somme principale reviendra à luy: et puis il s'augmentera d'autant par le profit qui luy en reviendra. . . . Voilà Dieu qui parle ainsi quant au mot de profit. Il adiouste aussi bien la promesse qu'il n'y a ni usure ni gain si grand comme le profit qu'il nous faut esperer de luy.* Yet here, again, Calvin counsels care lest we imagine that in this matter we can start bargaining with God (serm. on Job 4 : 7-11, C.O. 33 : 187) or give way to proud self-confidence (comm. on Ps. 62 : 12-13, C.O. 31 : 593).

제 3 장
완전을 향한 진보

1. 기독교적 완전은 하나님의 은혜에 대한 전심의 반응을 의미함

기독교인에게는 그가 금생(今生)에서 목표로 삼아 꾸준하게 추구해야 하고, 또한 자신의 노력들이 이룬 참된 성취가 아무리 하찮게 보일지라도, 자기의 진보를 끊임없이 검토하는데 척도가 되는 완전의 표준 (standard of perfection)이 있어야 한다.[1] 칼빈은 이 기독교의 완전 (Christian perfection)의 본질을 정의하는데 있어서 아주 세심하다. 그는 로마 가톨릭 교회의 '교활한 신학자들'의 견해를 부단히 비판한다. 가톨릭 신학자들이 가르친 바에 의하면, 우리 주님께서는 사람들에게 '완전하라'고 명하실 때에, 사람이 성취할 수 없는 어떤 것을 명하셨을 리 없다는 것이다. 따라서 그들은 주장하기를, 산상설교에 제시된 완전이 참으로 성취된 천사적(天使的) 상태에 금생에서 성직자들이 이를 수 있다고 하였다. 한편, 평신도의 경우는 완전하라는 명령이 진짜 명령이 아니고, 그들로 하여금 선한 양심을 가지고 좀더 낮은 차원의 도덕성에 근거하여 살 수 있게 하는 '충고'에 지나지 않는다고 그들은 가르쳤다.[2]

---

[1] Cf. e.g. comm. on Phil. 3 : 16, C.O. 52 : 53–4. Comm. on 2 Tim. 1 : 6, C.O. 52 : 349. *Sedulo itaque nos contra eniti decet, ut quidquid inchoatum est boni in nobis, expoliamus: ut quod tepet, accendamus.*

[2] Serm. on Deut. 22 : 1–4, C.O. 28 : 14. Comm. on Matt. 5 : 44, C.O. 45 :

제 6 부 신앙의 결과와 열매 **403**

칼빈은 로마 가톨릭 신학자들에 대한 것 못지 않게 '열광주의자들' (enthusiasts)의 견해들도 비판한다. 열광주의자들의 가르치는 바에 의하면, 그리스도와의 연합을 통해서 우리의 내면적 부패(corruption)가 완전히 제거되고 이 세상에서 천사적 완전(angelic perfection)이 성취될 수 있다는 것이었다.³⁾ '악마적 교만'에 의하여 '눈이 어두워지고' 하나님에 대한 경외심을 전적으로 결여한 사람들만이 이같은 가르침들을 받아들일 수가 있었다.⁴⁾

칼빈은 우리가 목표로 삼아야 하는 완전을 여러 방면으로 기술한다. 하나님의 완전은 사람들의 사악(邪惡)과 배은(背恩)을 극복하는 데서 나타나는 그의 '값없고 순수한 자비'에서 찾을 수 있다. 그러므로 우리의 목표는 하나님이 자신을 나타내 보이신 이 완전한 은혜에 우리 자신을 철저히 낮추어 온전하게 부응하는 것이어야 하는 것이다.⁵⁾ 칼빈의 경우, 기독교적 완전은 믿음의 완전(perfection of faith)임이 분명하다. 왜냐하면 하나님께서 우리에게 다만 요구하시는 것은 그의 약속들에 믿음을 더해 주는 것(to add faith to His promises)과 그 약속들을 우리의 삶과 구원의 기초로 삼는 것 뿐이기 때문이다.⁶⁾ 이 완전은 전심(全心)으로 자기를 부인할 때와 하나님의 뜻이 우리 자신의 생각이나 소원과 반대될 경우 그 뜻에 우리 자신을 일치시킬 때와 그리고 하나님께서 각종의 환난들을 우리에게 주시기를 기뻐하는 경우 반감(反感)없이 고통의 멍에를 질 때에 나타나게 될 것이다.⁷⁾ 칼빈은 몇몇 성경 번역본들에서

188-9.
3) Comm. on Ps. 89 : 31, C.O. 31 : 822. *Ostendit porro hic locus, dum cooptantur homines a Deo, non protinus exuere carnem suam cum vitiis : sicuti somniant fanatici homines, simulac inserimur in corpus Christi debere aboleri quidquid est in nobis corruptelae. Utinam quidem possemus repente mutare ingenium, ut vigeret in nobis ista, quam requirunt, angelica perfectio!*
4) Serm. on Eph. 1 : 4-6, C.O. 51 : 273; cf. serm. on Gal. 5 : 14-18, C.O. 51 : 31. *Comme nous voyons des chiens mastins ausquelles il n'y a nulle crainte de Dieu ni religion, lesquels toutesfois preschent que les fideles doivent estre parfaits. Or c'est un blaspheme diabolique et qui nous doit estre en execration.*
5) Comm. on Matt. 5 : 48, C.O. 45 : 190. Cf. comm. on Ps. 33 : 19, C.O. 31 : 333. *Fideles duobus insignit titulis, quibus tota vitae nostrae perfectio continetur, primum enim est, ut Deum reverenter colamus, deinde ut intenti simus in eius gratiam.*
6) Serm. on Luke 1 : 45-8, C.O. 46 : 111.
7) Serm. on Gal. 5 : 22-6, C.O. 51 : 52. *La vraye perfection des enfans de Dieu consiste à s'aneantir.* Cf. serm. on Deut. 8 : 10-14, C.O. 26 : 613.

욥이 '완전한 사람'으로 불리우고 있음에 주목한다. 그러나 칼빈은 욥의 '완전'을 기술함에 있어서 '순전'(rondeur 또는 integrité)이라는 단어를 더 선호한다. 왜냐하면 성경이 의미하는 바 '완전'은 오직 한 마음으로, 의심이나 위선이나 주저함이 전혀없이 하나님께 온 마음과 뜻을 기울이는 것을 말하기 때문이다.[8] 하나님께 우리 자신을 입증한다는 것은 한두 가지 특정한 경우들에서가 아니라, 어떠한 댓가를 지불하더라도 전혀 주저함이 없이 하나님께 우리의 전체 삶을 일치시키는 것을 의미한다. 우리의 삶은 전적으로 하나님의 말씀에 일치되어야 하는 것이다.[9]

2. 이같은 완전은 금생에서는 성취될 수 없지만, 부단히 추구되어야 함

이같은 완전은 계속 부단히 추구되어야 하지만, 그것은 결코 금생(今生)에서는 성취될 수가 없다.[10] 우리가 죄를 용서받고 거듭나게 되는 때에, 우리의 옛 본성을 그것의 끊임없이 죄악된 정욕과 더불어 온전하게 벗어 버리는 것이 아니다. 칼빈의 경우, 하나님의 뜻에 복종하기 위하여 무던하게 인내하였음에도 불구하고 자기의 감정을 억제하지 못한 욥의 실패와 승리의 그 순간에 자기의 약점 때문에 위골이 되었던 야곱의 반쪽 승리 등이 기독교 생활을 사는데 있어서 하나님의 가장 신실한 성도들이 범한 전형적 실패이다.[11] 예수께서 자기의 제자들의 발을 씻겨 주신 사건은, 우리가 이 죄악된 현실 생활에 관련되어 있는 바로 그 한 가지 사실 때문에 우리가 그것의 죄악에 항상 오염되지 아니할 수가 없고, 따라서 "그리스도께서 씻어내야 할 어떤 것을 우리에게서 항상 발견하게 된다"는 것을 보여주는 표적(sign)인 것이다.[12] 우리는 예수

---
[8] Serm. on Job 1 : 1, C.O. 33 : 27–8.
[9] Serm. on Deut. 5 : 28–33, C.O. 26 : 416.
[10] Serm. on Luke 2 : 50–2, C.O. 46 : 479.
[11] Serm. on Job 34 : 4–10, C.O. 35 : 132. Cf. comm. on Ps. 62 : 2, C.O. 31 : 585.
[12] Comm. on John 13 : 9, C.O. 47 : 308. *Ergo pedes metaphorice vocantur omnes affectus et curae, quibus mundum contingimus. Nam si omnes nostri partes occuparet spiritus, nihil cum mundi sordibus nobis amplius esset : nunc vero qua parte sumus*

그리스도께 응답함에 있어서 결코 참되게 전심으로 하지 못한다. 성령께서 우리의 전부(the whole of us)를 결코 점유하지 못하신다. 그의 사역은 우리의 무법한 육체를 변형(transform)시키는 것이라기 보다는 억제(subdue)시키는 것이다.[13] 그러므로 우리는 우리 자신과의 완전한 관계에서 성령을 결코 소유하지 못한다. 그런 까닭에 우리는 자신을 낮추어야 하고, 하나님을 찾아 불러야 할 필요가 우리에게 있음을 항상 의식하게 되는 것이다.[14] 또한 부단히 진보를 나타내야 하는 상태에 우리가 있음을 알 수가 있다. "매일 진보를 나타내어야 하는 한, 완전이란 있을 수 없는 것이다."[15] 또한, "어떤 사람이 거룩함에 있어서 더욱 두드러지게 빼어나면 빼어날수록, 그는 자신에게 완전한 의(義)가 없음을 더 절실하게 느끼며, 그가 오직 하나님의 궁휼만을 의지할 수밖에 없다는 것을 더욱 더 분명하게 인식하게 된다."[16] 그러므로 기독교인은 믿음으로 계속 의롭다 함을 받음으로써만이(only by being continually justified by faith) 살 수가 있다.[17] 그가 완전의 목표점에 더 가까이 가면 갈수록, 그는 자신의 연약함을 더욱 더 많이 인식하게 되는 것이다. 완전한 기독교인은 자신의 죄와 비참을 의식하고서 은혜로 살기를 배운 사람이다.[18]

악마는 계교를 부려 우리가 금생에서도 완전에 이를 수 있는 것으로 확신하게 하려 하지만, 우리가 완전을 목표로 하여 나아감에 있어서 "어설프게 또는 소극적으로 노력해서는 안되는 것이다."[19] 완전을 향한

---

carnales humi reptando, vel saltem pedes in lutum figendo, tantundem immundi sumus.
13) Comm. on John 13 : 9, C.O. 47 : 308.
14) Serm. on Acts 1 : 4–5, C.O. 48 : 601. *Vray est que nous n'en (i.e. du S. Esprit) aurons pas en perfection, d'autant qu'il nous est besoin d'estre tenus en humilité. Et si nous en avions en perfection, que seroit-ce? Nous n'aurions plus soin d'invoquer Dieu, et ne penserions point avoir besoin de luy.*
15) Comm. on Eph. 5 : 27, C.O. 51 : 224–5. Cf. serm. on Job 15 : 11–16, C.O. 33 : 721. *Cependant que nous vivons au monde, cognoissons que nous sommes seulement au chemin.*
16) Comm. on Ps. 32 : 1, C.O. 31 : 317.
17) Comm. on Gen. 15 : 6, C.O. 23 : 213. *Fide iustificari sanctos quandiu in mundo vivunt.*
18) Serm. on Eph. 1 : 4–6, C.O. 51 : 273. *Car la perfection des fideles et des enfans de Dieu, c'est de cognoistre combien ils sont encores debiles, non seulement pour prier Dieu qu'il corrige tous leurs defauts, mais qu'il les supporte par sa bonté infinie, et qu'il ne les appelle point à conte en rigueur extreme.* Cf. serm. on Deut. 7 : 11–15, C.O. 26 : 534

진보(progress towards perfection)는 우리의 부단한 목표가 되어야 한다.[20] 진실로, "금생에서 경건한 성도의 최고의 완전은 진보를 나타내고자 하는 간절한 소원 그 자체이다."[21] 기독교 생활의 목표가 그리스도의 완전한 인간성(the perfect manhood of Christ)에 이르는 것이기 때문에, 기독교 생활의 과정은 청소년기(靑少年期)와도 같아야 한다. 즉, 그들이 궁극적으로 이르러야 할 성취들을 향하여 부단하게 소원하며 진보해 나가는 것을 특징으로 하는 바, 활기와 지혜가 착실하게 성장하는 과정이어야 하는 것이다.[22] "그런 까닭에, 이 세상에서 우리가 사는 동안 우리 자신을 겸허하게 어린 아이로 간주하여 항상 성장하기를 배워야 하며,"[23] 우리의 연약함을 항상 의식(意識)할 뿐만 아니라, 끊임없이 가르침을 필요로 하는 풋내기로 우리가 항상 남아 있게 된다는 것을 알아야 하는 것이다.[24] 설사 우리가 이미 소유하고 있는 것으로 만족함을 느낀다고 할지라도, 우리가 하나님의 축복을 받는 그릇을 크게 하고, 우리가 이미 가지고 있는 것보다 더 많은 것으로 우리의 입을 하나님이 채우실 수 있도록 더 크게 벌릴 것을 그가 늘 기다리고 계신다는 것을 우리는 깨달아야 한다. "우리 자신의 편협함을 인하여 하나님이 자기의 풍성한 축복을 우리에게 부어주시는 일이 방해를 받고 있는 것이다." 왜냐하면 하나님은 "우리가 기대하는 그릇의 크기에 따라 그의 선물의 양을 조절하시기 때문이다."[25]

그런 까닭에, 기독교 생활은 전혀 '고정된 상태'(settled state)가 아닌 것이다.[26] 우리의 완전한 칭의(稱義)는 순간적으로 이루어져 그때 그 자리에서 우리가 하나님 앞에서 전적으로 의로운 것으로 간주될 수 있으

---

19) Inst. 4 : 1 : 20.
20) Serm. on Gal. 5 : 14–18, C.O. 51 : 26–7. *Or il est vray qu'il faut tendre à ceste perfection et y aspirer tousiours. Mais quoy qu'il en soit, ne laissons pas de cercher Dieu, combien que nous ne puissions pas parvenir à luy, et qu'il y ait beaucoup d'empeschemens.*
21) Comm. on Eph. 3 : 16, C.O. 51 : 186. *Summa itaque piorum in hac vita perfectio est proficiendi studium.*
22) Comm. on Eph. 4 : 14, C.O. 51 : 200–1.
23) Serm. on Luke 1 : 1–4, C.O. 46 : 11.
24) Serm. on Ps. 119, C.O. 32 : 595; and serm. on Eph. 4 : 15–16, C.O. 51 : 584.
25) Comm. on Ps. 65 : 4–5, C.O. 31 : 606.
26) Serm. on Acts 1 : 1–4, C.O. 48 : 591. *Dieu ne nous appelle pas à soy pour nous tenir en un estat, mais qu'il nous poussera tousiours iusques à ce qu'il nous ait amenez à perfection.*

나, 우리의 성화는 죽음을 통해서만 완성될 수 있는 바 우리의 삶의 전 과정을 통하여 점차적으로 완성되는 과정임이 사실이다.[27] 우리가 복음을 받는 순간에 하나님의 나라에 들어가는 것이 사실이다. 그러나 "들어간 것으로 충분한가?"라고 칼빈은 물은 다음, "우리의 삶이 우리 주 예수 그리스도에게 우리가 이를 때까지 계속 진군해야 하는 한 과정임을 깨달을 때까지는 결코 그렇지 않다. 따라서 하나님의 나라가 우리 안에서 점점 더 크게 확장되어야 한다"고 대답한다.[28]

3. 하나님의 은혜로 말미암아 '완전'이라고 불리울 수 있는 바 죄에 대한 승리와 온전한 복종의 상태가 있음

만일 우리가 진보를 나타내고자 할 경우, 지금 여기에서 죄와 육체와 마귀에 대하여 결정적인 승리를 우리가 얻을 수 있다는 것을 발견하게 될 것이다. 하와에게 주어지고 또 십자가에서 그리스도의 승리로 성취된 바, 발 아래 '사단을 상하게 하는' 권세가 이미 교회에게 부여되어 있다.[29] 그리고 우리의 머리이신 그리스도의 승리를 통하여 예시된 대로 악에 대한 우리의 완전한 승리는 사후에라야 우리가 완전하게 누릴 수 있게 되지만, 지금도 "부분적으로 성취되는 것이다."[30] 사단은 불신자들에 대한 그의 지배(支配)와 관련하여 여전히 '이 세상의 군주'이지만,[31] 하나님은 신자들의 영혼들에 대하여는 사단에게 지배권을 허용하지 않으신다.[32] 성도들의 심령 속에서 "육체가 성령을 거스리고 정욕을 품기는 하지만," 우리가 성령을 방해하지 않으면 그가 항상 육체를 이기시고 억제시키는 것이다.[33] 신자가 '육체에 얽매이고,'[34] 내주(內住)

---

27) Comm. on John 17 : 17, C.O. 47 : 385.
28) Serm. on Acts 1 : 1–4, C.O. 48 : 590.
29) Comm. on Gen. 3 : 15, C.O. 23 : 71. *Quibus verbis significat Satanae conterendi virtutem diffundi in homines fideles, atque ita communem totius ecclesiae benedictionem esse: verum simul admonet inchoari tantum in hoc mundo.*
30) Inst. 1 : 14 : 18. *In capite quidem nostro semper ad plenum exstitit haec victoria ... in nobis autem qui membra eius sumus, ex parte nunc apparet.*
31) Comm. on Gen. 3 : 15, C.O. 23 : 71. *Filios hominum captivos saeculis omnibus duxit Satan pro sua libidine, et hodie luctuosum illum triumphum continuat: ideo et princeps mundi vocatur.* Comm. on Rom. 16 : 20, C.O. 49 : 288. *Victus quidem est semel a Christo, sed non ita quin bellum assidue renovet.*
32) Inst. 1 : 14 : 18.

하는 죄(indwelling sin)의 강인한 힘에 의해 당혹할 수도 있지만, 그는 자신이 성령에 의하여 통치되는 것을 항상 허용할 수 있으며(이로써 그는 항상 죄에[35] 대하여 유리한 입장에 있게 되는 것이다), 시험들을 당할 때 확신과 기쁨을 가질 수가 있다.[36] 그래서 죄는 기독교인의 심령 속에서 '왕적(王的) 권세를 상실하는' 것이다.[37] 기독교 생활을 살고자 하는데 있어서 우리의 확신은 다음과 같은 사실에 근거하고 있다. 즉, 죄가 계속 우리 안에 거하지만, 우리 안에서 통치권을 발휘하지 못하고, 하나님을 신뢰하는 자들 안에서는 하나님이 항상 일하시어 그들의 모든 감정과 소원들에 대하여 지배권을 행하시게 된다는 사실에 근거하는 것이다.[38] 만일 정욕이나 환난에 대하여 갈등이 있을 때 하나님의 능력으로 싸울 것 같으면 우리는 결코 실패하거나 좌절하지 않게 될 것이다.[39]

칼빈은 때때로 죄에 대한 이같은 성취가 마치 고정된 상태로 될 수 있는 것처럼 말한다. 요한일서 3 : 9에 관하여 주해하면서, 기독교인은 중생한 한 죄가 없다는 것과, 아무도 아직 완전하게 중생되지는 아니했지만 하나님의 영이 죄의 정욕을 억제시키기 때문에 "하나님에게서 난 자는 거룩한 삶을 살 수 있다"는 것을 칼빈은 지적한다. 그리고서 그는 단언하기를, 성령의 통치가 아주 효과적이기 때문에 우리의 심령은 그의 지도를 따르는 '확고한 성품'을 가질 수 있게 된다고 했다. "성령의 권능은 아주 효과적이어서 반드시 우리로 하여금 계속적으로 순종하여

---

[33] Comm. on John 15 : 4, C.O. 47 : 340. *Spiritum suum promittit semper fore in nobis efficacem, si modo per nos non steterit.*
[34] Comm. on Rom. 8 : 5, C.O. 49 : 141. *Illigati carni suae.*
[35] Ibid., and on Rom. 6 : 14, C.O. 49 : 113. *Utcunque enim peccati aculeis vexemur, non potest tamen nos subigere, quia spiritu Dei superiores reddimur.* Cf. serm. on Gal. 5 : 14–18, C.O. 51 : 24.
[36] Serm. on Eph. 1 : 13–14, C.O. 51 : 307. *Quand le S. Esprit domine en nos cœurs, nous avons de quoy nous glorifier au milieu de toutes nos tentations, comme il est au 8 chapitre des Romans.*
[37] Comm. on John 13 : 9, C.O. 47 : 308. *Primo dicit fideles totos esse mundos, non quod omni ex parte puri sint, ut nulla in illis macula amplius haereat, sed quoniam praecipua sui parte mundati sunt: dum scilicet ablatum est regnum peccato.* Cf. on Rom. 6 : 10, C.O. 49 : 109; and on Gal. 5 : 16, C.O. 50 : 252.
[38] Serm. on Deut. 5 : 21, C.O. 26 : 383. *Combien que nous ayons eu la victoire par la grace de Dieu, et que le peché n'ait point regné en nous: si est-ce qu'il y habite tousiours, et qu'il y a quelque ordure et macule.*
[39] Comm. on Ps. 31 : 9, C.O. 31 : 306.

의(義)에 이를 수 있게 한다." 이는 "인간의 의지가 의로울 수밖에 없도록 형성되었기 때문이다."[40] 우리가 우리의 생활 가운데서 하나님의 은혜가 첫 자리를 차지하게 하고자 할 때,[41] 그리고 우리의 심령의 주요한 소원이 하나님께서 그의 성령으로 우리를 다스리시는 것일 때, 전심으로 하나님께 순복할 수 있고, 우리와 하나님 사이에 '참된 조화'가 있을 수 있게 된다. 이러한 경우에, 우리가 하나님을 '순전하게' 섬기고 있다고 말할 수 있는 것이다. 이는 아직도 우리 안에 남아 있는 연약성을 하나님이 우리의 탓으로 돌리지 않으시기 때문이다.[42] 이처럼 온전하다(wholehearted)는 것은 순전(純全)과 거룩의 목표점에 이르는 과정에 있다는 것과 완전(perfection)이 우리의 것으로 돌려지는 것을 의미한다.[43] 이 점에서 우리가 '완전'을 성취할 수 있는 것이다.

4. 그렇지만 우리는 계속 실패하고 진보가 느림

그렇지만, 최종적 완전과 온전한 중생을 향한 우리의 진보는 느리며, 진보를 나타내는 과정에서 우리의 체험은 흔히 아주 실망적이다. "비록 우리가 하나님의 은혜로 말미암아 승리를 체험하였고, 죄가 우리 안에서 왕권(王權)을 행사하지 못하였지만, 죄는 여전히 우리 안에 항상 머물러 있으며, 우리의 삶에는 오점들이 있다. 그런 까닭에, 우리는 신음하게 되고, 우리의 본분을 우리로 하여금 하지 아니하면 안되게 우리는 신음하는 것이다 … 그래도 우리는 낙심해서는 안되는 것이다. 비록 매일같이 우리 안에서 무수한 허물들을 본다고 할지라도, 우리는 그것을 뛰어넘도록 항상 노력해야 하는 것이다."[44] 진보와 승리가 있은 이후일지라도, 우리의 발이 완전히 휩쓸리어 버티어 설 수가 없거나 우리 자신을 제어할 수 없고, 절망 가운데서 하나님의 도움과 긍휼을 의지할 수밖에 없는 때가 있게 된다.[45] 우리의 진보는 급진(急進)하기 보다는

---

40) Comm. on 1 John 3 : 9, C.O. 55 : 336.
41) Serm. on Deut. 1 : 34–40, C.O. 25 : 694.
42) Serm. on Deut. 26 : 16–19, C.O. 28 : 284.
43) Inst. 4 : 1 : 17.
44) Serm. on Deut. 5 : 21, C.O. 26 : 383.
45) Serm. on Job 3 : 11–19, C.O. 33 : 154; cf. comm. on Ps. 34 : 4–5, C.O.

항상 느리게 점진하는 진보인 것이다.[46] 우리가 원수와 싸워 이기고 있기는 하지만, 우리를 눈멀게 하고 휘청거리게 하는 공격을 당함으로써 그 싸움에서 심하게 상처를 입는다.[47] 이것은 우리가 때때로 연약함과 맥없음을 느끼게 하고 어둠에 싸여 용기를 가지고 싸울 수가 없는 싸움이다.[48] 우리 자신과의 우리의 싸움은 우리를 강하고 활기차게 하기보다는 약하고 지치게 한다.[49] 이 모든 것들로 말미암아 기독교인의 견실한 진보는 오직 영웅적 결단으로서만 얻어질 수가 있는 것이다.

5. 기독교인의 성장은 주로 믿음 안에서의 성장임

기독교적 완성(Christian perfection)은 신앙의 완성(the perfection of faith)이기 때문에, 기독교인의 성장은 주로 믿음 안에서의 성장(growth in faith)이다. 신앙이 복음의 선포에 대하여 응답하기 때문에, 우리의 생애의 전과정을 통하여 복음선포가 계속되는 것처럼, 우리도 믿음 안에서 성장하기를 계속하는 것이다.[50] 믿음에는 항상 불신앙이 섞여 있다. 아브라함의 신앙에도 명백하게 이같은 연약성이 있었다.[51] 참으로, 우리의 신앙은 있는 그대로를 말하자면, 하나님께서 그것을 완전한 것으로 간주해 주시지 않으면 전혀 용납될 수 없을 정도로 약하고 하찮은 것이다. 그렇지만 불신앙에 대한 투쟁을 통해서 신앙은 튼튼해지고 성장하며 불신앙이 허물어진다. "우리의 신앙이 결코 완전하지 아니하기 때문에 우리는 부분적으로 불신자들인 셈이다. 그러나 우리에게 있는 적은 분량의 믿음 때문에 우리들을 용서하시고 참으시어 우리를 신

---

31 : 337.
46) Serm. on Matt. 5 : 11–12, C.O. 46 : 821. *D'avantage, cognoissons que quand encores nous tendrons au bien, ce sera tousiours en clochant, au lieu de courir: il y aura beaucoup d'imperfections et de povretez.* Serm. on Job 1 : 1, C.O. 33 : 28. *Car ceux qui suivent le droit chemin, encores vont ils en clochant, ils sont tousiours debiles, qu'ils trainent les iambes et les ailes.*
47) Serm. on Job 3 : 1–10, C.O. 33 : 142; comm. on Ps. 121 : 3, C.O. 32 : 300. *Etsi autem fideles contingit saepe nutare, imo labascere: quia tamen sua virtute eos Deus recti stare dicuntur.* Serm. on Job 9 : 29–35, C.O. 33 : 458.
48) Comm. on Ps. 17 : 15, C.O. 31 : 168.
49) Serm. on Gen. 15 : 4–6, C.O. 23 : 687.
50) Comm. on Heb. 3 : 15, C.O. 55 : 43.
51) Serm. on Gen. 15 : 4–6, C.O. 23 : 68; serm. on Matt. 2 : 23, C.O. 46 : 462.

자로 간주하시는 것이다. 한편, 우리 안에 깊이 자리잡고 있는 불경건의 잔재들을 털어 내버리고, 그것들에 대항하여 싸우며, 그것들을 바로잡아 주시기를 하나님께 마음을 써서 기도하는 일은 우리가 해야 할 본분인 것이다."[52]

6. 믿음은 높임을 받으신 그리스도를 이해함으로써 안정과 지식 가운데서 성장함

믿음은 그것이 불완전한 상태에 있을 때 '이중(二重)의 약점'(twofold weakness, duplex debilitas)을 갖게 된다. 즉, 무지(instability, ignorantia)와 불안정(dubitatio)을 약점으로 갖기 때문에 계몽과 안정을 필요로 하게 되는 것이다.[53] 성령이 믿음 안에서 역사하는 두 가지 사역은 "마음을 계몽시키고 영혼을 견고케 하여"(illuminate the mind and confirm the soul) 믿음이 더 이상 단순한 지식(knowledge, notitia)에만 머물지 않게 하고, 어떠한 의심도 용납하지 않는 흔들림이 없는 확신이 되게 하는 것이다.[54] 믿음이 굳건해지는 과정은 그것이 성장하여 확신(fiducia)과 대담성(audacia)에 이르는 것을 의미한다.[55] 칼빈이 말하는 바 믿음의 진보의 단계란 우리 자신에게는 아무런 힘도 없다는 것을 겸허하게 인정하고서 "온 마음을 기울여 하나님을 의지하기를" 배우는 바 '상당한 수준의 단계'이다.[56]

믿음이 굳건해지는 과정에서 그것은 지적(知的)으로 성장한다.[57] 신앙의 성장(growth in faith)에는 지식의 성장(growth in knowledge)이 수반되는 것이다.[58] 믿음은 아주 초기의 연약한 단계에서는, 즉 그리스도가

---

52) Comm. on Mark 9:24, C.O. 45:495. *Nam quum nusquam perfecta exstet fides, sequitur ex parte esse incredulos: sic tamen pro sua indulgentia nobis ignoscit Deus, ut ab exiguo fidei modulo nos fideles aestimet. Nostrum interea est sedulo excutere infidelitatis reliquias, quae in nobis haerent, ut cum illis luctemur, ac petere a Domino ut eas corrigat.*
53) Comm. on Rom. 4:19, C.O. 49:83.
54) Comm. on Eph. 1:13, C.O. 51:153; cf. comm. on Rom. 4:19, C.O. 49:83.
55) Cf. pp. 303-4.
56) Comm. on Ps. 84:5-6, C.O. 31:781-2.
57) Serm. on Eph. 4:11-14, C.O. 51:567. *Et ainsi, il faut que iournellement nous soyons confermez de plus en plus, que la clairté de nostre foy s'augmente, comme nous voyons le iour aller tousiours en croissant iusques au Midi.*

우리 안에서 갓 태어나시는 때에는 진리에 대한 명확한 지식(liquida veri cognitio)이라기 보다는 '막 발아하려는 경건의 씨'(implicit seed of piety, implicitum pietatis semen)에 지나지 않을 수가 있다. 다시 말해서, 초기 단계의 믿음은 결국에 가서는 열매를 맺게 될 '감추인 뿌리'(hidden root)처럼, "많은 미신적(迷信的) 요소를 지니고 있는 혼돈된 경건의 감정"(confused feeling of piety involving much superstition)에 지나지 않을 수가 있는 것이다. 그리스도께서 부활하시기 전 의심과 망설임과 죄악된 슬픔에 빠져 있던 그의 제자들의 경우가 바로 그러했다. 그것은 "거의 전혀 신앙이라고 볼 수가 없었지만," 그들에게 그래도 그것이 열심을 불러일으켰고, 예수를 저버리지 않게 하기에 충분하였다.59) 예수께서 부활하신 연후에야 그의 제자들의 지식이 더욱 명확해지게 되었고, 그들은 어린 아이와 같은 믿음의 단계에서 어른스런 단계로 발전하였다. 칼빈은 믿음의 이같은 초기의 발전 단계에 대한 실례를 갈라디아 교회를 위한 바울의 기도에서 찾는다. 즉, 그리스도가 갈라디아 성도들 안에서 갓 태어난 데에서 발전하여 "그들 안에 그리스도의 형상이 이루어지기를" 바라는 바울의 기도에서 칼빈은 믿음의 발전 단계를 보는 것이다.60) 그러나 기독교 생활에서 우리가 어떠한 단계에 이르렀든지간에, 찬란한 복음의 빛을 흐리게 하는 어두운 무지(無知)의 먹구름이 항상 있는 것이다. 아무리 많은 빛을 우리가 받았다 할지라도 시편 기자가 더 많은 빛을 갈구한 것처럼 우리도 기도할 필요가 있다.61)

믿음은 십자가의 단계에서 부활에로 나아감으로 해서 지적(知的)으로 성장한다. 우리의 믿음이 그리스도의 인간성과 죽음에 대한 지식에만 머물지 않도록 우리는 주의해야 한다. 사실, 믿음이 이같은 방식으로 시작되어야 마땅하다. 이는 그리스도께서 "마굿간에서 태어나시고 십자가에서 죽으신 대로" 우리가 그에 대해 이같은 지식으로 시작할 수 있도록 그가 땅으로 내려오셔서 자기를 낮추셨기 때문이다. 그러나 그

---

58) Comm. on 1 Pet. 1 : 14, C.O. 55 : 222. *Itaque quantum quisque progressus est in vitae novitate, tantum profecit in Dei notitia.*
59) Comm. on Matt. 17 : 22, C.O. 45 : 498; and on John 20 : 3, C.O. 47 : 428. Calvin distinguishes this from the *fides implicita* of the Roman Church.
60) Comm. on John 20 : 3, C.O. 47 : 428. Cf. comm. on Gal. 4 : 19, C.O. 50 : 235.
61) Comm. on Ps. 86 : 11, C.O. 31 : 795; and on John 8 : 32, C.O. 47 : 202.

리스도께서는 자기를 낮추신 후에 자기 자신과 아버지의 영광에로 높임을 받으셨다. 따라서 우리의 믿음도 "그의 부활의 영광에로 승화되고 진보하여, 그의 신적 위엄이 영광스럽게 드러나는 그의 영원한 생명과 능력에 마침내 이르러야 하는 것이다." 이것이 도마가 "나의 주, 나의 하나님이시니이다"라고 외쳤을 때 보여준 그의 신앙의 승리와 완성이었다.[62] 그런 까닭에, 참되게 성장하는 신앙은 '무덤을 떠나,' "그리스도의 하늘의 영광(heavenly glory)에로 올라가게 되어 있다."[63] 그러나 우리의 믿음이 부활을 향해 진보해 나아가는 이 순간에서도, 우리가 십자가를 등지고 떠날 수 있는 것으로 생각해서는 결코 안된다. "그리스도의 죽음이 언급되는 때에, 그의 죽음과 묻힘이 우리를 복된 승리와 새로운 생명으로 인도할 수 있도록, 3일 전체를 또한 항상 고려해야 하는 것이다."[64]

칼빈은 새로운 지식을 얻는 것 뿐만 아니라, 우리가 이미 알고 있는 것들을 이해함에 있어서 더욱 분명하고 확실하게 아는 것의 필요성을 특별히 강조한다. 이는 신자들이 "자기들이 알고 있는 것에 대하여 얼마 간 무지하기" 때문이다.[65] 이 과정이란, 따라서 그들의 믿음에 있어서 이미 "은연중에 알기 시작한 것"(implicit)을 단지 열어 보여주는 것에 지나지 않는 것이다. 믿음의 성장은 성도들로 하여금 "그들이 현재 가지고 있는 견해들을 더욱 더 분명하고 충분하게" 견지할 수 있게 해주는 것이다.[66]

---

62) Comm. on John 20 : 28, C.O. 47 : 444.
63) Comm. on John 20 : 3, C.O. 47 : 428.
64) Comm. on Matt. 17 : 22, C.O. 45 : 499. Cf. on pp. 78-9 and 220. Calvin can distinguish between the knowledge that comes after faith, which is the *Verum cognitio Dei et arcanae eius sapientiae* and the knowledge that preceded faith and prepares for it which is *operum suorum notitia*. Comm. on John 10 : 38, C.O. 47 : 254.
65) Comm. on John 8 : 32, C.O. 47 : 202. *Fideles . . . quodammodo id quod sciunt ignorant.*
66) Comm. on Eph. 1 : 17, C.O. 51 : 155. *Opus simul habebant incrementis, ut ampliore spiritu donati magisque ac magis illuminati, certius et penitius tenerent quod iam tenebant.*

7. 신앙의 성장에는 그리스도에 대한 깊이 있는 체험과 생활의 점진적 개혁이 수반됨

우리의 믿음이 성장함에 따라, 하나님의 은사와 축복을 받는 우리의 그릇이 커진다. 이는 우리들 대부분이 가지고 있는 병목 신앙(the straitened faith)은 입을 크게 벌리는 자들만이 공급받을 수 있는 풍부한 축복과 은사들 중 '지극히 적은 양'만을 겨우 받아 먹을 수 있는 좁은 목구멍과도 같기 때문이다. [67] 우리의 믿음이 증가되면 증가될수록, 우리는 하나님의 자녀들의 영광스런 자유를 더욱 더 많이 받아 누릴 수 있게 되는 것이다. [68] 더욱이 우리의 신앙이 성장할 때, '하나님의 성령의 신선한 은사들을' 추가로 더 받을 수 있게 된다. 왜냐하면 성령의 은사들은 '믿음의 분량에 따라서'[69] 주어지기 때문이다. 이로써 우리가 '충만한 삶'을 향하여 진보하는 것이다. [70] 사실, 칼빈이 말하는 바에 의하면, 우리의 신앙이 깊거나 얕음에 따라서, 우리 안에서 성령이 충만거나 감소될 뿐만 아니라, 예수 그리스도 자신이 우리 안에서 크거나 작아진다. [71] 우리의 진보가 어떠한 것이든지간에, 그리스도와의 우리의 연합이 항상, 어떤 점에서는(이 연합이 결코 파괴될 수가 없기 때문에, 그리고 이 연합으로 말미암아 우리가 완전하게 의롭다함을 받기 때문에), 완전하다고 칼빈이 주장하지만, 그리스도의 규례들을 믿는 신앙과 참여가 깊어짐에 따라, 이 연합이 점차적으로 더욱 더 증가되어[72]

---

67) Comm. on Ps. 81 : 11, C.O. 31 : 763-4.
68) Comm. on John 8 : 32, C.O. 47 : 203. *Hoc notandum est, libertatem suos habere gradus pro fidei suae modo.*
69) Comm. on John 7 : 38, C.O. 47 : 181-2. *Et sane quum quisque pro fidei suae mensura donorum spiritus compos fiat, non potest in hac vita solida eorum plenitudo constare. Verum sic fideles in fide proficiendo subinde ad nova spiritus incrementa adspirant, ut primitiae quibus imbuti sunt illis ad vitae perpetuitatem sufficient.* Cf. serm. on Acts 2 : 1-4, C.O. 48 : 633.
70) Comm. on John 10 : 10, C.O. 47 : 241. *Et certe prout quisque in fide progreditur, eo propius ad vitae plenitudinem accedit, quia in eo crescit spiritus, qui vita est.*
71) Serm. on Matt. 2 : 23, C.O. 46 : 462. *Car voyla mesmes comme nostre Seigneur Iesus Christ croist auiourd'huy en nous. Il est vray qu'en soy il ne peut augmenter ni diminuer aussi: mais quant à nous, il est certain que selon la mesure de nostre foy, il est petit ou grand.*

제 6부 신앙의 결과와 열매 **415**

"마침내 우리가 예수 그리스도에게 온전하게 연합되는 것이다."[73]

이와 같이 신앙의 성장에는 깊이 있는 체험이 수반한다. 그리스도께서는 우리로 하여금 '그 자신과의 더 깊은 친밀함'을 갖게 하신다.[74] 예수의 제자들은 그들이 귀신들을 내어쫓을 수 있을 것이라고 한 그의 약속들을 믿는 신앙을 얼마 간 가지고 있었다. 그러나 그것이 분명코 온전한 신앙(full faith)은 아니었다. 왜냐하면 나중에 그리스도의 권능을 통해서 일어났던 것을 보고서 그들이 깜짝 놀라 나가 자빠졌기 때문이다. "이것은 흔히 신자들의 경우도 마찬가지이다. 신자들은 하나님의 말씀으로부터 신적 능력에 대하여 약간만을 감지(感知)하나, 나중에 실제적으로 체험하게 되면 그 능력을 찬미하는 데까지 이르게 되기 때문이다."[75] 신앙의 성장에는 또한 점증하는 성화(聖化)가 수반되어야 한다. "기독교인들의 성장에 있어서 참된 단계들은 그들이 지식과 이해에 있어서, 그리고 나중에는 사랑에 있어서 진보할 때이다."[76] 우리의 신앙이 성장할 때, 그리스도의 죽음과 더불어 갖는 점증하는 교통(increasing communion)과 그래서 육체를 십자가에 못 박으면서 하나님의 사역을 깊이있게 느끼는 체험이 수반된다.[77] 칼빈은 이렇게 말한다. 회개는 "시작 단계에서는 결코 완전하지 않다. 그러나 하나님이 우리를 대패질한 후에는 우리를 다듬어 윤을 낼 필요가 있으시다."[78] 이것은 매일매일 성화의 과정에서 점진적으로 행하여지는 "모든 불의로부터의 계속적인 정화(淨化)"의 요소인 것이다.[79]

그러므로 신앙에 있어서 진보를 한다고 하는 것은 우리의 삶의 방식에 있어서 점진적 변혁을 기하는 것을 의미한다. 또한 신앙과 하나님을

---

72) Serm. on Acts 2 : 1–4, C.O. 48 : 633. *Nous ne laisserons pas aussi d'estre unis à luy en toute perfection, voire entant que besoin sera. Et voyla pourquoy i'appelle cela perfection: combien que cependant il nous avance de mesure en mesure. Car quoy qu'il en soit, nous ne laisserons pas d'estre conioints à luy.*
73) Serm. on Acts 1 : 1–4, C.O. 48 : 190.
74) Comm. on John 8 : 32, C.O. 47 : 202.
75) Comm. on Luke 10 : 17, C.O. 45 : 315.
76) Comm. on Phil. 1 : 9, C.O. 52 : 12.
77) Comm. on Rom. 6 : 7, C.O. 49 : 108. *Hoc enim opus Dei* (i.e. crucifying the flesh) *non primo, quo in nobis inchoatur, die, simul etiam perficitur: sed paulatim augescit, ac quotidianis incrementis paulatim ad finem perducitur.*
78) Serm. on Job 42 : 1–5, C.O. 35 : 477.
79) Comm. on 1 John 1 : 9, C.O. 55 : 307.

아는 지식에 있어서 진보한다고 하는 것은 하나님의 형상을 닮는데 있어서 진보하는 것을 의미한다. 왜냐하면 복음에 계시된 하나님의 영광을 신앙으로 바라보고 명상할 때, 그 신앙은 그저 무기력한 묵상이 아니라 우리를 변화시켜 하나님의 형상을 이루게 하는 것이기 때문이다. 이것들은 칼빈이 고린도후서 3:18에 "우리가 다 수건을 벗은 얼굴로 거울을 보는 것같이 주의 영광을 보매 저와 같은 형상으로 화하여 영광으로 영광에 이르니 곧 주의 영으로 말미암음이니라"는 구절에서 이끌어낸 주요한 교훈들이다.[80] 이 본문 구절은 칼빈이 기독교인의 성장에 대하여 말할 때 그가 자주 유념한 구절이다. 그는 기독교 생활에 대한 그의 가르침에서 지식의 중요성을 정당화하기 위해 이 구절을 인용했다. "이는 하나님에 대한 참된 지식이 살아 있고 죽은 것이 아니며 스스로 계시하고, 우리의 전체 생활 양식에서 열매를 맺기 때문이다." 그리고 만일 하나님의 지식이 우리에게서 살아 역사하지 않는다고 하면, 우리가 하나님을 안다고 주장한 것이 사실상 하나님을 조롱하는 것으로 드러나기 때문이다.[81] 칼빈이 이 본문 구절을 인용하는 것은, 장차 있을 하나님의 영광이 하나님의 형상이 이미 빛나고 있고 영광의 빛에 의하여 그 형상으로 변화를 받고 있는 자들에게만 약속되어 있다는 것을 우리에게 일깨워 주기 위함이다.[82] 또한, 칼빈이 이 구절을 인용하는 것은, 이 진보가 이미 우리 속에서 미약하게라도 시작되었다고 하면, 점증하는 지식과 묵상을 통하여 우리가 점점 하나님의 형상을 닮아가기 때문에, 이 진보가 점증하는 힘을 가지고 우리의 전생활에 파급된다는 것을 상기시키기 위함이다. 이는 이 진보로 말미암아 우리 인류 자신들 뿐만 아니라 온 피조세계가 하나님의 형상을 궁극적으로는 온전하게 회복할 것이 확실하기 때문이다.[83]

---

80) Comm. in loc. C.O. 50 : 47.
81) Serm. on Titus 1 : 15–16, C.O. 54 : 493–4.
82) Comm. on Matt. 13 : 43, C.O. 45 : 371.
83) Serm. on 1 Tim. 1 : 5–7 C.O. 53 : 35–6; comm. on Luke 17 : 20, C.O. 45 : 425.

제 4 장
믿음의 견인(堅忍)

1. 믿음의 시련은 장기적이고 혹심함

　이 세상에서의 믿음의 시련(trial)은 장기적(長期的)이고 혹심하다. 우리는 가공할 영적 도덕적 갈등으로부터 자유하여 평안을 누릴 수가 없는데, 이는 우리의 전생활이 사단과 더불어 벌이는 끊임없는 투쟁의 연속이기 때문이다.[1] 이 투쟁에서 "죽음 자체를 정복한 자들을 제외하고는 그리스도의 군사들은 아무도 무장 해제를 결코 하지 않을 것이다."[2] 때때로, 승리가 있은 후에 일시적으로 안도의 숨을 쉬는 일이 있기는 하지만, 곧 다시 새로운 싸움에 직면하게 되고 만다.[3]

　그러므로 끝까지 버티고자 하는 단호한 의지와 힘을 갖고 있지 않는 한 기독교인의 생활을 시작하는 것은 무익하다. 칼빈은 "우리가 그리스도를 발견하였으면 그만이지 무엇을 더 바랄 수 있겠는가?"라고 그럴 듯하게 질문하는 자들에 대하여, "우리가 만일 믿음으로 그리스도를 소유하고 있다면, 믿음 안에서 끝까지 견인(堅忍)하여 그가 우리의 영구한 소유가 될 수 있도록 해야 한다"는 사실을 들어 대답한다. 이는 그

---

1) Serm. on Deut. 20 : 2-9, C.O. 27 : 613.
2) Comm. on Heb. 12 : 4, C.O. 55 : 173.
3) Comm. on Ps. 42 : 5-6, C.O. 31 : 428-9.

리스도를 향유(享有)하는 한 가지 조건이 우리가 믿음으로 누리는 축복을 믿음으로 지키는 것이기 때문이다.[4] 설사 선한 자극과 결단의 순간에 우리가 하나님의 약속에 우리의 신뢰와 소망을 둔다고 할지라도, 우리가 계속하지 않는 한, 그것은 아무것도 아니다.[5] 기독교 생활을 시작할 때는 열정을 가지고 출발할지라도 우리의 거룩한 열정이 거듭거듭 이기적인 야망과 씻어 내버리기 힘든 무가치한 다른 정욕들로 뒤섞여 있음이 드러나게 되는 것이다.[6] 그러므로 우리는 하나님의 징계에 계속적으로 순복해야 하는 것이다.[7] 기독교인이란 꾸준하게 계속적으로 올바르게 사는 삶을 실천하는데 전심전력하는 자이다.[8] 그리스도와의 밀접한 교제는 그리스도께서 견인(堅忍)에 대하여 부여하시는 상급인 것이다.[9]

2. 견인에는 많은 인내와 덕행이 요구됨

견인하는 데는 많은 인내와 덕행(德行, virtue)이 요구된다. 칼빈은 하나님을 기다리다가 그 눈이 피곤해진 시편 기자를, 우리가 하나님의 약속들의 성취를 구함에 있어서 갖추어야 하는 "절규에 찬 열정적 노력을 곁들인 견인(堅忍)"의 실례로 제시한다.[10] 이같은 견인은 거기에 고통이 따르고 있다는 사실 때문에 더욱 더 힘들다. 기독교의 견인은 극적인 승리 가운데서가 아니라 연약함과 사람들로부터의 멸시 가운데서 견디어내는 능력이다.[11] "그러므로 성도의 주요한 덕행은 그들이 조용

---

[4] Comm. on Heb. 3 : 14, C.O. 55 : 43.
[5] Serm. on Job 14 : 13–15, C.O. 33 : 691.
[6] Comm on Matt. 20 : 20, C.O. 45 : 552.
[7] Comm. on John 5 : 14, C.O. 47 : 110.
[8] Comm. on Ps. 106 : 3, C.O. 32 : 116.
[9] Comm. on John 8 : 32, C.O. 47 : 202. *Hoc autem praemio dignatur Christus suorum constantiam, quod se illis magis familiarem reddit.*
[10] Comm. on Ps. 119 : 123, C.O. 32 : 269.
[11] Serm. on Matt. 2 : 16–22, C.O. 46 : 452. *Et ainsi advisons . . . que neantmoins iamais nous ne nous lassions au milieu du chemin : et si nous sommes foibles, que nous prions Dieu qu'il nous donne vertu, non point pour nous escarmoucher, ni pour concevoir des opinions, et avoir la main levee quand nostre cerveau sera bouillant : mais que ce soit pour cheminer en infirmite, c'est à dire, que nous soyons comme foulez au monde, que nous soyons gens perdus et desesperez, que nous continuyons en cela : et que la vertu de Dieu se demonstre d'autant plus que nous ne serons rien de nostre costé : et que nous n'attenterons aussi rien à la volee, mais que nous souffrirons qu'il nous gouverne iusqu' à la fin.*

히 하나님께 자신들을 순복시킴에 있어서 사용하는 십자가와 자기 부정(自己否定)의 견인(a patient endurance)이다."[12] 더욱이 기독교의 인내에는 꾸준한 겸비의 연습이 포함되어 있다. 이 겸비는 믿음의 연약한 시작들이나 그 믿음이 깊어지는 점진적 소단위 단계들을 멸시하지 않는 겸비인 것이다.[13]

3. 우리의 믿음은 하나님이 틀림없이 우리의 힘이 되어 주실 것이기 때문에 끝까지 견인할 수 있음

우리의 기독교 신앙과 생활을 꾸준하게 견지함에 있어서 어려움들을 당할 때, 하나님 자신이 그의 은혜로 우리를 '보호'해 주실 뿐만 아니라 우리의 전생애에 걸쳐 그의 도움의 손길로 우리를 붙잡아 주시고 우리가 견인할 때 굳건하게 해주시는 책임을 그가 떠맡고 계신다는 것을 만일 우리가 확신하지 못한다고 하면, 우리에게는 마음의 평안이 전혀 없을 것이다.[14] "오늘 하루만 하나님의 도우심에 의존하는 것으로는 충분하지가 않다. 내일도 그리고 영원토록 하나님이 나를 도우실 것을 온전히 확신해야 한다"라고[15] 칼빈은 말한다. 그런 까닭에, 믿음은 단순히 '흔들리는 확신'(wavering persuasion)에 지나지 않는 것이 아니다.[16] 참된 믿음에는, 전생애를 통해서 그것이 결코 실패하지 않고 끝까지 견디어내리라는 확신을 그것의 소유자들에게 주는 강력한 확고함(a felt and steady settledness)이 있는 것이다.[17] 하나님이 시작하신 것은 틀림없이 그가 완성하실 것이다.[18]

---

12) Comm. on Ps. 119 : 166, C.O. 32 : 290.
13) Comm. on Luke 7 : 29, C.O. 45 : 306.
14) Comm. on Ps. 68 : 29, C.O. 31 : 633.
15) Serm. on Deut. 20 : 2–9, C.O. 27 : 603; Cf. serm. on Deut. 4 : 39–43, C.O. 26 : 224 and serm. on 1 Tim. 6 : 12–14, C.O. 53 : 599. *Et ainsi c'est Dieu qui nous met en train il nous dispose à courir, il nous monstre le chemin. A-il fait cela? encores n'est-ce point assez: car au milieu du chemin nous clocherons, et tomberons souventesfois, mesmes il nous adviendra de fourvoyer. Il faut donc que Dieu supplee à toutes ces fautes, et qu'il rende sa vocation ferme en nous, et qu'il la fortifie par ceste mesme grace dont elle est source et origine.*
16) Comm. on Rom. 5 : 2, C.O. 49 : 89. *Et hoc verbo fidem non fluxam esse aut unius diei persuasionem significat: sed fixam et alte animis insidentem, ut tota vita perseveret.*
17) Comm. on Gal. 3 : 11, C.O. 50 : 209; cf. on Ps. 7 : 1–2, C.O. 31 : 80.

그렇지만 우리의 신앙이 이같이 견인할 수 있는 것은, 하나님의 은혜로 우리의 심리 속에서 어떤 새로운 성격적 장점이 역사했기 때문이거나, 우리의 인간적 의지에 어떤 새로운 강인한 힘이 부여되었기 때문이 아니라, 우리가 끝까지 견인할 수 있도록 하나님께서 우리에게 대한 그의 부르심을 결코 철회하지 않으시고, 그의 약속에서 우리를 결코 실망하지 않으시기 때문이다. 우리가 신앙을 가지게 된 이 후일지라도 우리는 여전히 연약하고 변덕스런 피조물이다. 그러나 하나님은 여전히 신실하시다. "우리의 구원은 그것이 하나님의 '수중에' 있기 때문에 확실한 것이다. 우리의 믿음은 연약하고 우리는 흔들리기 쉽다."[19] 우리 자신은 노도(怒濤)와 같은 위험 속에 계속적으로 노출되고, 격심한 운명들을 당하게 될지라도, 우리의 궁극적 구원이 하나님의 돌보시는 손길 안에 있기 때문에 그 구원은 결코 위험하지 않는 것이다.[20] 그의 약속들은 다함이 없는 도움을 우리에게 보장하며, 단명(短命)하지 않고, '영원하다.'[21]

4. 중생은 생명의 불후의 씨앗임

칼빈이 피택자(the elect)의 '확고한 견인'에 대하여 거듭 확신을 갖는 것은, "하나님이 피택자들을 거듭나게 할 때 심겨진 씨가 썩지 아니할 불후(不朽)의 것이기 때문에 그것의 생명력이 영구히 지탱될 것"이라는 사실에 기인한다.[22] 그런데 새 생명의 좋은 씨는 감추어지고 바스러지

---

18) Comm. on Ps. 138 : 8, C.O. 32 : 376 ; on John 15 : 6, C.O. 47 : 341.
19) Comm. on John 10 : 29, C.O. 47 : 250. *Denique ideo certa nobis salus, quia in manu Dei est, quia et fides nostra infirma est et nos ad vacillandum nimis proclives.*
20) Comm. on 2 Tim. 1 : 12, C.O. 52 : 355–6.
21) Comm. on Ps. 12 : 7–8, C.O. 31 : 131 ; serm. on 2 Sam. 2 : 5–6, p. 36. *Or ses promesses ne sont pas seulement pour vng iour, mais il nous declare que ce quil a commencé, il le paracheuera. Ainsi donc quand nous aurons conceu et apprehendé cela, que nous sachions aussi quil ne se repent point, quil n'est point muable a la facon des hommes. . . . Et puis sachons qu'il ne veut point estre fidele par bouffée, mais quil continuera en telle perseuerance que nous paruiendrons iusques a le accomplissement de tous les biens quil nous faut esperer.*
22) Comm. on 1 John 3 : 9, C.O. 55 : 336–7. *Ego tamen non dubito quin semen illud, quo electos suos regenerat Deus, ut est incorruptibile, ita perpetuam vim retineat.* Cf. comm. on Ps. 51 : 12, C.O. 31 : 519.

며 질식되어 마침내 그것의 소유자가(다윗의 경우 그가 밧세바와 더불어 죄를 범했을 때처럼) 하나님께 대한 모든 경외심이나(도마의 경우 예수님이 십자가에 못 박혀 죽으신 후 의심을 품고 있던 것처럼) 모든 믿음을 버린 것처럼 보일 수가 있다는 것을 칼빈은 인정한다. 그렇지만 모든 종교심이 소멸되어 있는 것처럼 보일지라도, 새 생명의 잠재적 불꽃이 '잿더미 속에 숨어 있는 산 불씨처럼' 항상 남아 있는 것이다. 믿음은 외견상 질식될 수 있으나 결코 완전하게 소멸되지 않는다.[23] 피택자가 죽을 죄(mortal sin)에 빠질 경우 성령을 함께 상실하는 것으로 가르치는 자들의 교훈을 받아들여서는 안된다.[24] "하나님은 자기의 피택자들이 파멸에 이르지 않도록 비밀의 재갈을 사용하여 규제하시는 것이다."[25] 기독교 생활에서 우리가 실패할지라도 이 모든 것을 기억함으로 우리 자신을 위로하고 격려하는 것은 무엇보다 가장 중요하다. "성도들이 죄에 빠져 가지고 하나님의 은혜를 거절하기 위해 그들이 할 수 있는 것을 다했을 때에 그들이 근심하게 되는 것은 당연하다. 그러나 하나님의 은혜는 한 번 주어진 경우 결코 쇠퇴될 수 없는 하나님의 불후의 씨앗이라고 하는 진리를 굳게 붙잡는 것이 피택자들의 의무이다."[26]

---

23) Comm. on John 20 : 28, C.O. 47 : 443-4; comm. on 1 John 3 : 9, C.O. 55 : 336-7.
24) Comm. on Ps. 51 : 12, C.O. 31 : 519. Discussing Heb. 6 : 4, Calvin distinguishes two kinds of *falling away*—"one particular and the other general". The elect often offend God in some particular thing. They become overtaken in faults and ensnared by Satan but not to the extent of despising God with rooted malice. (Cf. comm. on Heb. 6 : 4, C.O. 55 : 70; and serm. on Gal. 6 : 1-2, C.O. 51 : 59) David fell "through the weakness of his flesh" but at the same time never deserted the service of God. (Comm. on Ps. 18 : 22, C.O. 31 : 181) But there is another kind of falling away, not of the elect, but of those who have been enlightened, of those who have had some taste of the grace of God, some sparks of light, some perception of His goodness and have come to "temporary faith". In such a falling away there is an entire renunciation of the grace of God, an element of virulent rage and deliberate malice, in which there is both blindness and yet enough light to know that they are spitting upon the face of God which is shining on them. (Cf. comm. on Heb. 6 : 4 ff., C.O. 55 : 70 ff. and on Matt. 12 : 31, C.O. 45 : 340-2) Calvin insists that such a falling off cannot take place in those who have been truly regenerated. (C.O. 45 : 341-2) (Nor can it take place in those who have had no enlightenment at all). Nevertheless the thought of such a fall should keep the elect in fear and humility (C.O. 55 : 77).
25) Comm. on John 20 : 28, C.O. 47 : 444. *Statuendum tamen est, Deum occulto fraeno electos suos retinere ne exitialiter cadant, et miraculo fovere semper in eorum cordibus qualescunque fidei scintillas, quas novo spiritus sui afflatu suo postea tempore accendat.*

이와 같이 우리가 하나님의 신실성을 믿는다고 하면, 우리가 하나님에게서 발견하는 것과 동일한 견실성(堅實性)을 하나님께 대한 우리의 태도에서 나타내 보여야 하는 것이다. 우리는 "우리의 믿음의 견실성에 있어서 하나님과 보조를 맞추어야 한다." 이것이 사람의 능력으로 되는 것이 아니고 하나님의 은혜로 성취될 수 있는 것이지만, 우리는 그것을 향하여 노력해야 하는 것이다.[27] 하나님이 우리 안에서 시작하신 것을 매일매일 계속적으로 완성하실 것이기 때문에 우리 또한 그에게 순종하는데 결코 좌절하지 않고 끝까지 계속해야 하는 것이다.[28] 이 점에서 하나님의 은혜 안에서 견인하는 데에 우리 편의 '노력과 경성'(striving and vigilance)이 요구된다.[29]

5. 우리의 견인에 대한 확신에는 노력과 두려움과 떨림이 수반되어야 함

그러므로 우리가 결코 하나님의 은혜를 악용(惡用)해서는 안되며, 항상 두려움과 떨림으로 살아야 하는 것이다. 만일 잠시만이라도 하나님께서 우리에게 대한 그의 규제의 손길을 늦출 것 같으면, 우리가 성화(聖化)에 있어서 아무리 대단하게 진보하였을지라도, 우리의 심령들은 곧바로 하나님을 무례하게 경멸하게 될 것이다.[30] 우리는 항상 거짓을 받아들이고 천박한 것들을 뒤좇으며, 진리를 싫어하는 경향이 있다.[31] 믿는 사람의 경우마저도 믿음만큼 쉽게 소실(消失)되는 것이 없고,[32] "사랑만큼 쉽게 흘러가 버리는 것이 없다."[33] 기독교인도 자기가 사람

---

26) Comm. on Ps. 51 : 12, C.O. 31 : 519. Cf. serm. on Job 1 : 6–8, C.O. 33 : 65–6. *Et voila aussi comme Sainct Paul en parle au huitieme des Romains (v 10). Car apres avoir monstré que les fideles sont invincibles, quand l'Esprit de Dieu leur est un tesmoignage de vie, il dit que combien . . . qu'ils n'en ayent qu'une petite goutte, si est-ce que c'est une semence de vie pour les asseurer que Dieu accomplira ce qu'il a commencé . . . que iusques à la fin il leur sera Pere.*
27) Comm. on 2 Cor. 1 : 21, C.O. 50 : 24.
28) Serm. on Luke 1 : 73–8, C.O. 46 : 187.
29) Comm. on Heb. 12 : 15, C.O. 55 : 179. *Denique contentione et vigilantia opus est, si velimus perseverare in Dei gratia.*
30) Comm. on Ps. 19 : 13, C O. 31 : 206.
31) Serm. on Luke 1 : 69–72, C.O. 46 : 174.
32) Ibid. p. 175.
33) Comm. on Heb. 13 : 1, C.O. 55 : 186. *Nihil facilius diffluit quam caritas.*

이요, 사람이 오늘은 사자의 용기를 가진 것처럼 보일지라도 내일은 여자처럼 심장이 약한 존재로 드러날 수밖에 없는, 그래서 그 안에 안정된 것이라고는 전혀 찾아 볼 수 없는, 연약하고 흔들리는 그림자와 같다는 것을 기억해야 한다.[34] "만일 하나님이 그의 은혜를 거두신다고 할 것 같으면, 사람의 영혼은 일진의 바람(a puff of wind)에 불과하게 될 것이고, 그의 몸은 흙먼지에 지나지 않게 되며, 그래서 사람은 허망한 것으로 드러나게 될 것이다."[35] 만일 우리가 하나님의 손에 계속 붙들려 있지 않다고 하면, 우리의 가장 적은 실수마저도 우리가 파멸될 것을 알리는 징조(sign)가 되고 말 것이다.[36] 칼빈에게 있어서, 베드로가 예수를 부인(否認)했던 그 부인은, 만일 하나님이 더 시험하시기를 계속 삼가하지 아니하셨더라면, 베드로나 여타의 다른 사람에게 수천 번이고 일어날 수 있었던 것에 대한 징조이다.[37] 그러므로 하나님의 손길 아래에서 사는 기독교인은, 한편으로는 죄를 범하여 타락할 것을 인하여 두려워하며 떠는가 하면, 다른 한편으로는 우리가 결코 타락하여 멸망할 리 없다는 것과 아무것도 부족한 것이 없다고 하는 확신이 있는 삶을 체험하는 것이다.[38] 불경건한 자들의 요지 부동한 확신과는 대조적으로 경건한 사람의 확신은 자기의 삶이 풍전등화격(風前燈火格)임을 아는 자의 확신이다.[39] 기독교인은 오직 연약한 중에 견고하며, 바로 그 연약성 때문에 가장 견고한 것이다.[40]

---

34) Serm. on Job 3 : 1–10, C.O. 33 : 141. Cf. serm. on Matt. 26 : 40–50, C.O. 46 : 851. *Ceux qui se peuvent nommer spirituels, c'est à dire qui ont un zele ardent de servir à Dieu, qui sont tout accoustumez de recourir à luy, qui sont exercez en prieres et oraisons, encores sont si debiles, qu'il ne faut qu'une seule minute de temps pour les ruiner, sinon qu'ils invoquent Dieu.*
35) Comm. on Ps. 103 : 15, C.O. 32 : 81.
36) Comm. on Ps. 37 : 24, C.O. 31 : 378.
37) Serm. on Matt. 26 : 67–27 : 11, C.O. 46 : 876–7. *Contemplons donc en la personne de Pierre, qu'il faut bien que Dieu nous fortifie à une chacune minute de temps. . . . Si sainct Pierre eust este tenté cent fois en un iour, il eust renoncé Iesus Christ cent fois, et mille avec. Voyla ou il en eust este, sinon que Dieu eust eu pitie de luy: mais il l'a espargné, et ne l'a point voulu esprouver d'avantage.*
38) Serm. on Job 1 : 9–12, C.O. 33 : 80.
39) Comm. on Ps. 10 : 6, C.O. 31 : 113.
40) Comm. on Rom. 4 : 19, C.O. 49 : 83.

역자 후기

칼빈에게 있어서 기독교 생활은 그리스도의 인격과 사역에 관련하여 이해되고 있다. 참된 기독교 생활은 그리스도의 죽음과 부활과 더불어 연합하여 그리스도 안에서 왕 같은 제사장직 소명을 성취하고자 하는 자들에게 가능하다.

본서는 기독교인의 행동에 있어서 질서와 절제를 칼빈이 크게 강조하고 있음을 보여 주고 있다. 본서는 '만인 제사장직'이 교회를 무시하고서 하나님 앞에서 개인의 자유를 무조건적으로 높이는 교리가 결코 아님을 밝히며, 기도와 기독교인의 연단과 윤리의 여러 방면에 대한 칼빈의 가르침도 소개하고 있다. 또한, 기독교인에게 있는 갈등과 고통을 강조하는 한편, 기독교 생활이 확신과 희망으로 가득차 있음을 칼빈이 역설하고 있음을 본서는 잘 보여 주고 있는 것이다.

역자는 저자가 그리스도의 인격과 사역을 구체적으로 기독교 생활에 적용하여 칼빈의 신학사상을 체계적으로 잘 정리해 놓은 것에 크게 감명을 받은 까닭에 본서를 번역하여 한국 교회 앞에 소개하는 바이다. 또 역자는 본 역서를 통하여 한국 교회가 칼빈의 신학사상과 성경적 기독교 생활의 진수를 좀더 명백하고 깊이있게 이해하는 데 도움이 될 수 있기를 소원한다.

본 역서에서 각주를 우리말로 옮기지 않고 원문대로 실었다. 각주가 대부분 라틴어와 불어로 되어 있어서 칼빈을 직접 읽고 싶은 독자들을 위하여 원어대로 놓아 두었다.

끝으로, 본서를 출판하는 데 수고를 아끼지 않으신 사단법인 기독교 문서선교회의 박영호 목사님과 직원 여러분들에게 깊은 감사를 드리는 바이다.

1988년 4월 26일
광주 북구 두암동에서
역자 識

CHRISTIAN LITERATURE CRUSADE

기독교문서선교회는 청교도적 복음주의신학과 신앙을 선포하는 국제적, 초교파적, 비영리 문서선교기관입니다.

기독교문서선교회는 한국교회를 위한 교육, 전도, 교화에 힘쓰고 있습니다.

만일 당신이 예수 그리스도와 그리스도인의 생활에 대하여 알기를 원하시면 지체말고 서신연락을 주십시요. 주 안에서 기쁜 마음으로 도움을 드리겠습니다.

서울 서초구 방배동 983-2
Tel. 586-8761~3

기독교 문서 선교회

칼빈의 기독교 생활 원리
Calvin's Doctrine of the Christian Life

1988년 9월 12일 초판 발행
2013년 3월 15일 초판 5쇄

지은이 | 로날드 S. 월레스
옮긴이 | 나용화

펴낸곳 | 사)기독교문서선교회
등 록 | 제 16~25호(1980. 1. 18)
주 소 | 서울시 서초구 방배로 68
전 화 | 02)586-8761~3(본사) 031)942-8761(영업부)
팩 스 | 02)523-0131(본사) 031)942-8763(영업부)
홈페이지 | www.clcbook.com
이메일 | clckor@gmail.com
온라인 | 기업은행 073-000308-04-020, 국민은행 043-01-0379-646
　　　　　예금주: 사)기독교문서선교회

ISBN 978-89-341-0284-4 (93230)

* 낙장 · 파본은 교환해 드립니다.